මහමෙව්නාවේ බෝධිඥාන ත්‍රිපිටක ග්‍රන්ථ මාලා 12

සූත්‍ර පිටකයට අයත්

ආශ්චර්යවත් ශ්‍රී සද්ධර්මය

සංයුත්ත නිකායේ

(පස් වෙනි කොටස)

මහා වර්ගය (2)

පරිවර්තනය

පූජ්‍ය කිරිබත්ගොඩ ඤාණානන්ද ස්වාමීන් වහන්සේ

ප්‍රකාශනය

මහාමේඝ ප්‍රකාශකයෝ

වඩුවාව, යටිගල්ඔළුව, පොල්ගහවෙල.

දුර : 037 2053300, 077 3216685 ඊ-මේල් mahameghapublishers@gmail.com

www.mahameghapublishers.com

ශ්‍රී. බු.ව. 2558   ව්‍යවහාර වර්ෂ : 2014

මහමෙව්නාවේ බෝධිඥාන ත්‍රිපිටක ග්‍රන්ථ මාලාව - 12

සූත්‍ර පිටකයට අයත් ආශ්චර්යවත් ශ්‍රී සද්ධර්මය

සංයුත්ත නිකාය 5 - 2 කොටස

(මහා වර්ගය)

පරිවර්තනය : පූජ්‍ය කිරිබත්ගොඩ ඥාණානන්ද ස්වාමීන් වහන්සේ

ISBN : 978-955-687-046-6

ප්‍රථම මුද්‍රණය : ශ්‍රී බුද්ධ වර්ෂ 2558/ ව්‍යවහාරික වර්ෂ 2014

- පරිගණක අකුරු සැකසුම සහ ප්‍රකාශනය -

මහාමේඝ ප්‍රකාශකයෝ

වඩුවාව, යටිගල්ඔළුව, පොල්ගහවෙල.

දුර : 037 2053300, 0773 216685

ඊ-මේල් : mahameghapublishers@gmail.com | www.mahameghapublishers.com

Mahamevnawa Bodhiñāna Tripitaka Series, Volume 12

The Wonderful Dhamma in the Suttantapitaka

SAMYUTTA NIKĀYA

(THE GROUPED DISCOURES OF THE TATHĀGATA SAMMĀSAMBUDDHA)

Part 05
MAHA VAGGA (2)

Translated
By

VEN. KIRIBATHGODA ÑĀNĀNANDA BHIKKHU

PUBLISHED BY:

Mahamegha Publishers
Waduwawa, Yatigal-oluwa, Polgahawela, Sri Lanka.
Tel : 037 2053300, 0773 216685 E-mail : mahameghapublishers@gmail.com
www.mahameghapublishers.com

B. E. 2558   C.E. 2014

"ධම්මෝ හි වාසෙට්ඨා, සෙට්ඨෝ ජනේතස්මිං
දිට්ඨේ චේව ධම්මේ, අභිසම්පරායේච."

වාසෙට්ඨයෙනි, මෙලොවෙහි ත්, පරලොවෙහි ත් ජනයා අතර
ධර්මය ම ශ්‍රේෂ්ඨ වෙයි !

- අපගේ ශාස්තෘන් වහන්සේ

පටුන

සංයුත්ත නිකායේ මහා වර්ගය

ඉද්ධිපාද සංයුත්තය
1. චාපාල වර්ගය

7.1.1.	අපාර සූත්‍රය	31
	මෙතෙර ගැන වදාළ දෙසුම	
7.1.2.	විරද්ධ සූත්‍රය	32
	වරදවා ගැනීම ගැන වදාළ දෙසුම	
7.1.3.	අරිය සූත්‍රය	33
	ආර්‍ය දේ ගැන වදාළ දෙසුම	
7.1.4.	නිබ්බිදා සූත්‍රය	33
	අවබෝධයෙන් ම එපාවීම පිණිස පවතින දේ ගැන වදාළ දෙසුම	
7.1.5.	පදේස සූත්‍රය	34
	කොටසක් ගැන වදාළ දෙසුම	
7.1.6.	සමත්ත සූත්‍රය	35
	සමස්තය ගැන වදාළ දෙසුම	
7.1.7.	භික්බු සූත්‍රය	36
	රහත් හික්ෂුව ගැන වදාළ දෙසුම	
7.1.8.	අරහන්ත සූත්‍රය	37
	රහත් බව ගැන වදාළ දෙසුම	
7.1.9.	ඤාණ සූත්‍රය	38
	අවබෝධඥානය ගැන වදාළ දෙසුම	
7.1.10.	චේතිය සූත්‍රය	39
	චාපාල සෑයෙහි දී වදාළ දෙසුම	

2. පාසාදකම්පන වර්ගය

7.2.1. **හේතු සූත්‍රය** 46
ඉර්ධිපාදයන්ට හේතු වූ කරුණු ගැන වදාළ දෙසුම

7.2.2. **මහප්ඵල සූත්‍රය** 50
ඉර්ධිපාදයන් වැඩීමෙන් මහත්ඵල ලැබෙන බවට වදාළ දෙසුම

7.2.3. **ඡන්ද සූත්‍රය** 51
ඉර්ධිපාදය වැඩීම පිණිස ඡන්දය ඇති කරගැනීම ගැන වදාළ දෙසුම

7.2.4. **මොග්ගල්ලාන සූත්‍රය** 53
මහා මොග්ගල්ලානයන් වහන්සේ පිළිබඳ ව වදාළ දෙසුම

7.2.5. **බ්‍රාහ්මණ සූත්‍රය** 56
බ්‍රාහ්මණයෙකුට වදාළ දෙසුම

7.2.6. **මහිද්ධික සූත්‍රය** 58
මහත් ඉර්ධි ඇතිවීම ගැන වදාළ දෙසුම

7.2.7. **ඉද්ධිවිධ සූත්‍රය** 59
ඉර්ධිවිධීන් ගැන වදාළ දෙසුම

7.2.8. **භික්ඛු සූත්‍රය** 61
රහත් භික්ෂුව ගැන වදාළ දෙසුම

7.2.9. **භාවනා සූත්‍රය** 62
ඉර්ධිපාදයන් දියුණු කරගැනීම ගැන වදාළ දෙසුම

7.2.10. **විභංග සූත්‍රය** 63
ඉර්ධිපාද විග්‍රහ කොට වදාළ දෙසුම

3. අයෝගුළ වර්ගය

7.3.1. **මග්ග සූත්‍රය** 69
ඉර්ධිපාද දියුණුවට ඇති මාර්ගය ගැන වදාළ දෙසුම

7.3.2. **අයෝගුළ සූත්‍රය** 70
යකඩ ගුලිය උපමාවට ගෙන වදාළ දෙසුම

7.3.3. **භික්ඛු සූත්‍රය** 72
භික්ෂුව ගැන වදාළ දෙසුම

7.3.4. **සුද්ධක සූත්‍රය** 72
පිරිසිදු බව පිණිස ඇති දෙය ගැන වදාළ දෙසුම

7.3.5. **ඵල සූත්‍රය** 73
ප්‍රතිඵල ලබා දෙන දේ ගැන වදාළ දෙසුම

8

7.3.6. දුතිය ඵල සූත්‍රය 74
ප්‍රතිඵල ලබා දෙන දේ ගැන වදාළ දෙවෙනි දෙසුම
7.3.7. ආනන්ද සූත්‍රය 75
ආනන්ද තෙරුන්ට වදාළ දෙසුම
7.3.8. දුතිය ආනන්ද සූත්‍රය 76
ආනන්ද තෙරුන්ට වදාළ දෙවෙනි දෙසුම
7.3.9. සම්බහුල භික්ඛු සූත්‍රය 76
බොහෝ භික්ෂූන්ට වදාළ දෙසුම
7.3.10. දුතිය සම්බහුල භික්ඛු සූත්‍රය 77
බොහෝ භික්ෂූන්ට වදාළ දෙවෙනි දෙසුම
7.3.11. මොග්ගල්ලාන සූත්‍රය 78
මහා මොග්ගල්ලාන තෙරුන් ගැන වදාළ දෙසුම
7.3.12. තථාගත සූත්‍රය 79
තථාගතයන් වහන්සේ ගැන වදාළ දෙසුම

4. ගංගා පෙය්‍යාල වර්ගය

7.4.1.-48. පාචීන නින්නාදී සූත්‍රයෝ 82
පෙරදිගට නැමී තිබීම ගැන වදාළ දෙසුම ආදී දෙසුම්

5. අප්පමාද වර්ගය

7.5.1.-40. තථාගතාදී සූත්‍රයෝ 82
තථාගතයන් වහන්සේ ගැන වදාළ දෙසුම ආදී දෙසුම්

6. බලකරණීය වර්ගය

7.6.1.-48. බලාදී සූත්‍රයෝ 83
බලය ගැන වදාළ දෙසුම ආදී දෙසුම්

7. ඒසනා වර්ගය

7.7.1.-160. ඒසනාදී සූත්‍රයෝ 83
සෙවීම ගැන වදාළ දෙසුම ආදී දෙසුම්

8. ඕඝ වර්ගය

7.8.1.-159. ඕඝාදී සූත්‍රයෝ 84
සැඩපහර ගැන වදාළ දෙසුම ආදී දෙසුම්

9

7.8.160. උද්ධම්භාගිය සූත්‍රය 84
උද්ධම්භාගිය සංයෝජන ගැන වදාළ දෙසුම

අනුරුද්ධ සංයුත්තය

1. රහෝගත වර්ගය

8.1.1. රහෝගත සූත්‍රය 84
හුදෙකලාව සිටියදී සිතුණු දහම් කරුණ ගැන වදාළ දෙසුම
8.1.2. දුතිය රහෝගත සූත්‍රය 90
හුදෙකලාව සිටියදී සිතුණු දහම් කරුණ ගැන වදාළ
දෙවෙනි දෙසුම
8.1.3. සුතනු සූත්‍රය 92
සුතනු පොකුණු තෙර දී වදාළ දෙසුම
8.1.4. කණ්ටකී සූත්‍රය 93
කණ්ටකී වනයෙහි දී වදාළ දෙසුම
8.1.5. දුතිය කණ්ටකී සූත්‍රය 94
කණ්ටකී වනයෙහි දී වදාළ දෙවෙනි දෙසුම
8.1.6. තතිය කණ්ටකී සූත්‍රය 94
කණ්ටකී වනයෙහි දී වදාළ තෙවෙනි දෙසුම
8.1.7. තණ්හක්ඛය සූත්‍රය 95
තණ්හාව ක්ෂය වීම ගැන වදාළ දෙසුම
8.1.8. සලලාගාර සූත්‍රය 96
සලලාගාරයෙහි දී වදාළ දෙසුම
8.1.9. අම්බපාලි සූත්‍රය 97
අම්බපාලි වනයෙහි දී වදාළ දෙසුම
8.1.10. ගිලාන සූත්‍රය 98
ගිලන් ව වැඩසිටිය දී වදාළ දෙසුම

2. සහස්ස වර්ගය

8.2.1. සහස්ස සූත්‍රය 100
කල්ප දහසක් සිහි කිරීම ගැන වදාළ දෙසුම
8.2.2. ඉද්ධිවිධ සූත්‍රය 101
ඉර්ධිවිධීන් ගැන වදාළ දෙසුම
8.2.3. දිබ්බසෝත සූත්‍රය 101
දිව්‍ය ශ්‍රවණය ගැන වදාළ දෙසුම

10

8.2.4. **චේතෝපරිය සූත්‍රය** 102
අන්‍යයන්ගේ සිත් දැනීම ගැන වදාළ දෙසුම
8.2.5. **ඨාන සූත්‍රය** 102
විය හැකි - නොහැකි දේ ගැන වදාළ දෙසුම
8.2.6. **කම්ම සූත්‍රය** 102
කර්මය ගැන වදාළ දෙසුම
8.2.7. **සබ්බත්ථගාමිනී සූත්‍රය** 103
සියළු තැන් කරා යෑම පිණිස ඇති දේ ගැන වදාළ දෙසුම
8.2.8. **අනේකධාතු සූත්‍රය** 103
අනේකධාතු ගැන වදාළ දෙසුම
8.2.9. **නානාධිමුත්තික සූත්‍රය** 103
නා නා ස්වභාවයෙන් යුතු බව ගැන වදාළ දෙසුම
8.2.10. **ඉන්ද්‍රිය සූත්‍රය** 104
ඉන්ද්‍රිය ධර්මයන් ගැන වදාළ දෙසුම
8.2.11. **ඣාන සූත්‍රය** 104
ධ්‍යාන ගැන වදාළ දෙසුම
8.2.12. **පුබ්බේනිවාස සූත්‍රය** 104
පෙර විසූ කඳපිළිවෙල ගැන වදාළ දෙසුම
8.2.13. **දිබ්බචක්ඛු සූත්‍රය** 104
දිවැස ගැන වදාළ දෙසුම
8.2.14. **ආසවක්ඛය සූත්‍රය** 105
ආශ්‍රවයන් ක්ෂය වීම ගැන වදාළ දෙසුම

ඣාන සංයුත්තය

1. ගංගා පෙය්‍යාල වර්ගය

9.1.1.-10. **පාචීනනින්නාදී සූත්‍රයෝ** 106
පෙරදිගට නැමී තිබීම ගැන වදාළ දෙසුම ආදී දෙසුම්

2. අප්පමාද වර්ගය

9.2.1.-10. **තථාගතාදී සූත්‍රයෝ** 107
තථාගතයන් වහන්සේ ගැන වදාළ දෙසුම ආදී දෙසුම්

11

3. බලකරණීය වර්ගය

9.3.1.-12.   බලාදී සූත්‍රයෝ   108

බලය ගැන වදාළ දෙසුම ආදී දෙසුම්

4. ඒසනා වර්ගය

9.4.1.-40.   ඒසනාදී සූත්‍රයෝ   108

සෙවීම ගැන වදාළ දෙසුම ආදී දෙසුම්

5. ඕස වර්ගය

9.5.1.-39.   ඕසාදී සූත්‍රයෝ   109

සැදැපහර ගැන වදාළ දෙසුම ආදී දෙසුම්

9.5.40.   උද්ධම්භාගිය සූත්‍රයෝ   109

උද්ධම්භාගිය සංයෝජන ගැන වදාළ දෙසුම

ආනාපාන සංයුත්තය

1. ඒකධම්ම වර්ගය

10.1.1.   ඒකධම්ම සූත්‍රය   111

එක් ධර්මයක් ගැන වදාළ දෙසුම

10.1.2.   බොජ්ඣංග සූත්‍රය   113

බොජ්ඣංග ගැන වදාළ දෙසුම

10.1.3.   සුද්ධක සූත්‍රය   113

පිරිසිදු බව ගැන වදාළ දෙසුම

10.1.4.   ඵල සූත්‍රය   114

ප්‍රතිඵල ගැන වදාළ දෙසුම

10.1.5.   දුතිය ඵල සූත්‍රය   115

ප්‍රතිඵල ගැන වදාළ දෙවෙනි දෙසුම

10.1.6.   අරිට්ඨ සූත්‍රය   116

අරිට්ඨ තෙරුන්ට වදාළ දෙසුම

10.1.7.   කප්පින සූත්‍රය   117

කප්පින තෙරුන් මුල්කොට වදාළ දෙසුම

10.1.8.   දීප සූත්‍රය   118

තෙල් පහන උපමාවට ගෙන වදාළ දෙසුම

10.1.9. **අසුභ සූත්‍රය** 122
අසුභ භාවනාව මුල්කොට වදාළ දෙසුම
10.1.10. **කිම්බිල සූත්‍රය** 124
කිම්බිල තෙරුන්ට වදාළ දෙසුම

2. ආනන්ද වර්ගය

10.2.1. **ඉච්ඡානංගල සූත්‍රය** 128
ඉච්ඡානංගල වනලැහැබෙහිදී වදාළ දෙසුම
10.2.2. **කංඛෙය්‍ය සූත්‍රය** 130
සේඛ විහාරය - තථාගත විහාරය විමසීම ගැන වදාළ දෙසුම
10.2.3. **ආනන්ද සූත්‍රය** 133
ආනන්ද තෙරුන්ට වදාළ දෙසුම
10.2.4. **දුතිය ආනන්ද සූත්‍රය** 138
ආනන්ද තෙරුන්ට වදාළ දෙවෙනි දෙසුම
10.2.5. **භික්ඛු සූත්‍රය** 139
භික්ෂූන්ට වදාළ දෙසුම
10.2.6. **දුතිය භික්ඛු සූත්‍රය** 141
භික්ෂූන්ට වදාළ දෙවෙනි දෙසුම
10.2.7. **සංයෝජන සූත්‍රය** 146
සංයෝජන ගැන වදාළ දෙසුම
10.2.8. **අනුසය සූත්‍රය** 147
අනුසය ගැන වදාළ දෙසුම
10.2.9. **අද්ධාන සූත්‍රය** 147
කාලය ගැන වදාළ දෙසුම
10.2.10. **ආසවක්ඛය සූත්‍රය** 147
ආශ්‍රවයන්ගේ ක්ෂය වීම ගැන වදාළ දෙසුම

සෝතාපත්ති සංයුත්තය

1. වේළුද්වාර වර්ගය

11.1.1. **රාජ සූත්‍රය** 148
සක්විති රජු මුල්කොට වදාළ දෙසුම
11.1.2. **බ්‍රහ්මචරියෝගධ සූත්‍රය** 150
නිවන් මගට බැසගැනීම ගැන වදාළ දෙසුම

13

11.1.3. **දීඝාවු උපාසක සූත්‍රය** 151
දීඝාවු උපාසකට වදාළ දෙසුම
11.1.4. **සාරිපුත්ත සූත්‍රය** 152
සාරිපුත්ත තෙරුන් වදාළ දෙසුම
11.1.5. **දුතිය සාරිපුත්ත සූත්‍රය** 153
සාරිපුත්ත තෙරුන් වදාළ දෙවෙනි දෙසුම
11.1.6. **ථපති සූත්‍රය** 156
වඩු දෙටුවන්ට වදාළ දෙසුම
11.1.7. **වේළුද්වාරෙය්‍ය සූත්‍රය** 161
වේළුද්වාර ගමෙහි දී වදාළ දෙසුම
11.1.8. **ගිඤ්ජකාවසථ සූත්‍රය** 166
ගෙඩිගෙයෙහි දී වදාළ දෙසුම
11.1.9. **දුතිය ගිඤ්ජකාවසථ සූත්‍රය** 168
ගෙඩිගෙයෙහි දී වදාළ දෙවෙනි දෙසුම
11.1.10. **තතිය ගිඤ්ජකාවසථ සූත්‍රය** 169
ගෙඩිගෙයෙහි දී වදාළ තෙවෙනි දෙසුම

2. රාජකාරාම වර්ගය

11.2.1. **සහස්ස සූත්‍රය** 173
දහසක් භික්ෂුණීන්ට වදාළ දෙසුම
11.2.2. **බ්‍රාහ්මණ සූත්‍රය** 174
බ්‍රාහ්මණයන් මුල්කොට වදාළ දෙසුම
11.2.3. **ආනන්ද සූත්‍රය** 175
ආනන්ද තෙරුන් වදාළ දෙසුම
11.2.4. **දුග්ගති සූත්‍රය** 177
දුගතිය ගැන වදාළ දෙසුම
11.2.5. **විනිපාත සූත්‍රය** 178
විනිපාතය ගැන වදාළ දෙසුම
11.2.6. **මිත්තාමච්ච සූත්‍රය** 179
මිතුරු යහළුවන් ගැන වදාළ දෙසුම
11.2.7. **දුතිය මිත්තාමච්ච සූත්‍රය** 180
මිතුරු යහළුවන් ගැන වදාළ දෙවෙනි දෙසුම
11.2.8. **දේවචාරික සූත්‍රය** 182
දෙව්ලොවට වැඩම කොට වදාළ දෙසුම

11.2.9. **දුතිය දේවචාරික සූත්‍රය** 185
දෙව්ලොවට වැඩම කොට වදාළ දෙවෙනි දෙසුම
11.2.10. **තතිය දේවචාරික සූත්‍රය** 187
දෙව්ලොවට වැඩම කොට වදාළ තෙවෙනි දෙසුම

3. සරකානි වර්ගය

11.3.1. **මහානාම සූත්‍රය** 190
මහානාම ශාක්‍ය රජුට වදාළ දෙසුම
11.3.2. **දුතිය මහානාම සූත්‍රය** 192
මහානාම ශාක්‍ය රජුට වදාළ දෙවෙනි දෙසුම
11.3.3. **තතිය මහානාම සූත්‍රය** 193
මහානාම ශාක්‍ය රජුට වදාළ තෙවෙනි දෙසුම
11.3.4. **සරකානි සූත්‍රය** 197
සරකානි ශාක්‍යයා පිළිබඳ ව වදාළ දෙසුම
11.3.5. **දුතිය සරකානි සූත්‍රය** 201
සරකානි ශාක්‍යයා පිළිබඳ ව වදාළ දෙවෙනි දෙසුම
11.3.6. **අනාථපිණ්ඩික සූත්‍රය** 205
අනාථපිණ්ඩික ගෘහපතියාට වදාළ දෙසුම
11.3.7. **දුතිය අනාථපිණ්ඩික සූත්‍රය** 211
අනාථපිණ්ඩික ගෘහපතියාට වදාළ දෙවෙනි දෙසුම
11.3.8. **තතිය අනාථපිණ්ඩික සූත්‍රය** 213
අනාථපිණ්ඩික ගෘහපතියාට වදාළ තෙවෙනි දෙසුම
11.3.9. **භික්ඛු සූත්‍රය** 214
භික්ෂූන්ට වදාළ දෙසුම
11.3.10. **නන්දක සූත්‍රය** 217
නන්දක ලිච්ඡවි මහඇමති හට වදාළ දෙසුම

4. පුඤ්ඤාභිසන්ද වර්ගය

11.4.1. **අභිසන්ද සූත්‍රය** 219
පුණ්‍යප්‍රවාහය ගැන වදාළ දෙසුම
11.4.2. **දුතිය අභිසන්ද සූත්‍රය** 220
පුණ්‍යප්‍රවාහය ගැන වදාළ දෙවෙනි දෙසුම
11.4.3. **තතිය අභිසන්ද සූත්‍රය** 221
පුණ්‍යප්‍රවාහය ගැන වදාළ තෙවෙනි දෙසුම

11.4.4. **දේවපද සූත්‍රය** 222
දෙව්පියවර ගැන වදාළ දෙසුම
11.4.5. **දුතිය දේවපද සූත්‍රය** 223
දෙව්පියවර ගැන වදාළ දෙවෙනි දෙසුම
11.4.6. **සභාගත සූත්‍රය** 224
සභාවට ගිය දෙවිවරුන්ගේ කථාව ගැන වදාළ දෙසුම
11.4.7. **මහානාම සූත්‍රය** 225
මහානාම ශාක්‍ය රජුට වදාළ දෙසුම
11.4.8. **වස්ස සූත්‍රය** 227
වර්ෂාව උපමා කොට වදාළ දෙසුම
11.4.9. **කාලිගෝධා සූත්‍රය** 227
කාලිගෝධා ශාක්‍ය දියණියට වදාළ දෙසුම
11.4.10. **නන්දිය සූත්‍රය** 229
නන්දිය ශාක්‍යයාට වදාළ දෙසුම

5. සගාථ පුඤ්ඤාභිසන්ද වර්ගය

11.5.1. **අසංඛෙය්‍ය සූත්‍රය** 232
සංඛ්‍යාවකට ගිණිය නොහැකි දේ ගැන වදාළ දෙසුම
11.5.2. **දුතිය අසංඛෙය්‍ය සූත්‍රය** 234
සංඛ්‍යාවකට ගිණිය නොහැකි දේ ගැන වදාළ දෙවෙනි දෙසුම
11.5.3. **තතිය අසංඛෙය්‍ය සූත්‍රය** 236
සංඛ්‍යාවකට ගිණිය නොහැකි දේ ගැන වදාළ තෙවෙනි දෙසුම
11.5.4. **අඩ්ඪ සූත්‍රය** 237
ආඪ්‍ය වීම ගැන වදාළ දෙසුම
11.5.5. **දුතිය අඩ්ඪ සූත්‍රය** 238
ආඪ්‍ය වීම ගැන වදාළ දෙවෙනි දෙසුම
11.5.6. **සුද්ධක සූත්‍රය** 239
පිරිසිදු වීම ගැන වදාළ දෙසුම
11.5.7. **නන්දිය සූත්‍රය** 240
නන්දිය ශාක්‍යයාට වදාළ දෙසුම
11.5.8. **භද්දිය සූත්‍රය** 241
භද්දිය ශාක්‍යයාට වදාළ දෙසුම
11.5.9. **මහානාම සූත්‍රය** 242
මහානාම ශාක්‍යයාට වදාළ දෙසුම

11.5.10. අංග සූත්‍රය 243
සෝතාපත්ති අංග ගැන වදාළ දෙසුම

6. සප්පඤ්ඤ වර්ගය

11.6.1. සගාථක සූත්‍රය 244
ගාථා සහිත ව වදාළ දෙසුම
11.6.2. වස්සංවුත්ථ සූත්‍රය 245
වස් වැසූ භික්ෂුව විසින් වදාළ දෙසුම
11.6.3. ධම්මදින්න සූත්‍රය 247
ධම්මදින්න උපාසකට වදාළ දෙසුම
11.6.4. ගිලාන සූත්‍රය 248
ගිලන් කෙනාට උපදෙස් දෙන අයුරු ගැන වදාළ දෙසුම
11.6.5. ඵල සූත්‍රය 252
ප්‍රතිඵල ගැන වදාළ දෙසුම
11.6.6. දුතිය ඵල සූත්‍රය 253
ප්‍රතිඵල ගැන වදාළ දෙවෙනි දෙසුම
11.6.7. තතිය ඵල සූත්‍රය 253
ප්‍රතිඵල ගැන වදාළ තෙවෙනි දෙසුම
11.6.8. චතුත්ථ ඵල සූත්‍රය 254
ප්‍රතිඵල ගැන වදාළ සිව්වෙනි දෙසුම
11.6.9. පටිලාභ සූත්‍රය 254
ප්‍රඥා ප්‍රතිලාභය ගැන වදාළ දෙසුම
11.6.10. වුඩ්ඪි සූත්‍රය 255
අභිවෘද්ධිය ගැන වදාළ දෙසුම
11.6.11. වේපුල්ල සූත්‍රය 255
විපුල බව ගැන වදාළ දෙසුම

7. මහාපඤ්ඤ වර්ගය

11.7.1. මහාපඤ්ඤ සූත්‍රය 256
මහා ප්‍රඥාව ගැන වදාළ දෙසුම
11.7.2. පුථුපඤ්ඤ සූත්‍රය 256
පුළුල් ප්‍රඥාව ගැන වදාළ දෙසුම
11.7.3. විපුලපඤ්ඤ සූත්‍රය 256
විපුල ප්‍රඥාව ගැන වදාළ දෙසුම

11.7.4. **ගම්භීරපඤ්ඤ සූත්‍රය** 257
ගැඹුරු ප්‍රඥාව ගැන වදාළ දෙසුම
11.7.5. **අසාමන්තපඤ්ඤ සූත්‍රය** 257
ළං විය නොහැකි ප්‍රඥාව ගැන වදාළ දෙසුම
11.7.6. **භූරිපඤ්ඤ සූත්‍රය** 257
බොහෝ ප්‍රඥාව ගැන වදාළ දෙසුම
11.7.7. **පඤ්ඤාබාහුල්ල සූත්‍රය** 257
ප්‍රඥා බහුල බව ගැන වදාළ දෙසුම
11.7.8. **සීඝපඤ්ඤ සූත්‍රය** 257
වහා වැටහෙන ප්‍රඥාව ගැන වදාළ දෙසුම
11.7.9. **ලහුපඤ්ඤ සූත්‍රය** 258
යුහුසුළු වූ ප්‍රඥාව ගැන වදාළ දෙසුම
11.7.10. **හාසුපඤ්ඤ සූත්‍රය** 258
සතුටු උපදවන ප්‍රඥාව ගැන වදාළ දෙසුම
11.7.11. **ජවනපඤ්ඤ සූත්‍රය** 258
වේගවත් ප්‍රඥාව ගැන වදාළ දෙසුම
11.7.12. **තික්ඛපඤ්ඤ සූත්‍රය** 258
තියුණු ප්‍රඥාව ගැන වදාළ දෙසුම
11.7.13. **නිබ්බේධිකපඤ්ඤ සූත්‍රය** 258
දුක විනිවිද වැටහෙන ප්‍රඥාව ගැන වදාළ දෙසුම

සච්ච සංයුත්තය

1. සමාධි වර්ගය

12.1.1. **සමාධි සූත්‍රය** 260
සමාධිය මුල්කොට වදාළ දෙසුම
12.1.2. **පටිසල්ලාන සූත්‍රය** 261
හුදෙකලා භාවනාව මුල්කොට වදාළ දෙසුම
12.1.3. **කුලපුත්ත සූත්‍රය** 261
කුලපුත්‍රයා ගැන වදාළ දෙසුම
12.1.4. **දුතිය කුලපුත්ත සූත්‍රය** 262
කුලපුත්‍රයා ගැන වදාළ දෙවෙනි දෙසුම
12.1.5. **සමණබ්‍රාහ්මණ සූත්‍රය** 263
මහණ බමුණන් ගැන වදාළ දෙසුම

12.1.6. **දුතිය සමණබ්‍රාහ්මණ සූත්‍රය** 264
මහණ බමුණන් ගැන වදාළ දෙවෙනි දෙසුම
12.1.7. **විතක්ක සූත්‍රය** 265
විතර්ක කිරීම ගැන වදාළ දෙසුම
12.1.8. **චින්තා සූත්‍රය** 266
සිතීම ගැන වදාළ දෙසුම
12.1.9. **විග්ගාහිකකථා සූත්‍රය** 267
කළහ ඇතිවෙන කථා ගැන වදාළ දෙසුම
12.1.10. **තිරච්ඡානකථා සූත්‍රය** 268
තිරිසන් කථා ගැන වදාළ දෙසුම

2. ධම්මචක්කප්පවත්තන වර්ගය

12.2.1. **ධම්මචක්කප්පවත්තන සූත්‍රය** 270
දහම්සක කරකැවීම ගැන වදාළ දෙසුම
12.2.2. **තථාගත සූත්‍රය** 275
තථාගතයන් වහන්සේ පිළිබඳ ව වදාළ දෙසුම
12.2.3. **ඛන්ධ සූත්‍රය** 276
උපාදානස්කන්ධ ගැන වදාළ දෙසුම
12.2.4. **ආයතන සූත්‍රය** 278
ආයතන ගැන වදාළ දෙසුම
12.2.5. **ධාරණ සූත්‍රය** 279
මතක තබා ගැනීම ගැන වදාළ දෙසුම
12.2.6. **දුතිය ධාරණ සූත්‍රය** 280
මතක තබා ගැනීම ගැන වදාළ දෙවෙනි දෙසුම
12.2.7. **අවිජ්ජා සූත්‍රය** 283
අවිද්‍යාව ගැන වදාළ දෙසුම
12.2.8. **විජ්ජා සූත්‍රය** 283
විද්‍යාව ගැන වදාළ දෙසුම
12.2.9. **සංකාසන සූත්‍රය** 284
විස්තර කිරීම ගැන වදාළ දෙසුම
12.2.10. **තථ සූත්‍රය** 285
සත්‍යය ගැන වදාළ දෙසුම

3. කෝටිගාම වර්ගය

12.3.1.	කෝටිගාම සූතුය	287
	කෝටිගමෙහි දී වදාළ දෙසුම	
12.3.2.	දුතිය කෝටිගාම සූතුය	288
	කෝටිගමෙහි දී වදාළ දෙවෙනි දෙසුම	
12.3.3.	අභිසම්බුද්ධ සූතුය	290
	අභිසම්බුද්ධත්වය ගැන වදාළ දෙසුම	
12.3.4.	අරහන්ත සූතුය	290
	රහතන් වහන්සේ ගැන වදාළ දෙසුම	
12.3.5.	ආසවක්බය සූතුය	291
	ආශුවයන් ක්ෂය වීම ගැන වදාළ දෙසුම	
12.3.6.	මිත්ත සූතුය	292
	මිතුරන් ගැන වදාළ දෙසුම	
12.3.7.	තථ සූතුය	293
	සත්‍යය ගැන වදාළ දෙසුම	
12.3.8.	ලෝක සූතුය	294
	ලෝකය ගැන වදාළ දෙසුම	
12.3.9.	පරිස්ඡේදය සූතුය	294
	පිරිසිඳ දත යුතු දේ ගැන වදාළ දෙසුම	
12.3.10.	ගවම්පති සූතුය	295
	ගවම්පති තෙරණුවෝ වදාළ දෙසුම	

4. සිංසපාවන වර්ගය

12.4.1.	සිංසපා සූතුය	296
	ඇට්ටේරියා වනයෙහි දී වදාළ දෙසුම	
12.4.2.	බදිර සූතුය	298
	පතොක් පතුය මුල්කොට වදාළ දෙසුම	
12.4.3.	දණ්ඩ සූතුය	299
	දණ්ඩක් මුල්කොට වදාළ දෙසුම	
12.4.4.	චේල සූතුය	300
	ගිනිගත් වස්තුය මුල්කොට වදාළ දෙසුම	
12.4.5.	සත්තිසත සූතුය	301
	ආයුධ සියය මුල්කොට වදාළ දෙසුම	
12.4.6.	පාණ සූතුය	302
	ප්‍රාණීන් පිළිබඳ ව වදාළ දෙසුම	

12.4.7.	සුරියූපම සූතුය	303
	හිරු උපමා කොට වදාල දෙසුම	
12.4.8.	දුතිය සුරියූපම සූතුය	304
	හිරු උපමා කොට වදාල දෙවෙනි දෙසුම	
12.4.9.	ඉන්දබීල සූතුය	305
	ඉන්දුබීලය උපමා කොට වදාල දෙසුම	
12.4.10.	වාද සූතුය	305
	වාදයට යට නොවීම ගැන වදාල දෙසුම	

5. පපාත වර්ගය

12.5.1.	චින්තා සූතුය	309
	සිතීම ගැන වදාල දෙසුම	
12.5.2.	පපාත සූතුය	311
	සැබෑ පුපාතය ගැන වදාල දෙසුම	
12.5.3.	පරිළාහ සූතුය	313
	පරිළාහ නම් නිරය මුල්කොට වදාල දෙසුම	
12.5.4.	කුටාගාර සූතුය	316
	කුටාගාරය උපමා කොට වදාල දෙසුම	
12.5.5.	වාල සූතුය	317
	අස්ලොම මුල්කොට වදාල දෙසුම	
12.5.6.	අන්ධකාර සූතුය	318
	අන්ධකාරය මුල්කොට වදාල දෙසුම	
12.5.7.	ජිග්ගල සූතුය	320
	සිදුර මුල්කොට වදාල දෙසුම	
12.5.8.	දුතිය ජිග්ගල සූතුය	321
	සිදුර මුල්කොට වදාල දෙවෙනි දෙසුම	
12.5.9.	සිනේරු සූතුය	322
	සිනේරු පර්වතය මුල්කොට වදාල දෙසුම	
12.5.10.	දුතිය සිනේරු සූතුය	323
	සිනේරු පර්වතය මුල්කොට වදාල දෙවෙනි දෙසුම	

6. අභිසමය වර්ගය

12.6.1.	නබසිඛා සූතුය	325
	නියසිළ මත තැබූ පස් බිඳ ගැන වදාල දෙසුම	

12.6.2. **පොක්ඛරණී සූත්‍රය** 326
පොකුණ උපමාවට ගෙන වදාළ දෙසුම
12.6.3. **සම්භෙජ්ජ සූත්‍රය** 327
එකතු වී ගිය ජලය ගැන වදාළ දෙසුම
12.6.4. **දුතිය සම්භෙජ්ජ සූත්‍රය** 328
එකතු වී ගිය ජලය ගැන වදාළ දෙවෙනි දෙසුම
12.6.5. **පඨවි සූත්‍රය** 329
පොළොව ගැන වදාළ දෙසුම
12.6.6. **දුතිය පඨවි සූත්‍රය** 330
පොළොව ගැන වදාළ දෙවෙනි දෙසුම
12.6.7. **සමුද්ද සූත්‍රය** 331
සමුද්‍රය ගැන වදාළ දෙසුම
12.6.8. **දුතිය සමුද්ද සූත්‍රය** 332
සමුද්‍රය ගැන වදාළ දෙවෙනි දෙසුම
12.6.9. **පබ්බතූපම සූත්‍රය** 333
පර්වතය උපමා කොට වදාළ දෙසුම
12.6.10. **දුතිය පබ්බතූපම සූත්‍රය** 334
පර්වතය උපමා කොට වදාළ දෙවෙනි දෙසුම

7. ආමකධඤ්ඤ පෙය්‍යාල වර්ගය

12.7.1. **අඤ්ඤත්‍ර සූත්‍රය** 336
මිනිස් ලොවෙන් අන් තැන්වල ඉපදීම ගැන වදාළ දෙසුම
12.7.2. **පච්චන්ත සූත්‍රය** 337
ප්‍රත්‍යන්ත ජනපදවල ඉපදීම ගැන වදාළ දෙසුම
12.7.3. **පඤ්ඤා සූත්‍රය** 338
ප්‍රඥාවන්ත වීම ගැන වදාළ දෙසුම
12.7.4. **සුරාමේරය සූත්‍රය** 338
මත්පැන් මත්ද්‍රව්‍ය භාවිතයෙන් වැළකීම ගැන වදාළ දෙසුම
12.7.5. **ඕදකජ සූත්‍රය** 338
ජලයෙහි උපදින සතුන් ගැන වදාළ දෙසුම
12.7.6. **මත්තෙය්‍ය සූත්‍රය** 339
මව්ට සැළකීම ගැන වදාළ දෙසුම
12.7.7. **පෙත්තෙය්‍ය සූත්‍රය** 339
පියාට සැළකීම ගැන වදාළ දෙසුම

12.7.8. **සාමඤ්ඤ සූත්‍රය** 339
ශ්‍රමණයන්ට සැලකීම ගැන වදාළ දෙසුම
12.7.9. **බ්‍රහ්මඤ්ඤ සූත්‍රය** 340
බ්‍රාහ්මණයන්ට සැලකීම ගැන වදාළ දෙසුම
12.7.10. **අපචායී සූත්‍රය** 340
කුලදෙටුවන් පිදීම ගැන වදාළ දෙසුම

8. දුතිය ආමකධඤ්ඤ පෙයාාල වර්ගය

12.8.1. **පාණාතිපාත සූත්‍රය** 341
සතුන් මැරීම ගැන වදාළ දෙසුම
12.8.2. **අදින්නාදාන සූත්‍රය** 341
සොරකම ගැන වදාළ දෙසුම
12.8.3. **කාමේසුමිච්ඡාචාර සූත්‍රය** 341
වැරදි කාම සේවනය ගැන වදාළ දෙසුම
12.8.4. **මුසාවාද සූත්‍රය** 342
බොරු කීම ගැන වදාළ දෙසුම
12.8.5. **පිසුණවාචා සූත්‍රය** 342
කේළාම් කීම ගැන වදාළ දෙසුම
12.8.6. **ඵරුසවාචා සූත්‍රය** 342
දරුණු වචන කීම ගැන වදාළ දෙසුම
12.8.7. **සම්ඵප්පලාප සූත්‍රය** 342
හිස් වචන කීම ගැන වදාළ දෙසුම
12.8.8. **බීජගාම සූත්‍රය** 343
ගස් කොළන් සිඳලීම ගැන වදාළ දෙසුම
12.8.9. **විකාලභෝජන සූත්‍රය** 343
විකාලයෙහි අනුභව කිරීම ගැන වදාළ දෙසුම
12.8.10. **විලේපන සූත්‍රය** 343
විලවුන් වර්ග ගැන වදාළ දෙසුම

9. තතිය ආමකධඤ්ඤ පෙයාාල වර්ගය

12.9.1. **නච්චගීත සූත්‍රය** 345
නැටුම් ගැයුම් ගැන වදාළ දෙසුම
12.9.2. **උච්චාසයන සූත්‍රය** 345
උසස් ආසන ගැන වදාළ දෙසුම

12.9.3. ජාතරූප සූත්‍රය 345
රන් රිදී මිල ගැන වදාළ දෙසුම
12.9.4. ආමකධඤ්ඤ සූත්‍රය 346
අමු ධාන්‍ය ගැන වදාළ දෙසුම
12.9.5. ආමකමංස සූත්‍රය 346
අමු මස් ගැන වදාළ දෙසුම
12.9.6. කුමාරික සූත්‍රය 346
කුමරියන් ගැන වදාළ දෙසුම
12.9.7. දාසිදාස සූත්‍රය 347
දැසි දස්සන් ගැන වදාළ දෙසුම
12.9.8. අජේළක සූත්‍රය 347
එළු බැටළුවන් ගැන වදාළ දෙසුම
12.9.9. කුක්කුටසූකර සූත්‍රය 347
කුකුලන් ඌරන් ගැන වදාළ දෙසුම
12.9.10. වළවා සූත්‍රය 348
වෙළඹුන් ගැන වදාළ දෙසුම

10. චතුත්ථ ආමකධඤ්ඤ පෙය්‍යාල වර්ගය

12.10.1. ඛෙත්තවත්ථු සූත්‍රය 349
කෙත්වතු ගැන වදාළ දෙසුම
12.10.2. කයවික්කය සූත්‍රය 349
මිලදී ගැනීම - විකිණීම ගැන වදාළ දෙසුම
12.10.3. දූතෙය්‍ය සූත්‍රය 349
පණිවිඩ පණත් ගෙනයෑම ගැන වදාළ දෙසුම
12.10.4.-6. තුලාකූටාදී සූත්‍රයෝ 350
කූට ලෙස බර කිරීම ආදිය ගැන වදාළ දෙසුම්
12.10.7.-9. උක්කෝටන ආදී සූත්‍රයෝ 350
අල්ලස් ගැනීම ආදිය ගැන වදාළ දෙසුම්
12.10.10.-15. ඡේදනාදී සූත්‍රයෝ 350
අත් පා සිඳීම් ආදිය ගැන වදාළ දෙසුම්

11. පඤ්චගති පෙය්‍යාල වර්ගය

12.11.1. මනුස්සචුති සූත්‍රය 352
මිනිස් ලොවින් චුත වීම ගැන වදාළ දෙසුම

12.11.2.	දුතිය මනුස්සචුති සූත්‍රය	353
	මිනිස් ලොවින් චුතවීම ගැන වදාල දෙවෙනි දෙසුම	
12.11.3.	තතිය මනුස්සචුති සූත්‍රය	353
	මිනිස් ලොවින් චුතවීම ගැන වදාල තෙවෙනි දෙසුම	
12.11.4.	චතුත්ථ මනුස්සචුති සූත්‍රය	353
	මිනිස් ලොවින් චුතවීම ගැන වදාල සිව්වෙනි දෙසුම	
12.11.5.	පඤ්චම මනුස්සචුති සූත්‍රය	354
	මිනිස් ලොවින් චුතවීම ගැන වදාල පස්වෙනි දෙසුම	
12.11.6.	ඡට්ඨ මනුස්සචුති සූත්‍රය	354
	මිනිස් ලොවින් චුතවීම ගැන වදාල සයවෙනි දෙසුම	
12.11.7.	දේවචුති සූත්‍රය	354
	දෙව්ලොවින් චුත වීම ගැන වදාල දෙසුම	
12.11.8.	දුතිය දේවචුති සූත්‍රය	355
	දෙව්ලොවින් චුතවීම ගැන වදාල දෙවෙනි දෙසුම	
12.11.9.	තතිය දේවචුති සූත්‍රය	355
	දෙව්ලොවින් චුතවීම ගැන වදාල තෙවෙනි දෙසුම	
12.11.10.	චතුත්ථ දේවචුති සූත්‍රය	355
	දෙව්ලොවින් චුතවීම ගැන වදාල සිව්වෙනි දෙසුම	
12.11.11.	පඤ්චම දේවචුති සූත්‍රය	356
	දෙව්ලොවින් චුතවීම ගැන වදාල පස්වෙනි දෙසුම	
12.11.12.	ඡට්ඨ දේවචුති සූත්‍රය	356
	දෙව්ලොවින් චුතවීම ගැන වදාල සයවෙනි දෙසුම	
12.11.13.	නිරයචුති සූත්‍රය	356
	නිරයෙන් චුත වීම ගැන වදාල දෙසුම	
12.11.14.	දුතිය නිරයචුති සූත්‍රය	357
	නිරයෙන් චුතවීම ගැන වදාල දෙවෙනි දෙසුම	
12.11.15.	තතිය නිරයචුති සූත්‍රය	357
	නිරයෙන් චුතවීම ගැන වදාල තෙවෙනි දෙසුම	
12.11.16.	චතුත්ථ නිරයචුති සූත්‍රය	357
	නිරයෙන් චුතවීම ගැන වදාල සිව්වෙනි දෙසුම	
12.11.17.	පඤ්චම නිරයචුති සූත්‍රය	358
	නිරයෙන් චුතවීම ගැන වදාල පස්වෙනි දෙසුම	
12.11.18.	ඡට්ඨ නිරයචුති සූත්‍රය	358
	නිරයෙන් චුතවීම ගැන වදාල සයවෙනි දෙසුම	

12.11.19. **තිරච්ඡානචුති සූත්‍රය** 358
තිරිසන් ලෝකයෙන් චුත වීම ගැන වදාළ දෙසුම
12.11.20. **දුතිය තිරච්ඡානචුති සූත්‍රය** 359
තිරිසන් ලෝකයෙන් චුතවීම ගැන වදාළ දෙවෙනි දෙසුම
12.11.21. **තතිය තිරච්ඡානචුති සූත්‍රය** 359
තිරිසන් ලෝකයෙන් චුතවීම ගැන වදාළ තෙවෙනි දෙසුම
12.11.22. **චතුත්ථ තිරච්ඡානචුති සූත්‍රය** 359
තිරිසන් ලෝකයෙන් චුතවීම ගැන වදාළ සිව්වෙනි දෙසුම
12.11.23. **පඤ්චම තිරච්ඡානචුති සූත්‍රය** 360
තිරිසන් ලෝකයෙන් චුතවීම ගැන වදාළ පස්වෙනි දෙසුම
12.11.24. **ඡට්ඨ තිරච්ඡානචුති සූත්‍රය** 360
තිරිසන් ලෝකයෙන් චුතවීම ගැන වදාළ සයවෙනි දෙසුම
12.11.25. **පෙත්තිචුති සූත්‍රය** 360
ප්‍රේත ලෝකයෙන් චුත වීම ගැන වදාළ දෙසුම
12.11.26. **දුතිය පෙත්තිචුති සූත්‍රය** 361
ප්‍රේත ලෝකයෙන් චුතවීම ගැන වදාළ දෙවෙනි දෙසුම
12.11.27. **තතිය පෙත්තිචුති සූත්‍රය** 361
ප්‍රේත ලෝකයෙන් චුතවීම ගැන වදාළ තෙවෙනි දෙසුම
12.11.28. **චතුත්ථ පෙත්තිචුති සූත්‍රය** 361
ප්‍රේත ලෝකයෙන් චුතවීම ගැන වදාළ සිව්වෙනි දෙසුම
12.11.29. **පඤ්චම පෙත්තිචුති සූත්‍රය** 362
ප්‍රේත ලෝකයෙන් චුතවීම ගැන වදාළ පස්වෙනි දෙසුම
12.11.30. **ඡට්ඨ පෙත්තිචුති සූත්‍රය** 362
ප්‍රේත ලෝකයෙන් චුතවීම ගැන වදාළ සයවෙනි දෙසුම

සංයුත්ත නිකාය නිමා විය.

26

දසබලසේලප්පභවා නිබ්බානමහාසමුද්දපරියන්තා
අට්ඨංග මග්ගසලිලා ජිනවචනනදී චිරං වහතූති

දසබලයන් වහන්සේ නමැති ශෛලමය පර්වතයෙන් පැන නැගී
අමා මහ නිවන නම් වූ මහා සාගරය අවසන් කොට ඇති
ආර්ය අෂ්ටාංගික මාර්ගය නම් වූ සිහිල් දිය දහරින් හෙබි
උතුම් ශ්‍රී මුඛ බුද්ධ වචන ගංගාව (ලෝ සතුන්ගේ සසර දුක් නිවාලමින්)
බොහෝ කල් ගලාබස්නා සේක්වා !

(සළායතන සංයුත්තය - උද්දාන ගාථා)

සූත්‍ර පිටකයට අයත්
සංයුත්ත නිකාය
පස්වෙනි කොටස

මහා වර්ගය
(දෙවෙනි කොටස)

නමෝ තස්ස භගවතෝ අරහතෝ සම්මාසම්බුද්ධස්ස
ඒ භාග්‍යවත් අරහත් සම්මා සම්බුදුරජාණන් වහන්සේට නමස්කාර වේවා!

සූත්‍ර පිටකයට අයත්

සංයුත්ත නිකාය

මහා වර්ගය

7. ඉද්ධිපාද සංයුත්තය

1. චාපාල වර්ගය

7.1.1.
අපාර සූත්‍රය
මෙතෙර ගැන වදාළ දෙසුම

සැවැත් නුවර දී ය ......

මහණෙනි, සතරක් වූ මේ ඉර්ධිපාදයන් දියුණු කරගත් විට, බහුල ව ප්‍රගුණ කරගත් විට, මෙතෙරින් එතෙරට යෑම පිණිස පවතියි. ඒ කවර සතරක් ද යත්;

මහණෙනි, මෙහිලා භික්ෂුව බලව ත් ඡන්දය තුළින් උපදවා ගත් සමාධියෙන් හා ප්‍රධන් වීර්යයෙන් යුතු ඉර්ධිපාදය වඩයි. බලවත් වීර්යය තුළින්

උපදවා ගත් සමාධියෙන් හා ප්‍රධන් වීර්යයෙන් යුතු ඉර්ධිපාදය වඩයි. බලවත් අධිෂ්ඨානය තුළින් උපදවා ගත් සමාධියෙන් හා ප්‍රධන් වීර්යයෙන් යුතු ඉර්ධිපාදය වඩයි. බලවත් ව නුවණින් විමසීම තුළින් උපදවා ගත් සමාධියෙන් හා ප්‍රධන් වීර්යයෙන් යුතු ඉර්ධිපාදය වඩයි.

මහණෙනි, මේ වනාහී දියුණු කරගත් විට, බහුල ව ප්‍රගුණ කළ විට මෙතෙරින් එතෙරට යෑම පිණිස පවතින සතරක් වූ ඉර්ධිපාදයෝ ය.

සාදු! සාදු!! සාදු!!!

අපාර සූත්‍රය නිමා විය.

7.1.2.
විරද්ධ සූත්‍රය
වරදවා ගැනීම ගැන වදාළ දෙසුම

මහණෙනි, යම් කෙනෙකුන් විසින් සතරක් වූ ඉර්ධිපාදයෝ වරදවා ගත්තාහු ද, ඔවුන්ට වැරදුණේ මැනැවින් දුක් ක්ෂය වී යන්නා වූ ආර්ය මාර්ගය යි. මහණෙනි, යම් කෙනෙකුන් විසින් සතරක් වූ ඉර්ධිපාදයෝ නිවැරදි ලෙස අරඹන ලද්දාහු ද, ඔවුන් විසින් අරඹන ලද්දේ මැනැවින් දුක් ක්ෂය වී යන්නා වූ ආර්ය මාර්ගය යි. ඒ කවර සතරක් ද යත්;

මහණෙනි, මෙහිලා භික්ෂුව බලවත් ඡන්දය තුළින් උපදවා ගත් සමාධියෙන් හා ප්‍රධන් වීර්යයෙන් යුතු ඉර්ධිපාදය වඩයි. බලවත් වීර්යය තුළින් උපදවා ගත් සමාධියෙන් ....(පෙ).... බලවත් අධිෂ්ඨානය තුළින් උපදවා ගත් සමාධියෙන් ....(පෙ).... බලවත් ව නුවණින් විමසීම තුළින් උපදවා ගත් සමාධියෙන් හා ප්‍රධන් වීර්යයෙන් යුතු ඉර්ධිපාදය වඩයි.

මහණෙනි, යම් කෙනෙකුන් විසින් සතරක් වූ මේ ඉර්ධිපාදයෝ වරදවා ගත්තාහු ද, ඔවුන්ට වැරදුණේ මැනැවින් දුක් ක්ෂය වී යන්නා වූ ආර්ය මාර්ගය යි. මහණෙනි, යම් කෙනෙකුන් විසින් සතරක් වූ මේ ඉර්ධිපාදයෝ නිවැරදි ලෙස අරඹන ලද්දාහු ද, ඔවුන් විසින් අරඹන ලද්දේ මැනැවින් දුක් ක්ෂය වී යන්නා වූ ආර්ය මාර්ගය යි.

සාදු! සාදු!! සාදු!!!

විරද්ධ සූත්‍රය නිමා විය.

7.1.3.
අරිය සූත්‍රය
ආර්ය දේ ගැන වදාළ දෙසුම

මහණෙනි, ආර්ය වූ, කෙලෙස් නැසීම පිණිස වූ මේ සතරක් වූ ඉර්ධිපාදයෝ වැඩීමෙන්, බහුලව ප්‍රගුණ කිරීමෙන් පිළිපදින තැනැත්තවුන්ට මැනැවින් දුක් අවසන් වීම පිණිස පවතිත්. ඒ කවර සතරක් ද යත්;

මහණෙනි, මෙහිලා භික්ෂුව බලවත් ඡන්දය තුළින් උපදවා ගත් සමාධියෙන් හා ප්‍රධන් වීර්යයෙන් යුතු ඉර්ධිපාදය වඩයි. බලවත් වීර්යය තුළින් උපදවා ගත් සමාධියෙන් ....(පෙ).... බලවත් අධිෂ්ඨානය තුළින් උපදවා ගත් සමාධියෙන් ....(පෙ).... බලවත් ව නුවණින් විමසීම තුළින් උපදවා ගත් සමාධියෙන් හා ප්‍රධන් වීර්යයෙන් යුතු ඉර්ධිපාදය වඩයි.

මහණෙනි, මේ වනාහී ආර්ය වූ, කෙලෙස් නැසීම පිණිස වූ, වැඩීමෙන්, බහුලව ප්‍රගුණ කිරීමෙන් පිළිපදින තැනැත්තවුන්ට මැනැවින් දුක් අවසන් වීම පිණිස පවතින සතරක් වූ ඉර්ධිපාදයෝ ය.

සාදු! සාදු!! සාදු!!!

අරිය සූත්‍රය නිමා විය.

7.1.4.
නිබ්බිදා සූත්‍රය
අවබෝධයෙන් ම එපාවීම පිණිස පවතින දේ ගැන වදාළ දෙසුම

මහණෙනි, මේ සතරක් වූ ඉර්ධිපාදයෝ දියුණු කරගත් විට, බහුල ව ප්‍රගුණ කරගත් විට, ඒකාන්තයෙන් අවබෝධයෙන් ම දුකට අයත් දේ එපාවීම පිණිස ත්, නොඇල්ම පිණිස ත්, තෘෂ්ණා නිරෝධය පිණිස ත්, කෙලෙස් සංසිඳීම පිණිස ත් විශිෂ්ට ඥානය පිණිස ත්, සත්‍යාවබෝධය පිණිස ත්, නිවන පිණිස ත් පවතිත්. ඒ කවර සතරක් ද යත්;

මහණෙනි, මෙහිලා භික්ෂුව බලවත් ඡන්දය තුළින් උපදවා ගත් සමාධියෙන් හා ප්‍රධන් වීර්යයෙන් යුතු ඉර්ධිපාදය වඩයි. බලවත් වීර්යය තුළින් උපදවා ගත් සමාධියෙන් ....(පෙ).... බලවත් අධිෂ්ඨානය තුළින් උපදවා ගත් සමාධියෙන් ....(පෙ).... බලවත් ව නුවණින් විමසීම තුළින් උපදවා ගත් සමාධියෙන් හා ප්‍රධන් වීර්යයෙන් යුතු ඉර්ධිපාදය වඩයි.

මහණෙනි, මේ වනාහී දියුණු කරගත් විට, බහුල ව ප්‍රගුණ කරගත් විට, ඒකාන්තයෙන් අවබෝධයෙන් ම දුකට අයත් දේ එපාවීම පිණිස ත්, නොඇල්ම පිණිස ත්, තෘෂ්ණා නිරෝධය පිණිස ත්, කෙලෙස් සංසිඳීම පිණිස ත් විශිෂ්ට ඥානය පිණිස ත්, සත්‍යාවබෝධය පිණිස ත්, නිවන පිණිස ත් පවතින සතරක් වූ ඉර්ධිපාදයෝ ය.

සාදු! සාදු!! සාදු!!!

නිබ්බිදා සූත්‍රය නිමා විය.

7.1.5.
පදේස සූත්‍රය
කොටසක් ගැන වදාළ දෙසුම

මහණෙනි, අතීතයෙහි යම්කිසි ශ්‍රමණයෝ හෝ බ්‍රාහ්මණයෝ හෝ ඉර්ධි දැක්වීම් කොටසක් උපදවා ගත්තාහු නම්, ඒ සියල්ලෝ සතර ඉර්ධිපාදයන් වඩන ලද බැවින්, බහුල ව ප්‍රගුණ කළ බැවින් එසේ කළහ.

මහණෙනි, අනාගතයෙහි යම්කිසි ශ්‍රමණයෝ හෝ බ්‍රාහ්මණයෝ හෝ ඉර්ධි දැක්වීම් කොටසක් උපදවා ගන්නාහු නම්, ඒ සියල්ලෝ සතර ඉර්ධිපාදයන් වඩන ලද බැවින්, බහුල ව ප්‍රගුණ කළ බැවින් එසේ කරන්නාහ.

මහණෙනි, මෙකල්හි යම්කිසි ශ්‍රමණයෝ හෝ බ්‍රාහ්මණයෝ හෝ ඉර්ධි දැක්වීම් කොටසක් උපදවා ගනිත් නම්, ඒ සියල්ලෝ සතර ඉර්ධිපාදයන් වඩන ලද බැවින්, බහුල ව ප්‍රගුණ කළ බැවින් එසේ කරති.

ඒ කවර සතරක් ද යත්;

මහණෙනි, මෙහිලා භික්ෂුව බලවත් ඡන්දය තුළින් උපදවා ගත් සමාධියෙන් හා ප්‍රධන් වීර්යයෙන් යුතු ඉර්ධිපාදය වඩයි. බලවත් වීර්යය

තුළින් උපදවා ගත් සමාධියෙන් ....(පෙ).... බලවත් අධිෂ්ඨානය තුළින් උපදවා ගත් සමාධියෙන් ....(පෙ).... බලවත් ව නුවණින් විමසීම තුළින් උපදවා ගත් සමාධියෙන් හා ප්‍රධන් වීර්යයෙන් යුතු ඉර්ධිපාදය වඩයි.

මහණෙනි, අතීතයෙහි යම්කිසි ශ්‍රමණයෝ හෝ බ්‍රාහ්මණයෝ හෝ ඉර්ධි දැක්වීම් කොටසක් උපදවා ගත්තාහු නම්, ඒ සියල්ලෝ මේ සතර ඉර්ධිපාදයන් වඩන ලද බැවින්, බහුල ව ප්‍රගුණ කළ බැවින් එසේ කළහ. මහණෙනි, අනාගතයෙහි ....(පෙ).... එසේ කරන්නාහ. මහණෙනි, මෙකල්හි යම්කිසි ශ්‍රමණයෝ හෝ බ්‍රාහ්මණයෝ හෝ ඉර්ධි දැක්වීම් කොටසක් උපදවා ගනිත් නම්, ඒ සියල්ලෝ මේ සතර ඉර්ධිපාදයන් වඩන ලද බැවින්, බහුල ව ප්‍රගුණ කළ බැවින් එසේ කරති.

සාදු! සාදු!! සාදු!!!

පදේස සූත්‍රය නිමා විය.

7.1.6.
සමත්ත සූත්‍රය
සමස්තය ගැන වදාළ දෙසුම

මහණෙනි, අතීතයෙහි යම්කිසි ශ්‍රමණයෝ හෝ බ්‍රාහ්මණයෝ හෝ ඉර්ධි දැක්වීම් සම්පූර්ණ වශයෙන් උපදවා ගත්තාහු නම්, ඒ සියල්ලෝ සතර ඉර්ධිපාදයන් වඩන ලද බැවින්, බහුල ව ප්‍රගුණ කළ බැවින් එසේ කළහ.

මහණෙනි, අනාගතයෙහි යම්කිසි ශ්‍රමණයෝ හෝ බ්‍රාහ්මණයෝ හෝ ඉර්ධි දැක්වීම් සම්පූර්ණ වශයෙන් උපදවා ගන්නාහු නම්, ඒ සියල්ලෝ සතර ඉර්ධිපාදයන් වඩන ලද බැවින්, බහුල ව ප්‍රගුණ කළ බැවින් එසේ කරන්නාහ.

මහණෙනි, මෙකල්හි යම්කිසි ශ්‍රමණයෝ හෝ බ්‍රාහ්මණයෝ හෝ ඉර්ධි දැක්වීම් සම්පූර්ණ වශයෙන් උපදවා ගනිත් නම්, ඒ සියල්ලෝ සතර ඉර්ධිපාදයන් වඩන ලද බැවින්, බහුල ව ප්‍රගුණ කළ බැවින් එසේ කරති.

ඒ කවර සතරක් ද යත්;

මහණෙනි, මෙහිලා භික්ෂුව බලවත් ඡන්දය තුළින් උපදවා ගත් සමාධියෙන් හා ප්‍රධන් වීර්යයෙන් යුතු ඉර්ධිපාදය වඩයි. බලවත් වීර්යය

තුළින් උපදවා ගත් සමාධියෙන් ....(පෙ).... බලවත් අධිෂ්ඨානය තුළින් උපදවා ගත් සමාධියෙන් ....(පෙ).... බලවත් ව නුවණින් විමසීම තුළින් උපදවා ගත් සමාධියෙන් හා ප්‍රධන් වීර්යයෙන් යුතු ඉර්ධිපාදය වඩයි.

මහණෙනි, අතීතයෙහි යම්කිසි ශ්‍රමණයෝ හෝ බ්‍රාහ්මණයෝ හෝ ඉර්ධි දැක්වීම් සම්පූර්ණ වශයෙන් උපදවා ගත්තාහු නම්, ඒ සියල්ලෝ මේ සතර ඉර්ධිපාදයන් වඩන ලද බැවින්, බහුල ව ප්‍රගුණ කළ බැවින් එසේ කළහ. මහණෙනි, අනාගතයෙහි ....(පෙ).... එසේ කරන්නාහ. මහණෙනි, මෙකල්හි යම්කිසි ශ්‍රමණයෝ හෝ බ්‍රාහ්මණයෝ හෝ ඉර්ධි දැක්වීම් සම්පූර්ණ වශයෙන් උපදවා ගනිත් නම්, ඒ සියල්ලෝ මේ සතර ඉර්ධිපාදයන් වඩන ලද බැවින්, බහුල ව ප්‍රගුණ කළ බැවින් එසේ කරති.

සාදු! සාදු!! සාදු!!!

සමත්ත සූත්‍රය නිමා විය.

7.1.7.
භික්ඛු සූත්‍රය
රහත් භික්ෂුව ගැන වදාළ දෙසුම

මහණෙනි, අතීතයෙහි යම්කිසි භික්ෂූහු ආශ්‍රවයන් ක්ෂය කොට අනාශ්‍රව වූ චිත්ත විමුක්තිය ත්, ප්‍රඥා විමුක්තිය ත් මේ ජීවිතය තුළ දී ම සිය විශිෂ්ට නුවණින් සාක්ෂාත් කොට පැමිණ වාසය කළාහු නම්, ඒ සියල්ලෝ සතර ඉර්ධිපාදයන් වඩන ලද බැවින්, බහුල ව ප්‍රගුණ කළ බැවින් එසේ කළහ.

මහණෙනි, අනාගතයෙහි යම්කිසි භික්ෂූහු ආශ්‍රවයන් ක්ෂය කොට අනාශ්‍රව වූ චිත්ත විමුක්තිය ත්, ප්‍රඥා විමුක්තිය ත් මේ ජීවිතය තුළ දී ම සිය විශිෂ්ට නුවණින් සාක්ෂාත් කොට පැමිණ වාසය කරන්නාහු නම්, ඒ සියල්ලෝ සතර ඉර්ධිපාදයන් වඩන ලද බැවින්, බහුල ව ප්‍රගුණ කළ බැවින් එසේ කරන්නාහ.

මහණෙනි, මෙකල්හි යම්කිසි භික්ෂූහු ආශ්‍රවයන් ක්ෂය කොට අනාශ්‍රව වූ චිත්ත විමුක්තිය ත්, ප්‍රඥා විමුක්තිය ත් මේ ජීවිතය තුළ දී ම සිය විශිෂ්ට නුවණින් සාක්ෂාත් කොට පැමිණ වාසය කරත් නම්, ඒ සියල්ලෝ සතර ඉර්ධිපාදයන් වඩන ලද බැවින්, බහුල ව ප්‍රගුණ කළ බැවින් එසේ කරති.

ඒ කවර සතරක් ද යත්;

මහණෙනි, මෙහිලා භික්ෂුව බලවත් ඡන්දය තුළින් උපදවා ගත් සමාධියෙන් හා ප්‍රධන් වීර්යයෙන් යුතු ඉර්ධිපාදය වඩයි. බලවත් වීර්යය තුළින් උපදවා ගත් සමාධියෙන් ....(පෙ).... බලවත් අධිෂ්ඨානය තුළින් උපදවා ගත් සමාධියෙන් ....(පෙ).... බලවත් ව නුවණින් විමසීම තුළින් උපදවා ගත් සමාධියෙන් හා ප්‍රධන් වීර්යයෙන් යුතු ඉර්ධිපාදය වඩයි.

මහණෙනි, අතීතයෙහි යම්කිසි භික්ෂූහු ආශ්‍රවයන් ක්ෂය කොට අනාශ්‍රව වූ චිත්ත විමුක්තිය ත්, ප්‍රඥා විමුක්තිය ත් මේ ජීවිතය තුළ දී ම සිය විශිෂ්ට නුවණින් සාක්ෂාත් කොට පැමිණ වාසය කළාහු නම්, ඒ සියල්ලෝ මේ සතර ඉර්ධිපාදයන් වඩන ලද බැවින්, බහුල ව ප්‍රගුණ කළ බැවින් එසේ කළහ. මහණෙනි, අනාගතයෙහි ....(පෙ).... එසේ කරන්නාහ. මහණෙනි, මෙකල්හි යම්කිසි භික්ෂූහු ආශ්‍රවයන් ක්ෂය කොට අනාශ්‍රව වූ චිත්ත විමුක්තිය ත්, ප්‍රඥා විමුක්තිය ත් මේ ජීවිතය තුළ දී ම සිය විශිෂ්ට නුවණින් සාක්ෂාත් කොට පැමිණ වාසය කරත් නම්, ඒ සියල්ලෝ මේ සතර ඉර්ධිපාදයන් වඩන ලද බැවින්, බහුල ව ප්‍රගුණ කළ බැවින් එසේ කරති.

සාදු! සාදු!! සාදු!!!

භික්ඛු සූත්‍රය නිමා විය.

7.1.8.
අරහන්ත සූත්‍රය
රහත් බව ගැන වදාළ දෙසුම

මහණෙනි, මේ සතරක් වූ ඉර්ධිපාදයෝ ය. ඒ කවර සතරක් ද යත්;

මහණෙනි, මෙහිලා භික්ෂුව බලවත් ඡන්දය තුළින් උපදවා ගත් සමාධියෙන් හා ප්‍රධන් වීර්යයෙන් යුතු ඉර්ධිපාදය වඩයි. බලවත් වීර්යය තුළින් උපදවා ගත් සමාධියෙන් ....(පෙ).... බලවත් අධිෂ්ඨානය තුළින් උපදවා ගත් සමාධියෙන් ....(පෙ).... බලවත් ව නුවණින් විමසීම තුළින් උපදවා ගත් සමාධියෙන් හා ප්‍රධන් වීර්යයෙන් යුතු ඉර්ධිපාදය වඩයි.

මහණෙනි, මේ වනාහී සතරක් වූ ඉර්ධිපාදයෝ ය. මහණෙනි, මේ

සතරක් වූ ඉර්ධිපාදයන් දියුණු කරගත් බැවින්, බහුල ව ප්‍රගුණ කරගත් බැවින් තථාගත තෙමේ 'රහත් ය, සම්මා සම්බුද්ධ ය' යි කියනු ලැබේ.

සාදු! සාදු!! සාදු!!!

අරහන්ත සූත්‍රය නිමා විය.

7.1.9.
ඤාණ සූත්‍රය
අවබෝධඥානය ගැන වදාළ දෙසුම

මේ බලවත් ඡන්දය තුළින් උපදවා ගත් සමාධියෙන් හා ප්‍රධන් වීර්යයෙන් යුතු ඉර්ධිපාදය යැයි මහණෙනි, මා තුළ පෙර නොඇසූ විරූ ධර්මයන්හි ඇස පහළ වූයේ ය. ඥානය පහළ වූයේ ය. ප්‍රඥාව පහළ වූයේ ය. විද්‍යාව පහළ වූයේ ය. ආලෝකය පහළ වූයේ ය. ඒ මේ බලවත් ඡන්දය තුළින් උපදවා ගත් සමාධියෙන් හා ප්‍රධන් වීර්යයෙන් යුතු ඉර්ධිපාදය වනාහී වැඩිය යුත්තේ යැයි මහණෙනි, මා තුළ ....(පෙ).... වඩන ලද්දේ යැයි මහණෙනි, මා තුළ පෙර නොඇසූ විරූ ධර්මයන්හි ඇස පහළ වූයේ ය. ඥානය පහළ වූයේ ය. ප්‍රඥාව පහළ වූයේ ය. විද්‍යාව පහළ වූයේ ය. ආලෝකය පහළ වූයේ ය.

මේ බලවත් වීර්යය තුළින් උපදවා ගත් සමාධියෙන් හා ප්‍රධන් වීර්යයෙන් යුතු ඉර්ධිපාදය යැයි මහණෙනි, මා තුළ පෙර නොඇසූ විරූ ධර්මයන්හි ඇස පහළ වූයේ ය. ඥානය පහළ වූයේ ය. ප්‍රඥාව පහළ වූයේ ය. විද්‍යාව පහළ වූයේ ය. ආලෝකය පහළ වූයේ ය. ඒ මේ බලවත් වීර්යය තුළින් උපදවා ගත් සමාධියෙන් හා ප්‍රධන් වීර්යයෙන් යුතු ඉර්ධිපාදය වනාහී වැඩිය යුත්තේ යැයි මහණෙනි, මා තුළ ....(පෙ).... වඩන ලද්දේ යැයි මහණෙනි, මා තුළ පෙර නොඇසූ විරූ ධර්මයන්හි ඇස පහළ වූයේ ය. ඥානය පහළ වූයේ ය. ප්‍රඥාව පහළ වූයේ ය. විද්‍යාව පහළ වූයේ ය. ආලෝකය පහළ වූයේ ය.

මේ බලවත් අධිෂ්ඨානය තුළින් උපදවා ගත් සමාධියෙන් හා ප්‍රධන් වීර්යයෙන් යුතු ඉර්ධිපාදය යැයි මහණෙනි, මා තුළ පෙර නොඇසූ විරූ ධර්මයන්හි ඇස පහළ වූයේ ය. ඥානය පහළ වූයේ ය. ප්‍රඥාව පහළ වූයේ ය. විද්‍යාව පහළ වූයේ ය. ආලෝකය පහළ වූයේ ය. ඒ මේ බලවත් අධිෂ්ඨානය තුළින් උපදවා ගත් සමාධියෙන් හා ප්‍රධන් වීර්යයෙන් යුතු ඉර්ධිපාදය වනාහී

වැඩිය යුත්තේ යැයි මහණෙනි, මා තුළ ....(පෙ).... වඩන ලද්දේ යැයි මහණෙනි, මා තුළ පෙර නොඇසූ විරූ ධර්මයන්හි ඇස පහළ වූයේ ය. ඥානය පහළ වූයේ ය. ප්‍රඥාව පහළ වූයේ ය. විද්‍යාව පහළ වූයේ ය. ආලෝකය පහළ වූයේ ය.

මේ බලවත් ව නුවණින් විමසීම තුළින් උපදවා ගත් සමාධියෙන් හා ප්‍රධන් වීර්යයෙන් යුතු ඉර්ධිපාදය යැයි මහණෙනි, මා තුළ පෙර නොඇසූ විරූ ධර්මයන්හි ඇස පහළ වූයේ ය. ඥානය පහළ වූයේ ය. ප්‍රඥාව පහළ වූයේ ය. විද්‍යාව පහළ වූයේ ය. ආලෝකය පහළ වූයේ ය. ඒ මේ බලවත් ව නුවණින් විමසීම තුළින් උපදවා ගත් සමාධියෙන් හා ප්‍රධන් වීර්යයෙන් යුතු ඉර්ධිපාදය වනාහී වැඩිය යුත්තේ යැයි මහණෙනි, මා තුළ ....(පෙ).... වඩන ලද්දේ යැයි මහණෙනි, මා තුළ පෙර නොඇසූ විරූ ධර්මයන්හි ඇස පහළ වූයේ ය. ඥානය පහළ වූයේ ය. ප්‍රඥාව පහළ වූයේ ය. විද්‍යාව පහළ වූයේ ය. ආලෝකය පහළ වූයේ ය.

සාදු! සාදු!! සාදු!!!

කල්‍යාණ සූත්‍රය නිමා විය.

7.1.10.
චේතිය සූත්‍රය
චාපාල සෑයෙහි දී වදාළ දෙසුම

එක් සමයෙක්හි භාග්‍යවතුන් වහන්සේ විසල්පුර මහා වනයෙහි කූටාගාර ශාලාවෙහි වැඩවසන සේක. ඉක්බිති භාග්‍යවතුන් වහන්සේ පෙරවරුවෙහි සිවුරු හැඳ පොරොවාගෙන, පාත්‍රය හා සිවුර ගෙන විසල්පුරයට පිඬු පිණිස පිවිසි සේක. විසල්පුර පිඬු පිණිස හැසිර, පිණ්ඩපාතයෙන් වැළකුණු පසුබත් කාලයෙහි ආයුෂ්මත් ආනන්දයන් වහන්සේ ඇමතූ සේක.

"ගන්න ආනන්දයෙනි, හිඳගන්නා ඇතිරිල්ල. චාපාල චෛත්‍යය යම් තැනක ද, දිවා කාලය ගත කරනු පිණිස එහි යන්නෙමු."

"එසේ ය, ස්වාමීනී" යි ආයුෂ්මත් ආනන්දයන් වහන්සේ භාග්‍යවතුන් වහන්සේට පිළිවදන් දී නිසීදනය ගෙන භාග්‍යවතුන් වහන්සේ පසුපසින් ඒ අනුව ගියහ.

ඉක්බිති භාග්‍යවතුන් වහන්සේ චාපාල චෛත්‍යය යම් තැනක ද, එතැනට වැඩි සේක. වැඩමකොට පණවන ලද අසුනෙහි වැඩහුන් සේක. ආයුෂ්මත් ආනන්දයන් වහන්සේ ත් භාග්‍යවතුන් වහන්සේට සකසා වන්දනා කොට එකත්පස් ව හිඳගත්හ. එකත්පස් ව හුන් ආයුෂ්මත් ආනන්දයන් වහන්සේට භාග්‍යවතුන් වහන්සේ මෙය වදාළ සේක.

"රමණීය ය ආනන්දයෙනි, විසල්පුර. රමණීය ය උදේන චේතිය. රමණීය ය ගෝතමක චේතිය. රමණීය ය සත්තම්බ චේතිය. රමණීය ය බහුපුත්තක චේතිය. රමණීය ය සාරන්දද චේතිය. රමණීය ය චාපාල චේතිය. ආනන්දයෙනි, යම් කිසිවෙකු තුළ දියුණු කරන ලද, බහුල කරන ලද, යානාවක් සේ කරන ලද, සිටිය හැකි තැනක් සේ කරන ලද, හොඳින් පිහිටුවාගන්නා ලද, පුරුදු කරන ලද, හොඳින් අරඹන ලද, සතර ඉර්ධිපාදයෝ තිබෙත් ද, ඔහු කැමති වන්නේ නම්, ආයුෂ්කල්පයක් හෝ ඊට ටිකක් වැඩියෙනුත් හෝ සිටිය හැක්කේ ය. ආනන්දයෙනි, තථාගතයන් තුළ දියුණු කරන ලද, බහුල කරන ලද, යානාවක් සේ කරන ලද, සිටිය හැකි තැනක් සේ කරන ලද, හොඳින් පිහිටුවාගන්නා ලද, පුරුදු කරන ලද, හොඳින් අරඹන ලද, සතර ඉර්ධිපාදයෝ තිබෙත්. ආනන්දයෙනි, ඒ තථාගත තෙමේ කැමති වන්නේ නම්, ආයුෂ්කල්පයක් හෝ ඊට ටිකක් වැඩියෙනුත් හෝ සිටිය හැක්කේ ය."

භාග්‍යවතුන් වහන්සේ විසින් මෙබඳු වූ ගොරෝසු නිමිති කරන කල්හි, ගොරෝසු එළි මතු කරන කල්හි, ආයුෂ්මත් ආනන්දයන් වහන්සේ එය වටහා ගන්නට අසමර්ථ වූහ. 'ස්වාමීනී, භාග්‍යවතුන් වහන්ස, ආයුෂ්කල්පයක් වැඩසිටින සේක්වා! සුගතයන් වහන්ස, බොහෝ ජනයාට හිත පිණිස, බොහෝ ජනයාට සුව පිණිස, ලෝකානුකම්පාව පිණිස, දෙවි මිනිසුන්ගේ යහපත පිණිස, හිත පිණිස, සැප පිණිස, කල්පයක් වැඩසිටින සේක්වා!' යි භාග්‍යවතුන් වහන්සේ ගෙන් ඉල්ලා නොසිටියහ. මාරයා විසින් වසා ගත් සිත් ඇත්තෙක් යම් බඳු ද, එබඳු ය.

දෙවෙනි වරටත් භාග්‍යවතුන් වහන්සේ ....(පෙ).... තෙවෙනි වරටත් භාග්‍යවතුන් වහන්සේ ආයුෂ්මත් ආනන්දයන් වහන්සේ ඇමතූ සේක.

"රමණීය ය ආනන්දයෙනි, විසල්පුර. රමණීය ය උදේන චේතිය. රමණීය ය ගෝතමක චේතිය. රමණීය ය සත්තම්බ චේතිය. රමණීය ය බහුපුත්ත චේතිය. රමණීය ය සාරන්දද චේතිය. රමණීය ය චාපාල චේතිය. ආනන්දයෙනි, යම් කිසිවෙකු තුළ දියුණු කරන ලද, බහුල කරන ලද, යානාවක් සේ කරන ලද, සිටිය හැකි තැනක් සේ කරන ලද, හොඳින් පිහිටුවාගන්නා ලද, පුරුදු කරන

ලද, හොඳින් අරඹන ලද, සතර ඉර්ධිපාදයෝ තිබෙත් ද, ඔහු කැමති වන්නේ නම්, ආයුෂ්කල්පයක් හෝ ඊට ටිකක් වැඩියෙනුත් හෝ සිටිය හැක්කේ ය. ආනන්දයෙනි, තථාගතයන් තුළ දියුණු කරන ලද, බහුල කරන ලද, යානාවක් සේ කරන ලද, සිටිය හැකි තැනක් සේ කරන ලද, හොඳින් පිහිටුවාගන්නා ලද, පුරුදු කරන ලද, හොඳින් අරඹන ලද, සතර ඉර්ධිපාදයෝ තිබෙත්. ආනන්දයෙනි, ඒ තථාගත තෙමේ කැමති වන්නේ නම්, ආයුෂ්කල්පයක් හෝ ඊට ටිකක් වැඩියෙනුත් හෝ සිටිය හැක්කේ ය."

භාග්‍යවතුන් වහන්සේ විසින් මෙබඳු වූ ත් ගොරෝසු නිමිති කරන කල්හි, ගොරෝසු එළි මතු කරන කල්හි, ආයුෂ්මත් ආනන්දයන් වහන්සේ එය වටහා ගන්නට අසමර්ථ වූහ. 'ස්වාමීනී, භාග්‍යවතුන් වහන්ස, ආයුෂ්කල්පයක් වැඩසිටින සේක්වා! සුගතයන් වහන්ස, බොහෝ ජනයාට හිත පිණිස, බොහෝ ජනයාට සුව පිණිස, ලෝකානුකම්පාව පිණිස, දෙව් මිනිසුන්ගේ යහපත පිණිස, හිත පිණිස, සැප පිණිස, කල්පයක් වැඩසිටින සේක්වා!' යි භාග්‍යවතුන් වහන්සේ ගෙන් ඉල්ලා නොසිටියහ. මාරයා විසින් වසා ගත් සිත් ඇත්තෙක් යම් බඳු ද, එබඳු ය.

එකල්හී භාග්‍යවතුන් වහන්සේ ආයුෂ්මත් ආනන්දයන් වහන්සේ ඇමතූ සේක.

"යන්න, ඔබ ආනන්දයෙනි, දැන් යමකට කාලය නම්, එය දැනගන්න."

"එසේ ය, ස්වාමීනී" යි ආයුෂ්මත් ආනන්දයන් වහන්සේ භාග්‍යවතුන් වහන්සේට පිළිවදන් දී හුනස්නෙන් නැගිට භාග්‍යවතුන් වහන්සේට සකසා වන්දනා කොට, පැදකුණු කොට, නොදුරෙහි වූ එක්තරා රුක් සෙවණක හිඳ ගත්හ.

ඉක්බිති පවිටු මාර තෙමේ ආයුෂ්මත් ආනන්දයන් වහන්සේ නික්ම ගිය නොබෝ වේලාවකින් භාග්‍යවතුන් වහන්සේ යම් තැනක වැඩහුන් සේක් ද, එතැනට පැමිණියේ ය. පැමිණ භාග්‍යවතුන් වහන්සේට මෙය සැළ කළේ ය.

"ස්වාමීනී, භාග්‍යවතුන් වහන්ස, දැන් පිරිනිවන් පානා සේක්වා! සුගතයන් වහන්සේ පිරිනිවන් පානා සේක්වා! ස්වාමීනී, දැන් භාග්‍යවතුන් වහන්සේට පිරිනිවන් පෑමට කාලය යි.

ස්වාමීනී, භාග්‍යවතුන් වහන්සේ විසින් පවසන ලද මේ වචනයක් තිබෙයි. 'පවිටු මාරය, යම්තාක් කල් මාගේ ශ්‍රාවක භික්ෂූහු ව්‍යක්ත ව, විනීත ව, විශාරද ව, අරහත්වයට පත් ව, බහුශ්‍රැත ව, ධර්මධර ව, ධර්මානුධර්ම ප්‍රතිපදාවෙන්

යුක්ත ව, සාමීචි ප්‍රතිපදාවෙන් යුක්ත ව, අනුධර්මචාරී නොවන්නාහු ද, තම ආචාර්යවාදය ඉගෙන නොපවසන්නාහු ද, නොදෙසන්නාහු ද, නොපණවන්නාහු ද, නොපිහිටුවන්නාහු ද, විවෘත නොකරන්නාහු ද, නොබෙදා දක්වන්නාහු ද, ඉස්මතු නොකරන්නාහු ද, උපන් පරාපවාදයන් කරුණු සහිත ව මැඩ පවත්වා අනුශාසනා ප්‍රාතිහාර්යයෙන් යුක්ත ව ධර්මය නොදෙසන්නාහු ද, ඒ තාක් කල් මම පිරිනිවන් නොපාන්නෙමි' යි යන වචනය යි.

ස්වාමීනී, මෙකල්හී වනාහී භාග්‍යවතුන් වහන්සේගේ ශ්‍රාවක භික්ෂූහු ව්‍යක්ත ව, විනීත ව, විශාරද ව, අරහත්වයට පත් ව, බහුශ්‍රැත ව, ධර්මධර ව, ධර්මානුධර්ම ප්‍රතිපදාවෙන් යුක්ත ව, සාමීචි ප්‍රතිපදාවෙන් යුක්ත ව, අනුධර්මචාරී ව සිටිති. තම ආචාර්යවාදය ඉගෙන පවසති. දෙසති. පණවති. පිහිටුවති. විවෘත කරති. බෙදා දක්වති. ඉස්මතු කරති. උපන් පරාපවාදයන් කරුණු සහිත ව මැඩ පවත්වා අනුශාසනා ප්‍රාතිහාර්යයෙන් යුක්ත ව ධර්මය දෙසති.

ස්වාමීනී, භාග්‍යවතුන් වහන්ස, දැන් පිරිනිවන් පානා සේක්වා! සුගතයන් වහන්සේ පිරිනිවන් පානා සේක්වා! ස්වාමීනී, දැන් භාග්‍යවතුන් වහන්සේට පිරිනිවන් පෑමට කාලය යි.

ස්වාමීනී, භාග්‍යවතුන් වහන්සේ විසින් පවසන ලද මේ වචනයක් තිබෙයි. 'පවිටු මාරය, යම්තාක් කල් මාගේ ශ්‍රාවිකා භික්ෂුණීහු ව්‍යක්ත ව, විශාරද ව, අරහත්වයට පත් ව, විනීත ව බහුශ්‍රැත ව, ධර්මධර ව, ධර්මානුධර්ම ප්‍රතිපදාවෙන් යුක්ත ව, සාමීචි ප්‍රතිපදාවෙන් යුක්ත ව, අනුධර්මචාරී නොවන්නාහු ද, තම ආචාර්යවාදය ඉගෙන නොපවසන්නාහු ද, නොදෙසන්නාහු ද, නොපණවන්නාහු ද, නොපිහිටුවන්නාහු ද, විවෘත නොකරන්නාහු ද, නොබෙදා දක්වන්නාහු ද, ඉස්මතු නොකරන්නාහු ද, උපන් පරාපවාදයන් කරුණු සහිත ව මැඩ පවත්වා අනුශාසනා ප්‍රාතිහාර්යයෙන් යුක්ත ව ධර්මය නොදෙසන්නාහු ද, ඒ තාක් කල් මම පිරිනිවන් නොපාන්නෙමි' යි යන වචනය යි.

ස්වාමීනී, මෙකල්හී වනාහී භාග්‍යවතුන් වහන්සේගේ ශ්‍රාවිකා භික්ෂුණීහු ව්‍යක්ත ව, විනීත ව, විශාරද ව, අරහත්වයට පත් ව, බහුශ්‍රැත ව, ධර්මධර ව, ධර්මානුධර්ම ප්‍රතිපදාවෙන් යුක්ත ව, සාමීචි ප්‍රතිපදාවෙන් යුක්ත ව, අනුධර්මචාරී ව සිටිති. තම ආචාර්යවාදය ඉගෙන පවසති. දෙසති. පණවති. පිහිටුවති. විවෘත කරති. බෙදා දක්වති. ඉස්මතු කරති. උපන් පරාපවාදයන් කරුණු සහිත ව මැඩ පවත්වා අනුශාසනා ප්‍රාතිහාර්යයෙන් යුක්ත ව ධර්මය දෙසති.

ස්වාමීනී, භාග්‍යවතුන් වහන්ස, දැන් පිරිනිවන් පානා සේක්වා! සුගතයන්

වහන්සේ පිරිනිවන් පානා සේක්වා! ස්වාමීනී, දැන් භාග්‍යවතුන් වහන්සේට පිරිනිවන් පෑමට කාලය යි.

ස්වාමීනී, භාග්‍යවතුන් වහන්සේ විසින් පවසන ලද මේ වචනයක් තිබෙයි. 'පවිටු මාරය, යම්තාක් කල් මාගේ ශ්‍රාවක උපාසකවරු ව්‍යක්ත ව, විනීත ව විශාරද ව, මාර්ගඵලයන්ට පත් ව, බහුශ්‍රැත ව, ධර්මධර ව, ධර්මානුධර්ම ප්‍රතිපදාවෙන් යුක්ත ව, සාමීචි ප්‍රතිපදාවෙන් යුක්ත ව, අනුධර්මචාරී නොවන්නාහු ද, තම ආචාර්යවාදය ඉගෙන නොපවසන්නාහු ද, නොදෙසන්නාහු ද, නොපණවන්නාහු ද, නොපිහිටුවන්නාහු ද, විවෘත නොකරන්නාහු ද, නොබෙදා දක්වන්නාහු ද, ඉස්මතු නොකරන්නාහු ද, උපන් පරාපවාදයන් කරුණු සහිත ව මැඩ පවත්වා අනුශාසනා ප්‍රාතිහාර්යයෙන් යුක්ත ව ධර්මය නොදෙසන්නාහු ද, ඒ තාක් කල් මම පිරිනිවන් නොපාන්නෙමි' යි යන වචනය යි.

ස්වාමීනී, මෙකල්හී වනාහී භාග්‍යවතුන් වහන්සේගේ ශ්‍රාවක උපාසකවරු ව්‍යක්ත ව, විනීත ව, විශාරද ව, මාර්ගඵලයන්ට පත් ව, බහුශ්‍රැත ව, ධර්මධර ව, ධර්මානුධර්ම ප්‍රතිපදාවෙන් යුක්ත ව, සාමීචි ප්‍රතිපදාවෙන් යුක්ත ව, අනුධර්මචාරී ව සිටිති. තම ආචාර්යවාදය ඉගෙන පවසති. දෙසති. පණවති. පිහිටුවති. විවෘත කරති. බෙදා දක්වති. ඉස්මතු කරති. උපන් පරාපවාදයන් කරුණු සහිත ව මැඩ පවත්වා අනුශාසනා ප්‍රාතිහාර්යයෙන් යුක්ත ව ධර්මය දෙසති.

ස්වාමීනී, භාග්‍යවතුන් වහන්ස, දැන් පිරිනිවන් පානා සේක්වා! සුගතයන් වහන්සේ පිරිනිවන් පානා සේක්වා! ස්වාමීනී, දැන් භාග්‍යවතුන් වහන්සේට පිරිනිවන් පෑමට කාලය යි.

ස්වාමීනී, භාග්‍යවතුන් වහන්සේ විසින් පවසන ලද මේ වචනයක් තිබෙයි. 'පවිටු මාරය, යම්තාක් කල් මාගේ ශ්‍රාවිකා උපාසිකාවෝ ව්‍යක්ත ව, විනීත ව, විශාරද ව, මාර්ගඵලයන්ට පත් ව, බහුශ්‍රැත ව, ධර්මධර ව, ධර්මානුධර්ම ප්‍රතිපදාවෙන් යුක්ත ව, සාමීචි ප්‍රතිපදාවෙන් යුක්ත ව, අනුධර්මචාරී නොවන්නාහු ද, තම ආචාර්යවාදය ඉගෙන නොපවසන්නාහු ද, නොදෙසන්නාහු ද, නොපණවන්නාහු ද, නොපිහිටුවන්නාහු ද, විවෘත නොකරන්නාහු ද, නොබෙදා දක්වන්නාහු ද, ඉස්මතු නොකරන්නාහු ද, උපන් පරාපවාදයන් කරුණු සහිත ව මැඩ පවත්වා අනුශාසනා ප්‍රාතිහාර්යයෙන් යුක්ත ව ධර්මය නොදෙසන්නාහු ද, ඒ තාක් කල් මම පිරිනිවන් නොපාන්නෙමි' යි යන වචනය යි.

ස්වාමීනී, මෙකල්හී වනාහී භාග්‍යවතුන් වහන්සේගේ ශ්‍රාවිකා උපාසිකාවෝ ව්‍යක්ත ව, විනීත ව, විශාරද ව, මාර්ගඵලයන්ට පත් ව, බහුශ්‍රැත ව, ධර්මධර ව, ධර්මානුධර්ම ප්‍රතිපදාවෙන් යුක්ත ව, සාමීචි ප්‍රතිපදාවෙන් යුක්ත ව, අනුධර්මචාරී

ව සිටිති. තම ආචාර්යවාදය ඉගෙන පවසති. දෙසති. පණවති. පිහිටුවති. විවෘත කරති. බෙදා දක්වති. ඉස්මතු කරති. උපන් පරාපවාදයන් කරුණු සහිත ව මැඩ පවත්වා අනුශාසනා ප්‍රාතිහාර්යයෙන් යුක්ත ව ධර්මය දෙසති.

ස්වාමීනි, භාග්‍යවතුන් වහන්ස, දැන් පිරිනිවන් පානා සේක්වා! සුගතයන් වහන්සේ පිරිනිවන් පානා සේක්වා! ස්වාමීනි, දැන් භාග්‍යවතුන් වහන්සේට පිරිනිවන් පෑමට කාලය යි.

ස්වාමීනි, භාග්‍යවතුන් වහන්සේ විසින් පවසන ලද මේ වචනයක් තිබෙයි. 'පවිටු මාරය, යම්තාක් කල් මාගේ මේ සසුන් බඹසර ඉතා දියුණුවට පත් නොවෙයි ද, සමෘද්ධිමත් නොවෙයි ද, බොහෝ ජනයා විසින් දන්නා ලද්දේ නොවෙයි ද, පුළුල් ව පැතිරුණේ නොවෙයි ද, යම්තාක් දෙව් මිනිසුන් විසින් මැනැවින් ප්‍රකාශ කරන ලද්දේ නොවෙයි ද, ඒ තාක් කල් මම පිරිනිවන් නොපාන්නෙමි' යි යන වචනය යි.

ස්වාමීනි, මෙකල්හි භාග්‍යවතුන් වහන්සේගේ සසුන් බඹසර ඉතා දියුණු වූයේ ත්, සමෘද්ධිමත් වූයේ ත්, බොහෝ ජනයා විසින් දන්නා ලද්දේ ත්, පුළුල් ව පැතිරුණේ ත්, යම්තාක් දෙව් මිනිසුන් විසින් මැනැවින් ප්‍රකාශ කරන ලද්දේ ත් වෙයි.

ස්වාමීනි, භාග්‍යවතුන් වහන්ස, දැන් පිරිනිවන් පානා සේක්වා! සුගතයන් වහන්සේ පිරිනිවන් පානා සේක්වා! ස්වාමීනි, දැන් භාග්‍යවතුන් වහන්සේට පිරිනිවන් පෑමට කාලය යි."

මෙසේ පැවසූ කල්හී භාග්‍යවතුන් වහන්සේ පවිටු මාරයා හට මෙය වදාළ සේක.

"පවිටු මාරය, ඔබ අල්ප උත්සාහයෙන් වසව. වැඩිකල් නොයා තථාගතයන්ගේ පිරිනිවන් පෑම වන්නේ ය. මෙයින් තුන් මසක් ඇවෑමෙන් තථාගත තෙමේ පිරිනිවන් පාන්නේ ය."

ඉක්බිති භාග්‍යවතුන් වහන්සේ චාපාල චෛත්‍යස්ථානයෙහි දී සිහියෙන් හා නුවණින් යුතුව ආයු සංස්කාරය අත්හළ සේක. භාග්‍යවතුන් වහන්සේ විසින් ආයු සංස්කාරය අත්හළ සැණින් බිහිසුණු වූ ලොමුදැහගැනීම් ඇති වන මහා පොළොව සැලීමක් වූයේ ය. දිව්‍ය දුන්දුභිහු හෙවත් දෙව්බෙර පැලී ගියාහු ය. (අකල් වැස්සක් ඇද හැලුණේ ය.)

ඉක්බිති භාග්‍යවතුන් වහන්සේ මේ අරුත දැන එවේලෙහි මේ උදානය පහළ කළ සේක.

"මුනි තෙමේ හටගත්තා වූ තුලනය කළ හැකි - තුලනය කළ නොහැකි සියල්ල ද, භව සංස්කාර ද අත්හළේය. ආධ්‍යාත්මය තුළ නිවනෙහි ඇලුණු සිත් ඇති ව, සමාහිත සිත් ඇති ව, මේ හටගත් ජීවිත සංස්කාර යුද ඇඳුමක් සිඳින සෙයින් සිඳ දැම්මේය."

සාදු! සාදු!! සාදු!!!

චේතිය සූත්‍රය නිමා විය.

පළමුවෙනි චාපාල වර්ගය අවසන් විය.

- එහි පිළිවෙල උද්දානයයි :

අපාර සූත්‍රය, විරද්ධ සූත්‍රය, අරිය සූත්‍රය, නිබ්බිදා සූත්‍රය, පදේස සූත්‍රය, සමත්ත සූත්‍රය, භික්ඛු සූත්‍රය, අරහන්ත සූත්‍රය, ඤාණ සූත්‍රය සහ චේතිය සූත්‍රය වශයෙන් සූත්‍ර දසයකි.

2. පාසාදකම්පන වර්ගය

7.2.1.
හේතු සූත්‍රය
ඉර්ධිපාදයන්ට හේතු වූ කරුණු ගැන වදාළ දෙසුම

සැවැත් නුවර දී ය ....

"මහණෙනි, සම්බුද්ධත්වයට පූර්වයෙහි දී අභිසම්බෝධියට පත් ව නොසිටි, බෝසත් ම වූ මා හට මේ අදහස ඇති වූයේ ය. 'ඉර්ධිපාදයන් දියුණු කරගැනීම පිණිස හේතුවන්නේ කුමක් ද? ප්‍රත්‍ය වන්නේ කුමක් ද?' යි එකල්හී මහණෙනි, ඒ මට මේ අදහස ඇතිවූයේ ය. 'මෙහිලා භික්ෂුවක් බලවත් ඡන්දය තුළින් උපදවාගත් සමාධියෙන් හා ප්‍රධන් වීර්යයෙන් යුක්ත ව ඉර්ධිපාදය වඩයි. මෙසේ මාගේ ඡන්දය අතිශයින් සැඟවීමකට ද නොයන්නේ ය. (ඕනෑවට ත් වඩා ගත් වීර්යයෙන්) ඉතා දැඩිකොට ගැනීමක් ද නොවන්නේ ය. තමා තුළ ද හැකිළී නොයන්නේ ය. පිටතට ද විසිරී නොයන්නේ ය. පසු - පෙර සංඥාවෙන් ද වාසය කරයි.

"පෙරවරුවෙහි යම් සේ ද පස්වරුවේ ත් එසේ ය. පස්වරුවෙහි යම් සේ ද පෙරවරුවෙහි ත් එසේ ය. යටිකය ගැන විමසන්නේ යම් සේ ද, උඩුකය ගැන ත් විමසන්නේ එසේ ය. උඩුකය ගැන විමසන්නේ යම් සේ ද, යටිකය ගැන විමසන්නේ ත් එසේ ය. දහවල ගත කරන්නේ යම් සේ ද, රාත්‍රිය ත් එසේ ය. රාත්‍රිය ගත කරන්නේ යම් සේ ද, දහවල ත් එසේ ය."

මෙසේ විවෘත වූ, බාහිර දෙයකට නොබැඳුණු සිතින් බැබලීම් සහිත සිත වඩයි.

බලවත් වීර්යය තුළින් උපදවාගත් සමාධියෙන් හා ප්‍රධන් වීර්යයෙන් යුක්ත ව ඉර්ධිපාදය වඩයි. මෙසේ මාගේ වීර්යය අතිශයින් සැඟවීමකට ද නොයන්නේ ය. (ඕනෑවට ත් වඩා ගත් වීර්යයෙන්) ඉතා දැඩිකොට ගැනීමක් ද නොවන්නේ

ය. තමා තුළ ද හැකිලී නොයන්නේ ය. පිටතට ද විසිරී නොයන්නේ ය. පසු - පෙර සංඥාවෙන් ද වාසය කරයි.

"පෙරවරුවෙහි යම් සේ ද පස්වරුවේ ත් එසේ ය. පස්වරුවෙහි යම් සේ ද පෙරවරුවෙහි ත් එසේ ය. යටිකය ගැන විමසන්නේ යම් සේ ද, උඩුකය ගැන ත් විමසන්නේ එසේ ය. උඩුකය ගැන විමසන්නේ යම් සේ ද, යටිකය ගැන විමසන්නේ ත් එසේ ය. දහවල ගත කරන්නේ යම් සේ ද, රාත්‍රිය ත් එසේ ය. රාත්‍රිය ගත කරන්නේ යම් සේ ද, දහවල ත් එසේ ය."

මෙසේ විවෘත වූ, බාහිර දෙයකට නොබැඳුණු සිතින් බැබලීම් සහිත සිත වඩයි.

බලවත් අධිෂ්ඨානය තුළින් උපදවාගත් සමාධියෙන් හා ප්‍රධන් වීර්යයෙන් යුක්ත ව ඉර්ධිපාදය වඩයි. මෙසේ මාගේ අධිෂ්ඨානය අතිශයින් සැඟවීමකට ද නොයන්නේ ය. (ඕනෑවට ත් වඩා ගත් වීර්යයෙන්) ඉතා දැඩිකොට ගැනීමක් ද නොවන්නේ ය. තමා තුළ ද හැකිලී නොයන්නේ ය. පිටතට ද විසිරී නොයන්නේ ය. පසු - පෙර සංඥාවෙන් ද වාසය කරයි.

"පෙරවරුවෙහි යම් සේ ද පස්වරුවේ ත් එසේ ය. පස්වරුවෙහි යම් සේ ද පෙරවරුවෙහි ත් එසේ ය. යටිකය ගැන විමසන්නේ යම් සේ ද, උඩුකය ගැන ත් විමසන්නේ එසේ ය. උඩුකය ගැන විමසන්නේ යම් සේ ද, යටිකය ගැන විමසන්නේ ත් එසේ ය. දහවල ගත කරන්නේ යම් සේ ද, රාත්‍රිය ත් එසේ ය. රාත්‍රිය ගත කරන්නේ යම් සේ ද, දහවල ත් එසේ ය."

මෙසේ විවෘත වූ, බාහිර දෙයකට නොබැඳුණු සිතින් බැබලීම් සහිත සිත වඩයි.

බලවත් ව නුවණින් විමසීම තුළින් උපදවාගත් සමාධියෙන් හා ප්‍රධන් වීර්යයෙන් යුක්ත ව ඉර්ධිපාදය වඩයි. මෙසේ මාගේ බලවත් ව නුවණින් විමසීම අතිශයින් සැඟවීමකට ද නොයන්නේ ය. (ඕනෑවට ත් වඩා ගත් වීර්යයෙන්) ඉතා දැඩිකොට ගැනීමක් ද නොවන්නේ ය. තමා තුළ ද හැකිලී නොයන්නේ ය. පිටතට ද විසිරී නොයන්නේ ය. පසු - පෙර සංඥාවෙන් ද වාසය කරයි.

"පෙරවරුවෙහි යම් සේ ද පස්වරුවේ ත් එසේ ය. පස්වරුවෙහි යම් සේ ද පෙරවරුවෙහි ත් එසේ ය. යටිකය ගැන විමසන්නේ යම් සේ ද, උඩුකය ගැන ත් විමසන්නේ එසේ ය. උඩුකය ගැන විමසන්නේ යම් සේ ද, යටිකය ගැන විමසන්නේ ත් එසේ ය. දහවල ගත කරන්නේ යම් සේ ද, රාත්‍රිය ත් එසේ ය. රාත්‍රිය ගත කරන්නේ යම් සේ ද, දහවල ත් එසේ ය."

මෙසේ විවෘත වූ, බාහිර දෙයකට නොබැඳුණු සිතින් බැබලීම් සහිත සිත වඩයි.

මහණෙනි, මේ අයුරින් භික්ෂුවක් සතර ඉර්ධිපාදයන් දියුණු කරගත් විට, බහුල ව ප්‍රගුණ කරගත් විට, අනේක ප්‍රකාර වූ ඉර්ධි විශේෂයන් කළ හැකි වන්නේ ය. එනම් එක් කෙනෙක් ව සිට බොහෝ අය ලෙස පෙනී සිටියි. බොහෝ අය වී එක් අයෙක් ව පෙනී සිටියි. ප්‍රකටව ත් සිටියි. අප්‍රකටව ත් සිටියි. බිත්ති හරහා යයි, ප්‍රාකාරය හරහා යයි, පර්වත හරහා යයි, අහසින් යන සෙයින් ඒ කිසිවක නොගැටෙමින් යයි. පොළොවෙහි යටට කිමිදෙයි. උඩට මතුවෙයි. ජලයෙහි සේ ය. නොගිලෙමින් ජලයෙහි ඇවිදගෙන යයි. පොළොවෙහි යන සේ ය. පළඟක් බැඳ අහසින් යයි. පක්ෂි ලිහිණියෙකු සේ ය. මෙබඳු මහත් ඉර්ධි ඇති, මෙබඳු මහත් ආනුභාව ඇති මේ හිරු සඳු දෙක ද අතින් ස්පර්ශ කරයි. පිරිමදියි. බඹලොව සීමා කොට සිය කයින් වසඟයෙහි පවත්වයි.

මහණෙනි, මේ අයුරින් භික්ෂුවක් සතර ඉර්ධිපාදයන් දියුණු කරගත් විට, බහුල ව ප්‍රගුණ කරගත් විට, සාමාන්‍ය මිනිස් ශ්‍රවණය ඉක්මවා ගිය පිරිසිදු වූ, දිව්‍ය වූ ශ්‍රවණයෙන් දිව්‍ය වූ ත්, මානුෂික වූ ත්, දුර වූ ත්, ළඟ වූ ත් දෙවැදෑරුම් ශබ්ද අසයි.

මහණෙනි, මේ අයුරින් භික්ෂුවක් සතර ඉර්ධිපාදයන් දියුණු කරගත් විට, බහුල ව ප්‍රගුණ කරගත් විට, අන්‍ය සත්වයන්ගේ, අන්‍ය පුද්ගලයන්ගේ සිත තම සිතින් පිරිසිඳ දන්නේ වෙයි. එනම් සරාගී සිත සරාගී සිත යැයි දන්නේ ය. වීතරාගී සිත වීතරාගී සිත යැයි දන්නේ ය. සදෝසී සිත ....(පෙ).... වීතදෝසී සිත ....(පෙ).... සමෝහී සිත ....(පෙ).... වීතමෝහී සිත ....(පෙ).... හැකිළුණු සිත ....(පෙ).... විසිරුණු සිත ....(පෙ).... මහග්ගත සිත ....(පෙ).... අමහග්ගත සිත ....(පෙ).... සඋත්තර සිත ....(පෙ).... අනුත්තර සිත ....(පෙ).... සමාහිත සිත ....(පෙ).... අසමාහිත සිත ....(පෙ).... මිදුණු සිත ....(පෙ).... නොමිදුණු සිත නොමිදුණු සිත යැයි දැන ගනී.

මහණෙනි, මේ අයුරින් භික්ෂුවක් සතර ඉර්ධිපාදයන් දියුණු කරගත් විට, බහුල ව ප්‍රගුණ කරගත් විට, අනේක ප්‍රකාර වූ පෙර විසූ කඳ පිළිවෙල සිහි කරයි. එනම් එක උපතක් ද, උපත් දෙකක් ද, උපත් තුනක් ද, උපත් සතරක් ද, උපත් පහක් ද, උපත් දහයක් ද, උපත් විස්සක් ද, උපත් තිහක් ද, උපත් හතළිහක් ද, උපත් පණහක් ද, උපත් සියයක් ද, උපත් දහසක් ද, උපත් සිය දහසක් ද, අනේක වූ සංවට්ට කල්ප, අනේක වූ විවට්ට කල්ප, අනේක

වූ සංවට්ට විවට්ට කල්ප වශයෙන් ද සිහි කරයි. 'මම් අසවල් තැන සිටියෙමි. අසවල් නමින් සිටියෙමි. අසවල් ගෝත්‍රයෙන් සිටියෙමි. අසවල් පැහැයෙන් සිටියෙමි. අසවල් ආහාර ගත්තෙමි. අසවල් අයුරින් සැප දුක් වින්දෙමි. අසවල් අයුරින් දිවිය අවසන් කළෙමි. එයින් චුත ව ඒ මම් අසවල් තැන උපන්නෙමි. එහිදී ද මම් අසවල් නමින් සිටියෙමි. අසවල් ගෝත්‍ර නමින් සිටියෙමි. අසවල් පැහැයෙන් සිටියෙමි. අසවල් ආහාර ගත්තෙමි. අසවල් සැප දුක් වින්දෙමි. අසවල් අයුරින් දිවිය අවසන් කළෙමි. ඒ මම් එයින් චුත ව මෙහි උපන්නෙමි' ආදී වශයෙනි. මෙසේ කරුණු සහිත වූ, විස්තර සහිත වූ අනේක ප්‍රකාර වූ පෙර විසූ කඳ පිළිවෙල සිහි කරයි.

මහණෙනි, මේ අයුරින් භික්ෂුවක් සතර ඉර්ධිපාදයන් දියුණු කරගත් විට, බහුල ව ප්‍රගුණ කරගත් විට, මිනිස් දැක්ම ඉක්මවා ගිය විශුද්ධ දිව්‍ය නේත්‍රයෙන් චුතවන්නා වූත්, උපදින්නා වූත් සත්වයන් දකියි. ඒ සත්වයන් කර්මානුරූපව පහත් වූත්, උසස් වූත්, මනා පැහැ ඇත්තා වූත්, විරූපී වූත්, සුගතියේත් දුගතියේත් උපදින අයුරු දනියි. එනම් 'ඒකාන්තයෙන් මේ භවත් සත්වයෝ කාය දුෂ්චරිතයෙන් යුක්ත වූවාහු ය. වචී දුෂ්චරිතයෙන් යුක්ත වූවාහු ය. මනෝ දුෂ්චරිතයෙන් යුක්ත වූවාහු ය. ආර්යයන් හට නින්දා අපහාස කළාහු ය. මිසදිටු ගත්තාහු ය. මිසදිටු ක්‍රියායෙහි යෙදුණාහු ය. ඔවුහු කය බිඳී මරණින් මතු අපාය නම් වූ, දුගතිය නම් වූ යටට වැටෙන නිරයෙහි උපන්නාහු ය. එසේ ම මේ භවත් සත්වයෝ කාය සුචරිතයෙන් යුක්ත වූවාහු ය. වචී සුචරිතයෙන් යුක්ත වූවාහු ය. මනෝ සුචරිතයෙන් යුක්ත වූවාහු ය. ආර්යයන් හට නින්දා අපහාස නොකළාහු ය. සම්දිටු ගත්තාහු ය. සම්දිටු ක්‍රියායෙහි යෙදුණාහු ය. ඔවුහු කය බිඳී මරණින් මතු සුගති නම් වූ ස්වර්ග ලෝකයෙහි උපන්නාහු ය. මෙසේ මිනිස් දැක්ම ඉක්මවා ගිය විශුද්ධ දිව්‍ය නේත්‍රයෙන් චුතවන්නා වූත්, උපදින්නා වූත් සත්වයන් දකියි. ඒ සත්වයන් කර්මානුරූපව පහත් වූත්, උසස් වූත්, මනා පැහැ ඇත්තා වූත්, විරූපී වූත්, සුගතියේත් දුගතියේත් උපදින අයුරු දනියි.

මහණෙනි, මේ අයුරින් භික්ෂුවක් සතර ඉර්ධිපාදයන් දියුණු කරගත් විට, බහුල ව ප්‍රගුණ කරගත් විට, ආශ්‍රවයන් ක්ෂය වීමෙන් අනාශ්‍රව වූ චිත්ත විමුක්තියත්, ප්‍රඥා විමුක්තියත් මේ ජීවිතයේදී ම තම විශිෂ්ට නුවණින් අත්දැක එයට පැමිණ වාසය කරයි.

සාදු! සාදු!! සාදු!!!

හේතු සූත්‍රය නිමා විය.

7.2.2.
මහප්ඵල සූත්‍රය
ඉර්ධිපාදයන් වැඩීමෙන් මහත්ඵල ලැබෙන බවට වදාළ දෙසුම

මහණෙනි, මේ සතරක් වූ ඉර්ධිපාදයෝ හොඳින් දියුණු කරගත් විට, බහුල ව ප්‍රගුණ කරගත් විට, මහත්ඵල මහානිශංසය ඇත්තාහ. මහණෙනි, මේ සතරක් වූ ඉර්ධිපාදයන් කෙසේ හොඳින් දියුණු කරගත් විට ද, කෙසේ බහුල ව ප්‍රගුණ කරගත් විට ද, මහත්ඵල මහානිශංසය වන්නේ?

මෙහිලා භික්ෂුවක් බලවත් ඡන්දය තුළින් උපදවාගත් සමාධියෙන් හා ප්‍රධන් වීර්යයෙන් යුක්ත ව ඉර්ධිපාදය වඩයි. මෙසේ මාගේ ඡන්දය සැඟවීමකට ද නොයන්නේ ය. (ඕනෑවට ත් වඩා ගත් වීර්යයෙන්) ඉතා දැඩිකොට ගැනීමක් ද නොවන්නේ ය. තමා තුළ ද හැකිලී නොයන්නේ ය. පිටතට ද විසිරී නොයන්නේ ය. පසු - පෙර සංඥාවෙන් ද වාසය කරයි.

"පෙරවරුවෙහි යම් සේ ද පස්වරුවේ ත් එසේ ය. පස්වරුවෙහි යම් සේ ද පෙරවරුවෙහි ත් එසේ ය. යටිකය ගැන විමසන්නේ යම් සේ ද, උඩුකය ගැන ත් විමසන්නේ එසේ ය. උඩුකය ගැන විමසන්නේ යම් සේ ද, යටිකය ගැන විමසන්නේ ත් එසේ ය. දහවල ගත කරන්නේ යම් සේ ද, රාත්‍රිය ත් එසේ ය. රාත්‍රිය ගත කරන්නේ යම් සේ ද, දහවල ත් එසේ ය."

මෙසේ විවෘත වූ, බාහිර දෙයකට නොබැඳුණු සිතින් බැබලීම් සහිත සිත වඩයි.

බලවත් වීර්යය තුළින් උපදවාගත් සමාධියෙන් ....(පෙ).... බලවත් අධිෂ්ඨානය තුළින් උපදවාගත් සමාධියෙන් ....(පෙ).... බලවත් ව නුවණින් විමසීම තුළින් උපදවාගත් සමාධියෙන් හා ප්‍රධන් වීර්යයෙන් යුක්ත ව ඉර්ධිපාදය වඩයි. මෙසේ මාගේ බලවත් ව නුවණින් විමසීම සැඟවීමකට ද නොයන්නේ ය. (ඕනෑවට ත් වඩා ගත් වීර්යයෙන්) ඉතා දැඩිකොට ගැනීමක් ද නොවන්නේ ය. තමා තුළ ද හැකිලී නොයන්නේ ය. පිටතට ද විසිරී නොයන්නේ ය. පසු - පෙර සංඥාවෙන් ද වාසය කරයි.

"පෙරවරුවෙහි යම් සේ ද පස්වරුවේ ත් එසේ ය. පස්වරුවෙහි යම් සේ ද පෙරවරුවෙහි ත් එසේ ය. යටිකය ගැන විමසන්නේ යම් සේ ද, උඩුකය

ගැන ත් විමසන්නේ එසේ ය. උඩුකය ගැන විමසන්නේ යම් සේ ද, යටිකය ගැන විමසන්නේ ත් එසේ ය. දහවල ගත කරන්නේ යම් සේ ද, රාත්‍රිය ත් එසේ ය. රාත්‍රිය ගත කරන්නේ යම් සේ ද, දහවල ත් එසේ ය."

මෙසේ විවෘත වූ, බාහිර දෙයකට නොබැඳුණු සිතින් බැබලීම් සහිත සිත වඩයි. මහණෙනි, මෙසේ වඩන ලද, මෙසේ බහුල කරන ලද සතරක් වූ ඉර්ධිපාදයෝ මහත්ඵල, මහානිශංස වෙති.

මහණෙනි, මේ අයුරින් භික්ෂුවක් සතර ඉර්ධිපාදයන් දියුණු කරගත් විට, බහුල ව ප්‍රගුණ කරගත් විට, අනේක ප්‍රකාර වූ ඉර්ධි විශේෂයන් කළ හැකි වන්නේ ය. එනම් එක් කෙනෙක් ව සිට බොහෝ අය ලෙස පෙනී සිටියි. බොහෝ අය වී එක් අයෙක් ව පෙනී සිටියි. ....(පෙ).... බඹලොව සීමා කොට සිය කයින් වසඟයෙහි පවත්වයි. ....(පෙ).... මහණෙනි, මේ අයුරින් භික්ෂුවක් සතර ඉර්ධිපාදයන් දියුණු කරගත් විට, බහුල ව ප්‍රගුණ කරගත් විට, ආශ්‍රවයන් ක්ෂය වීමෙන් අනාශ්‍රව වූ චිත්ත විමුක්තියත්, ප්‍රඥා විමුක්තියත් මේ ජීවිතයේදී ම තම විශිෂ්ට නුවණින් අත්දැක එයට පැමිණ වාසය කරයි.

සාදු! සාදු!! සාදු!!!

මහප්ඵල සූත්‍රය නිමා විය.

7.2.3.
ඡන්ද සූත්‍රය
ඉර්ධිපාදය පිණිස ඡන්දය ඇතිකරගැනීම ගැන වදාළ දෙසුම

ඉදින් මහණෙනි, භික්ෂුවක් බලවත් ඡන්දය උපදවා කටයුතු කිරීමෙන් සමාධියක් ලබයි ද, සිතෙහි එකඟ බවක් ලබයි ද, මෙය ඡන්ද සමාධිය යැයි කියනු ලැබෙයි. ඔහු නූපන් පාපී අකුසල් දහම් නූපදවීම පිණිස කැමැත්ත උපදවයි. වැයම් කරයි. වීර්යය පටන් ගනියි. සිත දැඩි කොට ගනියි. ප්‍රධන් වීර්යය වඩයි. උපන් පාපී අකුසල් දහම් ප්‍රහාණය පිණිස කැමැත්ත උපදවයි. වැයම් කරයි. වීර්යය පටන් ගනියි. සිත දැඩි කොට ගනියි. ප්‍රධන් වීර්යය වඩයි. නූපන් කුසල් දහම් ඉපදවීම පිණිස කැමැත්ත උපදවයි. වැයම් කරයි. වීර්යය

පටන් ගනියි. සිත දැඩි කොට ගනියි. ප්‍රධන් වීර්යය වඩයි. උපන් කුසල් දහම් පවතිනු පිණිස, නොනැසෙනු පිණිස, වඩාත් දියුණු වීම පිණිස, විපුල බව පිණිස, භාවනාවෙන් පිරිපුන් වනු පිණිස කැමැත්ත උපදවයි. වෑයම් කරයි. වීර්යය පටන් ගනියි. සිත දැඩි කොට ගනියි. ප්‍රධන් වීර්යය වඩයි. මේවා ප්‍රධන් වීර්යයට අයත් සංස්කාරයෝ යැයි කියනු ලැබෙයි. මෙසේ මේ ඡන්දය ත්, මේ ඡන්ද සමාධිය ත්, මේ ප්‍රධන් වීර්යයට අයත් සංස්කාර ත් ඇද්ද, මහණෙනි, මෙය බලවත් ඡන්දයෙන් උපදවා ගත් සමාධියෙන් හා ප්‍රධන් වීර්යයෙන් යුතු ඉර්ධිපාදය යැයි කියනු ලැබෙයි.

ඉදින් මහණෙනි, භික්ෂුවක් බලවත් වීර්යය උපදවා කටයුතු කිරීමෙන් සමාධියක් ලබයි ද, සිතෙහි එකඟ බවක් ලබයි ද, මෙය විරිය සමාධිය යැයි කියනු ලැබෙයි. ඔහු නූපන් පාපී අකුසල් දහම් නූපදවීම පිණිස කැමැත්ත උපදවයි. වෑයම් කරයි. වීර්යය පටන් ගනියි. සිත දැඩි කොට ගනියි. ප්‍රධන් වීර්යය වඩයි. උපන් පාපී අකුසල් දහම් ප්‍රහාණය පිණිස ....(පෙ).... නූපන් කුසල් දහම් ඉපදවීම පිණිස ....(පෙ).... උපන් කුසල් දහම් පවතිනු පිණිස, නොනැසෙනු පිණිස, වඩාත් දියුණු වීම පිණිස, විපුල බව පිණිස, භාවනාවෙන් පිරිපුන් වනු පිණිස කැමැත්ත උපදවයි. වෑයම් කරයි. වීර්යය පටන් ගනියි. සිත දැඩි කොට ගනියි. ප්‍රධන් වීර්යය වඩයි. මේවා ප්‍රධන් වීර්යයට අයත් සංස්කාරයෝ යැයි කියනු ලැබෙයි. මෙසේ මේ වීර්යය ත්, මේ විරිය සමාධිය ත්, මේ ප්‍රධන් වීර්යයට අයත් සංස්කාර ත් ඇද්ද, මහණෙනි, මෙය බලවත් වීර්යයෙන් උපදවා ගත් සමාධියෙන් හා ප්‍රධන් වීර්යයෙන් යුතු ඉර්ධිපාදය යැයි කියනු ලැබෙයි.

ඉදින් මහණෙනි, භික්ෂුවක් බලවත් අධිෂ්ඨානය උපදවා කටයුතු කිරීමෙන් සමාධියක් ලබයි ද, සිතෙහි එකඟ බවක් ලබයි ද, මෙය චිත්ත සමාධිය යැයි කියනු ලැබෙයි. ඔහු නූපන් පාපී අකුසල් දහම් නූපදවීම පිණිස කැමැත්ත උපදවයි. වෑයම් කරයි. වීර්යය පටන් ගනියි. සිත දැඩි කොට ගනියි. ප්‍රධන් වීර්යය වඩයි. උපන් පාපී අකුසල් දහම් ප්‍රහාණය පිණිස ....(පෙ).... නූපන් කුසල් දහම් ඉපදවීම පිණිස ....(පෙ).... උපන් කුසල් දහම් පවතිනු පිණිස, නොනැසෙනු පිණිස, වඩාත් දියුණු වීම පිණිස, විපුල බව පිණිස, භාවනාවෙන් පිරිපුන් වනු පිණිස කැමැත්ත උපදවයි. වෑයම් කරයි. වීර්යය පටන් ගනියි. සිත දැඩි කොට ගනියි. ප්‍රධන් වීර්යය වඩයි. මේවා ප්‍රධන් වීර්යයට අයත් සංස්කාරයෝ යැයි කියනු ලැබෙයි. මෙසේ මේ අධිෂ්ඨානය ත්, මේ චිත්ත සමාධිය ත්, මේ ප්‍රධන් වීර්යයට අයත් සංස්කාර ත් ඇද්ද, මහණෙනි, මෙය බලවත් අධිෂ්ඨානයෙන් උපදවා ගත් සමාධියෙන් හා ප්‍රධන් වීර්යයෙන් යුතු ඉර්ධිපාදය යැයි කියනු ලැබෙයි.

ඉදින් මහණෙනි, භික්ෂුවක් බලවත් ව නුවණින් විමසීම උපදවා කටයුතු කිරීමෙන් සමාධියක් ලබයි ද, සිතෙහි එකග බවක් ලබයි ද, මෙය වීමංසා සමාධිය යැයි කියනු ලැබෙයි. ඔහු නූපන් පාපී අකුසල් දහම් නූපදවීම පිණිස කැමැත්ත උපදවයි. වෑයම් කරයි. වීර්යය පටන් ගනියි. සිත දැඩි කොට ගනියි. ප්‍රධන් වීර්යය වඩයි. උපන් පාපී අකුසල් දහම් ප්‍රහාණය පිණිස ....(පෙ).... නූපන් කුසල් දහම් ඉපදවීම පිණිස ....(පෙ).... උපන් කුසල් දහම් පවතිනු පිණිස, නොනැසෙනු පිණිස, වඩාත් දියුණු වීම පිණිස, විපුල බව පිණිස, භාවනාවෙන් පිරිපුන් වනු පිණිස කැමැත්ත උපදවයි. වෑයම් කරයි. වීර්යය පටන් ගනියි. සිත දැඩි කොට ගනියි. ප්‍රධන් වීර්යය වඩයි. මේවා ප්‍රධන් වීර්යයට අයත් සංස්කාරයෝ යැයි කියනු ලැබෙයි. මෙසේ මේ නුවණින් විමසීම ත්, මේ වීමංසා සමාධිය ත්, මේ ප්‍රධන් වීර්යයට අයත් සංස්කාර ත් ඇද්ද, මහණෙනි, මෙය බලවත් ව නුවණින් විමසීමෙන් උපදවා ගත් සමාධියෙන් හා ප්‍රධන් වීර්යයෙන් යුතු ඉර්ධිපාදය යැයි කියනු ලැබෙයි.

සාදු! සාදු!! සාදු!!!

ඡන්ද සූත්‍රය නිමා විය.

7.2.4.
මොග්ගල්ලාන සූත්‍රය
මහා මොග්ගල්ලානයන් වහන්සේ පිළිබඳ ව වදාළ දෙසුම

එක් සමයක භාග්‍යවතුන් වහන්සේ සැවැත් නුවර මිගාර මාතු ප්‍රාසාදය නම් පූර්වාරාමයෙහි වැඩවසන සේක. එසමයෙහි උඩගු, ඔසොවාගත් මාන්නය නමැති නළ ඇති, චපල, වාචාල, විසිරුණු වචන ඇති, මුලා වූ සිහි ඇති, නුවණින් තොර ව වසන, සමාහිත සිත් නැති, භ්‍රාන්ත සිත් ඇති, ප්‍රකෘති ඉඳුරන් ඇති බොහෝ භික්ෂූහු මිගාර මාතු ප්‍රාසාදයෙහි යටි මහලෙහි වාසය කරති.

එකල්හී භාග්‍යවතුන් වහන්සේ ආයුෂ්මත් මහා මොග්ගල්ලානයන් වහන්සේ ඇමතූ සේක.

"මොග්ගල්ලානයෙනි, ඔබගේ මේ සබ්‍රහ්මචාරීහු උඩගු ව, ඔසොවාගත් මාන්නය නමැති නළ ඇති ව, චපල ව, වාචාල ව, විසිරුණු වචන ඇති ව, මුලා වූ සිහි ඇති ව, නුවණින් තොර ව, සමාහිත සිත් නැති ව, භ්‍රාන්ත සිත්

ඇති ව, ප්‍රකෘති ඉඳුරන් ඇති ව මිගාර මාතු ප්‍රාසාදයෙහි යටි මහලෙහි වාසය කරති. යන්න මොග්ගල්ලානයෙනි, ඒ භික්ෂූන් සංවේගයට පත්කරවන්න."

"එසේ ය, ස්වාමීනී" යි ආයුෂ්මත් මහා මොග්ගල්ලානයන් වහන්සේ භාග්‍යවතුන් වහන්සේට පිළිවදන් දී යම් සේ පාදයෙහි මහපට ඇඟිල්ලෙන් මිගාරමාතු ප්‍රසාදය කම්පා වෙයි ද, විශේෂයෙන් කම්පා වෙයි ද, වඩා ත් සැලෙයි ද, එබඳු ස්වභාව ඇති ඉර්ධිප්‍රාතිහාර්යයක් කළහ. එකල්හී ඒ භික්ෂූහු සංවේගයට පත් ව, ලොමුදහගැනුම් ඇති ව, එකත්පස් ව සිටගත්හ. 'භවත්නි, ඒකාන්තයෙන් ආශ්චර්යයකි! භවත්නි, ඒකාන්තයෙන් අද්භූතයෙකි! ඒකාන්තයෙන් සුළඟකට අවකාශ නැත්තේ ය. ඒකාන්තයෙන් මේ මිගාරමාතු ප්‍රාසාදය ද ගැඹුරට සාරා මැනැවින් පිහිටුවන ලද්දකි. නොසැලෙන්නකි. අකම්පිතයෙකි. එසේ නමුත් බලවත් ව කම්පා වූයේ නොවැ. විශේෂයෙන් කම්පා වූයේ නොවැ. මහත් සේ සැලුණේ නොවැ.'

එකල්හී ඒ භික්ෂූහු යම් තැනක සිටගෙන සිටියාහු ද, භාග්‍යවතුන් වහන්සේ එතැනට වැඩි සේක. වැඩම කොට ඒ භික්ෂූන්ට මෙය වදාළ සේක.

"කිම? මහණෙනි, ඔබලා මෙතරම් සංවේග ව, ඇඟ මවිල් කෙලින් ව, එකත්පස් ව සිටියහු?"

"ස්වාමීනී, ආශ්චර්යයකි! ස්වාමීනී, අද්භූතයෙකි! ඒකාන්තයෙන් සුළඟකට අවකාශ නැත්තේ ය. ඒකාන්තයෙන් මේ මිගාරමාතු ප්‍රාසාදය ද ගැඹුරට සාරා මැනැවින් පිහිටුවන ලද්දකි. නොසැලෙන්නකි. අකම්පිතයෙකි. එසේ නමුත් බලවත් ව කම්පා වූයේ නොවැ. විශේෂයෙන් කම්පා වූයේ නොවැ. මහත් සේ සැලුණේ නොවැ."

"මහණෙනි, ඔබලා ව සංවේගයට පත් කරනු කැමැති මොග්ගල්ලාන භික්ෂුව විසින් සිය පාදයේ මහපට ඇඟිල්ලෙන් මිගාරමාතු ප්‍රාසාදය කම්පා කරවන ලද්දේ ය. බලවත් ව කම්පා කරවන ලද්දේ ය. බලවත් ව සොළොවන ලද්දේ ය. මහණෙනි, ඒ කිමෙකැයි හඟිව් ද? මොග්ගල්ලාන භික්ෂුව මේ සා මහත් ඉර්ධිමත් වූයේ, මේ සා මහානුභාව ඇතිවූයේ කවර ධර්මයන් දියුණු කිරීමෙන් ද? බහුල ව ප්‍රගුණ කිරීමෙන් ද?"

"ස්වාමීනී, අපගේ ධර්මයෝ භාග්‍යවතුන් වහන්සේ මුල්කොට ඇත්තාහ. ....(පෙ)...."

"මහණෙනි, ඉර්ධිපාද සතරක් දියුණු කරගත් බැවින්, බහුල ව ප්‍රගුණ කරගත් බැවින් මොග්ගල්ලාන භික්ෂුව මෙසේ මහා ඉර්ධිමත් වෙයි. මෙසේ

මහානුභාව සම්පන්න වෙයි. ඒ කවර සතරක් ද යත්;

මහණෙනි, මෙහිලා මොග්ගල්ලාන භික්ෂුව බලවත් ඡන්දය තුළින් උපදවාගත් සමාධියෙන් හා ප්‍රධන් වීර්යයෙන් යුක්ත ව ඉර්ධිපාදය වඩයි. මෙසේ මාගේ ඡන්දය අතිශයින් සැඟවීමකට ද නොයන්නේ ය. (ඕනෑවට ත් වඩා ගත් වීර්යයෙන්) ඉතා දැඩිකොට ගැනීමක් ද නොවන්නේ ය. තමා තුළ ද හැකිළී නොයන්නේ ය. පිටතට ද විසිරී නොයන්නේ ය. පසු - පෙර සංඥාවෙන් ද වාසය කරයි.

"පෙරවරුවෙහි යම් සේ ද පස්වරුවේ ත් එසේ ය. පස්වරුවෙහි යම් සේ ද පෙරවරුවෙහි ත් එසේ ය. යටිකය ගැන විමසන්නේ යම් සේ ද, උඩුකය ගැන ත් විමසන්නේ එසේ ය. උඩුකය ගැන විමසන්නේ යම් සේ ද, යටිකය ගැන විමසන්නේ ත් එසේ ය. දහවල ගත කරන්නේ යම් සේ ද, රාත්‍රිය ත් එසේ ය. රාත්‍රිය ගත කරන්නේ යම් සේ ද, දහවල ත් එසේ ය."

මෙසේ විවෘත වූ, බාහිර දෙයකට නොබැඳුණු සිතින් බැබලීම් සහිත සිත වඩයි.

බලවත් වීර්යය තුළින් උපදවාගත් සමාධියෙන් ....(පෙ).... බලවත් අධිෂ්ඨානය තුළින් උපදවාගත් සමාධියෙන් ....(පෙ).... බලවත් ව නුවණින් විමසීම තුළින් උපදවාගත් සමාධියෙන් හා ප්‍රධන් වීර්යයෙන් යුක්ත ව ඉර්ධිපාදය වඩයි. මෙසේ මාගේ බලවත් ව නුවණින් විමසීම අතිශයින් සැඟවීමකට ද නොයන්නේ ය. (ඕනෑවට ත් වඩා ගත් වීර්යයෙන්) ඉතා දැඩිකොට ගැනීමක් ද නොවන්නේ ය. තමා තුළ ද හැකිළී නොයන්නේ ය. පිටතට ද විසිරී නොයන්නේ ය. පසු - පෙර සංඥාවෙන් ද වාසය කරයි.

"පෙරවරුවෙහි යම් සේ ද පස්වරුවේ ත් එසේ ය. පස්වරුවෙහි යම් සේ ද පෙරවරුවෙහි ත් එසේ ය. යටිකය ගැන විමසන්නේ යම් සේ ද, උඩුකය ගැන ත් විමසන්නේ එසේ ය. උඩුකය ගැන විමසන්නේ යම් සේ ද, යටිකය ගැන විමසන්නේ ත් එසේ ය. දහවල ගත කරන්නේ යම් සේ ද, රාත්‍රිය ත් එසේ ය. රාත්‍රිය ගත කරන්නේ යම් සේ ද, දහවල ත් එසේ ය."

මෙසේ විවෘත වූ, බාහිර දෙයකට නොබැඳුණු සිතින් බැබලීම් සහිත සිත වඩයි. මහණෙනි, මේ ඉර්ධිපාද සතර දියුණු කරගත් බැවින්, බහුල ව ප්‍රගුණ කරගත් බැවින් මොග්ගල්ලාන භික්ෂුව මෙසේ මහා ඉර්ධිමත් වෙයි. මෙසේ මහානුභාව සම්පන්න වෙයි.

මහණෙනි, මොග්ගල්ලාන භික්ෂුව මේ සතර ඉර්ධිපාදයන් දියුණු කරගත්

හෙයින්, බහුල ව ප්‍රගුණ කරගත් හෙයින්, අනේක ප්‍රකාර වූ ඉර්ධි විශේෂයන් කළ හැකි වන්නේ ය. එනම් එක් කෙනෙක් ව සිට බොහෝ අය ලෙස පෙනී සිටියි. බොහෝ අය වී එක් අයෙක් ව පෙනී සිටියි. ....(පෙ).... බඹලොව සීමා කොට සිය කයින් වසඟයෙහි පවත්වයි. ....(පෙ).... මහණෙනි, මොග්ගල්ලාන භික්ෂුව මේ සතර ඉර්ධිපාදයන් දියුණු කරගත් හෙයින්, බහුල ව ප්‍රගුණ කරගත් හෙයින්, ආශ්‍රවයන් ක්ෂය වීමෙන් අනාශ්‍රව වූ චිත්ත විමුක්තියත්, ප්‍රඥා විමුක්තියත් මේ ජීවිතයේදී ම තම විශිෂ්ට නුවණින් අත්දැක එයට පැමිණ වාසය කරයි."

සාදු! සාදු!! සාදු!!!

මොග්ගල්ලාන සූත්‍රය නිමා විය.

7.2.5.
බ්‍රාහ්මණ සූත්‍රය
බ්‍රාහ්මණයෙකුට වදාළ දෙසුම

එක් සමයෙක්හි ආයුෂ්මත් ආනන්දයන් වහන්සේ කොසඹෑ නුවර ඝෝෂිතාරාමයෙහි වැඩවසන සේක. එකල්හී උන්නාභ බ්‍රාහ්මණයා ආයුෂ්මත් ආනන්දයන් වහන්සේ වෙත පැමිණියේ ය. පැමිණ ආයුෂ්මත් ආනන්දයන් සමඟ සතුටු වූයේ ය. සතුටු විය යුතු පිළිසඳර කථාබහ නිමවා එකත්පස් ව හිඳගත්තේ ය. එකත්පස් ව හුන් උන්නාභ බ්‍රාහ්මණයා ආයුෂ්මත් ආනන්දයන් වහන්සේට මෙය පැවසුවේ ය.

"භවත් ආනන්දයෙනි, ශ්‍රමණ ගෞතමයන් කෙරෙහි බඹසර වසන්නේ කුමන යහපතක් සළකාගෙන ද?"

"බ්‍රාහ්මණය, භාග්‍යවතුන් වහන්සේ කෙරෙහි බඹසර වසන්නේ තෘෂ්ණා ඡන්දය නැසීමෙන් වන යහපත සළකාගෙන ය."

"භවත් ආනන්දයෙනි, මේ තෘෂ්ණා ඡන්දය ප්‍රහාණය පිණිස අනුගමනය කළ යුතු මාර්ගයක් තිබේ ද? ප්‍රතිපදාවක් තිබේ ද?"

"බ්‍රාහ්මණය, මේ තෘෂ්ණා ඡන්දය ප්‍රහාණය පිණිස අනුගමනය කළ යුතු මාර්ගයක් ඇත්තේ ය. ප්‍රතිපදාවක් ඇත්තේ ය."

"භවත් ආනන්දයෙනි, මේ තෘෂ්ණා ඡන්දය ප්‍රහාණය පිණිස අනුගමනය කළ යුතු මාර්ගය කුමක් ද? ප්‍රතිපදාව කුමක් ද?"

"බ්‍රාහ්මණය, මෙහිලා භික්ෂුව බලවත් ඡන්දය තුළින් උපදවා ගත් සමාධියෙන් හා ප්‍රධන් වීර්යයෙන් යුතු ඉර්ධිපාදය වඩයි. බලවත් වීර්යය තුළින් උපදවා ගත් සමාධියෙන් ....(පෙ).... බලවත් අධිෂ්ඨානය තුළින් උපදවා ගත් සමාධියෙන් ....(පෙ).... බලවත් ව නුවණින් විමසීම තුළින් උපදවා ගත් සමාධියෙන් හා ප්‍රධන් වීර්යයෙන් යුතු ඉර්ධිපාදය වඩයි.

බ්‍රාහ්මණය, මේ තෘෂ්ණා ඡන්දය ප්‍රහාණය පිණිස අනුගමනය කළ යුතු මාර්ගය මෙය යි. ප්‍රතිපදාව මෙය යි."

"භවත් ආනන්දයෙනි, මෙසේ ඇති කල්හී සංසිඳීගිය අයෙකුට නම් වෙයි. නොසංසිඳුණු කෙනෙකුට නම් නොවෙයි. ඡන්දයෙන් ම ඡන්දය ප්‍රහාණය කරන්නේ ය යන්න විය හැකි දෙයක් නම් නොවෙයි."

"එසේ වී නම් බ්‍රාහ්මණය, මෙහිලා ඔබගෙන් ම විමසන්නෙමි. යම් පරිදි ඔබ කැමති වෙයි ද, එපරිදි පිළිතුරු දෙන්න. බ්‍රාහ්මණය, ඒ කිමෙකැයි සිතන්නෙහි ද? ඔබ තුළ කලින් 'ආරාමයට යන්නෙමි' යි ඡන්දයක් තිබුණේ ය. ආරාමයට ගිය ඔබගේ ආරාමයට යනු පිණිස වූ යම් ඡන්දයක් තිබුණේ ද, එය සංසිඳී ගියේ ද?"

"එසේ ය, භවත"

"ඔබ තුළ කලින් 'ආරාමයට යන්නෙමි' යි වීර්යයක් තිබුණේ ය. ආරාමයට ගිය ඔබගේ ආරාමයට යනු පිණිස වූ යම් වීර්යයක් තිබුණේ ද, එය සංසිඳී ගියේ ද?"

"එසේ ය, භවත"

"ඔබ තුළ කලින් 'ආරාමයට යන්නෙමි' යි අධිෂ්ඨානයක් තිබුණේ ය. ආරාමයට ගිය ඔබගේ ආරාමයට යනු පිණිස වූ යම් අධිෂ්ඨානයක් තිබුණේ ද, එය සංසිඳී ගියේ ද?"

"එසේ ය, භවත"

"ඔබ තුළ කලින් 'ආරාමයට යන්නෙමි' යි නුවණින් සැලකීමක් තිබුණේ ය. ආරාමයට ගිය ඔබගේ ආරාමයට යනු පිණිස වූ යම් නුවණින් සැලකීමක් තිබුණේ ද, එය සංසිඳී ගියේ ද?"

"එසේ ය, භවත"

"එසෙයින් ම බ්‍රාහ්මණය, යම් ඒ භික්ෂුවක් රහත් ද, ආශ්‍රවයන් ක්ෂය වූයේ වෙයි ද, වැස නිම වූ බඹසර ඇත්තේ ද, කළ යුත්ත කරන ලද්දේ ද, කෙලෙස් බර පසෙකින් බහා තබන ලද්දේ ද, අනුපිළිවෙලින් පැමිණි උත්තමාර්ථය ඇත්තේ ද, ක්ෂය වූ භව සංයෝජන ඇත්තේ ද, මැනැවින් දැන කෙලෙසුන්ගෙන් නිදහස් වූයේ ද, ඒ රහත් භික්ෂුවට පෙර අරහත්වයට පත්වීම පිණිස යම් ඡන්දයක් තිබුණේ ද, අරහත්වයට පත්වීමෙන් ඒ අරහත්වයට පත්වීම පිණිස තිබූ ඡන්දය සංසිඳී ගියේ ය. පෙර අරහත්වයට පත්වීම පිණිස යම් වීර්යයක් තිබුණේ ද, අරහත්වයට පත්වීමෙන් ඒ අරහත්වයට පත්වීම පිණිස තිබූ වීර්යය සංසිඳී ගියේ ය. පෙර අරහත්වයට පත්වීම පිණිස යම් අධිෂ්ඨානයක් තිබුණේ ද, අරහත්වයට පත්වීමෙන් ඒ අරහත්වයට පත්වීම පිණිස තිබූ අධිෂ්ඨානය සංසිඳී ගියේ ය. පෙර අරහත්වයට පත්වීම පිණිස යම් නුවණින් විමසීමක් තිබුණේ ද, අරහත්වයට පත්වීමෙන් ඒ අරහත්වයට පත්වීම පිණිස තිබූ නුවණින් විමසීම සංසිඳී ගියේ ය.

බ්‍රාහ්මණය, ඒ කිමෙකැයි සිතන්නෙහි ද? මෙසේ ඇති කල්හී සංසිඳී ගිය අයෙකුට නම් වෙයි ද? නොසංසිඳුණු කෙනෙකුට නම් නොවෙයි ද?"

"ඒකාන්තයෙන් ම භවත් ආනන්දයෙනි, මෙසේ ඇති කල්හී සංසිඳී ගිය කෙනෙකුට වෙයි. නොසංසිඳුණු කෙනෙකුට නම් නොවෙයි. භවත් ආනන්දයෙනි, ඉතා මනහර ය. ....(පෙ).... අද පටන් දිවි හිමියෙන් සරණ ගිය උපාසකයෙක් ලෙස පිළිගන්නා සේක්වා!"

සාදු! සාදු!! සාදු!!!

බ්‍රාහ්මණ සූත්‍රය නිමා විය.

7.2.6.
මහිද්ධික සූත්‍රය
මහත් ඉර්ධි ඇති වීම ගැන වදාළ දෙසුම

මහණෙනි, අතීතයෙහි යම්කිසි ශ්‍රමණයෝ හෝ බ්‍රාහ්මණයෝ හෝ මහා ඉර්ධිමත් ව, මහානුභාව ඇති ව සිටියාහු ද, ඒ සියල්ලෝ සතර ඉර්ධිපාදයන් දියුණු කරගත් බැවින්, බහුල ව ප්‍රගුණ කරගත් බැවින් එසේ වූහ.

මහණෙනි, අනාගතයෙහි යම්කිසි ශ්‍රමණයෝ හෝ බ්‍රාහ්මණයෝ හෝ මහා ඉර්ධිමත් ව, මහානුභාව ඇති ව සිටින්නාහු ද, ඒ සියල්ලෝ සතර ඉර්ධිපාදයන් දියුණු කරගත් බැවින්, බහුල ව ප්‍රගුණ කරගත් බැවින් එසේ වන්නාහ.

මහණෙනි, වර්තමානයෙහි යම්කිසි ශ්‍රමණයෝ හෝ බ්‍රාහ්මණයෝ හෝ මහා ඉර්ධිමත් ව, මහානුභාව ඇති ව සිටිත් ද, ඒ සියල්ලෝ සතර ඉර්ධිපාදයන් දියුණු කරගත් බැවින්, බහුල ව ප්‍රගුණ කරගත් බැවින් එසේ වෙති.

ඒ කවර සතරක් ද යත්;

මහණෙනි, මෙහිලා භික්ෂුව බලවත් ඡන්දය තුළින් උපදවා ගත් සමාධියෙන් හා ප්‍රධන් වීර්යයෙන් යුතු ඉර්ධිපාදය වඩයි. බලවත් වීර්යය තුළින් උපදවා ගත් සමාධියෙන් ....(පෙ).... බලවත් අධිෂ්ඨානය තුළින් උපදවා ගත් සමාධියෙන් ....(පෙ).... බලවත් ව නුවණින් විමසීම තුළින් උපදවා ගත් සමාධියෙන් හා ප්‍රධන් වීර්යයෙන් යුතු ඉර්ධිපාදය වඩයි.

මහණෙනි, අතීතයෙහි යම්කිසි ශ්‍රමණයෝ හෝ බ්‍රාහ්මණයෝ හෝ මහා ඉර්ධිමත් ව, මහානුභාව ඇති ව සිටියාහු ද, ඒ සියල්ලෝ මේ සතර ඉර්ධිපාදයන් දියුණු කරගත් බැවින්, බහුල ව ප්‍රගුණ කරගත් බැවින් එසේ වූහ. ....(පෙ).... මහණෙනි, අනාගතයෙහි ....(පෙ).... එසේ වන්නාහ. මහණෙනි, වර්තමානයෙහි යම්කිසි ශ්‍රමණයෝ හෝ බ්‍රාහ්මණයෝ හෝ මහා ඉර්ධිමත් ව, මහානුභාව ඇති ව සිටිත් ද, ඒ සියල්ලෝ සතර ඉර්ධිපාදයන් දියුණු කරගත් බැවින්, බහුල ව ප්‍රගුණ කරගත් බැවින් එසේ වෙති.

සාදු! සාදු!! සාදු!!!

මහිද්ධික සූත්‍රය නිමා විය.

7.2.7.
ඉද්ධිවිධ සූත්‍රය
ඉර්ධිවිධීන් ගැන වදාළ දෙසුම

මහණෙනි, අතීතයෙහි යම්කිසි ශ්‍රමණයෝ වේවා, බ්‍රාහ්මණයෝ වේවා, නොයෙක් අයුරින් ඉර්ධිවිධීන් අත්දුටුවාහු ද, එනම්; එක් කෙනෙක් ව සිට බොහෝ අය ලෙස පෙනී සිටියාහු ද, බොහෝ අය වී එක් අයෙක් ව පෙනී

සිටියාහු ද, ප්‍රකටවත් අප්‍රකටවත් සිටියාහු ද, බිත්ති හරහා ගියාහු ද, ප්‍රාකාරය හරහා ගියාහු ද, පර්වත හරහා ගියාහු ද, අහසින් යන සෙයින් ඒ කිසිවක නොගැටෙමින් ගියාහු ද, ජලයෙහි සේ පොළොවෙහි යටට කිමිදුණාහු ද, උඩට මතුවුණාහු ද, පොළොවෙහි යන සේ නොගිලෙමින් ජලයෙහි ඇවිදගෙන ගියාහු ද, පක්ෂි ලිහිණියෙකු සේ පළඟක් බැඳ අහසින් ගියාහු ද, මෙබඳු මහත් ඉර්ධි ඇති, මෙබඳු මහත් ආනුභාව ඇති මේ හිරු සඳු දෙක ද අතින් ස්පර්ශ කළාහු ද, පිරිමැද්දාහු ද, බඹලොව සීමා කොට සිය කයින් වසඟයෙහි පැවැත්වාහු ද, ඒ සියල්ලෝ සතර ඉර්ධිපාදයන් දියුණු කරගත් බැවින්, බහුල ව ප්‍රගුණ කරගත් බැවින් එසේ කළහ.

මහණෙනි, අනාගතයෙහි යම්කිසි ශ්‍රමණයෝ වේවා, බ්‍රාහ්මණයෝ වේවා, නොයෙක් අයුරින් ඉර්ධිවිධීන් අත්දකින්නාහු ද, එනම්; එක් කෙනෙක් ව සිට බොහෝ අය ලෙස පෙනී සිටින්නාහු ද, බොහෝ අය වී එක් අයෙක් ව පෙනී සිටින්නාහු ද, ප්‍රකටවත් අප්‍රකටවත් සිටින්නාහු ද, බිත්ති හරහා යන්නාහු ද, ප්‍රාකාරය හරහා යන්නාහු ද, පර්වත හරහා යන්නාහු ද, අහසින් යන සෙයින් ඒ කිසිවක නොගැටෙමින් යන්නාහු ද, ජලයෙහි සේ පොළොවෙහි යටට කිමිදෙන්නාහු ද, උඩට මතුවෙන්නාහු ද, පොළොවෙහි යන සේ නොගිලෙමින් ජලයෙහි ඇවිදගෙන යන්නාහු ද, පක්ෂි ලිහිණියෙකු සේ පළඟක් බැඳ අහසින් යන්නාහු ද, මෙබඳු මහත් ඉර්ධි ඇති, මෙබඳු මහත් ආනුභාව ඇති මේ හිරු සඳු දෙක ද අතින් ස්පර්ශ කරන්නාහු ද, පිරිමදින්නාහු ද, බඹලොව සීමා කොට සිය කයින් වසඟයෙහි පවත්වන්නාහු ද, ඒ සියල්ලෝ සතර ඉර්ධිපාදයන් දියුණු කරගත් බැවින්, බහුල ව ප්‍රගුණ කරගත් බැවින් එසේ කරන්නාහ.

මහණෙනි, වර්තමානයෙහි යම්කිසි ශ්‍රමණයෝ වේවා, බ්‍රාහ්මණයෝ වේවා, නොයෙක් අයුරින් ඉර්ධිවිධීන් අත්දකිත් ද, එනම් එක් කෙනෙක් ව සිට බොහෝ අය ලෙස පෙනී සිටිත් ද, බොහෝ අය වී එක් අයෙක් ව පෙනී සිටිත් ද, අප්‍රකටවත් අප්‍රකටවත් සිටිත් ද, බිත්ති හරහා යත් ද, ප්‍රාකාරය හරහා යත් ද, පර්වත හරහා යත් ද, අහසින් යන සෙයින් ඒ කිසිවක නොගැටෙමින් යත් ද, ජලයෙහි සේ පොළොවෙහි යටට කිමිදෙත් ද, උඩට මතුවෙත් ද, පොළොවෙහි යන සේ නොගිලෙමින් ජලයෙහි ඇවිදගෙන යත් ද, පක්ෂි ලිහිණියෙකු සේ පළඟක් බැඳ අහසින් යත් ද, මෙබඳු මහත් ඉර්ධි ඇති, මෙබඳු මහත් ආනුභාව ඇති මේ හිරු සඳු දෙක ද අතින් ස්පර්ශ කරත් ද, පිරිමදිත් ද, බඹලොව සීමා කොට සිය කයින් වසඟයෙහි පවත්වත් ද, ඒ සියල්ලෝ සතර ඉර්ධිපාදයන් දියුණු කරගත් බැවින්, බහුල ව ප්‍රගුණ කරගත් බැවින් එසේ කරති.

ඒ කවර සතරක් ද යත්;

මහණෙනි, මෙහිලා භික්ෂුව බලවත් ඡන්දය තුළින් උපදවා ගත් සමාධියෙන් හා ප්‍රධන් වීර්යයෙන් යුතු ඉර්ධිපාදය වඩයි. බලවත් වීර්යය තුළින් උපදවා ගත් සමාධියෙන් ....(පෙ).... බලවත් අධිෂ්ඨානය තුළින් උපදවා ගත් සමාධියෙන් ....(පෙ).... බලවත් ව නුවණින් විමසීම තුළින් උපදවා ගත් සමාධියෙන් හා ප්‍රධන් වීර්යයෙන් යුතු ඉර්ධිපාදය වඩයි. මහණෙනි, අතීතයෙහි යම්කිසි ශ්‍රමණයෝ වේවා, බ්‍රාහ්මණයෝ වේවා අනේක වූ ඉර්ධිවිධීන් අත්දුටුවාහු ද, ...(පෙ).... අත්දකින්නාහු ද, ...(පෙ).... අත්දකිත් ද, ...(පෙ).... ඒ සියල්ලෝ මේ සතර ඉර්ධිපාදයන් ම දියුණු කරගත් හෙයිනි. බහුල ව ප්‍රගුණ කරගත් හෙයිනි.

සාදු! සාදු!! සාදු!!!

ඉද්ධිවිධ සූත්‍රය නිමා විය.

7.2.8.
භික්ඛු සූත්‍රය
රහත් භික්ෂුව ගැන වදාළ දෙසුම

මහණෙනි, සතර ඉර්ධිපාදයන් දියුණු කරගත් බැවින්, බහුල ව ප්‍රගුණ කරගත් බැවින්, භික්ෂුවක් ආශ්‍රවයන් ක්ෂය වීමෙන් අනාශ්‍රව වූ චිත්ත විමුක්තිය ත්, ප්‍රඥා විමුක්තිය ත් මෙලොව දී ම සිය විශිෂ්ට ඥානයෙන් සාක්ෂාත් කොට පැමිණ වාසය කරයි. ඒ කවර සතරක් ද යත්;

මහණෙනි, මෙහිලා භික්ෂුව බලවත් ඡන්දය තුළින් උපදවා ගත් සමාධියෙන් හා ප්‍රධන් වීර්යයෙන් යුතු ඉර්ධිපාදය වඩයි. බලවත් වීර්යය තුළින් උපදවා ගත් සමාධියෙන් ....(පෙ).... බලවත් අධිෂ්ඨානය තුළින් උපදවා ගත් සමාධියෙන් ....(පෙ).... බලවත් ව නුවණින් විමසීම තුළින් උපදවා ගත් සමාධියෙන් හා ප්‍රධන් වීර්යයෙන් යුතු ඉර්ධිපාදය වඩයි.

මහණෙනි, මේ සතර ඉර්ධිපාදයන් දියුණු කරගත් බැවින්, බහුල ව ප්‍රගුණ කරගත් බැවින්, භික්ෂුවක් ආශ්‍රවයන් ක්ෂය වීමෙන් අනාශ්‍රව වූ චිත්ත විමුක්තිය ත්, ප්‍රඥා විමුක්තිය ත් මෙලොව දී ම සිය විශිෂ්ට ඥානයෙන් සාක්ෂාත් කොට පැමිණ වාසය කරයි.

සාදු! සාදු!! සාදු!!!

භික්ඛු සූත්‍රය නිමා විය.

7.2.9.
භාවනා සූත්‍රය
ඉර්ධිපාදයන් දියුණු කරගැනීම ගැන වදාළ දෙසුම

මහණෙනි, ඔබට ඉර්ධිය ගැන ත්, ඉර්ධියට පාදක වන දේ ගැන ත්, ඉර්ධිපාද භාවනාව ත්, ඉර්ධිපාද භාවනාව දියුණු කරගන්නා ප්‍රතිපදාව ත් දේශනා කරන්නෙමි. එය අසව්.

මහණෙනි, ඉර්ධි යනු කුමක් ද? මහණෙනි, මෙහිලා භික්ෂුව නොයෙක් ඉර්ධිවිධීන් අත්දකියි. එනම් එක් අයෙක් ව සිට බොහෝ දෙනෙකු වෙයි. ....(පෙ).... බඹලොව තෙක් කයෙන් වසඟය පවත්වයි. මහණෙනි, මෙය ඉර්ධිය යැයි කියනු ලැබෙයි.

මහණෙනි, ඉර්ධිපාද යනු කුමක් ද? මහණෙනි, ඉර්ධීන් ලැබීම පිණිස පවතින යම් මාර්ගයක් ඇද්ද, යම් ප්‍රතිපදාවක් ඇද්ද, මෙය ඉර්ධිපාද යැයි කියනු ලැබේ.

මහණෙනි, ඉර්ධිපාද වැඩීම යනු කුමක් ද? මහණෙනි, මෙහිලා භික්ෂුව බලවත් ඡන්දය තුළින් උපදවා ගත් සමාධියෙන් හා ප්‍රධන් වීර්යයෙන් යුතු ඉර්ධිපාදය වඩයි. බලවත් වීර්යය තුළින් උපදවා ගත් සමාධියෙන් ....(පෙ).... බලවත් අධිෂ්ඨානය තුළින් උපදවා ගත් සමාධියෙන් ....(පෙ).... බලවත් ව නුවණින් විමසීම තුළින් උපදවා ගත් සමාධියෙන් හා ප්‍රධන් වීර්යයෙන් යුතු ඉර්ධිපාදය වඩයි. මහණෙනි, මෙය ඉර්ධිපාද භාවනාව යැයි කියනු ලැබේ.

මහණෙනි, ඉර්ධිපාද වැඩීම පිණිස ඇති ප්‍රතිපදාව යනු කුමක් ද? ඒ මේ ආර්ය අෂ්ටාංගික මාර්ගය ම ය. එනම්; සම්මා දිට්ඨිය, සම්මා සංකල්ප, සම්මා වාචා, සම්මා කම්මන්ත, සම්මා ආජීව, සම්මා වායාම, සම්මා සති, සම්මා සමාධිය ය. මහණෙනි, මෙය ඉර්ධිපාද වැඩීම පිණිස ඇති ප්‍රතිපදාව යැයි කියනු ලැබේ.

සාදු! සාදු!! සාදු!!!

භාවනා සූත්‍රය නිමා විය.

7.2.10.
විභංග සූත්‍රය
ඉර්ධිපාද විග්‍රහ කොට වදාළ දෙසුම

මහණෙනි, මේ සතරක් වූ ඉර්ධිපාදයෝ හොඳින් දියුණු කරගත් විට, බහුල ව ප්‍රගුණ කරගත් විට, මහත්ඵල මහානිශංසා ඇත්තාහ. මහණෙනි, මේ සතරක් වූ ඉර්ධිපාදයන් කෙසේ හොඳින් දියුණු කරගත් විට ද, කෙසේ බහුල ව ප්‍රගුණ කරගත් විට ද, මහත්ඵල මහානිශංසා වන්නේ?

මහණෙනි, මෙහිලා භික්ෂුව බලවත් ඡන්දය තුළින් උපදවාගත් සමාධියෙන් හා ප්‍රධන් වීර්යයෙන් යුක්ත ව ඉර්ධිපාදය වඩයි. මෙසේ මාගේ ඡන්දය අතිශයින් සැඟවීමකට ද නොයන්නේ ය. (ඕනෑවට ත් වඩා ගත් වීර්යයෙන්) ඉතා දැඩිකොට ගැනීමක් ද නොවන්නේ ය. තමා තුළ ද හැකිලී නොයන්නේ ය. පිටතට ද විසිරී නොයන්නේ ය. පසු - පෙර සංඥාවෙන් ද වාසය කරයි. ....(පෙ).... මෙසේ විවෘත වූ, බාහිර දෙයකට නොබැඳුණු සිතින් බැබලීම් සහිත සිත වඩයි. විරිය සමාධි ....(පෙ).... චිත්ත සමාධි ....(පෙ).... බලවත් ව නුවණින් විමසීම තුළින් උපදවාගත් සමාධියෙන් හා ප්‍රධන් වීර්යයෙන් යුක්ත ව ඉර්ධිපාදය වඩයි. මෙසේ මාගේ නුවණින් විමසීම අතිශයින් සැඟවීමකට ද නොයන්නේ ය. (ඕනෑවට ත් වඩා ගත් වීර්යයෙන්) ඉතා දැඩිකොට ගැනීමක් ද නොවන්නේ ය. තමා තුළ ද හැකිලී නොයන්නේ ය. පිටතට ද විසිරී නොයන්නේ ය. පසු - පෙර සංඥාවෙන් ද වාසය කරයි.

"පෙරවරුවෙහි යම් සේ ද පස්වරුවේ ත් එසේ ය. පස්වරුවෙහි යම් සේ ද පෙරවරුවෙහි ත් එසේ ය. යටිකය ගැන විමසන්නේ යම් සේ ද, උඩුකය ගැන ත් විමසන්නේ එසේ ය. උඩුකය ගැන විමසන්නේ යම් සේ ද, යටිකය ගැන විමසන්නේ ත් එසේ ය. දහවල ගත කරන්නේ යම් සේ ද, රාත්‍රිය ත් එසේ ය. රාත්‍රිය ගත කරන්නේ යම් සේ ද, දහවල ත් එසේ ය."

මෙසේ විවෘත වූ, බාහිර දෙයකට නොබැඳුණු සිතින් බැබලීම් සහිත සිත වඩයි.

මහණෙනි, අතිශයින් සැඟවී ගිය ඡන්දය යනු කුමක් ද? මහණෙනි, යම් කැමැත්තක් හෙවත් ඡන්දයක් කුසීත බවින් යුක්ත වූයේ ද, කුසීත බව සමඟ තිබෙයි ද, මහණෙනි, මෙය අතිශයින් සැඟවී ගිය ඡන්දය යැයි කියනු ලැබේ.

මහණෙනි, (ඕනෑවට ත් වඩා ගත් වීර්යයෙන්) ඉතා දැඩිකොට ගත් ඡන්දය යනු කුමක් ද? මහණෙනි, යම් ඡන්දයක් විසිරීමෙන් යුක්ත වෙයි ද, විසිරීම හා සමඟ තිබෙයි ද, මහණෙනි, මෙය අතිශයින් දැඩි ව ගත් ඡන්දය යැයි කියනු ලැබේ.

මහණෙනි, තමා තුළ හැකිලී ගිය ඡන්දය යනු කුමක් ද? මහණෙනි, යම් ඡන්දයක් නිදිමත හා අලස බවින් යුක්ත වෙයි ද, නිදිමත හා අලස බව සමඟ එක් ව තිබෙයි ද, මහණෙනි, මෙය ඇතුළත හැකිලී ගිය ඡන්දය යැයි කියනු ලැබේ.

මහණෙනි, බාහිරට විසිරී ගිය ඡන්දය යනු කුමක් ද? මහණෙනි, යම් ඡන්දයක් බාහිර පංච කාම ගුණයන් පිළිබඳ ව නැවත නැවත සිතීමට යයි ද, නැවත නැවත ඒ පංච කාම අරමුණුවල විසිරෙයි ද, මහණෙනි, මෙය බාහිරට විසිරී ගිය ඡන්දය යැයි කියනු ලැබේ.

මහණෙනි, භික්ෂුවක් 'පෙරවරුවෙහි යම් සේ ද පස්වරුවේ ත් එසේ ය. පස්වරුවෙහි යම් සේ ද පෙරවරුවෙහි ත් එසේ ය' වශයෙන් පසු - පෙර සංඥාවෙන් වාසය කරන්නේ කෙසේ ද? මහණෙනි, මෙහිලා භික්ෂුව විසින් පසු - පෙර සංඥාව මැනැවින් ගන්නා ලද්දේ වෙයි. මැනැවින් මෙනෙහි කරන ලද්දේ වෙයි. මැනැවින් දරණ ලද්දේ වෙයි. මැනැවින් ප්‍රඥාවෙන් අවබෝධ කරන ලද්දේ වෙයි. මෙසේ මහණෙනි, භික්ෂුවක් 'පෙරවරුවෙහි යම් සේ ද පස්වරුවේ ත් එසේ ය. පස්වරුවෙහි යම් සේ ද පෙරවරුවෙහි ත් එසේ ය' වශයෙන් පසු - පෙර සංඥාවෙන් වාසය කරයි.

මහණෙනි, භික්ෂුවක් 'යටිකය ගැන විමසන්නේ යම් සේ ද, උඩුකය ගැන ත් විමසන්නේ එසේ ය. උඩුකය ගැන විමසන්නේ යම් සේ ද, යටිකය ගැන විමසන්නේ ත් එසේ ය' වශයෙන් වාසය කරන්නේ කෙසේ ද? මහණෙනි, මෙහිලා භික්ෂුව පා තලයෙන් උඩ, කෙස් මතුවෙන් යට, සමකින් වසා ඇති නා නා ප්‍රකාර අශුචියෙන් පිරී ගිය මේ ශරීරය ම නුවණින් ප්‍රත්‍යවෙක්ෂා කරයි. 'මේ කයෙහි කෙස් ඇත්තේ ය. ලොම්, නිය, දත්, සම්, මස්, නහර, ඇට, ඇටමිදුළු, වකුගඩු, හදවත, අක්මාව, දලබුව, බඩදිව, පෙණහළු, අතුණු, අතුණුබහන්, ආමාශය, අශුචි, පිත, සෙම, සැරව, ලේ, ඩහදිය, මේදතෙල, කඳුළු, වුරුණුතෙල්, කෙළ, සොටු, සඳමිදුළු, මුත්‍රා ය.' මහණෙනි, භික්ෂුවක් මේ අයුරින් 'යටිකය ගැන විමසන්නේ යම් සේ ද, උඩුකය ගැන ත් විමසන්නේ එසේ ය. උඩුකය ගැන විමසන්නේ යම් සේ ද, යටිකය ගැන විමසන්නේ ත් එසේ ය' වශයෙන් වාසය කරයි.

මහණෙනි, භික්ෂුවක් 'දහවල ගත කරන්නේ යම් සේ ද, රාත්‍රිය ත් එසේ ය. රාත්‍රිය ගත කරන්නේ යම් සේ ද, දහවල ත් එසේ ය' වශයෙන් වාසය කරන්නේ කෙසේ ද? මහණෙනි, මෙහිලා භික්ෂුව යම් ආකාර වලින්, යම් සටහන් වලින්, යම් නිමිති වලින් දිවාකාලයෙහි ඡන්දය මුල්කොට ගත් සමාධියෙන් හා ප්‍රධන් වීර්යයෙන් යුක්ත ව ඉර්ධිපාදය වඩයි ද, ඔහු ඒ ආකාර වලින්, ඒ සටහන් වලින්, ඒ නිමිති වලින් රාත්‍රියෙහිත් ඡන්දය මුල්කොට ගත් සමාධියෙන් හා ප්‍රධන් වීර්යයෙන් යුක්ත ව ඉර්ධිපාදය වඩයි. යම් ආකාර වලින්, යම් සටහන් වලින්, යම් නිමිති වලින් රාත්‍රීකාලයෙහි ඡන්දය මුල්කොට ගත් සමාධියෙන් හා ප්‍රධන් වීර්යයෙන් යුක්ත ව ඉර්ධිපාදය වඩයි ද, ඔහු ඒ ආකාර වලින්, ඒ සටහන් වලින්, ඒ නිමිති වලින් දිවා කාලයෙහිත් ඡන්දය මුල්කොට ගත් සමාධියෙන් හා ප්‍රධන් වීර්යයෙන් යුක්ත ව ඉර්ධිපාදය වඩයි. මහණෙනි, භික්ෂුවක් මේ අයුරින් 'දහවල ගත කරන්නේ යම් සේ ද, රාත්‍රිය ත් එසේ ය. රාත්‍රිය ගත කරන්නේ යම් සේ ද, දහවල ත් එසේ ය' වශයෙන් වාසය කරයි.

මහණෙනි, භික්ෂුවක් විවෘත වූ, බාහිර දෙයකට නොබැඳුණු සිතින් බැබලීම් සහිත සිත වඩන්නේ කෙසේ ද? මහණෙනි, මෙහිලා භික්ෂුව විසින් ආලෝක සංඥාව මැනැවින් අධිෂ්ඨාන කරගන්නා ලද්දේ වෙයි. දිවා සංඥාව මැනැවින් තබන ලද්දේ වෙයි. මහණෙනි, මෙසේ භික්ෂුව විවෘත වූ, බාහිර දෙයකට නොබැඳුණු සිතින් බැබලීම් සහිත සිත වඩයි.

මහණෙනි, අතිශයින් සැඟවී ගිය වීර්යය යනු කුමක් ද? මහණෙනි, යම් වීර්යයක් කුසීත බවින් යුක්ත වූයේ ද, කුසීත බව සමඟ තිබෙයි ද, මහණෙනි, මෙය අතිශයින් සැඟවී ගිය වීර්යය යැයි කියනු ලැබේ.

මහණෙනි, (ඕනෑවට ත් වඩා ගත් වීර්යයෙන්) ඉතා දැඩිකොට ගත් වීර්යය යනු කුමක් ද? මහණෙනි, යම් වීර්යයක් විසිරීමෙන් යුක්ත වෙයි ද, විසිරීම හා සමඟ තිබෙයි ද, මහණෙනි, මෙය අතිශයින් දැඩි ව ගත් වීර්යය යැයි කියනු ලැබේ.

මහණෙනි, තමා තුළ හැකිලී ගිය වීර්යය යනු කුමක් ද? මහණෙනි, යම් වීර්යයක් නිදිමත හා අලස බවින් යුක්ත වෙයි ද, නිදිමත හා අලස බව සමඟ එක් ව තිබෙයි ද, මහණෙනි, මෙය ඇතුළත හැකිලී ගිය වීර්යය යැයි කියනු ලැබේ.

මහණෙනි, බාහිරට විසිරී ගිය වීර්යය යනු කුමක් ද? මහණෙනි, යම් වීර්යයක් බාහිර පංච කාම ගුණයන් පිළිබඳ ව නැවත නැවත සිතීමට යයි ද, නැවත නැවත ඒ පංච කාම අරමුණුවල විසිරෙයි ද, මහණෙනි, මෙය බාහිරට විසිරී ගිය වීර්යය යැයි කියනු ලැබේ.

මහණෙනි, අතිශයින් සැඟවී ගිය අධිෂ්ඨානය හෙවත් සිත යනු කුමක් ද? මහණෙනි, යම් සිතක් කුසීත බවින් යුක්ත වූයේ ද, කුසීත බව සමඟ තිබෙයි ද, මහණෙනි, මෙය අතිශයින් සැඟවී ගිය සිත යැයි කියනු ලැබේ.

මහණෙනි, (ඕනෑවට ත් වඩා ගත් වීර්යයෙන්) ඉතා දැඩිකොට ගත් සිත යනු කුමක් ද? මහණෙනි, යම් සිතක් විසිරීමෙන් යුක්ත වෙයි ද, විසිරීම හා සමඟ තිබෙයි ද, මහණෙනි, මෙය අතිශයින් දැඩි ව ගත් සිත යැයි කියනු ලැබේ.

මහණෙනි, තමා තුළ හැකිලී ගිය සිත යනු කුමක් ද? මහණෙනි, යම් සිතක් නිදිමත හා අලස බවින් යුක්ත වෙයි ද, නිදිමත හා අලස බව සමඟ එක් ව තිබෙයි ද, මහණෙනි, මෙය ඇතුළත හැකිලී ගිය සිත යැයි කියනු ලැබේ.

මහණෙනි, බාහිරට විසිරී ගිය සිත යනු කුමක් ද? මහණෙනි, යම් සිතක් බාහිර පංච කාම ගුණයන් පිළිබඳ ව නැවත නැවත සිතීමට යයි ද, නැවත නැවත ඒ පංච කාම අරමුණුවල විසිරෙයි ද, මහණෙනි, මෙය බාහිරට විසිරී ගිය සිත යැයි කියනු ලැබේ.

මහණෙනි, අතිශයින් සැඟවී ගිය නුවණින් විමසීම යනු කුමක් ද? මහණෙනි, යම් වීමංසනයක් කුසීත බවින් යුක්ත වූයේ ද, කුසීත බව සමඟ තිබෙයි ද, මහණෙනි, මෙය අතිශයින් සැඟවී ගිය වීමංසනය යැයි කියනු ලැබේ.

මහණෙනි, (ඕනෑවට ත් වඩා ගත් වීර්යයෙන්) ඉතා දැඩිකොට ගත් වීමංසනය යනු කුමක් ද? මහණෙනි, යම් වීමංසනයක් විසිරීමෙන් යුක්ත වෙයි ද, විසිරීම හා සමඟ තිබෙයි ද, මහණෙනි, මෙය අතිශයින් දැඩි ව ගත් වීමංසනය යැයි කියනු ලැබේ.

මහණෙනි, තමා තුළ හැකිලී ගිය වීමංසනය යනු කුමක් ද? මහණෙනි, යම් වීමංසනයක් නිදිමත හා අලස බවින් යුක්ත වෙයි ද, නිදිමත හා අලස බව සමඟ එක් ව තිබෙයි ද, මහණෙනි, මෙය ඇතුළත හැකිලී ගිය වීමංසනය යැයි කියනු ලැබේ.

මහණෙනි, බාහිරට විසිරී ගිය වීමංසනය යනු කුමක් ද? මහණෙනි, යම් වීමංසනයක් බාහිර පංච කාම ගුණයන් පිළිබඳ ව නැවත නැවත සිතීමට යයි ද, නැවත නැවත ඒ පංච කාම අරමුණුවල විසිරෙයි ද, මහණෙනි, මෙය බාහිරට විසිරී ගිය වීමංසනය යැයි කියනු ලැබේ.

මහණෙනි, භික්ෂුවක් 'පෙරවරුවෙහි යම් සේ ද පස්වරුවේ ත් එසේ ය. පස්වරුවෙහි යම් සේ ද පෙරවරුවෙහි ත් එසේ ය' වශයෙන් පසු - පෙර

සංඥාවෙන් වාසය කරන්නේ කෙසේ ද? මහණෙනි, මෙහිලා භික්ෂුව විසින් පසු - පෙර සංඥාව මැනැවින් ගන්නා ලද්දේ වෙයි. මැනැවින් මෙනෙහි කරන ලද්දේ වෙයි. මැනැවින් දරණ ලද්දේ වෙයි. මැනැවින් ප්‍රඥාවෙන් අවබෝධ කරන ලද්දේ වෙයි. මෙසේ මහණෙනි, භික්ෂුවක් 'පෙරවරුවෙහි යම් සේ ද පස්වරුවේ ත් එසේ ය. පස්වරුවෙහි යම් සේ ද පෙරවරුවෙහි ත් එසේ ය' වශයෙන් පසු - පෙර සංඥාවෙන් වාසය කරයි.

මහණෙනි, භික්ෂුවක් 'යටිකය ගැන විමසන්නේ යම් සේ ද, උඩුකය ගැන ත් විමසන්නේ එසේ ය. උඩුකය ගැන විමසන්නේ යම් සේ ද, යටිකය ගැන විමසන්නේ ත් එසේ ය' වශයෙන් වාසය කරන්නේ කෙසේ ද? මහණෙනි, මෙහිලා භික්ෂුව පා තලයෙන් උඩ, කෙස් මතුවෙන් යට, සමකින් වසා ඇති නා නා ප්‍රකාර අශුචියෙන් පිරී ගිය මේ ශරීරය ම නුවණින් ප්‍රත්‍යවෙක්ෂා කරයි. 'මේ කයෙහි කෙස් ඇත්තේ ය. ලොම්, නිය, දත්, සම්, මස්, නහර, ඇට, ඇටමිදුළු, වකුගඩු, හදවත, අක්මාව, දලඹුව, බඩදිව, පෙණහළු, අතුණු, අතුණුබහන්, ආමාශය, අශුචි, පිත, සෙම, සැරව, ලේ, ඩහදිය, මේදතෙල, කඳුළු, වුරුණුතෙල්, කෙළ, සොටු, සඳමිදුළු, මුත්‍රා ය.' මහණෙනි, භික්ෂුවක් මේ අයුරින් 'යටිකය ගැන විමසන්නේ යම් සේ ද, උඩුකය ගැන ත් විමසන්නේ එසේ ය. උඩුකය ගැන විමසන්නේ යම් සේ ද, යටිකය ගැන විමසන්නේ ත් එසේ ය' වශයෙන් වාසය කරයි.

මහණෙනි, භික්ෂුවක් 'දහවල ගත කරන්නේ යම් සේ ද, රාත්‍රිය ත් එසේ ය. රාත්‍රිය ගත කරන්නේ යම් සේ ද, දහවල ත් එසේ ය' වශයෙන් වාසය කරන්නේ කෙසේ ද? මහණෙනි, මෙහිලා භික්ෂුව යම් ආකාර වලින්, යම් සටහන් වලින්, යම් නිමිති වලින් දිවාකාලයෙහි වීමංසනය මුල්කොට ගත් සමාධියෙන් හා ප්‍රධන් වීර්යයෙන් යුක්ත ව ඉර්ධිපාදය වඩයි ද, ඔහු ඒ ආකාර වලින්, ඒ සටහන් වලින්, ඒ නිමිති වලින් රාත්‍රියෙහිත් වීමංසනය මුල්කොට ගත් සමාධියෙන් හා ප්‍රධන් වීර්යයෙන් යුක්ත ව ඉර්ධිපාදය වඩයි. යම් ආකාර වලින්, යම් සටහන් වලින්, යම් නිමිති වලින් රාත්‍රීකාලයෙහි වීමංසනය මුල්කොට ගත් සමාධියෙන් හා ප්‍රධන් වීර්යයෙන් යුක්ත ව ඉර්ධිපාදය වඩයි ද, ඔහු ඒ ආකාර වලින්, ඒ සටහන් වලින්, ඒ නිමිති වලින් දිවා කාලයෙහිත් වීමංසනය මුල්කොට ගත් සමාධියෙන් හා ප්‍රධන් වීර්යයෙන් යුක්ත ව ඉර්ධිපාදය වඩයි. මහණෙනි, භික්ෂුවක් මේ අයුරින් 'දහවල ගත කරන්නේ යම් සේ ද, රාත්‍රිය ත් එසේ ය. රාත්‍රිය ගත කරන්නේ යම් සේ ද, දහවල ත් එසේ ය' වශයෙන් වාසය කරයි.

මහණෙනි, භික්ෂුවක් විවෘත වූ, බාහිර දෙයකට නොබැඳුණු සිතින් බැබලීම් සහිත සිත වඩන්නේ කෙසේ ද? මහණෙනි, මෙහිලා භික්ෂුව විසින්

ආලෝක සංඥාව මැනැවින් ගන්නා ලද්දේ වෙයි. දිවා සංඥාව මැනැවින් අධිෂ්ඨාන කරන ලද්දේ වෙයි. මහණෙනි, මෙසේ භික්ෂුව විවෘත වූ, බාහිර දෙයකට නොබැඳුණු සිතින් බැබලීම් සහිත සිත වඩයි.

මහණෙනි, මේ සතරක් වූ ඉර්ධිපාදයෝ මෙසේ හොඳින් දියුණු කරගත් විට, මෙසේ බහුල ව ප්‍රගුණ කරගත් විට, මහත්ඵල මහානිශංස ඇත්තාහ. මහණෙනි, මෙසේ භික්ෂුවක් සතරක් වූ ඉර්ධිපාදයන් හොඳින් දියුණු කරගත් විට, මෙසේ බහුල ව ප්‍රගුණ කරගත් විට, නොයෙක් ඉර්ධිවිධීන් අත්දකියි. එක් අයෙක් ව සිට බොහෝ අය වෙයි ....(පෙ).... බඹලොව තෙක් කයෙන් වසඟයෙහි පවත්වයි. මහණෙනි, මෙසේ භික්ෂුවක් සතර ඉර්ධිපාදයන් දියුණු කරගත් විට, මෙසේ බහුල ව ප්‍රගුණ කළ විට ආශ්‍රවයන් ක්ෂය කිරීමෙන් අනාශ්‍රව වූ චිත්ත විමුක්තිය ත්, ප්‍රඥා විමුක්ති යත් මෙලොව දී ම සිය විශිෂ්ට නුවණින් සාක්ෂාත් කොට පැමිණ වාසය කරයි.

සාදු! සාදු!! සාදු!!!

විභංග සූත්‍රය නිමා විය.

දෙවෙනි පාසාදකම්පන වර්ගය අවසන් විය.

- එහි පිළිවෙල උද්දානයයි :

හේතු සූත්‍රය, මහප්ඵල සූත්‍රය, ඡන්ද සූත්‍රය, මොග්ගල්ලාන සූත්‍රය, බ්‍රාහ්මණ සූත්‍රය, මහිද්ධික සූත්‍රය, ඉර්ධිවිධ සූත්‍රය, භික්ඛු සූත්‍රය, භාවනා සූත්‍රය සහ විභංග වශයෙන් සූත්‍ර දසයකි.

3. අයෝගුළ වර්ගය

7.3.1.
මග්ග සූත්‍රය
ඉර්ධිපාද දියුණුවට ඇති මාර්ගය ගැන වදාළ දෙසුම

සැවැත් නුවර දී ය ....

"මහණෙනි, සම්බුද්ධත්වයට පූර්වයෙහි දී අභිසම්බෝධියට නොපැමිණ සිටිය දී බෝධිසත්ව වූයේ ම, මා හට මේ අදහස ඇතිවූයේ ය. 'ඉර්ධිපාදයන් දියුණු වීම පිණිස ඇති මාර්ගය කුමක් ද? ප්‍රතිපදාව කුමක් ද?' යි මහණෙනි, ඒ මට මේ අදහස ඇතිවූයේ ය. 'මෙහිලා භික්ෂුව බලවත් ඡන්දය තුළින් උපදවාගත් සමාධියෙන් හා ප්‍රධන් වීර්යයෙන් යුක්ත ව ඉර්ධිපාදය වඩයි. මෙසේ මාගේ ඡන්දය අතිශයින් සැඟවීමකට ද නොයන්නේ ය. (ඕනෑවට ත් වඩා ගත් වීර්යයෙන්) ඉතා දැඩිකොට වීමක් ද නොවන්නේ ය. තමා තුළ ද හැකිලී නොයන්නේ ය. පිටතට ද විසිරී නොයන්නේ ය. පසු - පෙර සංඥාවෙන් ද වාසය කරයි ය. ....(පෙ).... මෙසේ විවෘත වූ, බාහිර දෙයකට නොබැඳුණු සිතින් බැබළීම් සහිත සිත වඩයි. විරිය සමාධි ....(පෙ).... චිත්ත සමාධි ....(පෙ).... බලවත් ව නුවණින් විමසීම තුළින් උපදවාගත් සමාධියෙන් හා ප්‍රධන් වීර්යයෙන් යුක්ත ව ඉර්ධිපාදය වඩයි. මෙසේ මාගේ නුවණින් විමසීම අතිශයින් සැඟවීමකට ද නොයන්නේ ය. (ඕනෑවට ත් වඩා ගත් වීර්යයෙන්) ඉතා දැඩිකොට ගැනීමක් ද නොවන්නේ ය. තමා තුළ ද හැකිලී නොයන්නේ ය. පිටතට ද විසිරී නොයන්නේ ය. පසු - පෙර සංඥාවෙන් ද වාසය කරයි.

"පෙරවරුවෙහි යම් සේ ද පස්වරුවේ ත් එසේ ය. පස්වරුවෙහි යම් සේ ද පෙරවරුවෙහි ත් එසේ ය. යටිකය ගැන විමසන්නේ යම් සේ ද, උඩුකය ගැන ත් විමසන්නේ එසේ ය. උඩුකය ගැන විමසන්නේ යම් සේ ද, යටිකය ගැන විමසන්නේ ත් එසේ ය. දහවල ගත කරන්නේ යම් සේ ද, රාත්‍රිය ත් එසේ ය. රාත්‍රිය ගත කරන්නේ යම් සේ ද, දහවල ත් එසේ ය."

මෙසේ විවෘත වූ, බාහිර දෙයකට නොබැඳුණු සිතින් බැබලීම් සහිත සිත වඩයි.

මහණෙනි, භික්ෂුවක් මෙසේ සතරක් වූ ඉර්ධිපාදයන් හොඳින් දියුණු කරගත් විට, මෙසේ බහුල ව ප්‍රගුණ කරගත් විට, නොයෙක් ඉර්ධිවිධීන් අත්දකියි. එක් අයෙක් ව සිට බොහෝ අය වෙයි ....(පෙ).... බඹලොව තෙක් කයෙන් වසඟයෙහි පවත්වයි. මහණෙනි, මෙසේ භික්ෂුවක් සතර ඉර්ධිපාදයන් දියුණු කරගත් විට, මෙසේ බහුල ව ප්‍රගුණ කළ විට ආශ්‍රවයන් ක්ෂය කිරීමෙන් අනාශ්‍රව වූ චිත්ත විමුක්තිය ත්, ප්‍රඥා විමුක්ති යත් මෙලොව දී ම සිය විශිෂ්ට නුවණින් සාක්ෂාත් කොට පැමිණ වාසය කරයි."

සාදු! සාදු!! සාදු!!!

මග්ග සූත්‍රය නිමා විය.

7.3.2.

අයෝගුළ සූත්‍රය

යකඩ ගුලිය උපමාවට ගෙන වදාළ දෙසුම

එකල්හී ආයුෂ්මත් ආනන්දයන් වහන්සේ භාග්‍යවතුන් වහන්සේ යම් තැනක වැඩහුන් සේක් ද, එතැනට පැමිණියේ ය. පැමිණ භාග්‍යවතුන් වහන්සේට සකසා වන්දනා කොට එකත්පස් ව හිඳගත්තේ ය. එකත්පස් ව හුන් ආයුෂ්මත් ආනන්දයන් වහන්සේ භාග්‍යවතුන් වහන්සේට මෙය පැවසූහ.

"ස්වාමීනී, භාග්‍යවතුන් වහන්සේ මනෝමය ශරීරයෙන් බ්‍රහ්මලෝකයට ඉර්ධියෙන් වැඩිය වගක් විශේෂයෙන් දන්නා සේක් ද?"

"ආනන්දයෙනි, මම වූ කලී බ්‍රහ්මලෝකයට මනෝමය ශරීරයෙන් ඉර්ධියෙන් වැඩිය වග විශේෂ කොට දනිමි."

"ස්වාමීනී, භාග්‍යවතුන් වහන්සේ වනාහී සතර මහා භූතයින්ගෙන් හටගත් මේ ශරීරයෙන් ඉර්ධියෙන් බ්‍රහ්මලෝකයට වැඩිය වග විශේෂයෙන් දන්නා සේක් ද?"

"ආනන්දයෙනි, මම වූ කලී මේ සතර මහා භූතයන්ගෙන් හටගත් කයෙන් ඉර්ධියෙන් බ්‍රහ්මලෝකයට වැඩිය වග විශේෂ කොට දනිමි."

"ස්වාමීනී, භාග්‍යවතුන් වහන්සේ මනෝමය කයෙන් බ්‍රහ්මලෝකයට ඉර්ධියෙන් වැඩම කරන්නට හැකි සේක. ස්වාමීනී, භාග්‍යවතුන් වහන්සේ වූ කලී

මේ සතර මහා භූතයන්ගෙන් හටගත් කය ප්‍රකට වෙමින් ඉර්ධියෙන් බඹලොවට වැඩි සේක. ස්වාමීනී, මෙකරුණ භාග්‍යවතුන් වහන්සේගේ ආශ්චර්යයක් මෙන් ම අද්භූතයක් ද වෙයි."

"ආනන්දයෙනි, තථාගතවරු ආශ්චර්යය මෙන් ම ආශ්චර්යය ධර්මයන්ගෙන් ද සමන්විත වූවෝ ය. ආනන්දයෙනි, තථාගතවරු අද්භූත මෙන් ම අද්භූත ධර්මයන්ගෙන් ද සමන්විත වූවෝ ය. ආනන්දයෙනි, තථාගත තෙමේ යම් අවස්ථාවක කය ත් සිතෙහි එකඟ කරයි ද, සිත ත් කයෙහි එකඟ කරයි ද, සැප සංඥාව ත් සැහැල්ලු සංඥාව ත් කයෙහි බහා වෙසෙයි ද, ආනන්දයෙනි, ඒ අවස්ථාවෙහි තථාගතයන්ගේ කය වඩා ත් ම සැහැල්ලු වෙයි. වඩා ත් මෘදු වෙයි. වඩා ත් ක්‍රියාවට යෝග්‍ය වෙයි. වඩා ත් ප්‍රභාෂ්වර වෙයි. ආනන්දයෙනි, එය මෙබඳු දෙයකි. දවස මුළුල්ලෙහි ගිනියම් වී ගිය යකඩ ගුලියක් වඩා ත් ම සැහැල්ලු වෙයි ද, වඩා ත් මෘදු වෙයි ද, වඩා ත් ක්‍රියාවට යෝග්‍ය වෙයි ද, වඩා ත් ප්‍රභාෂ්වර වෙයි ද, එසෙයින් ම ආනන්දයෙනි, තථාගත තෙමේ යම් අවස්ථාවක කය ත් සිතෙහි එකඟ කරයි ද, සිත ත් කයෙහි එකඟ කරයි ද, සැප සංඥාව ත් සැහැල්ලු සංඥාව ත් කයෙහි බහා වෙසෙයි ද, ආනන්දයෙනි, ඒ අවස්ථාවෙහි තථාගතයන්ගේ කය වඩා ත් ම සැහැල්ලු වෙයි. වඩා ත් මෘදු වෙයි. වඩා ත් ක්‍රියාවට යෝග්‍ය වෙයි. වඩා ත් ප්‍රභාෂ්වර වෙයි.

ආනන්දයෙනි, යම් අවස්ථාවක තථාගත තෙමේ කය ත් සිතෙහි එකඟ කරයි ද, සිත ත් කයෙහි එකඟ කරයි ද, සැප සංඥාව ත් සැහැල්ලු සංඥාව ත් කයෙහි බහා වෙසෙයි ද, ආනන්දයෙනි, ඒ අවස්ථාවෙහි ඉතා සුළු මෙහෙයවීමකින් ම තථාගතයන්ගේ කය පොළොවෙන් අහසට නැගෙයි. හේ අනේකවිධ වූ ඉර්ධිවිධීන් අත්දකියි. එක් අයෙකු ව සිට බොහෝ අය වෙයි. ....(පෙ).... බ්‍රහ්ම ලෝකය තෙක් කයෙන් වසඟයෙහි පවත්වයි. ආනන්දයෙනි, හිඹුල් පුළුන් හෝ කපු පුළුන් හෝ සැහැල්ලු ව තිබිය දී සුළඟට හසු වූයේ ස්වල්ප උත්සාහයෙන් ම පොළොවෙන් අහසට නැගෙන්නේ යම් සේ ද, එසෙයින් ම ආනන්දයෙනි, යම් අවස්ථාවක තථාගත තෙමේ කය ත් සිතෙහි එකඟ කරයි ද, සිත ත් කයෙහි එකඟ කරයි ද, සැප සංඥාව ත් සැහැල්ලු සංඥාව ත් කයෙහි බහා වෙසෙයි ද, ආනන්දයෙනි, ඒ අවස්ථාවෙහි ඉතා සුළු මෙහෙයවීමකින් ම තථාගතයන්ගේ කය පොළොවෙන් අහසට නැගෙයි. හේ අනේකවිධ වූ ඉර්ධිවිධීන් අත්දකියි. එක් අයෙකු ව සිට බොහෝ අය වෙයි. ....(පෙ).... බ්‍රහ්ම ලෝකය තෙක් කයෙන් වසඟයෙහි පවත්වයි.

සාදු! සාදු!! සාදු!!!

අයෝගුළ සූත්‍රය නිමා විය.

7.3.3.
භික්ඛු සූත්‍රය
භික්ෂුව ගැන වදාළ දෙසුම

මහණෙනි, මේ ඉර්ධිපාදයෝ සතරකි. ඒ කවර සතරක් ද යත්;

මහණෙනි, මෙහිලා භික්ෂුව බලවත් ඡන්දය තුළින් උපදවා ගත් සමාධියෙන් හා ප්‍රධන් වීර්යයෙන් යුතු ඉර්ධිපාදය වඩයි. බලවත් වීර්යය තුළින් උපදවා ගත් සමාධියෙන් ....(පෙ).... බලවත් අධිෂ්ඨානය තුළින් උපදවා ගත් සමාධියෙන් ....(පෙ).... බලවත් ව නුවණින් විමසීම තුළින් උපදවා ගත් සමාධියෙන් හා ප්‍රධන් වීර්යයෙන් යුතු ඉර්ධිපාදය වඩයි. මහණෙනි, මේ වනාහී සතරක් වූ ඉර්ධිපාදයෝ ය.

මහණෙනි, මේ සතර ඉර්ධිපාදයන් දියුණු කළ බැවින්, බහුල ව ප්‍රගුණ කළ බැවින් භික්ෂුවක් ආශ්‍රවයන් ක්ෂය කිරීමෙන් අනාශ්‍රව වූ චිත්ත විමුක්තිය ත්, ප්‍රඥා විමුක්තිය ත් මෙලොව දී ම සිය විශිෂ්ට ඥානයෙන් අත්දැක එයට පැමිණ වාසය කරයි.

සාදු! සාදු!! සාදු!!!

භික්ඛු සූත්‍රය නිමා විය.

7.3.4.
සුද්ධක සූත්‍රය
පිරිසිදු බව පිණිස ඇති දෙය ගැන වදාළ දෙසුම

මහණෙනි, මේ ඉර්ධිපාදයෝ සතරකි. ඒ කවර සතරක් ද යත්;

මහණෙනි, මෙහිලා භික්ෂුව බලවත් ඡන්දය තුළින් උපදවා ගත් සමාධියෙන් හා ප්‍රධන් වීර්යයෙන් යුතු ඉර්ධිපාදය වඩයි. බලවත් වීර්යය තුළින් උපදවා ගත් සමාධියෙන් ....(පෙ).... බලවත් අධිෂ්ඨානය තුළින් උපදවා ගත් සමාධියෙන් ....(පෙ).... බලවත් ව නුවණින් විමසීම තුළින් උපදවා ගත්

සමාධියෙන් හා ප්‍රධන් වීර්යයෙන් යුතු ඉර්ධිපාදය වඩයි. මහණෙනි, මේ වනාහී සතරක් වූ ඉර්ධිපාදයෝ ය.

සාදු! සාදු!! සාදු!!!

සුද්ධක සූත්‍රය නිමා විය.

7.3.5.
ඵල සූත්‍රය
ප්‍රතිඵල ලබා දෙන දේ ගැන වදාළ දෙසුම

මහණෙනි, මේ ඉර්ධිපාදයෝ සතරකි. ඒ කවර සතරක් ද යත්;

මහණෙනි, මෙහිලා භික්ෂුව බලවත් ඡන්දය තුළින් උපදවා ගත් සමාධියෙන් හා ප්‍රධන් වීර්යයෙන් යුතු ඉර්ධිපාදය වඩයි. බලවත් වීර්යය තුළින් උපදවා ගත් සමාධියෙන් ....(පෙ).... බලවත් අධිෂ්ඨානය තුළින් උපදවා ගත් සමාධියෙන් ....(පෙ).... බලවත් ව නුවණින් විමසීම තුළින් උපදවා ගත් සමාධියෙන් හා ප්‍රධන් වීර්යයෙන් යුතු ඉර්ධිපාදය වඩයි. මහණෙනි, මේ වනාහී සතරක් වූ ඉර්ධිපාදයෝ ය.

මහණෙනි, මේ සතර ඉර්ධිපාදයන් දියුණු කරගත් බැවින්, බහුල ව ප්‍රගුණ කරගත් බැවින්, ඵල දෙකක් අතුරින් එක්තරා ඵලයක් කැමති විය යුත්තේ ය. එනම්; මේ ජීවිතයේ දී ම අරහත්වය පත්වීම හෝ කෙලෙස් ඉතිරි ව ඇති කල්හී අනාගාමී වීම හෝ ය.

සාදු! සාදු!! සාදු!!!

ඵල සූත්‍රය නිමා විය.

7.3.6.
දුතිය ඵල සූත්‍රය
ප්‍රතිඵල ලබා දෙන දේ ගැන වදාළ දෙවෙනි දෙසුම

මහණෙනි, මේ ඉර්ධිපාදයෝ සතරකි. ඒ කවර සතරක් ද යත්;

මහණෙනි, මෙහිලා භික්ෂුව බලවත් ඡන්දය තුළින් උපදවා ගත් සමාධියෙන් හා ප්‍රධන් වීර්යයෙන් යුතු ඉර්ධිපාදය වඩයි. බලවත් වීර්යය තුළින් උපදවා ගත් සමාධියෙන් ....(පෙ).... බලවත් අධිෂ්ඨානය තුළින් උපදවා ගත් සමාධියෙන් ....(පෙ).... බලවත් ව නුවණින් විමසීම තුළින් උපදවා ගත් සමාධියෙන් හා ප්‍රධන් වීර්යයෙන් යුතු ඉර්ධිපාදය වඩයි. මහණෙනි, මේ වනාහී සතරක් වූ ඉර්ධිපාදයෝ ය.

මහණෙනි, මේ සතර ඉර්ධිපාදයන් දියුණු කරගත් විට, බහුල ව ප්‍රගුණ කරගත් විට, ඵල සතක්, අනුසස් සතක් කැමති විය යුත්තේ ය. ඒ කවර ඵල සතක් ද? කවර අනුසස් සතක් ද යත්;

එනම්, මෙලොවදී කල්තියා ම අරහත්වයට පත්වෙයි. ඉදින් මෙලොව දී ම කල්තියා අරහත්වයට පත් නොවූයේ නම්, එකල්හී මරණ කාලයෙහි අරහත්වයට පත්වෙයි. ඉදින් මෙලොව දී ම කල්තියා අරහත්වයට පත් නොවූයේ නම්, එමෙන් ම මරණ කාලයෙහි ද අරහත්වයට පත්නොවූයේ නම්, එකල්හී ඕරම්භාගීය සංයෝජන පස ගෙවා දැමීමෙන් අන්තරා පරිනිබ්බායී වෙයි. උපහච්ච පරිනිබ්බායී වෙයි. අසංඛාර පරිනිබ්බායී වෙයි. සසංඛාර පරිනිබ්බායී වෙයි. උද්ධංසෝත අකනිට්ඨ ගාමී වෙයි. මහණෙනි, මේ සතර ඉර්ධිපාදයන් දියුණු කරගත් විට, බහුල ව ප්‍රගුණ කරගත් විට, මේ ඵල සත, අනුසස් සත කැමති විය යුත්තේ ය.

සාදු! සාදු!! සාදු!!!

දුතිය ඵල සූත්‍රය නිමා විය.

7.3.7.
ආනන්ද සූත්‍රය
ආනන්ද තෙරුන්ට වදාළ දෙසුම

එකල්හී ආයුෂ්මත් ආනන්දයන් වහන්සේ භාග්‍යවතුන් වහන්සේ වෙත පැමිණියහ. පැමිණ ....(පෙ).... එකත්පස් ව හුන් ආයුෂ්මත් ආනන්දයන් වහන්සේ භාග්‍යවතුන් වහන්සේට මෙය පැවසූහ.

"ස්වාමීනී, ඉර්ධිය යනු කුමක් ද? ඉර්ධිපාදය යනු කුමක් ද? ඉර්ධිපාද භාවනාව යනු කුමක් ද? ඉර්ධිපාද භාවනාව පිණිස ඇති ප්‍රතිපදාව කුමක් ද?"

"ආනන්දයෙනි, මෙහිලා භික්ෂුව නොයෙක් ඉර්ධිවිධීන් අත්දකියි. එනම් එක් අයෙක් ව සිට බොහෝ දෙනෙකු වෙයි. ....(පෙ).... බඹලොව තෙක් කයෙන් වසඟය පවත්වයි. ආනන්දයෙනි, මෙය ඉර්ධිය යැයි කියනු ලැබෙයි.

ආනන්දයෙනි, ඉර්ධිපාදය යනු කුමක් ද? ආනන්දයෙනි, ඉර්ධීන් ලැබීම පිණිස, ඉර්ධි ප්‍රතිලාභය පිණිස පවතින යම් මාර්ගයක් ඇද්ද, යම් ප්‍රතිපදාවක් ඇද්ද, මෙය ඉර්ධිපාද යැයි කියනු ලැබේ.

ආනන්දයෙනි, ඉර්ධිපාද භාවනාව යනු කුමක් ද? ආනන්දයෙනි, මෙහිලා භික්ෂුව බලවත් ඡන්දය තුළින් උපදවා ගත් සමාධියෙන් හා ප්‍රධන් වීර්යයෙන් යුතු ඉර්ධිපාදය වඩයි. බලවත් වීර්යය තුළින් උපදවා ගත් සමාධියෙන් ....(පෙ).... බලවත් අධිෂ්ඨානය තුළින් උපදවා ගත් සමාධියෙන් ....(පෙ).... බලවත් ව නුවණින් විමසීම තුළින් උපදවා ගත් සමාධියෙන් හා ප්‍රධන් වීර්යයෙන් යුතු ඉර්ධිපාදය වඩයි. ආනන්දයෙනි, මෙය ඉර්ධිපාද භාවනාව යැයි කියනු ලැබේ.

ආනන්දයෙනි, ඉර්ධිපාද වැඩීම පිණිස ඇති ප්‍රතිපදාව යනු කුමක් ද? ඒ මේ ආර්ය අෂ්ටාංගික මාර්ගය ම ය. එනම්; සම්මා දිට්ඨිය, සම්මා සංකල්ප, සම්මා වාචා, සම්මා කම්මන්ත, සම්මා ආජීව, සම්මා වායාම, සම්මා සති, සම්මා සමාධිය ය. ආනන්දයෙනි, මෙය ඉර්ධිපාද වැඩීම පිණිස ඇති ප්‍රතිපදාව යැයි කියනු ලැබේ."

සාදු! සාදු!! සාදු!!!

ආනන්ද සූත්‍රය නිමා විය.

7.3.8.
දුතිය ආනන්ද සූත්‍රය
ආනන්ද තෙරුන්ට වදාළ දෙවෙනි දෙසුම

එකත්පස් ව හුන් ආයුෂ්මත් ආනන්දයන් වහන්සේට භාග්‍යවතුන් වහන්සේ මෙය වදාළහ.

"ආනන්දයෙනි, ඉර්ධිය යනු කුමක් ද? ඉර්ධිපාදය යනු කුමක් ද? ඉර්ධිපාද භාවනාව යනු කුමක් ද? ඉර්ධිපාද භාවනාව පිණිස ඇති ප්‍රතිපදාව කුමක් ද?"

"ස්වාමීනී, අපගේ ධර්මයෝ භාග්‍යවතුන් වහන්සේ මුල්කොට ඇත්තාහ. ....(පෙ)...."

"ආනන්දයෙනි, මෙහිලා භික්ෂුව නොයෙක් ඉර්ධිවිධීන් අත්දකියි. ....(පෙ).... ආනන්දයෙනි, මෙය ඉර්ධිපාද වැඩීම පිණිස ඇති ප්‍රතිපදාව යැයි කියනු ලැබේ."

සාදු! සාදු!! සාදු!!!

දුතිය ආනන්ද සූත්‍රය නිමා විය.

7.3.9.
සම්බහුල භික්ඛු සූත්‍රය
බොහෝ භික්ෂූන්ට වදාළ දෙසුම

එකල්හී බොහෝ භික්ෂූහු භාග්‍යවතුන් වහන්සේ වෙත පැමිණියහ. ....(පෙ).... එකත්පස් ව හුන් ඒ භික්ෂූහු භාග්‍යවතුන් වහන්සේට මෙය පැවසූහ.

"ස්වාමීනී, ඉර්ධිය යනු කුමක් ද? ඉර්ධිපාදය යනු කුමක් ද? ඉර්ධිපාද භාවනාව යනු කුමක් ද? ඉර්ධිපාද භාවනාව පිණිස ඇති ප්‍රතිපදාව කුමක් ද?"

"මහණෙනි, මෙහිලා භික්ෂුව නොයෙක් ඉර්ධිවිධීන් අත්දකියි. ....(පෙ).... මහණෙනි, මෙය ඉර්ධිපාද වැඩීම පිණිස ඇති ප්‍රතිපදාව යැයි කියනු ලැබේ."

සාදු! සාදු!! සාදු!!!

සම්බහුල භික්ඛු සූත්‍රය නිමා විය.

7.3.10.
දුතිය සම්බහුල භික්ඛු සූත්‍රය
බොහෝ භික්ෂූන්ට වදාළ දෙවෙනි දෙසුම

එකල්හී බොහෝ භික්ෂූහු භාග්‍යවතුන් වහන්සේ වෙත පැමිණියහ. ....(පෙ).... එකත්පස් ව හුන් ඒ භික්ෂූන්ට භාග්‍යවතුන් වහන්සේ මෙය වදාළහ.

"මහණෙනි, ඉර්ධිය යනු කුමක් ද? ඉර්ධිපාදය යනු කුමක් ද? ඉර්ධිපාද භාවනාව යනු කුමක් ද? ඉර්ධිපාද භාවනාව පිණිස ඇති ප්‍රතිපදාව කුමක් ද?"

"ස්වාමීනී, අපගේ ධර්මයෝ භාග්‍යවතුන් වහන්සේ මුල්කොට ඇත්තාහ. ....(පෙ)...."

"මහණෙනි, ඉර්ධිය යනු කුමක් ද? මහණෙනි, මෙහිලා භික්ෂුව නොයෙක් ඉර්ධිවිධීන් අත්දකියි. එනම් එක් අයෙක් ව සිට බොහෝ දෙනෙකු වෙයි. ....(පෙ).... බඹලොව තෙක් කයෙන් වසඟය පවත්වයි. මහණෙනි, මෙය ඉර්ධිය යැයි කියනු ලැබෙයි.

මහණෙනි, ඉර්ධිපාදය යනු කුමක් ද? මහණෙනි, ඉර්ධීන් ලැබීම පිණිස, ඉර්ධි ප්‍රතිලාභය පිණිස පවතින යම් මාර්ගයක් ඇද්ද, යම් ප්‍රතිපදාවක් ඇද්ද, මෙය ඉර්ධිපාද යැයි කියනු ලැබේ.

මහණෙනි, ඉර්ධිපාද භාවනාව යනු කුමක් ද? මහණෙනි, මෙහිලා භික්ෂුව බලවත් ඡන්දය තුළින් උපදවා ගත් සමාධියෙන් හා ප්‍රධන් වීර්යයෙන් යුතු ඉර්ධිපාදය වඩයි. බලවත් වීර්යය තුළින් උපදවා ගත් සමාධියෙන් ....(පෙ).... බලවත් අධිෂ්ඨානය තුළින් උපදවා ගත් සමාධියෙන් ....(පෙ).... බලවත් ව නුවණින් විමසීම තුළින් උපදවා ගත් සමාධියෙන් හා ප්‍රධන් වීර්යයෙන් යුතු ඉර්ධිපාදය වඩයි. මහණෙනි, මෙය ඉර්ධිපාද භාවනාව යැයි කියනු ලැබේ.

මහණෙනි, ඉර්ධිපාද වැඩීම පිණිස ඇති ප්‍රතිපදාව යනු කුමක් ද? ඒ මේ ආර්ය අෂ්ටාංගික මාර්ගය ම ය. එනම්; සම්මා දිට්ඨිය, සම්මා සංකල්ප, සම්මා වාචා, සම්මා කම්මන්ත, සම්මා ආජීව, සම්මා වායාම, සම්මා සති, සම්මා සමාධිය ය. මහණෙනි, මෙය ඉර්ධිපාද වැඩීම පිණිස ඇති ප්‍රතිපදාව යැයි කියනු ලැබේ."

සාදු! සාදු!! සාදු!!!

දුතිය සම්බහුල භික්ඛු සූත්‍රය නිමා විය.

7.3.11.
මොග්ගල්ලාන සූත්‍රය
මහා මොග්ගල්ලාන තෙරුන් ගැන වදාළ දෙසුම

"මහණෙනි, ඒ කිමෙකැයි හඟිව් ද? මොග්ගල්ලාන භික්ෂුව මේ සා මහත් ඉර්ධිමත් වූයේ, මේ සා මහානුභාව ඇතිවූයේ කවර ධර්මයන් දියුණු කිරීමෙන් ද? බහුල ව ප්‍රගුණ කිරීමෙන් ද?"

"ස්වාමීනී, අපගේ ධර්මයෝ භාග්‍යවතුන් වහන්සේ මුල්කොට ඇත්තාහ. ....(පෙ)...."

"මහණෙනි, ඉර්ධිපාද සතරක් දියුණු කරගත් බැවින්, බහුල ව ප්‍රගුණ කරගත් බැවින් මොග්ගල්ලාන භික්ෂුව මෙසේ මහා ඉර්ධිමත් වෙයි. මෙසේ මහානුභාව සම්පන්න වෙයි. ඒ කවර සතරක් ද යත්;

මහණෙනි, මෙහිලා මොග්ගල්ලාන භික්ෂුව බලවත් ඡන්දය තුළින් උපදවාගත් සමාධියෙන් හා ප්‍රධන් වීර්යයෙන් යුක්ත ව ඉර්ධිපාදය වඩයි. මෙසේ මාගේ ඡන්දය අතිශයින් සැඟවීමකට ද නොයන්නේ ය. (ඕනෑවට ත් වඩා ගත් වීර්යයෙන්) ඉතා දැඩිකොට ගැනීමක් ද නොවන්නේ ය. තමා තුළ ද හැකිළී නොයන්නේ ය. පිටතට ද විසිරී නොයන්නේ ය. පසු - පෙර සංඥාවෙන් ද වාසය කරයි.

"පෙරවරුවෙහි යම් සේ ද පස්වරුවේ ත් එසේ ය. පස්වරුවෙහි යම් සේ ද පෙරවරුවෙහි ත් එසේ ය. යටිකය ගැන විමසන්නේ යම් සේ ද, උඩුකය ගැන ත් විමසන්නේ එසේ ය. උඩුකය ගැන විමසන්නේ යම් සේ ද, යටිකය ගැන විමසන්නේ ත් එසේ ය. දහවල ගත කරන්නේ යම් සේ ද, රාත්‍රිය ත් එසේ ය. රාත්‍රිය ගත කරන්නේ යම් සේ ද, දහවල ත් එසේ ය."

මෙසේ විවෘත වූ, බාහිර දෙයකට නොබැඳුණු සිතින් බැබලීම් සහිත සිත වඩයි.

බලවත් වීර්යය තුළින් උපදවාගත් සමාධියෙන් ....(පෙ).... බලවත් අධිෂ්ඨානය තුළින් උපදවාගත් සමාධියෙන් ....(පෙ).... බලවත් ව නුවණින් විමසීම තුළින් උපදවාගත් සමාධියෙන් හා ප්‍රධන් වීර්යයෙන් යුක්ත ව ඉර්ධිපාදය වඩයි. මෙසේ මාගේ බලවත් ව නුවණින් විමසීම අතිශයින් සැඟවීමකට ද නොයන්නේ

ය. (ඕනෑවට ත් වඩා ගත් වීර්යයෙන්) ඉතා දැඩිකොට ගැනීමක් ද නොවන්නේ ය. තමා තුළ ද හැකිළී නොයන්නේ ය. පිටතට ද විසිරී නොයන්නේ ය. පසු - පෙර සංඥාවෙන් ද වාසය කරයි.

"පෙරවරුවෙහි යම් සේ ද පස්වරුවේ ත් එසේ ය. පස්වරුවෙහි යම් සේ ද පෙරවරුවෙහි ත් එසේ ය. යටිකය ගැන විමසන්නේ යම් සේ ද, උඩුකය ගැන ත් විමසන්නේ එසේ ය. උඩුකය ගැන විමසන්නේ යම් සේ ද, යටිකය ගැන විමසන්නේ ත් එසේ ය. දහවල ගත කරන්නේ යම් සේ ද, රාත්‍රිය ත් එසේ ය. රාත්‍රිය ගත කරන්නේ යම් සේ ද, දහවල ත් එසේ ය."

මෙසේ විවෘත වූ, බාහිර දෙයකට නොබැඳුණු සිතින් බැබලීම් සහිත සිත වඩයි. මහණෙනි, මොග්ගල්ලාන භික්ෂුව මේ සතර ඉර්ධිපාදයන් දියුණු කරගත් හෙයින්, බහුල ව ප්‍රගුණ කරගත් හෙයින් මේ සා මහත් ඉර්ධි ඇත්තේ ය. මේ සා මහත් ආනුභාව ඇත්තේ ය.

මහණෙනි, මොග්ගල්ලාන භික්ෂුව මේ සතර ඉර්ධිපාදයන් දියුණු කරගත් හෙයින්, බහුල ව ප්‍රගුණ කරගත් හෙයින්, මෙසේ අනේක ප්‍රකාර වූ ඉර්ධි විශේෂයන් කළ හැකි වෙයි. එනම් එක් කෙනෙක් ව සිට බොහෝ අය ලෙස පෙනී සිටියි. බොහෝ අය වී එක් අයෙක් ව පෙනී සිටියි. ....(පෙ).... බඹලොව සීමා කොට සිය කයින් වසඟයෙහි පවත්වයි. ....(පෙ).... මහණෙනි, මොග්ගල්ලාන භික්ෂුව මේ සතර ඉර්ධිපාදයන් දියුණු කරගත් හෙයින්, බහුල ව ප්‍රගුණ කරගත් හෙයින්, ආශ්‍රවයන් ක්ෂය වීමෙන් අනාශ්‍රව වූ චිත්ත විමුක්තියත්, ප්‍රඥා විමුක්තියත් මේ ජීවිතයේදී ම තම විශිෂ්ට නුවණින් අත්දැක එයට පැමිණ වාසය කරයි."

සාදු! සාදු!! සාදු!!!

මොග්ගල්ලාන සූත්‍රය නිමා විය.

7.3.12.
තථාගත සූත්‍රය
තථාගතයන් වහන්සේ ගැන වදාළ දෙසුම

"මහණෙනි, ඒ කිමෙකැයි හඟිව් ද? තථාගත තෙමේ මේ සා මහත් ඉර්ධිමත් වූයේ, මේ සා මහානුභාව ඇතිවූයේ කවර ධර්මයන් දියුණු කිරීමෙන් ද? බහුල ව ප්‍රගුණ කිරීමෙන් ද?"

"ස්වාමීනී, අපගේ ධර්මයෝ භාග්‍යවතුන් වහන්සේ මුල්කොට ඇත්තාහ. ....(පෙ)...."

"මහණෙනි, ඉර්ධිපාද සතරක් දියුණු කරගත් බැවින්, බහුල ව ප්‍රගුණ කරගත් බැවින් තථාගත තෙමේ මෙසේ මහා ඉර්ධිමත් වෙයි. මෙසේ මහානුභාව සම්පන්න වෙයි. ඒ කවර සතරක් ද යත්;

මහණෙනි, මෙහිලා තථාගත තෙමේ බලවත් ඡන්දය තුළින් උපදවාගත් සමාධියෙන් හා ප්‍රධන් වීර්යයෙන් යුක්ත ව ඉර්ධිපාදය වඩයි. මෙසේ මාගේ ඡන්දය අතිශයින් සැඟවීමකට ද නොයන්නේ ය. (ඕනෑවට ත් වඩා ගත් වීර්යයෙන්) ඉතා දැඩිකොට ගැනීමක් ද නොවන්නේ ය. තමා තුළ ද හැකිලී නොයන්නේ ය. පිටතට ද විසිරී නොයන්නේ ය. පසු - පෙර සංඥාවෙන් ද වාසය කරයි.

"පෙරවරුවෙහි යම් සේ ද පස්වරුවේ ත් එසේ ය. පස්වරුවෙහි යම් සේ ද පෙරවරුවෙහි ත් එසේ ය. යටිකය ගැන විමසන්නේ යම් සේ ද, උඩුකය ගැන ත් විමසන්නේ එසේ ය. උඩුකය ගැන විමසන්නේ යම් සේ ද, යටිකය ගැන විමසන්නේ ත් එසේ ය. දහවල ගත කරන්නේ යම් සේ ද, රාත්‍රිය ත් එසේ ය. රාත්‍රිය ගත කරන්නේ යම් සේ ද, දහවල ත් එසේ ය."

මෙසේ විවෘත වූ, බාහිර දෙයකට නොබැඳුණු සිතින් බැබලීම් සහිත සිත වඩයි.

බලවත් වීර්යය තුළින් උපදවාගත් සමාධියෙන් ....(පෙ).... බලවත් අධිෂ්ඨානය තුළින් උපදවාගත් සමාධියෙන් ....(පෙ).... බලවත් ව නුවණින් විමසීම තුළින් උපදවාගත් සමාධියෙන් හා ප්‍රධන් වීර්යයෙන් යුක්ත ව ඉර්ධිපාදය වඩයි. මෙසේ මාගේ බලවත් ව නුවණින් විමසීම අතිශයින් සැඟවීමකට ද නොයන්නේ ය. (ඕනෑවට ත් වඩා ගත් වීර්යයෙන්) ඉතා දැඩිකොට ගැනීමක් ද නොවන්නේ ය. තමා තුළ ද හැකිලී නොයන්නේ ය. පිටතට ද විසිරී නොයන්නේ ය. පසු - පෙර සංඥාවෙන් ද වාසය කරයි.

"පෙරවරුවෙහි යම් සේ ද පස්වරුවේ ත් එසේ ය. පස්වරුවෙහි යම් සේ ද පෙරවරුවෙහි ත් එසේ ය. යටිකය ගැන විමසන්නේ යම් සේ ද, උඩුකය ගැන ත් විමසන්නේ එසේ ය. උඩුකය ගැන විමසන්නේ යම් සේ ද, යටිකය ගැන විමසන්නේ ත් එසේ ය. දහවල ගත කරන්නේ යම් සේ ද, රාත්‍රිය ත් එසේ ය. රාත්‍රිය ගත කරන්නේ යම් සේ ද, දහවල ත් එසේ ය."

මෙසේ විවෘත වූ, බාහිර දෙයකට නොබැඳුණු සිතින් බැබලීම් සහිත සිත වඩයි.

මහණෙනි, තථාගත තෙමේ මේ සතර ඉර්ධිපාදයන් දියුණු කරගත් හෙයින්, බහුල ව ප්‍රගුණ කරගත් හෙයින්, මේ සා මහත් ඉර්ධි ඇත්තේ ය. මේ සා මහත් ආනුභාව ඇත්තේ ය.

අනේක ප්‍රකාර වූ ඉර්ධි විශේෂයන් කළ හැකි වෙයි. එනම් එක් කෙනෙක් ව සිට බොහෝ අය ලෙස පෙනී සිටියි. බොහෝ අය වී එක් අයෙක් ව පෙනී සිටියි. ....(පෙ).... බඹලොව සීමා කොට සිය කයින් වසඟයෙහි පවත්වයි. ....(පෙ).... මහණෙනි, මේ අයුරින් තථාගත තෙමේ මේ සතර ඉර්ධිපාදයන් දියුණු කරගත් හෙයින්, බහුල ව ප්‍රගුණ කරගත් හෙයින්, ආශ්‍රවයන් ක්ෂය වීමෙන් අනාශ්‍රව වූ චිත්ත විමුක්තියත්, ප්‍රඥා විමුක්තියත් මේ ජීවිතයේදී ම තම විශිෂ්ට නුවණින් අත්දැක එයට පැමිණ වාසය කරයි.”

(අභිඥා සය විස්තර කළ යුත්තේ ය.)

සාදු! සාදු!! සාදු!!!

තථාගත සූත්‍රය නිමා විය.

තෙවෙනි අයෝගුළ වර්ගය අවසන් විය.

- **එහි පිළිවෙල උද්දානයයි :**

මග්ග සූත්‍රය, අයෝගුළ සූත්‍රය, භික්ඛු සූත්‍රය, සුද්ධක සූත්‍රය, ඵල සූත්‍ර දෙක, ආනන්ද සූත්‍ර දෙක, සම්බහුල භික්ඛු සූත්‍ර දෙක සහ එකොලොස් වෙනි මොග්ගල්ලාන සූත්‍රය ත්, දොළොස්වෙනි තථාගත සූත්‍රය ත් වශයෙන් සූත්‍ර දොළොසකි.

4. ගංගා පෙයයාල වර්ගය

7.4.1.-48. පාචීනනින්නාදී සූත්‍රයෝ
පෙරදිගට නැමී තිබීම ගැන වදාළ දෙසුම ආදී දෙසුම්

මහණෙනි, යම් සේ ගංගා නදිය පෙරදිගට නැඹුරු වූයේ, පෙරදිගට යොමු වූයේ, පෙරදිගට බර වූයේ ....(පෙ).... නිවනට බර වූයේ වෙයි.

(ඉර්ධිපාද වශයෙන් විස්තර කළ යුත්තේ ය.)

- එහි පිළිවෙල උද්දානයයි :

පාචීනනින්න සූත්‍ර සයකි. සමුද්දනින්න සූත්‍ර සූත්‍ර සයකි. මෙසේ සය බැගින් සූත්‍ර දොළොසකි. එයින් වර්ගය යැයි කියනු ලැබේ.

5. අප්පමාද වර්ගය

7.5.1.-40 තථාගතාදී සූත්‍රයෝ
තථාගතයන් වහන්සේ ගැන වදාළ දෙසුම ආදී දෙසුම්

මහණෙනි, යම්තාක් පා රහිත වූ ද, දෙපා ඇත්තා වූ ද, ...(පෙ)... බහුල ව ප්‍රගුණ කරයි.

පස්වෙනි අප්පමාද වර්ගය අවසන් විය.

- එහි පිළිවෙල උද්දානයයි :

තථාගත, පද, කූට, මූල, සාර, වස්සික, රාජ, චන්දිම, සූරිය, වත්ථ වශයෙන් සූත්‍ර සතර බැගින් වූ දසයකි. එයින් වර්ගය යැයි කියනු ලැබේ.

6. බලකරණීය වර්ගය

7.6.1.-48 බලාදී සූත්‍රයෝ
බලය ගැන වදාළ දෙසුම ආදී දෙසුම්

මහණෙනි, යම් සේ කායික සවියෙන් යුතු ව කළ යුතු යම්කිසි කර්මාන්තාදිය කරත් නම්, ...(පෙ).... බහුල ව ප්‍රගුණ කරයි.

සයවෙනි බලකරණීය වර්ගය අවසන් විය.

- එහි පිළිවෙල උද්දානයයි :

බල, බීජ, නාග, රුක්ඛ, කුම්භ, සූක, ආකාස වශයෙන් සූත්‍ර සතර බැගින් සතකි. මේඝ සූත්‍ර සතර බැගින් දෙකකි. නාවා, ආගන්තුක, නදී වශයෙන් සූත්‍ර සතර බැගින් තුනකි. මුළු සූත්‍ර ගණන හතලිස් අටකි. එයින් වර්ගය යැයි කියනු ලැබේ.

7. ඒසනා වර්ගය

7.7.1.-160 ඒසනාදී සූත්‍රයෝ
සෙවීම ගැන වදාළ දෙසුම ආදී දෙසුම්

මහණෙනි, මේ සෙවීම් තුනකි. ඒ කවර තුනක් ද යත්; ....(පෙ).... වැඩිය යුත්තේ ය.

(විවේක නිශ්‍රිත ආදී වශයෙන් අභිඤ්ඤා, පරිඤ්ඤා, පරික්ඛය, පහාන වශයෙන් ද, එක් එක් සූත්‍රයක් දහසය අයුරින් දහසය අයුරින් කොට එක්සිය සැට සූත්‍ර දේශනාවන් විස්තර කළ යුත්තේ ය.)

සත් වෙනි ඒසනා වර්ගය අවසන් විය.

- **එහි පිළිවෙල උද්දානයයි :**

ඒසනා, විධා, ආසව, භව, දුක්ඛතා, ඛිල, මල, නීඝ, වේදනා, තණ්හා වශයෙන් දහසය බැගින් දසයකි. මෙහි මුළු සූත්‍ර ගණන එකසිය හැටකි.

8. ඕඝ වර්ගය

7.8.1.-159 ඕඝාදී සූත්‍රයෝ
සැඩපහර ගැන වදාළ දෙසුම ආදී දෙසුම්

මහණෙනි, මේ සැඩපහර සතරකි. ඒ කවර සතරක් ද යත්, ...(පෙ).... වැඩිය යුත්තේ ය.

(ඒසනා වර්ගයේ මෙන් විස්තර කළ යුත්තේ ය)

7.8.160
උද්ධම්භාගිය සූත්‍රය
උද්ධම්භාගිය සංයෝජන ගැන වදාළ දෙසුම

මහණෙනි, මේ උද්ධම්භාගිය සංයෝජන පසකි. ඒ කවර පසක් ද යත්; රූපරාගය ය, අරූපරාගය ය, මාන්නය ය, උද්ධච්චය ය, අවිද්‍යාව ය. මහණෙනි, මේ වනාහී පංච උද්ධම්භාගිය සංයෝජනයෝ ය.

මහණෙනි, මේ පංච උද්ධම්භාගිය සංයෝජනයන් ප්‍රහාණය පිණිස සතර ඉර්ධිපාදයෝ වැඩිය යුත්තාහ. කවර සතරක් ද යත්,

මහණෙනි, මෙහිලා භික්ෂුව බලවත් ඡන්දය තුළින් උපදවා ගත් සමාධියෙන් හා ප්‍රධන් වීර්යයෙන් යුතු ඉර්ධිපාදය වඩයි. බලවත් වීර්යය තුළින් උපදවා ගත් සමාධියෙන් ....(පෙ).... බලවත් අධිෂ්ඨානය තුළින් උපදවා ගත් සමාධියෙන් ....(පෙ).... බලවත් ව නුවණින් විමසීම තුළින් උපදවා ගත් සමාධියෙන් හා ප්‍රධන් වීර්යයෙන් යුතු ඉර්ධිපාදය වඩයි.

මහණෙනි, මේ පංච උද්ධම්භාගිය සංයෝජනයන් ප්‍රහාණය පිණිස මේ සතර ඉර්ධිපාදයෝ වැඩිය යුත්තාහ.

අටවෙනි ඕඝ වර්ගය අවසන් විය.

- **එහි පිළිවෙල උද්දානයයි :**

ඕඝ, යෝග, උපාදාන, ගන්ථ, අනුසය, කාමගුණ, නීවරණ, ඛන්ධ, ඕරම්භාගිය, උද්ධම්භාගිය වශයෙන් සූත්‍ර දහසය බැගින් වූ කොටස් දසයකි. මුළු සූත්‍ර ගණන එකසිය හැටකි. එයින් වර්ගය යැයි කියනු ලැබේ.

ඉර්ධිපාද සංයුත්තය අවසන් විය.

- **එහි වර්ග නාමාවලිය :**

චාපාල වර්ගය, පාසාදකම්පන වර්ගය, අයෝගුළ වර්ගය, ගංගා පෙය්‍යාල වර්ගය ආදී වර්ග පස ත් සමග මෙම ඉර්ධිපාද සංයුත්තයෙහි වර්ග අටකි.

8. අනුරුද්ධ සංයුත්තය

1. රහෝගත වර්ගය

8.1.1.
රහෝගත සූත්‍රය
හුදෙකලාව සිටියදී සිතුණු දහම් කරුණ ගැන වදාළ දෙසුම

එක් සමයෙක්හි ආයුෂ්මත් අනුරුද්ධයන් වහන්සේ සැවැත් නුවර ජේතවන නම් වූ අනාථපිණ්ඩික සිටුහුගේ ආරාමයෙහි වැඩවෙසෙති. එකල්හී හුදෙකලාවෙහි භාවනාවෙන් සිටි ආයුෂ්මත් අනුරුද්ධයන් වහන්සේට මෙබඳු චිත්ත පරිවිතර්කයක් උපන්නේ ය.

'යම් කෙනෙකුන් විසින් සතර සතිපට්ඨානයෝ වරදවා ගන්නා ලද්දාහු ද, ඔවුන් විසින් මැනැවින් දුක් ගෙවී යන්නා වූ ආර්ය මාර්ගය වරදවා ගන්නා ලද්දේ ය. යම් කෙනෙකුන් විසින් සතර සතිපට්ඨානයෝ නිවැරදි ලෙස ගන්නා ලද්දාහු ද, ඔවුන් විසින් මැනැවින් දුක් ගෙවී යන්නා වූ ආර්ය මාර්ගය නිවැරදි ලෙස ගන්නා ලද්දේ ය.'

එකල්හී ආයුෂ්මත් මහා මොග්ගල්ලානයන් වහන්සේ ආයුෂ්මත් අනුරුද්ධයන් වහන්සේගේ චිත්ත පරිවිතර්කය සිය සිතින් දැන බලවත් පුරුෂයෙක් හැකිලූ අතක් දිගහරින්නේ යම් සේ ද, දික් කළ අතක් හකුලන්නේ යම් සේ ද, එසෙයින් ම ආයුෂ්මත් අනුරුද්ධයන් වහන්සේ ඉදිරියෙහි පහළ වූහ. ඉක්බිති ආයුෂ්මත් මහා මොග්ගල්ලානයන් වහන්සේ ආයුෂ්මත් අනුරුද්ධයන් වහන්සේට මෙය වදාළහ.

"ඇවැත් අනුරුද්ධයෙනි, භික්ෂුවක් විසින් සතර සතිපට්ඨානයන් නිවැරදි ලෙස ගනු ලබන්නේ කොපමණකින් ද?"

"ඇවැත්නි, මෙහිලා භික්ෂුවක් කෙලෙස් තවන වීර්යයෙන් යුතුව, නුවණින් යුතුව, සිහියෙන් යුතුව, ලෝකයෙහි ඇලීම් ගැටීම් දුරුකොට, තමාගේ කයෙහි හටගන්නා ආකාරය දකිමින් වාසය කරයි. ....(පෙ).... තමාගේ කයෙහි නැසෙන ස්වභාවය දකිමින් වාසය කරයි. ....(පෙ).... තමාගේ කයෙහි හටගැනෙන නැසෙන ස්වභාවයන් දකිමින් වාසය කරයි.

කෙලෙස් තවන වීර්යයෙන් යුතුව, නුවණින් යුතුව, සිහියෙන් යුතුව, ලෝකයෙහි ඇලීම් ගැටීම් දුරුකොට, බාහිර කයෙහි හටගන්නා ආකාරය දකිමින් වාසය කරයි. ....(පෙ).... බාහිර කයෙහි නැසෙන ස්වභාවය දකිමින් වාසය කරයි. ....(පෙ).... බාහිර කයෙහි හටගැනෙන නැසෙන ස්වභාවයන් දකිමින් වාසය කරයි.

කෙලෙස් තවන වීර්යයෙන් යුතුව, නුවණින් යුතුව, සිහියෙන් යුතුව, ලෝකයෙහි ඇලීම් ගැටීම් දුරුකොට, තමාගේ ත් අනුන්ගේ ත් කයෙහි හටගන්නා ආකාරය දකිමින් වාසය කරයි. ....(පෙ).... තමාගේ ත් අනුන්ගේ ත් කයෙහි නැසෙන ස්වභාවය දකිමින් වාසය කරයි. ....(පෙ).... තමාගේ ත් අනුන්ගේ ත් කයෙහි හටගැනෙන නැසෙන ස්වභාවයන් දකිමින් වාසය කරයි.

ඉදින් හේ නොපිළිකුල් දෙයෙහි පිළිකුල් සංඥාවෙන් වාසය කරන්නෙමි' යි කැමැති වෙයි නම්, එහිදී පිළිකුල් සංඥාවෙන් වාසය කරයි.

ඉදින් පිළිකුල් දෙයෙහි නොපිළිකුල් සංඥාවෙන් වාසය කරන්නෙමි' යි කැමැති වෙයි නම්, එහිදී නොපිළිකුල් සංඥාවෙන් වාසය කරයි.

ඉදින් නොපිළිකුල් දෙයෙහි ත්, පිළිකුල් දෙයෙහි ත් පිළිකුල් සංඥාවෙන් වාසය කරන්නෙමි' යි කැමැති වෙයි නම්, එහිදී පිළිකුල් සංඥාවෙන් වාසය කරයි.

ඉදින් පිළිකුල් දෙයෙහි ත්, නොපිළිකුල් දෙයෙහි ත් නොපිළිකුල් සංඥාවෙන් වාසය කරන්නෙමි' යි කැමැති වෙයි නම්, එහිදී නොපිළිකුල් සංඥාවෙන් වාසය කරයි.

ඉදින් පිළිකුලත්, නොපිළිකුලත් යන දෙකම දුරුකොට සිහියෙන් යුතුව, නුවණින් යුතුව උපේක්ෂාවෙන් වාසය කරන්නෙමි' යි කැමැති වෙයි නම්, එහිදී සිහියෙන් හා නුවණින් යුතුව උපේක්ෂාවෙන් වාසය කරයි.

කෙලෙස් තවන වීර්යයෙන් යුතුව, නුවණින් යුතුව, සිහියෙන් යුතුව, ලෝකයෙහි ඇලීම් ගැටීම් දුරුකොට, තමාගේ විඳීම් පිළිබඳ ව හටගන්නා ආකාරය දකිමින් වාසය කරයි. ....(පෙ).... තමාගේ විඳීම් පිළිබඳ ව නැසෙන ස්වභාවය දකිමින් වාසය කරයි. ....(පෙ).... තමාගේ විඳීම් පිළිබඳ ව හටගැනෙන නැසෙන ස්වභාවයන් දකිමින් වාසය කරයි.

කෙලෙස් තවන වීර්යයෙන් යුතුව, නුවණින් යුතුව, සිහියෙන් යුතුව, ලෝකයෙහි ඇලීම් ගැටීම් දුරුකොට, බාහිර විඳීම් පිළිබඳ ව හටගන්නා ආකාරය දකිමින් වාසය කරයි. ....(පෙ).... බාහිර විඳීම් පිළිබඳ ව නැසෙන ස්වභාවය දකිමින් වාසය කරයි. ....(පෙ).... බාහිර විඳීම් පිළිබඳ ව හටගැනෙන නැසෙන ස්වභාවයන් දකිමින් වාසය කරයි.

කෙලෙස් තවන වීර්යයෙන් යුතුව, නුවණින් යුතුව, සිහියෙන් යුතුව, ලෝකයෙහි ඇලීම් ගැටීම් දුරුකොට, තමාගේ ත් අනුන්ගේ ත් විඳීම් පිළිබඳ ව හටගන්නා ආකාරය දකිමින් වාසය කරයි. ....(පෙ).... තමාගේ ත් අනුන්ගේ ත් විඳීම් පිළිබඳ ව නැසෙන ස්වභාවය දකිමින් වාසය කරයි. ....(පෙ).... තමාගේ ත් අනුන්ගේ ත් විඳීම් පිළිබඳ ව හටගැනෙන නැසෙන ස්වභාවයන් දකිමින් වාසය කරයි. ඉදින් හේ කැමති වෙයි නම් ....(පෙ).... සිහියෙන් හා නුවණින් යුතුව උපේක්ෂාවෙන් වාසය කරයි.

කෙලෙස් තවන වීර්යයෙන් යුතුව, නුවණින් යුතුව, සිහියෙන් යුතුව, ලෝකයෙහි ඇලීම් ගැටීම් දුරුකොට, තමාගේ සිත පිළිබඳ ව හටගන්නා ආකාරය දකිමින් වාසය කරයි. ....(පෙ).... තමාගේ සිත පිළිබඳ ව නැසෙන ස්වභාවය දකිමින් වාසය කරයි. ....(පෙ).... තමාගේ සිත පිළිබඳ ව හටගැනෙන නැසෙන ස්වභාවයන් දකිමින් වාසය කරයි.

කෙලෙස් තවන වීර්යයෙන් යුතුව, නුවණින් යුතුව, සිහියෙන් යුතුව, ලෝකයෙහි ඇලීම් ගැටීම් දුරුකොට, බාහිර සිත පිළිබඳ ව හටගන්නා ආකාරය දකිමින් වාසය කරයි. ....(පෙ).... බාහිර සිත පිළිබඳ ව නැසෙන ස්වභාවය දකිමින් වාසය කරයි. ....(පෙ).... බාහිර සිත පිළිබඳ ව හටගැනෙන නැසෙන ස්වභාවයන් දකිමින් වාසය කරයි.

කෙලෙස් තවන වීර්යයෙන් යුතුව, නුවණින් යුතුව, සිහියෙන් යුතුව, ලෝකයෙහි ඇලීම් ගැටීම් දුරුකොට, තමාගේ ත් අනුන්ගේ ත් සිත පිළිබඳ ව හටගන්නා ආකාරය දකිමින් වාසය කරයි. ....(පෙ).... තමාගේ ත් අනුන්ගේ ත් සිත පිළිබඳ ව නැසෙන ස්වභාවය දකිමින් වාසය කරයි. ....(පෙ).... තමාගේ ත් අනුන්ගේ ත් සිත පිළිබඳ ව හටගැනෙන නැසෙන ස්වභාවයන් දකිමින් වාසය

කරයි. ඉදින් හේ කැමති වෙයි නම් ....(පෙ).... සිහියෙන් හා නුවණින් යුතුව උපේක්ෂාවෙන් වාසය කරයි.

කෙලෙස් තවන වීර්යයෙන් යුතුව, නුවණින් යුතුව, සිහියෙන් යුතුව, ලෝකයෙහි ඇලීම් ගැටීම් දුරුකොට, තමාගේ ධර්මයන් පිළිබඳ ව හටගන්නා ආකාරය දකිමින් වාසය කරයි. ....(පෙ).... තමාගේ ධර්මයන් පිළිබඳ ව නැසෙන ස්වභාවය දකිමින් වාසය කරයි. ....(පෙ).... තමාගේ ධර්මයන් පිළිබඳ ව හටගැනෙන නැසෙන ස්වභාවයන් දකිමින් වාසය කරයි.

කෙලෙස් තවන වීර්යයෙන් යුතුව, නුවණින් යුතුව, සිහියෙන් යුතුව, ලෝකයෙහි ඇලීම් ගැටීම් දුරුකොට, බාහිර ධර්මයන් පිළිබඳ ව හටගන්නා ආකාරය දකිමින් වාසය කරයි. ....(පෙ).... බාහිර ධර්මයන් පිළිබඳ ව නැසෙන ස්වභාවය දකිමින් වාසය කරයි. ....(පෙ).... බාහිර ධර්මයන් පිළිබඳ ව හටගැනෙන නැසෙන ස්වභාවයන් දකිමින් වාසය කරයි.

කෙලෙස් තවන වීර්යයෙන් යුතුව, නුවණින් යුතුව, සිහියෙන් යුතුව, ලෝකයෙහි ඇලීම් ගැටීම් දුරුකොට, තමාගේ ත් අනුන්ගේ ත් ධර්මයන් පිළිබඳ ව හටගන්නා ආකාරය දකිමින් වාසය කරයි. ....(පෙ).... තමාගේ ත් අනුන්ගේ ත් ධර්මයන් පිළිබඳ ව නැසෙන ස්වභාවය දකිමින් වාසය කරයි. ....(පෙ).... තමාගේ ත් අනුන්ගේ ත් ධර්මයන් පිළිබඳ ව හටගැනෙන නැසෙන ස්වභාවයන් දකිමින් වාසය කරයි.

ඉදින් හේ නොපිළිකුල් දෙයෙහි පිළිකුල් සංඥාවෙන් වාසය කරන්නෙමි' යි කැමැති වෙයි නම්, එහිදී පිළිකුල් සංඥාවෙන් වාසය කරයි.

ඉදින් පිළිකුල් දෙයෙහි නොපිළිකුල් සංඥාවෙන් වාසය කරන්නෙමි' යි කැමැති වෙයි නම්, එහිදී නොපිළිකුල් සංඥාවෙන් වාසය කරයි.

ඉදින් නොපිළිකුල් දෙයෙහි ත්, පිළිකුල් දෙයෙහි ත් පිළිකුල් සංඥාවෙන් වාසය කරන්නෙමි' යි කැමැති වෙයි නම්, එහිදී පිළිකුල් සංඥාවෙන් වාසය කරයි.

ඉදින් පිළිකුල් දෙයෙහි ත්, නොපිළිකුල් දෙයෙහි ත් නොපිළිකුල් සංඥාවෙන් වාසය කරන්නෙමි' යි කැමැති වෙයි නම්, එහිදී නොපිළිකුල් සංඥාවෙන් වාසය කරයි.

ඉදින් පිළිකුලත්, නොපිළිකුලත් යන දෙකම දුරුකොට සිහියෙන් යුතුව, නුවණින් යුතුව උපේක්ෂාවෙන් වාසය කරන්නෙමි' යි කැමැති වෙයි නම්, එහිදී

සිහියෙන් හා නුවණින් යුතුව උපේක්ෂාවෙන් වාසය කරයි.

ඇවැත්නි, මෙපමණකින් භික්ෂුව විසින් සතර සතිපට්ඨානයෝ නිවැරදි ලෙස ගන්නා ලද්දාහු ය."

සාදු! සාදු!! සාදු!!!

රහෝගත සූත්‍රය නිමා විය.

8.1.2.
දුතිය රහෝගත සූත්‍රය
හුදෙකලාව සිටියදී සිතුණු දහම් කරුණ ගැන වදාළ දෙවෙනි දෙසුම

එක් සමයෙක්හි ආයුෂ්මත් අනුරුද්ධයන් වහන්සේ සැවැත් නුවර ජේතවන නම් වූ අනාථපිණ්ඩික සිටුහුගේ ආරාමයෙහි වැඩවෙසෙති. එකල්හී හුදෙකලාවෙහි භාවනාවෙන් සිටි ආයුෂ්මත් අනුරුද්ධයන් වහන්සේට මෙබඳු චිත්ත පරිවිතර්කයක් උපන්නේ ය.

'යම් කෙනෙකුන් විසින් සතර සතිපට්ඨානයෝ වරදවා ගන්නා ලද්දාහු ද, ඔවුන් විසින් මැනැවින් දුක් ගෙවී යන්නා වූ ආර්ය මාර්ගය වරදවා ගන්නා ලද්දේ ය. යම් කෙනෙකුන් විසින් සතර සතිපට්ඨානයෝ නිවැරදි ලෙස ගන්නා ලද්දාහු ද, ඔවුන් විසින් මැනැවින් දුක් ගෙවී යන්නා වූ ආර්ය මාර්ගය නිවැරදි ලෙස ගන්නා ලද්දේ ය.'

එකල්හී ආයුෂ්මත් මහා මොග්ගල්ලානයන් වහන්සේ ආයුෂ්මත් අනුරුද්ධයන් වහන්සේගේ චිත්ත පරිවිතර්කය සිය සිතින් දැන බලවත් පුරුෂයෙක් හැකිලූ අතක් දිගහරින්නේ යම් සේ ද, දික් කළ අතක් හකුලන්නේ යම් සේ ද, එසෙයින් ම ආයුෂ්මත් අනුරුද්ධයන් වහන්සේ ඉදිරියෙහි පහළ වූහ. ඉක්බිති ආයුෂ්මත් මහා මොග්ගල්ලානයන් වහන්සේ ආයුෂ්මත් අනුරුද්ධයන් වහන්සේට මෙය වදාළහ.

"ඇවැත් අනුරුද්ධයෙනි, භික්ෂුවක් විසින් සතර සතිපට්ඨානයන් නිවැරදි ලෙස ගනු ලබන්නේ කොපමණකින් ද?"

"ඇවැත්නි, මෙහිලා භික්ෂුවක් කෙලෙස් තවන වීර්යයෙන් යුතුව, නුවණින් යුතුව, සිහියෙන් යුතුව, ලෝකයෙහි ඇලීම් ගැටීම් දුරුකොට, තමාගේ

කයෙහි කායානුපස්සීව වාසය කරයි. කෙලෙස් තවන වීර්යයෙන් යුතුව, නුවණින් යුතුව, සිහියෙන් යුතුව, ලෝකයෙහි ඇලීම් ගැටීම් දුරුකොට, බාහිර කයෙහි කායානුපස්සීව වාසය කරයි.

කෙලෙස් තවන වීර්යයෙන් යුතුව, නුවණින් යුතුව, සිහියෙන් යුතුව, ලෝකයෙහි ඇලීම් ගැටීම් දුරුකොට, තමාගේ ත් අනුන්ගේ ත් කයෙහි කායානුපස්සී ව වාසය කරයි.

කෙලෙස් තවන වීර්යයෙන් යුතුව, නුවණින් යුතුව, සිහියෙන් යුතුව, ලෝකයෙහි ඇලීම් ගැටීම් දුරුකොට, තමාගේ විඳීම් පිළිබඳ ව හටගන්නා ආකාරය දකිමින් වාසය කරයි.

කෙලෙස් තවන වීර්යයෙන් යුතුව, නුවණින් යුතුව, සිහියෙන් යුතුව, ලෝකයෙහි ඇලීම් ගැටීම් දුරුකොට, බාහිර විඳීම් හටගන්නා ආකාරය දකිමින් වාසය කරයි.

කෙලෙස් තවන වීර්යයෙන් යුතුව, නුවණින් යුතුව, සිහියෙන් යුතුව, ලෝකයෙහි ඇලීම් ගැටීම් දුරුකොට, තමාගේ ත් අනුන්ගේ ත් විඳීම් හටගන්නා ආකාරය දකිමින් වාසය කරයි.

කෙලෙස් තවන වීර්යයෙන් යුතුව, නුවණින් යුතුව, සිහියෙන් යුතුව, ලෝකයෙහි ඇලීම් ගැටීම් දුරුකොට, තමාගේ සිත පිළිබඳ ව හටගන්නා ආකාරය දකිමින් වාසය කරයි.

කෙලෙස් තවන වීර්යයෙන් යුතුව, නුවණින් යුතුව, සිහියෙන් යුතුව, ලෝකයෙහි ඇලීම් ගැටීම් දුරුකොට, බාහිර සිත හටගන්නා ආකාරය දකිමින් වාසය කරයි.

කෙලෙස් තවන වීර්යයෙන් යුතුව, නුවණින් යුතුව, සිහියෙන් යුතුව, ලෝකයෙහි ඇලීම් ගැටීම් දුරුකොට, තමාගේ ත් අනුන්ගේ ත් සිත හටගන්නා ආකාරය දකිමින් වාසය කරයි.

කෙලෙස් තවන වීර්යයෙන් යුතුව, නුවණින් යුතුව, සිහියෙන් යුතුව, ලෝකයෙහි ඇලීම් ගැටීම් දුරුකොට, තමාගේ ධර්මයන් පිළිබඳ ව හටගන්නා ආකාරය දකිමින් වාසය කරයි.

කෙලෙස් තවන වීර්යයෙන් යුතුව, නුවණින් යුතුව, සිහියෙන් යුතුව, ලෝකයෙහි ඇලීම් ගැටීම් දුරුකොට, බාහිර ධර්මයන් හටගන්නා ආකාරය දකිමින් වාසය කරයි.

කෙලෙස් තවන වීර්යයෙන් යුතුව, නුවණින් යුතුව, සිහියෙන් යුතුව, ලෝකයෙහි ඇලීම් ගැටීම් දුරුකොට, තමාගේ ත් අනුන්ගේ ත් ධර්මයන් හටගන්නා ආකාරය දකිමින් වාසය කරයි.

ඇවැත්නි, මෙපමණකින් භික්ෂුව විසින් සතර සතිපට්ඨානයෝ නිවැරදි ලෙස ගන්නා ලද්දාහු ය."

සාදු! සාදු!! සාදු!!!

දුතිය රහෝගත සූත්‍රය නිමා විය.

8.1.3.
සුතනු සූත්‍රය
සුතනු පොකුණු තෙර දී වදාළ දෙසුම

එක් සමයෙක්හි ආයුෂ්මත් අනුරුද්ධයන් වහන්සේ සැවැත් නුවර සුතනු ඉවුරෙහි වැඩවෙසෙති. එකල්හී බොහෝ භික්ෂූහු ආයුෂ්මත් අනුරුද්ධයන් වහන්සේ වෙත එළැඹියහ. එළැඹ ආයුෂ්මත් අනුරුද්ධයන් සමඟ සතුටු වූහ. සතුටු විය යුතු පිළිසඳර කථාබහ නිමවා එකත්පස් ව හිඳගත්හ. එකත්පස් ව හුන් ඒ භික්ෂූහු ආයුෂ්මත් අනුරුද්ධයන් වහන්සේට මෙය පැවසූහ.

"ආයුෂ්මත් අනුරුද්ධයන් වහන්සේ කවර ධර්මයන් දියුණු කළ බැවින්, බහුල ව ප්‍රගුණ කළ බැවින් මහත් අභිඥා ඇති බවට පත් වූවාහු ද?"

"ඇවැත්නි, මම සතර සතිපට්ඨානයන් දියුණු කළ බැවින්, බහුල ව ප්‍රගුණ කළ බැවින් මහත් අභිඥා ඇති බවට පැමිණියෙමි. ඒ කවර සතරක් ද යත්;

ඇවැත්නි, මෙහිලා මම කෙලෙස් තවන වීරියෙන් යුතුව, නුවණින් යුතුව, සිහියෙන් යුතුව, ලෝකයෙහි ඇලීම් ගැටීම් දුරු කොට කයෙහි කායානුපස්සී ව වාසය කරමි. වේදනාවන්හි ....(පෙ).... සිත පිළිබඳ ව ....(පෙ).... කෙලෙස් තවන වීරියෙන් යුතුව, නුවණින් යුතුව, සිහියෙන් යුතුව, ලෝකයෙහි ඇලීම් ගැටීම් දුරු කොට ධර්මයන්හි ධම්මානුපස්සී ව වාසය කරමි.

ඇවැත්නි, මම මේ සතර සතිපට්ඨානයන් දියුණු කළ බැවින්, බහුල ව ප්‍රගුණ කළ බැවින් මහත් අභිඥා ඇති බවට පැමිණියෙමි.

ඇවැත්නි, මම මේ සතර සතිපට්ඨානයන් ම දියුණු කළ බැවින්, බහුල ව ප්‍රගුණ කළ බැවින් හීන ධර්මය හීන වශයෙන් අවබෝධ කළෙමි. මධ්‍යම ධර්මය මධ්‍යම වශයෙන් අවබෝධ කළෙමි. ප්‍රණීත ධර්මය ප්‍රණීත වශයෙන් අවබෝධ කළෙමි.”

සාදු! සාදු!! සාදු!!!

සුතනු සූත්‍රය නිමා විය.

8.1.4.
කණ්ටකී සූත්‍රය
කණ්ටකී වනයෙහි දී වදාළ දෙසුම

එක් සමයෙක්හි ආයුෂ්මත් අනුරුද්ධයන් වහන්සේ ත්, ආයුෂ්මත් සාරිපුත්තයන් වහන්සේ ත්, ආයුෂ්මත් මහා මොග්ගල්ලානයන් වහන්සේ ත් සාකේත නුවර කණ්ටකී වනයෙහි වැඩවෙසෙති.

එකල්හී ආයුෂ්මත් සාරිපුත්තයන් වහන්සේ ත්, ආයුෂ්මත් මහා මොග්ගල්ලානයන් වහන්සේ ත් සවස් වරුවෙහි භාවනාවෙන් නැගිට ආයුෂ්මත් අනුරුද්ධයන් වහන්සේ වෙත එළැඹියහ. එළැඹ ආයුෂ්මත් අනුරුද්ධයන් වහන්සේ සමඟ සතුටු වූහ. සතුටු විය යුතු පිළිසඳර කථාබහ නිමවා එකත්පස් ව හිඳගත්හ. එකත්පස් ව හුන් ආයුෂ්මත් සාරිපුත්තයන් වහන්සේ ආයුෂ්මත් අනුරුද්ධයන් වහන්සේට මෙය වදාළහ.

“ඇවැත් අනුරුද්ධයෙනි, නිවන් මග හික්මෙන භික්ෂුව විසින් කවර ධර්මයන් උපදවාගෙන වාසය කළ යුත්තේ ද?”

“ඇවැත් සාරිපුත්තයෙනි, නිවන් මග හික්මෙන භික්ෂුව විසින් සතර සතිපට්ඨානයන් උපදවාගෙන වාසය කළ යුත්තේ ය. ඒ කවර සතරක් ද යත්;

ඇවැත්නි, මෙහිලා භික්ෂුව කෙලෙස් තවන වීරියෙන් යුතුව, නුවණින් යුතුව, සිහියෙන් යුතුව, ලෝකයෙහි ඇලීම් ගැටීම් දුරු කොට කයෙහි කායානුපස්සී ව වාසය කරයි. වේදනාවන්හි ....(පෙ).... සිත පිළිබඳ ව ....(පෙ).... කෙලෙස් තවන වීරියෙන් යුතුව, නුවණින් යුතුව, සිහියෙන් යුතුව, ලෝකයෙහි ඇලීම් ගැටීම් දුරු කොට ධර්මයන්හි ධම්මානුපස්සී ව වාසය කරයි.

ඇවැත් සාරිපුත්තයෙනි, නිවන් මග හික්මෙන භික්ෂුව විසින් මේ සතර

සතිපට්ඨානයන් උපදවාගෙන වාසය කළ යුත්තේ ය."

සාදු! සාදු!! සාදු!!!

කණ්ටකී සූත්‍රය නිමා විය.

8.1.5.
දුතිය කණ්ටකී සූත්‍රය
කණ්ටකී වනයෙහි දී වදාළ දෙවෙනි දෙසුම

"ඇවැත් අනුරුද්ධයෙනි, නිවන් මග සම්පූර්ණ කළ භික්ෂුව විසින් කවර ධර්මයන් උපදවාගෙන වාසය කළ යුත්තේ ද?"

"ඇවැත් සාරිපුත්තයෙනි, නිවන් මග සම්පූර්ණ කළ භික්ෂුව විසින් සතර සතිපට්ඨානයන් උපදවාගෙන වාසය කළ යුත්තේ ය. ඒ කවර සතරක් ද යත්;

ඇවැත්නි, මෙහිලා භික්ෂුව කෙලෙස් තවන වීරියෙන් යුතුව, නුවණින් යුතුව, සිහියෙන් යුතුව, ලෝකයෙහි ඇලීම් ගැටීම් දුරු කොට කයෙහි කායානුපස්සී ව වාසය කරයි. වේදනාවන්හි ....(පෙ).... සිත පිළිබඳ ව ....(පෙ).... කෙලෙස් තවන වීරියෙන් යුතුව, නුවණින් යුතුව, සිහියෙන් යුතුව, ලෝකයෙහි ඇලීම් ගැටීම් දුරු කොට ධර්මයන්හි ධම්මානුපස්සී ව වාසය කරයි.

ඇවැත් සාරිපුත්තයෙනි, නිවන් මග සම්පූර්ණ කළ භික්ෂුව විසින් මේ සතර සතිපට්ඨානයන් උපදවාගෙන වාසය කළ යුත්තේ ය."

සාදු! සාදු!! සාදු!!!

දුතිය කණ්ටකී සූත්‍රය නිමා විය.

8.1.6.
තතිය කණ්ටකී සූත්‍රය
කණ්ටකී වනයෙහි දී වදාළ තෙවෙනි දෙසුම

"ආයුෂ්මත් අනුරුද්ධයන් වහන්සේ කවර ධර්මයන් දියුණු කළ බැවින්, බහුල ව ප්‍රගුණ කළ බැවින් මහත් අභිඥා ඇති බවට පත් වූවාහු ද?"

"ඇවැත්නි, මම සතර සතිපට්ඨානයන් දියුණු කළ බැවින්, බහුල ව ප්‍රගුණ කළ බැවින් මහත් අභිඥා ඇති බවට පැමිණියෙමි. ඒ කවර සතරක් ද යත්;

ඇවැත්නි, මෙහිලා මම කෙලෙස් තවන වීරියෙන් යුතුව, නුවණින් යුතුව, සිහියෙන් යුතුව, ලෝකයෙහි ඇලීම් ගැටීම් දුරු කොට කයෙහි කායානුපස්සී ව වාසය කරමි. වේදනාවන්හි ....(පෙ).... සිත පිළිබඳ ව ....(පෙ).... කෙලෙස් තවන වීරියෙන් යුතුව, නුවණින් යුතුව, සිහියෙන් යුතුව, ලෝකයෙහි ඇලීම් ගැටීම් දුරු කොට ධර්මයන්හි ධම්මානුපස්සී ව වාසය කරමි.

ඇවැත්නි, මම මේ සතර සතිපට්ඨානයන් දියුණු කළ බැවින්, බහුල ව ප්‍රගුණ කළ බැවින් මහත් අභිඥා ඇති බවට පැමිණියෙමි.

ඇවැත්නි, මම මේ සතර සතිපට්ඨානයන් ම දියුණු කළ බැවින්, බහුල ව ප්‍රගුණ කළ බැවින් ලොව දහසක් විශේෂ කොට දනිමි."

සාදු! සාදු!! සාදු!!!

තතිය කණ්ටකී සූත්‍රය නිමා විය.

8.1.7.
තණ්හක්ඛය සූත්‍රය
තණ්හාව ක්ෂය වීම ගැන වදාළ දෙසුම

එක් සමයෙක්හි ආයුෂ්මත් අනුරුද්ධයන් වහන්සේ සැවැත් නුවර ජේතවන නම් අනේපිඬු සිටුහුගේ ආරාමයෙහි වැඩවෙසෙති. එහිදී ආයුෂ්මත් අනුරුද්ධයන් වහන්සේ භික්ෂූන් ඇමතූහ. ....(පෙ)....

"ඇවැත්නි, මේ සතර සතිපට්ඨානයන් දියුණු කරගත් විට, බහුල කරගත් විට තණ්හාව ක්ෂය වීම පිණිස පවතියි. ඒ කවර සතරක් ද යත්;

ඇවැත්නි, මෙහිලා භික්ෂුව කෙලෙස් තවන වීරියෙන් යුතුව, නුවණින් යුතුව, සිහියෙන් යුතුව, ලෝකයෙහි ඇලීම් ගැටීම් දුරු කොට කයෙහි කායානුපස්සී ව වාසය කරයි. වේදනාවන්හි ....(පෙ).... සිත පිළිබඳ ව ....(පෙ).... කෙලෙස් තවන වීරියෙන් යුතුව, නුවණින් යුතුව, සිහියෙන් යුතුව, ලෝකයෙහි ඇලීම් ගැටීම් දුරු කොට ධර්මයන්හි ධම්මානුපස්සී ව වාසය කරයි.

ඇවැත්නි, මේ සතර සතිපට්ඨානයන් දියුණු කළ විට, බහුල ව ප්‍රගුණ

කළ විට තණ්හාව ක්ෂය වීම පිණිස පවතියි."

සාදු! සාදු!! සාදු!!!

තණ්හක්ඛය සූත්‍රය නිමා විය.

8.1.8.
සලලාගාර සූත්‍රය
සලලාගාරයෙහිදී වදාළ දෙසුම

එක් සමයෙක්හි ආයුෂ්මත් අනුරුද්ධයන් වහන්සේ සැවැත් නුවර සලලා ගාරයෙහි වැඩවෙසෙති. එහිදී ආයුෂ්මත් අනුරුද්ධයන් වහන්සේ ....(පෙ).... මෙය වදාළහ.

"ඇවැත්නි, එය මෙබඳු දෙයකි. ගංගා නදිය පෙරදිගට නැඹුරු ව, පෙරදිගට යොමු ව, පෙරදිගට බර ව ඇත්තේ ය. එකල්හී මහාජනයෝ උදලු, පැසි රැගෙන විත් 'අපි මේ ගංගා නදිය බටහිරට නැඹුරු කරන්නෙමු. බටහිරට යොමු කරන්නෙමු. බටහිරට බර කරන්නෙමු' යි උත්සාහ කරත් නම්, ඇවැත්නි, ඒ කිමෙකැයි හඟිව් ද? ඒ මහාජනකාය පෙරදිගට නැඹුරු වූ ගංගා නදිය බටහිරට නැඹුරු කොට, බටහිරට යොමු කොට, බටහිරට බර වූ බවට පත් කරන්නේද?"

"ඇවැත්නි, එය නොවේ ම ය."

"එයට හේතුව කුමක් ද?"

"ඇවැත්නි, ගංගා නදිය පෙරදිගට නැමුණේ ය. පෙරදිගට නැඹුරු වූයේ ය. පෙරදිගට බර වූයේ වෙයි. එය බටහිරට නැඹුරු කිරීම, බටහිරට යොමු කිරීම, බටහිරට බර ව ගලන්නට සැලැස්වීම පහසු දෙයක් නොවෙයි. හුදෙක් ඒ මහාජනකාය ක්ලාන්ත බවට, මහත් වෙහෙසට පත්වනු ඇත."

"එසෙයින් ම ඇවැත්නි, සතර සතිපට්ඨානයන් දියුණු කරන, සතර සතිපට්ඨානයන් බහුල ව ප්‍රගුණ කරන භික්ෂුවකට රජෙක් හෝ රාජ මහාමාත්‍යයෙක් හෝ මිත්‍රයෝ හෝ අමාත්‍යයෝ හෝ ලේ ඥාතීහු හෝ භෝග සම්පත් රැගෙන විත් තමා වෙත පවරත් නම්, 'එම්බා පුරුෂය, මේ කසාවතින් ඇති ඵලය කුමක් ද? හිස මුඩු කොට, කබලක් අතින් ගෙන හැසිරීම කුමක් ද? එව. පෙරලා ගිහි බවට පැමිණ මේ භෝග සම්පත් අනුභව කරව. පින් ද

කරව' යි. ඇවැත්නි, ඒකාන්තයෙන් සතර සතිපට්ඨානයන් දියුණු කරන, සතර සතිපට්ඨානයන් බහුල ව ප්‍රගුණ කරන ඒ භික්ෂුව ශික්ෂාව ප්‍රතික්ෂේප කොට ගිහි බවට පෙරලා වැටෙන්නේ ය යන කරුණ කිසිදා සිදු නොවන්නකි. එයට හේතුව කුමක් ද යත්; ඇවැත්නි, යම් සිතක් වනාහී දීර්ඝ කාලයක් විවේකයට නැඹුරු කොට, විවේකයට යොමු කොට, විවේකයට බර කොට තැබුවේ නම්, එබඳු වූ සිත නැවත හැරී හීන වූ ගිහි බවට පත්වන්නේ ය යන කරුණ කිසිදා දකින්නට නොලැබෙයි.

ඇවැත්නි, භික්ෂුවක් සතර සතිපට්ඨානයන් දියුණු කරන්නේ, සතර සතිපට්ඨානයන් බහුල ව ප්‍රගුණ කරන්නේ කවර අයුරින් ද?

ඇවැත්නි, මෙහිලා භික්ෂුව කෙලෙස් තවන වීරියෙන් යුතුව, නුවණින් යුතුව, සිහියෙන් යුතුව, ලෝකයෙහි ඇලීම් ගැටීම් දුරු කොට කයෙහි කායානුපස්සී ව වාසය කරයි. වේදනාවන්හි ....(පෙ).... සිත පිළිබඳ ව ....(පෙ).... කෙලෙස් තවන වීරියෙන් යුතුව, නුවණින් යුතුව, සිහියෙන් යුතුව, ලෝකයෙහි ඇලීම් ගැටීම් දුරු කොට ධර්මයන්හි ධම්මානුපස්සී ව වාසය කරයි.

ඇවැත්නි, භික්ෂුවක් සතර සතිපට්ඨානයන් දියුණු කරන්නේ, සතර සතිපට්ඨානයන් බහුල ව ප්‍රගුණ කරන්නේ මේ අයුරිනි.

සාදු! සාදු!! සාදු!!!

සලලාගාර සූත්‍රය නිමා විය.

8.1.9.
අම්බපාලි සූත්‍රය
අම්බපාලි වනයෙහි දී වදාළ දෙසුම

එක් සමයෙක්හි ආයුෂ්මත් අනුරුද්ධයන් වහන්සේ ද, ආයුෂ්මත් සාරිපුත්තයන් වහන්සේ ද, විශාලාවෙහි අම්බපාලි වනයෙහි වැඩවෙසෙති. එකල්හි ආයුෂ්මත් සාරිපුත්තයන් වහන්සේ සවස් වරුවෙහි භාවනාවෙන් නැගිට ආයුෂ්මත් අනුරුද්ධයන් වහන්සේ වෙත වැඩියහ. වැඩමකොට ආයුෂ්මත් අනුරුද්ධයන් සමඟ සතුටු වූහ. සතුටු විය යුතු පිළිසඳර කථාබහ නිමවා එකත්පස් ව හිඳගත්හ. එකත්පස් ව හුන් ආයුෂ්මත් සාරිපුත්තයන් වහන්සේ ආයුෂ්මත් අනුරුද්ධයන් වහන්සේට මෙය වදාළහ.

"ඇවැත් අනුරුද්ධයෙනි, ඔබගේ ඉන්ද්‍රියයෝ අතිශයින් පැහැපත් ව ඇත. මුහුණෙහි පැහැය පිරිසිදු ව බබලයි. ආයුෂ්මත් අනුරුද්ධයෝ කවර විහරණයකින් මෙකල බහුල ව වාසය කරත් ද?"

"ඇවැත්නි, මම මෙකල සතර සතිපට්ඨානයන්හි මැනැවින් සිත පිහිටුවාගෙන බහුල ව වාසය කරමි. ඒ කවර සතරක් ද යත්;

ඇවැත්නි, මෙහි මම කෙලෙස් තවන වීරියෙන් යුතුව, නුවණින් යුතුව, සිහියෙන් යුතුව, ලෝකයෙහි ඇලීම් ගැටීම් දුරු කොට කයෙහි කායානුපස්සී ව වාසය කරමි. වේදනාවන්හි ....(පෙ).... සිත පිළිබඳ ව ....(පෙ).... කෙලෙස් තවන වීරියෙන් යුතුව, නුවණින් යුතුව, සිහියෙන් යුතුව, ලෝකයෙහි ඇලීම් ගැටීම් දුරු කොට ධර්මයන්හි ධම්මානුපස්සී ව වාසය කරමි.

ඇවැත්නි, මේ සතර සතිපට්ඨානයන්හි මැනැවින් සිත පිහිටුවාගෙන මම බහුල ව වාසය කරමි. ඇවැත්නි, යම් ඒ භික්ෂුවක් රහත් ද, ආශ්‍රවයන් ක්ෂය වූයේ ද, වසන ලද බඹසර ඇත්තේ ද, කළ යුත්ත කරන ලද්දේ ද, කෙලෙස් බර පසෙක බහා තැබුවේ ද, අනුපිළිවෙලින් පත් උත්තමාර්ථය ඇත්තේ ද, භව සංයෝජනයන් ක්ෂය කරන ලද්දේ ද, මැනැවින් දන කෙලෙසුන්ගෙන් මිදුණේ වෙයි ද, ඔහු මේ සතර සතිපට්ඨානයන්හි මැනැවින් සිත පිහිටුවාගෙන බහුල ව වාසය කරයි."

"ඇවැත්නි, ඒකාන්තයෙන් අපට ලාභයකි. ඇවැත්නි, ඒකාන්තයෙන් අපට මනා වූ ලැබීමකි. යම් ඒ අපි ආයුෂ්මත් අනුරුද්ධයන් පවසන ශ්‍රේෂ්ඨ වචනය හමුවෙහිදී ම ඇසුවෙමු."

සාදු! සාදු!! සාදු!!!

අම්බපාලි සූත්‍රය නිමා විය.

8.1.10.
ගිලාන සූත්‍රය
ගිලන් ව වැඩසිටිය දී වදාළ දෙසුම

එක් සමයෙක්හි ආයුෂ්මත් අනුරුද්ධයන් වහන්සේ සැවැත් නුවර අන්ධ වනයෙහි රෝගී ව, කායික දුකට පත් ව, දැඩි සේ ගිලන් ව වැඩවෙසෙති. එකල්හී බොහෝ භික්ෂූහු ආයුෂ්මත් අනුරුද්ධයන් වහන්සේ වෙත එළැඹියහ. එළැඹ

ආයුෂ්මත් අනුරුද්ධයන් වහන්සේට මෙය පැවසූහ.

"ආයුෂ්මත් අනුරුද්ධයන් වහන්සේගේ උපන් ශාරීරික දුක් වේදනා, සිත යටකොට නොයන්නේ කවර විහරණයකින් වාසය කරද්දී ද?"

"ඇවැත්නි, සතර සතිපට්ඨානයන්හි මනාකොට සිත පිහිටුවාගෙන වාසය කරද්දී උපන් ශාරීරික දුක් වේදනාවෝ මාගේ සිත යටකොට නොසිටිති. ඒ කවර සතරක් ද යත්;

ඇවැත්නි, මෙහි මම කෙලෙස් තවන වීරියෙන් යුතුව, නුවණින් යුතුව, සිහියෙන් යුතුව, ලෝකයෙහි ඇලීම් ගැටීම් දුරු කොට කයෙහි කායානුපස්සී ව වාසය කරමි. වේදනාවන්හි ....(පෙ).... සිත පිළිබඳ ව ....(පෙ).... කෙලෙස් තවන වීරියෙන් යුතුව, නුවණින් යුතුව, සිහියෙන් යුතුව, ලෝකයෙහි ඇලීම් ගැටීම් දුරු කොට ධර්මයන්හි ධම්මානුපස්සී ව වාසය කරමි.

ඇවැත්නි, මේ සතර සතිපට්ඨානයන්හි මනාකොට සිත පිහිටුවාගෙන වාසය කරද්දී උපන් ශාරීරික දුක් වේදනාවෝ මාගේ සිත යටකොට නොසිටිති.

සාදු! සාදු!! සාදු!!!

ගිලාන සූත්‍රය නිමා විය.

පළමුවෙනි රහෝගත වර්ගය අවසන් විය.

- **එහි පිළිවෙල උද්දානයයි :**

රහෝගත නමින් සූත්‍ර දෙකකි. සුතනු සූත්‍රය, කණ්ටකී සූත්‍ර තුනකි. තණ්හක්ඛය සූත්‍රය, සලලාගාර සූත්‍රය, අම්බපාලි සූත්‍රය සහ ගිලාන සූත්‍රය වශයෙන් සූත්‍ර දසයකි.

2. සහස්ස වර්ගය

8.2.1.
සහස්ස සූත්‍රය
කල්ප දහසක් සිහි කිරීම ගැන වදාළ දෙසුම

එක් සමයෙක්හි ආයුෂ්මත් අනුරුද්ධයන් වහන්සේ සැවැත් නුවර ජේතවනය නම් අනේපිඬු සිටුහුගේ ආරාමයෙහි වැඩවෙසෙති. එකල්හී බොහෝ භික්ෂූහු ආයුෂ්මත් අනුරුද්ධයන් වහන්සේ වෙත එළැඹියාහු ය. එළැඹ ආයුෂ්මත් අනුරුද්ධයන් වහන්සේ සමඟ සතුටු වූවාහු ය. ....(පෙ).... ආයුෂ්මත් අනුරුද්ධයන්ට මෙය පැවසූහ.

"ආයුෂ්මත් අනුරුද්ධයන් වහන්සේ කවර ධර්මයන් දියුණු කළ බැවින්, බහුල ව ප්‍රගුණ කළ බැවින් මහත් අභිඥා ඇති බවට පත් වූවාහු ද?"

"ඇවැත්නි, මම සතර සතිපට්ඨානයන් දියුණු කළ බැවින්, බහුල ව ප්‍රගුණ කළ බැවින් මහත් අභිඥා ඇති බවට පැමිණියෙමි. ඒ කවර සතරක් ද යත්;

ඇවැත්නි, මෙහි මම කෙලෙස් තවන වීරියෙන් යුතුව, නුවණින් යුතුව, සිහියෙන් යුතුව, ලෝකයෙහි ඇලීම් ගැටීම් දුරු කොට කයෙහි කායානුපස්සී ව වාසය කරමි. වේදනාවන්හි ....(පෙ).... සිත පිළිබඳ ව ....(පෙ).... කෙලෙස් තවන වීරියෙන් යුතුව, නුවණින් යුතුව, සිහියෙන් යුතුව, ලෝකයෙහි ඇලීම් ගැටීම් දුරු කොට ධර්මයන්හි ධම්මානුපස්සී ව වාසය කරමි.

ඇවැත්නි, මම මේ සතර සතිපට්ඨානයන් දියුණු කළ බැවින්, බහුල ව ප්‍රගුණ කළ බැවින් මහත් අභිඥා ඇති බවට පැමිණියෙමි.

ඇවැත්නි, මම මේ සතර සතිපට්ඨානයන් ම දියුණු කළ බැවින්, බහුල ව ප්‍රගුණ කළ බැවින් කල්ප දහසක් සිහි කරමි."

සාදු! සාදු!! සාදු!!!

සහස්ස සූත්‍රය නිමා විය.

8.2.2.
ඉද්ධිවිධ සූත්‍රය
ඉර්ධිවිධීන් ගැන වදාළ දෙසුම

"ඇවැත්නි, මම මේ සතර සතිපට්ඨානයන් දියුණු කළ බැවින්, බහුල ව ප්‍රගුණ කළ බැවින් අනේකප්‍රකාර ඉර්ධිවිධීන් අත්දකිමි. එනම් එක් කෙනෙක් ව සිට බොහෝ අය ලෙස පෙනී සිටිමි. බොහෝ අය වී එක් අයෙක් ව පෙනී සිටිමි. ප්‍රකටවත් අප්‍රකටවත් සිටිමි. බිත්ති හරහා යමි, ප්‍රාකාරය හරහා යමි, පර්වත හරහා යමි, අහසින් යන සෙයින් ඒ කිසිවක නොගැටෙමින් යමි. පොළොවෙහි යටට කිමිදෙමි. උඩට මතුවෙමි. ජලයෙහි සේ ය. නොගිලෙමින් ජලයෙහි ඇවිදගෙන යමි. පොළොවෙහි යන සේ ය. පළඟක් බැඳ අහසින් යමි. පක්ෂි ලිහිණියෙකු සේ ය. මෙබඳු මහත් ඉර්ධි ඇති, මෙබඳු මහත් ආනුභාව ඇති මේ හිරු සඳු දෙක ද අතින් ස්පර්ශ කරමි. පිරිමදිමි. බඹලොව සීමා කොට සිය කයින් වසඟයෙහි පවත්වමි."

සාදු! සාදු!! සාදු!!!

ඉද්ධිවිධ සූත්‍රය නිමා විය.

8.2.3.
දිබ්බසෝත සූත්‍රය
දිව්‍ය ශ්‍රවණය ගැන වදාළ දෙසුම

"ඇවැත්නි, මම මේ සතර සතිපට්ඨානයන් දියුණු කළ බැවින්, බහුල ව ප්‍රගුණ කළ බැවින් මිනිස් හැකියාව ඉක්මවා ගිය විශුද්ධ වූ දිව්‍ය ශ්‍රවණයෙන් යුක්තව දිව්‍ය වූ ද, මනුෂ්‍ය වූ ද, දුර වූ ද, ළඟ වූ ද ඇති දෙආකාර ශබ්දයන් අසමි."

8.2.4.
චේතෝපරිය සූත්‍රය
අන්‍යයන්ගේ සිත් දැනීම ගැන වදාළ දෙසුම

"ඇවැත්නි, මම මේ සතර සතිපට්ඨානයන් දියුණු කළ බැවින්, බහුල ව ප්‍රගුණ කළ බැවින් අන්‍ය සත්වයන්ගේ, අන්‍ය පුද්ගලයන්ගේ සිත සිය සිතින් පිරිසිඳ දනිමි. සරාගී හෝ සිත සරාගී සිත යැයි දනිමි. වීතරාගී හෝ සිත වීතරාගී සිත යැයි දනිමි. ....(පෙ).... කෙලෙසුන්ගෙන් නොමිදුණු හෝ සිත කෙලෙසුන්ගෙන් නොමිදුණු සිත යැයි දනිමි. කෙලෙසුන්ගෙන් මිදුණු හෝ සිත කෙලෙසුන්ගෙන් මිදුණු සිත යැයි දනිමි."

8.2.5.
ඨාන සූත්‍රය
විය හැකි නොහැකි දේ ගැන වදාළ දෙසුම

"ඇවැත්නි, මම මේ සතර සතිපට්ඨානයන් දියුණු කළ බැවින්, බහුල ව ප්‍රගුණ කළ බැවින් විය හැකි දෙය විය හැකි දෙය වශයෙනුත්, විය නොහැකි දෙය විය නොහැකි දේ වශයෙනුත් ඒ වූ සැටියෙන් ම දනිමි."

8.2.6.
කම්ම සූත්‍රය
කර්මය ගැන වදාළ දෙසුම

"ඇවැත්නි, මම මේ සතර සතිපට්ඨානයන් දියුණු කළ බැවින්, බහුල ව ප්‍රගුණ කළ බැවින් අතීත, අනාගත, වර්තමාන කර්ම සමාදානයන්ගේ විපාකය කරුණු සහිත ව, හේතු සහිත ව ඒ වූ සැටියෙන් ම දනිමි."

8.2.7.
සබ්බත්ථගාමිනී සූත්‍රය
සියළු තැන් කරා යැම පිණිස ඇති දේ ගැන වදාළ දෙසුම

"ඇවැත්නි, මම මේ සතර සතිපට්ඨානයන් දියුණු කළ බැවින්, බහුල ව ප්‍රගුණ කළ බැවින් සියළු තැන් කරා යන්නා වූ ප්‍රතිපදාව ඒ වූ සැටියෙන් ම දනිමි."

8.2.8.
අනේකධාතු සූත්‍රය
අනේකධාතු ගැන වදාළ දෙසුම

"ඇවැත්නි, මම මේ සතර සතිපට්ඨානයන් දියුණු කළ බැවින්, බහුල ව ප්‍රගුණ කළ බැවින් අනේකධාතු - නා නා ධාතු ස්වභාවයෙන් යුතු ලෝකය ඒ වූ සැටියෙන් ම දනිමි."

8.2.9.
නානාධිමුත්තික සූත්‍රය
නා නා ස්වභාවයෙන් යුතු බව ගැන වදාළ දෙසුම

"ඇවැත්නි, මම මේ සතර සතිපට්ඨානයන් දියුණු කළ බැවින්, බහුල ව ප්‍රගුණ කළ බැවින් සත්වයන් තුළ පවතින නා නා ස්වභාවයන් පිළිබඳ ව ඒ වූ සැටියෙන් ම දනිමි."

8.2.10.

ඉන්ද්‍රිය සූත්‍රය

ඉන්ද්‍රිය ධර්මයන් ගැන වදාළ දෙසුම

"ඇවැත්නි, මම මේ සතර සතිපට්ඨානයන් දියුණු කළ බැවින්, බහුල ව ප්‍රගුණ කළ බැවින් අන්‍ය සත්වයන්ගේ අන්‍ය පුද්ගලයන්ගේ ඉන්ද්‍රියයන් පිළිබඳ ව වැඩීම පිරිහීම ගැන ඒ වූ සැටියෙන් ම දනිමි."

8.2.11.

ඣාන සූත්‍රය

ධ්‍යාන ගැන වදාළ දෙසුම

"ඇවැත්නි, මම මේ සතර සතිපට්ඨානයන් දියුණු කළ බැවින්, බහුල ව ප්‍රගුණ කළ බැවින් ධ්‍යාන, විමෝක්ෂ, සමාධි, සමාපත්තීන්ගේ කිළුටු වීම්, පිරිසිදු වීම්, නැගී සිටීම් ආදිය ගැන ඒ වූ සැටියෙන් ම දනිමි."

8.2.12.

පුබ්බේනිවාස සූත්‍රය

පෙර විසූ කඳ පිළිවෙල ගැන වදාළ දෙසුම

"ඇවැත්නි, මම මේ සතර සතිපට්ඨානයන් දියුණු කළ බැවින්, බහුල ව ප්‍රගුණ කළ බැවින් නොයෙක් අයුරින් පෙර භවයන්හි ජීවිතය ගත කළ අයුරු සිහිකරමි. එනම්; එක් ජාතියක් ද, ...(පෙ).... මෙසේ ආකාර සහිත ව, කරුණු සහිත ව, නොයෙක් අයුරින් පෙර විසූ කඳ පිළිවෙල සිහි කරමි."

8.2.13.

දිබ්බචක්ඛු සූත්‍රය

දිවැස ගැන වදාළ දෙසුම

"ඇවැත්නි, මම මේ සතර සතිපට්ඨානයන් දියුණු කළ බැවින්, බහුල

ව ප්‍රගුණ කළ බැවින් මිනිස් දැක්ම ඉක්මවා ගිය පිරිසිදු දිවැසින් ....(පෙ).... කර්මානුරූප ව උපදින සත්වයන් පිළිබඳ ව දනිමි."

8.2.14.
ආසවක්ඛය සූත්‍රය
ආශ්‍රවයන් ක්ෂය වීම ගැන වදාළ දෙසුම

"ඇවැත්නි, මම මේ සතර සතිපට්ඨානයන් දියුණු කළ බැවින්, බහුල ව ප්‍රගුණ කළ බැවින් ආශ්‍රවයන් ක්ෂය වීමෙන් අනාශ්‍රව වූ චිත්ත විමුක්තිය ත්, ප්‍රඥා විමුක්තිය ත් මෙලොව දීම සිය විශිෂ්ට ඥානයෙන් සාක්ෂාත් කොට පැමිණ වාසය කරමි."

දෙවෙනි සහස්ස වර්ගය අවසන් විය.

- එහි පිළිවෙල උද්දානයයි :

සහස්ස සූත්‍රය, ඉද්ධිවිධ සූත්‍රය, දිබ්බසෝත සූත්‍රය, චේතෝපරිය සූත්‍රය, ඨාන සූත්‍රය, කම්ම සූත්‍රය, සබ්බත්ථ සූත්‍රය, නානාධාතු සූත්‍රය, නානාධිමුත්තික සූත්‍රය, ඉන්ද්‍රිය සූත්‍රය, ඣාන සූත්‍රය, පුබ්බේනිවාස සූත්‍රය, දිබ්බචක්ඛු සූත්‍රය, ආසවක්ඛය සූත්‍රය වශයෙන් සූත්‍ර දහ හතරකි.

අනුරුද්ධ සංයුත්තය අවසන් විය.

- එහි වර්ග නාමාවලිය :

රහෝගත වර්ගය, සහස්ස වර්ගය වශයෙන් අනුරුද්ධ සංයුත්තයෙහි ආදිච්චබන්ධු වූ බුදුරජාණන් වහන්සේ විසින් වදාරණ ලද වර්ග දෙකක් වෙයි.

9. ඣාන සංයුත්තය

1. ගංගා පෙය්‍යාල වර්ගය

9.1.1.-12.
පාචීනනින්නාදි සූත්‍රයෝ
පෙරදිගට නැමී තිබීම ගැන වදාළ දෙසුම ආදී දෙසුම්

සැවැත් නුවර දී ය .....

මහණෙනි, මේ ධ්‍යාන සතරකි. ඒ කවර සතරක් ද යත්; මහණෙනි, මෙහිලා භික්ෂුව කාමයන්ගෙන් වෙන් ව, අකුසල් දහමින් වෙන් ව, විතර්ක සහිත, විචාර සහිත, විවේකයෙන් හටගත් ප්‍රීති සුවය ඇති ප්‍රථම ධ්‍යානය උපදවාගෙන වාසය කරයි. විතර්ක විචාරයන්ගේ සංසිඳීමෙන් තමා තුළ පැහැදීම ඇතිවන අයුරින් සිතේ එකඟ බවින් යුතු ව විතර්ක විචාර රහිත, සමාධියෙන් හටගත් ප්‍රීති සුවය ඇති දෙවෙනි ධ්‍යානය උපදවාගෙන වාසය කරයි. ප්‍රීතියට ද නොඇලීමෙන්, උපේක්ෂාවෙන් ද වාසය කරයි. සිහියෙන් යුතුව, නුවණින් යුතුව කයෙන් සැපයක් ද විඳියි. ආර්යයෝ යම් සමාධියකට 'උපේක්ෂාවෙන් සිහියෙන් යුතු ව සුවසේ විසීම යැයි' පවසත් ද ඒ තුන්වෙනි ධ්‍යානය උපදවාගෙන වාසය කරයි. සැපය ද ප්‍රහාණය වීමෙන්, දුක ද ප්‍රහාණය වීමෙන්, කලින් ම සොම්නස් දොම්නස් නැති වීමෙන් දුක් සැප රහිත වූ පාරිශුද්ධ උපේක්ෂාවෙන් යුතු සිහිය ඇති සතර වෙනි ධ්‍යානය උපදවාගෙන වාසය කරයි. මහණෙනි, මේ වනාහී සතරක් වූ ධ්‍යානයෝ ය.

මහණෙනි, ගංගා නදිය පෙරදිගට නැමී, පෙරදිගට නැඹුරු වී, පෙරදිගට බර වී ඇත්තේ යම් සේ ද, එසෙයින් ම මහණෙනි, සතරක් වූ ධ්‍යානයන් වඩන්නා වූ, සතරක් වූ ධ්‍යානයන් බහුල ව ප්‍රගුණ කරන්නා වූ භික්ෂුව නිවනට නැමුණේ වෙයි. නිවනට නැඹුරු වූයේ වෙයි. නිවනට බර වූයේ වෙයි.

මහණෙනි, භික්ෂුවක් නිවනට නැමී සිටින්නේ, නිවනට නැඹුරු වන්නේ, නිවනට බර වන්නේ, කුමන අයුරින් සතරක් වූ ධ්‍යාන දියුණු කරන විට ද? කුමන අයුරින් සතරක් වූ ධ්‍යාන බහුල ව ප්‍රගුණ කරන විට ද?

මහණෙනි, මෙහිලා භික්ෂුව, කාමයන්ගෙන් වෙන් ව ....(පෙ).... පළමු ධ්‍යානය ....(පෙ).... දෙවෙනි ධ්‍යානය ....(පෙ).... තුන්වෙනි ධ්‍යානය ....(පෙ).... සතර වෙනි ධ්‍යානයට පැමිණ වාසය කරයි.

මහණෙනි, භික්ෂුවක් මේ අයුරින් සතරක් වූ ධ්‍යානයන් දියුණු කරන විට ය. මේ අයුරින් සතරක් වූ ධ්‍යානයන් බහුල ව ප්‍රගුණ කරන විට නිවනට නැමී සිටින්නේ ය, නිවනට නැඹුරු වන්නේ ය, නිවනට බර වන්නේ ය. ....(පෙ).... නිවනට බර වන්නේ ය.

පළමු වෙනි ගංගා පෙය්‍යාල වර්ගය අවසන් විය.

- එහි පිළිවෙල උද්දානයයි :

පාචීනනින්න සූත්‍ර සයකි. සමුද්දනින්න සූත්‍ර සූත්‍ර සයකි. මෙසේ සය බැගින් සූත්‍ර දොළොසකි. එයින් වර්ගය යැයි කියනු ලැබේ.

2. අප්පමාද වර්ගය

9.2.1.-10 තථාගතාදී සූත්‍රයෝ

තථාගතයන් වහන්සේ ගැන වදාළ දෙසුම ආදී දෙසුම්

මහණෙනි, යම්තාක් පා රහිත වූ ද, දෙපා ඇත්තා වූ ද, ...(පෙ)... බහුල ව ප්‍රගුණ කරයි.

දෙවෙනි අප්පමාද වර්ගය අවසන් විය.

- එහි පිළිවෙල උද්දානයයි :

තථාගත, පද, කූට, මූල, සාර, වස්සික, රාජ, චන්දිම, සූරිය, වත්ථ වශයෙන් සූත්‍ර දසයකි. එයින් වර්ගය යැයි කියනු ලැබේ.

3. බලකරණීය වර්ගය

9.3.1.-12 බලාදී සූත්‍රයෝ
බලය ගැන වදාළ දෙසුම ආදී දෙසුම්

මහණෙනි, යම් සේ කායික සවියෙන් යුතු ව කළ යුතු යම්කිසි කර්මාන්තාදිය කරත් නම්, ...(පෙ).... බහුල ව ප්‍රගුණ කරයි.

(පවසන ලද ආකාරයට විස්තර කළ යුත්තේය.)

තුන්වෙනි බලකරණීය වර්ගය අවසන් විය.

- එහි පිළිවෙල උද්දානයයි :

බල, බීජ, නාග, රුක්ඛ, කුම්භ, සූක, ආකාස වශයෙන් සූත්‍ර සතකි. මේඝ සූත්‍ර දෙකකි. නාවා, ආගන්තුක, නදී වශයෙන් සූත්‍ර තුනකි. මුළු සූත්‍ර ගණන දොළොසකි. එයින් වර්ගය යැයි කියනු ලැබේ.

4. ඒසනා වර්ගය

9.4.1.-40 ඒසනාදී සූත්‍රයෝ
සෙවීම ගැන වදාළ දෙසුම ආදී දෙසුම්

මහණෙනි, මේ සෙවීම් තුනකි. ඒ කවර තුනක් ද යත්; ....(පෙ).... වැඩිය යුත්තේ ය.

(විස්තර කළ යුත්තේ ය.)

සිව් වෙනි ඒසනා වර්ගය අවසන් විය.

- **එහි පිළිවෙල උද්දානයයි :**

ඒසනා, විධා, ආසව, භව, දුක්ඛතා, ඛිල, මල, නීඝ, වේදනා, තණ්හා වශයෙන් සතර බැගින් දසයකි. මෙහි මුළු සූත්‍ර ගණන සතළිහකි.

5. ඕඝ වර්ගය

9.5.1.-39 ඕඝාදී සූත්‍රයෝ
සැඩපහර ගැන වදාළ දෙසුම ආදී දෙසුම්

මහණෙනි, මේ සැඩපහර සතරකි. ඒ කවර සතරක් ද යත්, ...(පෙ).... වැඩිය යුත්තේ ය.

9.5.40
උද්ධම්භාගිය සූත්‍රය
උද්ධම්භාගිය සංයෝජන ගැන වදාළ දෙසුම

මහණෙනි, මේ උද්ධම්භාගිය සංයෝජන පසකි. ඒ කවර පසක් ද යත්; රූපරාගය ය, අරූපරාගය ය, මාන්නය ය, උද්ධච්චය ය, අවිද්‍යාව ය. මහණෙනි, මේ වනාහී පංච උද්ධම්භාගිය සංයෝජනයෝ ය.

මහණෙනි, මේ පංච උද්ධම්භාගිය සංයෝජනයන් ප්‍රහාණය කිරීම පිණිස සතරක් වූ ධ්‍යානයන් වැඩිය යුත්තේ ය. කවර සතරක් ද යත්,

මහණෙනි, මෙහිලා භික්ෂුව, කාමයන්ගෙන් වෙන් ව ....(පෙ).... පළමු ධ්‍යානය ....(පෙ).... දෙවෙනි ධ්‍යානය ....(පෙ).... තුන්වෙනි ධ්‍යානය ....(පෙ).... සතර වෙනි ධ්‍යානයට පැමිණ වාසය කරයි.

මහණෙනි, මේ පංච උද්ධම්භාගිය සංයෝජනයන් ප්‍රහාණය කිරීම පිණිස මේ සතරක් වූ ධ්‍යානයන් වැඩිය යුත්තේ ය.

පස්වෙනි ඕඝ වර්ගය අවසන් විය.

- **එහි පිළිවෙල උද්දානයයි :**

ඕඝ, යෝග, උපාදාන, ගන්ථ, අනුසය, කාමගුණ, නීවරණ, ඛන්ධ, ඕරම්භාගිය, උද්ධම්භාගිය වශයෙන් සූත්‍ර සතර බැගින් වූ කොටස් දසයකි. මුළු සූත්‍ර ගණන සතළිසකි. එයින් වර්ගය යැයි කියනු ලැබේ.

ඣාන සංයුත්තය අවසන් විය.

- **එහි වර්ග නාමාවලිය :**

ගංගාපෙය්‍යාල වර්ගය, අප්පමාද වර්ගය, බලකරණීය වර්ගය, ඒසනා වර්ගය සහ ඕඝ වර්ගය ද වශයෙන් ඣාන සංයුත්තයෙහි වර්ග පසකි.

10. ආනාපාන සංයුත්තය

1. ඒකධම්ම වර්ගය

10.1.1.
ඒකධම්ම සූත්‍රය
එක් ධර්මයක් ගැන වදාළ දෙසුම

සැවැත් නුවර දී ය. ....

මහණෙනි, එක් ධර්මයක් වඩන ලද්දේ, බහුල ව ප්‍රගුණ කරන ලද්දේ, මහත්ඵල මහානිශංස වෙයි. ඒ කවර එක් ධර්මයක් ද යත්, ආනාපානසතිය යි.

මහණෙනි, කෙසේ වඩන ලද, කෙසේ බහුල ව ප්‍රගුණ කරන ලද ආනාපානසතිය මහත්ඵල, මහානිශංස වෙයි ද?

මහණෙනි, මෙහි භික්ෂුව අරණ්‍යයකට ගියේ වේවා, රුක් සෙවණකට ගියේ වේවා, ශූන්‍යාගාරයකට ගියේ වේවා, පළඟක් බැඳ, උඩු කය ඍජු කොට, මුහුණ ඉදිරියෙහි සිහිය පිහිටුවා වාඩි වෙයි. ඔහු සිහියෙන් ම හුස්ම ගනියි. සිහියෙන් ම හුස්ම හෙලයි.

දිගු ලෙස හෝ හුස්ම ගන්නා විට 'දිගු ලෙස හුස්ම ගනිමි' යි දැනගනියි. දිගු ලෙස හෝ හුස්ම හෙලන විට 'දිගු ලෙස හුස්ම හෙලමි' යි දැනගනියි. කෙටි ලෙස හෝ හුස්ම ගන්නා විට 'කෙටියෙන් හුස්ම ගනිමි' යි දැනගනියි. කෙටි ලෙස හෝ හුස්ම හෙලන විට 'කෙටියෙන් හුස්ම හෙලමි' යි දැනගනියි. 'සියළු ආශ්වාස කයට සංවේදී වෙමින් හුස්ම ගන්නෙමි' යි පුහුණු වෙයි. 'සියළු ප්‍රශ්වාස කයට සංවේදී වෙමින් හුස්ම හෙලන්නෙමි' යි පුහුණු වෙයි. 'කාය සංස්කාර නම් වූ ආශ්වාසය සංසිඳුවමින් හුස්ම ගන්නෙමි' යි පුහුණු වෙයි. 'කාය සංස්කාර නම් වූ ප්‍රශ්වාසය සංසිඳුවමින් හුස්ම හෙලන්නෙමි' යි පුහුණු වෙයි.

ප්‍රීතියට සංවේදී වෙමින් හුස්ම ගන්නෙමි යි හික්මෙයි. ප්‍රීතියට සංවේදී වෙමින් හුස්ම හෙලන්නෙමි යි හික්මෙයි. සැපයට සංවේදී වෙමින් හුස්ම ගන්නෙමි යි හික්මෙයි. සැපයට සංවේදී වෙමින් හුස්ම හෙලන්නෙමි යි හික්මෙයි. සංඥා වේදනා යන චිත්ත සංස්කාරයන්ට සංවේදී වෙමින් හුස්ම ගන්නෙමි යි හික්මෙයි. සංඥා වේදනා යන චිත්ත සංස්කාරයන්ට සංවේදී වෙමින් හුස්ම හෙලන්නෙමි යි හික්මෙයි. චිත්ත සංස්කාරයන් සංසිඳුවමින් හුස්ම ගන්නෙමි යි හික්මෙයි. චිත්ත සංස්කාරයන් සංසිඳුවමින් හුස්ම හෙලන්නෙමි යි හික්මෙයි.

සිත හා සංවේදී වෙමින් හුස්ම ගන්නෙමි යි හික්මෙයි. සිත හා සංවේදී වෙමින් හුස්ම හෙලන්නෙමි යි හික්මෙයි. සිත ප්‍රමුදිත කරවමින් හුස්ම ගන්නෙමි යි හික්මෙයි. සිත ප්‍රමුදිත කරවමින් හුස්ම හෙලන්නෙමි යි හික්මෙයි. සිත තැන්පත් කරවමින් හුස්ම ගන්නෙමි යි හික්මෙයි. සිත තැන්පත් කරවමින් හුස්ම හෙලන්නෙමි යි හික්මෙයි. නීවරණයන්ගෙන් සිත මුදවමින් හුස්ම ගන්නෙමි යි හික්මෙයි. නීවරණයන්ගෙන් සිත මුදවමින් හුස්ම හෙලන්නෙමි යි හික්මෙයි.

අනිත්‍ය අනුව දකිමින් හුස්ම ගන්නෙමි යි හික්මෙයි. අනිත්‍ය අනුව දකිමින් හුස්ම හෙලන්නෙමි යි හික්මෙයි. නොඇල්ම අනුව දකිමින් හුස්ම ගන්නෙමි යි හික්මෙයි. නොඇල්ම අනුව දකිමින් හුස්ම හෙලන්නෙමි යි හික්මෙයි. ඇල්ම නිරුද්ධ වීම අනුව දකිමින් හුස්ම ගන්නෙමි යි හික්මෙයි. ඇල්ම නිරුද්ධ වීම අනුව දකිමින් හුස්ම හෙලන්නෙමි යි හික්මෙයි. ඇල්ම දුරින් ම දුරුවීම අනුව දකිමින් හුස්ම ගන්නෙමි යි හික්මෙයි. ඇල්ම දුරින් ම දුරුවීම අනුව දකිමින් හුස්ම හෙලන්නෙමි යි හික්මෙයි.

මහණෙනි, මෙසේ වඩන ලද, මෙසේ බහුල වශයෙන් ප්‍රගුණ කරන ලද ආනාපානසතිය මහත්ඵල මහානිශංස වෙයි.

සාදු! සාදු!! සාදු!!!

ඒකධම්ම සූත්‍රය නිමා විය.

10.1.2.
බොජ්ඣංග සූත්‍රය
බොජ්ඣංග ගැන වදාළ දෙසුම

සැවැත් නුවර දී ය. ....

මහණෙනි, ආනාපානසතිය වඩන ලද්දේ, බහුල ව ප්‍රගුණ කරන ලද්දේ, මහත්ඵල මහානිශංස වෙයි.

මහණෙනි, කෙසේ වඩන ලද, කෙසේ බහුල ව ප්‍රගුණ කරන ලද ආනාපානසතිය මහත්ඵල, මහානිශංස වෙයි ද?

මහණෙනි, මෙහිලා භික්ෂුව විවේකය ඇසුරු කොට, විරාගය ඇසුරු කොට, ඇල්ම නිරෝධය ඇසුරු කොට, නිවනට නැඹුරු කොට ආනාපානසතියෙන් යුක්ත වූ සති සම්බොජ්ඣංගය වඩයි. ....(පෙ).... විවේකය ඇසුරු කොට, විරාගය ඇසුරු කොට, ඇල්ම නිරෝධය ඇසුරු කොට, නිවනට නැඹුරු කොට ආනාපානසතියෙන් යුක්ත වූ උපෙක්ඛා සම්බොජ්ඣංගය වඩයි.

මහණෙනි, මෙසේ වඩන ලද, මෙසේ බහුල ව ප්‍රගුණ කරන ලද ආනාපානසතිය මහත්ඵල, මහානිශංස වෙයි.

සාදු! සාදු!! සාදු!!!

බොජ්ඣංග සූත්‍රය නිමා විය.

10.1.3.
සුද්ධක සූත්‍රය
පිරිසිදු බව ගැන වදාළ දෙසුම

සැවැත් නුවර දී ය. ....

මහණෙනි, ආනාපානසතිය වඩන ලද්දේ, බහුල ව ප්‍රගුණ කරන ලද්දේ, මහත්ඵල මහානිශංස වෙයි.

මහණෙනි, කෙසේ වඩන ලද, කෙසේ බහුල ව ප්‍රගුණ කරන ලද ආනාපානසතිය මහත්ඵල, මහානිශංස වෙයි ද?

මහණෙනි, මෙහිලා භික්ෂුව අරණ්‍යයට ගියේ හෝ රුක්සෙවණට ගියේ හෝ ....(පෙ).... ඇල්ම දුරින් ම දුරුවීම අනුව දකිමින් හුස්ම ගන්නෙමි යි හික්මෙයි. ඇල්ම දුරින් ම දුරුවීම අනුව දකිමින් හුස්ම හෙලන්නෙමි යි හික්මෙයි.

මහණෙනි, මෙසේ වඩන ලද, මෙසේ බහුල ව ප්‍රගුණ කරන ලද ආනාපානසතිය මහත්ඵල, මහානිශංස වෙයි.

සාදු! සාදු!! සාදු!!!

සුද්ධක සූත්‍රය නිමා විය.

10.1.4.
ඵල සූත්‍රය
ප්‍රතිඵල ගැන වදාළ දෙසුම

මහණෙනි, ආනාපානසතිය වඩන ලද්දේ, බහුල ව ප්‍රගුණ කරන ලද්දේ, මහත්ඵල මහානිශංස වෙයි.

මහණෙනි, කෙසේ වඩන ලද, කෙසේ බහුල ව ප්‍රගුණ කරන ලද ආනාපානසතිය මහත්ඵල, මහානිශංස වෙයි ද?

මහණෙනි, මෙහිලා භික්ෂුව අරණ්‍යයට ගියේ හෝ රුක්සෙවණට ගියේ හෝ ....(පෙ).... ඇල්ම දුරින් ම දුරුවීම අනුව දකිමින් හුස්ම ගන්නෙමි යි හික්මෙයි. ඇල්ම දුරින් ම දුරුවීම අනුව දකිමින් හුස්ම හෙලන්නෙමි යි හික්මෙයි.

මහණෙනි, මෙසේ වඩන ලද, මෙසේ බහුල ව ප්‍රගුණ කරන ලද ආනාපානසතිය මහත්ඵල, මහානිශංස වෙයි. මහණෙනි, ආනාපානසතිය මෙසේ වඩන ලද්දේ, මෙසේ බහුල ව ප්‍රගුණ කරන ලද්දේ, ඵල දෙකක් අතුරින් එක්තරා ඵලයක් කැමති විය යුත්තේ ය. එනම්, මේ ජීවිතයේ දී ම අරහත්වයට පත්වීම හෝ කෙලෙස් ඉතිරි ව ඇති කල්හී අනාගාමී වීම හෝ ය.

සාදු! සාදු!! සාදු!!!

ඵල සූත්‍රය නිමා විය.

10.1.5.
දුතිය ඵල සූත්‍රය
ප්‍රතිඵල ගැන වදාළ දෙවෙනි දෙසුම

මහණෙනි, ආනාපානසතිය වඩන ලද්දේ, බහුල ව ප්‍රගුණ කරන ලද්දේ, මහත්ඵල මහානිශංස වෙයි.

මහණෙනි, කෙසේ වඩන ලද, කෙසේ බහුල ව ප්‍රගුණ කරන ලද ආනාපානසතිය මහත්ඵල, මහානිශංස වෙයි ද?

මහණෙනි, මෙහිලා භික්ෂුව අරණ්‍යයට ගියේ හෝ රුක්සෙවණට ගියේ හෝ ....(පෙ).... ඇල්ම දුරින් ම දුරුවීම අනුව දකිමින් හුස්ම ගන්නෙමි යි හික්මෙයි. ඇල්ම දුරින් ම දුරුවීම අනුව දකිමින් හුස්ම හෙලන්නෙමි යි හික්මෙයි.

මහණෙනි, මෙසේ වඩන ලද, මෙසේ බහුල ව ප්‍රගුණ කරන ලද ආනාපානසතිය මහත්ඵල, මහානිශංස වෙයි. මහණෙනි, ආනාපානසතිය මෙසේ වඩන ලද්දේ, මෙසේ බහුල ව ප්‍රගුණ කරන ලද්දේ, ඵල සතක්, අනුසස් සතක් කැමති විය යුත්තේ ය. ඒ කවර ඵල සතක් ද, අනුසස් සතක් ද යත්; එනම්, මෙලොවදී කල්තියා ම අරහත්වයට පත්වෙයි. ඉදින් මෙලොව දී ම කල්තියා අරහත්වයට පත් නොවූයේ නම්, එකල්හී මරණ කාලයෙහි අරහත්වයට පත්වෙයි. ඉදින් මෙලොව දී ම කල්තියා අරහත්වයට පත් නොවූයේ නම්, එමෙන් ම මරණ කාලයෙහි ද අරහත්වයට පත්නොවූයේ නම්, එකල්හී ඕරම්භාගීය සංයෝජන පස ගෙවා දැමීමෙන් අන්තරා පරිනිබ්බායී වෙයි. උපහච්ච පරිනිබ්බායී වෙයි. අසංඛාර පරිනිබ්බායී වෙයි. සසංඛාර පරිනිබ්බායී වෙයි. උද්ධංසෝත අකනිට්ඨ ගාමී වෙයි. මහණෙනි, ආනාපානසතිය මෙසේ දියුණු කරගත් විට, මෙසේ බහුල ව ප්‍රගුණ කරගත් විට, මේ ඵල සත, අනුසස් සත කැමති විය යුත්තේ ය.

සාදු! සාදු!! සාදු!!!

දුතිය ඵල සූත්‍රය නිමා විය.

10.1.6.
අරිට්ඨ සූත්‍රය
අරිට්ඨ තෙරුන්ට වදාළ දෙසුම

සැවැත් නුවර දී ය. ....

"මහණෙනි, ඔබලා ආනාපානසතිය දියුණු කරව් ද?" මෙසේ වදාළ කල්හී ආයුෂ්මත් අරිට්ඨ තෙරණුවෝ භාග්‍යවතුන් වහන්සේට මෙය සැළකලහ.

"ස්වාමීනී, මම වනාහී ආනාපානසතිය දියුණු කරමි."

"අරිට්ඨයෙනි, ඔබ කෙසේ නම් ආනාපානසතිය දියුණු කරන්නෙහි ද?"

"ස්වාමීනී, අතීත කාමයන් පිළිබඳ ව මාගේ කාමච්ඡන්දය ප්‍රහාණය වූයේ ය. අනාගත කාමයන් පිළිබඳ ව මාගේ කාමච්ඡන්දය දුරු වූයේ ය. ආධ්‍යාත්මික බාහිර ආයතනයන් තුළින් ඇතිවන කරුණුවල දී මාගේ පටිඝ සංඥාව මුළුමනින් ම නසන ලද්දේ ය. ඒ මම සිහියෙන් ම හුස්ම ගනිමි. සිහියෙන් හුස්ම හෙළමි. ස්වාමීනී, මම වූ කලී මෙසේ ආනාපානසතිය වඩමි."

"අරිට්ඨයෙනි, මෙබඳු ආනාපානසතියක් ඇත්තේ ය. මෙය නැතැයි නොකියමි. නමුත් අරිට්ඨයෙනි, ආනාපානසතිය යම් අයුරකින් විස්තර වශයෙන් සම්පූර්ණ වෙයි නම් එය අසව. ....(පෙ).... අරිට්ඨයෙනි, ආනාපානසතිය විස්තර වශයෙන් සම්පූර්ණ වන්නේ කෙසේ ද? අරිට්ඨයෙනි, මෙහිලා භික්ෂුව අරණ්‍යයට ගියේ හෝ රුක්සෙවණට ගියේ හෝ ....(පෙ).... ඇල්ම දුරින් ම දුරුවීම අනුව දකිමින් හුස්ම ගන්නෙමි යි හික්මෙයි. ඇල්ම දුරින් ම දුරුවීම අනුව දකිමින් හුස්ම හෙලන්නෙමි යි හික්මෙයි. අරිට්ඨයෙනි, ආනාපානසතිය වනාහී මේ අයුරින් විස්තර වශයෙන් සම්පූර්ණ වෙයි."

සාදු! සාදු!! සාදු!!!

අරිට්ඨ සූත්‍රය නිමා විය.

10.1.7.
කප්පින සූත්‍රය
කප්පින තෙරුන් මුල්කොට වදාළ දෙසුම

සැවැත් නුවර දී ය. ....

එසමයෙහි ආයුෂ්මත් මහා කප්පිනයන් වහන්සේ භාග්‍යවතුන් වහන්සේට නුදුරින් පළඟක් බැඳ, උඩු කය ඍජු කොට, සිහිය පෙරට ගෙන, මැනැවින් පිහිටුවාගෙන, වාඩි වී හුන්හ. භාග්‍යවතුන් වහන්සේ තමන් වහන්සේට නුදුරින් පළඟක් බැඳ, උඩු කය ඍජු කොට, සිහිය පෙරට ගෙන, මැනැවින් පිහිටුවාගෙන, වාඩි වී හුන් මහා කප්පිනයන් වහන්සේ දුටු සේක. දැක භික්ෂූන් ඇමතූ සේක.

"මහණෙනි, මේ භික්ෂුවගේ ශරීරයෙහි කම්පනයක් හෝ සෙළවීමක් හෝ ඔබලා දකිව් ද?"

"ස්වාමීනී, අපි යම් කලෙක සංඝයා මැද හෝ හිඳින එකලාව හෝ හිඳින ඒ ආයුෂ්මතුන් දකිමු නම්, ඒ අවස්ථාවේදී ත් අපි ඒ ආයුෂ්මතුන්ගේ ශරීරයෙහි කම්පනයක් හෝ සෙළවීමක් හෝ නොදකිමු."

"මහණෙනි, යම් සමාධියක් දියුණු කළ බැවින්, බහුල ව ප්‍රගුණ කළ බැවින් ශරීරයෙහි කම්පනයක් හෝ සෙළවීමක් හෝ ඇති නොවෙයි නම්, සිතෙහි කම්පනයක් හෝ සෙළවීමක් හෝ ඇති නොවෙයි නම්, මහණෙනි, ඒ භික්ෂුව ඒ සමාධිය කැමති සේ ලබන්නෙකි. පහසුවෙන් ලබන්නෙකි. බොහෝ සේ ලබන්නෙකි. මහණෙනි, කවර සමාධියක් වැඩූ බැවින්, බහුල ව ප්‍රගුණ කළ බැවින් කයෙහි කම්පනයක් හෝ සැලීමක් හෝ නොවෙයි ද? සිතෙහි සැලීමක් හෝ කම්පනයක් හෝ නොවෙයි ද?

මහණෙනි, ආනාපානසති සමාධිය වැඩූ බැවින්, බහුල කළ බැවින් කයෙහි කම්පනයක් හෝ සැලීමක් හෝ නොවෙයි. සිතෙහි කම්පනයක් හෝ සැලීමයක් හෝ නොවෙයි.

මහණෙනි, කෙසේ වඩන ලද, කෙසේ බහුල ව ප්‍රගුණ කරන ලද ආනාපානසති සමාධිය හේතුවෙන් කයේ කම්පනයක් හෝ නොවෙයි ද? සැලීමක් හෝ නොවෙයි ද? සිතෙහි කම්පනයක් හෝ නොවෙයි ද? සැලීමක් හෝ නොවෙයි ද? මහණෙනි. මෙහිලා භික්ෂුව අරණ්‍යයට ගියේ හෝ

රුක්සෙවණට ගියේ හෝ ....(පෙ).... ඇල්ම දුරින් ම දුරුවීම අනුව දකිමින් හුස්ම ගන්නෙමි යි හික්මෙයි. ඇල්ම දුරින් ම දුරුවීම අනුව දකිමින් හුස්ම හෙලන්නෙමි යි හික්මෙයි. මහණෙනි, මෙසේ වඩන ලද, මෙසේ බහුල ව ප්‍රගුණ කරන ලද ආනාපානසති සමාධිය හේතුවෙන් කයේ කම්පනයක් හෝ නොවෙයි. සැලීමක් හෝ නොවෙයි. සිතෙහි කම්පනයක් හෝ නොවෙයි. සැලීමක් හෝ නොවෙයි.

සාදු! සාදු!! සාදු!!!

කප්පින සූත්‍රය නිමා විය.

10.1.8.

දීප සූත්‍රය

තෙල් පහන උපමාවට ගෙන වදාළ දෙසුම

සැවැත් නුවර දී ය. ....

මහණෙනි, ආනාපානසති සමාධිය වඩන ලද්දේ, බහුල ව ප්‍රගුණ කරන ලද්දේ, මහත්ඵල මහානිශංස වෙයි.

මහණෙනි, කෙසේ වඩන ලද, කෙසේ බහුල ව ප්‍රගුණ කරන ලද ආනාපානසති සමාධිය මහත්ඵල, මහානිශංස වෙයි ද?

මහණෙනි, මෙහිලා භික්ෂුව අරණ්‍යයට ගියේ හෝ රුක්සෙවණට ගියේ හෝ ....(පෙ).... ඇල්ම දුරින් ම දුරුවීම අනුව දකිමින් හුස්ම ගන්නෙමි යි හික්මෙයි. ඇල්ම දුරින් ම දුරුවීම අනුව දකිමින් හුස්ම හෙලන්නෙමි යි හික්මෙයි.

මහණෙනි, මෙසේ වඩන ලද, මෙසේ බහුල ව ප්‍රගුණ කරන ලද ආනාපානසති සමාධිය මහත්ඵල, මහානිශංස වෙයි.

මහණෙනි, මම ත් සම්බුද්ධත්වයට පූර්වයෙහි දී අභිසම්බෝධියට නොපත් ව සිටිය දී බෝධිසත්ව වූයේ ම මේ විහරණයෙන් බහුලව වාසය කරමි. මහණෙනි, මේ විහරණයෙන් බහුලව වාසය කරන ඒ මාගේ කය ක්ලාන්ත නොවූයේ ය. ඇස් ද ක්ලාන්ත නොවූයේ ය. කිසිවක් උපාදාන නොකොට මාගේ සිත ආශ්‍රවයන්ගෙන් ද නිදහස් වූයේ ය.

එහෙයින් මහණෙනි, භික්ෂුව ත් 'මාගේ කය ක්ලාන්ත නොවන්නේ නම් මැනැවි. ඇස් ද ක්ලාන්ත නොවන්නේ නම් මැනැවි. මාගේ සිත කිසිවක් උපාදාන නොකොට ආශ්‍රවයන්ගෙන් ද නිදහස් වන්නේ නම් මැනැවි' යි කැමති වන්නේ නම්, මේ ආනාපානසති සමාධිය ම ඉතා මැනැවින් මෙනෙහි කළ යුත්තේ ය.

එහෙයින් මහණෙනි, භික්ෂුව ත් 'මාගේ යම් පංච කාම ආශ්‍රිත විතර්කයෝ වෙත් ද, ඒවා ප්‍රහීණ වෙත් නම් මැනැවි' යි කැමති වන්නේ නම්, මේ ආනාපානසති සමාධිය ම ඉතා මැනැවින් මෙනෙහි කළ යුත්තේ ය.

එහෙයින් මහණෙනි, භික්ෂුව ත් 'නොපිළිකුල් දෙයෙහි පිළිකුල් සංඥාවෙන් වසන්නෙම් නම් මැනැවි' යි කැමති වන්නේ නම්, මේ ආනාපානසති සමාධිය ම ඉතා මැනැවින් මෙනෙහි කළ යුත්තේ ය.

එහෙයින් මහණෙනි, භික්ෂුව ත් 'පිළිකුල් දෙයෙහි නොපිළිකුල් සංඥාවෙන් වසන්නෙම් නම් මැනැවි' යි කැමති වන්නේ නම්, මේ ආනාපානසති සමාධිය ම ඉතා මැනැවින් මෙනෙහි කළ යුත්තේ ය.

එහෙයින් මහණෙනි, භික්ෂුව ත් 'නොපිළිකුල් දෙයෙහි ත්, පිළිකුල් දෙයෙහි ත් පිළිකුල් සංඥාවෙන් වසන්නෙම් නම් මැනැවි' යි කැමති වන්නේ නම්, මේ ආනාපානසති සමාධිය ම ඉතා මැනැවින් මෙනෙහි කළ යුත්තේ ය.

එහෙයින් මහණෙනි, භික්ෂුව ත් 'නොපිළිකුල් දෙයෙහි ත්, පිළිකුල් දෙයෙහි ත් නොපිළිකුල් සංඥාවෙන් වසන්නෙම් නම් මැනැවි' යි කැමති වන්නේ නම්, මේ ආනාපානසති සමාධිය ම ඉතා මැනැවින් මෙනෙහි කළ යුත්තේ ය.

එහෙයින් මහණෙනි, භික්ෂුව ත් 'පිළිකුල ත්, නොපිළිකුල ත් යන දෙක ම බැහැර කොට සිහියෙන් හා නුවණින් යුක්ත ව උපේක්ෂාවෙන් වසන්නෙම් නම් මැනැවි' යි කැමති වන්නේ නම්, මේ ආනාපානසති සමාධිය ම ඉතා මැනැවින් මෙනෙහි කළ යුත්තේ ය.

එහෙයින් මහණෙනි, භික්ෂුව ත් 'කාමයන්ගෙන් වෙන් ව, අකුසල ධර්මයන්ගෙන් වෙන් ව, විවේකයෙන් හටගත් ප්‍රීති සැපය ඇති, විතර්ක සහිත විචාර සහිත පළමු ධ්‍යානය උපදවාගෙන වසන්නෙම් නම් මැනැවි' යි කැමති වන්නේ නම්, මේ ආනාපානසති සමාධිය ම ඉතා මැනැවින් මෙනෙහි කළ යුත්තේ ය.

එහෙයින් මහණෙනි, භික්ෂුව ත් 'විතර්ක විචාරයන්ගේ සංසිඳීමෙන්, තමා තුළ පැහැදීම ඇති, සිතෙහි එකඟ බව ඇති, විතර්ක රහිත, විචාර රහිත සමාධියෙන් හටගත් ප්‍රීති සැපය ඇති දෙවෙනි ධ්‍යානය උපදවාගෙන වසන්නෙම් නම් මැනැවි' යි කැමති වන්නේ නම්, මේ ආනාපානසති සමාධිය ම ඉතා මැනැවින් මෙනෙහි කළ යුත්තේ ය.

එහෙයින් මහණෙනි, භික්ෂුව ත් 'ප්‍රීතියට ද නොඇල්මෙන් උපේක්ෂාවෙන් වාසය කරන්නෙම් නම් මැනැවි. සිහියෙන් ද, නුවණින් ද යුතු ව කයින් සැපයකුත් විඳින්නෙම් නම් මැනැවි. ආර්යයෝ 'උපේක්ෂාවෙන් යුතු සිහියෙන් සැප සේ වාසය කිරීම' යැයි යමකට කියත් ද ඒ තුන්වෙනි ධ්‍යානය උපදවාගෙන වසන්නෙම් නම් මැනැවි' යි කැමති වන්නේ නම්, මේ ආනාපානසති සමාධිය ම ඉතා මැනැවින් මෙනෙහි කළ යුත්තේ ය.

එහෙයින් මහණෙනි, භික්ෂුව ත් 'සැපය ද ප්‍රහාණය කිරීමෙන්, දුක ද ප්‍රහාණය කිරීමෙන්, කලින් ම සොම්නස් දොම්නස් නැති කිරීමෙන්, දුක් සැප රහිත වූ පිරිසිදු උපේක්ෂා සතිය ඇති සිව්වෙනි ධ්‍යානය උපදවාගෙන වසන්නෙම් නම් මැනැවි' යි කැමති වන්නේ නම්, මේ ආනාපානසති සමාධිය ම ඉතා මැනැවින් මෙනෙහි කළ යුත්තේ ය.

එහෙයින් මහණෙනි, භික්ෂුව ත් 'සියළු අයුරින් රූප සංඥා ඉක්ම යෑමෙන්, ගොරෝසු සංඥාවන් නැති වීමෙන්, නා නා සංඥාවන් නොමෙනෙහි කිරීමෙන්, අනන්ත වූ ආකාසය යැයි ආකාසානඤ්චායතනය උපදවාගෙන වසන්නෙම් නම් මැනැවි' යි කැමති වන්නේ නම්, මේ ආනාපානසති සමාධිය ම ඉතා මැනැවින් මෙනෙහි කළ යුත්තේ ය.

එහෙයින් මහණෙනි, භික්ෂුව ත් 'සියළු අයුරින් ආකාසානඤ්චායතනය ඉක්ම යෑමෙන්, අනන්ත වූ විඤ්ඤාණය යැයි විඤ්ඤාණඤ්චායතනය උපදවාගෙන වසන්නෙම් නම් මැනැවි' යි කැමති වන්නේ නම්, මේ ආනාපානසති සමාධිය ම ඉතා මැනැවින් මෙනෙහි කළ යුත්තේ ය.

එහෙයින් මහණෙනි, භික්ෂුව ත් 'සියළු අයුරින් විඤ්ඤාණඤ්චායතනය ඉක්ම යෑමෙන් කිසිවක් නැතැයි ආකිඤ්චඤ්ඤායතනය උපදවාගෙන වසන්නෙම් නම් මැනැවි' යි කැමති වන්නේ නම්, මේ ආනාපානසති සමාධිය ම ඉතා මැනැවින් මෙනෙහි කළ යුත්තේ ය.

එහෙයින් මහණෙනි, භික්ෂුව ත් 'සියළු අයුරින් ආකිඤ්චඤ්ඤායතනය ඉක්මයෑමෙන් නේවසඤ්ඤානාසඤ්ඤායතනය උපදවාගෙන වසන්නෙම් නම් මැනැවි' යි කැමති වන්නේ නම්, මේ ආනාපානසති සමාධිය ම ඉතා මැනැවින් මෙනෙහි කළ යුත්තේ ය.

එහෙයින් මහණෙනි, භික්ෂුව ත් 'සියළු අයුරින් නේවසඤ්ඤානාසඤ්ඤායතනය ඉක්ම යෑමෙන් සංඥාවේදයිත නිරෝධය උපදවාගෙන වසන්නෙම් නම් මැනැවි' යි කැමති වන්නේ නම්, මේ ආනාපානසති සමාධිය ම ඉතා මැනැවින් මෙනෙහි කළ යුත්තේ ය.

මහණෙනි, මෙසේ දියුණු කරන ලද, මෙසේ බහුල ව ප්‍රගුණ කරන ලද ආනාපානසති සමාධිය ඇති කල්හී ඉදින් සැප වේදනාවක් විඳියි නම්, එය අනිත්‍යය යැයි දැනගනියි. එහි සිත නොබැස ගන්නේ යැයි දැනගනියි. එය කෙලෙස් සහිත ව නොපිළිගන්නේ යැයි දැනගනියි. ඉදින් දුක් වේදනාවක් විඳියි නම්, එය අනිත්‍යය යැයි දැනගනියි. එහි සිත නොබැස ගන්නේ යැයි දැනගනියි. එය කෙලෙස් සහිත ව නොපිළිගන්නේ යැයි දැනගනියි. ඉදින් දුක් සැප රහිත වේදනාවක් විඳියි නම්, එය අනිත්‍යය යැයි දැනගනියි. එහි සිත නොබැස ගන්නේ යැයි දැනගනියි. එය කෙලෙස් සහිත ව නොපිළිගන්නේ යැයි දැනගනියි.

ඉදින් ඔහු සැප වේදනාවක් විඳියි නම්, කෙලෙස් හා එක් නොවී එය විඳියි. ඉදින් දුක් වේදනාවක් විඳියි නම්, කෙලෙස් හා එක් නොවී එය විඳියි. ඉදින් දුක් සැප රහිත වේදනාවක් විඳියි නම්, කෙලෙස් හා එක් නොවී එය විඳියි. ඔහු කය අවසන් වන තෙක් පමණක් ඇති වේදනාවක් විඳින කල්හී කය අවසන් වන තෙක් ඇති වේදනාවක් විඳිමි යි දැනගනියි. ජීවිතය අවසන් වන තෙක් ඇති වේදනාවක් විඳින විට ජීවිතය අවසන් වන තෙක් ඇති වේදනාවක් විඳින බව දැනගනියි. කය බිඳී යෑමෙන් පසු, ජීවිතය අවසන් වීමෙන් පසු, විඳින්නා වූ සියල්ල නොපිළිගත් බැවින් මෙහිදී ම සිහිල් වී යන්නේ යැයි දැනගනියි.

මහණෙනි, එය මෙබඳු දෙයකි. තෙල ත් නිසා, වැටි ත් නිසා තෙල් පහනක් දැල්වෙයි නම්, ඒ තෙලේ ත්, වැටියේ ත් අවසන් වීමෙන්, ආහාර නැති වීමෙන් නිවී යන්නේ යම් සේ ද, එසෙයින් ම මහණෙනි, භික්ෂුව කය අවසන් වන තෙක් පමණක් ඇති වේදනාවක් විඳින කල්හී කය අවසන් වන තෙක් පමණක් ඇති වේදනාවක් විඳිමි යි දැනගනියි. ජීවිතය අවසන් වන තෙක් පමණක් ඇති වේදනාවක් විඳින විට ජීවිතය අවසන් වන තෙක් පමණක් ඇති වේදනාවක් විඳින බව දැනගනියි. කය බිඳී යෑමෙන් පසු, ජීවිතය අවසන් වීමෙන් පසු, විඳින්නා වූ සියල්ල නොපිළිගත් බැවින් මෙහිදී ම සිහිල් වී යන්නේ යැයි දැනගනියි.

සාදු! සාදු!! සාදු!!!

දීප සූත්‍රය නිමා විය.

10.1.9.
අසුභ සූත්‍රය
අසුභ භාවනාව මුල්කොට වදාළ දෙසුම

එක් සමයෙක්හි භාග්‍යවතුන් වහන්සේ විශාලාවෙහි මහා වනයෙහි කූටාගාර ශාලාවෙහි වැඩවෙසෙන සේක. එසමයෙහි වනාහී භාග්‍යවතුන් වහන්සේ භික්ෂූන්ට නොයෙක් අයුරින් අසුභ කථාව කථා කරන සේක. අසුභ අරමුණෙහි වටිනාකම කියන සේක. අසුභ භාවනාවෙහි ගුණ වර්ණනා කරන සේක. ඉක්බිති භාග්‍යවතුන් වහන්සේ භික්ෂූන් ඇමතූ සේක.

"මහණෙනි, මම අඩමසක් තනිව ම වාසය කරන්නට කැමති වෙමි. පිණ්ඩපාතය රැගෙන එන කෙනා හැර අන් කෙනෙකු විසින් නොඑළඹිය යුත්තෙම් වෙමි."

"එසේ ය, ස්වාමීනී" යි ඒ භික්ෂූහු භාග්‍යවතුන් වහන්සේට පිළිවදන් දී පිණ්ඩපාතය රැගෙන එන එක් භික්ෂුවක හැර අන් කිසිවෙක් භාග්‍යවතුන් වහන්සේ වෙත නොඑළඹෙයි.

එකල්හී ඒ භික්ෂූහු 'භාග්‍යවතුන් වහන්සේ නොයෙක් අයුරින් අසුභ කථාව කථා කරන සේක. අසුභ අරමුණෙහි වටිනාකම කියන සේක. අසුභ භාවනාවෙහි ගුණ වර්ණනා කරන සේක' යි අනේකප්‍රකාරයෙන් ගැවසී ගත් අසුභ භාවනාවෙහි දැඩි ව යෙදී වාසය කළාහු වෙති. ඔවුහු මේ කය පිළිබඳ ව පීඩිත ව, ලැජ්ජාවට පත් ව, පිළිකුල් උපදවමින් දිවි නසා ගැනීමට සමත් අවි සොයති. එක් දිනකදී භික්ෂූහු දස දෙනෙකුත්, ආයුධයක් තමා වෙත එළවා ගත්හ. එක් දිනකදී භික්ෂූහු විසි දෙනෙකුත්, ආයුධයක් තමා වෙත එළවා ගත්හ. එක් දිනකදී භික්ෂූහු තිස් දෙනෙකුත්, ආයුධයක් තමා වෙත එළවා ගත්හ.

එකල්හී භාග්‍යවතුන් වහන්සේ ඒ අඩමස ඇවෑමෙන් භාවනාවෙන් නැගිට ආයුෂ්මත් ආනන්දයන් ඇමතූ සේක.

"කිම? ආනන්දයෙනි, භික්ෂු සංඝයා තුනී වී ගිය සෙයක් පෙනෙයි."

"ස්වාමීනී, එය වනාහී එසේ ම ය. භාග්‍යවතුන් වහන්සේ භික්ෂූන්ට නොයෙක් අයුරින් අසුභ කථාව කථා කරන සේක. අසුභ අරමුණෙහි වටිනාකම කියන සේක. අසුභ භාවනාවෙහි ගුණ වර්ණනා කරන සේක. ස්වාමීනී, ඒ

භික්ෂූහු ද 'භාග්‍යවතුන් වහන්සේ නොයෙක් අයුරින් අසුභ කථාව කථා කරන සේක. අසුභ අරමුණෙහි වටිනාකම කියන සේක. අසුභ භාවනාවෙහි ගුණ වර්ණනා කරන සේක' යි අනේකප්‍රකාරයෙන් ගැවසී ගත් අසුභ භාවනාවෙහි දැඩි ව යෙදී වාසය කළාහු වෙති. ඔවුහු මේ කය පිළිබඳ ව පීඩිත ව, ලැජ්ජාවට පත් ව, පිළිකුල් උපදවමින් දිවි නසා ගැනීමට සමත් අවි සොයති. එක් දිනකදී භික්ෂූහු දස දෙනෙකුත්, ආයුධයක් තමා වෙත එළවා ගත්හ. එක් දිනකදී භික්ෂූහු විසි දෙනෙකුත්, ආයුධයක් තමා වෙත එළවා ගත්හ. එක් දිනකදී භික්ෂූහු තිස් දෙනෙකුත්, ආයුධයක් තමා වෙත එළවා ගත්හ.

ස්වාමීනී, භාග්‍යවතුන් වහන්සේ මේ භික්ෂු සංඝයා යම් අයුරකින් අරහත්වයෙහි පිහිටන්නේ නම්, එබඳු වූ ධර්ම ක්‍රමයක් වදාරණ සේක් නම් මැනැවි."

"එසේ වී නම් ආනන්දයෙනි, විශාලාව ඇසුරු කොට යම්තාක් භික්ෂූහු වෙසෙත් ද, ඒ සියල්ලන් උපස්ථාන ශාලාවට රැස් කරව."

"එසේය, ස්වාමීනී" යි ආයුෂ්මත් ආනන්දයන් වහන්සේ භාග්‍යවතුන් වහන්සේට පිළිවදන් දී විශාලාව ඇසුරු කොට යම්තාක් භික්ෂූහු වෙසෙත් ද, ඒ සියළු භික්ෂූන් උපස්ථාන ශාලාවට රැස් කොට භාග්‍යවතුන් වහන්සේ වෙත එළැඹියහ. එළැඹ භාග්‍යවතුන් වහන්සේට මෙය පැවසූහ.

"ස්වාමීනී, භික්ෂු සංඝයා රැස් වූයේ ය. ස්වාමීනී, යමකට දැන් කාලය නම්, එය භාග්‍යවතුන් වහන්සේ දන්නා සේක."

ඉක්බිති භාග්‍යවතුන් වහන්සේ උපස්ථාන ශාලාවට වැඩම කළ සේක. වැඩම කොට පණවන ලද අසුනෙහි වැඩහුන් සේක. වැඩහුන් භාග්‍යවතුන් වහන්සේ භික්ෂූන් ඇමතූ සේක.

"මහණෙනි, මේ ආනාපානසති සමාධිය ත් වඩන ලද්දේ, බහුල ව ප්‍රගුණ කරන ලද්දේ ශාන්ත ත් වෙයි. ප්‍රණීත ත් වෙයි. ප්‍රකෘතියෙන් ම මිහිරි වෙයි. සැප විහරණය ත් වෙයි. උපනුපන් පාපී අකුසල් දහමුත් සැණෙකින් අතුරුදහන් කරවයි. සංසිඳුවයි. මහණෙනි, එය මෙබඳු දෙයකි. ග්‍රීෂ්ම කාලයෙහි අවසන් මාසයෙහි උඩට නැගුණු දූහුවිලි දූලි ඇද්ද, එය අකලට ඇද හැලෙන මහා වර්ෂාවකින් සැණෙකින් අතුරුදහන් කරවයි ද, සංසිඳුවයි ද, එසෙයින් ම මහණෙනි, ආනාපානසති සමාධිය වඩන ලද්දේ, බහුල ව ප්‍රගුණ කරන ලද්දේ ශාන්ත ත් වෙයි. ප්‍රණීත ත් වෙයි. ප්‍රකෘතියෙන් ම මිහිරි වෙයි. සැප විහරණය ත් වෙයි. උපනුපන් පාපී අකුසල් දහමුත් සැණෙකින් අතුරුදහන් කරවයි. සංසිඳුවයි.

මහණෙනි, කෙසේ භාවිත කරන ලද, කෙසේ බහුල ව ප්‍රගුණ කරන ලද ආනාපානසති සමාධිය ශාන්ත ත් වෙයි ද? ප්‍රණීත ත් වෙයි ද? ප්‍රකෘතියෙන් ම මිහිරි වෙයි ද? සැප විහරණය ත් වෙයි ද? උපනුපන් පාපී අකුසල් දහමුත් සැණෙකින් අතුරුදහන් කරවයි ද? සංසිඳුවයි ද?

මහණෙනි, මෙහිලා භික්ෂුව අරණ්‍යයට ගියේ හෝ රුක්සෙවණට ගියේ හෝ ....(පෙ).... ඇල්ම දුරින් ම දුරුවීම අනුව දකිමින් හුස්ම ගන්නෙමි යි හික්මෙයි. ඇල්ම දුරින් ම දුරුවීම අනුව දකිමින් හුස්ම හෙළන්නෙමි යි හික්මෙයි.

මහණෙනි, මෙසේ වඩන ලද, මෙසේ බහුල ව ප්‍රගුණ කරන ලද ආනාපානසති සමාධිය ශාන්ත ත් වෙයි. ප්‍රණීත ත් වෙයි. ප්‍රකෘතියෙන් ම මිහිරි වෙයි. සැප විහරණය ත් වෙයි. උපනුපන් පාපී අකුසල් දහමුත් සැණෙකින් අතුරුදහන් කරවයි. සංසිඳුවයි.

සාදු! සාදු!! සාදු!!!

අසුභ සූත්‍රය නිමා විය.

10.1.10.
කිම්බිල සූත්‍රය
කිම්බිල තෙරුන්ට වදාළ දෙසුම

එක් සමයෙක්හි භාග්‍යවතුන් වහන්සේ කිම්බිලා නුවර සමීපයෙහි වේළුවනයෙහි වැඩවසන සේක. එහිදී භාග්‍යවතුන් වහන්සේ ආයුෂ්මත් කිම්බිල තෙරුන් ඇමතූ සේක.

"කිම්බිලයෙනි, කෙසේ භාවිත කරන ලද, කෙසේ බහුල ව ප්‍රගුණ කරන ලද, ආනාපානසති සමාධිය මහත්ඵල මහානිශංස වෙයි ද?"

මෙසේ වදාළ කල්හී ආයුෂ්මත් කිම්බිල තෙරණුවෝ නිශ්ශබ්ද වූහ. දෙවෙනි වතාවට ත් භාග්‍යවතුන් වහන්සේ ආයුෂ්මත් කිම්බිල තෙරුන් ඇමතූ සේක. ....(පෙ).... තෙවෙනි වතාවට ත් භාග්‍යවතුන් වහන්සේ ආයුෂ්මත් කිම්බිල තෙරුන් ඇමතූ සේක.

"කිම්බිලයෙනි, කෙසේ භාවිත කරන ලද, කෙසේ බහුල ව ප්‍රගුණ කරන ලද, ආනාපානසති සමාධිය මහත්ඵල මහානිශංස වෙයි ද?" තෙවෙනි වතාවටත් ආයුෂ්මත් කිම්බිල තෙරණුවෝ නිශ්ශබ්ද වූහ.

මෙසේ වදාළ කල්හී ආයුෂ්මත් ආනන්දයන් වහන්සේ භාග්‍යවතුන් වහන්සේට මෙය පැවසූහ.

"භාග්‍යවතුන් වහන්ස, මේ එයට කාලය යි. සුගතයන් වහන්ස, මේ එයට කාලය යි. භාග්‍යවතුන් වහන්සේ යම් ආනාපානසති සමාධියක් වදාරණ සේක් නම්, භාග්‍යවතුන් වහන්සේගෙන් අසා භික්ෂූහු දරා ගන්නාහ."

"එසේ වී නම් ආනන්දයෙනි, අසව. මැනැවින් මෙනෙහි කරව. කියන්නෙමි." "එසේ ය, ස්වාමීනී" යි ආයුෂ්මත් ආනන්දයන් වහන්සේ භාග්‍යවතුන් වහන්සේට පිළිතුරු දුන්හ. භාග්‍යවතුන් වහන්සේ මෙය වදාළ සේක.

"ආනන්දයෙනි, කෙසේ භාවිත කරන ලද, කෙසේ බහුල ව ප්‍රගුණ කරන ලද, ආනාපානසති සමාධිය මහත්ඵල මහානිශංස වෙයි ද?"

ආනන්දයෙනි, මෙහිලා භික්ෂුව අරණ්‍යයට ගියේ හෝ රුක්සෙවණට ගියේ හෝ ....(පෙ).... ඇල්ම දුරින් ම දුරුවීම අනුව දකිමින් හුස්ම ගන්නෙමි යි හික්මෙයි. ඇල්ම දුරින් ම දුරුවීම අනුව දකිමින් හුස්ම හෙලන්නෙමි යි හික්මෙයි.

ආනන්දයෙනි, මෙසේ භාවිත කරන ලද, මෙසේ බහුල ව ප්‍රගුණ කරන ලද, ආනාපානසති සමාධිය මහත්ඵල මහානිශංස වෙයි.

ආනන්දයෙනි, යම් අවස්ථාවකදී භික්ෂුවක් දිගු ලෙස හෝ හුස්ම ගන්නා විට 'දිගු ලෙස හුස්ම ගනිමි' යි දැනගනියි ද, දිගු ලෙස හෝ හුස්ම හෙලන විට 'දිගු ලෙස හුස්ම හෙලමි' යි දැනගනියි ද, කෙටි ලෙස හෝ හුස්ම ගන්නා විට 'කෙටියෙන් හුස්ම ගනිමි' යි දැනගනියි ද, කෙටි ලෙස හෝ හුස්ම හෙලන විට 'කෙටියෙන් හුස්ම හෙලමි' යි දැනගනියි ද, 'සියළු ආශ්වාස කයට සංවේදී වෙමින් හුස්ම ගන්නෙමි' යි පුහුණු වෙයි ද, 'සියළු ප්‍රශ්වාස කයට සංවේදී වෙමින් හුස්ම හෙලන්නෙමි' යි පුහුණු වෙයි ද, 'කාය සංස්කාර නම් වූ ආශ්වාසය සංසිඳුවමින් හුස්ම ගන්නෙමි' යි පුහුණු වෙයි ද, 'කාය සංස්කාර නම් වූ ප්‍රශ්වාසය සංසිඳුවමින් හුස්ම හෙලන්නෙමි' යි පුහුණු වෙයි ද, ආනන්දයෙනි, භික්ෂුව ඒ අවස්ථාවෙහි කෙලෙස් තවන වීරියෙන් යුතුව, නුවණින් යුතුව, සිහියෙන් යුතුව, ලෝකයෙහි ඇලීම් ගැටීම් දුරු කොට, කය පිළිබඳ ව කායානුපස්සනාවෙන් වාසය කරයි. එයට හේතුව කුමක් ද? ආනන්දයෙනි, යම් මේ හුස්ම ගැනීමක්,

හුස්ම හෙලීමක් ඇද්ද, මෙය එක්තරා කයක් යැයි මම කියමි. එහෙයින් ආනන්දයෙනි, ඒ අවස්ථාවෙහි භික්ෂුව කෙලෙස් තවන වීරියෙන් යුතුව, නුවණින් යුතුව, සිහියෙන් යුතුව, ලෝකයෙහි ඇලීම් ගැටීම් දුරු කොට, කය පිළිබඳ ව කායානුපස්සනාවෙන් වාසය කරයි.

ආනන්දයෙනි, යම් අවස්ථාවක භික්ෂුවක් ප්‍රීතියට සංවේදී වෙමින් හුස්ම ගන්නෙමි යි හික්මෙයි ද, ප්‍රීතියට සංවේදී වෙමින් හුස්ම හෙලන්නෙමි යි හික්මෙයි ද, සැපයට සංවේදී වෙමින් හුස්ම ගන්නෙමි යි හික්මෙයි ද, සැපයට සංවේදී වෙමින් හුස්ම හෙලන්නෙමි යි හික්මෙයි ද, සංඥා වේදනා යන චිත්ත සංස්කාරයන්ට සංවේදී වෙමින් හුස්ම ගන්නෙමි යි හික්මෙයි ද, සංඥා වේදනා යන චිත්ත සංස්කාරයන්ට සංවේදී වෙමින් හුස්ම හෙලන්නෙමි යි හික්මෙයි ද, චිත්ත සංස්කාරයන් සංසිඳුවමින් හුස්ම ගන්නෙමි යි හික්මෙයි ද, චිත්ත සංස්කාරයන් සංසිඳුවමින් හුස්ම හෙලන්නෙමි යි හික්මෙයි ද, ආනන්දයෙනි, භික්ෂුව ඒ අවස්ථාවෙහි කෙලෙස් තවන වීරියෙන් යුතුව, නුවණින් යුතුව, සිහියෙන් යුතුව, ලෝකයෙහි ඇලීම් ගැටීම් දුරු කොට, විඳීම් පිළිබඳ ව වේදනානුපස්සනාවෙන් වාසය කරයි. එයට හේතුව කුමක් ද? ආනන්දයෙනි, යම් මේ හුස්ම ගැනීම, හුස්ම හෙලීම මනාකොට මෙනෙහි කිරීමක් ඇද්ද, මෙය එක්තරා විඳීමක් යැයි මම කියමි. එහෙයින් ආනන්දයෙනි, ඒ අවස්ථාවෙහි භික්ෂුව කෙලෙස් තවන වීරියෙන් යුතුව, නුවණින් යුතුව, සිහියෙන් යුතුව, ලෝකයෙහි ඇලීම් ගැටීම් දුරු කොට, විඳීම් පිළිබඳ ව වේදනානුපස්සනාවෙන් වාසය කරයි.

ආනන්දයෙනි, යම් අවස්ථාවකදී භික්ෂුවක් සිත හා සංවේදී වෙමින් හුස්ම ගන්නෙමි යි හික්මෙයි ද, සිත හා සංවේදී වෙමින් හුස්ම හෙලන්නෙමි යි හික්මෙයි ද, සිත ප්‍රමුදිත කරවමින් හුස්ම ගන්නෙමි යි හික්මෙයි ද, සිත ප්‍රමුදිත කරවමින් හුස්ම හෙලන්නෙමි යි හික්මෙයි ද, සිත තැන්පත් කරවමින් හුස්ම ගන්නෙමි යි හික්මෙයි ද, සිත තැන්පත් කරවමින් හුස්ම හෙලන්නෙමි යි හික්මෙයි ද, නීවරණයන්ගෙන් සිත මුදවමින් හුස්ම ගන්නෙමි යි හික්මෙයි ද, නීවරණයන්ගෙන් සිත මුදවමින් හුස්ම හෙලන්නෙමි යි හික්මෙයි ද, ආනන්දයෙනි, භික්ෂුව ඒ අවස්ථාවෙහි කෙලෙස් තවන වීරියෙන් යුතුව, නුවණින් යුතුව, සිහියෙන් යුතුව, ලෝකයෙහි ඇලීම් ගැටීම් දුරු කොට, සිත පිළිබඳ ව චිත්තානුපස්සනාවෙන් වාසය කරයි. එයට හේතුව කුමක් ද? ආනන්දයෙනි, මුලා සිහි ඇති, නුවණ නැති කෙනා හට ආනාපානසති සමාධිය වැඩීමට මම නොකියමි. එහෙයින් ආනන්දයෙනි, ඒ අවස්ථාවෙහි භික්ෂුව කෙලෙස් තවන වීරියෙන් යුතුව, නුවණින් යුතුව, සිහියෙන් යුතුව, ලෝකයෙහි ඇලීම් ගැටීම් දුරු කොට, සිත පිළිබඳ ව චිත්තානුපස්සනාවෙන් වාසය කරයි.

ආනන්දයෙනි, යම් අවස්ථාවකදී භික්ෂුවක් අනිත්‍ය අනුව දකිමින් හුස්ම ගන්නෙමි යි හික්මෙයි ද, අනිත්‍ය අනුව දකිමින් හුස්ම හෙලන්නෙමි යි හික්මෙයි ද, නොඇල්ම අනුව දකිමින් හුස්ම ගන්නෙමි යි හික්මෙයි ද, නොඇල්ම අනුව දකිමින් හුස්ම හෙලන්නෙමි යි හික්මෙයි ද, ඇල්ම නිරුද්ධ වීම අනුව දකිමින් හුස්ම ගන්නෙමි යි හික්මෙයි ද, ඇල්ම නිරුද්ධ වීම අනුව දකිමින් හුස්ම හෙලන්නෙමි යි හික්මෙයි ද, ඇල්ම දුරින් ම දුරුවීම අනුව දකිමින් හුස්ම ගන්නෙමි යි හික්මෙයි ද, ඇල්ම දුරින් ම දුරුවීම අනුව දකිමින් හුස්ම හෙලන්නෙමි යි හික්මෙයි ද, ආනන්දයෙනි, භික්ෂුව ඒ අවස්ථාවෙහි කෙලෙස් තවන වීරියෙන් යුතුව, නුවණින් යුතුව, සිහියෙන් යුතුව, ලෝකයෙහි ඇලීම් ගැටීම් දුරු කොට, ධර්මයන් පිළිබඳ ව ධම්මානුපස්සනාවෙන් වාසය කරයි. ඇලීම් ගැටීම්වල යම් ඒ ප්‍රහාණයක් ඇද්ද, ඒ භික්ෂුව එය ප්‍රඥාවෙන් දැක දැක මනාකොට මැදහත් බවට පත්වෙයි. එහෙයින් ආනන්දයෙනි, ඒ අවස්ථාවෙහි භික්ෂුව කෙලෙස් තවන වීරියෙන් යුතුව, නුවණින් යුතුව, සිහියෙන් යුතුව, ලෝකයෙහි ඇලීම් ගැටීම් දුරු කොට, ධර්මයන් පිළිබඳ ව ධම්මානුපස්සනාවෙන් වාසය කරයි.

ආනන්දයෙනි, එය මෙබඳු දෙයකි. සතරමං සන්ධියක මහත් පස් ගොඩක් වෙයි. ඉදින් පූර්ව දිශාවෙනුත් ගැලක් හෝ රියක් හෝ එන්නේ නම්, ඒ පස් ගොඩ මඩින්නේ ම ය. ඉදින් පශ්චිම දිශාවෙනුත් ....(පෙ).... ඉදින් උතුරු දිශාවෙනුත් ....(පෙ).... ඉදින් දකුණු දිශාවෙනුත් ගැලක් හෝ රියක් හෝ එන්නේ නම්, ඒ පස් ගොඩ මඩින්නේ ම ය. එසෙයින් ම ආනන්දයෙනි, භික්ෂුවක් කය පිළිබඳ ව කායානුපස්සනාවෙන් වාසය කරන විට ද, පාපී අකුසල ධර්මයන් නසන්නේ ම ය. වේදනාවන් පිළිබඳ ව ....(පෙ).... සිත පිළිබඳ ව ....(පෙ).... ධර්මයන් පිළිබඳ ව ධම්මානුපස්සනාවෙන් වාසය කරනට විට ද, පාපී අකුසල ධර්මයන් නසන්නේ ම ය.

සාදු! සාදු!! සාදු!!!

කිම්බිල සූත්‍රය නිමා විය.

පළමුවෙනි ඒකධම්ම වර්ගය අවසන් විය.

- එහි පිළිවෙල උද්දානයයි :

ඒකධම්ම සූත්‍රය, බොජ්ඣංග සූත්‍රය, සුද්ධක සූත්‍රය, ඵල සූත්‍ර දෙක, අරිට්ඨ සූත්‍රය, කප්පින සූත්‍රය, දීප සූත්‍රය, අසුභ සූත්‍රය සහ කිම්බිල සූත්‍රය වශයෙන් සූත්‍ර දසයකි.

2. ආනන්ද වර්ගය

10.2.1.
ඉච්ඡානංගල සූත්‍රය
ඉච්ඡානංගල වනලැහැබෙහි දී වදාළ දෙසුම

එක් සමයෙක්හි භාග්‍යවතුන් වහන්සේ ඉච්ඡානංගල නුවර ඉච්ඡානංගල වනලැහැබෙහි වැඩවසන සේක. එහිදී භාග්‍යවතුන් වහන්සේ භික්ෂූන් ඇමතූ සේක.

"මහණෙනි, මම තුන් මසක් තනිව ම වාසය කරන්නට කැමති වෙමි. පිණ්ඩපාතය රැගෙන එන කෙනා හැර අන් කෙනෙකු විසින් නොඑළඹිය යුත්තෙම් වෙමි."

"එසේ ය, ස්වාමීනී" යි ඒ භික්ෂූහු භාග්‍යවතුන් වහන්සේට පිළිවදන් දී පිණ්ඩපාතය රැගෙන එන එක් භික්ෂුවක හැර අන් කිසිවෙක් භාග්‍යවතුන් වහන්සේ වෙත නොඑළඹෙයි.

ඉක්බිති භාග්‍යවතුන් වහන්සේ ඒ තුන්මස ඇවෑමෙන් භාවනාවෙන් නැගිට භික්ෂූන් ඇමතූ සේක.

"ඉදින් මහණෙනි, අන්‍ය තීර්ථක පරිබ්‍රාජකයෝ ඔබලාගෙන් මෙසේ අසත් නම්, 'ඇවැත්නි, ශ්‍රමණ ගෞතමයෝ වස් වසා සිටි කාලයෙහි කවර විහරණයකින් බහුල ව වාසය කළාහු ද?' යි. එසේ විමසන ලදු ව මහණෙනි, ඔබලා ඒ අන්‍ය තීර්ථක පරිබ්‍රාජකයන්ට මෙසේ පිළිතුරු දෙව්. 'ඇවැත්නි, වස් වසා සිටි කාලයෙහි භාග්‍යවතුන් වහන්සේ ආනාපානසති සමාධියෙන් බහුල ව වාසය කළ සේක.'

මහණෙනි, මෙහිලා මම සිහියෙන් හුස්ම ගනිමි. සිහියෙන් හුස්ම හෙලමි. දීර්ඝ ව හෝ හුස්ම ගනිද්දී, දීර්ඝ ව හුස්ම ගනිමි යි දනිමි. දීර්ඝ ව හෝ හුස්ම

හෙලද්දී දීර්ඝ ව හුස්ම හෙලමි යි දනිමි. ....(පෙ).... ඇල්ම දුරින් ම දුරුකිරීම අනුව දකිමින් හුස්ම ගන්නෙමි යි දනිමි. ඇල්ම දුරින් ම දුරුකිරීම අනුව දකිමින් හුස්ම හෙලන්නෙමි යි දනිමි. මහණෙනි, මනාකොට කියන්නෙක් ආර්ය විහාරය යනුවෙනුත්, බ්‍රහ්ම විහාරය යනුවෙනුත්, තථාගත විහාරය යනුවෙනුත් යමක් අරහයා මනාකොට කියයි නම්, ආනාපානසති සමාධිය ම අරහයා මනාකොට කියන්නෙක් ආර්ය විහාරය යනුවෙනුත්, බ්‍රහ්ම විහාරය යනුවෙනුත්, තථාගත විහාරය යනුවෙනුත් කියන්නේ ය.

මහණෙනි, යම් ඒ භික්ෂූහු නිවන් මග පුහුණු වෙමින්, නොපැමිණි අරහත්වය ඇති ව, අනුත්තර යෝගක්ඛේමය වූ නිවන පතමින් වාසය කරත් ද, ඔවුන් විසින් ආනාපානසති සමාධිය වඩන ලද්දේ, බහුල ව ප්‍රගුණ කරන ලද්දේ, ආශ්‍රවයන්ගේ ක්ෂය වීම පිණිස පවතියි.

මහණෙනි, යම් ඒ භික්ෂූහු රහත් වූවාහු ද, ආශ්‍රවයන් ක්ෂය වූවාහු ද, වසන ලද බඹසර ඇත්තාහු ද, කළ යුත්ත කරන ලද්දේ ද, කෙලෙස් බර පසෙක බහා තැබූවාහු ද, අනුපිළිවෙලින් පත් උත්තමාර්ථය ඇත්තාහු ද, භව සංයෝජනයන් ක්ෂය කරන ලද්දේ ද, මැනැවින් දැන කෙලෙසුන්ගෙන් මිදුණාහු වෙත් ද, ඔවුන් විසින් ආනාපානසති සමාධිය වඩන ලද්දේ, බහුල ව ප්‍රගුණ කරන ලද්දේ, මෙලොව දී සුව සේ වාසය කිරීම පිණිස ත්, සිහි නුවණ පිණිස ත් පවතියි.

මහණෙනි, මනාකොට කියන්නෙක් ආර්ය විහාරය යනුවෙනුත්, බ්‍රහ්ම විහාරය යනුවෙනුත්, තථාගත විහාරය යනුවෙනුත් යමක් අරහයා මනාකොට කියයි නම්, ආනාපානසති සමාධිය ම අරහයා මනාකොට කියන්නෙක් ආර්ය විහාරය යනුවෙනුත්, බ්‍රහ්ම විහාරය යනුවෙනුත්, තථාගත විහාරය යනුවෙනුත් කියන්නේ ය.

සාදු! සාදු!! සාදු!!!

ඉච්ඡානංගල සූත්‍රය නිමා විය.

10.2.2.
කංඛෙය්‍ය සූත්‍රය
සේඛ විහාරය - තථාගත විහාරය විමසීම ගැන වදාළ දෙසුම

එක් සමයෙක්හි ආයුෂ්මත් ලෝමසවංගීස තෙරණුවෝ ශාක්‍ය ජනපදයෙහි කිඹුල්වත් නුවර නිග්‍රෝධාරාමයෙහි වැඩවෙසෙති. එකල්හී මහානාම ශාක්‍ය තෙමේ ආයුෂ්මත් ලෝමසවංගීස තෙරුන් වෙත පැමිණියේ ය. පැමිණ ආයුෂ්මත් ලෝමසවංගීස තෙරුන් සකසා වන්දනා කොට එකත්පස් ව හිඳගත්තේ ය. එකත්පස් ව හුන් මහානාම ශාක්‍ය තෙමේ ආයුෂ්මත් ලෝමසවංගීස තෙරුන්ට මෙය පැවසුවේ ය.

"ස්වාමීනී, නිවන් මග හික්මෙන්නාගේ විහරණය ත් මෙය ම ද? ඒ තථාගත විහරණය ත් මෙය ම ද? නැතහොත් නිවන් මග හික්මෙන්නාගේ විහරණය අනිකක් ද? තථාගත විහරණය අනිකක් ද?"

"ඇවැත් මහානාමයෙනි, ඒ නිවන් මග හික්මෙන්නාගේ විහරණය ම ඒ තථාගත විහරණය නොවෙයි. ඇවැත් මහානාමයෙනි, නිවන් මග හික්මෙන්නාගේ විහරණය අනිකකි. තථාගත විහරණය අනිකකි.

ඇවැත් මහානාමයෙනි, යම් ඒ භික්ෂූහු නිවන් මග හික්මෙමින් නොපැමිණි අරහත්වය ඇතිව අනුත්තර යෝගක්ඛේමය නම් නිවන පතමින් වාසය කරත් ද, ඔවුහු පංච නීවරණ ප්‍රහාණය කොට වාසය කරති. ඒ කවර පසක් ද යත්; කාමච්ඡන්ද නීවරණය ප්‍රහාණය කොට වාසය කරති. ව්‍යාපාද නීවරණය ....(පෙ).... ථීනමිද්ධ නීවරණය ....(පෙ).... උද්ධච්ච කුක්කුච්ච නීවරණය ....(පෙ).... විචිකිච්ඡා නීවරණය ප්‍රහාණය කොට වාසය කරති. ඇවැත් මහානාමයෙනි, යම් ඒ භික්ෂූහු නිවන් මග හික්මෙමින් නොපැමිණි අරහත්වය ඇතිව අනුත්තර යෝගක්ඛේමය නම් නිවන පතමින් වාසය කරත් ද, ඔවුහු මේ පංච නීවරණ ප්‍රහාණය කොට වාසය කරති.

ඇවැත් මහානාමයෙනි, යම් ඒ භික්ෂූහු රහත් වූවාහු ද, ආශ්‍රවයන් ක්ෂය වූවාහු ද, වසන ලද බඹසර ඇත්තාහු ද, කළ යුත්ත කරන ලද්දේ ද, කෙලෙස් බර පසෙක බහා තැබූවාහු ද, අනුපිළිවෙලින් පත් උත්තමාර්ථය ඇත්තාහු ද, භව සංයෝජනයන් ක්ෂය කරන ලද්දේ ද, මැනැවින් දූන කෙලෙසුන්ගෙන්

මිදුණාහු වෙත් ද, ඒ භික්ෂූන්ගේ පංච නීවරණයෝ ප්‍රහීණ වූවාහු ය. මුලින් ම සිඳුණාහු ය. කරටිය සුන් තල්ගසක් මෙන් වූවාහු ය. අභාවයට පත්වූවාහු ය. නැවත නූපදින ස්වභාවයට පත්වූවාහු ය. ඒ කවර පසක් ද යත්; කාමච්ඡන්ද නීවරණය ප්‍රහීණ වූවේ ය. මුලින් ම සිඳුණේ ය. කරටිය සුන් තල්ගසක් මෙන් වූවේ ය. අභාවයට පත්වූවේ ය. නැවත නූපදින ස්වභාවයට පත්වූවේ ය. ව්‍යාපාද නීවරණය ....(පෙ).... ථීනමිද්ධ නීවරණය ....(පෙ).... උද්ධච්ච කුක්කුච්ච නීවරණය ....(පෙ).... විචිකිච්ඡා නීවරණය ප්‍රහීණ වූවේ ය. මුලින් ම සිඳුණේ ය. කරටිය සුන් තල්ගසක් මෙන් වූවේ ය. අභාවයට පත්වූවේ ය. නැවත නූපදින ස්වභාවයට පත්වූවේ ය. ඇවැත් මහානාමයෙනි, යම් ඒ භික්ෂූහු රහත් වූවාහු ද, ආශ්‍රවයන් ක්ෂය වූවාහු ද, වසන ලද බඹසර ඇත්තාහු ද, කළ යුත්ත කරන ලද්දේ ද, කෙලෙස් බර පසෙක බහා තැබුවාහු ද, අනුපිළිවෙලින් පත් උත්තමාර්ථය ඇත්තාහු ද, භව සංයෝජනයන් ක්ෂය කරන ලද්දේ ද, මැනැවින් දැන කෙලෙසුන්ගෙන් මිදුණාහු වෙත් ද, ඒ භික්ෂූන්ගේ මේ පංච නීවරණයෝ ප්‍රහීණ වූවාහු ය. මුලින් ම සිඳුණාහු ය. කරටිය සුන් තල්ගසක් මෙන් වූවාහු ය. අභාවයට පත්වූවාහු ය. නැවත නූපදින ස්වභාවයට පත්වූවාහු ය. ඇවැත් මහානාමයෙනි, සේඛ විහාරය වෙනත් දෙයක් වශයෙනුත්, තථාගත විහාරය වෙනත් දෙයක් වශයෙනුත් යම් සේ දත යුත්තේ ද, එය මේ ක්‍රමයෙනුත් දත යුත්තේ ය.

ඇවැත් මහානාමයෙනි, එක් අවස්ථාවක දී භාග්‍යවතුන් වහන්සේ ඉච්ඡානංගල නුවර ඉච්ඡානංගල වන ලැහැබෙහි වැඩවසන සේක. එහිදී භාග්‍යවතුන් වහන්සේ භික්ෂූන් ඇමතූ සේක.

"මහණෙනි, මම තුන් මසක් තනිව ම වාසය කරන්නට කැමති වෙමි. පිණ්ඩපාතය රැගෙන එන කෙනා හැර අන් කෙනෙකු විසින් නොඑළඹිය යුත්තෙම් වෙමි."

"එසේ ය, ස්වාමීනී" යි ඇවැත, ඒ භික්ෂූහු භාග්‍යවතුන් වහන්සේට පිළිවදන් දී පිණ්ඩපාතය රැගෙන එන එක් භික්ෂුවක හැර අන් කිසිවෙක් භාග්‍යවතුන් වහන්සේ වෙත නොඑළඹෙයි.

ඉක්බිති ඇවත, භාග්‍යවතුන් වහන්සේ ඒ තුන්මස ඇවෑමෙන් භාවනාවෙන් නැගිට භික්ෂූන් ඇමතූ සේක.

"ඉදින් මහණෙනි, අන්‍ය තීර්ථක පරිබ්‍රාජකයෝ ඔබලාගෙන් මෙසේ අසත් නම්, 'ඇවැත්නි, ශ්‍රමණ ගෞතමයෝ වස් වසා සිටි කාලයෙහි කවර විහරණයකින් බහුල ව වාසය කළාහු ද?' යි. එසේ විමසන ලදු ව මහණෙනි, ඔබලා ඒ අන්‍ය තීර්ථක පරිබ්‍රාජකයන්ට මෙසේ පිළිතුරු දෙව්. 'ඇවැත්නි, වස්

වසා සිටි කාලයෙහි භාග්‍යවතුන් වහන්සේ ආනාපානසති සමාධියෙන් බහුල ව වාසය කළ සේක.'

මහණෙනි, මෙහිලා මම සිහියෙන් හුස්ම ගනිමි. සිහියෙන් හුස්ම හෙලමි. දීර්ඝ ව හෝ හුස්ම ගනිද්දී, දීර්ඝ ව හුස්ම ගනිමි යි දනිමි. දීර්ඝ ව හෝ හුස්ම හෙලද්දී දීර්ඝ ව හුස්ම හෙලමි යි දනිමි. ....(පෙ).... ඇල්ම දුරින් ම දුරුකිරීම අනුව දකිමින් හුස්ම ගන්නෙමි යි දනිමි. ඇල්ම දුරින් ම දුරුකිරීම අනුව දකිමින් හුස්ම හෙලන්නෙමි යි දනිමි. මහණෙනි, මනාකොට කියන්නෙක් ආර්ය විහාරය යනුවෙනුත්, බ්‍රහ්ම විහාරය යනුවෙනුත්, තථාගත විහාරය යනුවෙනුත් යමක් අරභයා මනාකොට කියයි නම්, ආනාපානසති සමාධිය ම අරභයා මනාකොට කියන්නෙක් ආර්ය විහාරය යනුවෙනුත්, බ්‍රහ්ම විහාරය යනුවෙනුත්, තථාගත විහාරය යනුවෙනුත් කියන්නේ ය.

මහණෙනි, යම් ඒ භික්ෂූහු නිවන් මග පුහුණු වෙමින්, නොපැමිණි අරහත්වය ඇති ව, අනුත්තර යෝගක්ඛේමය වූ නිවන පතමින් වාසය කරත් ද, ඔවුන් විසින් ආනාපානසති සමාධිය වඩන ලද්දේ, බහුල ව ප්‍රගුණ කරන ලද්දේ, ආශ්‍රවයන්ගේ ක්ෂය වීම පිණිස පවතියි.

මහණෙනි, යම් ඒ භික්ෂූහු රහත් වූවාහු ද, ආශ්‍රවයන් ක්ෂය වූවාහු ද, වසන ලද බඹසර ඇත්තාහු ද, කළ යුත්ත කරන ලද්දේ ද, කෙලෙස් බර පසෙක බහා තැබුවාහු ද, අනුපිළිවෙලින් පත් උත්තමාර්ථය ඇත්තාහු ද, භව සංයෝජනයන් ක්ෂය කරන ලද්දේ ද, මැනැවින් දූන කෙලෙසුන්ගෙන් මිදුණාහු වෙත් ද, ඔවුන් විසින් ආනාපානසති සමාධිය වඩන ලද්දේ, බහුල ව ප්‍රගුණ කරන ලද්දේ, මෙලොව දී සුව සේ වාසය කිරීම පිණිස ත්, සිහි නුවණ පිණිස ත් පවතියි.

මහණෙනි, මනාකොට කියන්නෙක් ආර්ය විහාරය යනුවෙනුත්, බ්‍රහ්ම විහාරය යනුවෙනුත්, තථාගත විහාරය යනුවෙනුත් යමක් අරභයා මනාකොට කියයි නම්, ආනාපානසති සමාධිය ම අරභයා මනාකොට කියන්නෙක් ආර්ය විහාරය යනුවෙනුත්, බ්‍රහ්ම විහාරය යනුවෙනුත්, තථාගත විහාරය යනුවෙනුත් කියන්නේ ය."

ඇවැත් මහානාමයෙනි, නිවන් මග හික්මෙන්නාගේ විහරණය අනිකක් ම බව ත්, තථාගත විහරණය අනිකක් බව ත් යන මෙය මේ ක්‍රමයෙන් දත යුත්තේ ය.

සාදු! සාදු!! සාදු!!!

කංඛෙය්‍ය සූත්‍රය නිමා විය.

10.2.3.
ආනන්ද සූත්‍රය
ආනන්ද තෙරුන්ට වදාළ දෙසුම

එකල්හී ආයුෂ්මත් ආනන්දයන් වහන්සේ භාග්‍යවතුන් වහන්සේ වෙත එළැඹියහ. ....(පෙ).... එකත්පස් ව හුන් ආයුෂ්මත් ආනන්දයන් වහන්සේ භාග්‍යවතුන් වහන්සේට මෙය පැවසූහ.

"ස්වාමීනී, එක් ධර්මයක් දියුණු කරගත් විට, බහුල ව ප්‍රගුණ කරගත් විට, සතර ධර්මයක් සම්පූර්ණ වෙයි නම්, සතර ධර්මයක් දියුණු කරගත් විට, බහුල ව ප්‍රගුණ කරගත් විට, සප්ත ධර්මයක් සම්පූර්ණ වෙයි නම්, සප්ත ධර්මයක් දියුණු කරගත් විට, බහුල ව ප්‍රගුණ කරගත් විට, ධර්ම දෙකක් සම්පූර්ණ වෙයි නම්, එබඳු වූ එක් ධර්මයක් ඇත්තේ ද?"

"ආනන්දයෙනි, එක් ධර්මයක් දියුණු කරගත් විට, බහුල ව ප්‍රගුණ කරගත් විට, සතර ධර්මයක් සම්පූර්ණ වෙයි නම්, සතර ධර්මයක් දියුණු කරගත් විට, බහුල ව ප්‍රගුණ කරගත් විට, සප්ත ධර්මයක් සම්පූර්ණ වෙයි නම්, සප්ත ධර්මයක් දියුණු කරගත් විට, බහුල ව ප්‍රගුණ කරගත් විට, ධර්ම දෙකක් සම්පූර්ණ වෙයි නම්, එබඳු වූ එක් ධර්මයක් ඇත්තේ ය."

"ස්වාමීනී, එක් ධර්මයක් දියුණු කරගත් විට, බහුල ව ප්‍රගුණ කරගත් විට, සතර ධර්මයක් සම්පූර්ණ වෙයි නම්, සතර ධර්මයක් දියුණු කරගත් විට, බහුල ව ප්‍රගුණ කරගත් විට, සප්ත ධර්මයක් සම්පූර්ණ වෙයි නම්, සප්ත ධර්මයක් දියුණු කරගත් විට, බහුල ව ප්‍රගුණ කරගත් විට, ධර්ම දෙකක් සම්පූර්ණ වෙයි නම්, එබඳු වූ එක් ධර්මය කුමක් ද?"

"ආනන්දයෙනි, ආනාපානසති සමාධිය නම් වූ එක් ධර්මය දියුණු කරගත් විට, බහුල ව ප්‍රගුණ කරගත් විට, සතර සතිපට්ඨානයන් සම්පූර්ණ වෙයි. සතර සතිපට්ඨානයන් දියුණු කරගත් විට, බහුල ව ප්‍රගුණ කරගත් විට, සප්ත බොජ්ඣංගයන් සම්පූර්ණ වෙයි. සප්ත බොජ්ඣංගයන් දියුණු කරගත් විට, බහුල ව ප්‍රගුණ කරගත් විට, විද්‍යාව ත් විමුක්තිය ත් සම්පූර්ණ වෙයි.

ආනන්දයෙනි, කෙසේ දියුණු කරන ලද, කෙසේ බහුල ව ප්‍රගුණ කරන ලද ආනාපානසති සමාධිය සතර සතිපට්ඨානයන් සම්පූර්ණ කරයි ද?

ආනන්දයෙනි, මෙහිලා භික්ෂුව අරණ්‍යයකට ගියේ හෝ රුක් සෙවණට ගියේ හෝ හිස් ගෙයකට ගියේ හෝ ....(පෙ).... කෙලෙස් දුරින් ම දුරුකිරීම අනුව දකිමින් ප්‍රශ්වාස කරන්නෙමි යි හික්මෙයි.

ආනන්දයෙනි, යම් අවස්ථාවකදී භික්ෂුවක් දිගු ලෙස හෝ හුස්ම ගන්නා විට 'දිගු ලෙස හුස්ම ගනිමි' යි දැනගනියි ද, දිගු ලෙස හෝ හුස්ම හෙලන විට 'දිගු ලෙස හුස්ම හෙලමි' යි දැනගනියි ද, කෙටි ලෙස හෝ හුස්ම ගන්නා විට 'කෙටියෙන් හුස්ම ගනිමි' යි දැනගනියි ද, කෙටි ලෙස හෝ හුස්ම හෙලන විට 'කෙටියෙන් හුස්ම හෙලමි' යි දැනගනියි ද, 'සියළු ආශ්වාස කයට සංවේදී වෙමින් හුස්ම ගන්නෙමි' යි පුහුණු වෙයි ද, 'සියළු ප්‍රශ්වාස කයට සංවේදී වෙමින් හුස්ම හෙලන්නෙමි' යි පුහුණු වෙයි ද, 'කාය සංස්කාර නම් වූ ආශ්වාසය සංසිඳුවමින් හුස්ම ගන්නෙමි' යි පුහුණු වෙයි ද, 'කාය සංස්කාර නම් වූ ප්‍රශ්වාසය සංසිඳුවමින් හුස්ම හෙලන්නෙමි' යි පුහුණු වෙයි ද, ආනන්දයෙනි, භික්ෂුව ඒ අවස්ථාවෙහි කෙලෙස් තවන වීරියෙන් යුතුව, නුවණින් යුතුව, සිහියෙන් යුතුව, ලෝකයෙහි ඇලීම් ගැටීම් දුරු කොට, කය පිළිබඳ ව කායානුපස්සනාවෙන් වාසය කරයි. එයට හේතුව කුමක් ද? ආනන්දයෙනි, යම් මේ හුස්ම ගැනීමක්, හුස්ම හෙලීමක් ඇද්ද, මෙය එක්තරා කයක් යැයි මම කියමි. එහෙයින් ආනන්දයෙනි, ඒ අවස්ථාවෙහි භික්ෂුව කෙලෙස් තවන වීරියෙන් යුතුව, නුවණින් යුතුව, සිහියෙන් යුතුව, ලෝකයෙහි ඇලීම් ගැටීම් දුරු කොට, කය පිළිබඳ ව කායානුපස්සනාවෙන් වාසය කරයි.

ආනන්දයෙනි, යම් අවස්ථාවක භික්ෂුවක් ප්‍රීතියට සංවේදී වෙමින් හුස්ම ගන්නෙමි යි හික්මෙයි ද, ප්‍රීතියට සංවේදී වෙමින් හුස්ම හෙලන්නෙමි යි හික්මෙයි ද, සැපයට සංවේදී වෙමින් හුස්ම ගන්නෙමි යි හික්මෙයි ද, සැපයට සංවේදී වෙමින් හුස්ම හෙලන්නෙමි යි හික්මෙයි ද, සංඥා වේදනා යන චිත්ත සංස්කාරයන්ට සංවේදී වෙමින් හුස්ම ගන්නෙමි යි හික්මෙයි ද, සංඥා වේදනා යන චිත්ත සංස්කාරයන්ට සංවේදී වෙමින් හුස්ම හෙලන්නෙමි යි හික්මෙයි ද, චිත්ත සංස්කාරයන් සංසිඳුවමින් හුස්ම ගන්නෙමි යි හික්මෙයි ද, චිත්ත සංස්කාරයන් සංසිඳුවමින් හුස්ම හෙලන්නෙමි යි හික්මෙයි ද, ආනන්දයෙනි, භික්ෂුව ඒ අවස්ථාවෙහි කෙලෙස් තවන වීරියෙන් යුතුව, නුවණින් යුතුව, සිහියෙන් යුතුව, ලෝකයෙහි ඇලීම් ගැටීම් දුරු කොට, විඳීම් පිළිබඳ ව වේදනානුපස්සනාවෙන් වාසය කරයි. එයට හේතුව කුමක් ද? ආනන්දයෙනි, යම් මේ හුස්ම ගැනීම, හුස්ම හෙලීම මනාකොට මෙනෙහි කිරීමක් ඇද්ද, මෙය එක්තරා විඳීමක් යැයි මම කියමි. එහෙයින් ආනන්දයෙනි, ඒ අවස්ථාවෙහි භික්ෂුව කෙලෙස් තවන වීරියෙන් යුතුව, නුවණින් යුතුව, සිහියෙන් යුතුව,

ලෝකයෙහි ඇලීම් ගැටීම් දුරු කොට, විඳීම් පිළිබඳ ව වේදනානුපස්සනාවෙන් වාසය කරයි.

ආනන්දයෙනි, යම් අවස්ථාවකදී භික්ෂුවක් සිත හා සංවේදී වෙමින් හුස්ම ගන්නෙමි යි හික්මෙයි ද, සිත හා සංවේදී වෙමින් හුස්ම හෙලන්නෙමි යි හික්මෙයි ද, සිත ප්‍රමුදිත කරවමින් හුස්ම ගන්නෙමි යි හික්මෙයි ද, සිත ප්‍රමුදිත කරවමින් හුස්ම හෙලන්නෙමි යි හික්මෙයි ද, සිත තැන්පත් කරවමින් හුස්ම ගන්නෙමි යි හික්මෙයි ද, සිත තැන්පත් කරවමින් හුස්ම හෙලන්නෙමි යි හික්මෙයි ද, නීවරණයන්ගෙන් සිත මුදවමින් හුස්ම ගන්නෙමි යි හික්මෙයි ද, නීවරණයන්ගෙන් සිත මුදවමින් හුස්ම හෙලන්නෙමි යි හික්මෙයි ද, ආනන්දයෙනි, භික්ෂුව ඒ අවස්ථාවෙහි කෙලෙස් තවන වීරියෙන් යුතුව, නුවණින් යුතුව, සිහියෙන් යුතුව, ලෝකයෙහි ඇලීම් ගැටීම් දුරු කොට, සිත පිළිබඳ ව චිත්තානුපස්සනාවෙන් වාසය කරයි. එයට හේතුව කුමක් ද? ආනන්දයෙනි, මුලා සිහි ඇති, නුවණ නැති කෙනා හට ආනාපානසති සමාධිය වැඩීමට මම නොකියමි. එහෙයින් ආනන්දයෙනි, ඒ අවස්ථාවෙහි භික්ෂුව කෙලෙස් තවන වීරියෙන් යුතුව, නුවණින් යුතුව, සිහියෙන් යුතුව, ලෝකයෙහි ඇලීම් ගැටීම් දුරු කොට, සිත පිළිබඳ ව චිත්තානුපස්සනාවෙන් වාසය කරයි.

ආනන්දයෙනි, යම් අවස්ථාවකදී භික්ෂුවක් අනිත්‍ය අනුව දකිමින් හුස්ම ගන්නෙමි යි හික්මෙයි ද, අනිත්‍ය අනුව දකිමින් හුස්ම හෙලන්නෙමි යි හික්මෙයි ද, නොඇල්ම අනුව දකිමින් හුස්ම ගන්නෙමි යි හික්මෙයි ද, නොඇල්ම අනුව දකිමින් හුස්ම හෙලන්නෙමි යි හික්මෙයි ද, ඇල්ම නිරුද්ධ වීම අනුව දකිමින් හුස්ම ගන්නෙමි යි හික්මෙයි ද, ඇල්ම නිරුද්ධ වීම අනුව දකිමින් හුස්ම හෙලන්නෙමි යි හික්මෙයි ද, ඇල්ම දුරින් ම දුරුවීම අනුව දකිමින් හුස්ම ගන්නෙමි යි හික්මෙයි ද, ඇල්ම දුරින් ම දුරුවීම අනුව දකිමින් හුස්ම හෙලන්නෙමි යි හික්මෙයි ද, ආනන්දයෙනි, භික්ෂුව ඒ අවස්ථාවෙහි කෙලෙස් තවන වීරියෙන් යුතුව, නුවණින් යුතුව, සිහියෙන් යුතුව, ලෝකයෙහි ඇලීම් ගැටීම් දුරු කොට, ධර්මයන් පිළිබඳ ව ධම්මානුපස්සනාවෙන් වාසය කරයි. ඇලීම් ගැටීම්වල යම් ඒ ප්‍රහාණයක් ඇද්ද, ඒ භික්ෂුව එය ප්‍රඥාවෙන් දැක දැක මනාකොට මැදහත් බවට පත්වෙයි. එහෙයින් ආනන්දයෙනි, ඒ අවස්ථාවෙහි භික්ෂුව කෙලෙස් තවන වීරියෙන් යුතුව, නුවණින් යුතුව, සිහියෙන් යුතුව, ලෝකයෙහි ඇලීම් ගැටීම් දුරු කොට, ධර්මයන් පිළිබඳ ව ධම්මානුපස්සනාවෙන් වාසය කරයි.

ආනන්දයෙනි, මෙසේ දියුණු කරන ලද, මෙසේ බහුල ව ප්‍රගුණ කරන ලද ආනාපානසති සමාධිය සතර සතිපට්ඨානය සම්පූර්ණ කරයි.

ආනන්දයෙනි, කෙසේ දියුණු කරන ලද, කෙසේ බහුල ව ප්‍රගුණ කරන ලද සතර සතිපට්ඨානයෝ සප්ත බොජ්ඣංගයන් සම්පූර්ණ කරත් ද?

ආනන්දයෙනි, යම් අවස්ථාවක භික්ෂුවක් කය පිළිබඳ ව කායානුපස්සනාවෙන් වාසය කරයි ද, ඒ අවස්ථාවෙහි ඔහුගේ සිහිය මුලා නොවී, ඒ කායානුපස්සනා අරමුණෙහි එළැඹ සිටියේ වෙයි. ආනන්දයෙනි, යම් අවස්ථාවක භික්ෂුවගේ සිහිය මුලා නොවී කායානුපස්සනා අරමුණෙහි එළැඹ සිටියේ වෙයි ද, ඒ අවස්ථාවෙහි භික්ෂුව විසින් සති සම්බොජ්ඣංගය පටන් ගන්නා ලද්දේ වෙයි. ඒ අවස්ථාවෙහි භික්ෂුව සති සම්බොජ්ඣංගය වඩයි. ඒ අවස්ථාවෙහි භික්ෂුවගේ සති සම්බොජ්ඣංගය වැඩීමෙන් පිරිපුන් බවට යයි. ඔහු ඒ අයුරින් සිහියෙන් වාසය කරද්දී ඒ ධර්මය ප්‍රඥාවෙන් විමසයි. පිරික්සා බලයි. නැවත නැවත විමසා බලයි.

ආනන්දයෙනි, යම් අවස්ථාවක භික්ෂුව එසේ සිහියෙන් වාසය කරද්දී, ඒ ධර්මය ප්‍රඥාවෙන් විමසයි ද, පිරික්සා බලයි ද, නැවත නැවත විමසා බලයි ද, ඒ අවස්ථාවෙහි භික්ෂුව විසින් ධම්මවිචය සම්බොජ්ඣංගය පටන් ගන්නා ලද්දේ වෙයි. ඒ අවස්ථාවෙහි භික්ෂුව ධම්මවිචය සම්බොජ්ඣංගය වඩයි. ඒ අවස්ථාවෙහි භික්ෂුවගේ ධම්මවිචය සම්බොජ්ඣංගය වැඩීමෙන් පිරිපුන් බවට යයි. ඔහු විසින් ඒ ධර්මය ප්‍රඥාවෙන් විමසද්දී, පිරික්සද්දී, නැවත නැවත විමසා බලද්දී, වීර්යය අරඹන ලද්දේ, නොහැකිලුණේ වෙයි.

ආනන්දයෙනි, යම් අවස්ථාවක භික්ෂුව විසින් ඒ ධර්මය ප්‍රඥාවෙන් විමසද්දී, පිරික්සද්දී, නැවත නැවත විමසා බලද්දී, වීර්යය අරඹන ලද්දේ, නොහැකිලුණේ වෙයි ද, ඒ අවස්ථාවෙහි භික්ෂුව විසින් විරිය සම්බොජ්ඣංගය පටන් ගන්නා ලද්දේ වෙයි. ඒ අවස්ථාවෙහි භික්ෂුව විරිය සම්බොජ්ඣංගය වඩයි. ඒ අවස්ථාවෙහි භික්ෂුවගේ විරිය සම්බොජ්ඣංගය වැඩීමෙන් පිරිපුන් බවට යයි. අරඹන ලද වීර්යය ඇත්තාට නිරාමිස වූ ප්‍රීතිය උපදියි.

ආනන්දයෙනි, යම් අවස්ථාවක අරඹන ලද වීර්ය ඇති භික්ෂුවට නිරාමිස වූ ප්‍රීතිය උපදියි ද, ඒ අවස්ථාවෙහි භික්ෂුව විසින් ප්‍රීති සම්බොජ්ඣංගය පටන් ගන්නා ලද්දේ වෙයි. ඒ අවස්ථාවෙහි භික්ෂුව ප්‍රීති සම්බොජ්ඣංගය වඩයි. ඒ අවස්ථාවෙහි භික්ෂුවගේ ප්‍රීති සම්බොජ්ඣංගය වැඩීමෙන් පිරිපුන් බවට යයි. ප්‍රීති සිත් ඇත්තාගේ කය ත් සංසිඳෙයි. සිත ත් සංසිඳෙයි.

ආනන්දයෙනි, යම් අවස්ථාවක ප්‍රීති සිතින් වසන භික්ෂුවගේ කය ත් සැහැල්ලු වෙයි ද, සිතත් සැහැල්ලු වෙයි ද, ඒ අවස්ථාවෙහි භික්ෂුව විසින් පස්සද්ධි සම්බොජ්ඣංගය පටන් ගන්නා ලද්දේ වෙයි. ඒ අවස්ථාවෙහි භික්ෂුව පස්සද්ධි සම්බොජ්ඣංගය වඩයි. ඒ අවස්ථාවෙහි භික්ෂුවගේ පස්සද්ධි

සම්බොජ්ඣංගය වැඩීමෙන් පිරිපුන් බවට යයි. සැහැල්ලු වූ කය ඇති ව සැපයෙන් සිටින කෙනාගේ සිත සමාධිමත් වෙයි.

ආනන්දයෙනි, යම් අවස්ථාවක සැහැල්ලු වූ කය ඇති ව, සැපයෙන් සිටින භික්ෂුවගේ සිත සමාධිමත් වෙයි ද, ඒ අවස්ථාවෙහි භික්ෂුව විසින් සමාධි සම්බොජ්ඣංගය පටන් ගන්නා ලද්දේ වෙයි. ඒ අවස්ථාවෙහි භික්ෂුව සමාධි සම්බොජ්ඣංගය වඩයි. ඒ අවස්ථාවෙහි භික්ෂුවගේ සමාධි සම්බොජ්ඣංගය වැඩීමෙන් පිරිපුන් බවට යයි. ඔහු එසේ සමාධිමත් වූ සිත දෙස මනාකොට මැදහත් උපේක්ෂාවෙන් බලයි.

ආනන්දයෙනි, යම් අවස්ථාවක භික්ෂුව ඒ අයුරින් සමාධිමත් සිත මනාකොට මැදහත් ව උපේක්ෂාවෙන් බලයි ද, ඒ අවස්ථාවෙහි භික්ෂුව විසින් උපෙක්ඛා සම්බොජ්ඣංගය පටන් ගන්නා ලද්දේ වෙයි. ඒ අවස්ථාවෙහි භික්ෂුව උපෙක්ඛා සම්බොජ්ඣංගය වඩයි. ඒ අවස්ථාවෙහි භික්ෂුවගේ උපෙක්ඛා සම්බොජ්ඣංගය වැඩීමෙන් පිරිපුන් බවට යයි.

ආනන්දයෙනි, යම් අවස්ථාවක භික්ෂුවක් විඳීම් පිළිබඳ ව ....(පෙ).... සිත පිළිබඳ ව ....(පෙ).... ධර්මයන් පිළිබඳ ව ධම්මානුපස්සනාවෙන් වාසය කරයි ද, ඒ අවස්ථාවෙහි ඔහුගේ සිහිය මුලා නොවී, ඒ ධම්මානුපස්සනා අරමුණෙහි එළැඹ සිටියේ වෙයි. ආනන්දයෙනි, යම් අවස්ථාවක භික්ෂුවගේ සිහිය මුලා නොවී ධම්මානුපස්සනා අරමුණෙහි එළැඹ සිටියේ වෙයි ද, ඒ අවස්ථාවෙහි භික්ෂුව විසින් සති සම්බොජ්ඣංගය පටන් ගන්නා ලද්දේ වෙයි. ඒ අවස්ථාවෙහි භික්ෂුව සති සම්බොජ්ඣංගය වඩයි. ඒ අවස්ථාවෙහි භික්ෂුවගේ සති සම්බොජ්ඣංගය වැඩීමෙන් පිරිපුන් බවට යයි. ....(පෙ).... ඔහු ඒ අයුරින් සමාධිමත් සිත මනාකොට මැදහත් ව උපේක්ෂාවන් බලයි.

ආනන්දයෙනි, යම් අවස්ථාවක භික්ෂුව ඒ අයුරින් සමාධිමත් සිත මනාකොට මැදහත් ව උපේක්ෂාවෙන් බලයි ද, ඒ අවස්ථාවෙහි භික්ෂුව විසින් උපෙක්ඛා සම්බොජ්ඣංගය පටන් ගන්නා ලද්දේ වෙයි. ඒ අවස්ථාවෙහි භික්ෂුව උපෙක්ඛා සම්බොජ්ඣංගය වඩයි. ඒ අවස්ථාවෙහි භික්ෂුවගේ උපෙක්ඛා සම්බොජ්ඣංගය වැඩීමෙන් පිරිපුන් බවට යයි. ආනන්දයෙනි, මෙසේ දියුණු කරන ලද, මෙසේ බහුල ව ප්‍රගුණ කරන ලද සතර සතිපට්ඨානයෝ සප්ත බොජ්ඣංගයන් සම්පූර්ණ කරති.

ආනන්දයෙනි, කෙසේ දියුණු කරන ලද, කෙසේ බහුල ව ප්‍රගුණ කරන ලද සප්ත බොජ්ඣංගයෝ විද්‍යාව ත්, විමුක්තිය ත් සම්පූර්ණ කරත් ද?

ආනන්දයෙනි, මෙහිලා භික්ෂුවක් විවේකය ඇසුරු කොට, විරාගය ඇසුරු කොට, කෙලෙස් නිරෝධය ඇසුරු කොට, නිවනට නැඹුරු කොට සති සම්බොජ්ඣංගය වඩයි. ....(පෙ).... විවේකය ඇසුරු කොට, විරාගය ඇසුරු කොට, කෙලෙස් නිරෝධය ඇසුරු කොට, නිවනට නැඹුරු කොට උපෙක්ඛා සම්බොජ්ඣංගය වඩයි. ආනන්දයෙනි, මෙසේ දියුණු කරන ලද, මෙසේ බහුල ව ප්‍රගුණ කරන ලද සප්ත බොජ්ඣංගයෝ විද්‍යාව ත්, විමුක්තිය ත් සම්පූර්ණ කරත්.

සාදු! සාදු!! සාදු!!!

ආනන්ද සූත්‍රය නිමා විය.

10.2.4.
දුතිය ආනන්ද සූත්‍රය
ආනන්ද තෙරුන්ට වදාළ දෙවෙනි දෙසුම

එකල්හී ආයුෂ්මත් ආනන්දයන් වහන්සේ භාග්‍යවතුන් වහන්සේ වෙත එළැඹියහ. ....(පෙ).... එකත්පස් ව හුන් ආයුෂ්මත් ආනන්දයන් වහන්සේට භාග්‍යවතුන් වහන්සේ මෙය වදාළ සේක.

"ආනන්දයෙනි, එක් ධර්මයක් දියුණු කරගත් විට, බහුල ව ප්‍රගුණ කරගත් විට, සතර ධර්මයක් සම්පූර්ණ වෙයි නම්, සතර ධර්මයක් දියුණු කරගත් විට, බහුල ව ප්‍රගුණ කරගත් විට, සප්ත ධර්මයක් සම්පූර්ණ වෙයි නම්, සප්ත ධර්මයක් දියුණු කරගත් විට, බහුල ව ප්‍රගුණ කරගත් විට, ධර්ම දෙකක් සම්පූර්ණ වෙයි නම්, එබඳු වූ එක් ධර්මයක් ඇත්තේ ද?"

"ස්වාමීනී, අපගේ ධර්මයෝ භාග්‍යවතුන් වහන්සේ මුල්කොට ඇත්තාහ ....(පෙ)....

"ආනන්දයෙනි, එක් ධර්මයක් දියුණු කරගත් විට, බහුල ව ප්‍රගුණ කරගත් විට, සතර ධර්මයක් සම්පූර්ණ වෙයි නම්, සතර ධර්මයක් දියුණු කරගත් විට, බහුල ව ප්‍රගුණ කරගත් විට, සප්ත ධර්මයක් සම්පූර්ණ වෙයි නම්, සප්ත ධර්මයක් දියුණු කරගත් විට, බහුල ව ප්‍රගුණ කරගත් විට, ධර්ම දෙකක් සම්පූර්ණ වෙයි නම්, එබඳු වූ එක් ධර්මයක් ඇත්තේ ය."

"ආනන්දයෙනි, එක් ධර්මයක් දියුණු කරගත් විට, බහුල ව ප්‍රගුණ කරගත් විට, සතර ධර්මයක් සම්පූර්ණ වෙයි නම්, සතර ධර්මයක් දියුණු කරගත් විට, බහුල ව ප්‍රගුණ කරගත් විට, සප්ත ධර්මයක් සම්පූර්ණ වෙයි නම්, සප්ත ධර්මයක් දියුණු කරගත් විට, බහුල ව ප්‍රගුණ කරගත් විට, ධර්ම දෙකක් සම්පූර්ණ වෙයි නම්, එබඳු වූ එක් ධර්මය කුමක් ද?"

"ආනන්දයෙනි, ආනාපානසති සමාධිය නම් වූ එක් ධර්මය දියුණු කරගත් විට, බහුල ව ප්‍රගුණ කරගත් විට, සතර සතිපට්ඨානයන් සම්පූර්ණ වෙයි. සතර සතිපට්ඨානයන් දියුණු කරගත් විට, බහුල ව ප්‍රගුණ කරගත් විට, සප්ත බොජ්ඣංගයන් සම්පූර්ණ වෙයි. සප්ත බොජ්ඣංගයන් දියුණු කරගත් විට, බහුල ව ප්‍රගුණ කරගත් විට, විද්‍යාව ත් විමුක්තිය ත් සම්පූර්ණ වෙයි.

ආනන්දයෙනි, කෙසේ දියුණු කරන ලද, කෙසේ බහුල ව ප්‍රගුණ කරන ලද ආනාපානසති සමාධිය සතර සතිපට්ඨානයන් සම්පූර්ණ කරයි ද?

ආනන්දයෙනි, මෙහිලා භික්ෂුව අරණ්‍යයකට ගියේ හෝ රුක් සෙවණට ගියේ හෝ හිස් ගෙයකට ගියේ හෝ ....(පෙ).... ආනන්දයෙනි, මෙසේ දියුණු කරන ලද, මෙසේ බහුල ව ප්‍රගුණ කරන ලද සප්ත බොජ්ඣංගයෝ විද්‍යාව ත්, විමුක්තිය ත් සම්පූර්ණ කරත්.

(පළමු සූත්‍රය මෙන් මෙසේ විස්තර කළ යුත්තේ ය)

සාදු! සාදු!! සාදු!!!

දුතිය ආනන්ද සූත්‍රය නිමා විය.

10.2.5.
භික්ඛු සූත්‍රය
භික්ෂූන්ට වදාළ දෙසුම

එකල්හී බොහෝ භික්ෂූහු භාග්‍යවතුන් වහන්සේ වෙත එළැඹියහ. ....(පෙ).... එකත්පස් ව හුන් ඒ භික්ෂූහු භාග්‍යවතුන් වහන්සේට මෙය පැවසූහ.

"ස්වාමීනී, එක් ධර්මයක් දියුණු කරගත් විට, බහුල ව ප්‍රගුණ කරගත් විට, සතර ධර්මයක් සම්පූර්ණ වෙයි නම්, සතර ධර්මයක් දියුණු කරගත් විට, බහුල ව ප්‍රගුණ කරගත් විට, සප්ත ධර්මයක් සම්පූර්ණ වෙයි නම්, සප්ත ධර්මයක්

දියුණු කරගත් විට, බහුල ව ප්‍රගුණ කරගත් විට, ධර්ම දෙකක් සම්පූර්ණ වෙයි නම්, එබඳු වූ එක් ධර්මයක් ඇත්තේ ද?"

"මහණෙනි, එක් ධර්මයක් දියුණු කරගත් විට, බහුල ව ප්‍රගුණ කරගත් විට, සතර ධර්මයක් සම්පූර්ණ වෙයි නම්, සතර ධර්මයක් දියුණු කරගත් විට, බහුල ව ප්‍රගුණ කරගත් විට, සප්ත ධර්මයක් සම්පූර්ණ වෙයි නම්, සප්ත ධර්මයක් දියුණු කරගත් විට, බහුල ව ප්‍රගුණ කරගත් විට, ධර්ම දෙකක් සම්පූර්ණ වෙයි නම්, එබඳු වූ එක් ධර්මයක් ඇත්තේ ය."

"ස්වාමීනි, එක් ධර්මයක් දියුණු කරගත් විට, බහුල ව ප්‍රගුණ කරගත් විට, සතර ධර්මයක් සම්පූර්ණ වෙයි නම්, සතර ධර්මයක් දියුණු කරගත් විට, බහුල ව ප්‍රගුණ කරගත් විට, සප්ත ධර්මයක් සම්පූර්ණ වෙයි නම්, සප්ත ධර්මයක් දියුණු කරගත් විට, බහුල ව ප්‍රගුණ කරගත් විට, ධර්ම දෙකක් සම්පූර්ණ වෙයි නම්, එබඳු වූ එක් ධර්මය කුමක් ද?"

"මහණෙනි, ආනාපානසති සමාධිය නම් වූ එක් ධර්මය දියුණු කරගත් විට, බහුල ව ප්‍රගුණ කරගත් විට, සතර සතිපට්ඨානයන් සම්පූර්ණ වෙයි. සතර සතිපට්ඨානයන් දියුණු කරගත් විට, බහුල ව ප්‍රගුණ කරගත් විට, සප්ත බොජ්ඣංගයන් සම්පූර්ණ වෙයි. සප්ත බොජ්ඣංගයන් දියුණු කරගත් විට, බහුල ව ප්‍රගුණ කරගත් විට, විද්‍යාව ත් විමුක්තිය ත් සම්පූර්ණ වෙයි.

මහණෙනි, කෙසේ දියුණු කරන ලද, කෙසේ බහුල ව ප්‍රගුණ කරන ලද ආනාපානසති සමාධිය සතර සතිපට්ඨානයන් සම්පූර්ණ කරයි ද?

මහණෙනි, මෙහිලා භික්ෂුව අරණ්‍යයකට ගියේ හෝ රුක් සෙවණට ගියේ හෝ හිස් ගෙයකට ගියේ හෝ ....(පෙ).... මහණෙනි, මෙසේ දියුණු කරන ලද, මෙසේ බහුල ව ප්‍රගුණ කරන ලද සප්ත බොජ්ඣංගයෝ විද්‍යාව ත්, විමුක්තිය ත් සම්පූර්ණ කරත්.

සාදු! සාදු!! සාදු!!!

භික්ඛු සූත්‍රය නිමා විය.

10.2.6.
දුතිය භික්ඛු සූත්‍රය
භික්ෂූන්ට වදාළ දෙවෙනි දෙසුම

එකල්හී බොහෝ භික්ෂූහු භාග්‍යවතුන් වහන්සේ වෙත එළැඹියහ. ....(පෙ).... එකත්පස් ව හුන් ඒ භික්ෂූන්ට භාග්‍යවතුන් වහන්සේ මෙය වදාළ සේක.

"මහණෙනි, එක් ධර්මයක් දියුණු කරගත් විට, බහුල ව ප්‍රගුණ කරගත් විට, සතර ධර්මයක් සම්පූර්ණ වෙයි නම්, සතර ධර්මයක් දියුණු කරගත් විට, බහුල ව ප්‍රගුණ කරගත් විට, සප්ත ධර්මයක් සම්පූර්ණ වෙයි නම්, සප්ත ධර්මයක් දියුණු කරගත් විට, බහුල ව ප්‍රගුණ කරගත් විට, ධර්ම දෙකක් සම්පූර්ණ වෙයි නම්, එබඳු වූ එක් ධර්මයක් ඇත්තේ ද?"

"ස්වාමීනී, අපගේ ධර්මයෝ භාග්‍යවතුන් වහන්සේ මුල්කොට ඇත්තාහ ....(පෙ)....

"මහණෙනි, එක් ධර්මයක් දියුණු කරගත් විට, බහුල ව ප්‍රගුණ කරගත් විට, සතර ධර්මයක් සම්පූර්ණ වෙයි නම්, සතර ධර්මයක් දියුණු කරගත් විට, බහුල ව ප්‍රගුණ කරගත් විට, සප්ත ධර්මයක් සම්පූර්ණ වෙයි නම්, සප්ත ධර්මයක් දියුණු කරගත් විට, බහුල ව ප්‍රගුණ කරගත් විට, ධර්ම දෙකක් සම්පූර්ණ වෙයි නම්, එබඳු වූ එක් ධර්මයක් ඇත්තේ ය."

"මහණෙනි, එක් ධර්මයක් දියුණු කරගත් විට, බහුල ව ප්‍රගුණ කරගත් විට, සතර ධර්මයක් සම්පූර්ණ වෙයි නම්, සතර ධර්මයක් දියුණු කරගත් විට, බහුල ව ප්‍රගුණ කරගත් විට, සප්ත ධර්මයක් සම්පූර්ණ වෙයි නම්, සප්ත ධර්මයක් දියුණු කරගත් විට, බහුල ව ප්‍රගුණ කරගත් විට, ධර්ම දෙකක් සම්පූර්ණ වෙයි නම්, එබඳු වූ එක් ධර්මය කුමක් ද?"

"මහණෙනි, ආනාපානසති සමාධිය නම් වූ එක් ධර්මය දියුණු කරගත් විට, බහුල ව ප්‍රගුණ කරගත් විට, සතර සතිපට්ඨානයන් සම්පූර්ණ වෙයි. සතර සතිපට්ඨානයන් දියුණු කරගත් විට, බහුල ව ප්‍රගුණ කරගත් විට, සප්ත බොජ්ඣංගයන් සම්පූර්ණ වෙයි. සප්ත බොජ්ඣංගයන් දියුණු කරගත් විට, බහුල ව ප්‍රගුණ කරගත් විට, විද්‍යාව ත් විමුක්තිය ත් සම්පූර්ණ වෙයි.

මහණෙනි, කෙසේ දියුණු කරන ලද, කෙසේ බහුල ව ප්‍රගුණ කරන ලද ආනාපානසති සමාධිය සතර සතිපට්ඨානයන් සම්පූර්ණ කරයි ද?

මහණෙනි, මෙහිලා භික්ෂුව අරණ්‍යයකට ගියේ හෝ රුක් සෙවණට ගියේ හෝ හිස් ගෙයකට ගියේ හෝ ....(පෙ).... කෙලෙස් දුරින් ම දුරුකිරීම අනුව දකිමින් ප්‍රශ්වාස කරන්නෙමි යි හික්මෙයි.

මහණෙනි, යම් අවස්ථාවකදී භික්ෂුවක් දිගු ලෙස හෝ හුස්ම ගන්නා විට 'දිගු ලෙස හුස්ම ගනිමි' යි දැනගනියි ද, දිගු ලෙස හෝ හුස්ම හෙලන විට 'දිගු ලෙස හුස්ම හෙලමි' යි දැනගනියි ද, කෙටි ලෙස හෝ හුස්ම ගන්නා විට 'කෙටියෙන් හුස්ම ගනිමි' යි දැනගනියි ද, කෙටි ලෙස හෝ හුස්ම හෙලන විට 'කෙටියෙන් හුස්ම හෙලමි' යි දැනගනියි ද, 'සියළු ආශ්වාස කයට සංවේදී වෙමින් හුස්ම ගන්නෙමි' යි පුහුණු වෙයි ද, 'සියළු ප්‍රශ්වාස කයට සංවේදී වෙමින් හුස්ම හෙලන්නෙමි' යි පුහුණු වෙයි ද, 'කාය සංස්කාර නම් වූ ආශ්වාසය සංසිඳුවමින් හුස්ම ගන්නෙමි' යි පුහුණු වෙයි ද, 'කාය සංස්කාර නම් වූ ප්‍රශ්වාසය සංසිඳුවමින් හුස්ම හෙලන්නෙමි' යි පුහුණු වෙයි ද, මහණෙනි, භික්ෂුව ඒ අවස්ථාවෙහි කෙලෙස් තවන වීරියෙන් යුතුව, නුවණින් යුතුව, සිහියෙන් යුතුව, ලෝකයෙහි ඇලීම් ගැටීම් දුරු කොට, කය පිළිබඳ ව කායානුපස්සනාවෙන් වාසය කරයි. එයට හේතුව කුමක් ද? මහණෙනි, යම් මේ හුස්ම ගැනීමක්, හුස්ම හෙලීමක් ඇද්ද, මෙය එක්තරා කයක් යැයි මම කියමි. එහෙයින් මහණෙනි, ඒ අවස්ථාවෙහි භික්ෂුව කෙලෙස් තවන වීරියෙන් යුතුව, නුවණින් යුතුව, සිහියෙන් යුතුව, ලෝකයෙහි ඇලීම් ගැටීම් දුරු කොට, කය පිළිබඳ ව කායානුපස්සනාවෙන් වාසය කරයි.

මහණෙනි, යම් අවස්ථාවක භික්ෂුවක් ප්‍රීතියට සංවේදී වෙමින් හුස්ම ගන්නෙමි යි හික්මෙයි ද, ප්‍රීතියට සංවේදී වෙමින් හුස්ම හෙලන්නෙමි යි හික්මෙයි ද, සැපයට සංවේදී වෙමින් හුස්ම ගන්නෙමි යි හික්මෙයි ද, සැපයට සංවේදී වෙමින් හුස්ම හෙලන්නෙමි යි හික්මෙයි ද, සංඥා වේදනා යන චිත්ත සංස්කාරයන්ට සංවේදී වෙමින් හුස්ම ගන්නෙමි යි හික්මෙයි ද, සංඥා වේදනා යන චිත්ත සංස්කාරයන්ට සංවේදී වෙමින් හුස්ම හෙලන්නෙමි යි හික්මෙයි ද, චිත්ත සංස්කාරයන් සංසිඳුවමින් හුස්ම ගන්නෙමි යි හික්මෙයි ද, චිත්ත සංස්කාරයන් සංසිඳුවමින් හුස්ම හෙලන්නෙමි යි හික්මෙයි ද, මහණෙනි, භික්ෂුව ඒ අවස්ථාවෙහි කෙලෙස් තවන වීරියෙන් යුතුව, නුවණින් යුතුව, සිහියෙන් යුතුව, ලෝකයෙහි ඇලීම් ගැටීම් දුරු කොට, විඳීම් පිළිබඳ ව වේදනානුපස්සනාවෙන් වාසය කරයි. එයට හේතුව කුමක් ද? මහණෙනි, යම් මේ හුස්ම ගැනීම, හුස්ම හෙලීම මනාකොට මෙනෙහි කිරීමක් ඇද්ද, මෙය

එක්තරා විඳීමක් යැයි මම කියමි. එහෙයින් මහණෙනි, ඒ අවස්ථාවෙහි භික්ෂුව කෙලෙස් තවන වීරියෙන් යුතුව, නුවණින් යුතුව, සිහියෙන් යුතුව, ලෝකයෙහි ඇලීම් ගැටීම් දුරු කොට, විඳීම් පිළිබඳ ව වේදනානුපස්සනාවෙන් වාසය කරයි.

මහණෙනි, යම් අවස්ථාවකදී භික්ෂුවක් සිත හා සංවේදී වෙමින් හුස්ම ගන්නෙමි යි හික්මෙයි ද, සිත හා සංවේදී වෙමින් හුස්ම හෙලන්නෙමි යි හික්මෙයි ද, සිත ප්‍රමුදිත කරවමින් හුස්ම ගන්නෙමි යි හික්මෙයි ද, සිත ප්‍රමුදිත කරවමින් හුස්ම හෙලන්නෙමි යි හික්මෙයි ද, සිත තැන්පත් කරවමින් හුස්ම ගන්නෙමි යි හික්මෙයි ද, සිත තැන්පත් කරවමින් හුස්ම හෙලන්නෙමි යි හික්මෙයි ද, නීවරණයන්ගෙන් සිත මුදවමින් හුස්ම ගන්නෙමි යි හික්මෙයි ද, නීවරණයන්ගෙන් සිත මුදවමින් හුස්ම හෙලන්නෙමි යි හික්මෙයි ද, මහණෙනි, භික්ෂුව ඒ අවස්ථාවෙහි කෙලෙස් තවන වීරියෙන් යුතුව, නුවණින් යුතුව, සිහියෙන් යුතුව, ලෝකයෙහි ඇලීම් ගැටීම් දුරු කොට, සිත පිළිබඳ ව චිත්තානුපස්සනාවෙන් වාසය කරයි. එයට හේතුව කුමක් ද? මහණෙනි, මුලා සිහි ඇති, නුවණ නැති කෙනා හට ආනාපානසති සමාධිය වැඩීමට මම නොකියමි. එහෙයින් මහණෙනි, ඒ අවස්ථාවෙහි භික්ෂුව කෙලෙස් තවන වීරියෙන් යුතුව, නුවණින් යුතුව, සිහියෙන් යුතුව, ලෝකයෙහි ඇලීම් ගැටීම් දුරු කොට, සිත පිළිබඳ ව චිත්තානුපස්සනාවෙන් වාසය කරයි.

මහණෙනි, යම් අවස්ථාවකදී භික්ෂුවක් අනිත්‍ය අනුව දකිමින් හුස්ම ගන්නෙමි යි හික්මෙයි ද, අනිත්‍ය අනුව දකිමින් හුස්ම හෙලන්නෙමි යි හික්මෙයි ද, නොඇල්ම අනුව දකිමින් හුස්ම ගන්නෙමි යි හික්මෙයි ද, නොඇල්ම අනුව දකිමින් හුස්ම හෙලන්නෙමි යි හික්මෙයි ද, ඇල්ම නිරුද්ධ වීම අනුව දකිමින් හුස්ම ගන්නෙමි යි හික්මෙයි ද, ඇල්ම නිරුද්ධ වීම අනුව දකිමින් හුස්ම හෙලන්නෙමි යි හික්මෙයි ද, ඇල්ම දුරින් ම දුරුවීම අනුව දකිමින් හුස්ම ගන්නෙමි යි හික්මෙයි ද, ඇල්ම දුරින් ම දුරුවීම අනුව දකිමින් හුස්ම හෙලන්නෙමි යි හික්මෙයි ද, මහණෙනි, භික්ෂුව ඒ අවස්ථාවෙහි කෙලෙස් තවන වීරියෙන් යුතුව, නුවණින් යුතුව, සිහියෙන් යුතුව, ලෝකයෙහි ඇලීම් ගැටීම් දුරු කොට, ධර්මයන් පිළිබඳ ව ධම්මානුපස්සනාවෙන් වාසය කරයි. ඇලීම් ගැටීම්වල යම් ඒ ප්‍රහාණයක් ඇද්ද, ඒ භික්ෂුව එය ප්‍රඥාවෙන් දැක දැක මනාකොට මැදහත් බවට පත්වෙයි. එහෙයින් මහණෙනි, ඒ අවස්ථාවෙහි භික්ෂුව කෙලෙස් තවන වීරියෙන් යුතුව, නුවණින් යුතුව, සිහියෙන් යුතුව, ලෝකයෙහි ඇලීම් ගැටීම් දුරු කොට, ධර්මයන් පිළිබඳ ව ධම්මානුපස්සනාවෙන් වාසය කරයි.

මහණෙනි, මෙසේ දියුණු කරන ලද, මෙසේ බහුල ව ප්‍රගුණ කරන ලද ආනාපානසති සමාධිය සතර සතිපට්ඨානය සම්පූර්ණ කරයි.

මහණෙනි, කෙසේ දියුණු කරන ලද, කෙසේ බහුල ව ප්‍රගුණ කරන ලද සතර සතිපට්ඨානයෝ සප්ත බොජ්ඣංගයන් සම්පූර්ණ කරත් ද?

මහණෙනි, යම් අවස්ථාවක භික්ෂුවක් කය පිළිබඳ ව කායානුපස්සනාවෙන් වාසය කරයි ද, ඒ අවස්ථාවෙහි ඔහුගේ සිහිය මුලා නොවී, ඒ කායානුපස්සනා අරමුණෙහි එළැඹ සිටියේ වෙයි. මහණෙනි, යම් අවස්ථාවක භික්ෂුවගේ සිහිය මුලා නොවී කායානුපස්සනා අරමුණෙහි එළැඹ සිටියේ වෙයි ද, ඒ අවස්ථාවෙහි භික්ෂුව විසින් සති සම්බොජ්ඣංගය පටන් ගන්නා ලද්දේ වෙයි. ඒ අවස්ථාවෙහි භික්ෂුව සති සම්බොජ්ඣංගය වඩයි. ඒ අවස්ථාවෙහි භික්ෂුවගේ සති සම්බොජ්ඣංගය වැඩීමෙන් පිරිපුන් බවට යයි. ඔහු ඒ අයුරින් සිහියෙන් වාසය කරද්දී ඒ ධර්මය ප්‍රඥාවෙන් විමසයි. පිරික්සා බලයි. නැවත නැවත විමසා බලයි.

මහණෙනි, යම් අවස්ථාවක භික්ෂුව එසේ සිහියෙන් වාසය කරද්දී, ඒ ධර්මය ප්‍රඥාවෙන් විමසයි ද, පිරික්සා බලයි ද, නැවත නැවත විමසා බලයි ද, ඒ අවස්ථාවෙහි භික්ෂුව විසින් ධම්මවිචය සම්බොජ්ඣංගය පටන් ගන්නා ලද්දේ වෙයි. ඒ අවස්ථාවෙහි භික්ෂුව ධම්මවිචය සම්බොජ්ඣංගය වඩයි. ඒ අවස්ථාවෙහි භික්ෂුවගේ ධම්මවිචය සම්බොජ්ඣංගය වැඩීමෙන් පිරිපුන් බවට යයි. ඔහු විසින් ඒ ධර්මය ප්‍රඥාවෙන් විමසද්දී, පිරික්සද්දී, නැවත නැවත විමසා බලද්දී, වීර්යය අරඹන ලද්දේ, නොහැකිලුණේ වෙයි.

මහණෙනි, යම් අවස්ථාවක භික්ෂුව විසින් ඒ ධර්මය ප්‍රඥාවෙන් විමසද්දී, පිරික්සද්දී, නැවත නැවත විමසා බලද්දී, වීර්යය අරඹන ලද්දේ, නොහැකිලුණේ වෙයි ද, ඒ අවස්ථාවෙහි භික්ෂුව විසින් විරිය සම්බොජ්ඣංගය පටන් ගන්නා ලද්දේ වෙයි. ඒ අවස්ථාවෙහි භික්ෂුව විරිය සම්බොජ්ඣංගය වඩයි. ඒ අවස්ථාවෙහි භික්ෂුවගේ විරිය සම්බොජ්ඣංගය වැඩීමෙන් පිරිපුන් බවට යයි. අරඹන ලද වීර්යය ඇත්තාට නිරාමිස වූ ප්‍රීතිය උපදියි.

මහණෙනි, යම් අවස්ථාවක අරඹන ලද වීරිය ඇති භික්ෂුවට නිරාමිස වූ ප්‍රීතිය උපදියි ද, ඒ අවස්ථාවෙහි භික්ෂුව විසින් ප්‍රීති සම්බොජ්ඣංගය පටන් ගන්නා ලද්දේ වෙයි. ඒ අවස්ථාවෙහි භික්ෂුව ප්‍රීති සම්බොජ්ඣංගය වඩයි. ඒ අවස්ථාවෙහි භික්ෂුවගේ ප්‍රීති සම්බොජ්ඣංගය වැඩීමෙන් පිරිපුන් බවට යයි. ප්‍රීති සිත් ඇත්තාගේ කය ත් සංසිඳෙයි. සිත ත් සංසිඳෙයි.

මහණෙනි, යම් අවස්ථාවක ප්‍රීති සිතින් වසන භික්ෂුවගේ කය ත් සැහැල්ලු වෙයි ද, සිතත් සැහැල්ලු වෙයි ද, ඒ අවස්ථාවෙහි භික්ෂුව විසින් පස්සද්ධි සම්බොජ්ඣංගය පටන් ගන්නා ලද්දේ වෙයි. ඒ අවස්ථාවෙහි භික්ෂුව පස්සද්ධි සම්බොජ්ඣංගය වඩයි. ඒ අවස්ථාවෙහි භික්ෂුවගේ පස්සද්ධි සම්බොජ්ඣංගය වැඩීමෙන් පිරිපුන් බවට යයි. සැහැල්ලු වූ කය ඇති ව සැපයෙන් සිටින කෙනාගේ සිත සමාධිමත් වෙයි.

මහණෙනි, යම් අවස්ථාවක සැහැල්ලු වූ කය ඇති ව, සැපයෙන් සිටින භික්ෂුවගේ සිත සමාධිමත් වෙයි ද, ඒ අවස්ථාවෙහි භික්ෂුව විසින් සමාධි සම්බොජ්ඣංගය පටන් ගන්නා ලද්දේ වෙයි. ඒ අවස්ථාවෙහි භික්ෂුව සමාධි සම්බොජ්ඣංගය වඩයි. ඒ අවස්ථාවෙහි භික්ෂුවගේ සමාධි සම්බොජ්ඣංගය වැඩීමෙන් පිරිපුන් බවට යයි. ඔහු එසේ සමාධිමත් වූ සිත දෙස මනාකොට මැදහත් උපේක්ෂාවෙන් බලයි.

මහණෙනි, යම් අවස්ථාවක භික්ෂුව ඒ අයුරින් සමාධිමත් සිත මනාකොට මැදහත් ව උපේක්ෂාවෙන් බලයි ද, ඒ අවස්ථාවෙහි භික්ෂුව විසින් උපෙක්ඛා සම්බොජ්ඣංගය පටන් ගන්නා ලද්දේ වෙයි. ඒ අවස්ථාවෙහි භික්ෂුව උපෙක්ඛා සම්බොජ්ඣංගය වඩයි. ඒ අවස්ථාවෙහි භික්ෂුවගේ උපෙක්ඛා සම්බොජ්ඣංගය වැඩීමෙන් පිරිපුන් බවට යයි.

මහණෙනි, යම් අවස්ථාවක භික්ෂුවක් විඳීම් පිළිබඳ ව ....(පෙ).... සිත පිළිබඳ ව ....(පෙ).... ධර්මයන් පිළිබඳ ව ධම්මානුපස්සනාවෙන් වාසය කරයි ද, ඒ අවස්ථාවෙහි ඔහුගේ සිහිය මුලා නොවී, ඒ ධම්මානුපස්සනා අරමුණෙහි එළැඹ සිටියේ වෙයි. මහණෙනි, යම් අවස්ථාවක භික්ෂුවගේ සිහිය මුලා නොවී ධම්මානුපස්සනා අරමුණෙහි එළැඹ සිටියේ වෙයි ද, ඒ අවස්ථාවෙහි භික්ෂුව විසින් සති සම්බොජ්ඣංගය පටන් ගන්නා ලද්දේ වෙයි. ඒ අවස්ථාවෙහි භික්ෂුව සති සම්බොජ්ඣංගය වඩයි. ඒ අවස්ථාවෙහි භික්ෂුවගේ සති සම්බොජ්ඣංගය වැඩීමෙන් පිරිපුන් බවට යයි. ....(පෙ).... ඔහු ඒ අයුරින් සමාධිමත් සිත මනාකොට මැදහත් ව උපේක්ෂාවන් බලයි.

මහණෙනි, යම් අවස්ථාවක භික්ෂුව ඒ අයුරින් සමාධිමත් සිත මනාකොට මැදහත් ව උපේක්ෂාවෙන් බලයි ද, ඒ අවස්ථාවෙහි භික්ෂුව විසින් උපෙක්ඛා සම්බොජ්ඣංගය පටන් ගන්නා ලද්දේ වෙයි. ඒ අවස්ථාවෙහි භික්ෂුව උපෙක්ඛා සම්බොජ්ඣංගය වඩයි. ඒ අවස්ථාවෙහි භික්ෂුවගේ උපෙක්ඛා සම්බොජ්ඣංගය වැඩීමෙන් පිරිපුන් බවට යයි. මහණෙනි, මෙසේ දියුණු කරන ලද, මෙසේ බහුල ව ප්‍රගුණ කරන ලද සතර සතිපට්ඨානයෝ සප්ත බොජ්ඣංගයන් සම්පූර්ණ කරති.

මහණෙනි, කෙසේ දියුණු කරන ලද, කෙසේ බහුල ව ප්‍රගුණ කරන ලද සප්ත බොජ්ඣංගයෝ විද්‍යාව ත්, විමුක්තිය ත් සම්පූර්ණ කරත් ද?

මහණෙනි, මෙහිලා භික්ෂුවක් විවේකය ඇසුරු කොට, විරාගය ඇසුරු කොට, කෙලෙස් නිරෝධය ඇසුරු කොට, නිවනට නැඹුරු කොට සති සම්බොජ්ඣංගය වඩයි. ....(පෙ).... විවේකය ඇසුරු කොට, විරාගය ඇසුරු කොට, කෙලෙස් නිරෝධය ඇසුරු කොට, නිවනට නැඹුරු කොට උපෙක්ඛා සම්බොජ්ඣංගය වඩයි. මහණෙනි, මෙසේ දියුණු කරන ලද, මෙසේ බහුල ව ප්‍රගුණ කරන ලද සප්ත බොජ්ඣංගයෝ විද්‍යාව ත්, විමුක්තිය ත් සම්පූර්ණ කරත්.

සාදු! සාදු!! සාදු!!!

දුතිය භික්ඛු සූත්‍රය නිමා විය.

10.2.7.
සංයෝජන සූත්‍රය
සංයෝජන ගැන වදාළ දෙසුම

මහණෙනි, ආනාපානසති සමාධිය දියුණු කරන ලද්දේ, බහුල ව ප්‍රගුණ කරන ලද්දේ සංයෝජන ප්‍රහාණය පිණිස පවතියි.

මහණෙනි, කෙසේ දියුණු කරන ලද, කෙසේ බහුල ව ප්‍රගුණ කරන ලද ආනාපානසති සමාධිය සංයෝජන ප්‍රහාණය පිණිස පවතියි ද? මහණෙනි, මෙහිලා භික්ෂුව අරණ්‍යයකට ගියේ හෝ රුක් සෙවණට ගියේ හෝ හිස් ගෙයකට ගියේ හෝ ....(පෙ).... කෙලෙස් දුරින් ම දුරුකිරීම අනුව දකිමින් ප්‍රශ්වාස කරන්නෙමි යි හික්මෙයි.

මහණෙනි, මෙසේ භාවිත කරන ලද, මෙසේ බහුල ව ප්‍රගුණ කරන ලද, ආනාපානසති සමාධිය සංයෝජන ප්‍රහාණය පිණිස පවතියි.

සාදු! සාදු!! සාදු!!!

සංයෝජන සූත්‍රය නිමා විය.

10.2.8.

අනුසය සූත්‍රය

අනුසය ගැන වදාළ දෙසුම

මහණෙනි, ආනාපානසති සමාධිය ....(පෙ).... කෙලෙස් අනුසය මුලින් ම නැසීම පිණිස පවතියි.

10.2.9.

අද්ධාන සූත්‍රය

කාලය ගැන වදාළ දෙසුම

මහණෙනි, ආනාපානසති සමාධිය ....(පෙ).... කාලයට අයත් දේ පිරිසිඳ දැකීම පිණිස පවතියි.

10.2.10.

ආසවක්ඛය සූත්‍රය

ආශ්‍රවයන්ගේ ක්ෂය වීම ගැන වදාළ දෙසුම

මහණෙනි, ආනාපානසති සමාධිය ....(පෙ).... ආශ්‍රවයන්ගේ ක්ෂය වීම පිණිස පවතියි.

(මේ සූත්‍ර තුන ද සංයෝජන සූත්‍රය ලෙසින් විස්තර කළ යුත්තේ ය.)

දෙවෙනි ආනන්ද වර්ගය අවසන් විය.

- එහි පිළිවෙල උද්දානයයි :

ඉච්ඡානංගල සූත්‍රය, කංඛෙය්‍ය සූත්‍රය, ආනන්ද සූත්‍ර දෙක, භික්ඛු සූත්‍ර දෙක, සංයෝජන සූත්‍රය, අනුසය සූත්‍රය, අද්ධාන සූත්‍රය සහ ආසවක්ඛය සූත්‍රය වශයෙන් සූත්‍ර දසයකි.

අනාපාන සංයුත්තය අවසන් විය.

- එහි වර්ග නාමාවලිය :

ආනාපාන සංයුත්තයෙහි ඒකධම්ම වර්ගය, ආනන්ද වර්ගය වශයෙන් වර්ග දෙකක් ධර්මස්වාමී වූ අපගේ මුනීන්ද්‍රයන් වහන්සේ විසින් මැනැවින් වදාරණ ලද්දේ ය.

11. සෝතාපත්ති සංයුත්තය

1. වේළුද්වාර වර්ගය

11.1.1.
රාජ සූත්‍රය
සක්විති රජු මුල්කොට වදාළ දෙසුම

සැවැත් නුවර දී ය. ....

මහණෙනි, සක්විති රජෙක් සිව්මහා දිවයින්වලට අධිපති ව සිට රාජ්‍යය කොට කය බිඳී මරණින් මතු සුගති සංඛ්‍යාත දෙව්ලොව උපන්න ත්, තව්තිසා දෙවියන් හා එක්වීමට පැමිණිය ත් ඔහු එහි නන්දන වනයෙහි දිව්‍ය අප්සරා සමූහය පිරිවරාගෙන, දිව්‍ය වූ පංචකාම ගුණයන් වටකොට, ඒවා හා එක් ව ඒවා පිරිවරා වාසය කළ ත්, ඔහු සතර ධර්මයකින් සමන්විත නොවුණේ ය. එනිසාවෙන් ඔහු නිරයෙන් නොමිදුණේ ය. තිරිසන් යෝනියෙන් නොමිදුණේ ය. ප්‍රේත විෂයෙන් නොමිදුණේ ය. අපාය දුර්ගති විනිපාතයෙන් නොමිදුණේ ය.

මහණෙනි, ආර්ය ශ්‍රාවක තෙමේ පිඬු සිඟා යැපෙන දෙයකින් යැපුණ ත්, කඩමාළු රෙදිවලින් මසාගත් දෙය පෙරෙව්ව ත්, ඔහු සතර ධර්මයකින් සමන්විත වූයේ ය. එනිසාවෙන් ඔහු නිරයෙන් මිදුණේ ය. තිරිසන් යෝනියෙන් මිදුණේ ය. ප්‍රේත විෂයෙන් මිදුණේ ය. අපාය දුර්ගති විනිපාතයෙන් මිදුණේ ය.

ඒ කවර සතර ධර්මයකින් ද යත්; මහණෙනි, මෙහිලා ආර්ය ශ්‍රාවක තෙමේ බුදුරජුන් කෙරෙහි නිසැක බවට පැමිණ නොසෙල්වෙන පැහැදීමෙන් යුක්ත වෙයි. එනම්, 'ඒ භාග්‍යවතුන් වහන්සේ මෙසේ ත් අරහං වන සේක. සම්මා සම්බුද්ධ වන සේක. විජ්ජාචරණ සම්පන්න වන සේක. සුගත වන

සේක. ලෝකවිදූ වන සේක. අනුත්තරෝ පුරිසදම්ම සාරථී වන සේක. සත්ථා දේවමනුස්සානං වන සේක. බුද්ධ වන සේක. භගවා වන සේක' යනුවෙනි.

ධර්මය කෙරෙහි නිසැක බවට පැමිණි නොසෙල්වෙන පැහැදීමෙන් යුක්ත වූයේ වෙයි. එනම්, 'භාග්‍යවතුන් වහන්සේ විසින් ධර්මය මැනැවින් වදාරණ ලද්දේ ය. එය මේ ජීවිතයේදී ම තමා විසින් දැක්ක යුතුය. කල් නොයවා ඵල දෙයි. ඇවිත් බලන්න යැයි කිව හැක්කේ ය. තමා තුළට පමුණුවා ගත යුත්තේ ය. නුවණැත්තන් විසින් තම තම නැණ පමණින් දැක්ක යුත්තේ ය' යනුවෙනි.

සංඝයා කෙරෙහි නිසැක බවට පැමිණි නොසෙල්වෙන පැහැදීමෙන් යුක්ත වූයේ වෙයි. එනම්, 'භාග්‍යවතුන් වහන්සේගේ ශ්‍රාවක සංඝ තෙමේ සුපටිපන්න වෙයි. භාග්‍යවතුන් වහන්සේගේ ශ්‍රාවක සංඝ තෙමේ උජුපටිපන්න වෙයි. භාග්‍යවතුන් වහන්සේගේ ශ්‍රාවක සංඝ තෙමේ ඤායපටිපන්න වෙයි. භාග්‍යවතුන් වහන්සේගේ ශ්‍රාවක සංඝ තෙමේ සාමීචිපටිපන්න වෙයි. පුරුෂ යුගල සතරකින් ද, පුරුෂ පුද්ගල අට කෙනෙකුගෙන් ද යුතු වෙයි. භාග්‍යවතුන් වහන්සේගේ ශ්‍රාවක සංඝ තෙමේ ආහුනෙය්‍ය වෙයි. පාහුනෙය්‍ය වෙයි. දක්ඛිණෙය්‍ය වෙයි. අංජලිකරණීය වෙයි. ලොවට උතුම් පින්කෙත වෙයි' යනුවෙනි.

ආර්යකාන්ත සීලයකින් යුක්ත වූයේ වෙයි. නොකැඩුණු, සිදුරු නැති, පැල්ලම් නැති, කැලැල් නැති, තෘෂ්ණා දාස භාවයෙන් මිදුණු, නුවණැත්තන් විසින් පසසන ලද, බාහිර දෘෂ්ටීන්ට ගැති නොවූ, සමාධිය පිණිස පවතින, සීලයෙන් යුක්ත වෙයි. මේ සතර ධර්මයන්ගෙන් සමන්විත වෙයි.

මහණෙනි, යම් සිව්මහා දිවයින්හි අධිපති බව ලැබීමක් ඇද්ද, යම් සතර ධර්මයන්ගේ ලැබීමක් ඇද්ද, සිව්මහා දිවයින්හි අධිපති බව ලැබීම සතර ධර්මයන්ගේ ලැබීම හා සසඳා බලද්දී සොළොස් කලාවෙන් එක් කලාවකුදු එය නොවටියි.

සාදු! සාදු!! සාදු!!!

රාජ සූත්‍රය නිමා විය.

11.1.2.
බ්‍රහ්මචරියෝගධ සූත්‍රය
නිවන් මගට බැසගැනීම ගැන වදාළ දෙසුම

මහණෙනි, සතර ධර්මයකින් සමන්විත වූ ආර්ය ශ්‍රාවක තෙමේ සතර අපායෙන් මිදුණේ, නියත වශයෙන් නිවන පිහිට කොට ඇති, සෝවාන් වූවෙක් වෙයි. ඒ කවර සතර ධර්මයකින් ද යත්;

මහණෙනි, මෙහිලා ආර්ය ශ්‍රාවක තෙමේ බුදුරජුන් කෙරෙහි නිසැක බවට පැමිණ නොසෙල්වෙන පැහැදීමෙන් යුක්ත වෙයි. එනම්, 'ඒ භාග්‍යවතුන් වහන්සේ මෙසේ ත් අරහං වන සේක. ....(පෙ).... සත්ථා දේවමනුස්සානං වන සේක. බුද්ධ වන සේක. භගවා වන සේක' යනුවෙනි.

ධර්මය කෙරෙහි නිසැක බවට පැමිණ නොසෙල්වෙන පැහැදීමෙන් යුක්ත වූයේ වෙයි. එනම්, 'භාග්‍යවතුන් වහන්සේ විසින් ධර්මය මැනැවින් වදාරණ ලද්දේ ය. ....(පෙ).... තමා තුළට පමුණුවා ගත යුත්තේ ය. නුවණැත්තන් විසින් තම තම නැණ පමණින් දැක්ක යුත්තේ ය' යනුවෙනි.

සංඝයා කෙරෙහි නිසැක බවට පැමිණ නොසෙල්වෙන පැහැදීමෙන් යුක්ත වූයේ වෙයි. එනම්, 'භාග්‍යවතුන් වහන්සේගේ ශ්‍රාවක සංඝ තෙමේ සුපටිපන්න වෙයි. ....(පෙ).... ලොවට උතුම් පින්කෙත වෙයි' යනුවෙනි.

ආර්යකාන්ත සීලයකින් යුක්ත වූයේ වෙයි. නොකැඩුණු, ...(පෙ).... සමාධිය පිණිස පවතින, සීලයෙන් යුක්ත වෙයි.

මහණෙනි, මේ සතර ධර්මයෙන් සමන්විත වූ ආර්ය ශ්‍රාවක තෙමේ සතර අපායෙන් මිදුණේ, නියත වශයෙන් නිවන පිහිට කොට ඇති, සෝවාන් වූවෙක් වෙයි.

භාග්‍යවතුන් වහන්සේ මෙය වදාළ සේක. මෙය වදාළ සුගත වූ ශාස්තෘන් වහන්සේ යළි මෙය වදාළ සේක.

(ගාථාවකි)

යමෙකුන් තුළ ශ්‍රද්ධාව ත්, සීලය ත්, සංඝයා කෙරෙහි පැහැදීම ත්,
ධර්මාවබෝධය ත් ඇද්ද, ඔවුහු නිවන් මගට බැසගත් සැපයෙන්

යුතුව සුදුසු කල්හී ඒකාන්තයෙන් නිවනට පැමිණෙති.

සාදු! සාදු!! සාදු!!!

බ්‍රහ්මචරියෝගධ සූත්‍රය නිමා විය.

11.1.3.
දීඝාවු උපාසක සූත්‍රය
දීඝාවු උපාසකට වදාළ දෙසුම

එක් සමයක භාග්‍යවතුන් වහන්සේ රජගහ නුවර ලෙහෙනුන්ගේ අභයභූමිය වූ වේළුවනයෙහි වැඩවසන සේක. එසමයෙහි දීඝාවු උපාසක රෝගී වූයේ, කායික දුකට පත් වූයේ, බලවත් ව ගිලන් වූයේ වෙයි. ඉක්බිති දීඝාවු උපාසක තෙමේ තම පියා වූ ජෝතික ගෘහපතියා ඇමතුවේ ය.

"ඔබ එන්න, ගෘහපතියෙනි. භාග්‍යවතුන් වහන්සේ යම් තැනක වැඩසිටින සේක් ද, එතැනට එළැඹෙන්න. එළැඹ මගේ වචනයෙන් භාග්‍යවතුන් වහන්සේගේ ශ්‍රී පාද පද්මයන් සිරසින් වන්දනා කරන්න. 'ස්වාමීනී, දීඝාවු උපාසක රෝගී වූයේ, කායික දුකට පත් වූයේ, බලවත් ව ගිලන් වූයේ වෙයි. ඔහු භාග්‍යවතුන් වහන්සේගේ පාද පද්මයන් සිරස තබා වඳියි. මෙසේත් කියයි. 'ස්වාමීනී, භාග්‍යවතුන් වහන්සේ දීඝාවු උපාසකගේ නිවස වෙත අනුකම්පාව උපදවා වඩින සේක් නම් මැනැවි' යි."

"එසේ ය, දරුව" යි ජෝතික ගෘහපතියා දීඝාවු උපාසකට පිළිතුරු දී භාග්‍යවතුන් වහන්සේ වෙත එළැඹියේ ය. එළැඹ භාග්‍යවතුන් වහන්සේට සකසා වන්දනා කොට එකත්පස් ව හිඳගත්තේ ය. එකත්පස් ව හුන් ජෝතික ගෘහපති භාග්‍යවතුන් වහන්සේට මෙය පැවසුවේ ය.

"ස්වාමීනී, දීඝාවු උපාසක තෙමේ රෝගී වූයේ, කායික දුකට පත් වූයේ, බලවත් ව ගිලන් වූයේ වෙයි. ඔහු භාග්‍යවතුන් වහන්සේගේ පාද පද්මයන් සිරස තබා වඳියි. මෙසේත් කියයි. 'ස්වාමීනී, භාග්‍යවතුන් වහන්සේ දීඝාවු උපාසකගේ නිවස වෙත අනුකම්පාව උපදවා වඩින සේක් නම් මැනැවි' යි."

භාග්‍යවතුන් වහන්සේ නිශ්ශබ්ද ව වැඩසිටීමෙන් එම ඇරයුම පිළිගත් සේක. ඉක්බිති භාග්‍යවතුන් වහන්සේ සිවුරු හැඳ පොරොවාගෙන පාත්‍රය

හා සිවුර ගෙන දීඝාවු උපාසකගේ නිවසට වැඩම කළ සේක. වැඩම කොට පණවන ලද අසුනෙහි වැඩහුන් සේක. වැඩහුන් භාග්‍යවතුන් වහන්සේ දීඝාවු උපාසකට මෙය වදාළ සේක.

"කිම? දීඝාවු, ඔබට ඉවසිය හැක්කේ ද? කිම? යැපිය හැක්කේ ද? කිම? දුක් වේදනාවෝ අඩු වෙත් ද? වැඩි නොවෙත් ද? අඩු වීමක් ම පෙනෙයි ද? වැඩි වීමක් නොපෙනෙයි ද?"

"ස්වාමීනී, මට ඉවසිය නොහැක්කේ ය. යැපිය නොහැක්කේ ය. මාගේ කායික දුක් වේදනාවෝ බලවත් ය. වැඩිවී යති. අඩු නොවෙති. වැඩිවීමක් ම පෙනෙයි. අඩුවීමක් නොපෙනෙයි."

"එසේ වී නම් දීඝාවු ඔබ මෙසේ හික්මිය යුත්තේ ය. "බුදුරජුන් කෙරෙහි නිසැක බවට පැමිණ නොසෙල්වෙන පැහැදීමෙන් යුක්ත වන්නෙමි. එනම්, 'ඒ භාග්‍යවතුන් වහන්සේ මෙසේ ත් අරහං වන සේක. ....(පෙ).... සත්ථා දේවමනුස්සානං වන සේක. බුද්ධ වන සේක. භගවා වන සේක' යනුවෙනි. ධර්මය කෙරෙහි නිසැක බවට පැමිණ නොසෙල්වෙන පැහැදීමෙන් යුක්ත වන්නෙමි. එනම්, 'භාග්‍යවතුන් වහන්සේ විසින් ධර්මය මැනැවින් වදාරණ ලද්දේ ය. ....(පෙ).... තමා තුළට පමුණුවා ගත යුත්තේ ය. නුවණැත්තන් විසින් තම තම නැණ පමණින් දැක්ක යුත්තේ ය' යනුවෙනි. සංඝයා කෙරෙහි නිසැක බවට පැමිණ නොසෙල්වෙන පැහැදීමෙන් යුක්ත වන්නෙමි. එනම්, 'භාග ්‍යවතුන් වහන්සේගේ ශ්‍රාවක සංඝ තෙමේ සුපටිපන්න වෙයි. ....(පෙ).... ලොවට උතුම් පින්කෙත වෙයි' යනුවෙනි. ආර්යකාන්ත සීලයකින් යුක්ත වන්නෙමි. නොකැඩුණු, ...(පෙ).... සමාධිය පිණිස පවතින, සීලයෙන් යුක්ත වන්නෙමි. දීඝාවු, ඔබ ඔය අයුරින් හික්මිය යුත්තේ ය."

"ස්වාමීනී, භාග්‍යවතුන් වහන්සේ විසින් වදාරණ ලද යම් මේ සතරක් වූ සෝතාපත්ති අංගයෝ වෙත් ද, ඒ ධර්මයෝ මා තුළ දිස්වෙති. මම ද ඒ ධර්මයන් තුළ දක්නට ලැබෙන්නෙමි. ස්වාමීනී මම වනාහී බුදුරජුන් කෙරෙහි නිසැක බවට පැමිණ නොසෙල්වෙන පැහැදීමෙන් යුක්ත වෙමි. එනම්, 'ඒ භාග්‍යවතුන් වහන්සේ මෙසේ ත් අරහං වන සේක. ....(පෙ).... සත්ථා දේවමනුස්සානං වන සේක. බුද්ධ වන සේක. භගවා වන සේක' යනුවෙනි. ධර්මය කෙරෙහි නිසැක බවට පැමිණ නොසෙල්වෙන පැහැදීමෙන් යුක්ත වෙමි. එනම්, 'භාග්‍යවතුන් වහන්සේ විසින් ධර්මය මැනැවින් වදාරණ ලද්දේ ය. ....(පෙ).... තමා තුළට පමුණුවා ගත යුත්තේ ය. නුවණැත්තන් විසින් තම තම නැණ පමණින් දැක්ක යුත්තේ ය' යනුවෙනි. සංඝයා කෙරෙහි නිසැක බවට පැමිණ නොසෙල්වෙන

පැහැදීමෙන් යුක්ත වෙමි. එනම්, 'භාග්‍යවතුන් වහන්සේගේ ශ්‍රාවක සංඝ තෙමේ සුපටිපන්න වෙයි. ....(පෙ).... ලොවට උතුම් පින්කෙත වෙයි' යනුවෙනි. ආර්යකාන්ත සීලයකින් යුක්ත වෙමි. නොකැඩුණු, ...(පෙ).... සමාධිය පිණිස පවතින, සීලයෙන් යුක්ත වෙමි."

"එසේ වී නම්, දීඝාවු ඔබ මේ සතරක් වූ සෝතාපත්ති අංගයන් තුළ පිහිටා, මතුවට අවබෝධ ඥානය ඇතිවෙන සය වැදෑරුම් ධර්මයන් වැඩිය යුත්තෙහි ය. දීඝාවු, ඔබ මෙහිලා සියළු සංස්කාරයන් කෙරෙහි අනිත්‍ය අනුව දකිමින් වාසය කරව. අනිත්‍යයෙහි දුක් සංඥාවෙන් යුතුව ත්, දුකෙහි අනාත්ම සංඥාවෙන් යුතුව ත්, එහි ඇල්ම ප්‍රහාණය කරන සංඥාවෙන් යුතුව ත්, එහි නොඇලෙන සංඥාවෙන් යුතුව ත්, එහි ඇල්ම නිරුද්ධ කරන සංඥාවෙන් යුතුව ත් වාසය කරව. දීඝාවු, ඔබ හික්මිය යුත්තේ ඔය අයුරින් ය.

ස්වාමීනී, භාග්‍යවතුන් වහන්සේ විසින් අවබෝධ ඥානය ඇතිකරවන යම් සය වැදෑරුම් ධර්මයෝ මට වදාරණ ලද්දාහු ද, ඒ ධර්මයෝ මා තුළ දිස්වෙති. මම ත් ඒ ධර්මයන් තුළ දක්නට ලැබෙන්නෙමි. ස්වාමීනී, මම වනාහී සියළු සංස්කාරයන් කෙරෙහි අනිත්‍ය අනුව දකිමින් වාසය කරමි. අනිත්‍යයෙහි දුක් සංඥාවෙන් යුතුව ත්, දුකෙහි අනාත්ම සංඥාවෙන් යුතුව ත්, එහි ඇල්ම ප්‍රහාණය කරන සංඥාවෙන් යුතුව ත්, එහි නොඇලෙන සංඥාවෙන් යුතුව ත්, එහි ඇල්ම නිරුද්ධ කරන සංඥාවෙන් යුතුව ත් වාසය කරමි.

එනමුදු ස්වාමීනී, මා හට මෙසේ සිතෙයි. 'මාගේ ඇවෑමෙන් මේ ජෝතික ගෘහපති තෙමේ දුකකට පත් නොවේවා!' යි."

"දරුව, දීඝාවු, ඔබ එසේ මෙනෙහි නොකරව. එහෙයින් දරුව දීඝාවු, ඔබ භාග්‍යවතුන් වහන්සේ යමක් වදාරත් ද, එය ම මනාකොට මෙනෙහි කරව."

ඉක්බිති භාග්‍යවතුන් වහන්සේ දීඝාවු උපාසකට මේ අවවාදයෙන් අවවාද කොට, හුනස්නෙන් නැගිට වැඩි සේක. එකල්හී දීඝාවු උපාසක භාග්‍යවතුන් වහන්සේ වැඩම කොට නොබෝ වේලාවකින් කලුරිය කළේ ය. ඉක්බිති බොහෝ භික්ෂූහු භාග්‍යවතුන් වහන්සේ වෙත පැමිණියහ. පැමිණ භාග්‍යවතුන් වහන්සේට සකසා වන්දනා කොට එකත්පස් ව හිඳගත්හ. එකත්පස් ව හුන් ඒ භික්ෂූහු භාග්‍යවතුන් වහන්සේට මෙය පැවසූහ.

"ස්වාමීනී, යම් ඒ දීඝාවු නම් උපාසකයෙක් භාග්‍යවතුන් වහන්සේ විසින් සංක්ෂේප වූ අවවාදයෙන් අවවාද කරන ලද්දේ ද, ඔහු කලුරිය කළේ ය. ඔහුගේ ගතිය කුමක් ද? පරලොව ජීවිතය කුමක් ද?"

"මහණෙනි, දීඝාවු උපාසක නුවණැත්තෙක් වූයේ ය. ධර්මානුධර්මයට පිළිපන්නේ ය. ධර්මය මුල්කොට මා හට වෙහෙස නොකළේ ය. මහණෙනි, දීඝාවු උපාසක ඕරම්භාගිය සංයෝජන පස ගෙවා දැමීමෙන් ඕපපාතික ව එහි ම පිරිනිවන් පාන සුළු ව, ඒ ලෝකයෙන් පෙරලා නොඑන ස්වභාවයට පත්වූයේ වෙයි."

සාදු! සාදු!! සාදු!!!

දීඝාවු උපාසක සූත්‍රය නිමා විය.

11.1.4.
සාරිපුත්ත සූත්‍රය
සාරිපුත්ත තෙරුන් වදාළ දෙසුම

එක් සමයෙක්හි ආයුෂ්මත් සාරිපුත්තයන් වහන්සේ ද, ආයුෂ්මත් ආනන්දයන් වහන්සේ ද සැවැත් නුවර ජේතවනයෙහි අනේපිඬු සිටුහුගේ ආරාමයෙහි වැඩවසන සේක. එකල්හී ආයුෂ්මත් ආනන්දයන් වහන්සේ සවස් වරුවෙහි භාවනාවෙන් නැගිට ආයුෂ්මත් සාරිපුත්තයන් වහන්සේ කරා එළැඹියහ. එළැඹ ආයුෂ්මත් සාරිපුත්තයන් වහන්සේ සමඟ සතුටු වූහ. සතුටු විය යුතු පිළිසඳර කථාබහ නිමවා එකත්පස් ව හිඳගත්හ. එකත්පස් ව හුන් ආයුෂ්මත් ආනන්දයන් වහන්සේ ආයුෂ්මත් සාරිපුත්තයන් වහන්සේට මෙය පැවසූහ.

"ඇවැත් සාරිපුත්තයෙනි, මෙසේ මේ ප්‍රජාව කොපමණ ධර්මයන්ගෙන් සමන්විත වීම හේතුවෙන් සෝවාන් ව, සිව් අපායෙන් මිදී, නියත වශයෙන් නිවන පිහිට කොට ඇත්තාහු යැයි භාග්‍යවතුන් වහන්සේ වදාළ සේක් ද?"

"ඇවැත්නි, සතර ධර්මයකින් සමන්විත වීම හේතුවෙන් මෙසේ මේ ප්‍රජාව සෝවාන් ව, සිව් අපායෙන් මිදී, නියත වශයෙන් නිවන පිහිට කොට ඇත්තාහු යැයි භාග්‍යවතුන් වහන්සේ වදාළ සේක. ඒ කවර සතරක් ද යත්;

ඇවැත්නි, මෙහිලා ආර්ය ශ්‍රාවකයා බුදුරජුන් කෙරෙහි නිසැක බවට පැමිණි නොසෙල්වෙන පැහැදීමෙන් යුක්ත වෙයි. එනම්, 'ඒ භාග්‍යවතුන් වහන්සේ මෙසේ ත් අරහං වන සේක. ....(පෙ).... සත්ථා දේවමනුස්සානං වන සේක. බුද්ධ වන සේක. භගවා වන සේක' යනුවෙනි. ධර්මය කෙරෙහි ....(පෙ)....

සංඝයා කෙරෙහි ....(පෙ).... ආර්යකාන්ත සීලයකින් යුක්ත වෙයි. නොකැඩුණු, ...(පෙ).... සමාධිය පිණිස පවතින සීලයෙන් යුක්ත වෙයි.

ඇවැත්නි, මේ සතර ධර්මයෙන් සමන්විත වීම හේතුවෙන් මෙසේ මේ ප්‍රජාව සෝවාන් ව, සිව් අපායෙන් මිදී, නියත වශයෙන් නිවන පිහිට කොට ඇත්තාහු යැයි භාග්‍යවතුන් වහන්සේ වදාළ සේක."

සාදු! සාදු!! සාදු!!!

සාරිපුත්ත සූත්‍රය නිමා විය.

11.1.5.
දුතිය සාරිපුත්ත සූත්‍රය
සාරිපුත්ත තෙරුන් වදාළ දෙවෙනි දෙසුම

එකල්හී ආයුෂ්මත් සාරිපුත්තයන් වහන්සේ භාග්‍යවතුන් වහන්සේ වෙත එළැඹියහ. එළැඹ භාග්‍යවතුන් වහන්සේට සකසා වන්දනා කොට එකත්පස් ව හිඳගත්හ. එකත්පස් ව හුන් ආයුෂ්මත් සාරිපුත්තයන් වහන්සේට භාග්‍යවතුන් වහන්සේ මෙය වදාළ සේක.

"සාරිපුත්තයෙනි, 'සෝතාපත්ති අංග, සෝතාපත්ති අංග' යි මෙය කියනු ලැබේ. සාරිපුත්තයෙනි, සෝතාපත්ති අංග යනු මොනවා ද?"

"ස්වාමීනි, සත්පුරුෂයන්ගේ ඇසුර සෝතාපත්ති අංගයකි. සද්ධර්ම ශ්‍රවණය සෝතාපත්ති අංගයකි. යෝනිසෝ මනසිකාරය සෝතාපත්ති අංගයකි. ධර්මානුධර්ම ප්‍රතිපදාව සෝතාපත්ති අංගයකි."

"සාදු! සාදු! සාරිපුත්තයෙනි. සාරිපුත්තයෙනි, සත්පුරුෂයන්ගේ ඇසුර සෝතාපත්ති අංගයකි. සද්ධර්ම ශ්‍රවණය සෝතාපත්ති අංගයකි. යෝනිසෝ මනසිකාරය සෝතාපත්ති අංගයකි. ධර්මානුධර්ම ප්‍රතිපදාව සෝතාපත්ති අංගයකි."

"සාරිපුත්තයෙනි, 'සෝත, සෝත' යි මෙය කියනු ලැබේ. සාරිපුත්තයෙනි, සෝත යනු කුමක් ද?"

"ස්වාමීනී, මේ ආර්ය අෂ්ටාංගික මාර්ගය ම 'සෝත' නම් වෙයි. එනම්;

නිවැරදි දෘෂ්ටිය ය, නිවැරදි සංකල්පනා ය, නිවැරදි වචන භාවිතය ය, නිවැරදි කායික ක්‍රියා ය, නිවැරදි දිවි පැවැත්ම ය, නිවැරදි වීර්යය ය, නිවැරදි සිහිය ය, නිවැරදි චිත්ත සමාධිය ය."

"සාදු! සාදු! සාරිපුත්තයෙනි. සාරිපුත්තයෙනි, මේ ආර්ය අෂ්ටාංගික මාර්ගය ම 'සෝත' නම් වෙයි. එනම්; නිවැරදි දෘෂ්ටිය ය, නිවැරදි සංකල්පනා ය, නිවැරදි වචන භාවිතය ය, නිවැරදි කායික ක්‍රියා ය, නිවැරදි දිවි පැවැත්ම ය, නිවැරදි වීර්යය ය, නිවැරදි සිහිය ය, නිවැරදි චිත්ත සමාධිය ය."

"සාරිපුත්තයෙනි, 'සෝතාපන්න, සෝතාපන්න' යි මෙය කියනු ලැබේ. සාරිපුත්තයෙනි, සෝතාපන්නයා කවුද?"

"ස්වාමීනී, යමෙක් වනාහී මේ ආර්ය අෂ්ටාංගික මාර්ගයෙන් යුක්ත වූයේ වෙයි ද, මොහු සෝතාපන්න යැයි කියනු ලැබේ. ඒ මේ ආයුෂ්මත් තෙමේ 'මෙබඳු නම් ඇත්තේ, මෙබඳු ගෝත්‍ර ඇත්තේ ය' යි."

"සාදු! සාදු! සාරිපුත්තයෙනි. සාරිපුත්තයෙනි, යමෙක් වනාහී මේ ආර්ය අෂ්ටාංගික මාර්ගයෙන් යුක්ත වූයේ වෙයි ද, මොහු සෝතාපන්න යැයි කියනු ලැබේ. ඒ මේ ආයුෂ්මත් තෙමේ 'මෙබඳු නම් ඇත්තේ, මෙබඳු ගෝත්‍ර ඇත්තේ ය' යි."

සාදු! සාදු!! සාදු!!!

දුතිය සාරිපුත්ත සූත්‍රය නිමා විය.

11.1.6.
ථපති සූත්‍රය
වඩුදෙටුවන්ට වදාළ දෙසුම

එසමයෙහි බොහෝ භික්ෂූහු භාග්‍යවතුන් වහන්සේගේ සිවුර සැකසීම කරති. 'නිමවන ලද සිවුරු ඇති භාග්‍යවතුන් වහන්සේ තෙමසක් ඇවෑමෙන් චාරිකාවේ වඩින සේකැ'යි කියා ය.

එසමයෙහි ඉසිදත්ත, පුරාණ යන වඩුදෙටුවෝ කිසියම් කරුණක් උදෙසා සාධුක නම් නගරයෙහි වාසය කරති. ඉසිදත්ත, පුරාණ වඩුදෙටුවෝ බොහෝ

භික්ෂූහු භාග්‍යවතුන් වහන්සේගේ සිවුර සැකසීම කරත් ය; 'නිමවන ලද සිවුරු ඇති භාග්‍යවතුන් වහන්සේ තෙමසක් ඇවෑමෙන් චාරිකාවේ වඩින සේකැ'යි යන කරුණ ඇසූහ.

ඉක්බිති ඉසිදත්ත, පුරාණ යන වඩුදෙටුවෝ මාර්ගයෙහි පුරුෂයෙකු තැබූහ. "එම්බා පුරුෂය, යම් විටෙක ඔබ අරහත් සම්මා සම්බුදු වූ භාග්‍යවතුන් වහන්සේ වැඩම කරනා අයුරු දකින්නෙහි නම්, එවිට අපට දැනුම් දෙන්නෙහි" යි.

දෙතුන් දිනක් සිටි ඒ පුරුෂයා දුරින් ම වඩින්නා වූ භාග්‍යවතුන් වහන්සේ ව දුටුවේ ය. දැක ඉසිදත්ත, පුරාණ වඩුදෙටුවන් කරා එළැඹියේ ය. එළැඹ ඉසිදත්ත, පුරාණ වඩුදෙටුවන්ට මෙය පැවසුවේ ය.

"හිමියනි, ඒ මේ අරහත් සම්මා සම්බුදු වූ භාග්‍යවතුන් වහන්සේ වඩිනා සේක. දැන් යමකට කාලය නම් එය දැනගත මැනැව."

ඉක්බිති ඉසිදත්ත, පුරාණ වඩුදෙටුවෝ භාග්‍යවතුන් වහන්සේ වෙත එළැඹියහ. එළැඹ භාග්‍යවතුන් වහන්සේට සකසා වන්දනා කොට භාග්‍යවතුන් වහන්සේගේ පසුපසින් උන්වහන්සේ අනුව ගමන් ගත්හ.

ඉක්බිති භාග්‍යවතුන් වහන්සේ මගින් බැහැර ව, එක්තරා රුක් සෙවණක් වෙත එළැඹි සේක. එළැඹ පණවන ලද අසුනෙහි වැඩහුන් සේක. ඉසිදත්ත, පුරාණ වඩුදෙටුවෝ භාග්‍යවතුන් වහන්සේට සකසා වන්දනා කොට එකත්පස් ව හිඳගත්හ. එකත්පස් ව හුන් ඉසිදත්ත, පුරාණ වඩුදෙටුවෝ භාග්‍යවතුන් වහන්සේට මෙය පැවසූහ.

"ස්වාමීනී, යම් කලෙක අපි භාග්‍යවතුන් වහන්සේ සැවැත් නුවරින් නික්ම කොසොල් දනව්වෙහි චාරිකාවට වැඩම කරනා සේකැයි අසමු ද, එසමයෙහි අපට නොසතුටු සිතක් ඇතිවෙයි. දොම්නසක් ඇතිවෙයි. 'භාග්‍යවතුන් වහන්සේ අපගෙන් ඈතට වැඩම කරනා සේකැ'යි. ස්වාමීනී, යම් කලෙක අපි භාග්‍යවතුන් වහන්සේ සැවැත් නුවරින් නික්ම කොසොල් දනව්වෙහි චාරිකාවට වැඩම කළ සේකැයි අසමු ද, එසමයෙහි අපට නොසතුටු සිතක් ඇතිවෙයි. දොම්නසක් ඇතිවෙයි. 'භාග්‍යවතුන් වහන්සේ අපගෙන් ඈතට වැඩම කළ සේකැ'යි.

ස්වාමීනී, යම් කලෙක අපි භාග්‍යවතුන් වහන්සේ කොසොල් දනව්වෙන් නික්ම මල්ල ජනපදයෙහි චාරිකාවට වැඩම කරනා සේකැයි අසමු ද, එසමයෙහි අපට නොසතුටු සිතක් ඇතිවෙයි. දොම්නසක් ඇතිවෙයි. 'භාග්‍යවතුන් වහන්සේ අපගෙන් ඈතට වැඩම කරනා සේකැ'යි. ස්වාමීනී, යම් කලෙක අපි භාග්‍යවතුන්

වහන්සේ කොසොල් දනව්වෙන් නික්ම මල්ල ජනපදයෙහි චාරිකාවට වැඩම කළ සේකැයි අසමු ද, එසමයෙහි අපට නොසතුටු සිතක් ඇතිවෙයි. දොම්නසක් ඇතිවෙයි. 'භාග්‍යවතුන් වහන්සේ අපගෙන් ඈතට වැඩම කළ සේකැ'යි.

ස්වාමීනී, යම් කලෙක අපි භාග්‍යවතුන් වහන්සේ මල්ල ජනපදයෙන් නික්ම වජ්ජි ජනපදයෙහි චාරිකාවට වැඩම කරනා සේකැයි අසමු ද, එසමයෙහි අපට නොසතුටු සිතක් ඇතිවෙයි. දොම්නසක් ඇතිවෙයි. 'භාග්‍යවතුන් වහන්සේ අපගෙන් ඈතට වැඩම කරනා සේකැ'යි. ස්වාමීනී, යම් කලෙක අපි භාග්‍යවතුන් වහන්සේ මල්ල ජනපදයෙන් නික්ම වජ්ජි ජනපදයෙහි චාරිකාවට වැඩම කළ සේකැයි අසමු ද, එසමයෙහි අපට නොසතුටු සිතක් ඇතිවෙයි. දොම්නසක් ඇතිවෙයි. 'භාග්‍යවතුන් වහන්සේ අපගෙන් ඈතට වැඩම කළ සේකැ'යි.

ස්වාමීනී, යම් කලෙක අපි භාග්‍යවතුන් වහන්සේ වජ්ජි ජනපදයෙන් නික්ම කාසි ජනපදයෙහි චාරිකාවට වැඩම කරනා සේකැයි අසමු ද, එසමයෙහි අපට නොසතුටු සිතක් ඇතිවෙයි. දොම්නසක් ඇතිවෙයි. 'භාග්‍යවතුන් වහන්සේ අපගෙන් ඈතට වැඩම කරනා සේකැ'යි. ස්වාමීනී, යම් කලෙක අපි භාග්‍යවතුන් වහන්සේ වජ්ජි ජනපදයෙන් නික්ම කාසි ජනපදයෙහි චාරිකාවට වැඩම කළ සේකැයි අසමු ද, එසමයෙහි අපට නොසතුටු සිතක් ඇතිවෙයි. දොම්නසක් ඇතිවෙයි. 'භාග්‍යවතුන් වහන්සේ අපගෙන් ඈතට වැඩම කළ සේකැ'යි.

ස්වාමීනී, යම් කලෙක අපි භාග්‍යවතුන් වහන්සේ කාසි ජනපදයෙන් නික්ම මගධ ජනපදයෙහි චාරිකාවට වැඩම කරනා සේකැයි අසමු ද, එසමයෙහි අපට නොසතුටු සිතක් ඇතිවෙයි. දොම්නසක් ඇතිවෙයි. 'භාග්‍යවතුන් වහන්සේ අපගෙන් ඈතට වැඩම කරනා සේකැ'යි. ස්වාමීනී, යම් කලෙක අපි භාග්‍යවතුන් වහන්සේ කාසි ජනපදයෙන් නික්ම මගධ ජනපදයෙහි චාරිකාවට වැඩම කළ සේකැයි අසමු ද, එසමයෙහි අපට නොසතුටු සිතක් ඇතිවෙයි. දොම්නසක් ඇතිවෙයි. 'භාග්‍යවතුන් වහන්සේ අපගෙන් ඈතට වැඩම කළ සේකැ'යි.

ස්වාමීනී, යම් කලෙක අපි භාග්‍යවතුන් වහන්සේ මගධ ජනපදයෙන් නික්ම යළි කාසි ජනපදයන්හි චාරිකාවට ආපසු වැඩම කරනා සේකැයි අසමු ද, එසමයෙහි අපට සතුටු සිතක් ඇතිවෙයි. සොම්නසක් ඇතිවෙයි. 'භාග්‍යවතුන් වහන්සේ අපට ආසන්න වන සේකැ'යි. ස්වාමීනී, යම් කලෙක අපි භාග්‍යවතුන් වහන්සේ මගධ ජනපදයෙන් නික්ම යළි කාසි ජනපදයන්හි චාරිකාවට ආපසු වැඩම කළ සේකැයි අසමු ද, එසමයෙහි අපට සතුටු සිතක් ඇතිවෙයි. සොම්නසක් ඇතිවෙයි. 'භාග්‍යවතුන් වහන්සේ අපට ආසන්න වූ සේකැ'යි.

ස්වාමීනී, යම් කලෙක අපි භාග්‍යවතුන් වහන්සේ කාසි ජනපදයෙන් නික්ම යළි වජ්ජි ජනපදයන්හි චාරිකාවට ආපසු වැඩම කරනා සේකැයි අසමු ද, එසමයෙහි අපට සතුටු සිතක් ඇතිවෙයි. සොම්නසක් ඇතිවෙයි. 'භාග්‍යවතුන් වහන්සේ අපට ආසන්න වන සේකැ'යි. ස්වාමීනී, යම් කලෙක අපි භාග්‍යවතුන් වහන්සේ කාසි ජනපදයෙන් නික්ම යළි වජ්ජි ජනපදයන්හි චාරිකාවට ආපසු වැඩම කළ සේකැයි අසමු ද, එසමයෙහි අපට සතුටු සිතක් ඇතිවෙයි. සොම්නසක් ඇතිවෙයි. 'භාග්‍යවතුන් වහන්සේ අපට ආසන්න වූ සේකැ'යි.

ස්වාමීනී, යම් කලෙක අපි භාග්‍යවතුන් වහන්සේ වජ්ජි ජනපදයෙන් නික්ම යළි මල්ල ජනපදයන්හි චාරිකාවට ආපසු වැඩම කරනා සේකැයි අසමු ද, එසමයෙහි අපට සතුටු සිතක් ඇතිවෙයි. සොම්නසක් ඇතිවෙයි. 'භාග්‍යවතුන් වහන්සේ අපට ආසන්න වන සේකැ'යි. ස්වාමීනී, යම් කලෙක අපි භාග්‍යවතුන් වහන්සේ වජ්ජි ජනපදයෙන් නික්ම යළි මල්ල ජනපදයන්හි චාරිකාවට ආපසු වැඩම කළ සේකැයි අසමු ද, එසමයෙහි අපට සතුටු සිතක් ඇතිවෙයි. සොම්නසක් ඇතිවෙයි. 'භාග්‍යවතුන් වහන්සේ අපට ආසන්න වූ සේකැ'යි.

ස්වාමීනී, යම් කලෙක අපි භාග්‍යවතුන් වහන්සේ මල්ල ජනපදයෙන් නික්ම යළි කොසොල් දනව්වෙහි චාරිකාවට ආපසු වැඩම කරනා සේකැයි අසමු ද, එසමයෙහි අපට සතුටු සිතක් ඇතිවෙයි. සොම්නසක් ඇතිවෙයි. 'භාග්‍යවතුන් වහන්සේ අපට ආසන්න වන සේකැ'යි. ස්වාමීනී, යම් කලෙක අපි භාග්‍යවතුන් වහන්සේ මල්ල ජනපදයෙන් නික්ම යළි කොසොල් දනව්වෙහි චාරිකාවට ආපසු වැඩම කළ සේකැයි අසමු ද, එසමයෙහි අපට සතුටු සිතක් ඇතිවෙයි. සොම්නසක් ඇතිවෙයි. 'භාග්‍යවතුන් වහන්සේ අපට ආසන්න වූ සේකැ'යි.

ස්වාමීනී, යම් කලෙක අපි භාග්‍යවතුන් වහන්සේ කොසොල් ජනපදයෙහි සැවැත් නුවර බලා චාරිකාවට ආපසු වැඩම කරනා සේකැයි අසමු ද, එසමයෙහි අපට සතුටු සිතක් ඇතිවෙයි. සොම්නසක් ඇතිවෙයි. 'භාග්‍යවතුන් වහන්සේ අපට ආසන්න වන සේකැ'යි. ස්වාමීනී, යම් කලෙක අපි භාග්‍යවතුන් වහන්සේ සැවැත් නුවර ජේතවනයෙහි අනේපිඬු සිටුහුගේ ආරාමයෙහි වැඩවසන සේකැයි අසමු ද, එසමයෙහි අපට අනල්ප වූ සතුටු සිතක් ඇතිවෙයි. අනල්ප සොම්නසක් ඇතිවෙයි. 'භාග්‍යවතුන් වහන්සේ අපට ආසන්න ව වැඩසිටින සේකැ'යි."

"එසේ වී නම් වඩුදෙටුවෙනි, ගිහි ගෙදර වාසය කිරීම කරදර ය. කෙලෙස් වැඩෙන මගකි. පැවිද්ද යනු ඉතා නිදහස් තැනකි. එහෙයින් වඩුදෙටුවෙනි, ඔබ විසින් අප්‍රමාදී ව ම වාසය කිරීම සුදුසු ය."

"ස්වාමීනී, මේ ගිහි ගෙදර කරදරයට වඩා වෙනත් කරදරයක්, අතිශයින් ම කරදරයක්, ඉතා බලවත් කරදරයක් අපට ඇත්තේ ම ය."

"වඩු දෙටුවෙනි, මේ ගිහි ගෙදර කරදරයට වඩා ඔබට ඇති වෙනත් කරදරය, අතිශයින් ම කරදරය, ඉතා බලවත් කරදරය කුමක් ද?"

"ස්වාමීනී, මෙහි යම් කලෙක පසේනදී කොසොල් රජු උයන් බිමට යන්නට කැමති වෙයි ද, එකල්හී අපි යම් ඒ පසේනදී කොසොල් රජුගේ පිට නැංවීමෙහි සමත් ඇත්තු සිටිත් ද, ඔවුන් සරසා පසේනදී කොසොල් රජුගේ ප්‍රිය වූ මනාප වූ යම් ඒ මහේෂිකාවෝ සිටිත් ද, ඔවුන් එක් අයෙකු පෙරට ත්, එක් අයෙකු පසුවට ත් ඇතුපිට හිඳුවන්නෙමු. ස්වාමීනී, රාජකීයත්වයට ගැලපෙන සුවඳින් සැරසුණු ඒ සොයුරියන්ගේ සිරුරින් හමන සුවඳ මෙබඳු වෙයි. එකෙණෙහි වැසුම් හරිනු ලැබූ සුවඳ කරඬුවකින් හමන යම් සුවඳක් ඇද්ද, එබඳු ය. ස්වාමීනී, සැප සේ වැඩුණු රාජ කන්‍යාවන් වූ ඒ සොයුරියන්ගේ කයෙහි පහස මෙබඳු වෙයි. හිඹුල් පුළුන්වල හෝ කපු පුළුන්වල හෝ යම් සිනිඳු පහසක් ඇද්ද, එබඳු ය.

ස්වාමීනී, ඒ අවස්ථාවෙහි වනාහී හස්තියා ත් රැකගත යුත්තේ වෙයි. ඒ නැගෙණිවරුනුත් රැකගත යුත්තාහු වෙති. තමා ව ත් රැකගත යුත්තේ වෙයි. ස්වාමීනී, අපි ඒ නැගෙණිවරුන් පිළිබඳ ව පාපී සිතක් ඉපද වූ බවක් විශේෂ කොට නොදනිමු. ස්වාමීනී, මෙය වනාහී ගිහි ගෙදර කරදරයට වඩා අපට ඇති වෙනත් කරදරය, අතිශයින් ම කරදරය, ඉතා බලවත් කරදරය වෙයි."

"එසේ වී නම් වඩුදෙටුවෙනි, ගිහි ගෙදර වාසය කිරීම කරදර ය. කෙලෙස් වැඩෙන මගකි. පැවිද්ද යනු ඉතා නිදහස් තැනකි. එහෙයින් වඩුදෙටුවෙනි, ඔබ විසින් අප්‍රමාදී ව ම වාසය කිරීම සුදුසු ය.

වඩුදෙටුවෙනි, සතර ධර්මයකින් යුක්ත වූ ආර්ය ශ්‍රාවක තෙමේ සිව් අපායෙන් මිදුණේ, නියත වශයෙන් නිවන පිහිට කොට සෝවාන් වූයේ වෙයි. ඒ කවර සතරකින් ද යත්; වඩුදෙටුවෙනි, මෙහිලා ආර්ය ශ්‍රාවක තෙමේ බුදුරජුන් කෙරෙහි නිසැක බවට පත් ව, නොසෙල්වෙන පැහැදීමෙන් යුක්ත වූයේ වෙයි. 'මෙසේ ත් ඒ භාග්‍යවතුන් වහන්සේ ....(පෙ).... දෙව් මිනිසුන්ගේ ශාස්තෘ වන සේක. බුද්ධ වන සේක. භගවා වන සේක' යි. ධර්මය කෙරෙහි ත් ....(පෙ)....

සංඝයා කෙරෙහි ත් ....(පෙ).... පහ ව ගිය මසුරුමල ඇති සිතින් ගිහි ගෙදර වසන්නේ වෙයි. එනම්, දන් දීම පිණිස වෙන්කළ දේ ඇති ව, සෝදා ගත් අත් ඇති ව, දන් දීමෙහි ඇලුණේ, අන්‍යයන්ගේ ඉල්ලීමට සුදුසු වූයේ, දන් බෙදීමෙහි ඇලුණේ වෙයි. වඩුදෙටුවෙනි, මේ සතර ධර්මයෙන් යුක්ත වූ ආර්ය ශ්‍රාවක තෙමේ සිව් අපායෙන් මිදුණේ, නියත වශයෙන් නිවන පිහිට කොට සෝවාන් වූයේ වෙයි.

වඩුදෙටුවෙනි, ඔබ දෙදෙන වනාහී බුදුරජුන් කෙරෙහි නිසැක බවට පත් ව, නොසෙල්වෙන පැහැදීමෙන් යුක්ත වූවහු ය. 'මෙසේ ත් ඒ භාග්‍යවතුන් වහන්සේ ....(පෙ).... දෙව් මිනිසුන්ගේ ශාස්තෘ වන සේක. බුද්ධ වන සේක. භගවා වන සේක' යි. ධර්මය කෙරෙහි ත් ....(පෙ).... සංඝයා කෙරෙහි ත් ....(පෙ).... දීමට සුදුසු වූ යම් කිසිවක් තම නිවසෙහි ඇද්ද, ඒ සියල්ල කලණදහම් ඇති සිල්වතුන් විෂයෙහි නොබෙදා ඇද්ද! වඩුදෙටුවෙනි, ඒ කිමෙකැයි හඟිව් ද? යම් මේ දන්බෙදීමෙහිලා යම් කෙනෙක් ඔබ දෙදෙනාට සම සම ව සිටිත් නම්, එබඳු මිනිස්සු කොසොල් දනව්වෙහි කොපමණ ඇද්ද!"

"ස්වාමීනී, අපට ලාභයකි! ස්වාමීනී, අපට මනා වූ ලාභයකි! යම් බඳු අප ගැන භාග්‍යවතුන් වහන්සේ මේ අයුරින් දන්නා සේක!"

සාදු! සාදු!! සාදු!!!

ථපති සූත්‍රය නිමා විය.

11.1.7.
වේළුද්වාරෙය්‍ය සූත්‍රය
වේළුද්වාර ගමෙහි දී වදාළ දෙසුම

එක් සමයෙක්හි භාග්‍යවතුන් වහන්සේ මහත් වූ භික්ෂු සංඝයා සමඟ කොසොල් ජනපදයන්හි චාරිකාවෙහි වඩිනා සේක්, වේළුද්වාර නම් කොසොල් වාසීන්ගේ බ්‍රාහ්මණ ගම කරා වැඩි සේක. වේළුද්වාරවැසි බ්‍රාහ්මණ ගෘහපතියෝ මෙය ඇසූහ.

"ශාක්‍ය කුලයෙන් නික්ම පැවිදි වූ, ශාක්‍ය පුත්‍ර වූ, ශ්‍රමණ භවත් ගෞතමයාණෝ මහත් වූ භික්ෂු සංඝයා සමඟ කොසොල් ජනපදයන්හි

චාරිකාවෙහි වඩිනා සේක්, වේළුද්වාර ගමට පැමිණි සේක. ඒ ගෞතම භාග්‍යවතුන් වහන්සේ පිළිබඳ ව මෙබඳු වූ කල්‍යාණ කීර්ති ඝෝෂාවක් උස් ව පැනනැංගේ ය. එනම්; ඒ භාග්‍යවතුන් වහන්සේ මෙසේ ත් අරහං වන සේක. සම්මා සම්බුද්ධ වන සේක. විජ්ජාචරණ සම්පන්න වන සේක. සුගත වන සේක. ලෝකවිදූ වන සේක. අනුත්තරෝ පුරිසදම්ම සාරථී වන සේක. සත්ථා දේවමනුස්සානං වන සේක. බුද්ධ වන සේක. භගවා වන සේක' යනුවෙනි. උන්වහන්සේ දෙවියන් සහිත, මරුන් සහිත, බඹුන් සහිත, ශ්‍රමණ බමුණන් සහිත, දෙව් මිනිස් ප්‍රජාවෙන් යුතු මේ ලෝකය ස්වකීය විශිෂ්ට ඥානයෙන් දැන, සාක්ෂාත් කොට පවසන සේක. උන්වහන්සේ ධර්මය දේශනා කරන සේක. මුල කල්‍යාණ වූ, මැද කල්‍යාණ වූ, අවසානය කල්‍යාණ වූ, අර්ථ සහිත වූ, ව්‍යඤ්ජන සහිත වූ, මුළුමනින් ම පිරිපුන්, පිරිසිදු නිවන් මග පවසන සේක. එබඳු වූ රහතුන් වහන්සේ නමකගේ දැක්ම ඉතා මැනැවි."

ඉක්බිති වේළුද්වාරවැසි බ්‍රාහ්මණ ගෘහපතිවරු භාග්‍යවතුන් වහන්සේ වෙත පැමිණියාහු ය. පැමිණ ඇතැම් කෙනෙක් භාග්‍යවතුන් වහන්සේට සකසා වන්දනා කොට එකත්පස් ව හිඳගත්හ. ඇතැම් කෙනෙක් භාග්‍යවතුන් වහන්සේ සමඟ සතුටු වූහ. සතුටු විය යුතු පිළිසඳර කථාබහ නිමවා එකත්පස් ව හිඳගත්හ. ඇතැම් කෙනෙක් භාග්‍යවතුන් වහන්සේ වෙත ඇඳිලි බැඳ ප්‍රණාම කොට එකත්පස් ව හිඳගත්හ. ඇතැම් කෙනෙක් භාග්‍යවතුන් වහන්සේට සිය නම් ගොත් පවසා එකත්පස් ව හිඳගත්හ. ඇතැම් කෙනෙක් නිශ්ශබ්ද ව එකත්පස් ව හිඳගත්හ.

එකත්පස් ව හුන් වේළුද්වාරවැසි බ්‍රාහ්මණ ගෘහපතිවරු භාග්‍යවතුන් වහන්සේට මෙය පැවසූහ.

"භවත් ගෞතමයන් වහන්ස, අපි මෙබඳු වූ කැමැත්තක් ඇති ව, මෙබඳු වූ ඡන්දයක් ඇති ව, මෙබඳු වූ පැතුමක් ඇති ව, දරුවන්ගේ ත් කරදර සහිත ව නිදමින් ගිහි ගෙදර වසන්නෙමු. කසී රට සඳුන් ගල්වන්නෙමු. මල් සුවඳ විලවුන් දරන්නෙමු. රන් රිදී පරිහරණය කරන්නෙමු. එනම්, කය බිඳී මරණින් මතු සුගති සංඛ්‍යාත දෙව්ලොවෙහි උපදින්නෙමු යන කරුණ යි.

භවත් ගෞතමයාණෝ මෙබඳු කැමැත්තක් ඇති ව, මෙබඳු වූ ඡන්දයක් ඇති ව, මෙබඳු වූ පැතුමක් ඇති ව වසන්නා වූ අප හට යම් අයුරකින් අපි දරුවන්ගේ ත් කරදර සහිත ව නිදමින් ගිහි ගෙදර වසන්නෙමු නම්, කසී රට සඳුන් ගල්වන්නෙමු නම්, මල් සුවඳ විලවුන් දරන්නෙමු නම්, රන් රිදී පරිහරණය කරන්නෙමු නම්, කය බිඳී මරණින් මතු සුගති සංඛ්‍යාත දෙව්ලොවෙහි ද උපදින්නෙමු නම්, එබඳු වූ ධර්මයක් දේශනා කරත්වා!"

"ගෘහපතිවරුනි, තමා තුළට පමුණුවා ගලපා බලන්නා වූ ධර්ම ක්‍රමයක් ඔබලාට දේශනා කරන්නෙමි. එය අසව්. මනාකොට මෙනෙහි කරව්. පවසන්නෙමි."

"එසේ ය, භවත" යැයි වේළුද්වාරවැසි බ්‍රාහ්මණ ගෘහපතීහු භාග්‍යවතුන් වහන්සේට පිළිතුරු දුන්හ. භාග්‍යවතුන් වහන්සේ මෙය වදාළ සේක.

"ගෘහපතිවරුනි, තමා තුළට පමුණුවා ගලපා බලන්නා වූ ධර්ම ක්‍රමය කුමක් ද? ගෘහපතිවරුනි, මෙහිලා ආර්යශ්‍රාවකයා මෙසේ නුවණින් සලකා බලයි. 'මම් වනාහී ජීවත් වෙනු කැමැත්තෙමි. නොමැරෙනු කැමැත්තෙමි. සැප කැමැත්තෙමි. දුක පිළිකුල් කරමි. ජීවත් වනු කැමති, නොමැරෙනු කැමැති, සැප කැමති, දුක පිළිකුල් කරන මාව යමෙක් ජීවිතයෙන් තොර කරයි නම්, එය මට ප්‍රිය වූ, මනාප වූ දෙයක් නොවෙයි. ඉදින් මම ත් ජීවත් වනු කැමති, නොමැරෙනු කැමැති, සැප කැමති, දුක පිළිකුල් කරන වෙනත් කෙනෙකු ජීවිතයෙන් තොර කරයි නම්, අන්‍යයන්ට ත් එය අප්‍රිය ය, අමනාප ය. යම් මේ ධර්මයක් මට අප්‍රිය ද, අමනාප ද, ඒ ධර්මය අන්‍යයන්ට ත් අප්‍රිය වෙයි; අමනාප වෙයි. යම් මේ ධර්මයක් මට අප්‍රිය නම්, අමනාප නම්, මම ඒ දෙය හා කෙසේ නම් අන් කෙනෙකුව යොදවන්නෙම් ද?' ඔහු මේ අයුරින් නුවණින් සලකා බලා තමා ත් ප්‍රාණඝාතයෙන් වැළකුණේ වෙයි. අන්‍යයන්ව ද ප්‍රාණඝාතයෙන් වැළකීමෙහි සමාදන් කරවයි. ප්‍රාණඝාතයෙන් වැළකීමේ ගුණ ත් කියයි. මෙසේ ඔහුගේ මේ කායික හැසිරීම තුන් කෙලවරකින් පිරිසිදු හෙවත් ත්‍රිකෝටි පාරිශුද්ධිය වෙයි.

තව ද ගෘහපතිවරුනි, ආර්යශ්‍රාවකයා මෙසේ නුවණින් සලකා බලයි. 'යමෙක් වනාහී මා විසින් නුදුන් දෙයක් සොර සිතින් පැහැර ගන්නේ නම්, එය මට ප්‍රිය වූ, මනාප වූ දෙයක් නොවෙයි. ඉදින් මම ත් අන් කෙනෙකු විසින් නුදුන් දෙයක් සොර සිතින් පැහැර ගන්නෙම් නම් අන්‍යයන්ට ත් එය අප්‍රිය ය, අමනාප ය. යම් මේ ධර්මයක් මට අප්‍රිය ද, අමනාප ද, ඒ ධර්මය අන්‍යයන්ට ත් අප්‍රිය වෙයි; අමනාප වෙයි. යම් මේ ධර්මයක් මට අප්‍රිය නම්, අමනාප නම්, මම ඒ දෙය හා කෙසේ නම් අන් කෙනෙකුව යොදවන්නෙම් ද?' ඔහු මේ අයුරින් නුවණින් සලකා බලා තමා ත් සොරකමින් වැළකුණේ වෙයි. අන්‍යයන්ව ද සොරකමින් වැළකීමෙහි සමාදන් කරවයි. සොරකමින් වැළකීමේ ගුණ ත් කියයි. මෙසේ ඔහුගේ මේ කායික හැසිරීම තුන් කෙලවරකින් පිරිසිදු හෙවත් ත්‍රිකෝටි පාරිශුද්ධිය වෙයි.

තව ද ගෘහපතිවරුනි, ආර්යශ්‍රාවකයා මෙසේ නුවණින් සලකා බලයි. 'යමෙක් වනාහී මාගේ බිරින්දෑවරුන් කෙරෙහි වරදවා හැසිරීමකට පැමිණෙන්නේ නම්, එය මට ප්‍රිය වූ, මනාප වූ දෙයක් නොවෙයි. ඉදින් මම ත් අන් කෙනෙකුගේ

බිරින්දෑවරුන් කෙරෙහි වරදවා හැසිරීමකට පැමිණෙන්නෙම් නම්, අන්‍යයන්ට ත් එය අප්‍රිය ය, අමනාප ය. යම් මේ ධර්මයක් මට අප්‍රිය ද, අමනාප ද, ඒ ධර්මය අන්‍යයන්ට ත් අප්‍රිය වෙයි; අමනාප වෙයි. යම් මේ ධර්මයක් මට අප්‍රිය නම්, අමනාප නම්, මම ඒ දෙය හා කෙසේ නම් අන් කෙනෙකුව යොදවන්නෙම් ද?' ඔහු මේ අයුරින් නුවණින් සලකා බලා තමා ත් වැරදි කාම සේවනයෙන් වැළකුණේ වෙයි. අන්‍යයන්ව ද වැරදි කාම සේවනයෙන් වැළකීමෙහි සමාදන් කරවයි. වැරදි කාම සේවනයෙන් වැළකීමේ ගුණ ත් කියයි. මෙසේ ඔහුගේ මේ කායික හැසිරීම තුන් කෙලවරකින් පිරිසිදු හෙවත් ත්‍රිකෝටි පාරිශුද්ධිය වෙයි.

තව ද ගෘහපතිවරුනි, ආර්යශ්‍රාවකයා මෙසේ නුවණින් සලකා බලයි. 'යමෙක් වනාහී බොරු පැවසීමෙන් මාගේ යහපත නසන්නේ නම්, එය මට ප්‍රිය වූ, මනාප වූ දෙයක් නොවෙයි. ඉදින් මම ත් බොරු පැවසීමෙන් අන් කෙනෙකුගේ යහපත නසන්නෙම් නම් අන්‍යයන්ට ත් එය අප්‍රිය ය, අමනාප ය. යම් මේ ධර්මයක් මට අප්‍රිය ද, අමනාප ද, ඒ ධර්මය අන්‍යයන්ට ත් අප්‍රිය වෙයි; අමනාප වෙයි. යම් මේ ධර්මයක් මට අප්‍රිය නම්, අමනාප නම්, මම ඒ දෙය හා කෙසේ නම් අන් කෙනෙකුව යොදවන්නෙම් ද?' ඔහු මේ අයුරින් නුවණින් සලකා බලා තමා ත් බොරු කීමෙන් වැළකුණේ වෙයි. අන්‍යයන්ව ද බොරු කීමෙන් වැළකීමෙහි සමාදන් කරවයි. බොරු කීමෙන් වැළකීමේ ගුණ ත් කියයි. මෙසේ ඔහුගේ මේ වාචසික හැසිරීම තුන් කෙලවරකින් පිරිසිදු හෙවත් ත්‍රිකෝටි පාරිශුද්ධිය වෙයි.

තව ද ගෘහපතිවරුනි, ආර්යශ්‍රාවකයා මෙසේ නුවණින් සලකා බලයි. 'යමෙක් වනාහී කේලාම් කීමෙන් මිත්‍රයන් මා සමඟ බිඳවන්නේ නම්, එය මට ප්‍රිය වූ, මනාප වූ දෙයක් නොවෙයි. ඉදින් මම ත් කේලාම් කීමෙන් අන් අයෙකු මිත්‍රයන් හා බිඳවන්නෙම් නම් අන්‍යයන්ට ත් එය අප්‍රිය ය, අමනාප ය. යම් මේ ධර්මයක් මට අප්‍රිය ද, අමනාප ද, ඒ ධර්මය අන්‍යයන්ට ත් අප්‍රිය වෙයි; අමනාප වෙයි. යම් මේ ධර්මයක් මට අප්‍රිය නම්, අමනාප නම්, මම ඒ දෙය හා කෙසේ නම් අන් කෙනෙකුව යොදවන්නෙම් ද?' ඔහු මේ අයුරින් නුවණින් සලකා බලා තමා ත් කේලාම් කීමෙන් වැළකුණේ වෙයි. අන්‍යයන්ව ද කේලාම් කීමෙන් වැළකීමෙහි සමාදන් කරවයි. කේලාම් කීමෙන් වැළකීමේ ගුණ ත් කියයි. මෙසේ ඔහුගේ මේ වාචසික හැසිරීම තුන් කෙලවරකින් පිරිසිදු හෙවත් ත්‍රිකෝටි පාරිශුද්ධිය වෙයි.

තව ද ගෘහපතිවරුනි, ආර්යශ්‍රාවකයා මෙසේ නුවණින් සලකා බලයි. 'යමෙක් වනාහී මට දරුණු වචනයෙන් බැණ වදින්නේ නම්, එය මට ප්‍රිය වූ, මනාප වූ දෙයක් නොවෙයි. ඉදින් මම ත් අන් කෙනෙකුට දරුණු වචනයෙන්

බැණ වදින්නෙම් නම් අන්‍යයන්ට ත් එය අප්‍රිය ය, අමනාප ය. යම් මේ ධර්මයක් මට අප්‍රිය ද, අමනාප ද, ඒ ධර්මය අන්‍යයන්ට ත් අප්‍රිය වෙයි; අමනාප වෙයි. යම් මේ ධර්මයක් මට අප්‍රිය නම්, අමනාප නම්, මම ඒ දෙය හා කෙසේ නම් අන් කෙනෙකුව යොදවන්නෙම් ද?' ඔහු මේ අයුරින් නුවණින් සලකා බලා තමා ත් ඵරුෂ වචනයෙන් වැළකුණේ වෙයි. අන්‍යයන්ව ද ඵරුෂ වචනයෙන් වැළකීමෙහි සමාදන් කරවයි. ඵරුෂ වචනයෙන් වැළකීමේ ගුණ ත් කියයි. මෙසේ ඔහුගේ මේ වාචසික හැසිරීම තුන් කෙලවරකින් පිරිසිදු හෙවත් ත්‍රිකෝටි පාරිශුද්ධිය වෙයි.

තව ද ගෘහපතිවරුනි, ආර්යශ්‍රාවකයා මෙසේ නුවණින් සලකා බලයි. 'යමෙක් වනාහී මා සමඟ නිස්සාර කතාබහේ යෙදෙන්නේ නම්, එය මට ප්‍රිය වූ, මනාප වූ දෙයක් නොවෙයි. ඉදින් මම ත් අන් කෙනෙකු සමඟ නිසරු කතාබහේ යෙදෙන්නෙම් නම් අන්‍යයන්ට ත් එය අප්‍රිය ය, අමනාප ය. යම් මේ ධර්මයක් මට අප්‍රිය ද, අමනාප ද, ඒ ධර්මය අන්‍යයන්ට ත් අප්‍රිය වෙයි; අමනාප වෙයි. යම් මේ ධර්මයක් මට අප්‍රිය නම්, අමනාප නම්, මම ඒ දෙය හා කෙසේ නම් අන් කෙනෙකුව යොදවන්නෙම් ද?' ඔහු මේ අයුරින් නුවණින් සලකා බලා තමා ත් හිස් වචන කීමෙන් වැළකුණේ වෙයි. අන්‍යයන්ව ද හිස් වචන කීමෙන් වැළකීමෙහි සමාදන් කරවයි. හිස් වචන කීමෙන් වැළකීමේ ගුණ ත් කියයි. මෙසේ ඔහුගේ මේ වාචසික හැසිරීම තුන් කෙලවරකින් පිරිසිදු හෙවත් ත්‍රිකෝටි පාරිශුද්ධිය වෙයි.

ඔහු බුදුරජුන් කෙරෙහි නිසැක බවට පැමිණ නොසෙල්වෙන පැහැදීමෙන් යුක්ත වෙයි. එනම්, 'ඒ භාග්‍යවතුන් වහන්සේ මෙසේ ත් අරහං වන සේක. ....(පෙ).... සත්ථා දේවමනුස්සානං වන සේක. බුද්ධ වන සේක. භගවා වන සේක' යනුවෙනි. ධර්මය කෙරෙහි නිසැක බවට පැමිණ නොසෙල්වෙන පැහැදීමෙන් යුක්ත වෙයි. එනම්, 'භාග්‍යවතුන් වහන්සේ විසින් ධර්මය මැනැවින් වදාරණ ලද්දේ ය. ....(පෙ).... තමා තුළට පමුණුවා ගත යුත්තේ ය. නුවණැත්තන් විසින් තම තම නැණ පමණින් දැක්ක යුත්තේ ය' යනුවෙනි. සංඝයා කෙරෙහි නිසැක බවට පැමිණ නොසෙල්වෙන පැහැදීමෙන් යුක්ත වෙයි. එනම්, 'භාග්‍යවතුන් වහන්සේගේ ශ්‍රාවක සංඝ තෙමේ සුපටිපන්න වෙයි. ....(පෙ).... ලොවට උතුම් පින්කෙත වෙයි' යනුවෙනි. ආර්යකාන්ත සීලයකින් යුක්ත වෙයි. නොකැඩුණු, ...(පෙ).... සමාධිය පිණිස පවතින, සීලයෙන් යුක්ත වෙයි.

ගෘහපතිවරුනි, යම් කලෙක ආර්ය ශ්‍රාවක තෙමේ (කලින් සඳහන් කළ කයෙන් සිදුවන අකුසල් තුනෙන් වැළකී, වචනයෙන් සිදුවන අකුසල් සතරින් වැළකී) මේ ධර්ම සතෙන් යුක්ත වෙයි ද, කැමති විය යුතු (සෝතාපත්ති අංග)

මේ සතර කරුණින් යුක්ත වෙයි ද, ඔහු කැමති නම් තමා පිළිබඳ ව තමාටම පවසාගත හැක්කේ ය.

'මම නිරයෙන් මිදුණෙමි. තිරිසන් යෝනියෙන් මිදුණෙමි. ප්‍රේත විෂයෙන් මිදුණෙමි. අපාය, දුර්ගති, විනිපාතයෙන් මිදුණෙමි. සිව් අපායෙන් මිදුණු නියත වශයෙන් නිවන පිහිට කොට ගත් සෝවාන් වූ කෙනෙක්මි' වශයෙනි."

මෙසේ වදාළ කල්හී වේළුද්වාරවැසි බ්‍රාහ්මණ ගෘහපතිවරු භාග්‍යවතුන් වහන්සේට මෙය පැවසූහ.

"භවත් ගෞතමයන් වහන්ස, ඉතා මනහර ය ....(පෙ).... ඒ අපි භවත් ගෞතමයන් වහන්සේ ව සරණ යමු. ධර්මය ත්, භික්ෂු සංඝයා ත් සරණ යමු. භවත් ගෞතමයන් වහන්සේ අද පටන් දිවි තිබෙන තුරා සරණ ගිය උපාසකවරු ලෙස අප ව පිළිගන්නා සේක්වා!"

සාදු! සාදු!! සාදු!!!

වේළුද්වාරෙය්‍ය සූත්‍රය නිමා විය.

11.1.8.
ගිඤ්ජකාවසථ සූත්‍රය
ගෙඩිගෙයෙහි දී වදාළ දෙසුම

එක් සමයෙක්හි භාග්‍යවතුන් වහන්සේ නාදිකාවෙහි ගෙඩිගෙයෙහි වැඩවසන සේක. එකල්හී ආයුෂ්මත් ආනන්දයන් වහන්සේ භාග්‍යවතුන් වහන්සේ වෙත එළැඹියහ. එළැඹ භාග්‍යවතුන් වහන්සේට සාදරයෙන් වන්දනා කොට එකත්පස් ව හිඳගත්හ. එකත්පස් ව හුන් ආයුෂ්මත් ආනන්දයන් වහන්සේ භාග්‍යවතුන් වහන්සේට මෙය සැළ කළහ.

"ස්වාමීනී, නාදිකාවෙහි සිටි සාළ්හ නම් භික්ෂුව කළුරිය කළේ ය. ඔහු කොතැනක ඉපදුණේ ද? පරලොව කුමක් ද? ස්වාමීනී, නාදිකාවෙහි සිටි නන්දා නම් භික්ෂුණිය කළුරිය කළා ය. ඇයගේ උපත කුමක් ද? පරලොව කුමක් ද? ස්වාමීනී, නාදිකාවෙහි සිටි සුදත්ත නම් උපාසක කළුරිය කළේ ය. ඔහුගේ උපත කුමක් ද? පරලොව කුමක් ද? ස්වාමීනී, නාදිකාවෙහි සිටි සුජාතා නම් උපාසිකාව කළුරිය කළා ය. ඇයගේ උපත කුමක් ද? පරලොව කුමක් ද?

"ආනන්දයෙනි, කලුරිය කළ සාළ්හ භික්ෂුව ආශ්‍රවයන් ක්ෂය කොට අනාශ්‍රව වූ චිත්ත විමුක්තිය ත්, ප්‍රඥා විමුක්තිය ත් මෙලොව දී ම තම විශිෂ්ට නුවණින් සාක්ෂාත් කොට එයට පැමිණ වාසය කළේ ය. ආනන්දයෙනි, කලුරිය කළ නන්දා භික්ෂුණිය ඕරම්භාගිය සංයෝජන පස ගෙවා දැමීමෙන් ඕපපාතික ව සුද්ධාවාස බඹලොව ඉපිද ඒ ලොවින් නැවත මෙහි හැරී නොඑන සුළු ව එහි පිරිනිවෙන්නී ය. ආනන්දයෙනි, කලුරිය කළ සුදත්ත උපාසක සංයෝජන තුනක් ගෙවා දැමීමෙන්, රාග - ද්වේෂ - මෝහ තුනී කිරීමෙන් සකදාගාමී වූයේ එක් වරක් ම මෙලොවට අවුත් දුක් කෙළවර කරන්නේ ය. ආනන්දයෙනි, කලුරිය කළ සුජාතා උපාසිකාව සංයෝජන තුනක් ගෙවා දැමීමෙන් සෝවාන් ව, අපායට නොවැටෙන සුළු ව, නියත වශයෙන් ම නිවන පිහිට කොට සිටියා ය.

ආනන්දයෙනි, මනුෂ්‍ය ව උපන්නෙක් කළුරිය කරන්නේ ය යන යමක් ඇද්ද, මෙය ආශ්චර්යයක් නොවෙයි. ඉදින් ඒ ඒ මිනිසා කළුරිය කළ කල්හී මා වෙත එළැඹ එහි අරුත් විමසන්නහු නම්, ආනන්දයෙනි, එය තථාගතයන් හට වෙහෙසක් ම ය. එහෙයින් ආනන්දයෙනි, යම් ධර්මයකින් යුක්ත වූ ආර්ය ශ්‍රාවකයා කැමති නම් 'නිරයෙහි උපත ක්ෂය කළ කෙනෙක්මි. තිරිසන් ලොව උපත ක්ෂය කළ කෙනෙක්මි. ප්‍රේත ලොව උපත ක්ෂය කළ කෙනෙක්මි. අපාය දුගතියෙහි උපත ක්ෂය කළ කෙනෙක්මි. සෝවාන් වූවෙක්මි. අපායට නොවැටෙනසුළු වෙමි. නියතයෙන් ම නිවන පිහිට කොට ඇත්තෙමි' යි තමා ම තමා ගැන කියයි ද, එබඳු වූ 'දහම් කැඩපත' නැමැති ධර්ම ක්‍රමයක් දේශනා කරන්නෙමි.

ආනන්දයෙනි, යම් ධර්මයකින් යුක්ත වූ ආර්ය ශ්‍රාවකයා කැමති නම් 'නිරයෙහි උපත ක්ෂය කළ කෙනෙක්මි. තිරිසන් ලොව උපත ක්ෂය කළ කෙනෙක්මි. ප්‍රේත ලොව උපත ක්ෂය කළ කෙනෙක්මි. අපාය දුගතියෙහි උපත ක්ෂය කළ කෙනෙක්මි. සෝවාන් වූවෙක්මි. අපායට නොවැටෙනසුළු වෙමි. නියතයෙන් ම නිවන පිහිට කොට ඇත්තෙමි' යි තමා ම තමා ගැන කියයි ද, එබඳු වූ 'දහම් කැඩපත' නැමැති ධර්ම ක්‍රමය කුමක් ද?

ආනන්දයෙනි, මෙහිලා ආර්ය ශ්‍රාවකයා බුදුරජුන් කෙරෙහි නොසෙල්වෙන ප්‍රසාදයෙන් යුක්ත වූයේ වෙයි. 'මෙසේ ත් ඒ භාග්‍යවතුන් වහන්සේ අරහං වන සේක. සම්මා සම්බුද්ධ වන සේක. විජ්ජාචරණ සම්පන්න වන සේක. සුගත වන සේක. ලෝකවිදූ වන සේක. අනුත්තරෝ පුරිසදම්ම සාරථී වන සේක. සත්ථා දේවමනුස්සානං වන සේක. බුද්ධ වන සේක. භගවා වන සේක' යනුවෙනි.

ධර්මය කෙරෙහි නොසෙල්වෙන ප්‍රසාදයෙන් යුක්ත වූයේ වෙයි. 'භාග්‍යවතුන් වහන්සේ විසින් මනාකොට දේශනා කරන ලද බැවින් ධර්මය

ස්වාක්ඛාත වෙයි. සන්දිට්ඨික වෙයි. අකාලික වෙයි. ඒහිපස්සික වෙයි. ඕපනයික වෙයි. පච්චත්තං වේදිතබ්බෝ විඤ්ඤූහී වෙයි' යනුවෙනි.

සංඝයා කෙරෙහි නොසෙල්වෙන ප්‍රසාදයෙන් යුක්ත වූයේ වෙයි. 'භාග්‍යවතුන් වහන්සේගේ ශ්‍රාවක සංඝ තෙමේ සුපටිපන්න වෙයි. භාග්‍යවතුන් වහන්සේගේ ශ්‍රාවක සංඝ තෙමේ උජුපටිපන්න වෙයි. භාග්‍යවතුන් වහන්සේගේ ශ්‍රාවක සංඝ තෙමේ ඤායපටිපන්න වෙයි. භාග්‍යවතුන් වහන්සේගේ ශ්‍රාවක සංඝ තෙමේ සාමීචිපටිපන්න වෙයි. යම් මේ පුරුෂ යුගල සතරක් ද, පුරුෂ පුද්ගල අටක් ද වූ ඒ භාග්‍යවතුන් වහන්සේගේ ශ්‍රාවක සංඝ තෙමේ ආහුනෙය්‍ය වෙයි. පාහුනෙය්‍ය වෙයි. දක්ඛිණෙය්‍ය වෙයි. අංජලිකරණීය වෙයි. අනුත්තරං පුඤ්ඤක්ඛෙත්තං ලෝකස්ස වෙයි' යනුවෙනි.

නොකැඩුණු සිල්පද ඇති, සිදුරු නොවුණු, පැල්ලම් නොගැසුණු, කබර නොගැසුණු, තෘෂ්ණා දෘෂ්ටියකට දාස නොවූ, නුවණැත්තන් පසසන ලද, දෘෂ්ටියකට බැඳීමෙන් යුක්ත නොවූ, සමාධිය පිණිස පවතින, ආර්යකාන්ත සීලයෙන් යුක්ත වූයේ වෙයි.

ආනන්දයෙනි, යම් ධර්මයකින් යුක්ත වූ ආර්ය ශ්‍රාවකයා කැමති නම් 'නිරයෙහි උපත ක්ෂය කළ කෙනෙක්මි. තිරිසන් ලොව උපත ක්ෂය කළ කෙනෙක්මි. ප්‍රේත ලොව උපත ක්ෂය කළ කෙනෙක්මි. අපාය දුගතියෙහි උපත ක්ෂය කළ කෙනෙක්මි. සෝවාන් වූවෙක්මි. අපායට නොවැටෙනසුළු වෙමි. නියතයෙන් ම නිවන පිහිට කොට ඇත්තෙමි' යි තමා ම තමා ගැන කියයි ද, එබඳු වූ 'දහම් කැඩපත' නැමැති ඒ ධර්ම ක්‍රමය මෙය යි."

සාදු! සාදු!! සාදු!!!

ගිඤ්ජකාවසථ සූත්‍රය නිමා විය.

11.1.9.
දුතිය ගිඤ්ජකාවසථ සූත්‍රය
ගෙඩිගෙයෙහි දී වදාළ දෙවෙනි දෙසුම

එකත්පස් ව හුන් ආයුෂ්මත් ආනන්දයන් වහන්සේ භාග්‍යවතුන් වහන්සේට මෙය සැළ කළහ.

"ස්වාමීනී, නාදිකාවෙහි සිටි අශෝක නම් භික්ෂුව කළුරිය කළේ ය. ඔහු කොතැනක ඉපදුණේ ද? පරලොව කුමක් ද? ස්වාමීනී, නාදිකාවෙහි සිටි අශෝකා නම් භික්ෂුණිය කළුරිය කළා ය. ඇයගේ උපත කුමක් ද? පරලොව කුමක් ද? ස්වාමීනී, නාදිකාවෙහි සිටි අශෝක නම් උපාසක කළුරිය කළේ ය. ඔහුගේ උපත කුමක් ද? පරලොව කුමක් ද? ස්වාමීනී, නාදිකාවෙහි සිටි අශෝකා නම් උපාසිකාව කළුරිය කළා ය. ඇයගේ උපත කුමක් ද? පරලොව කුමක් ද?

"ආනන්දයෙනි, කලුරිය කළ අශෝක භික්ෂුව ආශ්‍රවයන් ක්ෂය කොට අනාශ්‍රව වූ චිත්ත විමුක්තිය ත්, ප්‍රඥා විමුක්තිය ත් මෙලොව දී ම තම විශිෂ්ට නුවණින් සාක්ෂාත් කොට එයට පැමිණ වාසය කළේ ය. ....(පෙ)....

ආනන්දයෙනි, යම් ධර්මයකින් යුක්ත වූ ආර්ය ශ්‍රාවකයා කැමති නම් 'නිරයෙහි උපත ක්ෂය කළ කෙනෙක්මි. තිරිසන් ලොව උපත ක්ෂය කළ කෙනෙක්මි. ප්‍රේත ලොව උපත ක්ෂය කළ කෙනෙක්මි. අපාය දුගතියෙහි උපත ක්ෂය කළ කෙනෙක්මි. සෝවාන් වූවෙක්මි. අපායට නොවැටෙනසුළු වෙමි. නියතයෙන් ම නිවන පිහිට කොට ඇත්තෙමි' යි තමා ම තමා ගැන කියයි ද, එබඳු වූ 'දහම් කැඩපත' නැමැති ඒ ධර්ම ක්‍රමය මෙය යි."

සාදු! සාදු!! සාදු!!!

දුතිය ගිඤ්ජකාවසථ සූත්‍රය නිමා විය.

11.1.10.
තතිය ගිඤ්ජකාවසථ සූත්‍රය
ගෙඩිගෙයෙහි දී වදාළ තෙවෙනි දෙසුම

එකත්පස් ව හුන් ආයුෂ්මත් ආනන්දයන් වහන්සේ භාග්‍යවතුන් වහන්සේට මෙය සැළ කළහ.

"ස්වාමීනී, නාදිකාවෙහි සිටි කකුධ නම් උපාසක කළුරිය කළේ ය. ඔහුගේ උපත කුමක් ද? පරලොව කුමක් ද? ස්වාමීනී, කාලිංග නම් උපාසක ....(පෙ).... ස්වාමීනී, නික්ඛ නම් උපාසක ....(පෙ).... ස්වාමීනී, කටිස්සභ නම් උපාසක ....(පෙ).... ස්වාමීනී, තුට්ඨ නම් උපාසක ....(පෙ).... ස්වාමීනී, සන්තුට්ඨ නම් උපාසක ....(පෙ).... ස්වාමීනී, භද්‍ර නම් උපාසක ....(පෙ).... ස්වාමීනී, නාදිකාවෙහි සිටි සුභද්‍ර නම් උපාසක කළුරිය කළේ ය. ඔහුගේ උපත කුමක් ද? පරලොව කුමක් ද?"

"ආනන්දයෙනි, කලුරිය කළ කකුධ නම් උපාසක ඕරම්භාගිය සංයෝජන පස ගෙවා දැමීමෙන් ඕපපාතික ව සුද්ධාවාස බඹලොව ඉපිද ඒ ලොවින් නැවත මෙහි හැරී නොඑන සුළු ව එහි පිරිනිවෙන්නේ ය. ආනන්දයෙනි, කාලිංග උපාසක ....(පෙ).... ආනන්දයෙනි, නික්ඛ උපාසක ....(පෙ).... ආනන්දයෙනි, කටිස්සභ උපාසක ....(පෙ).... ආනන්දයෙනි, තුට්ඨ උපාසක ....(පෙ).... ආනන්දයෙනි, සන්තුට්ඨ උපාසක ....(පෙ).... ආනන්දයෙනි, භද්‍ර උපාසක ....(පෙ).... ආනන්දයෙනි, කලුරිය කළ සුභද්‍ර උපාසක ඕරම්භාගිය සංයෝජන පස ගෙවා දැමීමෙන් ඕපපාතික ව සුද්ධාවාස බඹලොව ඉපිද ඒ ලොවින් නැවත මෙහි හැරී නොඑන සුළු ව එහි පිරිනිවෙන්නේ ය.

ආනන්දයෙනි, ඕරම්භාගිය සංයෝජන පස ගෙවා දැමීමෙන් ඕපපාතික ව සුද්ධාවාස බඹලොව ඉපිද ඒ ලොවින් නැවත මෙහි හැරී නොඑන සුළු ව එහි පිරිනිවන්පාන්නා වූ පනසකට වැඩි උපාසකවරු නාදිකාවෙහි කළුරිය කළාහුය.

ආනන්දයෙනි, සංයෝජන තුනක් ගෙවා දැමීමෙන්, රාග - ද්වේෂ - මෝහ තුනී කිරීමෙන් සකදාගාමී වූවාහු එක් වරක් ම මෙලොවට අවුත් දුක් කෙළවර කරන අනූවකට වැඩි උපාසකවරු නාදිකාවෙහි කළුරිය කළාහු ය.

ආනන්දයෙනි, සංයෝජන තුනක් ගෙවා දැමීමෙන් සෝවාන් ව, අපායට නොවැටෙන සුළු ව, නියත වශයෙන් ම නිවන පිහිට කොට ගත් පන්සියයකට වැඩි උපාසකවරු නාදිකාවෙහි කළුරිය කළාහු ය.

ආනන්දයෙනි, මනුෂ්‍ය ව උපන්නෙක් කළුරිය කරන්නේ ය යන යමක් ඇද්ද, මෙය ආශ්චර්යයක් නොවෙයි. ඉදින් ඒ ඒ මිනිසා කළුරිය කළ කල්හී මා වෙත එළැඹ එහි අරුත් විමසන්නහු නම්, ආනන්දයෙනි, එය තථාගතයන් හට වෙහෙසක් ම ය. එහෙයින් ආනන්දයෙනි, යම් ධර්මයකින් යුක්ත වූ ආර්ය ශ්‍රාවකයා කැමති නම් 'නිරයෙහි උපත ක්ෂය කළ කෙනෙක්මි. තිරිසන් ලොව උපත ක්ෂය කළ කෙනෙක්මි. ප්‍රේත ලොව උපත ක්ෂය කළ කෙනෙක්මි. අපාය දුගතියෙහි උපත ක්ෂය කළ කෙනෙක්මි. සෝවාන් වූවෙක්මි. අපායට නොවැටෙනසුළු වෙමි. නියතයෙන් ම නිවන පිහිට කොට ඇත්තෙමි' යි තමා ම තමා ගැන කියයි ද, එබඳු වූ 'දහම් කැඩපත' නැමැති ධර්ම ක්‍රමයක් දේශනා කරන්නෙමි.

ආනන්දයෙනි, යම් ධර්මයකින් යුක්ත වූ ආර්ය ශ්‍රාවකයා කැමති නම් 'නිරයෙහි උපත ක්ෂය කළ කෙනෙක්මි. තිරිසන් ලොව උපත ක්ෂය කළ කෙනෙක්මි. ප්‍රේත ලොව උපත ක්ෂය කළ කෙනෙක්මි. අපාය දුගතියෙහි උපත ක්ෂය කළ කෙනෙක්මි. සෝවාන් වූවෙක්මි. අපායට නොවැටෙනසුළු වෙමි.

නියතයෙන් ම නිවන පිහිට කොට ඇත්තෙමි' යි තමා ම තමා ගැන කියයි ද, එබඳු වූ 'දහම් කැඩපත' නැමැති ධර්ම ක්‍රමය කුමක් ද?

ආනන්දයෙනි, මෙහිලා ආර්ය ශ්‍රාවකයා බුදුරජුන් කෙරෙහි නොසෙල්වෙන ප්‍රසාදයෙන් යුක්ත වූයේ වෙයි. 'මෙසේ ත් ඒ භාග්‍යවතුන් වහන්සේ අරහං වන සේක. සම්මා සම්බුද්ධ වන සේක. විජ්ජාචරණ සම්පන්න වන සේක. සුගත වන සේක. ලෝකවිදූ වන සේක. අනුත්තරෝ පුරිසදම්ම සාරථී වන සේක. සත්ථා දේවමනුස්සානං වන සේක. බුද්ධ වන සේක. භගවා වන සේක' යනුවෙනි.

ධර්මය කෙරෙහි නොසෙල්වෙන ප්‍රසාදයෙන් යුක්ත වූයේ වෙයි. 'භාග්‍යවතුන් වහන්සේ විසින් මනාකොට දේශනා කරන ලද බැවින් ධර්මය ස්වාක්ඛාත වෙයි. සන්දිට්ඨික වෙයි. අකාලික වෙයි. ඒහිපස්සික වෙයි. ඕපනයික වෙයි. පච්චත්තං වේදිතබ්බෝ විඤ්ඤූහී වෙයි' යනුවෙනි.

සංඝයා කෙරෙහි නොසෙල්වෙන ප්‍රසාදයෙන් යුක්ත වූයේ වෙයි. 'භාග්‍යවතුන් වහන්සේගේ ශ්‍රාවක සංඝ තෙමේ සුපටිපන්න වෙයි. භාග්‍යවතුන් වහන්සේගේ ශ්‍රාවක සංඝ තෙමේ උජුපටිපන්න වෙයි. භාග්‍යවතුන් වහන්සේගේ ශ්‍රාවක සංඝ තෙමේ ඤායපටිපන්න වෙයි. භාග්‍යවතුන් වහන්සේගේ ශ්‍රාවක සංඝ තෙමේ සාමීචිපටිපන්න වෙයි. යම් මේ පුරුෂ යුගල සතරක් ද, පුරුෂ පුද්ගල අටක් ද වූ ඒ භාග්‍යවතුන් වහන්සේගේ ශ්‍රාවක සංඝ තෙමේ ආහුනෙය්‍ය වෙයි. පාහුනෙය්‍ය වෙයි. දක්ඛිණෙය්‍ය වෙයි. අංජලිකරණීය වෙයි. අනුත්තරං පුඤ්ඤක්ඛෙත්තං ලෝකස්ස වෙයි' යනුවෙනි.

නොකැඩුණු සිල්පද ඇති, සිදුරු නොවුණු, පැල්ලම් නොගැසුණු, කබර නොගැසුණු, තෘෂ්ණා දෘෂ්ටියකට දාස නොවූ, නුවණැත්තන් පසසන ලද, දෘෂ්ටියකට බැඳීමෙන් යුක්ත නොවූ, සමාධිය පිණිස පවතින, ආර්යකාන්ත සීලයෙන් යුක්ත වූයේ වෙයි.

ආනන්දයෙනි, යම් ධර්මයකින් යුක්ත වූ ආර්ය ශ්‍රාවකයා කැමති නම් 'නිරයෙහි උපත ක්ෂය කළ කෙනෙක්මි. තිරිසන් ලොව උපත ක්ෂය කළ කෙනෙක්මි. ප්‍රේත ලොව උපත ක්ෂය කළ කෙනෙක්මි. අපාය දුගතියෙහි උපත ක්ෂය කළ කෙනෙක්මි. සෝවාන් වූවෙක්මි. අපායට නොවැටෙනසුළු වෙමි. නියතයෙන් ම නිවන පිහිට කොට ඇත්තෙමි' යි තමා ම තමා ගැන කියයි ද, එබඳු වූ 'දහම් කැඩපත' නැමැති ඒ ධර්ම ක්‍රමය මෙය යි."

සාදු! සාදු!! සාදු!!!

තතිය ගිඤ්ජකාවසථ සූත්‍රය නිමා විය.

පළමුවෙනි වේළුද්වාර වර්ගය අවසන් විය.

- එහි පිළිවෙල උද්දානයයි :

රාජ සූත්‍රය, බ්‍රහ්මචරියෝගධ සූත්‍රය, දීඝාවු සූත්‍රය, සාරිපුත්ත සූත්‍ර දෙක, ථපති සූත්‍රය, වේළුද්වාරෙය්‍ය සූත්‍රය, ගිඤ්ජකාවසථ සූත්‍ර තුන වශයෙන් සූත්‍ර දසයකි.

2. රාජකාරාම වර්ගය

11.2.1.
සහස්ස සූත්‍රය
දහසක් භික්ෂුණීන්ට වදාළ දෙසුම

එක් සමයෙක්හි භාග්‍යවතුන් වහන්සේ සැවැත් නුවර රාජකාරාමයෙහි වැඩවසන සේක. එකල්හී භාග්‍යවතුන් වහන්සේ යම් තැනක වැඩහුන් සේක් ද, දහසක් භික්ෂුණී සංඝයා එතැනට පැමිණියාහු ය. පැමිණ භාග්‍යවතුන් වහන්සේට වන්දනා කොට එකත්පස් ව සිටගත්හ. එකත්පස් ව සිටගත් ඒ භික්ෂුණීන්ට භාග්‍යවතුන් වහන්සේ මෙය වදාළ සේක.

"මෙහෙණියෙනි, සතර ධර්මයකින් යුක්ත වූ ආර්ය ශ්‍රාවක තෙමේ සිව් අපායෙන් මිදුණේ, නියත වශයෙන් නිවන පිහිට කොට ගත්තේ, සෝවාන් වූයේ වෙයි. ඒ කවර කරුණු සතරකින් ද යත්;

මෙහෙණියෙනි, මෙහිලා ආර්ය ශ්‍රාවක තෙමේ බුදුරජුන් කෙරෙහි නිසැක බවට පැමිණ නොසෙල්වෙන පැහැදීමෙන් යුක්ත වෙයි. එනම්, 'ඒ භාග්‍යවතුන් වහන්සේ මෙසේ ත් අරහං වන සේක. ....(පෙ).... සත්ථා දේවමනුස්සානං වන සේක. බුද්ධ වන සේක. භගවා වන සේක' යනුවෙනි. ධර්මය කෙරෙහි ....(පෙ).... සංඝයා කෙරෙහි ....(පෙ).... ආර්යකාන්ත සීලයකින් යුක්ත වෙයි. නොකැඩුණු, ...(පෙ).... සමාධිය පිණිස පවතින සීලයෙන් යුක්ත වෙයි.

මෙහෙණියෙනි, මේ සතර ධර්මයෙන් යුක්ත වූ ආර්ය ශ්‍රාවක තෙමේ සිව් අපායෙන් මිදුණේ, නියත වශයෙන් නිවන පිහිට කොට ගත්තේ, සෝවාන් වූයේ වෙයි."

සාදු! සාදු!! සාදු!!!

සහස්ස සූත්‍රය නිමා විය.

11.2.2.
බ්‍රාහ්මණ සූත්‍රය
බ්‍රාහ්මණයන් මුල්කොට වදාළ දෙසුම

මහණෙනි, බ්‍රාහ්මණවරු උදයගාමිනී නමින් ප්‍රතිපදාවක් පණවති. ඔවුහු ශ්‍රාවකයා මෙසේ සමාදන් කරවති. 'එම්බා පුරුෂය, එව. නුඹ කලින් ම නැගිට නැගෙනහිර දෙසට මුහුණලා යව. ඒ නුඹ ඉදිරියට හමුවෙන වල මගහරින්නට එපා! ප්‍රපාතය මගහරින්නට එපා! කණුව මගහරින්නට එපා! කටුබිම මගහරින්නට එපා! අසුචි සොරොච්ච මගහරින්නට එපා! ගවරවල මගහරින්නට එපා! යම් තැනක නුඹ වැටෙන්නෙහි නම්, එතැනදී ම මරණයට පත්වන්නෙහි ය. එම්බා පුරුෂය, මෙසේ නුඹ කය බිඳී මරණින් මතු සුගති සංඛ්‍යාත දෙව්ලොව උපදින්නේ ය.'

මහණෙනි, බ්‍රාහ්මණයන්ගේ ඒ මේ ගමන වනාහී අඥාන වූ ගමනකි. මුලාවට පත් වූ ගමනකි. මෙය අවබෝධයෙන් කලකිරීම පිණිස හේතු නොවෙයි. නොඇල්ම පිණිස හේතු නොවෙයි. ඇල්ම නිරුද්ධ වීම පිණිස හේතු නොවෙයි. කෙලෙස් සංසිඳීම පිණිස හේතු නොවෙයි. විශිෂ්ට ඥානය පිණිස හේතු නොවෙයි. සත්‍යාවබෝධය පිණිස හේතු නොවෙයි. නිවන පිණිස හේතු නොවෙයි.

මහණෙනි, යම් ප්‍රතිපදාවක් ඒකාන්තයෙන් අවබෝධයෙන් කලකිරීම පිණිස හේතු වෙයි ද, නොඇල්ම පිණිස හේතු වෙයි ද, ඇල්ම නිරුද්ධ වීම පිණිස හේතු වෙයි ද, කෙලෙස් සංසිඳීම පිණිස හේතු වෙයි ද, විශිෂ්ට ඥානය පිණිස හේතු වෙයි ද, සත්‍යාවබෝධය පිණිස හේතු වෙයි ද, නිවන පිණිස හේතු වෙයි ද, මම ත් වනාහී ආර්ය විනයෙහිලා උදයගාමිනී ප්‍රතිපදාවක් පණවමි. එය යි. මහණෙනි, යම් ප්‍රතිපදාවක් ඒකාන්තයෙන් අවබෝධයෙන් කලකිරීම පිණිස හේතු වෙයි නම්, ...(පෙ).... නිවන පිණිස හේතු වෙයි නම්, ඒ උදයගාමිනී ප්‍රතිපදාව කුමක් ද?

මහණෙනි, මෙහිලා ආර්ය ශ්‍රාවක තෙමේ බුදුරජුන් කෙරෙහි නිසැක බවට පැමිණ නොසෙල්වෙන පැහැදීමෙන් යුක්ත වෙයි. එනම්, 'ඒ භාග්‍යවතුන් වහන්සේ මෙසේ ත් අරහං වන සේක. ....(පෙ).... සත්ථා දේවමනුස්සානං වන සේක. බුද්ධ වන සේක. භගවා වන සේක' යනුවෙනි. ධර්මය කෙරෙහි ....(පෙ).... සංඝයා කෙරෙහි ....(පෙ).... ආර්යකාන්ත සීලයකින් යුක්ත වෙයි. නොකැඩුණු,

....(පෙ).... සමාධිය පිණිස පවතින සීලයෙන් යුක්ත වෙයි.

මහණෙනි, යම් ප්‍රතිපදාවක් ඒකාන්තයෙන් අවබෝධයෙන් කලකිරීම පිණිස හේතු වෙයි නම්, නොඇල්ම පිණිස හේතු වෙයි නම්, ඇල්ම නිරුද්ධ වීම පිණිස හේතු වෙයි නම්, කෙලෙස් සංසිඳීම පිණිස හේතු වෙයි නම්, විශිෂ්ට ඥානය පිණිස හේතු වෙයි නම්, සත්‍යාවබෝධය පිණිස හේතු වෙයි නම්, නිවන පිණිස හේතු වෙයි නම්, මෙය වනාහී ඒ උදයගාමිනී ප්‍රතිපදාව යි.

සාදු! සාදු!! සාදු!!!

බ්‍රාහ්මණ සූත්‍රය නිමා විය.

11.2.3.
ආනන්ද සූත්‍රය
ආනන්ද තෙරුන් වදාළ දෙසුම

එක් සමයෙක්හි ආයුෂ්මත් සාරිපුත්තයන් වහන්සේ ද, ආයුෂ්මත් ආනන්දයන් වහන්සේ ද, සැවැත් නුවර ජේතවන නම් වූ අනේපිඬු සිටුහුගේ ආරාමයෙහි වැඩවෙසෙති. එකල්හී ආයුෂ්මත් සාරිපුත්තයන් වහන්සේ සවස් වරුවෙහි භාවනාවෙන් නැගිට ආයුෂ්මත් ආනන්දයන් වෙත පැමිණියහ. පැමිණ ආයුෂ්මත් ආනන්දයන් සමඟ සතුටු වූහ. සතුටු විය යුතු පිළිසඳර කතා බහ නිමවා එකත්පස් ව හිඳගත්හ. එකත්පස් ව හුන් ආයුෂ්මත් සාරිපුත්තයන් වහන්සේ ආයුෂ්මත් ආනන්දයන් හට මෙය පැවසූහ.

"ඇවැත් ආනන්දයෙනි, කොතෙක් වූ ධර්මයන්ගේ ප්‍රහාණයෙන්, කොතෙක් වූ ධර්මයන්ගෙන් යුක්ත වීමෙන් මෙසේ මේ ප්‍රජාවෝ සිව් අපායෙන් මිදුණාහු, නියත වශයෙන් නිවන පිහිට කොට, සෝවාන් වෙති යි භාග්‍යවතුන් වහන්සේ වදාළ සේක් ද?"

"ඇවැත්නි, සතර ධර්මයක් ප්‍රහාණය වීමෙන්, සතර ධර්මයකින් යුක්ත වීමෙන් මෙසේ මේ ප්‍රජාවෝ සිව් අපායෙන් මිදුණාහු, නියත වශයෙන් නිවන පිහිට කොට, සෝවාන් වෙති යි භාග්‍යවතුන් වහන්සේ වදාළ සේක. ඒ කවර සතරකින් ද යත්;

ඇවැත්නි, අශ්‍රැතවත් පෘථග්ජනයා බුදුරජුන් කෙරෙහි යම්බඳු වූ

අපැහැදීමකින් යුක්ත ව සිට, කය බිඳී මරණින් මතු අපාය, දුර්ගති, විනිපාත වූ නිරයෙහි උපදියි නම්, බුදුරජුන් කෙරෙහි එබඳු වූ අප්‍රසාදයක් ඔහු තුළ නැත්තේ වෙයි.

ඇවැත්නි, ශ්‍රැතවත් ආර්ය ශ්‍රාවකයා බුදුරජුන් කෙරෙහි යම්බඳු වූ නිසැක බවට පත් නොසෙල්වෙන පැහැදීමකින් යුක්ත ව සිට, කය බිඳී මරණින් මතු සුගති සංඛ්‍යාත දෙව්ලොවෙහි උපදියි නම්, බුදුරජුන් කෙරෙහි එබඳු වූ නොසෙල්වෙන ප්‍රසාදයක් ඔහු හට ඇත්තේ වෙයි. එනම්; 'මෙසේ ත් ඒ භාග්‍යවතුන් වහන්සේ අරහං වන සේක. සම්මා සම්බුද්ධ වන සේක. විජ්ජාචරණ සම්පන්න වන සේක. සුගත වන සේක. ලෝකවිදූ වන සේක. අනුත්තරෝ පුරිසදම්ම සාරථී වන සේක. සත්ථා දේවමනුස්සානං වන සේක. බුද්ධ වන සේක. භගවා වන සේක' යනුවෙනි.

ඇවැත්නි, අශ්‍රැතවත් පෘථග්ජනයා ධර්මය කෙරෙහි යම්බඳු වූ අපැහැදීමකින් යුක්ත ව සිට, කය බිඳී මරණින් මතු අපාය, දුර්ගති, විනිපාත වූ නිරයෙහි උපදියි නම්, ධර්මය කෙරෙහි එබඳු වූ අප්‍රසාදයක් ඔහු තුළ නැත්තේ වෙයි.

ඇවැත්නි, ශ්‍රැතවත් ආර්ය ශ්‍රාවකයා ධර්මය කෙරෙහි යම්බඳු වූ නිසැක බවට පත් නොසෙල්වෙන පැහැදීමකින් යුක්ත ව සිට, කය බිඳී මරණින් මතු සුගති සංඛ්‍යාත දෙව්ලොවෙහි උපදියි නම්, ධර්මය කෙරෙහි එබඳු වූ නොසෙල්වෙන ප්‍රසාදයක් ඔහු හට ඇත්තේ වෙයි. එනම්; 'භාග්‍යවතුන් වහන්සේ විසින් මනාකොට දේශනා කරන ලද බැවින් ධර්මය ස්වාක්ඛාත වෙයි. සන්දිට්ඨික වෙයි. අකාලික වෙයි. ඒහිපස්සික වෙයි. ඕපනයික වෙයි. පච්චත්තං වේදිතබ්බෝ විඤ්ඤූහී වෙයි' යනුවෙනි.

ඇවැත්නි, අශ්‍රැතවත් පෘථග්ජනයා ආර්ය සංඝයා කෙරෙහි යම්බඳු වූ අපැහැදීමකින් යුක්ත ව සිට, කය බිඳී මරණින් මතු අපාය, දුර්ගති, විනිපාත වූ නිරයෙහි උපදියි නම්, ආර්ය සංඝයා කෙරෙහි එබඳු වූ අප්‍රසාදයක් ඔහු තුළ නැත්තේ වෙයි.

ඇවැත්නි, ශ්‍රැතවත් ආර්ය ශ්‍රාවකයා ආර්ය සංඝයා කෙරෙහි යම්බඳු වූ නිසැක බවට පත් නොසෙල්වෙන පැහැදීමකින් යුක්ත ව සිට, කය බිඳී මරණින් මතු සුගති සංඛ්‍යාත දෙව්ලොවෙහි උපදියි නම්, ආර්ය සංඝයා කෙරෙහි එබඳු වූ නොසෙල්වෙන ප්‍රසාදයක් ඔහු හට ඇත්තේ වෙයි. එනම්; 'භාග්‍යවතුන් වහන්සේගේ ශ්‍රාවක සංඝ තෙමේ සුපටිපන්න වෙයි. භාග්‍යවතුන් වහන්සේගේ ශ්‍රාවක සංඝ තෙමේ උජුපටිපන්න වෙයි. භාග්‍යවතුන් වහන්සේගේ ශ්‍රාවක සංඝ

තෙමේ ඤායපටිපන්න වෙයි. භාග්‍යවතුන් වහන්සේගේ ශ්‍රාවක සංඝ තෙමේ සාමීචිපටිපන්න වෙයි. යම් මේ පුරුෂ යුගල සතරක් ද, පුරුෂ පුද්ගල අටක් ද වූ ඒ භාග්‍යවතුන් වහන්සේගේ ශ්‍රාවක සංඝ තෙමේ ආහුනෙය්‍ය වෙයි. පාහුනෙය්‍ය වෙයි. දක්ඛිණෙය්‍ය වෙයි. අංජලිකරණීය වෙයි. අනුත්තරං පුඤ්ඤක්ඛෙත්තං ලෝකස්ස වෙයි' යනුවෙනි.

ඇවැත්නි, අශ්‍රැතවත් පෘථග්ජනයා යම්බඳු වූ දුස්සීල බවින් යුක්ත ව සිට, කය බිඳී මරණින් මතු අපාය, දුර්ගති, විනිපාත වූ නිරයෙහි උපදියි නම්, එබඳු වූ දුස්සීල බවක් ඔහු තුළ නැත්තේ වෙයි.

ඇවැත්නි, ශ්‍රැතවත් ආර්ය ශ්‍රාවකයා යම්බඳු වූ ආර්යකාන්ත සීලයෙන් යුක්ත ව සිට, කය බිඳී මරණින් මතු සුගති සංඛ්‍යාත දෙව්ලොවෙහි උපදියි නම්, එබඳු වූ ආර්යකාන්ත සීලයක් ඔහු හට ඇත්තේ වෙයි. එනම්; නොකැඩුණු සිල්පද ඇති, සිදුරු නොවුණු, පැල්ලම් නොගැසුණු, කබර නොගැසුණු, තෘෂ්ණා දෘෂ්ටියකට දාස නොවූ, නුවණැත්තන් පසසන ලද, දෘෂ්ටියකට බැඳීමෙන් යුක්ත නොවූ, සමාධිය පිණිස පවතින, ආර්යකාන්ත සීලයෙන් යුක්ත වූයේ වෙයි.

ඇවැත්නි, මේ සතර ධර්මයන් ප්‍රහාණය වීමෙන්, මේසතර ධර්මයෙන් යුක්ත වීමෙන් මෙසේ මේ ප්‍රජාවෝ සිව් අපායෙන් මිදුණාහු, නියත වශයෙන් නිවන පිහිට කොට, සෝවාන් වෙති යි භාග්‍යවතුන් වහන්සේ වදාළ සේක."

සාදු! සාදු!! සාදු!!!

ආනන්ද සූත්‍රය නිමා විය.

11.2.4.
දුග්ගති සූත්‍රය
දුගතිය ගැන වදාළ දෙසුම

මහණෙනි, සතර ධර්මයකින් යුක්ත වූ ආර්ය ශ්‍රාවක තෙමේ සියළු දුගති භය ඉක්මවා ගියේ වෙයි. ඒ කවර සතර කරුණකින් ද යත්;

මහණෙනි, මෙහිලා ආර්ය ශ්‍රාවක තෙමේ බුදුරජුන් කෙරෙහි නිසැක බවට පැමිණ නොසෙල්වෙන පැහැදීමෙන් යුක්ත වෙයි. එනම්, 'ඒ භාග්‍යවතුන් වහන්සේ මෙසේ ත් අරහං වන සේක. ....(පෙ).... සත්ථා දේවමනුස්සානං වන

සේක. බුද්ධ වන සේක. භගවා වන සේක' යනුවෙනි. ධර්මය කෙරෙහි ....(පෙ).... සංඝයා කෙරෙහි ....(පෙ).... ආර්යකාන්ත සීලයකින් යුක්ත වෙයි. නොකැඩුණු, ...(පෙ).... සමාධිය පිණිස පවතින සීලයෙන් යුක්ත වෙයි.

මහණෙනි, මේ සතර ධර්මයෙන් යුක්ත වූ ආර්ය ශ්‍රාවක තෙමේ සියළු දුගති භය ඉක්මවා ගියේ වෙයි.

සාදු! සාදු!! සාදු!!!

දුග්ගති සූත්‍රය නිමා විය.

11.2.5.
විනිපාත සූත්‍රය
විනිපාතය ගැන වදාළ දෙසුම

මහණෙනි, සතර ධර්මයකින් යුක්ත වූ ආර්ය ශ්‍රාවක තෙමේ සියළු දුගති විනිපාත භය ඉක්මවා ගියේ වෙයි. ඒ කවර සතර කරුණකින් ද යත්;

මහණෙනි, මෙහිලා ආර්ය ශ්‍රාවක තෙමේ බුදුරජුන් කෙරෙහි නිසැක බවට පැමිණ නොසෙල්වෙන පැහැදීමෙන් යුක්ත වෙයි. එනම්, 'ඒ භාග්‍යවතුන් වහන්සේ මෙසේ ත් අරහං වන සේක. ....(පෙ).... සත්ථා දේවමනුස්සානං වන සේක. බුද්ධ වන සේක. භගවා වන සේක' යනුවෙනි. ධර්මය කෙරෙහි ....(පෙ).... සංඝයා කෙරෙහි ....(පෙ).... ආර්යකාන්ත සීලයකින් යුක්ත වෙයි. නොකැඩුණු, ...(පෙ).... සමාධිය පිණිස පවතින සීලයෙන් යුක්ත වෙයි.

මහණෙනි, මේ සතර ධර්මයෙන් යුක්ත වූ ආර්ය ශ්‍රාවක තෙමේ සියළු දුගති විනිපාත භය ඉක්මවා ගියේ වෙයි.

සාදු! සාදු!! සාදු!!!

විනිපාත සූත්‍රය නිමා විය.

11.2.6.
මිත්තාමච්ච සූත්‍රය
මිතුරු යහළුවන් ගැන වදාළ දෙසුම

මහණෙනි, යම් පිරිසකට අනුකම්පා කරන්නහු නම්, යම් කෙනෙකුත් ඔබගේ වචනයට ඇහුම්කන් දිය යුතු යැයි සිතන්නාහු නම්, මිතුරෝ වෙත්වා, යහළුවෝ වෙත්වා, ඥාතීහු වෙත්වා, ලේ ඥාතීහු වෙත්වා, මහණෙනි, ඔබ විසින් ඒ සියල්ලෝ සතර සෝතාපත්ති අංගයන් තුළ සමාදන් කරවිය යුත්තාහු ය. ඇතුල්කරවිය යුත්තාහු ය. පිහිටුවිය යුත්තාහු ය. ඒ කවර කරුණු සතරක් තුළ ද යත්;

බුදුරජුන් කෙරෙහි නොසෙල්වෙන පැහැදීමෙහි සමාදන් කරවිය යුත්තාහු ය. ඇතුල්කරවිය යුත්තාහු ය. පිහිටුවිය යුත්තාහු ය. එනම් 'මෙසේත් ඒ භාග්‍යවතුන් වහන්සේ අරහං වන සේක. සම්මා සම්බුද්ධ වන සේක. විජ්ජාචරණ සම්පන්න වන සේක. සුගත වන සේක. ලෝකවිදූ වන සේක. අනුත්තරෝ පුරිසදම්ම සාරථී වන සේක. සත්ථා දේවමනුස්සානං වන සේක. බුද්ධ වන සේක. භගවා වන සේක' යනුවෙනි.

ධර්මය කෙරෙහි නොසෙල්වෙන පැහැදීමෙහි සමාදන් කරවිය යුත්තාහු ය. ඇතුල්කරවිය යුත්තාහු ය. පිහිටුවිය යුත්තාහු ය. එනම් 'භාග්‍යවතුන් වහන්සේ විසින් මනාකොට දේශනා කරන ලද බැවින් ධර්මය ස්වාක්ඛාත වෙයි. සන්දිට්ඨික වෙයි. අකාලික වෙයි. ඒහිපස්සික වෙයි. ඕපනයික වෙයි. පච්චත්තං වේදිතබ්බෝ විඤ්ඤූහී වෙයි' යනුවෙනි.

සංඝයා කෙරෙහි නොසෙල්වෙන පැහැදීමෙහි සමාදන් කරවිය යුත්තාහු ය. ඇතුල්කරවිය යුත්තාහු ය. පිහිටුවිය යුත්තාහු ය. එනම් 'භාග්‍යවතුන් වහන්සේගේ ශ්‍රාවක සංඝ තෙමේ සුපටිපන්න වෙයි. භාග්‍යවතුන් වහන්සේගේ ශ්‍රාවක සංඝ තෙමේ උජුපටිපන්න වෙයි. භාග්‍යවතුන් වහන්සේගේ ශ්‍රාවක සංඝ තෙමේ ඤායපටිපන්න වෙයි. භාග්‍යවතුන් වහන්සේගේ ශ්‍රාවක සංඝ තෙමේ සාමීචිපටිපන්න වෙයි. යම් මේ පුරුෂ යුගල සතරක් ද, පුරුෂ පුද්ගල අටක් ද වූ ඒ භාග්‍යවතුන් වහන්සේගේ ශ්‍රාවක සංඝ තෙමේ ආහුනෙය්‍ය වෙයි. පාහුනෙය්‍ය වෙයි. දක්ඛිණෙය්‍ය වෙයි. අංජලිකරණීය වෙයි. අනුත්තරං පුඤ්ඤක්ඛෙත්තං ලෝකස්ස වෙයි' යනුවෙනි.

'නොකැඩුණු සිල්පද ඇති, සිදුරු නොවුණු, පැල්ලම් නොගැසුණු, කබර නොගැසුණු, තෘෂ්ණා දෘෂ්ටියකට දාස නොවූ, නුවණැත්තන් පසසන ලද, දෘෂ්ටියකට බැඳීමෙන් යුක්ත නොවූ, සමාධිය පිණිස පවතින, ආර්යකාන්ත සීලයෙහි සමාදන් කරවිය යුත්තාහු ය. ඇතුල්කරවිය යුත්තාහු ය. පිහිටුවිය යුත්තාහු ය.

මහණෙනි, යම් පිරිසකට අනුකම්පා කරන්නහු නම්, යම් කෙනෙකුත් ඔබගේ වචනයට ඇහුම්කන් දිය යුතු යැයි සිතන්නාහු නම්, මිතුරෝ වෙත්වා, යහළුවෝ වෙත්වා, ඥාතීහු වෙත්වා, ලේ ඥාතීහු වෙත්වා, මහණෙනි, ඔබ විසින් ඒ සියල්ලෝ මේ සතර සෝතාපත්ති අංගයන් තුළ සමාදන් කරවිය යුත්තාහු ය. ඇතුල්කරවිය යුත්තාහු ය. පිහිටුවිය යුත්තාහු ය.

සාදු! සාදු!! සාදු!!!

මිත්තාමච්ච සූත්‍රය නිමා විය.

11.2.7.
දුතිය මිත්තාමච්ච සූත්‍රය
මිතුරු යහළුවන් ගැන වදාළ දෙවෙනි දෙසුම

මහණෙනි, යම් පිරිසකට අනුකම්පා කරන්නහු නම්, යම් කෙනෙකුත් ඔබගේ වචනයට ඇහුම්කන් දිය යුතු යැයි සිතන්නාහු නම්, මිතුරෝ වෙත්වා, යහළුවෝ වෙත්වා, ඥාතීහු වෙත්වා, ලේ ඥාතීහු වෙත්වා, මහණෙනි, ඔබ විසින් ඒ සියල්ලෝ සතර සෝතාපත්ති අංගයන් තුළ සමාදන් කරවිය යුත්තාහු ය. ඇතුල්කරවිය යුත්තාහු ය. පිහිටුවිය යුත්තාහු ය. ඒ කවර කරුණු සතරක් තුළ ද යත්;

බුදුරජුන් කෙරෙහි නොසෙල්වෙන පැහැදීමෙහි සමාදන් කරවිය යුත්තාහු ය. ඇතුල්කරවිය යුත්තාහු ය. පිහිටුවිය යුත්තාහු ය. එනම් 'මෙසේ ත් ඒ භාග්‍යවතුන් වහන්සේ අරහං වන සේක. සම්මා සම්බුද්ධ වන සේක. විජ්ජාචරණ සම්පන්න වන සේක. සුගත වන සේක. ලෝකවිදූ වන සේක. අනුත්තරෝ පුරිසදම්ම සාරථී වන සේක. සත්ථා දේවමනුස්සානං වන සේක. බුද්ධ වන සේක. භගවා වන සේක' යනුවෙනි. මහණෙනි, සතර මහාභූතයන් වන පඨවි ධාතුවෙහි, ආපෝ ධාතුවෙහි, තේජෝ ධාතුවෙහි, වායෝ ධාතුවෙහි

අන්‍ය ස්වභාවයක් ඇති වෙන්නට පුළුවනි. එසේ නමුත් බුදුරජුන් කෙරෙහි නිසැක ව නොසෙල්වෙන ප්‍රසාදයෙන් යුක්ත වූ ආර්ය ශ්‍රාවකයා තුළ වෙනත් ස්වභාවයකට පත්වීමක් නැත්තේ ය. මේ වනාහී එහිලා වෙනත් ස්වභාවයකට පත්වීම යි. එනම්, 'ඒකාන්තයෙන් ඒ ආර්ය ශ්‍රාවකයා බුදුරජුන් කෙරෙහි නිසැක ව, නොසෙල්වෙන ප්‍රසාදයෙන් යුක්ත ව සිට නිරයේ වේවා, තිරිසන් යෝනියේ වේවා, ප්‍රේත විෂයේ වේවා උපදින්නේ ය යන කරුණ කිසිදා සිදුවන දෙයක් නම් නොවෙයි'

ධර්මය කෙරෙහි නොසෙල්වෙන පැහැදීමෙහි සමාදන් කරවිය යුත්තාහු ය. ඇතුල්කරවිය යුත්තාහු ය. පිහිටුවිය යුත්තාහු ය. එනම් 'භාග්‍යවතුන් වහන්සේ විසින් මනාකොට දේශනා කරන ලද බැවින් ධර්මය ස්වාක්ඛාත වෙයි. සන්දිට්ඨික වෙයි. අකාලික වෙයි. ඒහිපස්සික වෙයි. ඕපනයික වෙයි. පච්චත්තං වේදිතබ්බෝ විඤ්ඤූහී වෙයි' යනුවෙනි. මහණෙනි, සතර මහාභූතයන් වන පඨවි ධාතුවෙහි, ආපෝ ධාතුවෙහි, තේජෝ ධාතුවෙහි, වායෝ ධාතුවෙහි අන්‍ය ස්වභාවයක් ඇති වෙන්නට පුළුවනි. එසේ නමුත් ධර්මය කෙරෙහි නිසැක ව නොසෙල්වෙන ප්‍රසාදයෙන් යුක්ත වූ ආර්ය ශ්‍රාවකයා තුළ වෙනත් ස්වභාවයකට පත්වීමක් නැත්තේ ය. මේ වනාහී එහිලා වෙනත් ස්වභාවයකට පත්වීම යි. එනම්, 'ඒකාන්තයෙන් ඒ ආර්ය ශ්‍රාවකයා ධර්මය කෙරෙහි නිසැක ව, නොසෙල්වෙන ප්‍රසාදයෙන් යුක්ත ව සිට නිරයේ වේවා, තිරිසන් යෝනියේ වේවා, ප්‍රේත විෂයේ වේවා උපදින්නේ ය යන කරුණ කිසිදා සිදුවන දෙයක් නම් නොවෙයි'

සංඝයා කෙරෙහි නොසෙල්වෙන පැහැදීමෙහි සමාදන් කරවිය යුත්තාහු ය. ඇතුල්කරවිය යුත්තාහු ය. පිහිටුවිය යුත්තාහු ය. එනම් 'භාග්‍යවතුන් වහන්සේගේ ශ්‍රාවක සංඝ තෙමේ සුපටිපන්න වෙයි. භාග්‍යවතුන් වහන්සේගේ ශ්‍රාවක සංඝ තෙමේ උජුපටිපන්න වෙයි. භාග්‍යවතුන් වහන්සේගේ ශ්‍රාවක සංඝ තෙමේ ඤායපටිපන්න වෙයි. භාග්‍යවතුන් වහන්සේගේ ශ්‍රාවක සංඝ තෙමේ සාමීචිපටිපන්න වෙයි. යම් මේ පුරුෂ යුගල සතරක් ද, පුරුෂ පුද්ගල අටක් ද වූ ඒ භාග්‍යවතුන් වහන්සේගේ ශ්‍රාවක සංඝ තෙමේ ආහුනෙය්‍ය වෙයි. පාහුනෙය්‍ය වෙයි. දක්ඛිණෙය්‍ය වෙයි. අංජලිකරණීය වෙයි. අනුත්තරං පුඤ්ඤක්ඛෙත්තං ලෝකස්ස වෙයි' යනුවෙනි. මහණෙනි, සතර මහාභූතයන් වන පඨවි ධාතුවෙහි, ආපෝ ධාතුවෙහි, තේජෝ ධාතුවෙහි, වායෝ ධාතුවෙහි අන්‍ය ස්වභාවයක් ඇති වෙන්නට පුළුවනි. එසේ නමුත් ආර්ය සංඝයා කෙරෙහි නිසැක ව නොසෙල්වෙන ප්‍රසාදයෙන් යුක්ත වූ ආර්ය ශ්‍රාවකයා තුළ වෙනත් ස්වභාවයකට පත්වීමක් නැත්තේ ය. මේ වනාහී එහිලා වෙනත් ස්වභාවයකට

පත්වීම යි. එනම්, 'ඒකාන්තයෙන් ඒ ආර්ය ශ්‍රාවකයා ආර්ය සංඝයා කෙරෙහි නිසැක ව, නොසෙල්වෙන ප්‍රසාදයෙන් යුක්ත ව සිට නිරයේ වේවා, තිරිසන් යෝනියේ වේවා, ප්‍රේත විෂයේ වේවා උපදින්නේ ය යන කරුණ කිසිදා සිදුවන දෙයක් නම් නොවෙයි'

'නොකැඩුණු සිල්පද ඇති, සිදුරු නොවුණු, පැල්ලම් නොගැසුණු, කබර නොගැසුණු, තෘෂ්ණා දෘෂ්ටියකට දාස නොවූ, නුවණැත්තන් පසසන ලද, දෘෂ්ටියකට බැඳීමෙන් යුක්ත නොවූ, සමාධිය පිණිස පවතින, ආර්යකාන්ත සීලයෙහි සමාදන් කරවිය යුත්තාහු ය. ඇතුල්කරවිය යුත්තාහු ය. පිහිටුවිය යුත්තාහු ය.

මහණෙනි, සතර මහාභූතයන් වන පඨවි ධාතුවෙහි, ආපෝ ධාතුවෙහි, තේජෝ ධාතුවෙහි, වායෝ ධාතුවෙහි අන්‍ය ස්වභාවයක් ඇති වෙන්නට පුළුවනි. එසේ නමුත් ආර්යකාන්ත සීලයෙන් යුක්ත වූ ආර්ය ශ්‍රාවකයා තුළ වෙනත් ස්වභාවයකට පත්වීමක් නැත්තේ ය. මේ වනාහී එහිලා වෙනත් ස්වභාවයකට පත්වීම යි. එනම්, 'ඒකාන්තයෙන් ඒ ආර්ය ශ්‍රාවකයා ආර්යකාන්ත සීලයෙන් යුක්ත ව සිට නිරයේ වේවා, තිරිසන් යෝනියේ වේවා, ප්‍රේත විෂයේ වේවා උපදින්නේ ය යන කරුණ කිසිදා සිදුවන දෙයක් නම් නොවෙයි' යනුවෙන් මහණෙනි, යම් පිරිසකට අනුකම්පා කරන්නහු නම්, යම් කෙනෙකුත් ඔබගේ වචනයට ඇහුම්කන් දිය යුතු යැයි සිතන්නාහු නම්, මිතුරෝ වෙත්වා, යහළුවෝ වෙත්වා, ඥාතීහු වෙත්වා, ලේ ඥාතීහු වෙත්වා, මහණෙනි, ඔබ විසින් ඒ සියල්ලෝ මේ සතර සෝතාපත්ති අංගයන් තුළ සමාදන් කරවිය යුත්තාහු ය. ඇතුල්කරවිය යුත්තාහු ය. පිහිටුවිය යුත්තාහු ය.

සාදු! සාදු!! සාදු!!!

දුතිය මිත්තාමච්ච සූත්‍රය නිමා විය.

11.2.8.
දේවචාරික සූත්‍රය
දෙව්ලොව වැඩම කොට වදාළ දෙසුම

එක් සමයෙක්හි ආයුෂ්මත් මහා මොග්ගල්ලානයන් වහන්සේ සැවැත් නුවර ජේතවන නම් අනේපිඬු සිටුහුගේ ආරාමයෙහි වැඩවෙසෙති. එකල්හී

ආයුෂ්මත් මහා මොග්ගල්ලානයන් වහන්සේ බලවත් පුරුෂයෙක් හැකිලූ අතක් දිගු කරන්නේ යම් සේ ද, දික් කළ අතක් හකුලන්නේ යම් සේ ද, එසෙයින් ම ජේතවනයෙන් නොපෙනී ගොස් තව්තිසා දෙවියන් අතර පහළ වූහ. ඉක්බිති තව්තිසාවැසි බොහෝ දේවතාවෝ ආයුෂ්මත් මහා මොග්ගල්ලානයන් වහන්සේ වෙත පැමිණියාහු ය. පැමිණ ආයුෂ්මත් මහා මොග්ගල්ලානයන් වහන්සේට සකසා වන්දනා කොට එකත්පස් ව සිටගත්තාහු ය. එකත්පස් ව සිටගත් ඒ දේවතාවන්ට ආයුෂ්මත් මහා මොග්ගල්ලානයන් වහන්සේ මෙය වදාළහ.

"ඇවැත්නි, බුදුරජුන් කෙරෙහි නිසැක ව, නොසෙල්වෙන පැහැදීමකින් යුක්ත වන්නේ නම්, ඉතා යහපත් වෙයි. එනම්, 'මෙසේ ත් ඒ භාග්‍යවතුන් වහන්සේ ....(පෙ).... දෙව් මිනිසුන්ගේ ශාස්තෘන් වහන්සේ වන සේක. බුද්ධ වන සේක. භගවා වන සේක' යනුවෙනි. ඇවැත්නි, බුදුරජුන් කෙරෙහි නිසැක ව, නොසෙල්වෙන පැහැදීමට පත්වීම හේතුවෙන් මෙසේ මෙහි ඇතැම් සත්වයෝ කය බිඳී මරණින් මතු සුගති සංඛ්‍යාත දෙව්ලොවෙහි උපදිති.

ඇවැත්නි, ධර්මය කෙරෙහි නිසැක ව, නොසෙල්වෙන පැහැදීමකින් යුක්ත වන්නේ නම්, ඉතා යහපත් වෙයි. එනම්, 'භාග්‍යවතුන් වහන්සේ විසින් ඉතා මැනැවින් ධර්මය වදාරණ ලද්දේ ය. ....(පෙ).... නුවණැත්තන් විසින් තම තම නැණ පමණින් දත යුත්තේ ය' වශයෙනි. ඇවැත්නි, ධර්මය කෙරෙහි නිසැක ව, නොසෙල්වෙන පැහැදීමට පත්වීම හේතුවෙන් මෙසේ මෙහි ඇතැම් සත්වයෝ කය බිඳී මරණින් මතු සුගති සංඛ්‍යාත දෙව්ලොවෙහි උපදිති.

ඇවැත්නි, ආර්ය සංඝයා කෙරෙහි නිසැක ව, නොසෙල්වෙන පැහැදීමකින් යුක්ත වන්නේ නම්, ඉතා යහපත් වෙයි. එනම්, 'භාග්‍යවතුන් වහන්සේගේ ශ්‍රාවක සංඝ තෙමේ සුපටිපන්න වෙයි ....(පෙ).... ලෝකයාගේ අනුත්තර පින්කෙත වෙයි' වශයෙනි. ඇවැත්නි, ආර්ය සංඝයා කෙරෙහි නිසැක ව, නොසෙල්වෙන පැහැදීමට පත්වීම හේතුවෙන් මෙසේ මෙහි ඇතැම් සත්වයෝ කය බිඳී මරණින් මතු සුගති සංඛ්‍යාත දෙව්ලොවෙහි උපදිති.

ඇවැත්නි, 'කඩ නොවූ සිල් පද ඇති ....(පෙ).... සමාධිය පිණිස පවතින ආර්යකාන්ත සීලයෙන් යුක්ත වන්නේ නම්, ඉතා යහපත් වෙයි. ඇවැත්නි, ආර්යකාන්ත සීලයෙන් යුක්ත වීම හේතුවෙන් මෙසේ මෙහි ඇතැම් සත්වයෝ කය බිඳී මරණින් මතු සුගති සංඛ්‍යාත දෙව්ලොවෙහි උපදිති."

"මොග්ගල්ලාන නිදුකාණෙනි, බුදුරජුන් කෙරෙහි නිසැක ව, නොසෙල්වෙන පැහැදීමකින් යුක්ත වන්නේ නම්, ඉතා යහපත් වෙයි. එනම්, 'මෙසේ ත් ඒ භාග්‍යවතුන් වහන්සේ ....(පෙ).... දෙව් මිනිසුන්ගේ ශාස්තෘන්

වහන්සේ වන සේක. බුද්ධ වන සේක. භගවා වන සේක' යනුවෙනි. මොග්ගල්ලාන නිදුකාණෙනි, බුදුරජුන් කෙරෙහි නිසැක ව, නොසෙල්වෙන පැහැදීමට පත්වීම හේතුවෙන් මෙසේ මෙහි ඇතැම් සත්වයෝ කය බිඳී මරණින් මතු සුගති සංඛ්‍යාත දෙව්ලොවෙහි උපදිති.

මොග්ගල්ලාන නිදුකාණෙනි, ධර්මය කෙරෙහි නිසැක ව, නොසෙල්වෙන පැහැදීමකින් යුක්ත වන්නේ නම්, ඉතා යහපත් වෙයි. එනම්, 'භාග්‍යවතුන් වහන්සේ විසින් ඉතා මැනැවින් ධර්මය වදාරණ ලද්දේ ය. ....(පෙ).... නුවණැත්තන් විසින් තම තම නැණ පමණින් දත යුත්තේ ය' වශයෙනි. මොග්ගල්ලාන නිදුකාණෙනි, ධර්මය කෙරෙහි නිසැක ව, නොසෙල්වෙන පැහැදීමට පත්වීම හේතුවෙන් මෙසේ මෙහි ඇතැම් සත්වයෝ කය බිඳී මරණින් මතු සුගති සංඛ්‍යාත දෙව්ලොවෙහි උපදිති.

මොග්ගල්ලාන නිදුකාණෙනි, ආර්ය සංඝයා කෙරෙහි නිසැක ව, නොසෙල්වෙන පැහැදීමකින් යුක්ත වන්නේ නම්, ඉතා යහපත් වෙයි. එනම්, 'භාග්‍යවතුන් වහන්සේගේ ශ්‍රාවක සංඝ තෙමේ සුපටිපන්න වෙයි ....(පෙ).... ලෝකයාගේ අනුත්තර පින්කෙත වෙයි' වශයෙනි. මොග්ගල්ලාන නිදුකාණෙනි, ආර්ය සංඝයා කෙරෙහි නිසැක ව, නොසෙල්වෙන පැහැදීමට පත්වීම හේතුවෙන් මෙසේ මෙහි ඇතැම් සත්වයෝ කය බිඳී මරණින් මතු සුගති සංඛ්‍යාත දෙව්ලොවෙහි උපදිති.

මොග්ගල්ලාන නිදුකාණෙනි, 'කඩ නොවූ සිල් පද ඇති ....(පෙ).... සමාධිය පිණිස පවතින ආර්යකාන්ත සීලයෙන් යුක්ත වන්නේ නම්, ඉතා යහපත් වෙයි. මොග්ගල්ලාන නිදුකාණෙනි, ආර්යකාන්ත සීලයෙන් යුක්ත වීම හේතුවෙන් මෙසේ මෙහි ඇතැම් සත්වයෝ කය බිඳී මරණින් මතු සුගති සංඛ්‍යාත දෙව්ලොවෙහි උපදිති."

සාදු! සාදු!! සාදු!!!

දේවචාරික සූත්‍රය නිමා විය.

11.2.9.
දුතිය දේවචාරික සූත්‍රය
දෙව්ලොව වැඩම කොට වදාළ දෙවෙනි දෙසුම

එක් සමයෙක්හි ආයුෂ්මත් මහා මොග්ගල්ලානයන් වහන්සේ සැවැත් නුවර ජේතවන නම් අනේපිඬු සිටුහුගේ ආරාමයෙහි වැඩවෙසෙති. එකල්හී ආයුෂ්මත් මහා මොග්ගල්ලානයන් වහන්සේ බලවත් පුරුෂයෙක් හැකිලූ අතක් දිගු කරන්නේ යම් සේ ද, දික් කළ අතක් හකුලන්නේ යම් සේ ද, එසෙයින් ම ජේතවනයෙන් නොපෙනී ගොස් තව්තිසා දෙවියන් අතර පහළ වූහ. ඉක්බිති තව්තිසාවැසි බොහෝ දේවතාවෝ ....(පෙ).... එකත්පස් ව සිටගත් ඒ දේවතාවන්ට ආයුෂ්මත් මහා මොග්ගල්ලානයන් වහන්සේ මෙය වදාළහ.

"ඇවැත්නි, බුදුරජුන් කෙරෙහි නිසැක ව, නොසෙල්වෙන පැහැදීමකින් යුක්ත වන්නේ නම්, ඉතා යහපත් වෙයි. එනම්, 'මෙසේ ත් ඒ භාග්‍යවතුන් වහන්සේ ....(පෙ).... දෙව් මිනිසුන්ගේ ශාස්තෘන් වහන්සේ වන සේක. බුද්ධ වන සේක. භගවා වන සේක' යනුවෙනි. ඇවැත්නි, බුදුරජුන් කෙරෙහි නිසැක ව, නොසෙල්වෙන පැහැදීමට පත්වීම හේතුවෙන් මෙසේ මෙහි ඇතැම් සත්වයෝ කය බිඳී මරණින් මතු සුගති සංඛ්‍යාත දෙව්ලොවෙහි උපන්නාහු ය.

ඇවැත්නි, ධර්මය කෙරෙහි නිසැක ව, නොසෙල්වෙන පැහැදීමකින් යුක්ත වන්නේ නම්, ඉතා යහපත් වෙයි. එනම්, 'භාග්‍යවතුන් වහන්සේ විසින් ඉතා මැනැවින් ධර්මය වදාරණ ලද්දේ ය. ....(පෙ).... නුවණැත්තන් විසින් තම තම නැණ පමණින් දත යුත්තේ ය' වශයෙනි. ඇවැත්නි, ධර්මය කෙරෙහි නිසැක ව, නොසෙල්වෙන පැහැදීමට පත්වීම හේතුවෙන් මෙසේ මෙහි ඇතැම් සත්වයෝ කය බිඳී මරණින් මතු සුගති සංඛ්‍යාත දෙව්ලොවෙහි උපන්නාහු ය.

ඇවැත්නි, ආර්ය සංඝයා කෙරෙහි නිසැක ව, නොසෙල්වෙන පැහැදීමකින් යුක්ත වන්නේ නම්, ඉතා යහපත් වෙයි. එනම්, 'භාග්‍යවතුන් වහන්සේගේ ශ්‍රාවක සංඝ තෙමේ සුපටිපන්න වෙයි ....(පෙ).... ලෝකයාගේ අනුත්තර පින්කෙත වෙයි' වශයෙනි. ඇවැත්නි, ආර්ය සංඝයා කෙරෙහි නිසැක ව, නොසෙල්වෙන පැහැදීමට පත්වීම හේතුවෙන් මෙසේ මෙහි ඇතැම් සත්වයෝ කය බිඳී මරණින් මතු සුගති සංඛ්‍යාත දෙව්ලොවෙහි උපන්නාහු ය.

ඇවැත්නි, 'කඩ නොවූ සිල් පද ඇති ....(පෙ).... සමාධිය පිණිස පවතින

ආර්යකාන්ත සීලයෙන් යුක්ත වන්නේ නම්, ඉතා යහපත් වෙයි. ඇවැත්නි, ආර්යකාන්ත සීලයෙන් යුක්ත වීම හේතුවෙන් මෙසේ මෙහි ඇතැම් සත්වයෝ කය බිඳී මරණින් මතු සුගති සංඛ්‍යාත දෙව්ලොවෙහි උපන්නාහු ය."

"මොග්ගල්ලාන නිදුකාණෙනි, බුදුරජුන් කෙරෙහි නිසැක ව, නොසෙල්වෙන පැහැදීමකින් යුක්ත වන්නේ නම්, ඉතා යහපත් වෙයි. එනම්, 'මෙසේ ත් ඒ භාග්‍යවතුන් වහන්සේ ....(පෙ).... දෙව් මිනිසුන්ගේ ශාස්තෘන් වහන්සේ වන සේක. බුද්ධ වන සේක. භගවා වන සේක' යනුවෙනි. මොග්ගල්ලාන නිදුකාණෙනි, බුදුරජුන් කෙරෙහි නිසැක ව, නොසෙල්වෙන පැහැදීමට පත්වීම හේතුවෙන් මෙසේ මෙහි ඇතැම් සත්වයෝ කය බිඳී මරණින් මතු සුගති සංඛ්‍යාත දෙව්ලොවෙහි උපන්නාහු ය.

මොග්ගල්ලාන නිදුකාණෙනි, ධර්මය කෙරෙහි නිසැක ව, නොසෙල්වෙන පැහැදීමකින් යුක්ත වන්නේ නම්, ඉතා යහපත් වෙයි. එනම්, 'භාග්‍යවතුන් වහන්සේ විසින් ඉතා මැනැවින් ධර්මය වදාරණ ලද්දේ ය. ....(පෙ).... නුවණැත්තන් විසින් තම තම නැණ පමණින් දත යුත්තේ ය' වශයෙනි. මොග්ගල්ලාන නිදුකාණෙනි, ධර්මය කෙරෙහි නිසැක ව, නොසෙල්වෙන පැහැදීමට පත්වීම හේතුවෙන් මෙසේ මෙහි ඇතැම් සත්වයෝ කය බිඳී මරණින් මතු සුගති සංඛ්‍යාත දෙව්ලොවෙහි උපන්නාහු ය.

මොග්ගල්ලාන නිදුකාණෙනි, ආර්ය සංඝයා කෙරෙහි නිසැක ව, නොසෙල්වෙන පැහැදීමකින් යුක්ත වන්නේ නම්, ඉතා යහපත් වෙයි. එනම්, 'භාග්‍යවතුන් වහන්සේගේ ශ්‍රාවක සංඝ තෙමේ සුපටිපන්න වෙයි ....(පෙ).... ලෝකයාගේ අනුත්තර පින්කෙත වෙයි' වශයෙනි. මොග්ගල්ලාන නිදුකාණෙනි, ආර්ය සංඝයා කෙරෙහි නිසැක ව, නොසෙල්වෙන පැහැදීමට පත්වීම හේතුවෙන් මෙසේ මෙහි ඇතැම් සත්වයෝ කය බිඳී මරණින් මතු සුගති සංඛ්‍යාත දෙව්ලොවෙහි උපන්නාහු ය.

මොග්ගල්ලාන නිදුකාණෙනි, 'කඩ නොවූ සිල් පද ඇති ....(පෙ).... සමාධිය පිණිස පවතින ආර්යකාන්ත සීලයෙන් යුක්ත වන්නේ නම්, ඉතා යහපත් වෙයි. මොග්ගල්ලාන නිදුකාණෙනි, ආර්යකාන්ත සීලයෙන් යුක්ත වීම හේතුවෙන් මෙසේ මෙහි ඇතැම් සත්වයෝ කය බිඳී මරණින් මතු සුගති සංඛ්‍යාත දෙව්ලොවෙහි උපන්නාහු ය."

සාදු! සාදු!! සාදු!!!

දුතිය දේවචාරික සූත්‍රය නිමා විය.

11.2.10.
තතිය දේවචාරික සූත්‍රය
දෙව්ලොව වැඩම කොට වදාළ තෙවෙනි දෙසුම

එකල්හී භාග්‍යවතුන් වහන්සේ බලවත් පුරුෂයෙක් හැකිලූ අතක් දිගු කරන්නේ යම් සේ ද, දික් කළ අතක් හකුලන්නේ යම් සේ ද, එසෙයින් ම ජේතවනයෙන් නොපෙනී ගොස් තව්තිසා දෙවියන් අතර පහළ වූහ. ඉක්බිති තව්තිසාවැසි බොහෝ දේවතාවෝ භාග්‍යවතුන් වහන්සේ වෙත පැමිණියාහු ය. පැමිණ භාග්‍යවතුන් වහන්සේට සකසා වන්දනා කොට එකත්පස් ව සිටගත්තාහු ය. එකත්පස් ව සිටගත් ඒ දේවතාවන්ට භාග්‍යවතුන් වහන්සේ මෙය වදාළ සේක.

"ඇවැත්නි, බුදුරජුන් කෙරෙහි නිසැක ව, නොසෙල්වෙන පැහැදීමකින් යුක්ත වන්නේ නම්, ඉතා යහපත් වෙයි. එනම්, 'මෙසේ ත් ඒ භාග්‍යවතුන් වහන්සේ ....(පෙ).... දෙව් මිනිසුන්ගේ ශාස්තෘන් වහන්සේ වන සේක. බුද්ධ වන සේක. භගවා වන සේක' යනුවෙනි. ඇවැත්නි, බුදුරජුන් කෙරෙහි නිසැක ව, නොසෙල්වෙන පැහැදීමට පත්වීම හේතුවෙන් මෙසේ මෙහි ඇතැම් සත්වයෝ සිව් අපායෙන් මිදී නියත වශයෙන් නිවන අවබෝධ කරන සුළු ව, සෝවාන් වූවාහු වෙති.

ඇවැත්නි, ධර්මය කෙරෙහි නිසැක ව, නොසෙල්වෙන පැහැදීමකින් යුක්ත වන්නේ නම්, ඉතා යහපත් වෙයි. එනම්, 'භාග්‍යවතුන් වහන්සේ විසින් ඉතා මැනැවින් ධර්මය වදාරණ ලද්දේ ය. ....(පෙ).... නුවණැත්තන් විසින් තම තම නැණ පමණින් දත යුත්තේ ය' වශයෙනි. ඇවැත්නි, ධර්මය කෙරෙහි නිසැක ව, නොසෙල්වෙන පැහැදීමට පත්වීම හේතුවෙන් මෙසේ මෙහි ඇතැම් සත්වයෝ සිව් අපායෙන් මිදී නියත වශයෙන් නිවන අවබෝධ කරන සුළු ව, සෝවාන් වූවාහු වෙති.

ඇවැත්නි, ආර්ය සංඝයා කෙරෙහි නිසැක ව, නොසෙල්වෙන පැහැදීමකින් යුක්ත වන්නේ නම්, ඉතා යහපත් වෙයි. එනම්, 'භාග්‍යවතුන් වහන්සේගේ ශ්‍රාවක සංඝ තෙමේ සුපටිපන්න වෙයි ....(පෙ).... ලෝකයාගේ අනුත්තර පින්කෙත වෙයි' වශයෙනි. ඇවැත්නි, ආර්ය සංඝයා කෙරෙහි නිසැක ව, නොසෙල්වෙන

පැහැදීමට පත්වීම හේතුවෙන් මෙසේ මෙහි ඇතැම් සත්වයෝ සිව් අපායෙන් මිදී නියත වශයෙන් නිවන අවබෝධ කරන සුළු ව, සෝවාන් වූවාහු වෙති.

ඇවැත්නි, 'කඩ නොවූ සිල් පද ඇති ....(පෙ).... සමාධිය පිණිස පවතින ආර්යකාන්ත සීලයෙන් යුක්ත වන්නේ නම්, ඉතා යහපත් වෙයි. ඇවැත්නි, ආර්යකාන්ත සීලයෙන් යුක්ත වීම හේතුවෙන් මෙසේ මෙහි ඇතැම් සත්වයෝ සිව් අපායෙන් මිදී නියත වශයෙන් නිවන අවබෝධ කරන සුළු ව, සෝවාන් වූවාහු වෙති."

"ස්වාමීන් වහන්ස, බුදුරජුන් කෙරෙහි නිසැක ව, නොසෙල්වෙන පැහැදීමකින් යුක්ත වන්නේ නම්, ඉතා යහපත් වෙයි. එනම්, 'මෙසේ ත් ඒ භාග්‍යවතුන් වහන්සේ ....(පෙ).... දෙවි මිනිසුන්ගේ ශාස්තෘන් වහන්සේ වන සේක. බුද්ධ වන සේක. භගවා වන සේක' යනුවෙනි. ස්වාමීන් වහන්ස, බුදුරජුන් කෙරෙහි නිසැක ව, නොසෙල්වෙන පැහැදීමට පත්වීම හේතුවෙන් මෙසේ මේ ප්‍රජාවෝ සිව් අපායෙන් මිදී නියත වශයෙන් නිවන අවබෝධ කරන සුළු ව, සෝවාන් වූවාහු වෙති.

ස්වාමීන් වහන්ස, ධර්මය කෙරෙහි නිසැක ව, නොසෙල්වෙන පැහැදීමකින් යුක්ත වන්නේ නම්, ඉතා යහපත් වෙයි. එනම්, 'භාග්‍යවතුන් වහන්සේ විසින් ඉතා මැනැවින් ධර්මය වදාරණ ලද්දේ ය. ....(පෙ).... නුවණැත්තන් විසින් තම තම නැණ පමණින් දත යුත්තේ ය' වශයෙනි. ස්වාමීන් වහන්ස, ධර්මය කෙරෙහි නිසැක ව, නොසෙල්වෙන පැහැදීමට පත්වීම හේතුවෙන් මෙසේ මේ ප්‍රජාවෝ සිව් අපායෙන් මිදී නියත වශයෙන් නිවන අවබෝධ කරන සුළු ව, සෝවාන් වූවාහු වෙති.

ස්වාමීන් වහන්ස, ආර්ය සංඝයා කෙරෙහි නිසැක ව, නොසෙල්වෙන පැහැදීමකින් යුක්ත වන්නේ නම්, ඉතා යහපත් වෙයි. එනම්, 'භාග්‍යවතුන් වහන්සේගේ ශ්‍රාවක සංඝ තෙමේ සුපටිපන්න වෙයි ....(පෙ).... ලෝකයාගේ අනුත්තර පින්කෙත වෙයි' වශයෙනි. ස්වාමීන් වහන්ස, ආර්ය සංඝයා කෙරෙහි නිසැක ව, නොසෙල්වෙන පැහැදීමට පත්වීම හේතුවෙන් මෙසේ මේ ප්‍රජාවෝ සිව් අපායෙන් මිදී නියත වශයෙන් නිවන අවබෝධ කරන සුළු ව, සෝවාන් වූවාහු වෙති.

ස්වාමීන් වහන්ස, 'කඩ නොවූ සිල් පද ඇති ....(පෙ).... සමාධිය පිණිස පවතින ආර්යකාන්ත සීලයෙන් යුක්ත වන්නේ නම්, ඉතා යහපත් වෙයි. ස්වාමීන් වහන්ස, ආර්යකාන්ත සීලයෙන් යුක්ත වීම හේතුවෙන් මෙසේ මේ ප්‍රජාවෝ සිව් අපායෙන් මිදී නියත වශයෙන් නිවන අවබෝධ කරන සුළු

ච, සෝවාන් වූවාහු වෙති.”

සාදු! සාදු!! සාදු!!!

තතිය දේවචාරික සූත්‍රය නිමා විය.

දෙවෙනි රාජකාරාම වර්ගය අවසන් විය.

- එහි පිළිවෙල උද්දානයයි :

සහස්ස සූත්‍රය, බ්‍රාහ්මණ සූත්‍රය, ආනන්ද සූත්‍රය, දුග්ගති සූත්‍රය, විනිපාත සූත්‍රය, මිත්තාමච්ච සූත්‍ර දෙක, දේවචාරික සූත්‍ර තුන වශයෙන් සූත්‍ර දසයකි.

3. සරකානි වර්ගය

11.3.1.
මහානාම සූත්‍රය
මහානාම ශාක්‍යරජුට වදාළ දෙසුම

එක් සමයෙක්හි භාග්‍යවතුන් වහන්සේ ශාක්‍ය ජනපදයෙහි කපිලවස්තු නුවර නිග්‍රෝධාරාමයෙහි වැඩවසන සේක. එකල්හී මහානාම ශාක්‍ය තෙමේ භාග්‍යවතුන් වහන්සේ වෙත පැමිණියේ ය. පැමිණ භාග්‍යවතුන් වහන්සේට සකසා වන්දනා කොට එකත්පස් ව හිඳගත්තේ ය. එකත්පස් ව හුන් මහානාම ශාක්‍ය තෙමේ භාග්‍යවතුන් වහන්සේට මෙය පැවසුවේ ය.

"ස්වාමීනී, මේ කපිලවස්තු නගරය සමෘද්ධිමත් වූයේ ත්, බොහෝ සැප සම්පත් ඇත්තේ ත්, බොහෝ ජනයා ඇත්තේ ත්, මිනිසුන්ගෙන් බොහෝ ගැවසී තෙරපී ගිය වීදි ඇත්තේ ත් වෙයි. ඉතින් ස්වාමීනී, ඒ මම භාග්‍යවතුන් වහන්සේ ව ඇසුරු කොට, මනෝභාවනීය භික්ෂූන් හෝ ඇසුරු කොට, සවස් වරුවෙහි කපිලවස්තු නගරයට පිවිසෙන කල්හී කලබල ව හැසිරෙන ඇතෙකු සමඟ ත් එක්වෙමි. කලබල ව හැසිරෙන අශ්වයෙකු සමඟ ත් එක්වෙමි. කලබල ව හැසිරෙන රියක් සමඟ ත් එක්වෙමි. කලබල ව හැසිරෙන ගැලක් සමඟ ත් එක්වෙමි. කලබල ව හැසිරෙන පුරුෂයෙකු සමඟ ත් එක්වෙමි. ස්වාමීනී, ඒ මට ඒ අවස්ථාවෙහි භාග්‍යවතුන් වහන්සේ අරභයා පැවති සිහිය මුලා වෙයි. ධර්මය අරභයා පැවති සිහිය මුලා වෙයි. සංඝයා අරභයා පැවති සිහිය මුලා වෙයි. ස්වාමීනී, ඒ මට මෙසේ සිතෙයි. මෙබඳු අවස්ථාවක මම මරණයට පත්වන්නෙම් නම් මගේ ගතිය කුමක් වේවි ද? මාගේ පරලොව කුමක් වේවි ද? කියා ය."

"මහානාමයෙනි, භය වෙන්නට එපා! මහානාමයෙනි, භය වෙන්නට එපා! ඔබගේ මරණය අලාමක දෙයක් වන්නේ ය. අලාමක කලුරිය කිරීමක්

වන්නේ ය. මහානාමයෙනි, යම්කිසිවෙකු තුළ බොහෝ කලක් තිස්සේ ශ්‍රද්ධාව මැනැවින් පුරුදු කළ සිතක් ඇත්නම්, සීලය මැනැවින් පුරුදු කළ සිතක් ඇත්නම්, ශ්‍රැතය මැනැවින් පුරුදු කළ සිතක් ඇත්නම්, ත්‍යාගය මැනැවින් පුරුදු කළ සිතක් ඇත්නම්, ප්‍රඥාව මැනැවින් පුරුදු කළ සිතක් ඇත්නම්, රූපී වූ, සතර මහා භූතයන්ගෙන් හටගත්, මව්පියන් නිසා හටගත්, ආහාරපානයන්ගෙන් පෝෂණය ලැබූ, අනිත්‍ය වූ, ඉලීම් පිරිමැදීම් ආදිය පවත්වමින්, බිඳෙන වැනසෙන ස්වභාවයෙන් යුක්ත වූ යම් මේ කයක් ඔහුට ඇත්තේ ද, එය මෙහි ම කපුටෝ හෝ කා දමති. ගිජුලිහිණියෝ හෝ කා දමති. උකුස්සෝ හෝ කා දමති. සුනඛයෝ හෝ කා දමති. සිවල්ලු හෝ කා දමති. විවිධ වූ ප්‍රාණීහු හෝ කා දමති. ඔහු තුළ බොහෝ කලක් තිස්සේ ශ්‍රද්ධාව හොඳින් පුරුදු කළ, සීලය හොඳින් පුරුදු කළ, ශ්‍රැතය හොඳින් පුරුදු කළ, ත්‍යාගය හොඳින් පුරුදු කළ, ප්‍රඥාව හොඳින් පුරුදු කළ, යම් සිතක් ඇද්ද, එය උඩු අතට යන්නේ වෙයි. විශේෂගාමී වෙයි.

මහානාමයෙනි, එය මෙබඳු දෙයකි. බලවත් පුරුෂයෙක් ගිතෙල් පිරවූ මැටි කළයක් හෝ තෙල් පිරවූ මැටි කළයක් හෝ ගැඹුරු දිය විලකට බස්සවා බිඳින්නේ නම්, ඒ කළයෙහි යම් කැට හෝ කැබිලිති හෝ වෙත් ද, ඒවා එහි යටට බසින්නේ ය. එහි යම් ගිතෙලක් හෝ තෙලක් හෝ ඇද්ද, එය එහි උඩට මතුවෙන්නේ ය. විශේෂගාමී වෙන්නේ ය.

එසෙයින් ම, මහානාමයෙනි, යම්කිසිවෙකු තුළ බොහෝ කලක් තිස්සේ ශ්‍රද්ධාව මැනැවින් පුරුදු කළ සිතක් ඇත්නම්, සීලය මැනැවින් පුරුදු කළ සිතක් ඇත්නම්, ශ්‍රැතය මැනැවින් පුරුදු කළ සිතක් ඇත්නම්, ත්‍යාගය මැනැවින් පුරුදු කළ සිතක් ඇත්නම්, ප්‍රඥාව මැනැවින් පුරුදු කළ සිතක් ඇත්නම්, රූපී වූ, සතර මහා භූතයන්ගෙන් හටගත්, මව්පියන් නිසා හටගත්, ආහාරපානයන්ගෙන් පෝෂණය ලැබූ, අනිත්‍ය වූ, ඉලීම් පිරිමැදීම් ආදිය පවත්වමින්, බිඳෙන වැනසෙන ස්වභාවයෙන් යුක්ත වූ යම් මේ කයක් ඔහුට ඇත්තේ ද, එය මෙහි ම කපුටෝ හෝ කා දමති. ගිජුලිහිණියෝ හෝ කා දමති. උකුස්සෝ හෝ කා දමති. සුනඛයෝ හෝ කා දමති. සිවල්ලු හෝ කා දමති. විවිධ වූ ප්‍රාණීහු හෝ කා දමති. ඔහු තුළ බොහෝ කලක් තිස්සේ ශ්‍රද්ධාව හොඳින් පුරුදු කළ, සීලය හොඳින් පුරුදු කළ, ශ්‍රැතය හොඳින් පුරුදු කළ, ත්‍යාගය හොඳින් පුරුදු කළ, ප්‍රඥාව හොඳින් පුරුදු කළ, යම් සිතක් ඇද්ද, එය උඩු අතට යන්නේ වෙයි. විශේෂගාමී වෙයි. මහානාමයෙනි, ඔබ තුළ වනාහී බොහෝ කලක් මුළුල්ලෙහි මැනැවින් වඩන ලද ශ්‍රද්ධාවන් යුතු සිතක් අත්තේ ය. ....(පෙ).... මැනැවින් වඩන ලද ප්‍රඥාවෙන් යුතු සිතක් ඇත්තේ ය.

මහානාමයෙනි, භය වෙන්නට එපා! මහානාමයෙනි, භය වෙන්නට එපා! ඔබගේ මරණය අලාමක දෙයක් වන්නේ ය. අලාමක කලුරිය කිරීමක් වන්නේය.

සාදු! සාදු!! සාදු!!!

මහානාම සූත්‍රය නිමා විය.

11.3.2.
දුතිය මහානාම සූත්‍රය
මහානාම ශාක්‍යරජුට වදාළ දෙවෙනි දෙසුම

එක් සමයෙක්හි භාග්‍යවතුන් වහන්සේ ශාක්‍ය ජනපදයෙහි කපිලවස්තු නුවර නිග්‍රෝධාරාමයෙහි වැඩවසන සේක. එකල්හී මහානාම ශාක්‍ය තෙමේ භාග්‍යවතුන් වහන්සේ වෙත පැමිණියේ ය. පැමිණ භාග්‍යවතුන් වහන්සේට සකසා වන්දනා කොට එකත්පස් ව හිඳගත්තේ ය. එකත්පස් ව හුන් මහානාම ශාක්‍ය තෙමේ භාග්‍යවතුන් වහන්සේට මෙය පැවසුවේ ය.

"ස්වාමීනී, මේ කපිලවස්තු නගරය සමෘද්ධිමත් වූයේ ත්, බොහෝ සැප සම්පත් ඇත්තේ ත්, බොහෝ ජනයා ඇත්තේ ත්, මිනිසුන්ගෙන් බොහෝ ගැවසී තෙරපී ගිය වීදි ඇත්තේ ත් වෙයි. ඉතින් ස්වාමීනී, ඒ මම භාග්‍යවතුන් වහන්සේ ව ඇසුරු කොට, මනෝභාවනීය භික්ෂූන් හෝ ඇසුරු කොට, සවස් වරුවෙහි කපිලවස්තු නගරයට පිවිසෙන කල්හී කලබල ව හැසිරෙන ඇතෙකු සමඟ ත් එක්වෙමි. කලබල ව හැසිරෙන අශ්වයෙකු සමඟ ත් එක්වෙමි. කලබල ව හැසිරෙන රියක් සමඟ ත් එක්වෙමි. කලබල ව හැසිරෙන ගැලක් සමඟ ත් එක්වෙමි. කලබල ව හැසිරෙන පුරුෂයෙකු සමඟ ත් එක්වෙමි. ස්වාමීනී, ඒ මට ඒ අවස්ථාවෙහි භාග්‍යවතුන් වහන්සේ අරභයා පැවති සිහිය මුලා වෙයි. ධර්මය අරභයා පැවති සිහිය මුලා වෙයි. සංඝයා අරභයා පැවති සිහිය මුලා වෙයි. ස්වාමීනී, ඒ මට මෙසේ සිතෙයි. මෙබඳු අවස්ථාවක මම මරණයට පත්වන්නෙම් නම් මගේ ගතිය කුමක් වේවි ද? මාගේ පරලොව කුමක් වේවි ද? කියා ය."

"මහානාමයෙනි, භය වෙන්නට එපා! මහානාමයෙනි, භය වෙන්නට එපා! ඔබගේ මරණය අලාමක දෙයක් වන්නේ ය. අලාමක කලුරිය කිරීමක් වන්නේ ය. මහානාමයෙනි, සතර ධර්මයකින් යුක්ත වූ ආර්ය ශ්‍රාවක තෙමේ නිවනට නැඹුරු වූයේ වෙයි. නිවනට යොමු වූයේ වෙයි. නිවනට බර වූයේ

වෙයි. ඒ කවර සතරක් ද යත්;

මහානාමයෙනි, මෙහිලා ආර්ය ශ්‍රාවක තෙමේ බුදුරජුන් කෙරෙහි නිසැක බවට පැමිණ නොසෙල්වෙන පැහැදීමෙන් යුක්ත වෙයි. එනම්, 'ඒ භාග්‍යවතුන් වහන්සේ මෙසේ ත් අරහං වන සේක. ....(පෙ).... සත්ථා දේවමනුස්සානං වන සේක. බුද්ධ වන සේක. භගවා වන සේක' යනුවෙනි. ධර්මය කෙරෙහි ....(පෙ).... සංඝයා කෙරෙහි ....(පෙ).... ආර්යකාන්ත සීලයකින් යුක්ත වෙයි. නොකැඩුණු, ...(පෙ).... සමාධිය පිණිස පවතින සීලයෙන් යුක්ත වෙයි.

මහානාමයෙනි, එය මෙබඳු දෙයකි. පෙරදිගට නැවී ගිය, පෙරදිගට යොමු වූ, පෙරදිගට බර වූ රුකක් ඇත්තේ ය. මුලින් සිඳින ලද ඒ රුක කොයි පැත්තට වැටෙන්නේ ද?"

"ස්වාමීනී, යම් දෙසකට නැමී ඇද්ද, යම් දෙසකට යොමු වී ඇද්ද, යම් දෙසකට බර වී ඇද්ද, ඒ දෙසට යි."

"එසෙයින් ම මහානාමයෙනි, මේ සතර ධර්මයෙන් යුක්ත වූ ආර්ය ශ්‍රාවක තෙමේ නිවනට නැඹුරු වූයේ වෙයි. නිවනට යොමු වූයේ වෙයි. නිවනට බර වූයේ වෙයි."

සාදු! සාදු!! සාදු!!!

දුතිය මහානාම සූත්‍රය නිමා විය.

11.3.3.
තතිය මහානාම සූත්‍රය
මහානාම ශාක්‍යරජු පිළිබඳ ව වදාළ තෙවෙනි දෙසුම

එක් සමයෙක්හි භාග්‍යවතුන් වහන්සේ ශාක්‍ය ජනපදයෙහි කපිලවස්තු නුවර නිග්‍රෝධාරාමයෙහි වැඩවසන සේක. එකල්හී මහානාම ශාක්‍ය තෙමේ ගෝධා ශාක්‍යයා වෙත එළැඹියේ ය. එළැඹ ගෝධා ශාක්‍යයා හට මෙය පැවසුවේ ය.

"ගෝධාවෙනි, ඔබ කොපමණ ධර්මයන්ගෙන් යුක්ත වූ පුද්ගලයා සිව් අපායෙන් අත්මිදී නියත වශයෙන් නිවන පිහිට කොට සිටින සෝතාපන්න වූවෙකි යි දන්නෙහි ද?"

"මහානාමයෙනි, මම තුන් ධර්මයකින් යුක්ත වූ පුද්ගලයා සිව් අපායෙන් අත්මිදී නියත වශයෙන් නිවන පිහිට කොට සිටින සෝතාපන්න වූවෙකි යි දනිමි. ඒ කවර තුන් ධර්මයකින් ද යත්; මහානාමයෙනි, මෙහිලා ආර්ය ශ්‍රාවක තෙමේ බුදුරජුන් කෙරෙහි නිසැක බවට පැමිණි නොසෙල්වෙන පැහැදීමෙන් යුක්ත වෙයි. එනම්, 'ඒ භාග්‍යවතුන් වහන්සේ මෙසේ ත් අරහං වන සේක. ....(පෙ).... සත්ථා දේවමනුස්සානං වන සේක. බුද්ධ වන සේක. භගවා වන සේක' යනුවෙනි. ධර්මය කෙරෙහි ....(පෙ).... සංඝයා කෙරෙහි නොසෙල්වෙන පැහැදීමෙන් යුක්ත වෙයි. භාග්‍යවතුන් වහන්සේගේ ශ්‍රාවක සංඝ තෙමේ සුපටිපන්න වෙයි. ....(පෙ).... ලෝකයාගේ අනුත්තර පින්කෙත වෙයි' යනුවෙනි. මහානාමයෙනි, මම මේ තුන් ධර්මයෙන් යුක්ත වූ පුද්ගලයා සිව් අපායෙන් අත්මිදී නියත වශයෙන් නිවන පිහිට කොට සිටින සෝතාපන්න වූවෙකි යි දනිමි.

මහානාමයෙනි, ඔබ වනාහී කොපමණ ධර්මයන්ගෙන් යුක්ත වූ පුද්ගලයා සිව් අපායෙන් අත්මිදී නියත වශයෙන් නිවන පිහිට කොට සිටින සෝතාපන්න වූවෙකි යි දන්නෙහි ද?"

"ගෝධාවෙනි, මම සතර ධර්මයකින් යුක්ත වූ පුද්ගලයා සිව් අපායෙන් අත්මිදී නියත වශයෙන් නිවන පිහිට කොට සිටින සෝතාපන්න වූවෙකි යි දනිමි. ඒ කවර සතර ධර්මයකින් ද යත්; ගෝධාවෙනි, මෙහිලා ආර්ය ශ්‍රාවක තෙමේ බුදුරජුන් කෙරෙහි නිසැක බවට පැමිණි නොසෙල්වෙන පැහැදීමෙන් යුක්ත වෙයි. එනම්, 'ඒ භාග්‍යවතුන් වහන්සේ මෙසේ ත් අරහං වන සේක. ....(පෙ).... සත්ථා දේවමනුස්සානං වන සේක. බුද්ධ වන සේක. භගවා වන සේක' යනුවෙනි. ධර්මය කෙරෙහි ....(පෙ).... සංඝයා කෙරෙහි නොසෙල්වෙන පැහැදීමෙන් යුක්ත වෙයි. භාග්‍යවතුන් වහන්සේගේ ශ්‍රාවක සංඝ තෙමේ සුපටිපන්න වෙයි. ....(පෙ).... ලෝකයාගේ අනුත්තර පින්කෙත වෙයි' යනුවෙනි. ආර්යකාන්ත සීලයකින් යුක්ත වෙයි. නොකැඩුණු, ...(පෙ).... සමාධිය පිණිස පවතින සීලයෙන් යුක්ත වෙයි. ගෝධාවෙනි, මම මේ සතර ධර්මයෙන් යුක්ත වූ පුද්ගලයා සිව් අපායෙන් අත්මිදී නියත වශයෙන් නිවන පිහිට කොට සිටින සෝතාපන්න වූවෙකි යි දනිමි."

"මහානාමයෙනි, ඔබ ඉවසව. මහානාමයෙනි, ඔබ ඉවසව. භාග්‍යවතුන් වහන්සේ ම මේ ධර්මයන්ගෙන් සමන්විත වෙයි කියා හෝ මේ ධර්මයන්ගෙ න් සමන්විත නොවෙයි කියා හෝ මෙය දන්නා සේක."

"ගෝධාවෙනි, යමු. භාග්‍යවතුන් වහන්සේ වෙත එළැඹෙමු. එළැඹ භාග්‍යවතුන් වහන්සේට මෙකරුණ සැළ කරන්නෙමු."

එකල්හී මහානාම ශාක්‍ය තෙමේ ත්, ගෝධා ශාක්‍ය තෙමේ ත්, භාග්‍යවතුන් වහන්සේ වෙත එළැඹියහ. එළැඹ භාග්‍යවතුන් වහන්සේට සකසා වන්දනා කොට එකත්පස් ව හිඳගත්හ. එකත්පස් ව හුන් මහානාම ශාක්‍ය තෙමේ භාග්‍යවතුන් වහන්සේට මෙය පැවසූහ.

"ස්වාමීනී, මෙහි මම ගෝධා ශාක්‍යයා වෙත එළැඹියෙමි. එළැඹ ගෝධා ශාක්‍යයා හට මෙය පැවසුවෙමි.

'ගෝධාවෙනි, ඔබ කොපමණ ධර්මයන්ගෙන් යුක්ත වූ පුද්ගලයා සිව් අපායෙන් අත්මිදී නියත වශයෙන් නිවන පිහිට කොට සිටින සෝතාපන්න වූවෙකි යි දන්නෙහි ද?'

මෙසේ කී කල්හී ස්වාමීනි, ගෝධා ශාක්‍ය තෙමේ මට මෙය කීවේ ය.

'මහානාමයෙනි, මම තුන් ධර්මයකින් යුක්ත වූ පුද්ගලයා සිව් අපායෙන් අත්මිදී නියත වශයෙන් නිවන පිහිට කොට සිටින සෝතාපන්න වූවෙකි යි දනිමි. ඒ කවර තුන් ධර්මයකින් ද යත්; මහානාමයෙනි, මෙහිලා ආර්ය ශ්‍රාවක තෙමේ බුදුරජුන් කෙරෙහි නිසැක බවට පැමිණ නොසෙල්වෙන පැහැදීමෙන් යුක්ත වෙයි. එනම්, 'ඒ භාග්‍යවතුන් වහන්සේ මෙසේ ත් අරහං වන සේක. ....(පෙ).... සත්ථා දේවමනුස්සානං වන සේක. බුද්ධ වන සේක. භගවා වන සේක' යනුවෙනි. ධර්මය කෙරෙහි ....(පෙ).... සංඝයා කෙරෙහි නොසෙල්වෙන පැහැදීමෙන් යුක්ත වෙයි. භාග්‍යවතුන් වහන්සේගේ ශ්‍රාවක සංඝ තෙමේ සුපටිපන්න වෙයි. ....(පෙ).... ලෝකයාගේ අනුත්තර පින්කෙත වෙයි' යනුවෙනි. මහානාමයෙනි, මම මේ තුන් ධර්මයෙන් යුක්ත වූ පුද්ගලයා සිව් අපායෙන් අත්මිදී නියත වශයෙන් නිවන පිහිට කොට සිටින සෝතාපන්න වූවෙකි යි දනිමි.

මහානාමයෙනි, ඔබ වනාහී කොපමණ ධර්මයන්ගෙන් යුක්ත වූ පුද්ගලයා සිව් අපායෙන් අත්මිදී නියත වශයෙන් නිවන පිහිට කොට සිටින සෝතාපන්න වූවෙකි යි දන්නෙහි ද?' යි.

මෙසේ කී කල්හී ස්වාමීනී, මම ගෝධා ශාක්‍යයා හට මෙය කීවෙමි.

'ගෝධාවෙනි, මම සතර ධර්මයකින් යුක්ත වූ පුද්ගලයා සිව් අපායෙන් අත්මිදී නියත වශයෙන් නිවන පිහිට කොට සිටින සෝතාපන්න වූවෙකි යි දනිමි. ඒ කවර සතර ධර්මයකින් ද යත්; ගෝධාවෙනි, මෙහිලා ආර්ය ශ්‍රාවක තෙමේ බුදුරජුන් කෙරෙහි නිසැක බවට පැමිණ නොසෙල්වෙන පැහැදීමෙන් යුක්ත වෙයි. එනම්, 'ඒ භාග්‍යවතුන් වහන්සේ මෙසේ ත් අරහං වන සේක.

....(පෙ).... සත්ථා දේවමනුස්සානං වන සේක. බුද්ධ වන සේක. භගවා වන සේක' යනුවෙනි. ධර්මය කෙරෙහි ....(පෙ).... සංඝයා කෙරෙහි නොසෙල්වෙන පැහැදීමෙන් යුක්ත වෙයි. භාග්‍යවතුන් වහන්සේගේ ශ්‍රාවක සංඝ තෙමේ සුපටිපන්න වෙයි. ....(පෙ).... ලෝකයාගේ අනුත්තර පින්කෙත වෙයි' යනුවෙනි. ආර්යකාන්ත සීලයකින් යුක්ත වෙයි. නොකැඩුණු, ...(පෙ).... සමාධිය පිණිස පවතින සීලයෙන් යුක්ත වෙයි. ගෝධාවෙනි, මම මේ සතර ධර්මයෙන් යුක්ත වූ පුද්ගලයා සිව් අපායෙන් අත්මිදී නියත වශයෙන් නිවන් පිහිට කොට සිටින සෝතාපන්න වූවෙකි යි දනිමි' යි.

මෙසේ කී කල්හී ස්වාමීනී, ගෝධා ශාක්‍ය තෙමේ මට මෙය පැවසුවේ ය.

'මහානාමයෙනි, ඔබ ඉවසව. මහානාමයෙනි, ඔබ ඉවසව. භාග්‍යවතුන් වහන්සේ ම මේ ධර්මයන්ගෙන් සමන්විත වෙයි කියා හෝ මේ ධර්මයන්ගෙන් සමන්විත නොවෙයි කියා හෝ මෙය දන්නා සේක' යි. ස්වාමීනී, මෙහිලා කිසියම් කරුණක් උපදින්නේ නම්, භාග්‍යවතුන් වහන්සේ එක් පසෙක සිටින සේක් ද, භික්ෂු සංඝ තෙමේ තවත් පසෙක සිටියි ද, භාග්‍යවතුන් වහන්සේ යම් පසෙක සිටින සේක් ද, මම එපසෙහි සිටිමි. ස්වාමීනී, මේ අයුරින් පැහැදීමෙන් සිටින කෙනෙකු ලෙස භාග්‍යවතුන් වහන්සේ මාව පිළිගන්නා සේක්වා!"

ස්වාමීනී, මෙහිලා කිසියම් කරුණක් උපදින්නේ නම්, භාග්‍යවතුන් වහන්සේ එක් පසෙක සිටින සේක් ද, භික්ෂු සංඝ තෙමේ තවත් පසෙක සිටියි ද, භික්ෂුණී සංඝ තෙමේ තවත් පසෙක සිටියි ද, භාග්‍යවතුන් වහන්සේ යම් පසෙක සිටින සේක් ද, මම එපසෙහි සිටිමි. ස්වාමීනී, මේ අයුරින් පැහැදීමෙන් සිටින කෙනෙකු ලෙස භාග්‍යවතුන් වහන්සේ මාව පිළිගන්නා සේක්වා!

ස්වාමීනී, මෙහිලා කිසියම් කරුණක් උපදින්නේ නම්, භාග්‍යවතුන් වහන්සේ එක් පසෙක සිටින සේක් ද, භික්ෂු සංඝ තෙමේ තවත් පසෙක සිටියි ද, භික්ෂුණී සංඝ තෙමේ තවත් පසෙක සිටියි ද, උපාසකවරු තවත් පසෙක සිටිත් ද, භාග්‍යවතුන් වහන්සේ යම් පසෙක සිටින සේක් ද, මම එපසෙහි සිටිමි. ස්වාමීනී, මේ අයුරින් පැහැදීමෙන් සිටින කෙනෙකු ලෙස භාග්‍යවතුන් වහන්සේ මාව පිළිගන්නා සේක්වා!

ස්වාමීනී, මෙහිලා කිසියම් කරුණක් උපදින්නේ නම්, භාග්‍යවතුන් වහන්සේ එක් පසෙක සිටින සේක් ද, භික්ෂු සංඝ තෙමේ තවත් පසෙක සිටියි ද, භික්ෂුණී සංඝ තෙමේ තවත් පසෙක සිටියි ද, උපාසකවරුත් උපාසිකාවෝත් තවත් පසෙක සිටිත් ද, භාග්‍යවතුන් වහන්සේ යම් පසෙක සිටින සේක් ද,

මම එපසෙහි සිටිමි. ස්වාමීනී, මේ අයුරින් පැහැදීමෙන් සිටින කෙනෙකු ලෙස භාග්‍යවතුන් වහන්සේ මාව පිළිගන්නා සේක්වා!

ස්වාමීනී, මෙහිලා කිසියම් කරුණක් උපදින්නේ නම්, භාග්‍යවතුන් වහන්සේ එක් පසෙක සිටින සේක් ද, භික්ෂු සංඝ තෙමේ තවත් පසෙක සිටියි ද, භික්ෂුණී සංඝ තෙමේ තවත් පසෙක සිටියි ද, උපාසකවරුත් උපාසිකාවෝ ත්, දෙවියන් සහිත, මරුන් සහිත, බඹුන් සහිත, ශ්‍රමණ බමුණන් සහිත, දෙව් මිනිස් ප්‍රජාවෙන් යුතු ලෝකයා ත් තවත් පසෙක සිටිත් ද, භාග්‍යවතුන් වහන්සේ යම් පසෙක සිටින සේක් ද, මම එපසෙහි සිටිමි. ස්වාමීනී, මේ අයුරින් පැහැදීමෙන් සිටින කෙනෙකු ලෙස භාග්‍යවතුන් වහන්සේ මාව පිළිගන්නා සේක්වා!"

"ගෝධාවෙනි, මේ අයුරින් කියන්නා වූ මහානාම ශාක්‍යයා පිළිබඳ ව ඔබ කුමක් කියන්නෙහි ද?"

"ස්වාමීනී, මේ අයුරින් කියන්නා වූ මහානාම ශාක්‍යයා පිළිබඳ ව මම කල්‍යාණය හැර, කුසලය හැර අන් කිසිවක් නොකියමි."

සාදු! සාදු!! සාදු!!!

තතිය මහානාම සූත්‍රය නිමා විය.

11.3.4.
සරකානි සූත්‍රය
සරකානි ශාක්‍යයා පිළිබඳ ව වදාළ දෙසුම

එක් සමයෙක්හි භාග්‍යවතුන් වහන්සේ ශාක්‍ය ජනපදයෙහි කපිලවස්තු නුවර නිග්‍රෝධාරාමයෙහි වැඩවසන සේක. එසමයෙහි සරකානි ශාක්‍ය තෙමේ කලුරිය කළේ වෙයි. භාග්‍යවතුන් වහන්සේ විසින් ඔහු සිව් අපායෙන් මිදුණු, නියත වශයෙන් නිවන පිහිට කොට ඇති, සෝතාපන්න වූවෙකි යි වදාරණ ලද්දේ වෙයි. ඒ පිළිබඳ ව බොහෝ ශාක්‍යවරු එක්රැස් වී නොසතුටු බස් කියති. දොස් නගති. අමනාප වචන කියති.

"භවත්නි, ඒකාන්තයෙන් අසිරියක් නොවැ! භවත්නි, ඒකාන්තයෙන් අද්භූත නොවැ! මෙහි දැන් සෝතාපන්න නොවන්නේ කවරෙක් ද? සරකානි ශාක්‍ය තෙමේ යම් තැනෙක්හි කලුරිය කළේ ද, භාග්‍යවතුන් වහන්සේ විසින් ඔහු

සිව් අපායෙන් මිදුණු, නියත වශයෙන් නිවන පිහිට කොට ඇති, සෝතාපන්න වූවෙකි යි වදාරණ ලද්දේ ය. සරකානි ශාක්‍ය තෙමේ ශික්ෂාවෙහි දුබල බවට පැමිණ සිටියේ ය. මත්පැන් බිව්වේ ය."

ඉක්බිති මහානාම ශාක්‍ය තෙමේ භාග්‍යවතුන් වහන්සේ වෙත පැමිණියේ ය. පැමිණ භාග්‍යවතුන් වහන්සේට සකසා වන්දනා කොට එකත්පස් ව හිඳගත්තේ ය. එකත්පස් ව හුන් මහානාම ශාක්‍ය තෙමේ භාග්‍යවතුන් වහන්සේට මෙය පැවසුවේ ය.

"ස්වාමීනී, මෙහි සරකානි ශාක්‍ය තෙමේ කලුරිය කළේ ය. භාග්‍යවතුන් වහන්සේ විසින් ඔහු සිව් අපායෙන් මිදුණු, නියත වශයෙන් නිවන පිහිට කොට ඇති, සෝතාපන්න වූවෙකි යි වදාරණ ලද්දේ ය. ස්වාමීනී, ඒ පිළිබඳ ව බොහෝ ශාක්‍යවරු එක්රැස් වී නොසතුටු බස් කියති. දොස් නගති. අමනාප වචන කියති.

'භවත්නි, ඒකාන්තයෙන් අසිරියක් නොවැ! භවත්නි, ඒකාන්තයෙන් අද්භූත නොවැ! මෙහි දැන් සෝතාපන්න නොවන්නේ කවරෙක් ද? සරකානි ශාක්‍ය තෙමේ යම් තැනෙක්හි කලුරිය කළේ ද, භාග්‍යවතුන් වහන්සේ විසින් ඔහු සිව් අපායෙන් මිදුණු, නියත වශයෙන් නිවන පිහිට කොට ඇති, සෝතාපන්න වූවෙකි යි වදාරණ ලද්දේ ය. සරකානි ශාක්‍ය තෙමේ ශික්ෂාවෙහි දුබල බවට පැමිණ සිටියේ ය. මත්පැන් බිව්වේ ය' යි."

"මහානාමයෙනි, යම් ඒ උපාසකයෙක් බොහෝ කලක් මුළුල්ලේ බුදුරජුන් සරණ ගියේ නම්, ධර්මය සරණ ගියේ නම්, සංඝයා සරණ ගියේ නම්, ඔහු කෙසේ නම් අපායට යන්නේ ද? මහානාමයෙනි, මනාකොට පවසන්නෙක් 'බොහෝ කලක් මුළුල්ලෙහි බුදුරජුන් සරණ ගිය, ධර්මය සරණ ගිය, සංඝයා සරණ ගිය උපාසකයෙකි' කියා යමෙකු ගැන කියයි නම්, මනාකොට පවසන්නෙක් සරකානි ශාක්‍යයා අරභයා කියන්නේ ය. මහානාමයෙනි, සරකානි ශාක්‍ය තෙමේ බොහෝ කලක් තිස්සේ බුදුරජුන් සරණ ගිය, ධර්මය සරණ ගිය, සංඝයා සරණ ගිය උපාසකයෙකි. ඔහු කෙසේ නම් අපායට යන්නේ ද?

මහානාමයෙනි, මෙහිලා ඇතැම් පුද්ගලයෙක් බුදුරජුන් කෙරෙහි නොසෙල්වෙන ප්‍රසාදයෙන් යුක්ත වූයේ වෙයි. එනම්, 'මෙසේ ත් ඒ භාග්‍යවතුන් වහන්සේ ....(පෙ).... දෙව් මිනිසුන්ගේ ශාස්තෘන් වහන්සේ වන සේක. බුද්ධ වන සේක. භගවා වන සේක' යි. ධර්මය කෙරෙහි ....(පෙ).... සංඝයා කෙරෙහි ....(පෙ).... ලෝකයෙහි අනුත්තර පින්කෙත වෙයි' යි. සතුට බහුල ප්‍රඥාවෙන් යුක්ත වෙයි. වේගවත් ප්‍රඥාවෙන් යුක්ත වෙයි. විමුක්තියෙන් ද යුක්ත වෙයි.

ඔහු ආශ්‍රවයන් ක්ෂය කිරීමෙන් අනාශ්‍රව වූ චිත්ත විමුක්තිය ත්, ප්‍රඥා විමුක්තිය ත් මෙලොව දී ම සිය විශිෂ්ට ඥානයෙන් දැන, සාක්ෂාත් කොට පැමිණ වාසය කරයි. මහානාමයෙනි, මේ පුද්ගලයා ත් මුළුමනින් ම නිරයෙන් මිදුණේ ය. මුළුමනින් ම තිරිසන් යෝනියෙන් මිදුණේ ය. මුළුමනින් ම ප්‍රේත විෂයෙන් මිදුණේ ය. මුළුමනින් ම අපාය දුර්ගති විනිපාතයෙන් මිදුණේ ය.

මහානාමයෙනි, මෙහිලා ඇතැම් පුද්ගලයෙක් බුදුරජුන් කෙරෙහි නොසෙල්වෙන ප්‍රසාදයෙන් යුක්ත වූයේ වෙයි. එනම්, 'මෙසේ ත් ඒ භාග්‍යවතුන් වහන්සේ ....(පෙ).... දෙව් මිනිසුන්ගේ ශාස්තෘන් වහන්සේ වන සේක. බුද්ධ වන සේක. භගවා වන සේක' යි. ධර්මය කෙරෙහි ....(පෙ).... සංඝයා කෙරෙහි ....(පෙ).... ලෝකයෙහි අනුත්තර පින්කෙත වෙයි' යි. සතුට බහුල ප්‍රඥාවෙන් යුක්ත වෙයි. වේගවත් ප්‍රඥාවෙන් යුක්ත වෙයි. විමුක්තියෙන් යුක්ත ද නොවෙයි. ඔහු ඕරම්භාගිය සංයෝජන පස ගෙවා දැමීමෙන් සුද්ධාවාස බඹලොව ඕපපාතික ව ඉපිද මෙලොවට හැරී නොඑන සුළු ව, එහි ම පිරිනිවන්පාන සුළු වූයේ වෙයි. මහානාමයෙනි, මේ පුද්ගලයා ත් මුළුමනින් ම නිරයෙන් මිදුණේ ය. මුළුමනින් ම තිරිසන් යෝනියෙන් මිදුණේ ය. මුළුමනින් ම ප්‍රේත විෂයෙන් මිදුණේ ය. මුළුමනින් ම අපාය දුර්ගති විනිපාතයෙන් මිදුණේ ය.

මහානාමයෙනි, මෙහිලා ඇතැම් පුද්ගලයෙක් බුදුරජුන් කෙරෙහි නොසෙල්වෙන ප්‍රසාදයෙන් යුක්ත වූයේ වෙයි. එනම්, 'මෙසේ ත් ඒ භාග්‍යවතුන් වහන්සේ ....(පෙ).... දෙව් මිනිසුන්ගේ ශාස්තෘන් වහන්සේ වන සේක. බුද්ධ වන සේක. භගවා වන සේක' යි. ධර්මය කෙරෙහි ....(පෙ).... සංඝයා කෙරෙහි ....(පෙ).... ලෝකයෙහි අනුත්තර පින්කෙත වෙයි' යි. සතුට බහුල ප්‍රඥාවෙන් යුක්ත නොවෙයි. වේගවත් ප්‍රඥාවෙන් යුක්ත නොවෙයි. විමුක්තියෙන් යුක්ත ද නොවෙයි. ඔහු සංයෝජන තුනක් ක්ෂය කිරීමෙන් රාග, ද්වේෂ, මෝහයන්ගේ තුනී වීමෙන් සකදාගාමී වෙයි. එක් වරක් පමණක් මෙලොවට අවුත් දුක් අවසන් කරයි. මහානාමයෙනි, මේ පුද්ගලයා ත් මුළුමනින් ම නිරයෙන් මිදුණේ ය. මුළුමනින් ම තිරිසන් යෝනියෙන් මිදුණේ ය. මුළුමනින් ම ප්‍රේත විෂයෙන් මිදුණේ ය. මුළුමනින් ම අපාය දුර්ගති විනිපාතයෙන් මිදුණේ ය.

මහානාමයෙනි, මෙහිලා ඇතැම් පුද්ගලයෙක් බුදුරජුන් කෙරෙහි නොසෙල්වෙන ප්‍රසාදයෙන් යුක්ත වූයේ වෙයි. එනම්, 'මෙසේ ත් ඒ භාග්‍යවතුන් වහන්සේ ....(පෙ).... දෙව් මිනිසුන්ගේ ශාස්තෘන් වහන්සේ වන සේක. බුද්ධ වන සේක. භගවා වන සේක' යි. ධර්මය කෙරෙහි ....(පෙ).... සංඝයා කෙරෙහි ....(පෙ).... ලෝකයෙහි අනුත්තර පින්කෙත වෙයි' යි. සතුට බහුල ප්‍රඥාවෙන් යුක්ත නොවෙයි. වේගවත් ප්‍රඥාවෙන් යුක්ත නොවෙයි. විමුක්තියෙන් යුක්ත ද

නොවෙයි. ඔහු සංයෝජන තුනක් ක්ෂය කිරීමෙන්, සිව් අපායට නොවැටෙන සුළු වූයේ, නියත වශයෙන් නිවන පිහිට කොට ඇති, සෝවාන් වූයේ වෙයි. මහානාමයෙනි, මේ පුද්ගලයා ත් මුළුමනින් ම නිරයෙන් මිදුණේ ය. මුළුමනින් ම තිරිසන් යෝනියෙන් මිදුණේ ය. මුළුමනින් ම ප්‍රේත විෂයෙන් මිදුණේ ය. මුළුමනින් ම අපාය දුර්ගති විනිපාතයෙන් මිදුණේ ය.

මහානාමයෙනි, මෙහිලා ඇතැම් පුද්ගලයෙක් බුදුරජුන් කෙරෙහි නොසෙල්වෙන ප්‍රසාදයෙන් යුක්ත නොවූයේ වෙයි. ධර්මය කෙරෙහි නොසෙල්වෙන ප්‍රසාදයෙන් යුක්ත නොවූයේ වෙයි. සංඝයා කෙරෙහි නොසෙල්වෙන ප්‍රසාදයෙන් යුක්ත නොවූයේ වෙයි. සතුට බහුල ප්‍රඥාවෙන් යුක්ත නොවෙයි. වේගවත් ප්‍රඥාවෙන් යුක්ත නොවෙයි. විමුක්තියෙන් යුක්ත ද නොවෙයි. එනමුදු ඔහු තුළ ශ්‍රද්ධා ඉන්ද්‍රිය, විරිය ඉන්ද්‍රිය, සති ඉන්ද්‍රිය, සමාධි ඉන්ද්‍රිය, ප්‍රඥා ඉන්ද්‍රිය යන මේ ධර්මයෝ ඇත්තාහ. තථාගතයන් වහන්සේ විසින් දෙසන ලද ධර්මයෝ ඔහු විසින් ප්‍රඥාවෙන් සිය නැණ පමණින් අවබෝධ කරන ලද්දාහු වෙති. මහානාමයෙනි, මේ පුද්ගලයා ත් නිරයට නොයන්නෙකි. තිරිසන් යෝනියට නොයන්නෙකි. ප්‍රේත විෂයට නොයන්නෙකි. අපාය දුර්ගති විනිපාතයට නොයන්නෙකි.

මහානාමයෙනි, මෙහිලා ඇතැම් පුද්ගලයෙක් බුදුරජුන් කෙරෙහි නොසෙල්වෙන ප්‍රසාදයෙන් යුක්ත නොවූයේ වෙයි. ධර්මය කෙරෙහි නොසෙල්වෙන ප්‍රසාදයෙන් යුක්ත නොවූයේ වෙයි. සංඝයා කෙරෙහි නොසෙල්වෙන ප්‍රසාදයෙන් යුක්ත නොවූයේ වෙයි. සතුට බහුල ප්‍රඥාවෙන් යුක්ත නොවෙයි. වේගවත් ප්‍රඥාවෙන් යුක්ත නොවෙයි. විමුක්තියෙන් යුක්ත ද නොවෙයි. එනමුදු ඔහු තුළ ශ්‍රද්ධා ඉන්ද්‍රිය, විරිය ඉන්ද්‍රිය, සති ඉන්ද්‍රිය, සමාධි ඉන්ද්‍රිය, ප්‍රඥා ඉන්ද්‍රිය යන මේ ධර්මයෝ ඇත්තාහ. තථාගතයන් වහන්සේ කෙරෙහි මොහු තුළ ශ්‍රද්ධා මාත්‍රයක් වෙයි. ප්‍රේම මාත්‍රයක් වෙයි. මහානාමයෙනි, මේ පුද්ගලයා ත් නිරයට නොයන්නෙකි. තිරිසන් යෝනියට නොයන්නෙකි. ප්‍රේත විෂයට නොයන්නෙකි. අපාය දුර්ගති විනිපාතයට නොයන්නෙකි.

ඉදින් මහානාමයෙනි, මනාකොට පවසන ලද සුභාෂිතය ත්, නොමනා කොට පවසන ලද දුර්භාෂිතය ත් පිළිබඳ අරුත මේ මහා සල් වෘක්ෂයෝ දන්නාහු නම්, මම මේ සල් වෘක්ෂයන්ට ද 'අපායට නොවැටෙන සුළු වූ, නියත වශයෙන් පිහිට කොට ඇති ව සෝවාන් වූවෝ වෙති' යි කියන්නෙමි. සරකානි ශාක්‍යයා පිළිබඳ ව කුමක් කියන්න ද? මහානාමයෙනි, සාරකානි ශාක්‍ය තෙමේ මරණ කාලයෙහි ශික්ෂාව සමාදන් ව සිටියේ ය.

සාදු! සාදු!! සාදු!!!

සරකානි සූත්‍රය නිමා විය.

11.3.5.
දුතිය සරකානි සූත්‍රය
සරකානි ශාක්‍යයා පිළිබඳ ව වදාළ දෙවෙනි දෙසුම

එක් සමයෙක්හි භාග්‍යවතුන් වහන්සේ ශාක්‍ය ජනපදයෙහි කපිලවස්තු නුවර නිග්‍රෝධාරාමයෙහි වැඩවසන සේක. එසමයෙහි සරකානි ශාක්‍ය තෙමේ කලුරිය කළේ වෙයි. භාග්‍යවතුන් වහන්සේ විසින් ඔහු සිව් අපායෙන් මිදුණු, නියත වශයෙන් නිවන පිහිට කොට ඇති, සෝතාපන්න වූවෙකි යි වදාරණ ලද්දේ වෙයි. ඒ පිළිබඳ ව බොහෝ ශාක්‍යවරු එක්රැස් වී නොසතුටු බස් කියති. දොස් නගති. අමනාප වචන කියති.

"භවත්නි, ඒකාන්තයෙන් අසිරියක් නොවැ! භවත්නි, ඒකාන්තයෙන් අද්භූත නොවැ! මෙහි දැන් සෝතාපන්න නොවන්නේ කවරෙක් ද? සරකානි ශාක්‍ය තෙමේ යම් තැනෙක්හි කලුරිය කළේ ද, භාග්‍යවතුන් වහන්සේ විසින් ඔහු සිව් අපායෙන් මිදුණු, නියත වශයෙන් නිවන පිහිට කොට ඇති, සෝතාපන්න වූවෙකි යි වදාරණ ලද්දේ ය. සරකානි ශාක්‍ය තෙමේ ශික්ෂාවෙහි පිරිපුන් නොකරන්නෙකුව සිටියේ ය."

ඉක්බිති මහානාම ශාක්‍ය තෙමේ භාග්‍යවතුන් වහන්සේ වෙත පැමිණියේ ය. පැමිණ භාග්‍යවතුන් වහන්සේට සකසා වන්දනා කොට එකත්පස් ව හිඳගත්තේ ය. එකත්පස් ව හුන් මහානාම ශාක්‍ය තෙමේ භාග්‍යවතුන් වහන්සේට මෙය පැවසුවේ ය.

"ස්වාමීනී, මෙහි සරකානි ශාක්‍ය තෙමේ කලුරිය කළේ ය. භාග්‍යවතුන් වහන්සේ විසින් ඔහු සිව් අපායෙන් මිදුණු, නියත වශයෙන් නිවන පිහිට කොට ඇති, සෝතාපන්න වූවෙකි යි වදාරණ ලද්දේ ය. ස්වාමීනී, ඒ පිළිබඳ ව බොහෝ ශාක්‍යවරු එක්රැස් වී නොසතුටු බස් කියති. දොස් නගති. අමනාප වචන කියති.

'භවත්නි, ඒකාන්තයෙන් අසිරියක් නොවැ! භවත්නි, ඒකාන්තයෙන් අද්භූත නොවැ! මෙහි දැන් සෝතාපන්න නොවන්නේ කවරෙක් ද? සරකානි

ශාක්‍ය තෙමේ යම් තැනෙක්හි කලුරිය කළේ ද, භාග්‍යවතුන් වහන්සේ විසින් ඔහු සිව් අපායෙන් මිදුණු, නියත වශයෙන් නිවන පිහිට කොට ඇති, සෝතාපන්න වූවෙකි යි වදාරණ ලද්දේ ය. සරකානි ශාක්‍ය තෙමේ ශික්ෂාවෙහි නොපුරන්නෙකුව සිටියේ ය' යි."

"මහානාමයෙනි, යම් ඒ උපාසකයෙක් බොහෝ කලක් මුළුල්ලේ බුදුරජුන් සරණ ගියේ නම්, ධර්මය සරණ ගියේ නම්, සංඝයා සරණ ගියේ නම්, ඔහු කෙසේ නම් අපායට යන්නේ ද? මහානාමයෙනි, මනාකොට පවසන්නෙක් 'බොහෝ කලක් මුළුල්ලෙහි බුදුරජුන් සරණ ගිය, ධර්මය සරණ ගිය, සංඝයා සරණ ගිය උපාසකයෙකි' කියා යමෙකු ගැන කියයි නම්, මනාකොට පවසන්නෙක් සරකානි ශාක්‍යයා අරභයා කියන්නේ ය. මහානාමයෙනි, සරකානි ශාක්‍ය තෙමේ බොහෝ කලක් තිස්සේ බුදුරජුන් සරණ ගිය, ධර්මය සරණ ගිය, සංඝයා සරණ ගිය උපාසකයෙකි. ඔහු කෙසේ නම් අපායට යන්නේ ද?

මහානාමයෙනි, මෙහිලා ඇතැම් පුද්ගලයෙක් බුදුරජුන් කෙරෙහි ඒකාන්තයට ගිය බලවත් පැහැදීමකින් යුක්ත වූයේ වෙයි. එනම්, 'මෙසේ ත් ඒ භාග්‍යවතුන් වහන්සේ ....(පෙ).... දෙව් මිනිසුන්ගේ ශාස්තෘන් වහන්සේ වන සේක. බුද්ධ වන සේක. භගවා වන සේක' යි. ධර්මය කෙරෙහි ....(පෙ).... සංඝයා කෙරෙහි ....(පෙ).... ලෝකයෙහි අනුත්තර පින්කෙත වෙයි' යි. සතුට බහුල ප්‍රඥාවෙන් යුක්ත වෙයි. වේගවත් ප්‍රඥාවෙන් යුක්ත වෙයි. විමුක්තියෙන් ද යුක්ත වෙයි. ඔහු ආශ්‍රවයන් ක්ෂය කිරීමෙන් අනාශ්‍රව වූ චිත්ත විමුක්තිය ත්, ප්‍රඥා විමුක්තිය ත් මෙලොව දී ම සිය විශිෂ්ට ඥානයෙන් දැන, සාක්ෂාත් කොට පැමිණ වාසය කරයි. මහානාමයෙනි, මේ පුද්ගලයා ත් මුළුමනින් ම නිරයෙන් මිදුණේ ය. මුළුමනින් ම තිරිසන් යෝනියෙන් මිදුණේ ය. මුළුමනින් ම ප්‍රේත විෂයෙන් මිදුණේ ය. මුළුමනින් ම අපාය දුර්ගති විනිපාතයෙන් මිදුණේ ය.

මහානාමයෙනි, මෙහිලා ඇතැම් පුද්ගලයෙක් බුදුරජුන් කෙරෙහි ඒකාන්තයට ගිය බලවත් පැහැදීමකින් යුක්ත වූයේ වෙයි. එනම්, 'මෙසේ ත් ඒ භාග්‍යවතුන් වහන්සේ ....(පෙ).... දෙව් මිනිසුන්ගේ ශාස්තෘන් වහන්සේ වන සේක. බුද්ධ වන සේක. භගවා වන සේක' යි. ධර්මය කෙරෙහි ....(පෙ).... සංඝයා කෙරෙහි ....(පෙ).... ලෝකයෙහි අනුත්තර පින්කෙත වෙයි' යි. සතුට බහුල ප්‍රඥාවෙන් යුක්ත වෙයි. වේගවත් ප්‍රඥාවෙන් යුක්ත වෙයි. විමුක්තියෙන් යුක්ත ද නොවෙයි. ඔහු ඕරම්භාගිය සංයෝජන පස ගෙවා දැමීමෙන් අන්තරා පරිනිබ්බායී වෙයි. උපහච්ච පරිනිබ්බායී වෙයි. සසංඛාර පරිනිබ්බායී වෙයි. අසංඛාර පරිනිබ්බායී වෙයි. උද්ධංසෝත අකනිට්ඨගාමී වෙයි. මහානාමයෙනි, මේ පුද්ගලයා ත් මුළුමනින් ම නිරයෙන් මිදුණේ ය. මුළුමනින් ම තිරිසන්

යෝනියෙන් මිදුණේ ය. මුළුමනින් ම ප්‍රේත විෂයෙන් මිදුණේ ය. මුළුමනින් ම අපාය දුර්ගති විනිපාතයෙන් මිදුණේ ය.

මහානාමයෙනි, මෙහිලා ඇතැම් පුද්ගලයෙක් බුදුරජුන් කෙරෙහි ඒකාන්තයට ගිය බලවත් පැහැදීමකින් යුක්ත වූයේ වෙයි. එනම්, 'මෙසේ ත් ඒ භාග්‍යවතුන් වහන්සේ ....(පෙ).... දෙව් මිනිසුන්ගේ ශාස්තෘන් වහන්සේ වන සේක. බුද්ධ වන සේක. භගවා වන සේක' යි. ධර්මය කෙරෙහි ....(පෙ).... සංඝයා කෙරෙහි ....(පෙ).... ලෝකයෙහි අනුත්තර පින්කෙත වෙයි' යි. සතුට බහුල ප්‍රඥාවෙන් යුක්ත නොවෙයි. වේගවත් ප්‍රඥාවෙන් යුක්ත නොවෙයි. විමුක්තියෙන් යුක්ත ද නොවෙයි. ඔහු සංයෝජන තුනක් ක්ෂය කිරීමෙන් රාග, ද්වේෂ, මෝහයන්ගේ තුනී වීමෙන් සකදාගාමී වෙයි. එක් වරක් පමණක් මෙලොවට අවුත් දුක් අවසන් කරයි. මහානාමයෙනි, මේ පුද්ගලයා ත් මුළුමනින් ම නිරයෙන් මිදුණේ ය. මුළුමනින් ම තිරිසන් යෝනියෙන් මිදුණේ ය. මුළුමනින් ම ප්‍රේත විෂයෙන් මිදුණේ ය. මුළුමනින් ම අපාය දුර්ගති විනිපාතයෙන් මිදුණේ ය.

මහානාමයෙනි, මෙහිලා ඇතැම් පුද්ගලයෙක් බුදුරජුන් කෙරෙහි ඒකාන්තයට ගිය බලවත් පැහැදීමකින් යුක්ත වූයේ වෙයි. එනම්, 'මෙසේ ත් ඒ භාග්‍යවතුන් වහන්සේ ....(පෙ).... දෙව් මිනිසුන්ගේ ශාස්තෘන් වහන්සේ වන සේක. බුද්ධ වන සේක. භගවා වන සේක' යි. ධර්මය කෙරෙහි ....(පෙ).... සංඝයා කෙරෙහි ....(පෙ).... ලෝකයෙහි අනුත්තර පින්කෙත වෙයි' යි. සතුට බහුල ප්‍රඥාවෙන් යුක්ත නොවෙයි. වේගවත් ප්‍රඥාවෙන් යුක්ත නොවෙයි. විමුක්තියෙන් යුක්ත ද නොවෙයි. ඔහු සංයෝජන තුනක් ක්ෂය කිරීමෙන්, සිව් අපායට නොවැටෙන සුළු වූයේ, නියත වශයෙන් නිවන පිහිට කොට ඇති, සෝවාන් වූයේ වෙයි. මහානාමයෙනි, මේ පුද්ගලයා ත් මුළුමනින් ම නිරයෙන් මිදුණේ ය. මුළුමනින් ම තිරිසන් යෝනියෙන් මිදුණේ ය. මුළුමනින් ම ප්‍රේත විෂයෙන් මිදුණේ ය. මුළුමනින් ම අපාය දුර්ගති විනිපාතයෙන් මිදුණේ ය.

මහානාමයෙනි, මෙහිලා ඇතැම් පුද්ගලයෙක් බුදුරජුන් කෙරෙහි ඒකාන්තයට ගිය බලවත් පැහැදීමකින් යුක්ත නොවූයේ වෙයි. ධර්මය කෙරෙහි ....(පෙ).... සංඝයා කෙරෙහි ඒකාන්තයට ගිය බලවත් පැහැදීමකින් යුක්ත නොවූයේ වෙයි. සතුට බහුල ප්‍රඥාවෙන් යුක්ත නොවෙයි. වේගවත් ප්‍රඥාවෙන් යුක්ත නොවෙයි. විමුක්තියෙන් යුක්ත ද නොවෙයි. එනමුදු ඔහු තුළ ශ්‍රද්ධා ඉන්ද්‍රිය, විරිය ඉන්ද්‍රිය, සති ඉන්ද්‍රිය, සමාධි ඉන්ද්‍රිය, ප්‍රඥා ඉන්ද්‍රිය යන මේ ධර්මයෝ ඇත්තාහ. තථාගතයන් වහන්සේ විසින් දෙසන ලද ධර්මයෝ ඔහු විසින් ප්‍රඥාවෙන් සිය නැණ පමණින් අවබෝධ කරන ලද්දාහු වෙති. මහානාමයෙනි, මේ පුද්ගලයා ත් නිරයට නොයන්නෙකි. තිරිසන් යෝනියට

නොයන්නෙකි. ප්‍රේත විෂයට නොයන්නෙකි. අපාය දුර්ගති විනිපාතයට නොයන්නෙකි.

මහානාමයෙනි, මෙහිලා ඇතැම් පුද්ගලයෙක් බුදුරජුන් කෙරෙහි ඒකාන්තයට ගිය බලවත් පැහැදීමකින් යුක්ත නොවූයේ වෙයි. ධර්මය කෙරෙහි ....(පෙ).... සංඝයා කෙරෙහි ඒකාන්තයට ගිය බලවත් පැහැදීමකින් යුක්ත නොවූයේ වෙයි. සතුට බහුල ප්‍රඥාවෙන් යුක්ත නොවෙයි. වේගවත් ප්‍රඥාවෙන් යුක්ත නොවෙයි. විමුක්තියෙන් යුක්ත ද නොවෙයි. එනමුදු ඔහු තුළ ශ්‍රද්ධා ඉන්ද්‍රිය, විරිය ඉන්ද්‍රිය, සති ඉන්ද්‍රිය, සමාධි ඉන්ද්‍රිය, ප්‍රඥා ඉන්ද්‍රිය යන මේ ධර්මයෝ ඇත්තාහ. තථාගතයන් වහන්සේ කෙරෙහි මොහු තුළ ශ්‍රද්ධා මාත්‍රයක් වෙයි. ප්‍රේම මාත්‍රයක් වෙයි. මහානාමයෙනි, මේ පුද්ගලයා ත් නිරයට නොයන්නෙකි. තිරිසන් යෝනියට නොයන්නෙකි. ප්‍රේත විෂයට නොයන්නෙකි. අපාය දුර්ගති විනිපාතයට නොයන්නෙකි.

මහානාමයෙනි, එය මෙබඳු දෙයකි. ඉවත් නොකළ උල් කණු ඇති, නපුරු බිමක නිසරු කෙතක් ඇත්තේ ය. කැඩී ගිය, කුණු වී ගිය, අව් සුළඟින් නැසුණු, සාර රහිත, සුවසේ නොවැඩුණු බීජ ත් ඇත්තේ ය. වැස්ස ද මනාකොට වැහිදහර නොපවත්වන්නේ ය. මෙසේ ඇති කල්හී ඒ බීජයෝ වැඩී, පඳුරු දමා, විපුල බවට පත්වන්නාහු ද?"

"ස්වාමීනී, මෙය නැත්තේ ය."

"එසෙයින් ම මහානාමයෙනි, මෙහිලා වැරදි ලෙස කියන ලද, වැරදි ලෙස පවසන ලද, කෙලෙස් නැසීම පිණිස නොපවතින, කෙලෙස් සංසිඳීම පිණිස නොපවතින, සම්මා සම්බුදු නොවන්නෙකු විසින් පවසන ලද ධර්මයක් ඇත්තේ ද, මෙය මම නපුරු කෙත යැයි කියමි. එම ධර්මය තුළ ධර්මානුධර්ම ප්‍රතිපදාවට පිළිපන්, ඒ කියන අයුරින් පිළිපන්, ඒ ධර්මයට අනුව හැසිරෙන්නා වූ ශ්‍රාවකයෙක් ඇද්ද, මෙය මම නපුරු බීජය යැයි කියමි.

මහානාමයෙනි, එය මෙබඳු දෙයකි. මැනැවින් ඉවත් කළ උල් කණු ඇති, යහපත් බිමක සරු කෙතක් ඇත්තේ ය. නොකැඩී ගිය, කුණු නොවී ගිය, අව් සුළඟින් නොනැසුණු, සාර සහිත, සුවසේ වැඩුණු බීජ ත් ඇත්තේ ය. වැස්ස ද මනාකොට වැහිදහර පවත්වන්නේ ය. මෙසේ ඇති කල්හී ඒ බීජයෝ වැඩී, පඳුරු දමා, විපුල බවට පත්වන්නාහු ද?"

"ස්වාමීනී, එසේ ය."

"එසෙයින් ම මහානාමයෙනි, මෙහිලා මනා ලෙස කියන ලද, මනා

ලෙස පවසන ලද, කෙලෙස් නැසීම පිණිස පවතින, කෙලෙස් සංසිඳීම පිණිස පවතින, සම්මා සම්බුදුවරයෙකු විසින් පවසන ලද ධර්මයක් ඇත්තේ ද, මෙය මම සාරවත් කෙත යැයි කියමි. එම ධර්මය තුළ ධර්මානුධර්ම ප්‍රතිපදාවට පිළිපන්, ඒ කියන අයුරින් පිළිපන්, ඒ ධර්මයට අනුව හැසිරෙන්නා වූ ශ්‍රාවකයෙක් ඇද්ද, මෙය මම සාරවත් බීජය යැයි කියමි.

සරකානි ශාක්‍යයා පිළිබඳ ව කුමක් කියන්න ද? මහානාමයෙනි, සාරකානි ශාක්‍ය තෙමේ මරණ කාලයෙහි ශික්ෂාවෙහි පුරන්නෙකුව සිටියේ ය."

සාදු! සාදු!! සාදු!!!

දුතිය සරකානි සූත්‍රය නිමා විය.

11.3.6.
අනාථපිණ්ඩික සූත්‍රය
අනාථපිණ්ඩික ගෘහපතියාට වදාළ දෙසුම

එසමයෙහි අනාථපිණ්ඩික ගෘහපති තෙමේ රෝගී වූයේ, කායික දුකට පත් වූයේ, බලවත් ව ගිලන් වූයේ වෙයි. එකල්හී අනාථපිණ්ඩික ගෘහපති තෙමේ එක්තරා පුරුෂයෙකු ඇමතුවේ ය.

"එම්බා පුරුෂය, එව. ඔබ ආයුෂ්මත් සාරිපුත්තයන් වහන්සේ වෙත එළඹෙව. එළැඹ ආයුෂ්මත් සාරිපුත්තයන් වහන්සේගේ ශ්‍රී පාදයන් මාගේ වචනයෙන් සිරස තබා වඳුව. 'ස්වාමීනී, අනාථපිණ්ඩික ගෘහපති තෙමේ රෝගී වූයේ, කායික දුකට පත් වූයේ, බලවත් ව ගිලන් වූයේ වෙයි. ඔහු ආයුෂ්මත් සාරිපුත්තයන් වහන්සේගේ ශ්‍රී පාදයන් සිරස තබා වඳියි. මෙසේ ත් කියව. ස්වාමීනී, ආයුෂ්මත් සාරිපුත්තයන් වහන්සේ අනුකම්පාව උපදවා අනාථපිණ්ඩික ගෘහපතියාගේ නිවස වෙත එළැඹෙන සේක් නම් ඉතා මැනැවි' යි."

"එසේ ය, හිමියනි" යි ඒ පුරුෂයා අනාථපිණ්ඩික ගෘහපතියාට පිළිවදන් දී ආයුෂ්මත් සාරිපුත්තයන් වහන්සේ වෙත එළැඹියේ ය. එළැඹ ආයුෂ්මත් සාරිපුත්තයන් වහන්සේට සකසා වන්දනා කොට එකත්පස් ව හිඳගත්තේ ය. එකත්පස් ව හුන් ඒ පුරුෂයා ආයුෂ්මත් සාරිපුත්තයන් වහන්සේට මෙය පැවසුවේ ය.

"ස්වාමීනී, අනාථපිණ්ඩික ගෘහපති තෙමේ රෝගී වූයේ, කායික දුකට පත් වූයේ, බලවත් ව ගිලන් වූයේ ය. ඔහු ආයුෂ්මත් සාරිපුත්තයන් වහන්සේගේ ශ්‍රී පාදයන් සිරස තබා වඳියි. මෙසේ ත් කියයි. ස්වාමීනී, ආයුෂ්මත් සාරිපුත්තයන් වහන්සේ අනුකම්පාව උපදවා අනාථපිණ්ඩික ගෘහපතියාගේ නිවස වෙත එළැඹෙන සේක් නම් ඉතා මැනැවි" යි.

ආයුෂ්මත් සාරිපුත්තයන් වහන්සේ නිශ්ශබ්ද ව වැඩසිටීමෙන් එම ඇරයුම පිළිගත් සේක. එකල්හී ආයුෂ්මත් සාරිපුත්තයන් වහන්සේ පෙරවරුවෙහි සිවුරු හැඳ පොරොවාගෙන, පාත්‍රය හා සිවුර ගෙන ආයුෂ්මත් ආනන්දයන් වහන්සේ පසු ශ්‍රමණයා වශයෙන් ගෙන, අනාථපිණ්ඩික ගෘහපතියාගේ නිවසට පැමිණියහ. පැමිණ පණවන ලද අසුනෙහි වැඩහුන්හ. වැඩහුන් ආයුෂ්මත් සාරිපුත්තයන් වහන්සේ අනාථපිණ්ඩික ගෘහපතියාට මෙය පැවසුවේ ය.

"කිම? ගෘහපතියෙනි, ඔබට ඉවසිය හැක්කේ ද? කිම? යැපිය හැක්කේ ද? කිම? දුක් වේදනාවෝ අඩු වෙත් ද? වැඩි නොවෙත් ද? අඩු වීමක් ම පෙනෙයි ද? වැඩි වීමක් නොපෙනෙයි ද?"

"ස්වාමීනී, මට ඉවසිය නොහැක්කේ ය. යැපිය නොහැක්කේ ය. මාගේ කායික දුක් වේදනාවෝ බලවත් ය. වැඩිවී යති. අඩු නොවෙති. වැඩිවීමක් ම පෙනෙයි. අඩුවීමක් නොපෙනෙයි."

"ගෘහපතියෙනි, අශ්‍රැතවත් පෘථග්ජනයා බුදුරජුන් කෙරෙහි යම්බඳු වූ අපැහැදීමකින් යුක්ත ව සිට, කය බිඳී මරණින් මතු අපාය, දුර්ගති, විනිපාත වූ නිරයෙහි උපදියි නම්, බුදුරජුන් කෙරෙහි එබඳු වූ අප්‍රසාදයක් ඔබ තුළ නැත්තේ ය. ගෘහපතියෙනි, ඔබ තුළ බුදුරජුන් කෙරෙහි නොසෙල්වෙන පැහැදීමක් ම ඇත්තේ ය. එනම්; 'මෙසේ ත් ඒ භාග්‍යවතුන් වහන්සේ අරහං වන සේක. සම්මා සම්බුද්ධ වන සේක. විජ්ජාචරණ සම්පන්න වන සේක. සුගත වන සේක. ලෝකවිදූ වන සේක. අනුත්තරෝ පුරිසදම්ම සාරථී වන සේක. සත්ථා දේවමනුස්සානං වන සේක. බුද්ධ වන සේක. භගවා වන සේක' යනුවෙනි. තමා තුළ ඒ බුදුරජුන් කෙරෙහි නොසෙල්වෙන ප්‍රසාදය තිබෙනු දකින්නා වූ ඔබගේ වේදනාවෝ සැණෙකින් සංසිඳී යන්නාහු ය.

ගෘහපතියෙනි, අශ්‍රැතවත් පෘථග්ජනයා ධර්මය කෙරෙහි යම්බඳු වූ අපැහැදීමකින් යුක්ත ව සිට, කය බිඳී මරණින් මතු අපාය, දුර්ගති, විනිපාත වූ නිරයෙහි උපදියි නම්, ධර්මය කෙරෙහි එබඳු වූ අප්‍රසාදයක් ඔබ තුළ නැත්තේය.

ගෘහපතියෙනි, ඔබ තුළ ධර්මය කෙරෙහි නොසෙල්වෙන පැහැදීමක් ම ඇත්තේ ය. එනම්; 'භාග්‍යවතුන් වහන්සේ විසින් මනාකොට දේශනා කරන ලද

බැවින් ධර්මය ස්වාක්ඛාත වෙයි. සන්දිට්ඨික වෙයි. අකාලික වෙයි. ඒහිපස්සික වෙයි. ඕපනයික වෙයි. පච්චත්තං වේදිතබ්බෝ විඤ්ඤූහී වෙයි' යනුවෙනි. තමා තුළ ඒ ධර්මය කෙරෙහි නොසෙල්වෙන ප්‍රසාදය තිබෙනු දකින්නා වූ ඔබගේ වේදනාවෝ සැණෙකින් සංසිඳී යන්නාහු ය.

ගෘහපතියෙනි, අශ්‍රැතවත් පෘථග්ජනයා ආර්ය සංඝයා කෙරෙහි යම්බඳු වූ අපැහැදීමකින් යුක්ත ව සිට, කය බිඳී මරණින් මතු අපාය, දුර්ගති, විනිපාත වූ නිරයෙහි උපදියි නම්, ආර්ය සංඝයා කෙරෙහි එබඳු වූ අප්‍රසාදයක් ඔබ තුළ නැත්තේ ය.

ගෘහපතියෙනි, ඔබ තුළ සංඝයා කෙරෙහි නොසෙල්වෙන පැහැදීමක් ම ඇත්තේ ය. එනම්; 'භාග්‍යවතුන් වහන්සේගේ ශ්‍රාවක සංඝ තෙමේ සුපටිපන්න වෙයි. භාග්‍යවතුන් වහන්සේගේ ශ්‍රාවක සංඝ තෙමේ උජුපටිපන්න වෙයි. භාග්‍යවතුන් වහන්සේගේ ශ්‍රාවක සංඝ තෙමේ ඤායපටිපන්න වෙයි. භාග්‍යවතුන් වහන්සේගේ ශ්‍රාවක සංඝ තෙමේ සාමීචිපටිපන්න වෙයි. යම් මේ පුරුෂ යුගල සතරක් ද, පුරුෂ පුද්ගල අටක් ද වූ ඒ භාග්‍යවතුන් වහන්සේගේ ශ්‍රාවක සංඝ තෙමේ ආහුනෙය්‍ය වෙයි. පාහුනෙය්‍ය වෙයි. දක්ඛිණෙය්‍ය වෙයි. අංජලිකරණීය වෙයි. අනුත්තරං පුඤ්ඤක්ඛෙත්තං ලෝකස්ස වෙයි' යනුවෙනි. තමා තුළ ඒ සංඝයා කෙරෙහි නොසෙල්වෙන ප්‍රසාදය තිබෙනු දකින්නා වූ ඔබගේ වේදනාවෝ සැණෙකින් සංසිඳී යන්නාහු ය.

ගෘහපතියෙනි, අශ්‍රැතවත් පෘථග්ජනයා යම්බඳු වූ දුස්සීල බවකින් යුක්ත ව සිට, කය බිඳී මරණින් මතු අපාය, දුර්ගති, විනිපාත වූ නිරයෙහි උපදියි නම්, එබඳු වූ දුස්සීල බවක් ඔබ තුළ නැත්තේ ය.

ගෘහපතියෙනි, ඔබ තුළ නොකැඩුණු සිල්පද ඇති, සිදුරු නොවුණු, පැල්ලම් නොගැසුණු, කබර නොගැසුණු, තෘෂ්ණා දෘෂ්ටියකට දාස නොවූ, නුවණැත්තන් පසසන ලද, දෘෂ්ටියකට බැඳීමෙන් යුක්ත නොවූ, සමාධිය පිණිස පවතින, ආර්යකාන්ත සීලයක් ඇත්තේ ය. තමා තුළ ඒ ආර්යකාන්ත සීලය තිබෙනු දකින්නා වූ ඔබගේ වේදනාවෝ සැණෙකින් සංසිඳී යන්නාහු ය.

ගෘහපතියෙනි, අශ්‍රැතවත් පෘථග්ජනයා යම්බඳු වූ වැරදි දෘෂ්ටියකින් යුක්ත ව සිට, කය බිඳී මරණින් මතු අපාය, දුර්ගති, විනිපාත වූ නිරයෙහි උපදියි නම්, එබඳු වූ වැරදි දෘෂ්ටියක් ඔබ තුළ නැත්තේ ය. ගෘහපතියෙනි, ඔබ තුළ නිවැරදි දෘෂ්ටියක් ම ඇත්තේ ය. ඒ නිවැරදි දෘෂ්ටිය වනාහී තමා තුළ තිබෙනු දකින්නා වූ ඔබගේ වේදනාවෝ සැණෙකින් සංසිඳී යන්නාහු ය.

ගෘහපතියෙනි, අශ්‍රැතවත් පෘථග්ජනයා යම්බඳු වූ වැරදි සංකල්පයකින් යුක්ත ව සිට, කය බිඳී මරණින් මතු අපාය, දුර්ගති, විනිපාත වූ නිරයෙහි උපදියි නම්, එබඳු වූ වැරදි සංකල්පයක් ඔබ තුළ නැත්තේ ය. ගෘහපතියෙනි, ඔබ තුළ නිවැරදි සංකල්පයක් ම ඇත්තේ ය. ඒ නිවැරදි සංකල්පය වනාහී තමා තුළ තිබෙනු දකින්නා වූ ඔබගේ වේදනාවෝ සැණෙකින් සංසිඳී යන්නාහු ය.

ගෘහපතියෙනි, අශ්‍රැතවත් පෘථග්ජනයා යම්බඳු වූ වැරදි වචන භාවිතයකින් යුක්ත ව සිට, කය බිඳී මරණින් මතු අපාය, දුර්ගති, විනිපාත වූ නිරයෙහි උපදියි නම්, එබඳු වූ වැරදි වචන භාවිතයක් ඔබ තුළ නැත්තේ ය. ගෘහපතියෙනි, ඔබ තුළ නිවැරදි වචන භාවිතයක් ම ඇත්තේ ය. ඒ නිවැරදි වචන භාවිතය වනාහී තමා තුළ තිබෙනු දකින්නා වූ ඔබගේ වේදනාවෝ සැණෙකින් සංසිඳී යන්නාහුය.

ගෘහපතියෙනි, අශ්‍රැතවත් පෘථග්ජනයා යම්බඳු වූ වැරදි කායික ක්‍රියාවකින් යුක්ත ව සිට, කය බිඳී මරණින් මතු අපාය, දුර්ගති, විනිපාත වූ නිරයෙහි උපදියි නම්, එබඳු වූ වැරදි කායික ක්‍රියාවක් ඔබ තුළ නැත්තේ ය. ගෘහපතියෙනි, ඔබ තුළ නිවැරදි කායික ක්‍රියාවක් ම ඇත්තේ ය. ඒ නිවැරදි කායික ක්‍රියාව වනාහී තමා තුළ තිබෙනු දකින්නා වූ ඔබගේ වේදනාවෝ සැණෙකින් සංසිඳී යන්නාහුය.

ගෘහපතියෙනි, අශ්‍රැතවත් පෘථග්ජනයා යම්බඳු වූ වැරදි දිවි පැවැත්මකින් යුක්ත ව සිට, කය බිඳී මරණින් මතු අපාය, දුර්ගති, විනිපාත වූ නිරයෙහි උපදියි නම්, එබඳු වූ වැරදි දිවි පැවැත්මක් ඔබ තුළ නැත්තේ ය. ගෘහපතියෙනි, ඔබ තුළ නිවැරදි දිවි පැවැත්මක් ම ඇත්තේ ය. ඒ නිවැරදි දිවි පැවැත්ම වනාහී තමා තුළ තිබෙනු දකින්නා වූ ඔබගේ වේදනාවෝ සැණෙකින් සංසිඳී යන්නාහුය.

ගෘහපතියෙනි, අශ්‍රැතවත් පෘථග්ජනයා යම්බඳු වූ වැරදි වීරියකින් යුක්ත ව සිට, කය බිඳී මරණින් මතු අපාය, දුර්ගති, විනිපාත වූ නිරයෙහි උපදියි නම්, එබඳු වූ වැරදි වීර්යයක් ඔබ තුළ නැත්තේ ය. ගෘහපතියෙනි, ඔබ තුළ නිවැරදි වීර්යයක් ම ඇත්තේ ය. ඒ නිවැරදි වීර්යය වනාහී තමා තුළ තිබෙනු දකින්නා වූ ඔබගේ වේදනාවෝ සැණෙකින් සංසිඳී යන්නාහු ය.

ගෘහපතියෙනි, අශ්‍රැතවත් පෘථග්ජනයා යම්බඳු වූ වැරදි සිහියකින් යුක්ත ව සිට, කය බිඳී මරණින් මතු අපාය, දුර්ගති, විනිපාත වූ නිරයෙහි උපදියි නම්, එබඳු වූ වැරදි සිහියක් ඔබ තුළ නැත්තේ ය. ගෘහපතියෙනි, ඔබ තුළ නිවැරදි සිහියක් ම ඇත්තේ ය. ඒ නිවැරදි සිහිය වනාහී තමා තුළ තිබෙනු දකින්නා වූ ඔබගේ වේදනාවෝ සැණෙකින් සංසිඳී යන්නාහු ය.

ගෘහපතියෙනි, අශ්‍රැතවත් පෘථග්ජනයා යම්බඳු වූ වැරදි සමාධියකින් යුක්ත ව සිට, කය බිඳී මරණින් මතු අපාය, දුර්ගති, විනිපාත වූ නිරයෙහි උපදියි නම්, එබඳු වූ වැරදි සමාධියක් ඔබ තුළ නැත්තේ ය. ගෘහපතියෙනි, ඔබ තුළ නිවැරදි සමාධියක් ම ඇත්තේ ය. ඒ නිවැරදි සමාධිය වනාහී තමා තුළ තිබෙනු දකින්නා වූ ඔබගේ වේදනාවෝ සැණෙකින් සංසිඳී යන්නාහු ය.

ගෘහපතියෙනි, අශ්‍රැතවත් පෘථග්ජනයා යම්බඳු වූ වැරදි ඥානයකින් යුක්ත ව සිට, කය බිඳී මරණින් මතු අපාය, දුර්ගති, විනිපාත වූ නිරයෙහි උපදියි නම්, එබඳු වූ වැරදි ඥානයක් ඔබ තුළ නැත්තේ ය. ගෘහපතියෙනි, ඔබ තුළ නිවැරදි ඥානයක් ම ඇත්තේ ය. ඒ නිවැරදි ඥානය වනාහී තමා තුළ තිබෙනු දකින්නා වූ ඔබගේ වේදනාවෝ සැණෙකින් සංසිඳී යන්නාහු ය.

ගෘහපතියෙනි, අශ්‍රැතවත් පෘථග්ජනයා යම්බඳු වූ වැරදි විමුක්තියකින් යුක්ත ව සිට, කය බිඳී මරණින් මතු අපාය, දුර්ගති, විනිපාත වූ නිරයෙහි උපදියි නම්, එබඳු වූ වැරදි විමුක්තියක් ඔබ තුළ නැත්තේ ය. ගෘහපතියෙනි, ඔබ තුළ නිවැරදි විමුක්තියක් ම ඇත්තේ ය. ඒ නිවැරදි විමුක්තිය වනාහී තමා තුළ තිබෙනු දකින්නා වූ ඔබගේ වේදනාවෝ සැණෙකින් සංසිඳී යන්නාහු ය."

එකල්හී සැණෙකින් අනාථපිණ්ඩික ගෘහපතියාගේ වේදනාවෝ සංසිඳී ගියාහු ය. ඉක්බිති අනාථපිණ්ඩික ගෘහපති තෙමේ ආයුෂ්මත් සාරිපුත්තයන් වහන්සේ ත්, ආයුෂ්මත් ආනන්දයන් වහන්සේ ත් සිය බත් තලියෙන් ම වැළඳවූයේ ය.

ඉක්බිති අනාථපිණ්ඩික ගෘහපති තෙමේ ආයුෂ්මත් සාරිපුත්තයන් වහන්සේ දන් වළඳා පාත්‍රයෙන් බැහැරට ගත් අත් ඇති බව දැන, එක්තරා පහත් ආසනයක් ගෙන එකත්පස් ව හිඳගත්තේ ය. එකත්පස් ව හුන් අනාථපිණ්ඩික ගෘහපතියාට ආයුෂ්මත් සාරිපුත්තයන් වහන්සේ මේ ගාථාවන්ගෙන් අනුමෝදනා කළ සේක.

යස්ස සද්ධා තථාගතේ - අචලා සුප්පතිට්ඨිතා
සීලං ච යස්ස කල්‍යාණං - අරියකන්තං පසංසිතං

යමෙකු තුළ තථාගතයන් වහන්සේ කෙරෙහි නොසෙල්වෙන ශ්‍රද්ධාවක් මැනැවින් පිහිටා ඇද්ද, සත්පුරුෂයන්ගේ ප්‍රශංසාවට බඳුන් වන, කල්‍යාණ වූ ආර්යකාන්ත සීලයක් යමෙකුට ඇද්ද,

සංඝේ පසාදෝ යස්සත්ථි - උජුභූතං ච දස්සනං
අදළිද්දෝ'ති තං ආහු - අමෝඝං තස්ස ජීවිතං

යමෙකු තුළ ආර්ය සංඝයා කෙරෙහි ප්‍රසාදයක් ඇද්ද, ඍජු වූ දහම් දැක්මක් ඇද්ද, ඔහු නොදිළින්දෙකි යි කියති. ඔහුගේ ජීවිතය හිස් නැත.

තස්මා සද්ධං ච සීලං ච - පසාදං ධම්මදස්සනං
අනුයුඤ්ජේථ මේධාවී - සරං බුද්ධානසාසනං

එහෙයින් සොඳුරු ප්‍රඥා ඇති කෙනා බුදුරජුන්ගේ අනුශාසනාව සිහි කරමින් ශ්‍රද්ධාව ත්, සීලය ත්, සංඝයා කෙරෙහි පැහැදීම ත්, දහම් දැකීම ත් යන කරුණුවල නිතර යෙදෙන්නේ ය."

ඉක්බිති ආයුෂ්මත් සාරිපුත්තයන් වහන්සේ අනාථපිණ්ඩික ගෘහපතියාට මේ ගාථාවලින් අනුමෝදනා කොට හුනස්නෙන් නැගිට වැඩියහ.

ඉක්බිති ආයුෂ්මත් ආනන්දයන් වහන්සේ භාග්‍යවතුන් වහන්සේ වෙත එළැඹියහ. එළැඹ භාග්‍යවතුන් වහන්සේට සකසා වන්දනා කොට එකත්පස් ව හිඳගත්හ. එකත්පස් ව හුන් ආයුෂ්මත් ආනන්දයන් වහන්සේගෙන් භාග්‍යවතුන් වහන්සේ මෙය අසා වදාළ සේක.

"ආනන්දයෙනි, ඔබ මේ මහ දවල් කොහි සිට එන්නෙහි ද?"

"ස්වාමීනී, ආයුෂ්මත් සාරිපුත්තයන් වහන්සේ විසින් අනාථපිණ්ඩික ගෘහපතියා මේ මේ අවවාදයෙන් අවවාද කරන ලද්දේ ය."

"ආනන්දයෙනි, සාරිපුත්තයෝ නුවණැතියහ. ආනන්දයෙනි, සාරිපුත්තයෝ මහා ප්‍රඥාවන්තයහ. යම් තැනෙක්හි නම් සතරක් වූ සෝතාපත්ති අංගයෝ දස අයුරකින් බෙදන ලද්දාහු ය."

සාදු! සාදු!! සාදු!!!

අනාථපිණ්ඩික සූත්‍රය නිමා විය.

11.3.7.
දුතිය අනාථපිණ්ඩික සූත්‍රය
අනාථපිණ්ඩික ගෘහපතියාට වදාළ දෙවෙනි දෙසුම

එසමයෙහි අනාථපිණ්ඩික ගෘහපති තෙමේ රෝගී වූයේ, කායික දුකට පත් වූයේ, බලවත් ව ගිලන් වූයේ වෙයි. එකල්හී අනාථපිණ්ඩික ගෘහපති තෙමේ එක්තරා පුරුෂයෙකු ඇමතුවේ ය.

"එම්බා පුරුෂය, එව. ඔබ ආයුෂ්මත් ආනන්දයන් වහන්සේ වෙත එළඹෙව. එළැඹ ආයුෂ්මත් ආනන්දයන් වහන්සේගේ ශ්‍රී පාදයන් මාගේ වචනයෙන් සිරස තබා වඳුව. ....(පෙ).... ස්වාමීනී, ආයුෂ්මත් ආනන්දයන් වහන්සේ අනුකම්පාව උපදවා අනාථපිණ්ඩික ගෘහපතියාගේ නිවස වෙත එළැඹෙන සේක් නම් ඉතා මැනැවි" යි.

ආයුෂ්මත් ආනන්දයන් වහන්සේ නිශ්ශබ්ද ව වැඩසිටීමෙන් එම ඇරයුම පිළිගත් සේක. එකල්හී ආයුෂ්මත් ආනන්දයන් වහන්සේ පෙරවරුවෙහි සිවුරු හැඳ පොරොවාගෙන, පාත්‍රය හා සිවුර ගෙන අනාථපිණ්ඩික ගෘහපතියාගේ නිවසට පැමිණියහ. පැමිණ පණවන ලද අසුනෙහි වැඩහුන්හ. වැඩහුන් ආයුෂ්මත් ආනන්දයන් වහන්සේ අනාථපිණ්ඩික ගෘහපතියාට මෙය පැවසුවේ ය.

"කිම? ගෘහපතියෙනි, ඔබට ඉවසිය හැක්කේ ද? කිම? යැපිය හැක්කේ ද? කිම? දුක් වේදනාවෝ අඩු වෙත් ද? වැඩි නොවෙත් ද? අඩු වීමක් ම පෙනෙයි ද? වැඩි වීමක් නොපෙනෙයි ද?"

"ස්වාමීනී, මට ඉවසිය නොහැක්කේ ය. යැපිය නොහැක්කේ ය. මාගේ කායික දුක් වේදනාවෝ බලවත් ය. වැඩිවී යති. අඩු නොවෙති. වැඩිවීමක් ම පෙනෙයි. අඩුවීමක් නොපෙනෙයි."

"ගෘහපතියෙනි, සතර ධර්මයකින් යුක්ත වූ අශ්‍රැතවත් පෘථග්ජනයාට මහත් තැති ගැනීමක් ඇතිවෙයි. බියෙන් සැලීමකට පත්වෙයි. පරලොව යෑමට හේතුවන මරණ භයට පත්වෙයි. ඒ කවර සතරකින් ද යත්;

ගෘහපතියෙනි, මෙහිලා අශ්‍රැතවත් පෘථග්ජන තෙමේ බුදුරජුන් කෙරෙහි අප්‍රසාදයෙන් යුක්ත වෙයි. බුදුරජුන් කෙරෙහි වූ ඒ අප්‍රසාදය තමා තුළ දකින්නට

ලැබෙන ඔහුට මහත් තැති ගැනීමක් ඇතිවෙයි. බියෙන් සැලීමකට පත්වෙයි. පරලොව යෑමට හේතුවන මරණ භයට පත්වෙයි.

තව ද ගෘහපතියෙනි, අශ්‍රැතවත් පෘථග්ජන තෙමේ ධර්මය කෙරෙහි අප්‍රසාදයෙන් යුක්ත වෙයි. ධර්මය කෙරෙහි වූ ඒ අප්‍රසාදය තමා තුළ දකින්නට ලැබෙන ඔහුට මහත් තැති ගැනීමක් ඇතිවෙයි. බියෙන් සැලීමකට පත්වෙයි. පරලොව යෑමට හේතුවන මරණ භයට පත්වෙයි.

තව ද ගෘහපතියෙනි, අශ්‍රැතවත් පෘථග්ජන තෙමේ ආර්ය සංඝයා කෙරෙහි අප්‍රසාදයෙන් යුක්ත වෙයි. ආර්ය සංඝයා කෙරෙහි වූ ඒ අප්‍රසාදය තමා තුළ දකින්නට ලැබෙන ඔහුට මහත් තැති ගැනීමක් ඇතිවෙයි. බියෙන් සැලීමකට පත්වෙයි. පරලොව යෑමට හේතුවන මරණ භයට පත්වෙයි.

තව ද ගෘහපතියෙනි, අශ්‍රැතවත් පෘථග්ජන තෙමේ දුස්සීල බවෙන් යුක්ත වෙයි. ඒ දුස්සීල බව තමා තුළ දකින්නට ලැබෙන ඔහුට මහත් තැති ගැනීමක් ඇතිවෙයි. බියෙන් සැලීමකට පත්වෙයි. පරලොව යෑමට හේතුවන මරණ භයට පත්වෙයි.

ගෘහපතියෙනි, මේ සතර ධර්මයෙන් යුක්ත වූ අශ්‍රැතවත් පෘථග්ජනයාට මහත් තැති ගැනීමක් ඇතිවෙයි. බියෙන් සැලීමකට පත්වෙයි. පරලොව යෑමට හේතුවන මරණ භයට පත්වෙයි.

ගෘහපතියෙනි, සතර ධර්මයකින් යුක්ත වූ ශ්‍රැතවත් ආර්ය ශ්‍රාවකයාට කිසි තැති ගැනීමක් ඇති නොවෙයි. බියෙන් සැලීමකට පත් නොවෙයි. පරලොව යෑමට හේතුවන මරණ භයට පත් නොවෙයි. ඒ කවර සතර කරුණකින් ද යත්;

ගෘහපතියෙනි, මෙහිලා ශ්‍රැතවත් ආර්ය ශ්‍රාවක තෙමේ බුදුරජුන් කෙරෙහි නොසෙල්වෙන ප්‍රසාදයෙන් යුක්ත වෙයි. 'මෙසේ ත් ඒ භාග්‍යවතුන් වහන්සේ ....(පෙ).... දෙව් මිනිසුන්ගේ ශාස්තෘන් වහන්සේ වන සේක. බුද්ධ වන සේක. භගවා වන සේක' යනුවෙනි. බුදුරජුන් කෙරෙහි ඇති ඒ නොසෙල්වෙන ප්‍රසාදය තමා තුළ තිබෙනු දකිනා ඔහුට කිසි තැති ගැනීමක් ඇති නොවෙයි. බියෙන් සැලීමකට පත් නොවෙයි. පරලොව යෑමට හේතුවන මරණ භයට පත් නොවෙයි.

තව ද ගෘහපතියෙනි, ශ්‍රැතවත් ආර්ය ශ්‍රාවක තෙමේ ධර්මය කෙරෙහි ....(පෙ).... සංඝයා කෙරෙහි ....(පෙ).... නොකැඩුණු ....(පෙ).... සමාධිය පිණිස පවතින්නා වූ ආර්යකාන්ත සීලයකින් යුක්ත වූයේ වෙයි. තමා තුළ තිබෙන්නා වූ ඒ ආර්යකාන්ත සීලය දකිනා ඔහුට කිසි තැති ගැනීමක් ඇති නොවෙයි.

බියෙන් සැලීමකට පත් නොවෙයි. පරලොව යෑමට හේතුවන මරණ භයට පත් නොවෙයි.

ගෘහපතියෙනි, මේ සතර ධර්මයෙන් යුක්ත වූ ශ්‍රැතවත් ආර්ය ශ්‍රාවකයාට කිසි තැති ගැනීමක් ඇති නොවෙයි. බියෙන් සැලීමකට පත් නොවෙයි. පරලොව යෑමට හේතුවන මරණ භයට පත් නොවෙයි."

"ස්වාමීනී, ආනන්දයන් වහන්ස, මම භය නොවෙමි. මම කුමකට භය වන්නෙම් ද? ස්වාමීනී, මම් වනාහී බුදුරජුන් කෙරෙහි නොසෙල්වෙන ප්‍රසාදයකින් යුක්ත ව සිටිමි. එනම් 'මෙසේ ත් ඒ භාග්‍යවතුන් වහන්සේ ....(පෙ).... දෙව් මිනිසුන්ගේ ශාස්තෘන් වහන්සේ වන සේක. බුද්ධ වන සේක. භගවා වන සේක' යනුවෙනි. ධර්මය කෙරෙහි ....(පෙ).... සංඝයා කෙරෙහි ....(පෙ).... ස්වාමීනී, භාග්‍යවතුන් වහන්සේ විසින් ගිහියන් හට රැකගැනීම පිණිස පණවන ලද්දා වූ යම් මේ සිල්පදයෝ වෙත් ද, ඒ සිල්පද වලින් කැඩී ගිය කිසිවක් මම ත් මා තුළ නොදකිමි."

"ගෘහපතිය, ඔබට ලාභයකි! ගෘහපතිය ඔබට මනා වූ ලාභයකි! ගෘහපතිය, ඔබ විසින් සෝවාන් ඵලය පවසන ලද්දේ ය."

සාදු! සාදු!! සාදු!!!

දුතිය අනාථපිණ්ඩික සූත්‍රය නිමා විය.

11.3.8
තතිය අනාථපිණ්ඩික සූත්‍රය
අනාථපිණ්ඩික ගෘහපතියාට වදාළ තෙවෙනි දෙසුම

එකල්හී අනාථපිණ්ඩික ගෘහපති තෙමේ භාග්‍යවතුන් වහන්සේ යම් තැනක වැඩසිටි සේක් ද, එතැනට පැමිණියේ ය. පැමිණ භාග්‍යවතුන් වහන්සේට සකසා වන්දනා කොට එකත්පස් ව හිඳ ගත්තේ ය. එකත්පස් ව හුන් අනාථපිණ්ඩික ගෘහපති හට භාග්‍යවතුන් වහන්සේ මෙය වදාළ සේක.

ගෘහපතිය, ආර්ය ශ්‍රාවකයා හට යම් විටෙක භය වෛර ඇතිවෙන කරුණු පහ ද සංසිඳී ඇද්ද, සෝතාපත්ති අංග සතරින් ද යුක්ත වෙයි ද, ඔහු තුළ ප්‍රඥාවෙන් මැනැවින් දකින ලද, මැනැවින් අවබෝධ කරන ලද ආර්ය න්‍යාය

ද ඇත්තේ, ඔහු කැමති නම්, තමා ගැන මෙසේ පැවසිය හැකිය. 'නිරයෙන් මිදුණු කෙනෙක්මි. තිරිසන් අපායෙන් මිදුණු කෙනෙක්මි. ප්‍රේත විෂයෙන් මිදුණු කෙනෙක්මි. අපාය දුර්ගති විනිපාතයෙන් මිදුණු කෙනෙක්මි. අපායට නොවැටෙන සුළු වූයේ, නියත වශයෙන් නිවන පිහිට කොට ඇති සෝවාන් වූ කෙනෙක්මි' යි.

සංසිඳුණා වූ ඒ භය වෛර ඇතිවන කරුණු පහ මොනවාද?

ගෘහපතිය, ප්‍රාණඝාතය කරන්නෙක්, ප්‍රාණඝාතය හේතුවෙන් මෙලොව දී ද යම් භයක් හා වෛරයක් උපදවා ගනියි ද, පරලොව දී ද යම් භයක් හා වෛරයක් උපදවා ගනියි ද, සිතින් ද දුක් දොම්නස් විඳියි ද, ප්‍රාණඝාතයෙන් වැළකී සිටින්නා හට මේ භය හා වෛර සංසිඳුණේ වෙයි.

ගෘහපතිය, නුදුන් දේ සොරකම් කරනා තැනැත්තා ....(පෙ).... කාමයන්හි අනාචාරී ව හැසිරෙන්නා ....(පෙ).... අසත්‍ය දේ පවසන්නා ....(පෙ).... ගෘහපතිය, මත් වීමට ත්, ප්‍රමාදයට ත් හේතුවෙන සුරාමේරය පානය කරන්නෙක්, මත් වීමට ත්, ප්‍රමාදයට ත් හේතුවෙන සුරාමේරය හේතුවෙන් මෙලොව දී ද යම් භයක් හා වෛරයක් උපදවා ගනියි ද, පරලොව දී ද යම් භයක් හා වෛරයක් උපදවා ගනියි ද, සිතින් ද දුක් දොම්නස් විඳියි ද, මත් වීමට ත්, ප්‍රමාදයට ත් හේතුවෙන සුරාමේරයෙන් වැළකී සිටින්නා හට මේ භය හා වෛර සංසිඳුණේ වෙයි. මෙම භය වෛර ඇතිවන පස් කරුණ සංසිඳුණේ වෙයි.

කවර වූ සෝතාපත්ති අංග සතරකින් සමන්විත වෙයිද?

ගෘහපතිය, මෙහිලා ආර්ය ශ්‍රාවකයා බුදුරජුන් කෙරෙහි නොසෙල්වෙන ප්‍රසාදයෙන් යුක්ත වෙයි. එනම් 'මේ මේ කරුණින් ඒ භාග්‍යවතුන් වහන්සේ අරහං වන සේක, සම්මා සම්බුද්ධ වන සේක, විජ්ජාචරණ සම්පන්න වන සේක. සුගත වන සේක. ලෝකවිදූ වන සේක, අනුත්තරෝ පුරිසදම්ම සාරථී වන සේක, සත්ථා දේවමනුස්සානං වන සේක, බුද්ධ වන සේක, භගවා වන සේක'යි.

ධර්මය පිළිබඳ ව නොසෙල්වෙන ප්‍රසාදයෙන් යුක්ත වෙයි. එනම් 'භාග්‍යවතුන් වහන්සේ විසින් වදාරණ ලද ධර්මය ස්වාක්ඛාත වන සේක. සන්දිට්ඨික වන සේක. අකාලික වන සේක. ඒහිපස්සික වන සේක. ඕපනයික වන සේක. පච්චත්තං වේදිතබ්බෝ විඤ්ඤූහී වන සේක' යි.

ශ්‍රාවක සංඝයා පිළිබඳ ව ද නොසෙල්වෙන ප්‍රසාදයෙන් යුක්ත වෙයි. එනම් 'භාග්‍යවතුන් වහන්සේගේ ශ්‍රාවක සංඝරත්නය සුපටිපන්න වන සේක.

භාග්‍යවතුන් වහන්සේගේ ශ්‍රාවක සංඝරත්නය උජුපටිපන්න වන සේක. භාග්‍යවතුන් වහන්සේගේ ශ්‍රාවක සංඝරත්නය ඤායපටිපන්න වන සේක. භාග්‍යවතුන් වහන්සේගේ ශ්‍රාවක සංඝරත්නය සාමීචිපටිපන්න වන සේක. පුරුෂ යුගල සතරකින් යුතු වන සේක. පුරුෂ පුද්ගල අට දෙනෙකුගෙන් යුතු වන සේක. ඒ භාග්‍යවතුන් වහන්සේගේ ශ්‍රාවක සංඝරත්නය ආහුනෙය්‍යය වන සේක. පාහුනෙය්‍යය වන සේක. දක්ඛිණෙය්‍යය වන සේක. අංජලිකරණීය වන සේක. ලොවෙහි අනුත්තර පින්කෙත වන සේක'යි.

ආර්යකාන්ත සීලයෙන් ද යුක්ත වෙයි. එනම්, නොබිඳුණු, සිදුරු රහිත වූ, පැල්ලම් නැති, කැලැල් නැති, ණය නැති, නුවණැත්තන් විසින් පසසනු ලබන, මිසදිටු මත ස්පර්ශ නොකළ, සමාධිය පිණිස හිත වූ සීලයකින් යුක්ත වෙයි. මෙම සෝතාපත්ති අංග සතරෙන් සමන්විත වූයේ වෙයි.

ඔහු තුළ ප්‍රඥාවෙන් මැනැවින් දකින ලද, මැනැවින් අවබෝධ කරන ලද කවර නම් ආර්ය න්‍යායක් ඇත්තේ ද? ගෘහපතිය, මෙහිලා ආර්ය ශ්‍රාවකයා පටිච්ච සමුප්පාදය මනාකොට නුවණින් මෙනෙහි කරයි. 'මෙසේ මෙය ඇති කල්හී මෙය වෙයි. මෙසේ මෙය උපදින විට මෙය උපදියි. මෙය නැති කල්හී මෙය නොවෙයි. මෙය නිරුද්ධ වන කල්හී මෙය නිරුද්ධ වෙයි' යනුවෙනි. එනම් අවිද්‍යාව හේතුවෙන් සංස්කාර හටගනියි. සංස්කාර හේතුවෙන් විඤ්ඤාණය හටගනියි. විඤ්ඤාණය හේතුවෙන් නාමරූප හටගනියි. නාමරූප හේතුවෙන් ආයතන හය හටගනියි. ආයතන හය හේතුවෙන් ස්පර්ශය හටගනියි. ස්පර්ශය හේතුවෙන් විඳීම් හටගනියි. විඳීම් හේතුවෙන් තෘෂ්ණාව හටගනියි. තෘෂ්ණාව හේතුවෙන් ග්‍රහණය වෙයි. ග්‍රහණය වීම හේතුවෙන් උපතක් පිණිස කර්ම සකස් වෙයි. උපතක් පිණිස කර්ම සකස් වීම හේතුවෙන් උපදියි. ඉපදීම හේතුවෙන් ජරා, මරණ, සෝක, වැළපීම්, දුක්, දොම්නස්, සුසුම් හෙළීම් ආදිය හටගනියි. මේ අයුරින් මේ මුළු මහත් දුක්ඛස්කන්ධය ම හටගන්නේ වෙයි.

අවිද්‍යාව ම ඉතිරියක් නොතබා නොඇල්මෙන් නිරුද්ධ වීමෙන් සංස්කාර නිරුද්ධ වෙයි. සංස්කාර නිරුද්ධ වීමෙන් විඤ්ඤාණය නිරුද්ධ වෙයි. විඤ්ඤාණය නිරුද්ධ වීමෙන් නාමරූප නිරුද්ධ වෙයි. නාමරූප නිරුද්ධ වීමෙන් ආයතන හය නිරුද්ධ වෙයි. ආයතන හය නිරුද්ධ වීමෙන් ස්පර්ශය නිරුද්ධ වෙයි. ස්පර්ශය නිරුද්ධ වීමෙන් විඳීම් නිරුද්ධ වෙයි. විඳීම් නිරුද්ධ වීමෙන් තෘෂ්ණාව නිරුද්ධ වෙයි. තෘෂ්ණාව නිරුද්ධ වීමෙන් ග්‍රහණයට හසුවීම නිරුද්ධ වෙයි. ග්‍රහණයට හසුවීම නිරුද්ධ වීමෙන් උපතක් පිණිස කර්ම සකස් වීම නිරුද්ධ වෙයි. උපතක් පිණිස කර්ම සකස් වීම නිරුද්ධ වීමෙන් ඉපදීම නිරුද්ධ වෙයි. ඉපදීම නිරුද්ධ වීමෙන් ජරා, මරණ, සෝක, වැළපීම්, දුක්, දොම්නස්,

සුසුම් හෙළීම් ආදිය නිරුද්ධ වෙයි. මේ අයුරින් මේ මුළු මහත් දුක්ඛස්කන්ධය ම නිරුද්ධ වන්නේ වෙයි. ඔහු තුළ ප්‍රඥාවෙන් මැනැවින් දකින ලද, මැනැවින් අවබෝධ කරන ලද ආර්ය න්‍යාය මෙය යි.

ගෘහපතිය, ආර්ය ශ්‍රාවකයා හට යම් විටෙක භය වෛර ඇතිවෙන මේ කරුණු පහ සංසිඳී ඇද්ද, මේ සෝතාපත්ති අංග සතරින් යුක්ත වෙයි ද, ඔහු තුළ ප්‍රඥාවෙන් මැනැවින් දකින ලද, මැනැවින් අවබෝධ කරන ලද මේ ආර්ය න්‍යාය ඇත්තේ ද, ඔහු කැමති නම්, තමා ගැන මෙසේ පැවසිය හැකිය. 'නිරයෙන් මිදුණු කෙනෙක්මි. තිරිසන් අපායෙන් මිදුණු කෙනෙක්මි. ප්‍රේත විෂයෙන් මිදුණු කෙනෙක්මි. අපාය දුර්ගති විනිපාතයෙන් මිදුණු කෙනෙක්මි. සතර අපායට නොවැටෙන සුළු වූයේ, නියත වශයෙන් නිවන පිහිට කොට ඇති සෝවාන් වූ කෙනෙක්මි' යි.

සාදු! සාදු!! සාදු!!!

තතිය අනාථපිණ්ඩික සූත්‍රය නිමා විය.

11.3.9
භික්ඛු සූත්‍රය
භික්ෂූන්ට වදාළ දෙසුම

එකල්හී බොහෝ භික්ෂූහු භාග්‍යවතුන් වහන්සේ වෙත එළැඹියහ. ....(පෙ).... එකත්පස් ව හිඳගත්හ. එකත්පස් ව හුන් ඒ භික්ෂූන්ට භාග්‍යවතුන් වහන්සේ මෙය වදාළ සේක. ....(පෙ)....

මහණෙනි, ආර්ය ශ්‍රාවකයා හට යම් විටෙක භය වෛර ඇතිවෙන මේ කරුණු පහ සංසිඳී ඇද්ද, මේ සෝතාපත්ති අංග සතරින් යුක්ත වෙයි ද, ඔහු තුළ ප්‍රඥාවෙන් මැනැවින් දකින ලද, මැනැවින් අවබෝධ කරන ලද මේ ආර්ය න්‍යාය ඇත්තේ ද, ඔහු කැමති නම්, තමා ගැන මෙසේ පැවසිය හැකිය. 'නිරයෙන් මිදුණු කෙනෙක්මි. තිරිසන් අපායෙන් මිදුණු කෙනෙක්මි. ප්‍රේත විෂයෙන් මිදුණු කෙනෙක්මි. අපාය දුර්ගති විනිපාතයෙන් මිදුණු කෙනෙක්මි. අපායට නොවැටෙන සුළු වූයේ, නියත වශයෙන් නිවන පිහිට කොට ඇති සෝවාන් වූ කෙනෙක්මි' යි.

සාදු! සාදු!! සාදු!!!

භික්ඛු සූත්‍රය නිමා විය.

11.3.10
නන්දක සූත්‍රය
නන්දක ලිච්ඡවි මහා ඇමති හට වදාළ දෙසුම

එක් සමයෙක්හි භාග්‍යවතුන් වහන්සේ විශාලාවෙහි මහා වනයෙහි කූටාගාර ශාලාවෙහි වැඩවසන සේක. එකල්හී නන්දක ලිච්ඡවි මහාමාත්‍යයා භාග්‍යවතුන් වහන්සේ වෙත පැමිණියේ ය. පැමිණ භාග්‍යවතුන් වහන්සේට සකසා වන්දනා කොට එකත්පස් ව හිඳ ගත්තේ ය. එකත්පස් ව හුන් නන්දක ලිච්ඡවි මහාමාත්‍යයා හට භාග්‍යවතුන් වහන්සේ මෙය වදාළ සේක.

"නන්දකයෙනි, සතර ධර්මයකින් යුක්ත වූ ආර්ය ශ්‍රාවකයා සිව් අපායෙන් අත්මිදී නියත වශයෙන් නිවන් පිහිට කොට සිටින සෝතාපන්න වූවෙකි. ඒ කවර සතර ධර්මයකින් ද යත්;

නන්දකයෙනි, මෙහිලා ආර්ය ශ්‍රාවක තෙමේ බුදුරජුන් කෙරෙහි නිසැක බවට පැමිණ නොසෙල්වෙන පැහැදීමෙන් යුක්ත වෙයි. එනම්, 'ඒ භාග්‍යවතුන් වහන්සේ මෙසේ ත් අරහං වන සේක. ....(පෙ).... සත්ථා දේවමනුස්සානං වන සේක. බුද්ධ වන සේක. භගවා වන සේක' යනුවෙනි. ධර්මය කෙරෙහි ....(පෙ).... සංඝයා කෙරෙහි නොසෙල්වෙන පැහැදීමෙන් යුක්ත වෙයි. භාග්‍යවතුන් වහන්සේගේ ශ්‍රාවක සංඝ තෙමේ සුපටිපන්න වෙයි. ....(පෙ).... ලෝකයාගේ අනුත්තර පින්කෙත වෙයි' යනුවෙනි. ආර්යකාන්ත සීලයකින් යුක්ත වෙයි. නොකැඩුණු, ...(පෙ).... සමාධිය පිණිස පවතින සීලයෙන් යුක්ත වෙයි.

නන්දකයෙනි, මේ සතර ධර්මයෙන් යුක්ත වූ ආර්යශ්‍රාවකයා සිව් අපායෙන් අත්මිදී නියත වශයෙන් නිවන් පිහිට කොට සිටින සෝතාපන්න වූවෙකි.

නන්දකයෙනි, මේ සතර ධර්මයෙන් යුක්ත වූ ආර්ය ශ්‍රාවකයා දිව්‍ය වූ ත්, මානුෂික වූ ත් ආයුෂයෙන් යුතු වූයේ වෙයි. ....(පෙ).... වර්ණයෙන් ....(පෙ).... සැපයෙන් ....(පෙ).... යස පිරිවරින් යුක්ත වූයේ වෙයි. දිව්‍ය වූ ත්, මානුෂික වූ ත් අධිපතිභාවයෙන් යුක්ත වූයේ වෙයි. නන්දකයෙනි, මම මෙකරුණ අන්‍ය වූ ශ්‍රමණයෙකුගෙන් හෝ බ්‍රාහ්මණයෙකුගෙන් හෝ අසා නොකියමි. හුදෙක් මා විසින් යමක් තමා ම දන්නා ලද්දේ ද, තමා ම දක්නා ලද්දේ ද, තමා ම අවබෝධ කරන ලද්දේ ද, එය ම මම කියමි."

මෙසේ වදාළ කල්හී එක්තරා පුරුෂයෙක් නන්දක ලිච්ඡවි මහාමාත්‍යයා හට මෙය පැවසුවේ ය.

"හිමියනි, ස්නානයට කාලය යි."

"බොල, ඔය බාහිර ස්නානයෙන් දූන් එලක් නැත්තේ ය. යම් මේ භාග්‍යවතුන් වහන්සේ කෙරෙහි පැහැදීමක් ඇද්ද, මේ ආධ්‍යාත්මික ස්නානය ම ප්‍රමාණවත් වන්නේ ය."

සාදු! සාදු!! සාදු!!!

නන්දක සූත්‍රය නිමා විය.

තෙවෙනි සරකානි වර්ගය අවසන් විය.

- එහි පිළිවෙල උද්දානයයි :

මහානාම සූත්‍ර තුන, සරකානි සූත්‍ර දෙක, අනාථපිණ්ඩික සූත්‍ර තුන, භික්ඛු සූත්‍රය සහ නන්දක සූත්‍රය වශයෙන් සූත්‍ර දසයකි.

4. පුඤ්ඤාභිසන්ද වර්ගය

11.4.1.
අභිසන්ද සූත්‍රය
පුණ්‍යප්‍රවාහය ගැන වදාළ දෙසුම

සැවැත් නුවර දී ය ....

මහණෙනි, සැපය ඇතිකර දෙන්නා වූ මේ පුණ්‍යප්‍රවාහයෝ, කුසල ප්‍රවාහයෝ සතරකි. ඒ කවර සතරක් ද යත්;

මහණෙනි, මෙහිලා ආර්ය ශ්‍රාවක තෙමේ බුදුරජුන් කෙරෙහි නිසැක බවට පැමිණ නොසෙල්වෙන පැහැදීමෙන් යුක්ත වෙයි. එනම්, 'ඒ භාග්‍යවතුන් වහන්සේ මෙසේ ත් අරහං වන සේක. ....(පෙ).... සත්ථා දේවමනුස්සානං වන සේක. බුද්ධ වන සේක. භගවා වන සේක' යනුවෙනි. මෙය සැපය ඇති කර දෙන්නා වූ පළමුවෙනි පුණ්‍යප්‍රවාහය යි; කුසල ප්‍රවාහය යි.

තව ද මහණෙනි, ආර්ය ශ්‍රාවක තෙමේ ධර්මය කෙරෙහි නොසෙල්වෙන පැහැදීමෙන් යුක්ත වෙයි. එනම්, 'භාග්‍යවතුන් වහන්සේ විසින් මැනැවින් වදාරණ ලද ධර්මය ඇත්තේ ය. ....(පෙ).... නුවණැත්තන් විසින් තම තම නැණ පමණින් දත යුත්තේ ය' යනුවෙනි. මෙය සැපය ඇති කර දෙන්නා වූ දෙවෙනි පුණ්‍යප්‍රවාහය යි; කුසල ප්‍රවාහය යි.

තව ද මහණෙනි, ආර්ය ශ්‍රාවක තෙමේ සංඝයා කෙරෙහි නොසෙල්වෙන පැහැදීමෙන් යුක්ත වෙයි. භාග්‍යවතුන් වහන්සේගේ ශ්‍රාවක සංඝ තෙමේ සුපටිපන්න වෙයි. ....(පෙ).... ලෝකයාගේ අනුත්තර පින්කෙත වෙයි.' යනුවෙනි. මෙය සැපය ඇති කර දෙන්නා වූ තෙවෙනි පුණ්‍යප්‍රවාහය යි; කුසල ප්‍රවාහයයි.

තව ද මහණෙනි, ආර්ය ශ්‍රාවක තෙමේ ආර්යකාන්ත සීලයකින් යුක්ත වෙයි. නොකැඩුණු, ...(පෙ).... සමාධිය පිණිස පවතින සීලයෙන් යුක්ත වෙයි. මෙය සැපය ඇති කර දෙන්නා වූ සිව්වෙනි පුණ්‍යප්‍රවාහය යි; කුසල ප්‍රවාහයයි.

මහණෙනි, මේ වනාහී සැපය ඇතිකර දෙන්නා වූ සතරක් වූ පුණ්‍යප්‍රවාහයෝ ය; කුසල ප්‍රවාහයෝ ය.

සාදු! සාදු!! සාදු!!!

අභිසන්ද සූත්‍රය නිමා විය.

11.4.2.
දුතිය අභිසන්ද සූත්‍රය
පුණ්‍යප්‍රවාහය ගැන වදාළ දෙවෙනි දෙසුම

සැවැත් නුවර දී ය ....

මහණෙනි, සැපය ඇතිකර දෙන්නා වූ මේ පුණ්‍යප්‍රවාහයෝ, කුසල ප්‍රවාහයෝ සතරකි. ඒ කවර සතරක් ද යත්;

මහණෙනි, මෙහිලා ආර්ය ශ්‍රාවක තෙමේ බුදුරජුන් කෙරෙහි නිසැක බවට පැමිණ නොසෙල්වෙන පැහැදීමෙන් යුක්ත වෙයි. එනම්, 'ඒ භාග්‍යවතුන් වහන්සේ මෙසේ ත් අරහං වන සේක. ....(පෙ).... සත්ථා දේවමනුස්සානං වන සේක. බුද්ධ වන සේක. භගවා වන සේක' යනුවෙනි. මෙය සැපය ඇති කර දෙන්නා වූ පළමුවෙනි පුණ්‍යප්‍රවාහය යි; කුසල ප්‍රවාහය යි.

තව ද මහණෙනි, ආර්ය ශ්‍රාවක තෙමේ ධර්මය කෙරෙහි නොසෙල්වෙන පැහැදීමෙන් යුක්ත වෙයි. එනම්, 'භාග්‍යවතුන් වහන්සේ විසින් මැනැවින් වදාරණ ලද ධර්මය ඇත්තේ ය. ....(පෙ).... නුවණැත්තන් විසින් තම තම නැණ පමණින් දත යුත්තේ ය' යනුවෙනි. මෙය සැපය ඇති කර දෙන්නා වූ දෙවෙනි පුණ්‍යප්‍රවාහය යි; කුසල ප්‍රවාහය යි.

තව ද මහණෙනි, ආර්ය ශ්‍රාවක තෙමේ සංඝයා කෙරෙහි නොසෙල්වෙන පැහැදීමෙන් යුක්ත වෙයි. භාග්‍යවතුන් වහන්සේගේ ශ්‍රාවක සංඝ තෙමේ සුපටිපන්න වෙයි. ....(පෙ).... ලෝකයාගේ අනුත්තර පින්කෙත වෙයි.' යනුවෙනි. මෙය සැපය ඇති කර දෙන්නා වූ තෙවෙනි පුණ්‍යප්‍රවාහය යි; කුසල ප්‍රවාහයයි.

තව ද මහණෙනි, ආර්ය ශ්‍රාවක තෙමේ පහ ව ගිය මසුරුමල ඇති සිතින් ගිහි ගෙදර වසන්නේ වෙයි. එනම්, දන් දීම පිණිස වෙන්කළ දේ ඇත්තේ, සෝදා

ගත් අත් ඇත්තේ, දන් දීමෙහි ඇලුණේ, අනායයන්ගේ ඉල්ලීමට සුදුසු වූයේ, දන් බෙදීමෙහි ඇලුණේ වෙයි. මෙය සැපය ඇති කර දෙන්නා වූ සිව්වෙනි පුණ්‍යප්‍රවාහය යි; කුසල ප්‍රවාහය යි.

මහණෙනි, මේ වනාහී සැපය ඇතිකර දෙන්නා වූ සතරක් වූ පුණ්‍යප්‍රවාහයෝ ය; කුසල ප්‍රවාහයෝ ය.

සාදු! සාදු!! සාදු!!!

දුතිය අභිසන්ද සූත්‍රය නිමා විය.

11.4.3.
තතිය අභිසන්ද සූත්‍රය
පුණ්‍යප්‍රවාහය ගැන වදාළ තෙවෙනි දෙසුම

මහණෙනි, සැපය ඇතිකර දෙන්නා වූ මේ පුණ්‍යප්‍රවාහයෝ, කුසල ප්‍රවාහයෝ සතරකි. ඒ කවර සතරක් ද යත්;

මහණෙනි, මෙහිලා ආර්ය ශ්‍රාවක තෙමේ බුදුරජුන් කෙරෙහි නිසැක බවට පැමිණ නොසෙල්වෙන පැහැදීමෙන් යුක්ත වෙයි. එනම්, 'ඒ භාග්‍යවතුන් වහන්සේ මෙසේ ත් අරහං වන සේක. ....(පෙ).... සත්ථා දේවමනුස්සානං වන සේක. බුද්ධ වන සේක. භගවා වන සේක' යනුවෙනි. මෙය සැපය ඇති කර දෙන්නා වූ පළමුවෙනි පුණ්‍යප්‍රවාහය යි; කුසල ප්‍රවාහය යි.

තව ද මහණෙනි, ආර්ය ශ්‍රාවක තෙමේ ධර්මය කෙරෙහි නොසෙල්වෙන පැහැදීමෙන් යුක්ත වෙයි. එනම්, 'භාග්‍යවතුන් වහන්සේ විසින් මැනැවින් වදාරණ ලද ධර්මය ඇත්තේ ය. ....(පෙ).... නුවණැත්තන් විසින් තම තම නැණ පමණින් දත යුත්තේ ය' යනුවෙනි. මෙය සැපය ඇති කර දෙන්නා වූ දෙවෙනි පුණ්‍යප්‍රවාහය යි; කුසල ප්‍රවාහය යි.

තව ද මහණෙනි, ආර්ය ශ්‍රාවක තෙමේ සංඝයා කෙරෙහි නොසෙල්වෙන පැහැදීමෙන් යුක්ත වෙයි. භාග්‍යවතුන් වහන්සේගේ ශ්‍රාවක සංඝ තෙමේ සුපටිපන්න වෙයි. ....(පෙ).... ලෝකයාගේ අනුත්තර පින්කෙත වෙයි.' යනුවෙනි. මෙය සැපය ඇති කර දෙන්නා වූ තෙවෙනි පුණ්‍යප්‍රවාහය යි; කුසල ප්‍රවාහයයි.

තව ද මහණෙනි, ආර්ය ශ්‍රාවක තෙමේ ප්‍රඥාවන්ත වෙයි. ආර්ය වූ කලකිරීමට නිසි තියුණු අවබෝධය ඇතිකර දෙන, මැනැවින් දුක් ක්ෂය වී යෑමට හේතුවන හටගැනීම නැතිවීම දකිනා ප්‍රඥාවෙන් යුක්ත වෙයි. මෙය සැපය ඇති කර දෙන්නා වූ සිව්වෙනි පුණ්‍යප්‍රවාහය යි; කුසල ප්‍රවාහය යි.

මහණෙනි, මේ වනාහී සැපය ඇතිකර දෙන්නා වූ සතරක් වූ පුණ්‍යප්‍රවාහයෝ ය; කුසල ප්‍රවාහයෝ ය.

සාදු! සාදු!! සාදු!!!

තතිය අභිසන්ද සූත්‍රය නිමා විය.

11.4.4.
දේවපද සූත්‍රය
දෙව් පියවර ගැන වදාළ දෙසුම

මහණෙනි, අපිරිසිදු සත්වයන් හට පිරිසිදු වීම පිණිස, නොබබලන සත්වයන් හට බබලනු පිණිස, මේ දෙවියන්ගේ දෙව් පියවර සතරක් ඇත්තේ ය. ඒ කවර සතරක් ද යත්;

මහණෙනි, මෙහිලා ආර්ය ශ්‍රාවක තෙමේ බුදුරජුන් කෙරෙහි නිසැක බවට පැමිණ නොසෙල්වෙන පැහැදීමෙන් යුක්ත වෙයි. එනම්, 'ඒ භාග්‍යවතුන් වහන්සේ මෙසේ ත් අරහං වන සේක. ....(පෙ).... සත්ථා දේවමනුස්සානං වන සේක. බුද්ධ වන සේක. භගවා වන සේක' යනුවෙනි. මෙය අපිරිසිදු සත්වයන් හට පිරිසිදු වීම පිණිස, නොබබලන සත්වයන් හට බබලනු පිණිස, ඇති දෙවියන්ගේ පළමුවෙනි දෙව් පියවර යි.

තව ද මහණෙනි, ආර්ය ශ්‍රාවක තෙමේ ධර්මය කෙරෙහි නොසෙල්වෙන පැහැදීමෙන් යුක්ත වෙයි. එනම්, 'භාග්‍යවතුන් වහන්සේ විසින් මැනැවින් වදාරණ ලද ධර්මය ඇත්තේ ය. ....(පෙ).... නුවණැත්තන් විසින් තම තම නැණ පමණින් දත යුත්තේ ය' යනුවෙනි. මෙය අපිරිසිදු සත්වයන් හට පිරිසිදු වීම පිණිස, නොබබලන සත්වයන් හට බබලනු පිණිස, ඇති දෙවියන්ගේ දෙවෙනි දෙව් පියවර යි.

තව ද මහණෙනි, ආර්ය ශ්‍රාවක තෙමේ සංඝයා කෙරෙහි නොසෙල්වෙන පැහැදීමෙන් යුක්ත වෙයි. භාග්‍යවතුන් වහන්සේගේ ශ්‍රාවක සංඝ තෙමේ

සුපටිපන්න වෙයි. ....(පෙ).... ලෝකයාගේ අනුත්තර පින්කෙත වෙයි.' යනුවෙනි. මෙය අපිරිසිදු සත්වයන් හට පිරිසිදු වීම පිණිස, නොබබලන සත්වයන් හට බබලනු පිණිස, ඇති දෙවියන්ගේ තුන්වෙනි දෙව් පියවර යි.

තව ද මහණෙනි, ආර්ය ශ්‍රාවක තෙමේ ආර්යකාන්ත සීලයකින් යුක්ත වෙයි. නොකැඩුණු, ...(පෙ).... සමාධිය පිණිස පවතින සීලයෙන් යුක්ත වෙයි. මෙය අපිරිසිදු සත්වයන් හට පිරිසිදු වීම පිණිස, නොබබලන සත්වයන් හට බබලනු පිණිස, ඇති දෙවියන්ගේ සිව්වෙනි දෙව් පියවර යි.

මහණෙනි, අපිරිසිදු සත්වයන් හට පිරිසිදු වීම පිණිස, නොබබලන සත්වයන් හට බබලනු පිණිස, දෙවියන්ගේ මේ දෙව් පියවර සතර ඇත්තේ ය.

සාදු! සාදු!! සාදු!!!

දේවපද සූත්‍රය නිමා විය.

11.4.5.
දුතිය දේවපද සූත්‍රය
දෙව් පියවර ගැන වදාළ දෙවෙනි දෙසුම

මහණෙනි, අපිරිසිදු සත්වයන් හට පිරිසිදු වීම පිණිස, නොබබලන සත්වයන් හට බබලනු පිණිස, මේ දෙවියන්ගේ දෙව් පියවර සතරක් ඇත්තේ ය. ඒ කවර සතරක් ද යත්;

මහණෙනි, මෙහිලා ආර්ය ශ්‍රාවක තෙමේ බුදුරජුන් කෙරෙහි නිසැක බවට පැමිණ නොසෙල්වෙන පැහැදීමෙන් යුක්ත වෙයි. එනම්, 'ඒ භාග්‍යවතුන් වහන්සේ මෙසේ ත් අරහං වන සේක. ....(පෙ).... සත්ථා දේවමනුස්සානං වන සේක. බුද්ධ වන සේක. භගවා වන සේක' යනුවෙනි. ඔහු මෙසේ නුවණින් සළකා බලයි. 'දෙවියන්ගේ දෙව් පියවර කුමක් ද?' යි. එවිට ඔහු මෙසේ දැනගනියි. 'මම මෙකල්හි දෙවියන් දුක් නැති බව පරම කොට ඇත්තවුන් යැයි අසමි. එසේ නම්, මම ත් තැති ගන්නා වූ හෝ තැති නොගන්නා වූ හෝ කිසිවෙකුට පීඩාවක් නොකරමි. ඒකාන්තයෙන් මම දෙව්පියවර ධර්මයෙන් යුක්ත ව වාසය කරමි.' මෙය අපිරිසිදු සත්වයන් හට පිරිසිදු වීම පිණිස, නොබබලන සත්වයන් හට බබලනු පිණිස, ඇති දෙවියන්ගේ පළමුවෙනි දෙව් පියවර යි.

තව ද මහණෙනි, ආර්ය ශ්‍රාවක තෙමේ ධර්මය කෙරෙහි ....(පෙ).... සංඝයා කෙරෙහි ....(පෙ).... තව ද මහණෙනි, ආර්ය ශ්‍රාවක තෙමේ ආර්යකාන්ත සීලයකින් යුක්ත වෙයි. නොකැඩුණු, ...(පෙ).... සමාධිය පිණිස පවතින සීලයෙන් යුක්ත වෙයි. ඔහු මෙසේ නුවණින් සළකා බලයි. 'දෙවියන්ගේ දෙව් පියවර කුමක් ද?' යි. එවිට ඔහු මෙසේ දැනගනියි. 'මම මෙකල්හි දෙවියන් දුක් නැති බව පරම කොට ඇත්තවුන් යැයි අසමි. එසේ නම්, මම ත් තැති ගන්නා වූ හෝ තැති නොගන්නා වූ හෝ කිසිවෙකුට පීඩාවක් නොකරමි. ඒකාන්තයෙන් මම දෙව්පියවර ධර්මයෙන් යුක්ත ව වාසය කරමි.' මෙය අපිරිසිදු සත්වයන් හට පිරිසිදු වීම පිණිස, නොබබලන සත්වයන් හට බබලනු පිණිස, ඇති දෙවියන්ගේ සිව්වෙනි දෙව් පියවර යි.

මහණෙනි, අපිරිසිදු සත්වයන් හට පිරිසිදු වීම පිණිස, නොබබලන සත්වයන් හට බබලනු පිණිස, දෙවියන්ගේ මේ දෙව් පියවර සතර ඇත්තේ ය.

සාදු! සාදු!! සාදු!!!

දුතිය දේවපද සූත්‍රය නිමා විය.

11.4.6.
සභාගත සූත්‍රය
සභාවට ගිය දෙවිවරුන්ගේ කථාව ගැන වදාළ දෙසුම

මහණෙනි, සභාවට ගිය දෙවිවරු සතුටු සිත් ඇති ව, සතර ධර්මයකින් යුක්ත වූ කෙනා ගැන කථා කරති. ඒ කවර සතරකින් ද යත්;

මහණෙනි, මෙහිලා ආර්ය ශ්‍රාවක තෙමේ බුදුරජුන් කෙරෙහි නිසැක බවට පැමිණි නොසෙල්වෙන පැහැදීමෙන් යුක්ත වෙයි. එනම්, 'ඒ භාග්‍යවතුන් වහන්සේ මෙසේ ත් අරහං වන සේක. ....(පෙ).... සත්ථා දේවමනුස්සානං වන සේක. බුද්ධ වන සේක. භගවා වන සේක' යනුවෙනි. යම් ඒ දේවතාවෝ බුදුරජුන් කෙරෙහි අවෙච්චප්පසාදයෙන් යුක්ත ව සිට මෙලොවින් චුත ව එහි උපන්නාහු ද, ඔවුන්ට මෙසේ සිතෙයි. 'අපි වනාහී බුදුරජුන් කෙරෙහි යම්බඳු වූ නොසෙල්වෙන ප්‍රසාදයකින් යුක්ත වූවෙමු ද, එහෙයින් එයින් චුත ව මෙහි උපන්නෙමු ද, ආර්යශ්‍රාවකයා ත් බුදුරජුන් කෙරෙහි එබඳු වූ නොසෙල්වෙන චිත්ත ප්‍රසාදයකින් යුක්ත වූයේ දෙවියන්ගේ සමීපයට එන්නේ ය' යනුවෙනි.

තව ද මහණෙනි, ආර්ය ශ්‍රාවක තෙමේ ධර්මය කෙරෙහි ....(පෙ).... සංඝයා කෙරෙහි ....(පෙ).... තව ද මහණෙනි, ආර්ය ශ්‍රාවක තෙමේ ආර්යකාන්ත සීලයකින් යුක්ත වෙයි. නොකැඩුණු, ...(පෙ).... සමාධිය පිණිස පවතින සීලයෙන් යුක්ත වෙයි. යම් ඒ දේවතාවෝ ආර්යකාන්ත සීලයෙන් යුක්ත ව සිට මෙලොවින් චුත ව එහි උපන්නාහු ද, ඔවුන්ට මෙසේ සිතෙයි. 'අපි වනාහී යම්බඳු වූ ආර්යකාන්ත සීලයකින් යුක්ත වූවෙමු ද, එහෙයින් එයින් චුත ව මෙහි උපන්නෙමු ද, ආර්යශ්‍රාවකයා ත් එබඳු වූ ආර්යකාන්ත සීලයකින් යුක්ත වූයේ දෙවියන්ගේ සමීපයට එන්නේ ය' යනුවෙනි.

මහණෙනි, සභාවට ගිය දෙවිවරු සතුටු සිත් ඇති ව, මේ සතර ධර්මයෙන් යුක්ත වූ කෙනා ගැන කථා කරති.

සාදු! සාදු!! සාදු!!!

සභාගත සූත්‍රය නිමා විය.

11.4.7.
මහානාම සූත්‍රය
මහානාම ශාක්‍ය රජුට වදාළ දෙසුම

එක් සමයෙක්හි භාග්‍යවතුන් වහන්සේ ශාක්‍ය ජනපදයෙහි කපිලවස්තුවෙහි නිග්‍රෝධාරාමයෙහි වැඩවසන සේක. එකල්හී මහානාම ශාක්‍ය තෙමේ භාග්‍යවතුන් වහන්සේ වෙත පැමිණියේ ය. ....(පෙ).... එකත්පස් ව හුන් මහානාම ශාක්‍ය තෙමේ භාග්‍යවතුන් වහන්සේට මෙය පැවසුවේ ය.

"ස්වාමීනී, උපාසකයෙකු වන්නේ කොපමණ කරුණු වලින් ද?"

"මහානාමයෙනි, යම් කලෙක වනාහී බුදුරජුන් සරණ ගියේ වෙයි නම්, ධර්මය සරණ ගියේ වෙයි නම්, ශ්‍රාවක සංඝයා සරණ ගියේ වෙයි නම්, මහානාමයෙනි, මෙපමණකින් උපාසකයෙක් වෙයි."

"ස්වාමීනී, උපාසකයෙක් සීල සම්පන්න වන්නේ කොපමණකින් ද?"

"මහානාමයෙනි, යම් කලෙක වනාහී උපාසක තෙමේ සතුන් මැරීමෙන් වැළකුණේ වෙයි නම්, සොරකමින් වැළකුණේ වෙයි නම්, වැරදි කාම සේවනයෙන් වැළකුණේ වෙයි නම්, බොරු කීමෙන් වැළකුණේ වෙයි නම්,

මත්වීමට හා ප්‍රමාදයට හේතුවන මත්පැන් මත්ද්‍රව්‍ය භාවිතයෙන් වැළකුණේ වෙයි නම්, මහානාමයෙනි, මෙපමණකින් උපාසක තෙමේ සීලසම්පන්න වෙයි."

"ස්වාමීනී, උපාසකයෙක් ශ්‍රද්ධා සම්පන්න වන්නේ කොපමණකින් ද?"

"මහානාමයෙනි, මෙහිලා උපාසක තෙමේ ශ්‍රද්ධාවන්ත වෙයි. එනම්, තථාගතයන්ගේ අවබෝධය අදහා ගනියි. 'මෙසේ ත් ඒ භාග්‍යවතුන් වහන්සේ අරහං වන සේක, සම්මා සම්බුද්ධ වන සේක, විජ්ජාචරණ සම්පන්න වන සේක. සුගත වන සේක. ලෝකවිදූ වන සේක, අනුත්තරෝ පුරිසදම්ම සාරථී වන සේක, සත්ථා දේවමනුස්සානං වන සේක, බුද්ධ වන සේක, භගවා වන සේක'යි. මහානාමයෙනි, මෙපමණකින් උපාසක තෙමේ ශ්‍රද්ධා සම්පන්න වෙයි."

"ස්වාමීනී, උපාසකයෙක් ත්‍යාග සම්පන්න වන්නේ කොපමණකින් ද?"

"මහානාමයෙනි, මෙහිලා උපාසක තෙමේ පහ ව ගිය මසුරුමල ඇති සිතින් ගිහි ගෙදර වසන්නේ වෙයි. එනම්, දන් දීම පිණිස වෙන්කළ දේ ඇතිව, සෝදා ගත් අත් ඇති ව, දන් දීමෙහි ඇලුණේ, අන්‍යයන්ගේ ඉල්ලීමට සුදුසු වූයේ, දන් බෙදීමෙහි ඇලුණේ වෙයි. මහානාමයෙනි, මෙපමණකින් උපාසක තෙමේ ත්‍යාග සම්පන්න වෙයි."

"ස්වාමීනී, උපාසකයෙක් ප්‍රඥා සම්පන්න වන්නේ කොපමණකින් ද?"

"මහානාමයෙනි, මෙහිලා උපාසක තෙමේ ප්‍රඥාවන්ත වෙයි. ආර්ය වූ කලකිරීමට තිසි තියුණු අවබෝධය ඇතිකර දෙන, මැනැවින් දුක් ක්ෂය වී යෑමට හේතුවන හටගැනීම නැතිවීම දකිනා ප්‍රඥාවෙන් යුක්ත වෙයි. මහානාමයෙනි, මෙපමණකින් උපාසක තෙමේ ප්‍රඥාසම්පන්න වෙයි."

සාදු! සාදු!! සාදු!!!

මහානාම සූත්‍රය නිමා විය.

11.4.8.
වස්ස සූත්‍රය
වර්ෂාව උපමාකොට වදාළ දෙසුම

මහණෙනි, යම් සේ කඳු මුදුනෙහි මහත් දිය පොද ඇති වැස්ස වසින කල්හී ඒ ජලය පහතට නැමී ඇති බෑවුම් අනුව ගලා එමින් පර්වත - කඳුරැළි - ඇළදොළ පුරවයි ද, පර්වත - කඳුරැළි - ඇළදොළ පුරවා කුඩා විල් පුරවයි ද, කුඩා විල් පුරවා මහා විල් පුරවයි ද, මහා විල් පුරවා කුඩා ගංගා පුරවයි ද, කුඩා ගංගා පුරවා මහා ගංගා පුරවයි ද, මහා ගංගා පුරවා, මහා සමුද්‍රය වූ සාගරය පුරවයි ද, එසෙයින් ම මහණෙනි, ආර්යශ්‍රාවකයා තුළ බුදුරජුන් කෙරෙහි ත් යම් නොසෙල්වෙන ප්‍රසාදයක් ඇද්ද, ධර්මය කෙරෙහි ත් යම් නොසෙල්වෙන ප්‍රසාදයක් ඇද්ද, ආර්ය සංඝයා කෙරෙහි ත් යම් නොසෙල්වෙන ප්‍රසාදයක් ඇද්ද, යම් ආර්යකාන්ත සිල්පද ත් ඇද්ද, මේ ධර්මයෝ ගලන්නාහු පරතෙරට ගොස් ආශ්‍රවයන්ගේ ක්ෂය වීම පිණිස පවතින්නාහු ය.

සාදු! සාදු!! සාදු!!!

වස්ස සූත්‍රය නිමා විය.

11.4.9.
කාලිගෝධා සූත්‍රය
කාලිගෝධා ශාක්‍ය දියණියට වදාළ දෙසුම

එක් සමයෙක්හි භාග්‍යවතුන් වහන්සේ ශාක්‍ය ජනපදයෙහි කපිලවස්තුවෙහි නිග්‍රෝධාරාමයෙහි වැඩවසන සේක. එකල්හී භාග්‍යවතුන් වහන්සේ පෙරවරුවෙහි සිවුරු හැඳ පොරොවාගෙන, පාත්‍රය හා සිවුර ගෙන, කාලිගෝධා ශාක්‍ය දියණියගේ නිවස වෙත වැඩම කළ සේක. වැඩම කොට පණවන ලද අසුනෙහි වැඩහුන් සේක. එකල්හී කාලිගෝධා ශාක්‍ය දියණිය භාග්‍යවතුන් වහන්සේ වෙත පැමිණියා ය. පැමිණ භාග්‍යවතුන් වහන්සේට සකසා වන්දනා කොට එකත්පස් ව හිඳගත්තා ය. එකත්පස් ව හුන් කාලිගෝධා ශාක්‍ය දියණියට භාග්‍යවතුන් වහන්සේ මෙය වදාළ සේක.

"ගෝධාවෙනි, සතර ධර්මයකින් සමන්විත වූ ආර්යශ්‍රාවිකා තොමෝ සිව් අපායෙන් අත්මිදී, නියත වශයෙන් නිවන පිහිට කොට ඇති ව, සෝවාන් වූවා වෙයි. ඒ කවර සතරකින් ද යත්;

ගෝධාවෙනි, මෙහිලා ආර්ය ශ්‍රාවිකා තොමෝ බුදුරජුන් කෙරෙහි නිසැක බවට පැමිණ නොසෙල්වෙන පැහැදීමෙන් යුක්ත වූවා වෙයි. එනම්, 'ඒ භාග්‍යවතුන් වහන්සේ මෙසේ ත් අරහං වන සේක. ....(පෙ).... සත්ථා දේවමනුස්සානං වන සේක. බුද්ධ වන සේක. භගවා වන සේක' යනුවෙනි. ධර්මය කෙරෙහි ....(පෙ).... සංඝයා කෙරෙහි ....(පෙ).... පහ ව ගිය මසුරුමල ඇති සිතින් ගිහි ගෙදර වසන්නී වෙයි. එනම්, දන් දීම පිණිස වෙන්කළ දේ ඇත්තී, සෝදා ගත් අත් ඇත්තී, දන් දීමෙහි ඇලුණී, අන්‍යයන්ගේ ඉල්ලීමට සුදුසු වූ, දන් බෙදීමෙහි ඇලුණී වෙයි.

ගෝධාවෙනි, මේ සතර ධර්මයෙන් සමන්විත වූ ආර්යශ්‍රාවිකා තොමෝ සිව් අපායෙන් අත්මිදී, නියත වශයෙන් නිවන පිහිට කොට ඇති ව, සෝවාන් වූවා වෙයි."

"ස්වාමීනී, භාග්‍යවතුන් වහන්සේ විසින් යම් මේ සතරක් වූ සෝතාපත්ති අංගයෝ වදාරණ ලද්දාහු ද, ඒ ධර්මයෝ මා තුළ ඇත්තාහු ය. මම් ද, ඒ ධර්මයන් තුළ සිටිනු දකිමි. ස්වාමිනී, මම් වනාහී බුදුරජුන් කෙරෙහි නිසැක බවට පැමිණ නොසෙල්වෙන පැහැදීමෙන් යුක්ත වූවා වෙමි. එනම්, 'ඒ භාග්‍යවතුන් වහන්සේ මෙසේ ත් අරහං වන සේක. ....(පෙ).... සත්ථා දේවමනුස්සානං වන සේක. බුද්ධ වන සේක. භගවා වන සේක' යනුවෙනි. ධර්මය කෙරෙහි ....(පෙ).... සංඝයා කෙරෙහි ....(පෙ).... දීමට සුදුසු වූ යම් කිසිවක් තම නිවසෙහි ඇද්ද, ඒ සියල්ල කලණදහම් ඇති සිල්වතුන් විෂයෙහි නොබෙදා ඇද්ද!"

"ගෝධාවෙනි, ඔබට ලාභයකි! ගෝධාවෙනි, ඔබට මනා වූ ලාභයකි! ගෝධාවෙනි, ඔබ විසින් සෝවාන් ඵලය පවසන ලද්දේ ය."

සාදු! සාදු!! සාදු!!!

කාලිගෝධා සූත්‍රය නිමා විය.

11.4.10.
නන්දිය සූත්‍රය
නන්දිය ශාක්‍යයාට වදාළ දෙසුම

එක් සමයෙක්හි භාග්‍යවතුන් වහන්සේ ශාක්‍ය ජනපදයෙහි කපිලවස්තුවෙහි නිග්‍රෝධාරාමයෙහි වැඩවසන සේක. එකල්හී නන්දිය ශාක්‍ය තෙමේ භාග්‍යවතුන් වහන්සේ වෙත පැමිණියේ ය. ....(පෙ).... එකත්පස් ව හුන් නන්දිය ශාක්‍ය තෙමේ භාග්‍යවතුන් වහන්සේගෙන් මෙය ඇසුවේ ය.

"ස්වාමීනී, යම් ම ආර්ය ශ්‍රාවකයෙකු හට සතරක් වූ සෝතාපත්ති අංගයන් සියල්ලෙන් සියල්ල ම, සියළු අයුරින් සියල්ල ම නැද්ද, ස්වාමීනී, මෙසේ ඒ ආර්යශ්‍රාවක තෙමේ ප්‍රමාදී ව වසන්නේ ද?"

"නන්දියෙනි, යමෙකු හට සතරක් වූ සෝතාපත්ති අංගයන් සියල්ලෙන් සියල්ල ම, සියළු අයුරින් සියල්ල ම නැද්ද, ඔහු බුදු සසුනෙන් බැහැර වූ පෘථග්ජන පක්ෂයේ සිටින කෙනෙකි යි මම කියමි.

එනමුත් නන්දියෙනි, යම් අයුරකින් ආර්ය ශ්‍රාවක තෙමේ ප්‍රමාදී ව වසන්නේ ත් වෙයි නම්, අප්‍රමාදී ව වසන්නේ ත් වෙයි නම්, එය අසව.

නන්දියෙනි, ආර්ය ශ්‍රාවක තෙමේ කෙසේ ප්‍රමාදී ව වසන්නේ වෙයි ද? නන්දියෙනි, මෙහිලා ආර්ය ශ්‍රාවක තෙමේ බුදුරජුන් කෙරෙහි නොසෙල්වෙන ප්‍රසාදයෙන් යුක්ත වූයේ වෙයි. එනම්, 'ඒ භාග්‍යවතුන් වහන්සේ අරහං වන සේක. ....(පෙ).... දෙව් මිනිසුන්ගේ ශාස්තෘ වන සේක. බුද්ධ වන සේක. භගවා වන සේක' යනුවෙනි. ඔහු බුදුරජුන් කෙරෙහි වූ ඒ නොසෙල්වෙන ප්‍රසාදයෙන් සතුටු වූයේ වෙයි. තවදුරට ත් දිවා කාලයෙහි හුදෙකලාවෙන් සිටීම පිණිස ත්, රාත්‍රී කාලයෙහි භාවනා කිරීම පිණිස ත් වෑයම් නොකරයි. මෙසේ ප්‍රමාදයෙන් යුක්ත ව වාසය කරන ඔහු තුළ ප්‍රමුදිත බව ඇති නොවෙයි. ප්‍රමුදිත බව නැති කල්හී ප්‍රීතිය ඇති නොවෙයි. ප්‍රීතිය නැති කල්හී සැහැල්లු බව ඇති නොවෙයි. සැහැල්ලු බව නැති කල්හී දුක සේ වාසය කරයි. දුකින් සිටින්නාගේ සිත සමාධිමත් නොවෙයි. සිත අසමාහිත කල්හී ධර්මයෝ පහළ නොවෙති. ධර්මයන්ගේ පහළ නොවීමෙන් ප්‍රමාදයෙන් වාසය කරන්නේ ම යන සංඛ්‍යාවයට යයි.

තව ද නන්දියෙනි, ආර්ය ශ්‍රාවක තෙමේ ධර්මය කෙරෙහි ....(පෙ).... සංඝයා කෙරෙහි ....(පෙ).... නොකැඩුණු ....(පෙ).... සමාධිය පිණිස පවතින්නා

වූ ආර්යකාන්ත සීලයෙන් යුක්ත වූයේ වෙයි. ඔහු ඒ ආර්යකාන්ත සීලයෙන් සතුටු වූයේ වෙයි. තවදුරට ත් දිවා කාලයෙහි හුදෙකලාවෙන් සිටීම පිණිස ත්, රාත්‍රී කාලයෙහි භාවනා කිරීම පිණිස ත් වෑයම් නොකරයි. මෙසේ ප්‍රමාදයෙන් යුක්ත ව වාසය කරන ඔහු තුළ ප්‍රමුදිත බව ඇති නොවෙයි. ප්‍රමුදිත බව නැති කල්හී ප්‍රීතිය ඇති නොවෙයි. ප්‍රීතිය නැති කල්හී සැහැල්ලු බව ඇති නොවෙයි. සැහැල්ලු බව නැති කල්හී දුක සේ වාසය කරයි. දුකින් සිටින්නාගේ සිත සමාධිමත් නොවෙයි. සිත අසමාහිත කල්හී ධර්මයෝ පහළ නොවෙති. ධර්මයන්ගේ පහළ නොවීමෙන් ප්‍රමාදයෙන් වාසය කරන්නේ ම යන සංඛ්‍යාවයට යයි. නන්දියෙනි, මෙසේ ආර්යශ්‍රාවක තෙමේ ප්‍රමාදී ව වාසය කරන්නේ වෙයි.

නන්දියෙනි, ආර්ය ශ්‍රාවක තෙමේ කෙසේ අප්‍රමාදී ව වසන්නේ වෙයි ද? නන්දියෙනි, මෙහිලා ආර්ය ශ්‍රාවක තෙමේ බුදුරජුන් කෙරෙහි නොසෙල්වෙන ප්‍රසාදයෙන් යුක්ත වූයේ වෙයි. එනම්, 'ඒ භාග්‍යවතුන් වහන්සේ අරහං වන සේක. ....(පෙ).... දෙව් මිනිසුන්ගේ ශාස්තෘ වන සේක. බුද්ධ වන සේක. භගවා වන සේක' යනුවෙනි. ඔහු බුදුරජුන් කෙරෙහි වූ ඒ නොසෙල්වෙන ප්‍රසාදයෙන් සතුටු නොවූයේ වෙයි. තවදුරට ත් දිවා කාලයෙහි හුදෙකලාවෙන් සිටීම පිණිස ත්, රාත්‍රී කාලයෙහි භාවනා කිරීම පිණිස ත් වෑයම් කරයි. මෙසේ අප්‍රමාදයෙන් යුක්ත ව වාසය කරන ඔහු තුළ ප්‍රමුදිත බව ඇති වෙයි. ප්‍රමුදිත බව ඇතිවූවහුට ප්‍රීතිය ඇති වෙයි. ප්‍රීති සිත් ඇත්තාගේ කය සැහැල්ලු වෙයි. සැහැල්ලු කය ඇති තැනැත්තා සැපයක් විඳියි. සැපෙන් සිටින්නාගේ සිත සමාධිමත් වෙයි. සිත සමාහිත කල්හී ධර්මයෝ පහළ වෙති. ධර්මයන්ගේ පහළ වීමෙන් අප්‍රමාදයෙන් වාසය කරන්නේ ම යන සංඛ්‍යාවයට යයි.

තව ද නන්දියෙනි, ආර්ය ශ්‍රාවක තෙමේ ධර්මය කෙරෙහි ....(පෙ).... සංඝයා කෙරෙහි ....(පෙ).... නොකැඩුණු ....(පෙ).... සමාධිය පිණිස පවතින්නා වූ ආර්යකාන්ත සීලයෙන් යුක්ත වූයේ වෙයි. ඔහු ඒ ආර්යකාන්ත සීලයෙන් සතුටු නොවූයේ වෙයි. තවදුරට ත් දිවා කාලයෙහි හුදෙකලාවෙන් සිටීම පිණිස ත්, රාත්‍රී කාලයෙහි භාවනා කිරීම පිණිස ත් වෑයම් කරයි. මෙසේ අප්‍රමාදයෙන් යුක්ත ව වාසය කරන ඔහු තුළ ප්‍රමුදිත බව ඇති වෙයි. ප්‍රමුදිත බව ඇතිවූවහුට ප්‍රීතිය ඇති වෙයි. ප්‍රීති සිත් ඇත්තාගේ කය සැහැල්ලු වෙයි. සැහැල්ලු කය ඇති තැනැත්තා සැපයක් විඳියි. සැපෙන් සිටින්නාගේ සිත සමාධිමත් වෙයි. සිත සමාහිත කල්හී ධර්මයෝ පහළ වෙති. ධර්මයන්ගේ පහළ වීමෙන් අප්‍රමාදයෙන් වාසය කරන්නේ ම යන සංඛ්‍යාවයට යයි. නන්දියෙනි, මෙසේ ආර්යශ්‍රාවක තෙමේ අප්‍රමාදී ව වසන්නේ වෙයි.

සාදු! සාදු!! සාදු!!!

නන්දිය සූත්‍රය නිමා විය.

සිව්වෙනි පුඤ්ඤාභිසන්ද වර්ගය අවසන් විය.

● එහි පිළිවෙල උද්දානයයි :

අභිසන්ද සූත්‍ර තුන, දේවපද සූත්‍ර දෙක, සභාගත සූත්‍රය, මහානාම සූත්‍රය, වස්ස සූත්‍රය, කාලිගෝධා සූත්‍රය සහ නන්දිය සූත්‍රය වශයෙන් සූත්‍ර දසයකි.

5. සගාථ පුඤ්ඤාභිසන්ද වර්ගය

11.5.1.
අසංඛෙය්‍ය සූත්‍රය
සංඛ්‍යාවකට ගිණිය නොහැකි දේ ගැන වදාළ දෙසුම

මහණෙනි, සැපය ඇතිකර දෙන්නා වූ මේ පුණ්‍යප්‍රවාහයෝ, කුසල ප්‍රවාහයෝ සතරකි. ඒ කවර සතරක් ද යත්;

මහණෙනි, මෙහිලා ආර්ය ශ්‍රාවක තෙමේ බුදුරජුන් කෙරෙහි නිසැක බවට පැමිණ නොසෙල්වෙන පැහැදීමෙන් යුක්ත වෙයි. එනම්, 'ඒ භාග්‍යවතුන් වහන්සේ මෙසේ ත් අරහං වන සේක. ....(පෙ).... සත්ථා දේවමනුස්සානං වන සේක. බුද්ධ වන සේක. භගවා වන සේක' යනුවෙනි. මෙය සැපය ඇති කර දෙන්නා වූ පළමුවෙනි පුණ්‍යප්‍රවාහය යි; කුසල ප්‍රවාහය යි.

තව ද මහණෙනි, ආර්ය ශ්‍රාවක තෙමේ ධර්මය කෙරෙහි නොසෙල්වෙන පැහැදීමෙන් යුක්ත වෙයි. එනම්, 'භාග්‍යවතුන් වහන්සේ විසින් මැනැවින් වදාරණ ලද ධර්මය ඇත්තේ ය. ....(පෙ).... නුවණැත්තන් විසින් තම තම නැණ පමණින් දත යුත්තේ ය' යනුවෙනි. මෙය සැපය ඇති කර දෙන්නා වූ දෙවෙනි පුණ්‍යප්‍රවාහය යි; කුසල ප්‍රවාහය යි.

තව ද මහණෙනි, ආර්ය ශ්‍රාවක තෙමේ සංඝයා කෙරෙහි නොසෙල්වෙන පැහැදීමෙන් යුක්ත වෙයි. භාග්‍යවතුන් වහන්සේගේ ශ්‍රාවක සංඝ තෙමේ සුපටිපන්න වෙයි. ....(පෙ).... ලෝකයාගේ අනුත්තර පින්කෙත වෙයි.' යනුවෙනි. මෙය සැපය ඇති කර දෙන්නා වූ තෙවෙනි පුණ්‍යප්‍රවාහය යි; කුසල ප්‍රවාහයයි.

තව ද මහණෙනි, ආර්ය ශ්‍රාවක තෙමේ ආර්යකාන්ත සීලයකින් යුක්ත වෙයි. නොකැඩුණු, ...(පෙ).... සමාධිය පිණිස පවතින සීලයෙන් යුක්ත වෙයි. මෙය සැපය ඇති කර දෙන්නා වූ සිව්වෙනි පුණ්‍යප්‍රවාහය යි; කුසල ප්‍රවාහයයි.

මහණෙනි, මේ වනාහී සැපය ඇතිකර දෙන්නා වූ සතරක් වූ පුණ්‍යප්‍රවාහයෝ ය; කුසල ප්‍රවාහයෝ ය.

මහණෙනි, මේ සතරක් වූ පුණ්‍ය ප්‍රවාහයන්ගෙන්, කුසල ප්‍රවාහයන්ගෙන් යුක්ත වූ ආර්ය ශ්‍රාවකයාගේ පිනෙහි ප්‍රමාණය 'මෙපමණ සැපය ඇති කර දෙන පුණ්‍ය ප්‍රවාහයකි, කුසල ප්‍රවාහයකි' යි ගණන් කරන්නට ලෙහෙසි නැත්තේ ය. එසේ නමුත් 'සංඛ්‍යාවකට ගිණිය නොහැකිය. පමණ කළ නොහැකිය. මහා පුණ්‍ය ස්කන්ධයක් ය' යන සංඛ්‍යාවයට ම යයි.

මහණෙනි, එය මෙබඳු දෙයකි. මහා සමුද්‍රයෙහි ඇති ජලයෙහි ප්‍රමාණය 'දිය මනින බඳුනෙන් මෙපමණක් ඇත්තේ ය, මෙපමණ දිය බඳුන් සියයක් ඇත්තේ ය. මෙපමණ දිය බඳුන් දහසක් ඇත්තේ යැ' යි ගණන් කිරීම ඉතා දුෂ්කර දෙයකි. එසේ නමුත් 'සංඛ්‍යාවකට ගිණිය නොහැකිය. පමණ කළ නොහැකිය. මහා ජලස්කන්ධයක් ය' යන සංඛ්‍යාවයට ම යයි. එසෙයින් ම මහණෙනි, මේ සතරක් වූ පුණ්‍ය ප්‍රවාහයන්ගෙන්, කුසල ප්‍රවාහයන්ගෙන් යුක්ත වූ ආර්ය ශ්‍රාවකයාගේ පිනෙහි ප්‍රමාණය 'මෙපමණ සැපය ඇති කර දෙන පුණ්‍ය ප්‍රවාහයකි, කුසල ප්‍රවාහයකි' යි ගණන් කරන්නට ලෙහෙසි නැත්තේ ය. එසේ නමුත් 'සංඛ්‍යාවකට ගිණිය නොහැකිය. පමණ කළ නොහැකිය. මහා පුණ්‍ය ස්කන්ධයක් ය' යන සංඛ්‍යාවයට ම යයි.

භාග්‍යවතුන් වහන්සේ මෙය වදාළ සේක. මෙය වදාළ සුගත වූ ශාස්තෘන් වහන්සේ මෙය ද වදාළ සේක.

මහෝදධිං අපරිමිතං මහාසරං
බහුභේරවං රතනගණානමාලයං
නජ්ජෝ යථා නරගණසංඝසේවිතා
පුථූ සවන්තී උපයන්ති සාගරං

මහත් ජලස්කන්ධයක් ඇති, ප්‍රමාණ කළ නොහැකි වූ මහා ගංගාවන්ගේ එක්වීම ඇති, ඉතා බිහිසුණු, රත්න සමූහයාගේ වාසස්ථානය වූ මහා සාගරයට මනුෂ්‍ය සමූහයා විසින් සේවනය කරන ලද බොහෝ ගංගාවෝ යම් සේ ගලා බසිත් ද,

ඒවං නරං අන්නදපානවත්ථදං
සෙය්‍යානිසජ්ජත්ථරණස්ස දායකං
පුඤ්ඤස්ස ධාරා උපයන්ති පණ්ඩිතං
නජ්ජෝ යථා වාරිවහාව සාගරන්'ති

එසෙයින් ම ආහාරපාන වස්ත්‍ර ආදිය දන් දෙන්නා වූ, සෙනසුන් ඇතිරිලි ආදිය දන් දෙන්නා වූ, නුවණැති මිනිසා කරා දිය රැගෙන නදීන් මහා සයුර වෙත පැමිණෙන සෙයින් ඔහු වෙත පුණ්‍ය ධාරාවෝ පැමිණෙති.

සාදු! සාදු!! සාදු!!!

අසංඛෙය්‍ය සූත්‍රය නිමා විය.

11.5.2.
දුතිය අසංඛෙය්‍ය සූත්‍රය
සංඛ්‍යාවකට ගිණිය නොහැකි දේ ගැන වදාළ දෙවෙනි දෙසුම

මහණෙනි, සැපය ඇතිකර දෙන්නා වූ මේ පුණ්‍යප්‍රවාහයෝ, කුසල ප්‍රවාහයෝ සතරකි. ඒ කවර සතරක් ද යත්;

මහණෙනි, මෙහිලා ආර්ය ශ්‍රාවක තෙමේ බුදුරජුන් කෙරෙහි නිසැක බවට පැමිණි නොසෙල්වෙන පැහැදීමෙන් යුක්ත වෙයි. එනම්, 'ඒ භාග්‍යවතුන් වහන්සේ මෙසේ ත් අරහං වන සේක. ....(පෙ).... සත්ථා දේවමනුස්සානං වන සේක. බුද්ධ වන සේක. භගවා වන සේක' යනුවෙනි. මෙය සැපය ඇති කර දෙන්නා වූ පළමුවෙනි පුණ්‍යප්‍රවාහය යි; කුසල ප්‍රවාහය යි.

තව ද මහණෙනි, ආර්ය ශ්‍රාවක තෙමේ ධර්මය කෙරෙහි නොසෙල්වෙන පැහැදීමෙන් යුක්ත වෙයි. එනම්, 'භාග්‍යවතුන් වහන්සේ විසින් මැනැවින් වදාරණ ලද ධර්මය ඇත්තේ ය. ....(පෙ).... නුවණැත්තන් විසින් තම තම නැණ පමණින් දත යුත්තේ ය' යනුවෙනි. මෙය සැපය ඇති කර දෙන්නා වූ දෙවෙනි පුණ්‍යප්‍රවාහය යි; කුසල ප්‍රවාහය යි.

තව ද මහණෙනි, ආර්ය ශ්‍රාවක තෙමේ සංඝයා කෙරෙහි නොසෙල්වෙන පැහැදීමෙන් යුක්ත වෙයි. භාග්‍යවතුන් වහන්සේගේ ශ්‍රාවක සංඝ තෙමේ සුපටිපන්න වෙයි. ....(පෙ).... ලෝකයාගේ අනුත්තර පින්කෙත වෙයි.' යනුවෙනි. මෙය සැපය ඇති කර දෙන්නා වූ තෙවෙනි පුණ්‍යප්‍රවාහය යි; කුසල ප්‍රවාහයයි.

තව ද මහණෙනි, ආර්ය ශ්‍රාවක තෙමේ පහ ව ගිය මසුරුමල ඇති සිතින් ගිහි ගෙදර වසන්නේ වෙයි. එනම්, දන් දීම පිණිස වෙන්කළ දේ ඇතිව,

සෝදා ගත් අත් ඇති ව, දන් දීමෙහි ඇලුණේ, අනායයන්ගේ ඉල්ලීමට සුදුසු වූ, දන් බෙදීමෙහි ඇලුණේ වෙයි. මෙය සැපය ඇති කර දෙන්නා වූ සිව්වෙනි පුණ්‍යප්‍රවාහය යි; කුසල ප්‍රවාහය යි.

මහණෙනි, මේ වනාහී සැපය ඇතිකර දෙන්නා වූ සතරක් වූ පුණ්‍යප්‍රවාහයෝ ය; කුසල ප්‍රවාහයෝ ය.

මහණෙනි, මේ සතරක් වූ පුණ්‍ය ප්‍රවාහයන්ගෙන්, කුසල ප්‍රවාහයන්ගෙන් යුක්ත වූ ආර්ය ශ්‍රාවකයාගේ පිනෙහි ප්‍රමාණය 'මෙපමණ සැපය ඇති කර දෙන පුණ්‍ය ප්‍රවාහයකි, කුසල ප්‍රවාහයකි' යි ගණන් කරන්නට ලෙහෙසි නැත්තේ ය. එසේ නමුත් 'සංඛ්‍යාවකට ගිණිය නොහැකිය. පමණ කළ නොහැකිය. මහා පුණ්‍ය ස්කන්ධයක් ය' යන සංඛ්‍යාවයට ම යයි.

මහණෙනි, එය මෙබඳු දෙයකි. ගංගා, යමුනා, අචිරවතී, සරභූ, මහී යන පංච මහා ගංගාවෝ යම් තැනක එකතු වෙත් ද, එකට ගැලපී යත් ද, එහි ඇති ජලයෙහි ප්‍රමාණය 'දිය මනින බඳුනෙන් මෙපමණක් ඇත්තේ ය, මෙපමණ දිය බඳුන් සියයක් ඇත්තේ ය. මෙපමණ දිය බඳුන් දහසක් ඇත්තේ යැ' යි ගණන් කිරීම ඉතා දුෂ්කර දෙයකි. එසේ නමුත් 'සංඛ්‍යාවකට ගිණිය නොහැකිය. පමණ කළ නොහැකිය. මහා ජලස්කන්ධයක් ය' යන සංඛ්‍යාවයට ම යයි. එසෙයින් ම මහණෙනි, මේ සතරක් වූ පුණ්‍ය ප්‍රවාහයන්ගෙන්, කුසල ප්‍රවාහයන්ගෙන් යුක්ත වූ ආර්ය ශ්‍රාවකයාගේ පිනෙහි ප්‍රමාණය 'මෙපමණ සැපය ඇති කර දෙන පුණ්‍ය ප්‍රවාහයකි, කුසල ප්‍රවාහයකි' යි ගණන් කරන්නට ලෙහෙසි නැත්තේ ය. එසේ නමුත් 'සංඛ්‍යාවකට ගිණිය නොහැකිය. පමණ කළ නොහැකිය. මහා පුණ්‍ය ස්කන්ධයක් ය' යන සංඛ්‍යාවයට ම යයි.

භාග්‍යවතුන් වහන්සේ මෙය වදාළ සේක. මෙය වදාළ සුගත වූ ශාස්තෘන් වහන්සේ මෙය ද වදාළ සේක.

මහෝදධිං අපරිමිතං මහාසරං
බහුභේරවං රතනගණානමාලයං
නජ්ජෝ යථා නරගණසංඝසේවිතා
පුථූ සවන්ති උපයන්ති සාගරං

මහත් ජලස්කන්ධයක් ඇති, ප්‍රමාණ කළ නොහැකි වූ මහා
ගංගාවන්ගේ එක්වීම ඇති, ඉතා බිහිසුණු, රත්න සමූහයාගේ
වාසස්ථානය වූ මහා සාගරයට මනුෂ්‍ය සමූහයා විසින් සේවනය
කරන ලද බොහෝ ගංගාවෝ යම් සේ ගලා බසිත් ද,

ඒවං නරං අන්නදපානවත්ථදං
සෙය්‍යානිසජ්ජත්ථරණස්ස දායකං
පුඤ්ඤස්ස ධාරා උපයන්ති පණ්ඩිතං
නජ්ජෝ යථා වාරිවහාව සාගරන්'ති

එසෙයින් ම ආහාරපාන වස්ත්‍ර ආදිය දන් දෙන්නා වූ, සෙනසුන් ඇතිරිලි ආදිය දන් දෙන්නා වූ, නුවණැති මිනිසා කරා දිය රැගෙන නදීන් මහා සයුර වෙත පැමිණෙන සෙයින් ඔහු වෙත පුණ්‍ය ධාරාවෝ පැමිණෙති.

සාදු! සාදු!! සාදු!!!

දුතිය අසංඛෙය්‍ය සූත්‍රය නිමා විය.

11.5.3.
තතිය අසංඛෙය්‍ය සූත්‍රය
සංඛ්‍යාවකට ගිණිය නොහැකි දේ ගැන වදාළ තෙවෙනි දෙසුම

මහණෙනි, සැපය ඇතිකර දෙන්නා වූ මේ පුණ්‍යප්‍රවාහයෝ, කුසල ප්‍රවාහයෝ සතරකි. ඒ කවර සතරක් ද යත්;

මහණෙනි, මෙහිලා ආර්ය ශ්‍රාවක තෙමේ බුදුරජුන් කෙරෙහි නිසැක බවට පැමිණ නොසෙල්වෙන පැහැදීමෙන් යුක්ත වෙයි. එනම්, 'ඒ භාග්‍යවතුන් වහන්සේ මෙසේ ත් අරහං වන සේක. ....(පෙ).... සත්ථා දේවමනුස්සානං වන සේක. බුද්ධ වන සේක. භගවා වන සේක' යනුවෙනි. මෙය සැපය ඇති කර දෙන්නා වූ පළමුවෙනි පුණ්‍යප්‍රවාහය යි; කුසල ප්‍රවාහය යි.

තව ද මහණෙනි, ආර්ය ශ්‍රාවක තෙමේ ධර්මය කෙරෙහි නොසෙල්වෙන පැහැදීමෙන් යුක්ත වෙයි. එනම්, 'භාග්‍යවතුන් වහන්සේ විසින් මැනැවින් වදාරණ ලද ධර්මය ඇත්තේ ය. ....(පෙ).... නුවණැත්තන් විසින් තම තම නැණ පමණින් දත යුත්තේ ය' යනුවෙනි. මෙය සැපය ඇති කර දෙන්නා වූ දෙවෙනි පුණ්‍යප්‍රවාහය යි; කුසල ප්‍රවාහය යි.

තව ද මහණෙනි, ආර්ය ශ්‍රාවක තෙමේ සංඝයා කෙරෙහි නොසෙල්වෙන පැහැදීමෙන් යුක්ත වෙයි. භාග්‍යවතුන් වහන්සේගේ ශ්‍රාවක සංඝ තෙමේ

සුපටිපන්න වෙයි. ....(පෙ).... ලෝකයාගේ අනුත්තර පින්කෙත වෙයි.' යනුවෙනි. මෙය සැපය ඇති කර දෙන්නා වූ තෙවෙනි පුණ්‍යප්‍රවාහය යි; කුසල ප්‍රවාහයයි.

තව ද මහණෙනි, ආර්ය ශ්‍රාවක තෙමේ ප්‍රඥාවන්ත වෙයි. ආර්ය වූ කලකිරීමට නිසි තියුණු අවබෝධය ඇතිකර දෙන, මැනැවින් දුක් ක්ෂය වී යෑමට හේතුවන හටගැනීම නැතිවීම දකිනා ප්‍රඥාවෙන් යුක්ත වෙයි. මෙය සැපය ඇති කර දෙන්නා වූ සිව්වෙනි පුණ්‍යප්‍රවාහය යි; කුසල ප්‍රවාහය යි.

මහණෙනි, මේ වනාහී සැපය ඇතිකර දෙන්නා වූ සතරක් වූ පුණ්‍යප්‍රවාහයෝ ය; කුසල ප්‍රවාහයෝ ය.

මහණෙනි, මේ සතරක් වූ පුණ්‍ය ප්‍රවාහයන්ගෙන්, කුසල ප්‍රවාහයන්ගෙන් යුක්ත වූ ආර්ය ශ්‍රාවකයාගේ පිනෙහි ප්‍රමාණය 'මෙපමණ සැපය ඇති කර දෙන පුණ්‍ය ප්‍රවාහයකි, කුසල ප්‍රවාහයකි' යි ගණන් කරන්නට ලෙහෙසි නැත්තේ ය. එසේ නමුත් 'සංඛ්‍යාවකට ගිණිය නොහැකිය. පමණ කළ නොහැකිය. මහා පුණ්‍ය ස්කන්ධයක් ය' යන සංඛ්‍යාවයට ම යයි.

භාග්‍යවතුන් වහන්සේ මෙය වදාළ සේක. මෙය වදාළ සුගත වූ ශාස්තෘන් වහන්සේ මෙය ද වදාළ සේක.

යමෙක් පින් කැමැති ව, කුසලයෙහි පිහිටියේ අමා නිවනට
පැමිණෙනු පිණිස මාර්ගය වඩයි ද, ඔහු ධර්මයෙහි හරය සාක්ෂාත්
කළේ, ආශ්‍රවයන් ක්ෂය කිරීමෙහි ඇලුණේ, මාරයා පැමිණෙන්නේ
යැයි නොසැළෙයි.

සාදු! සාදු!! සාදු!!!

තතිය අසංඛෙය්‍ය සූත්‍රය නිමා විය.

11.5.4.
අඩ්ඪ සූත්‍රය
ආඪ්‍ය වීම ගැන වදාළ දෙසුම

මහණෙනි, සතර ධර්මයකින් සමන්විත වූ ආර්ය ශ්‍රාවකයා ආඪ්‍ය වූයේ, මහත් ධනය ඇත්තේ, මහත් භෝග ඇත්තේ යැයි කියනු ලැබේ. ඒ කවර සතර ධර්මයකින් ද යත්;

මහණෙනි, මෙහිලා ආර්ය ශ්‍රාවක තෙමේ බුදුරජුන් කෙරෙහි නිසැක බවට පැමිණ නොසෙල්වෙන පැහැදීමෙන් යුක්ත වෙයි. එනම්, 'ඒ භාග්‍යවතුන් වහන්සේ මෙසේ ත් අරහං වන සේක. ....(පෙ).... සත්ථා දේවමනුස්සානං වන සේක. බුද්ධ වන සේක. භගවා වන සේක' යනුවෙනි. ධර්මය කෙරෙහි ....(පෙ).... සංඝයා කෙරෙහි නොසෙල්වෙන පැහැදීමෙන් යුක්ත වෙයි. භාග්‍යවතුන් වහන්සේගේ ශ්‍රාවක සංඝ තෙමේ සුපටිපන්න වෙයි. ....(පෙ).... ලෝකයාගේ අනුත්තර පින්කෙත වෙයි' යනුවෙනි. ආර්යකාන්ත සීලයකින් යුක්ත වෙයි. නොකැඩුණු, ...(පෙ).... සමාධිය පිණිස පවතින සීලයෙන් යුක්ත වෙයි.

මහණෙනි, මේ සතර ධර්මයෙන් සමන්විත වූ ආර්ය ශ්‍රාවකයා ආඪ්‍ය වූයේ, මහත් ධනය ඇත්තේ, මහත් භෝග ඇත්තේ යැයි කියනු ලැබේ.

සාදු! සාදු!! සාදු!!!

අඩ්ඩ සූත්‍රය නිමා විය.

11.5.5.
දුතිය අඩ්ඩ සූත්‍රය
ආඪ්‍ය වීම ගැන වදාළ දෙවෙනි දෙසුම

මහණෙනි, සතර ධර්මයකින් සමන්විත වූ ආර්ය ශ්‍රාවකයා ආඪ්‍ය වූයේ, මහත් ධනය ඇත්තේ, මහත් භෝග ඇත්තේ, මහත් යස පිරිවර ඇත්තේ යැයි කියනු ලැබේ. ඒ කවර සතර ධර්මයකින් ද යත්;

මහණෙනි, මෙහිලා ආර්ය ශ්‍රාවක තෙමේ බුදුරජුන් කෙරෙහි නිසැක බවට පැමිණ නොසෙල්වෙන පැහැදීමෙන් යුක්ත වෙයි. එනම්, 'ඒ භාග්‍යවතුන් වහන්සේ මෙසේ ත් අරහං වන සේක. ....(පෙ).... සත්ථා දේවමනුස්සානං වන සේක. බුද්ධ වන සේක. භගවා වන සේක' යනුවෙනි. ධර්මය කෙරෙහි ....(පෙ).... සංඝයා කෙරෙහි නොසෙල්වෙන පැහැදීමෙන් යුක්ත වෙයි. භාග්‍යවතුන් වහන්සේගේ ශ්‍රාවක සංඝ තෙමේ සුපටිපන්න වෙයි. ....(පෙ).... ලෝකයාගේ අනුත්තර පින්කෙත වෙයි' යනුවෙනි. ආර්යකාන්ත සීලයකින් යුක්ත වෙයි. නොකැඩුණු, ...(පෙ).... සමාධිය පිණිස පවතින සීලයෙන් යුක්ත වෙයි.

මහණෙනි, මේ සතර ධර්මයෙන් සමන්විත වූ ආර්ය ශ්‍රාවකයා ආඪ්‍ය වූයේ, මහත් ධනය ඇත්තේ, මහත් භෝග ඇත්තේ, මහත් යස පිරිවර ඇත්තේ

යැයි කියනු ලැබේ.

සාදු! සාදු!! සාදු!!!

දුතිය අඩ්ඪ සූත්‍රය නිමා විය.

11.5.6.
සුද්ධක සූත්‍රය
පිරිසිදු වීම ගැන වදාළ දෙසුම

මහණෙනි, සතර ධර්මයකින් යුක්ත වූ ආර්ය ශ්‍රාවකයා සිව් අපායෙන් අත්මිදී නියත වශයෙන් නිවන පිහිට කොට සිටින සෝතාපන්න වූවෙකි. ඒ කවර සතර ධර්මයකින් ද යත්;

මහණෙනි, මෙහිලා ආර්ය ශ්‍රාවක තෙමේ බුදුරජුන් කෙරෙහි නිසැක බවට පැමිණ නොසෙල්වෙන පැහැදීමෙන් යුක්ත වෙයි. එනම්, 'ඒ භාග්‍යවතුන් වහන්සේ මෙසේ ත් අරහං වන සේක. ....(පෙ).... සත්ථා දේවමනුස්සානං වන සේක. බුද්ධ වන සේක. භගවා වන සේක' යනුවෙනි. ධර්මය කෙරෙහි ....(පෙ).... සංඝයා කෙරෙහි නොසෙල්වෙන පැහැදීමෙන් යුක්ත වෙයි. භාග්‍යවතුන් වහන්සේගේ ශ්‍රාවක සංඝ තෙමේ සුපටිපන්න වෙයි. ....(පෙ).... ලෝකයාගේ අනුත්තර පින්කෙත වෙයි' යනුවෙනි. ආර්යකාන්ත සීලයකින් යුක්ත වෙයි. නොකැඩුණු, ...(පෙ).... සමාධිය පිණිස පවතින සීලයෙන් යුක්ත වෙයි.

මහණෙනි, මේ සතර ධර්මයෙන් යුක්ත වූ ආර්ය ශ්‍රාවකයා සිව් අපායෙන් අත්මිදී නියත වශයෙන් නිවන පිහිට කොට සිටින සෝතාපන්න වූවෙකි.

සාදු! සාදු!! සාදු!!!

සුද්ධක සූත්‍රය නිමා විය.

11.5.7.
නන්දිය සූත්‍රය
නන්දිය ශාක්‍යයාට වදාළ දෙසුම

එක් සමයෙක්හි භාග්‍යවතුන් වහන්සේ ශාක්‍ය ජනපදයෙහි කපිලවස්තුවෙහි නිග්‍රෝධාරාමයෙහි වැඩවසන සේක. එකල්හී නන්දිය ශාක්‍ය තෙමේ භාග්‍යවතුන් වහන්සේ වෙත පැමිණියේ ය. ....(පෙ).... එකත්පස් ව හුන් නන්දිය ශාක්‍යයා හට භාග්‍යවතුන් වහන්සේ මෙය වදාළ සේක.

නන්දියෙනි, සතර ධර්මයකින් යුක්ත වූ ආර්ය ශ්‍රාවකයා සිව් අපායෙන් අත්මිදී නියත වශයෙන් නිවන පිහිට කොට සිටින සෝතාපන්න වූවෙකි. ඒ කවර සතර ධර්මයකින් ද යත්;

නන්දියෙනි, මෙහිලා ආර්ය ශ්‍රාවක තෙමේ බුදුරජුන් කෙරෙහි නිසැක බවට පැමිණ නොසෙල්වෙන පැහැදීමෙන් යුක්ත වෙයි. එනම්, 'ඒ භාග්‍යවතුන් වහන්සේ මෙසේ ත් අරහං වන සේක. ....(පෙ).... සත්ථා දේවමනුස්සානං වන සේක. බුද්ධ වන සේක. භගවා වන සේක' යනුවෙනි. ධර්මය කෙරෙහි ....(පෙ).... සංඝයා කෙරෙහි නොසෙල්වෙන පැහැදීමෙන් යුක්ත වෙයි. භාග්‍යවතුන් වහන්සේගේ ශ්‍රාවක සංඝ තෙමේ සුපටිපන්න වෙයි. ....(පෙ).... ලෝකයාගේ අනුත්තර පින්කෙත වෙයි' යනුවෙනි. ආර්යකාන්ත සීලයකින් යුක්ත වෙයි. නොකැඩුණු, ...(පෙ).... සමාධිය පිණිස පවතින සීලයෙන් යුක්ත වෙයි.

නන්දියෙනි, මේ සතර ධර්මයෙන් යුක්ත වූ ආර්ය ශ්‍රාවකයා සිව් අපායෙන් අත්මිදී නියත වශයෙන් නිවන පිහිට කොට සිටින සෝතාපන්න වූවෙකි.

සාදු! සාදු!! සාදු!!!

නන්දිය සූත්‍රය නිමා විය.

11.5.8.
භද්දිය සූත්‍රය
භද්දිය ශාක්‍යයාට වදාළ දෙසුම

එක් සමයෙක්හි භාග්‍යවතුන් වහන්සේ ශාක්‍ය ජනපදයෙහි කපිලවස්තුවෙහි නිග්‍රෝධාරාමයෙහි වැඩවසන සේක. එකල්හී භද්දිය ශාක්‍ය තෙමේ භාග්‍යවතුන් වහන්සේ වෙත පැමිණියේ ය. ....(පෙ).... එකත්පස් ව හුන් භද්දිය ශාක්‍යයා හට භාග්‍යවතුන් වහන්සේ මෙය වදාළ සේක.

භද්දියෙනි, සතර ධර්මයකින් යුක්ත වූ ආර්ය ශ්‍රාවකයා සිව් අපායෙන් අත්මිදී නියත වශයෙන් නිවන පිහිට කොට සිටින සෝතාපන්න වූවෙකි. ඒ කවර සතර ධර්මයකින් ද යත්;

භද්දියෙනි, මෙහිලා ආර්ය ශ්‍රාවක තෙමේ බුදුරජුන් කෙරෙහි නිසැක බවට පැමිණ නොසෙල්වෙන පැහැදීමෙන් යුක්ත වෙයි. එනම්, 'ඒ භාග්‍යවතුන් වහන්සේ මෙසේ ත් අරහං වන සේක. ....(පෙ).... සත්ථා දේවමනුස්සානං වන සේක. බුද්ධ වන සේක. භගවා වන සේක' යනුවෙනි. ධර්මය කෙරෙහි ....(පෙ).... සංඝයා කෙරෙහි නොසෙල්වෙන පැහැදීමෙන් යුක්ත වෙයි. භාග්‍යවතුන් වහන්සේගේ ශ්‍රාවක සංඝ තෙමේ සුපටිපන්න වෙයි. ....(පෙ).... ලෝකයාගේ අනුත්තර පින්කෙත වෙයි' යනුවෙනි. ආර්යකාන්ත සීලයකින් යුක්ත වෙයි. නොකැඩුණු, ...(පෙ).... සමාධිය පිණිස පවතින සීලයෙන් යුක්ත වෙයි.

භද්දියෙනි, මේ සතර ධර්මයෙන් යුක්ත වූ ආර්ය ශ්‍රාවකයා සිව් අපායෙන් අත්මිදී නියත වශයෙන් නිවන පිහිට කොට සිටින සෝතාපන්න වූවෙකි.

සාදු! සාදු!! සාදු!!!

භද්දිය සූත්‍රය නිමා විය.

11.5.9.
මහානාම සූත්‍රය
මහානාම ශාක්‍යයාට වදාළ දෙසුම

එක් සමයෙක්හි භාග්‍යවතුන් වහන්සේ ශාක්‍ය ජනපදයෙහි කපිලවස්තුවෙහි නිග්‍රෝධාරාමයෙහි වැඩවසන සේක. එකල්හී මහානාම ශාක්‍ය තෙමේ භාග්‍යවතුන් වහන්සේ වෙත පැමිණියේ ය. ....(පෙ).... එකත්පස් ව හුන් මහානාම ශාක්‍යයා හට භාග්‍යවතුන් වහන්සේ මෙය වදාළ සේක.

මහානාමයෙනි, සතර ධර්මයකින් යුක්ත වූ ආර්ය ශ්‍රාවකයා සිව් අපායෙන් අත්මිදී නියත වශයෙන් නිවන පිහිට කොට සිටින සෝතාපන්න වූවෙකි. ඒ කවර සතර ධර්මයකින් ද යත්;

මහානාමයෙනි, මෙහිලා ආර්ය ශ්‍රාවක තෙමේ බුදුරජුන් කෙරෙහි නිසැක බවට පැමිණ නොසෙල්වෙන පැහැදීමෙන් යුක්ත වෙයි. එනම්, 'ඒ භාග්‍යවතුන් වහන්සේ මෙසේ ත් අරහං වන සේක. ....(පෙ).... සත්ථා දේවමනුස්සානං වන සේක. බුද්ධ වන සේක. භගවා වන සේක' යනුවෙනි. ධර්මය කෙරෙහි ....(පෙ).... සංඝයා කෙරෙහි නොසෙල්වෙන පැහැදීමෙන් යුක්ත වෙයි. භාග්‍යවතුන් වහන්සේගේ ශ්‍රාවක සංඝ තෙමේ සුපටිපන්න වෙයි. ....(පෙ).... ලෝකයාගේ අනුත්තර පින්කෙත වෙයි' යනුවෙනි. ආර්යකාන්ත සීලයකින් යුක්ත වෙයි. නොකැඩුණු, ...(පෙ).... සමාධිය පිණිස පවතින සීලයෙන් යුක්ත වෙයි.

මහානාමයෙනි, මේ සතර ධර්මයෙන් යුක්ත වූ ආර්ය ශ්‍රාවකයා සිව් අපායෙන් අත්මිදී නියත වශයෙන් නිවන පිහිට කොට සිටින සෝතාපන්න වූවෙකි.

සාදු! සාදු!! සාදු!!!

මහානාම සූත්‍රය නිමා විය.

11.5.10.

අංග සූත්‍රය

සෝතාපත්ති අංග ගැන වදාළ දෙසුම

මහණෙනි, මේ සෝතාපත්ති අංග සතරකි. ඒ කවර සතරක් ද යත්; සත්පුරුෂයන් ඇසුරු කිරීම ය. සද්ධර්ම ශ්‍රවණය ය. යෝනිසෝ මනසිකාරය ය. ධර්මානුධර්ම ප්‍රතිපදාව ය. මහණෙනි, මේ වනාහී සතරක් වූ සෝතාපත්ති අංගයෝ ය.

සාදු! සාදු!! සාදු!!!

අංග සූත්‍රය නිමා විය.

පස්වෙනි සගාථපුඤ්ඤාභිසන්ද වර්ගය අවසන් විය.

● එහි පිළිවෙල උද්දානයයි :

අසංඛෙය්‍ය සූත්‍ර තුන, අඩ්ඪ සූත්‍ර දෙක, සුද්ධක සූත්‍රය, නන්දිය සූත්‍රය, භද්දිය සූත්‍රය, මහානාම සූත්‍රය සහ අංග සූත්‍රය වශයෙන් සූත්‍ර දසයකි.

6. සප්පඤ්ඤ වර්ගය

11.6.1.
සගාථක සූත්‍රය
ගාථා සහිත ව වදාළ දෙසුම

මහණෙනි, සතර ධර්මයකින් යුක්ත වූ ආර්ය ශ්‍රාවකයා සිව් අපායෙන් අත්මිදී නියත වශයෙන් නිවන පිහිට කොට සිටින සෝතාපන්න වූවෙකි. ඒ කවර සතර ධර්මයකින් ද යත්;

මහණෙනි, මෙහිලා ආර්ය ශ්‍රාවක තෙමේ බුදුරජුන් කෙරෙහි නිසැක බවට පැමිණි නොසෙල්වෙන පැහැදීමෙන් යුක්ත වෙයි. එනම්, 'ඒ භාග්‍යවතුන් වහන්සේ මෙසේ ත් අරහං වන සේක. ....(පෙ).... සත්ථා දේවමනුස්සානං වන සේක. බුද්ධ වන සේක. භගවා වන සේක' යනුවෙනි. ධර්මය කෙරෙහි ....(පෙ).... සංඝයා කෙරෙහි නොසෙල්වෙන පැහැදීමෙන් යුක්ත වෙයි. භාග්‍යවතුන් වහන්සේගේ ශ්‍රාවක සංඝ තෙමේ සුපටිපන්න වෙයි. ....(පෙ).... ලෝකයාගේ අනුත්තර පින්කෙත වෙයි' යනුවෙනි. ආර්යකාන්ත සීලයකින් යුක්ත වෙයි. නොකැඩුණු, ...(පෙ).... සමාධිය පිණිස පවතින සීලයෙන් යුක්ත වෙයි.

මහණෙයෙනි, මේ සතර ධර්මයෙන් යුක්ත වූ ආර්ය ශ්‍රාවකයා සිව් අපායෙන් අත්මිදී නියත වශයෙන් නිවන පිහිට කොට සිටින සෝතාපන්න වූවෙකි.

භාග්‍යවතුන් වහන්සේ මෙය වදාළ සේක. මෙය වදාළ සුගත වූ ශාස්තෘන් වහන්සේ යළි මෙය ද වදාළ සේක.

යස්ස සද්ධා තථාගතේ - අචලා සුප්පතිට්ඨිතා
සීලං ච යස්ස කල්‍යාණං - අරියකන්තං පසංසිතං

යමෙකු තුළ තථාගතයන් වහන්සේ කෙරෙහි නොසෙල්වෙන
ශ්‍රද්ධාවක් මැනැවින් පිහිටා ඇද්ද, සත්පුරුෂයන්ගේ ප්‍රශංසාවට

බඳුන් වන කල්‍යාණ වූ ආර්යකාන්ත සීලයක් යමෙකුට ඇද්ද,

සංඝේ පසාදො යස්සත්ථි - උජුභූතං ච දස්සනං
අදළිද්දෝ’ති තං ආහු - අමෝඝං තස්ස ජීවිතං

යමෙකු තුළ ආර්ය සංඝයා කෙරෙහි ප්‍රසාදයක් ඇද්ද, ඍජු වූ දහම් දැක්මක් ඇද්ද, ඔහු නොදිළින්දෙකි යි කියති. ඔහුගේ ජීවිතය හිස් නැත.

තස්මා සද්ධං ච සීලං ච - පසාදං ධම්මදස්සනං
අනුයුඤ්ජේථ මේධාවි - සරං බුද්ධානසාසනං

එහෙයින් සොඳුරු ප්‍රඥා ඇති කෙනා බුදුරජුන්ගේ අනුශාසනාව සිහි කරමින් ශ්‍රද්ධාව ත්, සීලය ත්, සංඝයා කෙරෙහි පැහැදීම ත්, දහම් දැකීම ත් යන කරුණුවල නිතර යෙදෙන්නේ ය.”

සාදු! සාදු!! සාදු!!!

සගාථක සූත්‍රය නිමා විය.

11.6.2.
වස්සංවුත්ථ සූත්‍රය
වස් වැසූ භික්ෂුව විසින් වදාළ දෙසුම

එසමයෙහි එක්තරා භික්ෂුවක් සැවැත් නුවර වස් වැස කිසියම් කරුණක් වෙනුවෙන් කපිලවස්තුවට පැමිණියේ වෙයි. කපිලවස්තුවාසී ශාක්‍යයෝ ‘සැවැත් නුවර වස් වැසූ එක්තරා භික්ෂුවක් කපිලවස්තුවට පැමිණියේ ලු’ යි ඇසූහ. ඉක්බිති කපිලවස්තු වැසි ශාක්‍යයෝ ඒ භික්ෂුව කරා එළැඹියහ. එළැඹ ඒ භික්ෂුවට සකසා වන්දනා කොට එකත්පස් ව හිඳගත්හ. එකත්පස් ව හුන් කපිලවස්තුවැසි ශාක්‍යයෝ ඒ භික්ෂුවට මෙය පැවසූහ.

“කිම? ස්වාමීනී, භාග්‍යවතුන් වහන්සේ නීරෝග සේක් ද? කාය බලයෙන් යුතු සේක් ද?”

“ඇවැත්නි, භාග්‍යවතුන් වහන්සේ නීරෝග සේක. කාය බලයෙන් යුතු සේක.”

"කිම? ස්වාමීනී, සාරිපුත්ත මොග්ගල්ලානයන් වහන්සේලා නීරෝග සේක් ද? කාය බලයෙන් යුතු සේක් ද?"

"ඇවැත්නි, සාරිපුත්ත මොග්ගල්ලානයන් වහන්සේලා ද නීරෝග සේක. කාය බලයෙන් යුතු සේක."

"කිම? ස්වාමීනි, භික්ෂු සංඝ තෙමේ ත් නීරෝග වෙයි ද? කාය බල ඇත්තේ වෙයි ද?"

"ඇවැත්නි, භික්ෂු සංඝ තෙමේ ත් නීරෝග වෙයි. කාය බල ඇත්තේ ද වෙයි."

"ස්වාමීනි, මේ වස් වැසූ කාලය තුළ දී භාග්‍යවතුන් වහන්සේ ඉදිරියෙහි අසන ලද, ඉදිරියෙහි පිළිගන්නා ලද, කිසියම් කරුණක් ඇත්තේ ද?"

"ඇවැත්නි, මා විසින් භාග්‍යවතුන් වහන්සේ ඉදිරියෙහි අසන ලද, ඉදිරියෙහි පිළිගන්නා ලද මෙකරුණ ඇත්තේ ය.

එනම්, 'මහණෙනි, යම් ඒ භික්ෂූහු ආශ්‍රවයන් ක්ෂය කිරීමෙන් අනාශ්‍රව වූ චිත්ත විමුක්තිය ත්, ප්‍රඥා විමුක්තිය ත්, මෙලොව දී ම ස්වකීය විශිෂ්ට ඥානයෙන් සාක්ෂාත් කොට පැමිණ වාසය කරත් නම්, ඒ භික්ෂූහු අල්ප වෙති. නමුත් යම් භික්ෂූහු පංච ඕරම්භාගිය සංයෝජනයන් ගෙවා දැමීමෙන් සුද්ධාවාස බඹලොවෙහි ඕපපාතික ව ඉපිද එලොවින් මෙලොවට නැවත හැරී නොඑන සුළු ව එහිම පිරිනිවන්පාන සුළු වූවාහු වෙත් නම්, ඒ භික්ෂූහු ම ඉතා බොහෝ ය.

ඇවැත්නි, මා විසින් භාග්‍යවතුන් වහන්සේ ඉදිරියෙහි අසන ලද, භාග්‍යවතුන් වහන්සේ ඉදිරියෙහි පිළිගන්නා ලද තව කරුණකුත් ඇත්තේ ය.

මහණෙනි, යම් භික්ෂූහු පංච ඕරම්භාගිය සංයෝජනයන් ගෙවා දැමීමෙන් සුද්ධාවාස බඹලොවෙහි ඕපපාතික ව ඉපිද එලොවින් මෙලොවට නැවත හැරී නොඑන සුළු ව එහිම පිරිනිවන්පාන සුළු වූවාහු වෙත් නම්, ඒ භික්ෂූහු අල්පයකි. නමුත් යම් භික්ෂූහු සංයෝජන තුනක් ගෙවා දැමීමෙන් රාග, ද්වේෂ, මෝහයන්ගේ තුනී වීමෙන් සකදාගාමී වෙත් ද, එක් වරක් පමණක් මෙලොවට පැමිණ දුක් කෙළවර කරන්නාහු නම්, ඒ භික්ෂූහු ම ඉතා බොහෝ ය.

ඇවැත්නි, මා විසින් භාග්‍යවතුන් වහන්සේ ඉදිරියෙහි අසන ලද, භාග්‍යවතුන් වහන්සේ ඉදිරියෙහි පිළිගන්නා ලද තව කරුණකුත් ඇත්තේ ය.

මහණෙනි, යම් භික්ෂූහු සංයෝජන තුනක් ගෙවා දැමීමෙන් රාග, ද්වේෂ, මෝහයන්ගේ තුනී වීමෙන් සකදාගාමී වෙත් ද, එක් වරක් පමණක් මෙලොවට පැමිණ දුක් කෙළවර කරන්නාහු නම්, ඒ භික්ෂූහු අල්පයකි. නමුත් යම් භික්ෂූහු සංයෝජන තුනක් ක්ෂය කිරීමෙන් සතර අපායෙන් මිදී නියත වශයෙන් නිවන පිහිට කොට ඇති සෝතාපන්න වූවාහු වෙත් නම්, ඒ භික්ෂූහු ම ඉතා බොහෝ ය' යි.

සාදු! සාදු!! සාදු!!!

වස්සංවුත්ථ සූත්‍රය නිමා විය.

11.6.3.
ධම්මදින්න සූත්‍රය
ධම්මදින්න උපාසකට වදාළ දෙසුම

එක් සමයෙක්හි භාග්‍යවතුන් වහන්සේ බරණැස ඉසිපතන මිගදායෙහි වැඩවසන සේක. එකල්හී ධම්මදින්න උපාසක තෙමේ පන්සියයක් උපාසකවරුන් සමඟ භාග්‍යවතුන් වහන්සේ වෙත එළැඹියේ ය. එළැඹ භාග්‍යවතුන් වහන්සේට සකසා වන්දනා කොට එකත්පස් ව හිඳගත්තේ ය. එකත්පස් ව හුන් ධම්මදින්න උපාසක තෙමේ භාග්‍යවතුන් වහන්සේට මෙය පැවසුවේ ය.

"ස්වාමීනී, අපට යමක් බොහෝ කල් හිතසුව පිණිස පවතියි ද, භාග්‍යවතුන් වහන්සේ අපට අවවාද කරන සේක්වා! ස්වාමීනී, භාග්‍යවතුන් වහන්සේ අපට අනුශාසනා කරන සේක්වා!"

"එසේ වී නම් ධම්මදින්නයෙනි, ඔබ විසින් මෙසේ හික්මිය යුත්තේ ය. 'තථාගතයන් වහන්සේ විසින් වදාරණ ලද ගැඹුරු වූ, ගැඹුරු අර්ථ ඇති ලොව්තුරු වූ, ශූන්‍යතාවයෙන් යුක්ත වූ යම් ඒ සූත්‍ර දේශනාවෝ වෙත් ද, ඒවා කලින් කල අවබෝධ කොට වසන්නෙමු' යි ධම්මදින්නයෙනි, ඔබ විසින් හික්මිය යුත්තේ ඔය අයුරිනි."

"ස්වාමීනී, දරුවන්ගේ කරදර මැද නිදන, කසී සඳුන් ඇඟ ගල්වන, මල් සුවඳ විලවුන් දරණ, රන් රිදී පරිහරණය කරන, අප විසින් තථාගතයන් වහන්සේ විසින් වදාරණ ලද ගැඹුරු වූ, ගැඹුරු අර්ථ ඇති ලොව්තුරු වූ, ශූන්‍යතාවයෙන්

යුක්ත වූ යම් ඒ සූත්‍ර දේශනාවෝ වෙත් ද, ඒවා කලින් කල අවබෝධ කොට වාසය කරන්නට පහසු නැත්තේ ය. ස්වාමීනී, භාග්‍යවතුන් වහන්සේ පංච ශීලය මත පිහිටි ඒ අපට එයට වඩා උසස් වූ ධර්මයක් දේශනා කරන සේක්වා!"

"එසේ වී නම් ධම්මදින්නයෙනි, ඔබ මෙසේ හික්මිය යුත්තේ ය. 'අපි බුදුරජුන් කෙරෙහි නොසෙල්වෙන පැහැදීමෙන් යුක්ත වන්නෙමු. 'මෙසේ ත් ඒ භාග්‍යවතුන් වහන්සේ ....(පෙ).... දෙව් මිනිසුන්ගේ ශාස්තෘන් වහන්සේ වන සේක. බුද්ධ වන සේක. භගවා වන සේක' යනුවෙනි. ධර්මය කෙරෙහි ....(පෙ).... සංඝයා කෙරෙහි ....(පෙ).... නොකැඩුණු සිල්පද ඇති ව ....(පෙ).... සමාධිය පිණිස පවතින්නා වූ සිල්පද ඇති ව, ආර්යකාන්ත සීලයෙන් සමන්විත වන්නෙමු' යි, ධම්මදින්නයෙනි, ඔබ විසින් මෙසේ හික්මිය යුත්තේ ය."

"ස්වාමීනී, භාග්‍යවතුන් වහන්සේ විසින් යම් මේ සතරක් වූ සෝතාපත්ති අංගයෝ වදාරණ ලද්දාහු ද, ඒ ධර්මයෝ අප තුළ ඇත්තාහු ය. ස්වාමීනී, අපි ද, ඒ ධර්මයන් තුළ සිටිනු දකිමු. ස්වාමීනී, අපි වනාහී බුදුරජුන් කෙරෙහි නිසැක බවට පැමිණ නොසෙල්වෙන පැහැදීමෙන් යුක්ත වෙමු. එනම්, 'ඒ භාග්‍යවතුන් වහන්සේ මෙසේ ත් අරහං වන සේක. ....(පෙ).... සත්ථා දේවමනුස්සානං වන සේක. බුද්ධ වන සේක. භගවා වන සේක' යනුවෙනි. ධර්මය කෙරෙහි ....(පෙ).... සංඝයා කෙරෙහි ....(පෙ).... නොකැඩුණු සිල්පද ඇති ව ....(පෙ).... සමාධිය පිණිස පවතින්නා වූ සිල්පද ඇති ව, ආර්යකාන්ත සීලයෙන් සමන්විත වෙමු."

"ධම්මදින්නයෙනි, ඔබට ලාභයකි! ධම්මදින්නයෙනි, ඔබට ඉතා යහපත් ලාභයකි! ධම්මදින්නයෙනි, ඔබ විසින් සෝවාන් ඵලය පවසන ලද්දේ ය!"

සාදු! සාදු!! සාදු!!!

ධම්මදින්න සූත්‍රය නිමා විය.

11.6.4.
ගිලාන සූත්‍රය
ගිලන් කෙනාට උපදෙස් දෙන අයුරු ගැන වදාළ දෙසුම

එක් සමයෙක්හි භාග්‍යවතුන් වහන්සේ ශාක්‍ය ජනපදයෙහි කපිලවස්තුවෙහි නිග්‍රෝධාරාමයෙහි වැඩවසන සේක. එසමයෙහි බොහෝ භික්ෂූහු භාග්‍යවතුන්

වහන්සේගේ සිවුර සැකසීම කරති. 'නිමවන ලද සිවුරු ඇති භාග්‍යවතුන් වහන්සේ තෙමසක් ඇවෑමෙන් චාරිකාවේ වඩින සේකැ'යි කියා ය. මහානාම ශාක්‍ය තෙමේ බොහෝ භික්ෂූහු භාග්‍යවතුන් වහන්සේගේ සිවුරු නිමැවුම් කරන බව ත්, නිම වූ සිවුරු ඇති භාග්‍යවතුන් වහන්සේ තුන් මාසය ඇවෑමෙන් චාරිකාවෙහි වඩින සේක් ය යන කරුණ ත් ඇසුවේ ය.

එකල්හී මහානාම ශාක්‍ය තෙමේ භාග්‍යවතුන් වහන්සේ වෙත පැමිණියේ ය. පැමිණ භාග්‍යවතුන් වහන්සේට සකසා වන්දනා කොට එකත්පස් ව හිඳගත්තේ ය. එකත්පස් ව හුන් මහානාම ශාක්‍ය තෙමේ භාග්‍යවතුන් වහන්සේට මෙය පැවසුවේ ය.

"ස්වාමීනී, මා විසින් මෙය අසන ලද්දේ ය. 'බොහෝ භික්ෂූහු භාග්‍යවතුන් වහන්සේගේ සිවුරු සැකසීම කරත්ලු. භාග්‍යවතුන් වහන්සේ නිමවන ලද සිවුරු ඇති ව, තුන් මාසය ඇවෑමෙන් චාරිකාවෙහි වඩින්නේලු' යි. ස්වාමීනී, මෙය මා විසින් භාග්‍යවතුන් වහන්සේගේ හමුවෙහි නොඅසන ලද්දේ ය. හමුවෙහි නොපිළිගන්නා ලද්දේ ය. එනම්, 'ප්‍රඥාවන්ත උපාසකයෙකු විසින් රෝගී වූ, කායික දුකට පත්, බොහෝ ගිලන් වූ ප්‍රඥාවන්ත උපාසකට අවවාද කළ යුත්තේ ය."

"මහානාමයෙනි, ප්‍රඥාවන්ත උපාසකයා විසින් රෝගී වූ, කායික දුකට පත්, බොහෝ ගිලන් වූ, ප්‍රඥාවන්ත උපාසක තෙමේ අස්වැසිල්ල ඇති කරදෙන සිව් ධර්මයකින් අස්වැසිය යුත්තේ ය. ඒ මෙසේ ය.

'ආයුෂ්මත, සැනසෙනු මැනැව. ආයුෂ්මතුන් තුළ බුදුරජුන් කෙරෙහි නොසෙල්වෙන ප්‍රසාදය ඇත්තේ ය. එනම්, 'මෙසේ ත් ඒ භාග්‍යවතුන් වහන්සේ ....(පෙ).... දෙව් මිනිසුන්ගේ ශාස්තෘන් වහන්සේ වන සේක. බුද්ධ වන සේක. භගවා වන සේක' යනුවෙනි. ආයුෂ්මත, සැනසෙනු මැනැව. ආයුෂ්මතුන් තුළ ධර්මය කෙරෙහි නොසෙල්වෙන ප්‍රසාදය ඇත්තේ ය. එනම්, 'භාග ‍්‍යවතුන් වහන්සේ විසින් මැනැවින් වදාරණ ලද ධර්මය ඇත්තේ ය. ....(පෙ).... නුවණැත්තන් විසින් තම තමන් තුළ දැක්ක යුත්තේ ය' යනුවෙනි. ආයුෂ්මත, සැනසෙනු මැනැව. ආයුෂ්මතුන් තුළ සංඝයා කෙරෙහි නොසෙල්වෙන ප්‍රසාදය ඇත්තේ ය. එනම්, 'භාග්‍යවතුන් වහන්සේගේ ශ්‍රාවක සංඝතෙමේ සුපටිපන්න වෙයි ....(පෙ).... ලොවට අනුත්තර පින්කෙත වෙයි' යනුවෙනි. ආයුෂ්මත, සැනසෙනු මැනැව. ආයුෂ්මතුන් තුළ නොකඩ වූ සිල්පද ඇති ....(පෙ).... සමාධිය පිණිස පවතින සිල්පද ඇති ආර්යකාන්ත සිල් ඇත්තේ ය.'

මහානාමයෙනි, ප්‍රඥාවන්ත උපාසකයා විසින් රෝගී වූ, කායික දුකට

පත්, බොහෝ ගිලන් වූ, ප්‍රඥාවන්ත උපාසක තෙමේ අස්වැසිල්ල ඇති කරදෙන මේ සතර ධර්මයෙන් අස්වසා, ඔහුට මෙසේ කිව යුත්තේ ය.

'ආයුෂ්මතුන්ට මව්පියන් පිළිබඳ ව අපේක්ෂාවක් ඇද්ද?' යි ඉදින් ඔහු මෙසේ කියයි නම්, 'මා තුළ මව්පියන් පිළිබඳ ව අපේක්ෂාවක් ඇත්තේ ය' යි. එවිට ඔහුට මෙසේ කිව යුත්තේ ය. 'ආයුෂ්මතුන් වනාහී මරණයට ළං ව සිටියි. මැරෙන ස්වභාවයට අයත් ය. ඉදින් ආයුෂ්මතුන් මව්පියන් කෙරෙහි අපේක්ෂාව කරන්නේ නමුත් මැරෙන්නේ ම ය. ඉදින් ආයුෂ්මතුන් මව්පියන් කෙරෙහි අපේක්ෂා නොකරන්නේ නමුත් මැරෙන්නේ ම ය. ඉදින් ආයුෂ්මතුන් තුළ මව්පියන් කෙරෙහි අපේක්ෂාවක් ඇත්නම්, එය අත්හරින්න.' ඉදින් ඔහු මෙසේ කියයි නම්, 'මව්පියන් පිළිබඳ මා තුළ යම් අපේක්ෂාවක් තිබුණේ ද, එය නැතිවී ගියේ ය' යි. එවිට ඔහු මෙසේ කිව යුත්තේ ය.

'ආයුෂ්මතුන්ට අඹුදරුවන් පිළිබඳ ව අපේක්ෂාවක් ඇද්ද?' යි. ඉදින් ඔහු මෙසේ කියයි නම්, 'මා තුළ අඹුදරුවන් පිළිබඳ ව අපේක්ෂාවක් ඇත්තේ ය' යි. එවිට ඔහුට මෙසේ කිව යුත්තේ ය. 'ආයුෂ්මතුන් වනාහී මරණයට ළං ව සිටියි. මැරෙන ස්වභාවයට අයත් ය. ඉදින් ආයුෂ්මතුන් අඹුදරුවන් කෙරෙහි අපේක්ෂාව කරන්නෙ නමුත් මැරෙන්නේ ම ය. ඉදින් ආයුෂ්මතුන් අඹුදරුවන් කෙරෙහි අපේක්ෂා නොකරන්නේ නමුත් මැරෙන්නේ ම ය. ඉදින් ආයුෂ්මතුන් තුළ අඹුදරුවන් කෙරෙහි අපේක්ෂාවක් ඇත්නම්, එය අත්හරින්න.' ඉදින් ඔහු මෙසේ කියයි නම්, 'අඹුදරුවන් පිළිබඳ මා තුළ යම් අපේක්ෂාවක් තිබුණේ ද, එය නැතිවී ගියේ ය' යි. එවිට ඔහුට මෙසේ කිව යුත්තේ ය.

'ආයුෂ්මතුන්ට මානුෂීය වූ පංචකාම ගුණයන් පිළිබඳ ව අපේක්ෂාවක් ඇද්ද?' යි. ඉදින් ඔහු මෙසේ කියයි නම්, 'මා තුළ මානුෂීය වූ පංචකාම ගුණයන් පිළිබඳ ව අපේක්ෂාවක් ඇත්තේ ය' යි. එවිට ඔහුට මෙසේ කිව යුත්තේ ය. 'ඇවැත්නි, දිව්‍ය කාමයෝ මනුෂ්‍ය කාමයන්ට වඩා අතිශයින් මනහර ද වෙති. ප්‍රණීතතර ද වෙති. ආයුෂ්මත් තෙමේ මනුෂ්‍ය කාමයන්ගෙන් සිත ඉවත් කොට චාතුම්මහාරාජික දෙවියන් කෙරෙහි සිත පිහිටුවාගන්නෙහි නම් මැනැවි' යි.

ඉදින් ඔහු මෙසේ කියන්නේ නම්, 'මා විසින් මිනිස් කාමයන්ගෙන් සිත ඉවත් කරගන්නා ලදී. චාතුම්මහාරාජික දෙවියන් තුළ සිත පිහිටුවාගන්නා ලද්දේ ය' යි. එවිට ඔහුට මෙසේ කිව යුත්තේ ය. 'ඇවැත්නි, තව්තිසා දෙවියෝ චාතුම්මහාරාජික දෙවියන්ට වඩා අතිශයින් මනහර ද වෙති. ප්‍රණීතතර ද වෙති. ආයුෂ්මත් තෙමේ චාතුම්මහාරාජික දෙව්ලොවින් සිත ඉවත් කොට තව්තිසා දෙව්ලොවෙහි සිත පිහිටුවා ගන්නෙහි නම් මැනැවි' යි.

ඉදින් ඔහු මෙසේ කියන්නේ නම්, 'මා විසින් චාතුම්මහාරාජික දෙව්ලොවින් සිත ඉවත් කරගන්නා ලදී. තව්තිසා දෙවියන් තුළ සිත පිහිටුවාග න්නා ලද්දේ ය' යි. එවිට ඔහුට මෙසේ කිව යුත්තේ ය. 'ඇවැත්නි, යාම දෙවියෝ තව්තිසා දෙවියන්ට වඩා අතිශයින් මනහර ද වෙති. ප්‍රණීතතර ද වෙති. ආයුෂ්මත් තෙමේ තව්තිසා දෙව්ලොවින් සිත ඉවත් කොට යාම දෙව්ලොවෙහි සිත පිහිටුවා ගන්නෙහි නම් මැනැවි' යි.

ඉදින් ඔහු මෙසේ කියන්නේ නම්, 'මා විසින් තව්තිසා දෙව්ලොවින් සිත ඉවත් කරගන්නා ලදී. යාම දෙවියන් තුළ සිත පිහිටුවාගන්නා ලද්දේ ය' යි. එවිට ඔහුට මෙසේ කිව යුත්තේ ය. 'ඇවැත්නි, තුසිත දෙවියෝ යාම දෙවියන්ට වඩා අතිශයින් මනහර ද වෙති. ප්‍රණීතතර ද වෙති. ආයුෂ්මත් තෙමේ යාම දෙව්ලොවින් සිත ඉවත් කොට තුසිත දෙව්ලොවෙහි සිත පිහිටුවා ගන්නෙහි නම් මැනැවි' යි.

ඉදින් ඔහු මෙසේ කියන්නේ නම්, 'මා විසින් යාම දෙව්ලොවින් සිත ඉවත් කරගන්නා ලදී. තුසිත දෙවියන් තුළ සිත පිහිටුවාගන්නා ලද්දේ ය' යි. එවිට ඔහුට මෙසේ කිව යුත්තේ ය. 'ඇවැත්නි, නිම්මාණරතී දෙවියෝ තුසිත දෙවියන්ට වඩා අතිශයින් මනහර ද වෙති. ප්‍රණීතතර ද වෙති. ආයුෂ්මත් තෙමේ තුසිත දෙව්ලොවින් සිත ඉවත් කොට නිම්මාණරතී දෙව්ලොවෙහි සිත පිහිටුවා ගන්නෙහි නම් මැනැවි' යි.

ඉදින් ඔහු මෙසේ කියන්නේ නම්, 'මා විසින් තුසිත දෙව්ලොවින් සිත ඉවත් කරගන්නා ලදී. නිම්මාණරතී දෙවියන් තුළ සිත පිහිටුවාගන්නා ලද්දේ ය' යි. එවිට ඔහුට මෙසේ කිව යුත්තේ ය. 'ඇවැත්නි, පරනිම්මිතවසවත්ති දෙවියෝ නිම්මාණරතී දෙවියන්ට වඩා අතිශයින් මනහර ද වෙති. ප්‍රණීතතර ද වෙති. ආයුෂ්මත් තෙමේ නිම්මාණරතී දෙව්ලොවින් සිත ඉවත් කොට පරනිම්මිත වසවත්ති දෙව්ලොවෙහි සිත පිහිටුවා ගන්නෙහි නම් මැනැවි' යි.

ඉදින් ඔහු මෙසේ කියන්නේ නම්, 'මා විසින් නිම්මාණරතී දෙව්ලොවින් සිත ඉවත් කරගන්නා ලදී. පරනිම්මිතවසවත්ති දෙවියන් තුළ සිත පිහිටුවාග න්නා ලද්දේ ය' යි. එවිට ඔහුට මෙසේ කිව යුත්තේ ය. 'ඇවැත්නි, බ්‍රහ්මලෝකය පරනිම්මිතවසවත්ති දෙවියන්ට වඩා අතිශයින් මනහර ද වෙති. ප්‍රණීතතර ද වෙති. ආයුෂ්මත් තෙමේ පරනිම්මිත වසවත්ති දෙව්ලොවින් සිත ඉවත් කොට බ්‍රහ්ම ලෝකයෙහි සිත පිහිටුවා ගන්නෙහි නම් මැනැවි' යි.

ඉදින් ඔහු මෙසේ කියන්නේ නම්, 'මා විසින් පරනිම්මිත වසවත්ති දෙව්ලොවින් සිත ඉවත් කරගන්නා ලදී. බ්‍රහ්මලෝකයෙහි සිත පිහිටුවාගන්නා

ලද්දේ ය' යි. එවිට ඔහුට මෙසේ කිව යුත්තේ ය. 'ඇවැත්නි, බ්‍රහ්මලෝකය ද අනිත්‍යය ය. අස්ථිරය ය. පංච උපාදානස්කන්ධයට අයත් ය. ආයුෂ්මතුන් බ්‍රහ්මලෝකයෙන් සිත ඉවත් කොට පංච උපාදානස්කන්ධය නිරුද්ධ වීම කෙරෙහි සිත යොමු කරන්නෙහි නම් මැනැවි' යි. ඉදින් ඔහු මෙසේ කියන්නේ නම්, 'මා විසින් සිත බ්‍රහ්ම ලෝකයෙන් ඉවත් කරගන්නා ලද්දේ ය. සක්කාය නිරෝධයෙහි සිත යොමු කරන ලද්දේ ය' යි.

මහානාමයෙනි, මෙසේ පංච උපාදානස්කන්ධයෙන් මිදුණු සිත් ඇති උපාසකගේ විමුක්තිය සියවසක් මුළුල්ලෙහි මිදුණු සිත් ඇති භික්ෂුවගේ විමුක්තිය හා සසඳා බලද්දී, යම් මේ විමුක්තියෙන් විමුක්තිය අතර කිසි වෙනසක් නොකියමි.

සාදු! සාදු!! සාදු!!!

ගිලාන සූත්‍රය නිමා විය.

11.6.5.
ඵල සූත්‍රය
ප්‍රතිඵල ගැන වදාළ දෙසුම

මහණෙනි, මේ සතරක් වූ ධර්මයෝ වැඩූ විට, බහුල ව ප්‍රගුණ කරගත් විට සෝවාන් ඵලය සාක්ෂාත් කිරීම පිණිස පවතියි. ඒ කවර සතරක් ද යත්; සත්පුරුෂයන් ඇසුරු කිරීම ය. සද්ධර්ම ශ්‍රවණය ය. යෝනිසෝ මනසිකාරය ය. ධර්මානුධර්ම ප්‍රතිපදාව ය. මහණෙනි, මේ වනාහී වැඩූ විට, බහුල ව ප්‍රගුණ කරගත් විට සෝවාන් ඵලය සාක්ෂාත් කිරීම පිණිස පවතින සතරක් වූ ධර්මයෝ ය.

සාදු! සාදු!! සාදු!!!

ඵල සූත්‍රය නිමා විය.

11.6.6.
දුතිය ඵල සූත්‍රය
ප්‍රතිඵල ගැන වදාළ දෙවෙනි දෙසුම

මහණෙනි, මේ සතරක් වූ ධර්මයෝ වැඩූ විට, බහුල ව ප්‍රගුණ කරගත් විට සකදාගාමී ඵලය සාක්‍ෂාත් කිරීම පිණිස පවතියි. ඒ කවර සතරක් ද යත්; සත්පුරුෂයන් ඇසුරු කිරීම ය. සද්ධර්ම ශ්‍රවණය ය. යෝනිසෝ මනසිකාරය ය. ධර්මානුධර්ම ප්‍රතිපදාව ය. මහණෙනි, මේ වනාහී වැඩූ විට, බහුල ව ප්‍රගුණ කරගත් විට සකදාගාමී ඵලය සාක්‍ෂාත් කිරීම පිණිස පවතින සතරක් වූ ධර්මයෝ ය.

සාදු! සාදු!! සාදු!!!

දුතිය ඵල සූත්‍රය නිමා විය.

11.6.7.
තතිය ඵල සූත්‍රය
ප්‍රතිඵල ගැන වදාළ තෙවෙනි දෙසුම

මහණෙනි, මේ සතරක් වූ ධර්මයෝ වැඩූ විට, බහුල ව ප්‍රගුණ කරගත් විට අනාගාමී ඵලය සාක්‍ෂාත් කිරීම පිණිස පවතියි. ඒ කවර සතරක් ද යත්; සත්පුරුෂයන් ඇසුරු කිරීම ය. සද්ධර්ම ශ්‍රවණය ය. යෝනිසෝ මනසිකාරය ය. ධර්මානුධර්ම ප්‍රතිපදාව ය. මහණෙනි, මේ වනාහී වැඩූ විට, බහුල ව ප්‍රගුණ කරගත් විට අනාගාමී ඵලය සාක්‍ෂාත් කිරීම පිණිස පවතින සතරක් වූ ධර්මයෝ ය.

සාදු! සාදු!! සාදු!!!

තතිය ඵල සූත්‍රය නිමා විය.

11.6.8.
චතුත්ථ ඵල සූත්‍රය
ප්‍රතිඵල ගැන වදාළ සිව්වෙනි දෙසුම

මහණෙනි, මේ සතරක් වූ ධර්මයෝ වැඩූ විට, බහුල ව ප්‍රගුණ කරගත් විට අරහත් ඵලය සාක්ෂාත් කිරීම පිණිස පවතියි. ඒ කවර සතරක් ද යත්; සත්පුරුෂයන් ඇසුරු කිරීම ය. සද්ධර්ම ශ්‍රවණය ය. යෝනිසෝ මනසිකාරය ය. ධර්මානුධර්ම ප්‍රතිපදාව ය. මහණෙනි, මේ වනාහී වැඩූ විට, බහුල ව ප්‍රගුණ කරගත් විට අරහත් ඵලය සාක්ෂාත් කිරීම පිණිස පවතින සතරක් වූ ධර්මයෝ ය.

සාදු! සාදු!! සාදු!!!

චතුත්ථ ඵල සූත්‍රය නිමා විය.

11.6.9.
පටිලාභ සූත්‍රය
ප්‍රඥා ප්‍රතිලාභය ගැන වදාළ දෙසුම

මහණෙනි, මේ සතරක් වූ ධර්මයෝ වැඩූ විට, බහුල ව ප්‍රගුණ කරගත් විට ප්‍රඥා ප්‍රතිලාභය පිණිස පවතියි. ඒ කවර සතරක් ද යත්; සත්පුරුෂයන් ඇසුරු කිරීම ය. සද්ධර්ම ශ්‍රවණය ය. යෝනිසෝ මනසිකාරය ය. ධර්මානුධර්ම ප්‍රතිපදාව ය. මහණෙනි, මේ වනාහී වැඩූ විට, බහුල ව ප්‍රගුණ කරගත් විට ප්‍රඥා ප්‍රතිලාභය පිණිස පවතින සතරක් වූ ධර්මයෝ ය.

සාදු! සාදු!! සාදු!!!

පටිලාභ සූත්‍රය නිමා විය.

11.6.10.
වුඩ්ඪි සූත්‍රය
අභිවෘද්ධිය ගැන වදාළ දෙසුම

මහණෙනි, මේ සතරක් වූ ධර්මයෝ වැඩූ විට, බහුල ව ප්‍රගුණ කරගත් විට ප්‍රඥා අභිවෘද්ධිය පිණිස පවතියි. ඒ කවර සතරක් ද යත්; සත්පුරුෂයන් ඇසුරු කිරීම ය. සද්ධර්ම ශ්‍රවණය ය. යෝනිසෝ මනසිකාරය ය. ධර්මානුධර්ම ප්‍රතිපදාව ය. මහණෙනි, මේ වනාහී වැඩූ විට, බහුල ව ප්‍රගුණ කරගත් විට ප්‍රඥා අභිවෘද්ධිය පිණිස පවතින සතරක් වූ ධර්මයෝ ය.

සාදු! සාදු!! සාදු!!!

වුඩ්ඪි සූත්‍රය නිමා විය.

11.6.11.
වේපුල්ල සූත්‍රය
විපුල බව ගැන වදාළ දෙසුම

මහණෙනි, මේ සතරක් වූ ධර්මයෝ වැඩූ විට, බහුල ව ප්‍රගුණ කරගත් විට ප්‍රඥා විපුලත්වය පිණිස පවතියි. ඒ කවර සතරක් ද යත්; සත්පුරුෂයන් ඇසුරු කිරීම ය. සද්ධර්ම ශ්‍රවණය ය. යෝනිසෝ මනසිකාරය ය. ධර්මානුධර්ම ප්‍රතිපදාව ය. මහණෙනි, මේ වනාහී වැඩූ විට, බහුල ව ප්‍රගුණ කරගත් විට ප්‍රඥා විපුලත්වය පිණිස පවතින සතරක් වූ ධර්මයෝ ය.

සාදු! සාදු!! සාදු!!!

වේපුල්ල සූත්‍රය නිමා විය.

සයවෙනි සප්පඤ්ඤ වර්ගය අවසන් විය.

- එහි පිළිවෙල උද්දානයයි :

සගාථක සූත්‍රය, වස්සංවුත්ථ සූත්‍රය, ධම්මදින්න සූත්‍රය, ගිලාන සූත්‍රය, ඵල සූත්‍ර සතර, පටිලාභ සූත්‍රය, වුඩ්ඪි සූත්‍රය සහ වේපුල්ල සූත්‍රය වශයෙන් සූත්‍ර එකොළොසකි.

7. මහාපඤ්ඤ වර්ගය

11.7.1.
මහාපඤ්ඤ සූත්‍රය
මහා ප්‍රඥාව ගැන වදාළ දෙසුම

මහණෙනි, මේ සතරක් වූ ධර්මයෝ වැඩූ විට, බහුල ව ප්‍රගුණ කරගත් විට මහා ප්‍රඥා ඇති බව පිණිස පවතියි. ඒ කවර සතරක් ද යත්; සත්පුරුෂයන් ඇසුරු කිරීම ය. සද්ධර්ම ශ්‍රවණය ය. යෝනිසෝ මනසිකාරය ය. ධර්මානුධර්ම ප්‍රතිපදාව ය. මහණෙනි, මේ වනාහී වැඩූ විට, බහුල ව ප්‍රගුණ කරගත් විට මහා ප්‍රඥා ඇති බව පිණිස පවතින සතරක් වූ ධර්මයෝ ය.

සාදු! සාදු!! සාදු!!!

මහාපඤ්ඤ සූත්‍රය නිමා විය.

11.7.2. පුථුපඤ්ඤ සූත්‍රය
පුළුල් ප්‍රඥාව ගැන වදාළ දෙසුම

මහණෙනි, මේ සතරක් වූ ධර්මයෝ ....(පෙ).... පුළුල් ප්‍රඥා ඇති බව පිණිස පවතියි.

11.7.3. විපුලපඤ්ඤ සූත්‍රය
විපුල ප්‍රඥාව ගැන වදාළ දෙසුම

මහණෙනි, මේ සතරක් වූ ධර්මයෝ ....(පෙ).... විපුල ප්‍රඥා ඇති බව පිණිස පවතියි.

11.7.4. ගම්භීරපඤ්ඤ සූත්‍රය
ගැඹුරු ප්‍රඥාව ගැන වදාළ දෙසුම

මහණෙනි, මේ සතරක් වූ ධර්මයෝ ....(පෙ).... ගැඹුරු ප්‍රඥා ඇති බව පිණිස පවතියි.

11.7.5. අසාමන්තපඤ්ඤ සූත්‍රය
ළංවිය නොහැකි ප්‍රඥාව ගැන වදාළ දෙසුම

මහණෙනි, මේ සතරක් වූ ධර්මයෝ ....(පෙ).... ළංවිය නොහැකි ප්‍රඥා ඇති බව පිණිස පවතියි.

11.7.6. භූරිපඤ්ඤ සූත්‍රය
බොහෝ ප්‍රඥාව ගැන වදාළ දෙසුම

මහණෙනි, මේ සතරක් වූ ධර්මයෝ ....(පෙ).... බොහෝ ප්‍රඥා ඇති බව පිණිස පවතියි.

11.7.7. පඤ්ඤාබාහුල්ල සූත්‍රය
ප්‍රඥා බහුල බව ගැන වදාළ දෙසුම

මහණෙනි, මේ සතරක් වූ ධර්මයෝ ....(පෙ).... ප්‍රඥා බහුල බව පිණිස පවතියි.

11.7.8. සීඝපඤ්ඤ සූත්‍රය
වහා වැටහෙන ප්‍රඥාව ගැන වදාළ දෙසුම

මහණෙනි, මේ සතරක් වූ ධර්මයෝ ....(පෙ).... වහා වැටහෙන ප්‍රඥා ඇති බව පිණිස පවතියි.

11.7.9. ලහුපඤ්ඤ සූත්‍රය
යුහුසුළු වූ ප්‍රඥාව ගැන වදාළ දෙසුම

මහණෙනි, මේ සතරක් වූ ධර්මයෝ ....(පෙ).... යුහුසුළු වූ ප්‍රඥා ඇති බව පිණිස පවතියි.

11.7.10. හාසුපඤ්ඤ සූත්‍රය
සතුට උපදවන ප්‍රඥාව ගැන වදාළ දෙසුම

මහණෙනි, මේ සතරක් වූ ධර්මයෝ ....(පෙ).... සතුට උපදවන ප්‍රඥා ඇති බව පිණිස පවතියි.

11.7.11. ජවනපඤ්ඤ සූත්‍රය
වේගවත් ප්‍රඥාව ගැන වදාළ දෙසුම

මහණෙනි, මේ සතරක් වූ ධර්මයෝ ....(පෙ).... වේගවත් ප්‍රඥා ඇති බව පිණිස පවතියි.

11.7.12. තික්ඛපඤ්ඤ සූත්‍රය
තියුණු ප්‍රඥාව ගැන වදාළ දෙසුම

මහණෙනි, මේ සතරක් වූ ධර්මයෝ ....(පෙ).... තියුණු ප්‍රඥා ඇති බව පිණිස පවතියි.

11.7.13. නිබ්බේධිකපඤ්ඤ සූත්‍රය
දුක විනිවිද වැටහෙන ප්‍රඥාව ගැන වදාළ දෙසුම

මහණෙනි, මේ සතරක් වූ ධර්මයෝ වැඩූ විට, බහුල ව ප්‍රගුණ කරගත් විට දුක විනිවිද වැටහෙන ප්‍රඥා ඇති බව පිණිස පවතියි. ඒ කවර සතරක් ද යත්; සත්පුරුෂයන් ඇසුරු කිරීම ය. සද්ධර්ම ශ්‍රවණය ය. යෝනිසෝ මනසිකාරය ය. ධර්මානුධර්ම ප්‍රතිපදාව ය. මහණෙනි, මේ වනාහී වැඩූ විට, බහුල ව ප්‍රගුණ

කරගත් විට දුක විනිවිද වැටහෙන ප්‍රඥා ඇති බව පිණිස පවතින සතරක් වූ ධර්මයෝ ය.

සාදු! සාදු!! සාදු!!!

නිබ්බේධිකපඤ්ඤ සූත්‍රය නිමා විය.

සත්වෙනි මහාපඤ්ඤ වර්ගය අවසන් විය.

- එහි පිළිවෙල උද්දානයයි :

මහාපඤ්ඤ සූත්‍රය, පුථුපඤ්ඤ සූත්‍රය, විපුලපඤ්ඤ සූත්‍රය, ගම්භීරපඤ්ඤ සූත්‍රය, අසාමන්තපඤ්ඤ සූත්‍රය, භූරිපඤ්ඤ සූත්‍රය, පඤ්ඤාබාහුල්ල සූත්‍රය, සීඝපඤ්ඤ සූත්‍රය, ලහුපඤ්ඤ සූත්‍රය, හාසුපඤ්ඤ සූත්‍රය, ජවනපඤ්ඤ සූත්‍රය, තික්ඛපඤ්ඤ සූත්‍රය සහ නිබ්බේධිකපඤ්ඤ සූත්‍රය වශයෙන් සූත්‍ර දහතුනකි.

සෝතාපත්ති සංයුත්තය අවසන් විය.

- එහි වර්ග නාමාවලිය :

වේළුද්වාර වර්ගය, රාජකාරාම වර්ගය, සරකානි වර්ගය, පුඤ්ඤාභිසන්ද වර්ගය, සගාථ පුඤ්ඤාභිසන්ද වර්ගය, සප්පඤ්ඤ වර්ගය සහ මහාපඤ්ඤ වර්ගය වශයෙන් සෝතාපත්ති සංයුත්තයෙහි වර්ග සතකි.

12. සච්ච සංයුත්තය

1. සමාධි වර්ගය

12.1.1.
සමාධි සූත්‍රය
සමාධිය මුල්කොට වදාළ දෙසුම

මා විසින් මෙසේ අසන ලදී.

එක් සමයෙක්හි භාග්‍යවතුන් වහන්සේ සැවැත් නුවර ජේතවන නම් අනේපිඬු සිටුහුගේ ආරාමයෙහි වැඩවසන සේක. ....(පෙ)....

"මහණෙනි, සමාධිය දියුණු කරව්. මහණෙනි, සමාහිත සිත් ඇති භික්ෂුව ඇත්ත ඒ වූ සැටියෙන් ම දැනගනියි. ඒ වූ සැටියෙන් ම දැනගන්නා වූ ඇත්ත කුමක් ද? මෙය දුක යැයි ඒ වූ සැටියෙන් ම දැනගනියි. මෙය දුකෙහි හටගැනීම යැයි ඒ වූ සැටියෙන් ම දැනගනියි. මෙය දුක් නිරුද්ධ වීම යැයි ඒ වූ සැටියෙන් ම දැනගනියි. මෙය දුක් නිරුද්ධ වන්නා වූ ප්‍රතිපදාව යැයි ඒ වූ සැටියෙන් ම දැනගනියි. මහණෙනි, සමාධිය දියුණු කරව්. මහණෙනි, සමාහිත සිත් ඇති භික්ෂුව ඇත්ත ඒ වූ සැටියෙන් ම දැනගනියි.

එහෙයින් මහණෙනි, මෙය දුක යැයි අවබෝධ කරනු පිණිස වීර්යය කළ යුත්තේ ය. මෙය දුකෙහි හටගැනීම යැයි අවබෝධ කරනු පිණිස වීර්යය කළ යුත්තේ ය. මෙය දුක් නිරුද්ධ වීම යැයි අවබෝධ කරනු පිණිස වීර්යය කළ යුත්තේ ය. මෙය දුක් නිරුද්ධවන්නා වූ මාර්ගය යැයි අවබෝධ කරනු පිණිස වීර්යය කළ යුත්තේ ය."

සාදු! සාදු!! සාදු!!!

සමාධි සූත්‍රය නිමා විය.

12.1.2.
පටිසල්ලාන සූත්‍රය
හුදෙකලා භාවනාව මුල්කොට වදාළ දෙසුම

මහණෙනි, හුදෙකලා භාවනාව පිණිස වීරිය කරව්. මහණෙනි, හුදෙකලා භාවනාවෙහි යෙදෙන භික්ෂුව ඇත්ත ඒ වූ සැටියෙන් ම දැනගනියි. ඒ වූ සැටියෙන් ම දැනගන්නා වූ ඇත්ත කුමක් ද? මෙය දුක යැයි ඒ වූ සැටියෙන් ම දැනගනියි. මෙය දුකෙහි හටගැනීම යැයි ඒ වූ සැටියෙන් ම දැනගනියි. මෙය දුක් නිරුද්ධ වීම යැයි ඒ වූ සැටියෙන් ම දැනගනියි. මෙය දුක් නිරුද්ධ වන්නා වූ ප්‍රතිපදාව යැයි ඒ වූ සැටියෙන් ම දැනගනියි. මහණෙනි, හුදෙකලා භාවනාව පිණිස වීරිය කරව්. මහණෙනි, හුදෙකලා භාවනාවෙහි යෙදෙන භික්ෂුව ඇත්ත ඒ වූ සැටියෙන් ම දැනගනියි.

එහෙයින් මහණෙනි, මෙය දුක යැයි අවබෝධ කරනු පිණිස වීර්යය කළ යුත්තේ ය. ....(පෙ).... මෙය දුක් නිරුද්ධවන්නා වූ මාර්ගය යැයි අවබෝධ කරනු පිණිස වීර්යය කළ යුත්තේ ය.

සාදු! සාදු!! සාදු!!!

පටිසල්ලාන සූත්‍රය නිමා විය.

12.1.3.
කුලපුත්ත සූත්‍රය
කුලපුත්‍රයා ගැන වදාළ දෙසුම

මහණෙනි, අතීත කාලයෙහි යම්කිසි කුලපුත්‍රයෝ මැනැවින් ගිහි ගෙයින් නික්ම අනගාරික සසුනෙහි පැවිදි වූවාහු ද, ඒ සියල්ලෝ චතුරාර්ය සත්‍යය ඒ වූ සැටියෙන් ම අවබෝධ කරනු පිණිස පැවිදි වූවාහු ය. මහණෙනි, අනාගත කාලයෙහි යම්කිසි කුලපුත්‍රයෝ මැනැවින් ගිහි ගෙයින් නික්ම අනගාරික සසුනෙහි පැවිදි වන්නාහු ද, ඒ සියල්ලෝ චතුරාර්ය සත්‍යය ඒ වූ සැටියෙන් ම අවබෝධ කරනු පිණිස පැවිදි වන්නාහ. මහණෙනි, මෙකල්හි යම්කිසි

කුලපුත්‍රයෝ මැනැවින් ගිහි ගෙයින් නික්ම අනගාරික සසුනෙහි පැවිදි වෙත් ද, ඒ සියල්ලෝ චතුරාර්ය සත්‍යය ඒ වූ සැටියෙන් ම අවබෝධ කරනු පිණිස පැවිදි වෙති.

ඒ කවර සතරක් අවබෝධ කරනු පිණිස ද යත්; දුක්ඛාර්ය සත්‍යයෙහි අවබෝධය පිණිස ය. දුක්ඛ සමුදය ආර්ය සත්‍යයෙහි අවබෝධය පිණිස ය. දුක්ඛ නිරෝධ ආර්ය සත්‍යයෙහි අවබෝධය පිණිස ය. දුක්ඛ නිරෝධගාමිනී පටිපදා ආර්ය සත්‍යයෙහි අවබෝධය පිණිස ය.

මහණෙනි, අතීත කාලයෙහි යම්කිසි කුලපුත්‍රයෝ මැනැවින් ගිහි ගෙයින් නික්ම අනගාරික සසුනෙහි පැවිදි වූවාහු ද, ඒ සියල්ලෝ මේ චතුරාර්ය සත්‍යය ම ඒ වූ සැටියෙන් ම අවබෝධ කරනු පිණිස පැවිදි වූවාහු ය. ....(පෙ).... පැවිදි වන්නාහ. මහණෙනි, මෙකල්හි යම්කිසි කුලපුත්‍රයෝ මැනැවින් ගිහි ගෙයින් නික්ම අනගාරික සසුනෙහි පැවිදි වෙත් ද, ඒ සියල්ලෝ මේ චතුරාර්ය සත්‍යය ම ඒ වූ සැටියෙන් ම අවබෝධ කරනු පිණිස පැවිදි වෙති.

එහෙයින් මහණෙනි, මෙය දුක යැයි අවබෝධ කරනු පිණිස වීර්යය කළ යුත්තේ ය. ....(පෙ).... මෙය දුක් නිරුද්ධවන්නා වූ මාර්ගය යැයි අවබෝධ කරනු පිණිස වීර්යය කළ යුත්තේ ය.

සාදු! සාදු!! සාදු!!!

කුලපුත්ත සූත්‍රය නිමා විය.

12.1.4.
දුතිය කුලපුත්ත සූත්‍රය
කුලපුත්‍රයා ගැන වදාළ දෙවෙනි දෙසුම

මහණෙනි, අතීත කාලයෙහි මැනැවින් ගිහි ගෙයින් නික්ම අනගාරික සසුනෙහි පැවිදි වූ යම්කිසි කුලපුත්‍රයෝ, ඇත්ත ඒ වූ සැටියෙන් ම අවබෝධ කළාහු ද, ඒ සියල්ලෝ චතුරාර්ය සත්‍යය ඒ වූ සැටියෙන් ම අවබෝධ කළාහු ය.

මහණෙනි, අනාගත කාලයෙහි මැනැවින් ගිහි ගෙයින් නික්ම අනගාරික සසුනෙහි පැවිදි වන්නා වූ යම්කිසි කුලපුත්‍රයෝ, ඇත්ත ඒ වූ සැටියෙන් ම

අවබෝධ කරන්නාහු ද, ඒ සියල්ලෝ චතුරාර්ය සත්‍යය ඒ වූ සැටියෙන් ම අවබෝධ කරන්නෝ ය.

මහණෙනි, මෙකල්හි මැනැවින් ගිහි ගෙයින් නික්ම අනගාරික සසුනෙහි පැවිදි වූ යම්කිසි කුලපුත්‍රයෝ, ඇත්ත ඒ වූ සැටියෙන් ම අවබෝධ කරත් ද, ඒ සියල්ලෝ චතුරාර්ය සත්‍යය ඒ වූ සැටියෙන් ම අවබෝධ කරති.

ඒ කවර සතරක් ද යත්; දුක්ඛාර්ය සත්‍යය යි. දුක්ඛ සමුදය ආර්ය සත්‍යය යි. දුක්ඛ නිරෝධ ආර්ය සත්‍යය යි. දුක්ඛ නිරෝධගාමිනී පටිපදා ආර්ය සත්‍යය යි.

මහණෙනි, අතීත කාලයෙහි මැනැවින් ගිහි ගෙයින් නික්ම අනගාරික සසුනෙහි පැවිදි වූ යම්කිසි කුලපුත්‍රයෝ, ඇත්ත ඒ වූ සැටියෙන් ම අවබෝධ කළාහු ද, ඒ සියල්ලෝ මේ චතුරාර්ය සත්‍යය ඒ වූ සැටියෙන් ම අවබෝධ කළාහු ය. ....(පෙ).... අවබෝධ කරන්නෝ ය. මහණෙනි, මෙකල්හි මැනැවින් ගිහි ගෙයින් නික්ම අනගාරික සසුනෙහි පැවිදි වූ යම්කිසි කුලපුත්‍රයෝ, ඇත්ත ඒ වූ සැටියෙන් ම අවබෝධ කරත් ද, ඒ සියල්ලෝ මේ චතුරාර්ය සත්‍යය ඒ වූ සැටියෙන් ම අවබෝධ කරති.

එහෙයින් මහණෙනි, මෙය දුක යැයි අවබෝධ කරනු පිණිස වීර්යය කළ යුත්තේ ය. ....(පෙ).... මෙය දුක් නිරුද්ධවන්නා වූ මාර්ගය යැයි අවබෝධ කරනු පිණිස වීර්යය කළ යුත්තේ ය.

සාදු! සාදු!! සාදු!!!

දුතිය කුලපුත්ත සූත්‍රය නිමා විය.

12.1.5.
සමණබ්‍රාහ්මණ සූත්‍රය
මහණ බමුණන් ගැන වදාළ දෙසුම

මහණෙනි, අතීත කාලයෙහි යම්කිසි ශ්‍රමණයෝ වෙත්වා, බ්‍රාහ්මණයෝ වෙත්වා, ඇත්ත ඒ වූ සැටියෙන් ම අවබෝධ කළාහු ද, ඒ සියල්ලෝ චතුරාර්ය සත්‍යය ඒ වූ සැටියෙන් ම අවබෝධ කළාහු ය.

මහණෙනි, අනාගත කාලයෙහි යම්කිසි ශ්‍රමණයෝ වෙත්වා, බ්‍රාහ්මණයෝ

වෙත්වා, ඇත්ත ඒ වූ සැටියෙන් ම අවබෝධ කරන්නාහු ද, ඒ සියල්ලෝ චතුරාර්ය සත්‍යය ඒ වූ සැටියෙන් ම අවබෝධ කරන්නෝ ය.

මහණෙනි, මෙකල්හි යම්කිසි ශ්‍රමණයෝ වෙත්වා, බ්‍රාහ්මණයෝ වෙත්වා, ඇත්ත ඒ වූ සැටියෙන් ම අවබෝධ කරත් ද, ඒ සියල්ලෝ චතුරාර්ය සත්‍යය ඒ වූ සැටියෙන් ම අවබෝධ කරති.

ඒ කවර සතරක් ද යත්; දුක්ඛාර්ය සත්‍යය යි. දුක්ඛ සමුදය ආර්ය සත්‍යය යි. දුක්ඛ නිරෝධ ආර්ය සත්‍යය යි. දුක්ඛ නිරෝධගාමිනී පටිපදා ආර්ය සත්‍යය යි.

මහණෙනි, අතීත කාලයෙහි යම්කිසි ශ්‍රමණයෝ වෙත්වා, බ්‍රාහ්මණයෝ වෙත්වා, ඇත්ත ඒ වූ සැටියෙන් ම අවබෝධ කළාහු ද, ඒ සියල්ලෝ මේ චතුරාර්ය සත්‍යය ඒ වූ සැටියෙන් ම අවබෝධ කළාහු ය. ....(පෙ).... අවබෝධ කරන්නෝ ය. මහණෙනි, මෙකල්හි යම්කිසි ශ්‍රමණයෝ වෙත්වා, බ්‍රාහ්මණයෝ වෙත්වා, ඇත්ත ඒ වූ සැටියෙන් ම අවබෝධ කරත් ද, ඒ සියල්ලෝ මේ චතුරාර්ය සත්‍යය ඒ වූ සැටියෙන් ම අවබෝධ කරති.

එහෙයින් මහණෙනි, මෙය දුක යැයි අවබෝධ කරනු පිණිස වීර්යය කළ යුත්තේ ය. ....(පෙ).... මෙය දුක් නිරුද්ධවන්නා වූ මාර්ගය යැයි අවබෝධ කරනු පිණිස වීර්යය කළ යුත්තේ ය.

සාදු! සාදු!! සාදු!!!

සමණබ්‍රාහ්මණ සූත්‍රය නිමා විය.

12.1.6.
දුතිය සමණබ්‍රාහ්මණ සූත්‍රය
මහණ බමුණන් ගැන වදාළ දෙවෙනි දෙසුම

මහණෙනි, අතීත කාලයෙහි යම්කිසි ශ්‍රමණයෝ වෙත්වා, බ්‍රාහ්මණයෝ වෙත්වා, ඒ වූ සැටියෙන් ම සත්‍යාවබෝධය ප්‍රකාශ කළාහු ද, ඒ සියල්ලෝ චතුරාර්ය සත්‍යය පිළිබඳ ව ඒ වූ සැටියෙන් ම සත්‍යාවබෝධය ප්‍රකාශ කළාහුය.

මහණෙනි, අනාගත කාලයෙහි යම්කිසි ශ්‍රමණයෝ වෙත්වා, බ්‍රාහ්මණයෝ වෙත්වා, ඒ වූ සැටියෙන් ම සත්‍යාවබෝධය ප්‍රකාශ කරන්නාහු ද, ඒ සියල්ලෝ

චතුරාර්ය සත්‍යය පිළිබඳ ව ඒ වූ සැටියෙන් ම සත්‍යාවබෝධය ප්‍රකාශ කරන්නෝය.

මහණෙනි, මෙකල්හි යම්කිසි ශ්‍රමණයෝ වෙත්වා, බ්‍රාහ්මණයෝ වෙත්වා, ඒ වූ සැටියෙන් ම සත්‍යාවබෝධය ප්‍රකාශ කරත් ද, ඒ සියල්ලෝ චතුරාර්ය සත්‍යය පිළිබඳ ව ඒ වූ සැටියෙන් ම සත්‍යාවබෝධය ප්‍රකාශ කරති.

ඒ කවර සතරක් ද යත්; දුක්ඛාර්ය සත්‍යය යි. දුක්ඛ සමුදය ආර්ය සත්‍යය යි. දුක්ඛ නිරෝධ ආර්ය සත්‍යය යි. දුක්ඛ නිරෝධගාමිනී පටිපදා ආර්ය සත්‍යයයි.

මහණෙනි, අතීත කාලයෙහි යම්කිසි ශ්‍රමණයෝ වෙත්වා, බ්‍රාහ්මණයෝ වෙත්වා, ඒ වූ සැටියෙන් ම සත්‍යාවබෝධය ප්‍රකාශ කළාහු ද, ඒ සියල්ලෝ මේ චතුරාර්ය සත්‍යය පිළිබඳ ව ඒ වූ සැටියෙන් ම සත්‍යාවබෝධය ප්‍රකාශ කළාහු ය. ....(පෙ).... ප්‍රකාශ කරන්නෝ ය. මහණෙනි, මෙකල්හි යම්කිසි ශ්‍රමණයෝ වෙත්වා, බ්‍රාහ්මණයෝ වෙත්වා, ඒ වූ සැටියෙන් ම සත්‍යාවබෝධය ප්‍රකාශ කරත් ද, ඒ සියල්ලෝ මේ චතුරාර්ය සත්‍යය පිළිබඳ ව ඒ වූ සැටියෙන් ම සත්‍යාවබෝධය ප්‍රකාශ කරති.

එහෙයින් මහණෙනි, මෙය දුක යැයි අවබෝධ කරනු පිණිස වීර්යය කළ යුත්තේ ය. ....(පෙ).... මෙය දුක් නිරුද්ධවන්නා වූ මාර්ගය යැයි අවබෝධ කරනු පිණිස වීර්යය කළ යුත්තේ ය.

සාදු! සාදු!! සාදු!!!

දුතිය සමණබ්‍රාහ්මණ සූත්‍රය නිමා විය.

12.1.7.
විතක්ක සූත්‍රය
විතර්ක කිරීම ගැන වදාළ දෙසුම

මහණෙනි, පාපී අකුසල විතර්කයන් විතර්ක නොකරව්. එනම්; කාම විතර්කය ය. ව්‍යාපාද විතර්කය ය. විහිංසා විතර්කය ය. එයට හේතුව කුමක් ද? මහණෙනි, මේ විතර්කයෝ යහපතින් යුක්ත නොවෙති. නිවන් මගට මුල් නොවෙති. අවබෝධයෙන් කලකිරීම පිණිස නොපවතිත්. විරාගය පිණිස නොපවතිත්. නිරෝධය පිණිස නොපවතිත්. සංසිඳීම පිණිස නොපවතිත්. විශිෂ්ට

ඥානය පිණිස නොපවතිත්. සත්‍යාවබෝධය පිණිස නොපවතිත්. නිවන පිණිස නොපවතිත්.

මහණෙනි, ඔබලා විතර්ක කරන්නහු නම් මෙය දුක යැයි විතර්ක කරව්. මෙය දුකෙහි හටගැනීම යැයි විතර්ක කරව්. මෙය දුක් නිරුද්ධ වීම යැයි විතර්ක කරව්. මෙය දුක් නිරුද්ධ වීම පිණිස පවතින ප්‍රතිපදාව යැයි විතර්ක කරව්. එයට හේතුව කුමක් ද? මහණෙනි, මේ විතර්කයෝ යහපතින් යුක්ත වෙති. නිවන් මගට මුල් වෙති. ඒවා අවබෝධයෙන් කලකිරීම පිණිස පවතිත්. විරාගය පිණිස පවතිත්. නිරෝධය පිණිස පවතිත්. සංසිඳීම පිණිස පවතිත්. විශිෂ්ට ඥානය පිණිස පවතිත්. සත්‍යාවබෝධය පිණිස පවතිත්. නිවන පිණිස පවතිත්.

එහෙයින් මහණෙනි, මෙය දුක යැයි අවබෝධ කරනු පිණිස වීර්යය කළ යුත්තේ ය. ....(පෙ).... මෙය දුක් නිරුද්ධවන්නා වූ මාර්ගය යැයි අවබෝධ කරනු පිණිස වීර්යය කළ යුත්තේ ය.

සාදු! සාදු!! සාදු!!!

විතක්ක සූත්‍රය නිමා විය.

12.1.8.
චින්තා සූත්‍රය
සිතීම ගැන වදාළ දෙසුම

මහණෙනි, පාපී අකුසල සිතීම් නොසිතව්. එනම්; 'ලෝකය සදාකාලික ය' කියා හෝ, 'ලෝකය සදාකාලික නැත' කියා හෝ, 'ලෝකය අන්තවත් ය' කියා හෝ, 'ලෝකය අනන්තවත් ය' කියා හෝ, 'එය ජීවය, එය ශරීරය ය' කියා හෝ, 'ජීවය අනිකකි, ශරීරය අනිකකි' කියා හෝ, 'තථාගත තෙමේ මරණින් මතු සිටියි' කියා හෝ, 'තථාගත තෙමේ මරණින් මතු නොසිටියි' කියා හෝ, 'තථාගත තෙමේ මරණින් මතු සිටියි, නොසිටියි' කියා හෝ, 'තථාගත තෙමේ මරණින් මතු නොසිටියි, නොම නොසිටියි' කියා හෝ ය.

එයට හේතුව කුමක් ද? මහණෙනි, මේ චින්තාවෝ යහපතින් යුක්ත නොවෙති. නිවන් මගට මුල් නොවෙති. අවබෝධයෙන් කලකිරීම පිණිස නොපවතිත්. විරාගය පිණිස නොපවතිත්. නිරෝධය පිණිස නොපවතිත්.

සංසිඳීම පිණිස නොපවතිත්. විශිෂ්ට ඥානය පිණිස නොපවතිත්. සත්‍යාවබෝධය පිණිස නොපවතිත්. නිවන පිණිස නොපවතිත්.

මහණෙනි, ඔබලා සිතන්නහු නම් මෙය දුක යැයි සිතව්. මෙය දුකෙහි හටගැනීම යැයි සිතව්. මෙය දුක් නිරුද්ධ වීම යැයි සිතව්. මෙය දුක් නිරුද්ධ වීම පිණිස පවතින ප්‍රතිපදාව යැයි සිතව්. එයට හේතුව කුමක් ද? මහණෙනි, මේ චින්තාවෝ යහපතින් යුක්ත වෙති. මේවා නිවන් මගට මුල් වෙති. මේවා අවබෝධයෙන් කලකිරීම පිණිස පවතිත්. විරාගය පිණිස පවතිත්. නිරෝධය පිණිස පවතිත්. සංසිඳීම පිණිස පවතිත්. විශිෂ්ට ඥානය පිණිස පවතිත්. සත්‍යාවබෝධය පිණිස පවතිත්. නිවන පිණිස පවතිත්.

එහෙයින් මහණෙනි, මෙය දුක යැයි අවබෝධ කරනු පිණිස වීර්යය කළ යුත්තේ ය. ....(පෙ).... මෙය දුක් නිරුද්ධවන්නා වූ මාර්ගය යැයි අවබෝධ කරනු පිණිස වීර්යය කළ යුත්තේ ය.

සාදු! සාදු!! සාදු!!!

චින්තා සූත්‍රය නිමා විය.

12.1.9.
විග්ගාහිකකථා සූත්‍රය
කලහ ඇති වෙන කථා ගැන වදාළ දෙසුම

මහණෙනි, කලහ ඇතිවෙන කථාවන් කථා නොකරව්. එනම්, 'තෝ මේ ධර්ම විනය නොදන්නෙහි ය. මම් මේ ධර්ම විනය දනිමි. කිම? තෝ මේ ධර්ම විනය දන්නෙහි ද? තෝ මිථ්‍යාවට පිළිපන්නෙහි ය. මම් යහපතට පිළිපන්නෙමි. මා කියන කරුණු හේතු යුක්ත ය. තගේ කරුණු හේතු රහිත ය. කලින් කිව යුත්ත පසු ව කීවෙහි ය. පසු ව කිව යුත්ත කලින් කීවෙහි ය. තා විසින් බොහෝ කල් පුරුදු කළ දෑ මේ වාදය නිසා කණපිට පෙරලුණේ ය. මා විසින් තට වාදයක් නංවන ලද්දේ ය. මා විසින් තෝ ගරහන ලද්දෙහි ය. වාදයෙන් බේරෙන්නට උපාය සොයමින් පල. ඉදින් පුළුවන් නම් වාදය ලිහා ගනුව' යනුවෙනි.

එයට හේතුව කුමක් ද? මහණෙනි, මේ කලහ උපදින කථාවෝ යහපතින් යුක්ත නොවෙති. නිවන් මගට මුල් නොවෙති. අවබෝධයෙන් කලකිරීම පිණිස

නොපවතිත්. විරාගය පිණිස නොපවතිත්. නිරෝධය පිණිස නොපවතිත්. සංසිඳීම පිණිස නොපවතිත්. විශිෂ්ට ඥානය පිණිස නොපවතිත්. සත්‍යාවබෝධය පිණිස නොපවතිත්. නිවන පිණිස නොපවතිත්.

මහණෙනි, ඔබලා කථා කරන්නාහු නම් මෙය දුක යැයි කථා කරව්. මෙය දුකෙහි හටගැනීම යැයි කථා කරව්. මෙය දුක් නිරුද්ධ වීම යැයි කථා කරව්. මෙය දුක් නිරුද්ධ වීම පිණිස පවතින ප්‍රතිපදාව යැයි කථා කරව්. එයට හේතුව කුමක් ද? මහණෙනි, මේ කථාවෝ යහපතින් යුක්ත වෙති. මේවා නිවන් මගට මුල් වෙති. මේවා අවබෝධයෙන් කලකිරීම පිණිස පවතිත්. විරාගය පිණිස පවතිත්. නිරෝධය පිණිස පවතිත්. සංසිඳීම පිණිස පවතිත්. විශිෂ්ට ඥානය පිණිස පවතිත්. සත්‍යාවබෝධය පිණිස පවතිත්. නිවන පිණිස පවතිත්.

එහෙයින් මහණෙනි, මෙය දුක යැයි අවබෝධ කරනු පිණිස වීර්‍යය කළ යුත්තේ ය. ....(පෙ).... මෙය දුක් නිරුද්ධවන්නා වූ මාර්ගය යැයි අවබෝධ කරනු පිණිස වීර්‍යය කළ යුත්තේ ය.

සාදු! සාදු!! සාදු!!!

විග්ගාහික කථා සූත්‍රය නිමා විය.

12.1.10.
තිරච්ඡානකථා සූත්‍රය
තිරිසන් කථා ගැන වදාළ දෙසුම

මහණෙනි, අනේකප්‍රකාර වූ තිරිසන් කථාවන් කථා නොකරව්. එනම්, රජුන් පිළිබඳ කථා ය, සොරු පිළිබඳ කථා ය, මහා අමාත්‍යයන් පිළිබඳ කථා ය, හමුදාව පිළිබඳ කථා ය, භය පිළිබඳ කථා ය, යුද්ධ පිළිබඳ කථා ය, ආහාර පිළිබඳ කථා ය, බීම වර්ග පිළිබඳ කථා ය, ඇඳුම් පිළිබඳ කථා ය, සයන පිළිබඳ ව කථා ය, මල් වර්ග පිළිබඳ කථා ය, සුවඳ වර්ග පිළිබඳ කථා ය, ඥාතීන් පිළිබඳ කථා ය, යානවාහන පිළිබඳ කථා ය, ගම් පිළිබඳ කථා ය, නියම්ගම් පිළිබඳ කථා ය, නගර පිළිබඳ කථා ය, ජනපද පිළිබඳ කථා ය, කාන්තාවන් පිළිබඳ කථා ය, පුරුෂයින් පිළිබඳ කථා ය, ශූරයින් පිළිබඳ කථා ය, මගතොට පිළිබඳ කථා ය, දියතොට පිළිබඳ කථා ය, මළවුන් පිළිබඳ කථා ය, නොයෙක් දේ පිළිබඳ කථා ය, ලෝකයේ අගමුල පිළිබඳ කථා ය, මහාසයුරේ අගමුල පිළිබඳ කථා ය, මෙසේ මෙසේ වූයේ ය යනාදිය පිළිබඳ කථා ය.

එයට හේතුව කුමක් ද? මහණෙනි, මේ තිරිසන් කථාවෝ යහපතින් යුක්ත නොවෙති. නිවන් මගට මුල් නොවෙති. අවබෝධයෙන් කලකිරීම පිණිස නොපවතිත්. විරාගය පිණිස නොපවතිත්. නිරෝධය පිණිස නොපවතිත්. සංසිඳීම පිණිස නොපවතිත්. විශිෂ්ට ඥානය පිණිස නොපවතිත්. සත්‍යාවබෝධය පිණිස නොපවතිත්. නිවන පිණිස නොපවතිත්.

මහණෙනි, ඔබලා කථා කරන්නාහු නම් මෙය දුක යැයි කථා කරව්. මෙය දුකෙහි හටගැනීම යැයි කථා කරව්. මෙය දුක් නිරුද්ධ වීම යැයි කථා කරව්. මෙය දුක් නිරුද්ධ වීම පිණිස පවතින ප්‍රතිපදාව යැයි කථා කරව්. එයට හේතුව කුමක් ද? මහණෙනි, මේ කථාවෝ යහපතින් යුක්ත වෙති. මේවා නිවන් මගට මුල් වෙති. මේවා අවබෝධයෙන් කලකිරීම පිණිස පවතිත්. විරාගය පිණිස පවතිත්. නිරෝධය පිණිස පවතිත්. සංසිඳීම පිණිස පවතිත්. විශිෂ්ට ඥානය පිණිස පවතිත්. සත්‍යාවබෝධය පිණිස පවතිත්. නිවන පිණිස පවතිත්.

එහෙයින් මහණෙනි, මෙය දුක යැයි අවබෝධ කරනු පිණිස වීර්යය කළ යුත්තේ ය. ....(පෙ).... මෙය දුක් නිරුද්ධවන්නා වූ මාර්ගය යැයි අවබෝධ කරනු පිණිස වීර්යය කළ යුත්තේ ය.

සාදු! සාදු!! සාදු!!!

තිරච්ඡානකථා සූත්‍රය නිමා විය.

පළමු වෙනි සමාධි වර්ගය අවසන් විය.

● එහි පිළිවෙල උද්දානයයි :

සමාධි සූත්‍රය, පටිසල්ලාන සූත්‍රය, කුලපුත්ත සූත්‍ර දෙක, සමණබ්‍රාහ්මණ සූත්‍ර දෙක, විතක්ක සූත්‍රය, චින්තා සූත්‍රය, විග්ගාහිකකථා සූත්‍රය, තිරච්ඡාන කථා සූත්‍රය වශයෙන් සූත්‍ර දසයකි.

2. ධම්මචක්කප්පවත්තන වර්ගය

12.2.1.
ධම්මචක්කප්පවත්තන සූත්‍රය
දහම්සක කරකැවීම ගැන වදාළ දෙසුම

මා විසින් මෙසේ අසන ලදී.

එක් සමයෙක්හි භාග්‍යවතුන් වහන්සේ බරණැස ඉසිපතන මිගදායෙහි වැඩවසන සේක. එහිදී භාග්‍යවතුන් වහන්සේ පස් දෙනෙකුගෙන් යුත් භික්ෂූන් ඇමතූ සේක.

"මහණෙනි, මේ අන්ත දෙක පැවිද්දන් විසින් සේවනය නොකළ යුත්තේ ය. යම් මේ කාමයන්හි කාම සුඛයෙහි ඇලී ගැලී වාසය කිරීමක් ඇද්ද, එය හීන ය. ග්‍රාම්‍යය ය. පෘථග්ජනයන්ට අයත් ය. අනාර්ය ය. අයහපතින් යුක්ත ය. යම් මේ තමාව ක්ලාන්ත වන අයුරින් දුකෙහි යෙදවීමක් ඇද්ද, එය දුක ය. අනාර්ය ය. අයහපතින් යුක්ත ය.

මහණෙනි, මේ අන්ත දෙකට නොපැමිණ තථාගතයන් විසින් මධ්‍යම ප්‍රතිපදාව විශේෂයෙන් අවබෝධ කරන ලද්දේ ය. එය දහම් ඇස ඇති කරවයි. නුවණ ඇතිකරවයි. කෙලෙස් සංසිඳුවීම පිණිස, විශිෂ්ට ඥානය ඇති කරවීම පිණිස, සත්‍යාවබෝධය පිණිස, නිවන පිණිස පවතියි.

මහණෙනි, තථාගතයන් විසින් විශේෂ කොට අවබෝධ කරන ලද දහම් ඇස ඇති කරවන, ඥානය ඇති කරවන, කෙලෙස් සංසිඳුවන, විශිෂ්ට ඥානය උපදවන, සත්‍යාවබෝධය කරවන, නිවන පිණිස පවතින ඒ මධ්‍යම ප්‍රතිපදාව කුමක් ද? මෙසේ මේ ආර්ය අෂ්ටාංගික මාර්ගය ම ය. එනම්; නිවැරදි දෘෂ්ටිය ය. නිවැරදි සංකල්පනා ය. නිවැරදි වචන භාවිතය ය. නිවැරදි කායික ක්‍රියා ය. නිවැරදි දිවි පැවැත්ම ය. නිවැරදි වීර්යය ය. නිවැරදි සිහිය ය. නිවැරදි

චිත්ත සමාධිය ය. මහණෙනි, මෙය වනාහී තථාගතයන් විසින් විශේෂ කොට අවබෝධ කරන ලද දහම් ඇස ඇති කරවන, ඥානය ඇති කරවන, කෙලෙස් සංසිඳුවන, විශිෂ්ට ඥානය උපදවන, සත්‍යාවබෝධය කරවන, නිවන පිණිස පවතින ඒ මධ්‍යම ප්‍රතිපදාව ය.

මහණෙනි, මෙය වනාහී දුක්ඛාර්ය සත්‍යය යි. ඉපදීම ත් දුක ය. ජරාවට පත්වීම ත් දුක ය. රෝගී වීම ත් දුක ය. මරණය ත් දුක ය. අප්‍රියයන් හා එක්වන්නට සිදුවීම ත් දුක ය. ප්‍රියයන්ගෙන් වෙන්වීමට සිදුවීම ත් දුක ය. යමක් කැමති වෙයි ද, එය නොලැබෙයි නම්, එය ත් දුක ය. සංක්ෂේපයෙන් කිව්වොත් උපාදානස්කන්ධ පස ම දුක ය.

මහණෙනි, මෙය වනාහී දුක් හටගැනීම නම් ආර්ය සත්‍යය යි. නැවත භවයක් සකසා දෙන, ආශ්වාදයෙන් ඇලෙන ස්වභාවයෙන් යුතු, උපනුපන් තන්හි සතුටෙන් පිළිගන්නා වූ, යම් මේ තණ්හාවක් ඇද්ද, එය යි. එනම්; කාම තණ්හාව ය, භව තණ්හාව ය, විභව තණ්හාව ය.

මහණෙනි, මෙය වනාහී දුක් නිරුද්ධ වීම නම් ආර්ය සත්‍යය යි. ඒ ත්‍රිවිධ තණ්හාවේ ම ඉතුරුවීමක් නොතබා, නොඇල්මෙන් යම් නිරුද්ධ වීමක් ඇද්ද, අත්හැරීමක් ඇද්ද, දුරු කිරීමක් ඇද්ද, නිදහස් වීමක් ඇද්ද, ඇල්ම නැති බවක් ඇද්ද, එය යි.

මහණෙනි, මෙය වනාහී දුක් නිරුද්ධ වීම පිණිස පවතින ප්‍රතිපදාව නම් ආර්ය සත්‍යය යි. ඒ මේ ආර්ය අෂ්ටාංගික මාර්ගය ම ය. එනම්; නිවැරදි දෘෂ්ටිය ය. නිවැරදි සංකල්පනා ය. නිවැරදි වචන භාවිතය ය. නිවැරදි කායික ක්‍රියා ය. නිවැරදි දිවි පැවැත්ම ය. නිවැරදි වීර්යය ය. නිවැරදි සිහිය ය. නිවැරදි චිත්ත සමාධිය ය.

'මෙය දුක නම් වූ ආර්ය සත්‍යය යැ'යි මහණෙනි, මා හට පෙර නොඇසූ විරූ ධර්මයන්හි ඇස පහළ වූයේ ය. ඥානය පහළ වූයේ ය. ප්‍රඥාව පහළ වූයේ ය. විද්‍යාව පහළ වූයේ ය. ආලෝකය පහළ වූයේ ය.

'ඒ මේ දුක නම් වූ ආර්ය සත්‍යය වනාහී පිරිසිඳ අවබෝධය කළ යුත්තේ ය' යි මහණෙනි, මා හට පෙර නොඇසූ විරූ ධර්මයන්හි ඇස පහළ වූයේ ය. ඥානය පහළ වූයේ ය. ප්‍රඥාව පහළ වූයේ ය. විද්‍යාව පහළ වූයේ ය. ආලෝකය පහළ වූයේ ය.

'ඒ මේ දුක නම් වූ ආර්ය සත්‍යය වනාහී පිරිසිඳ අවබෝධය කරන ලද්දේ ය' යි මහණෙනි, මා හට පෙර නොඇසූ විරූ ධර්මයන්හි ඇස පහළ

වූයේ ය. ඥානය පහළ වූයේ ය. ප්‍රඥාව පහළ වූයේ ය. විද්‍යාව පහළ වූයේ ය. ආලෝකය පහළ වූයේ ය.

'මෙය දුක හටගැනීම නම් වූ ආර්ය සත්‍යය යැ'යි මහණෙනි, මා හට පෙර නොඇසූ විරූ ධර්මයන්හි ඇස පහළ වූයේ ය. ඥානය පහළ වූයේ ය. ප්‍රඥාව පහළ වූයේ ය. විද්‍යාව පහළ වූයේ ය. ආලෝකය පහළ වූයේ ය.

'ඒ මේ දුක හටගැනීම නම් වූ ආර්ය සත්‍යය වනාහී ප්‍රහාණය කළ යුත්තේ ය' යි මහණෙනි, මා හට පෙර නොඇසූ විරූ ධර්මයන්හි ඇස පහළ වූයේ ය. ඥානය පහළ වූයේ ය. ප්‍රඥාව පහළ වූයේ ය. විද්‍යාව පහළ වූයේ ය. ආලෝකය පහළ වූයේ ය.

'ඒ මේ දුක හටගැනීම නම් වූ ආර්ය සත්‍යය වනාහී ප්‍රහාණය කරන ලද්දේ ය' යි මහණෙනි, මා හට පෙර නොඇසූ විරූ ධර්මයන්හි ඇස පහළ වූයේ ය. ඥානය පහළ වූයේ ය. ප්‍රඥාව පහළ වූයේ ය. විද්‍යාව පහළ වූයේ ය. ආලෝකය පහළ වූයේ ය.

'මෙය දුක නිරුද්ධ වීම නම් වූ ආර්ය සත්‍යය යැ'යි මහණෙනි, මා හට පෙර නොඇසූ විරූ ධර්මයන්හි ඇස පහළ වූයේ ය. ඥානය පහළ වූයේ ය. ප්‍රඥාව පහළ වූයේ ය. විද්‍යාව පහළ වූයේ ය. ආලෝකය පහළ වූයේ ය.

'ඒ මේ දුක නිරුද්ධ වීම නම් වූ ආර්ය සත්‍යය වනාහී සාක්ෂාත් කළ යුත්තේ ය' යි මහණෙනි, මා හට පෙර නොඇසූ විරූ ධර්මයන්හි ඇස පහළ වූයේ ය. ඥානය පහළ වූයේ ය. ප්‍රඥාව පහළ වූයේ ය. විද්‍යාව පහළ වූයේ ය. ආලෝකය පහළ වූයේ ය.

'ඒ මේ දුක නිරුද්ධ වීම නම් වූ ආර්ය සත්‍යය වනාහී සාක්ෂාත් කරන ලද්දේ ය' යි මහණෙනි, මා හට පෙර නොඇසූ විරූ ධර්මයන්හි ඇස පහළ වූයේ ය. ඥානය පහළ වූයේ ය. ප්‍රඥාව පහළ වූයේ ය. විද්‍යාව පහළ වූයේ ය. ආලෝකය පහළ වූයේ ය.

'මෙය දුක නිරුද්ධ වීම පිණිස පවතින ප්‍රතිපදාව නම් වූ ආර්ය සත්‍යය යැ'යි මහණෙනි, මා හට පෙර නොඇසූ විරූ ධර්මයන්හි ඇස පහළ වූයේ ය. ඥානය පහළ වූයේ ය. ප්‍රඥාව පහළ වූයේ ය. විද්‍යාව පහළ වූයේ ය. ආලෝකය පහළ වූයේ ය.

'ඒ මේ දුක නිරුද්ධ වීම පිණිස පවතින ප්‍රතිපදාව නම් වූ ආර්ය සත්‍යය වනාහී ප්‍රගුණ කළ යුත්තේ ය' යි මහණෙනි, මා හට පෙර නොඇසූ විරූ

ධර්මයන්හි ඇස පහළ වූයේ ය. ඥානය පහළ වූයේ ය. ප්‍රඥාව පහළ වූයේ ය. විද්‍යාව පහළ වූයේ ය. ආලෝකය පහළ වූයේ ය.

'ඒ මේ දුක නිරුද්ධ වීම පිණිස පවතින ප්‍රතිපදාව නම් වූ ආර්ය සත්‍යය වනාහී ප්‍රගුණ කරන ලද්දේ ය' යි මහණෙනි, මා හට පෙර නොඇසූ විරූ ධර්මයන්හි ඇස පහළ වූයේ ය. ඥානය පහළ වූයේ ය. ප්‍රඥාව පහළ වූයේ ය. විද්‍යාව පහළ වූයේ ය. ආලෝකය පහළ වූයේ ය.

මහණෙනි, යම්තාක් කල් ම මා හට මේ චතුරාර්ය සත්‍ය ධර්මයන් පිළිබඳ ව මේ අයුරින් (ආර්ය සත්‍යයක් බව යන සත්‍ය ඥානය ත්, අනතුරුව කළ යුතු දේ ගැන ඇති කෘත්‍ය ඥානය ත්, එය සම්පූර්ණ කළ පසු ඇතිවන කෘත ඥානය ත්) පරිවර්ත තුනකින් යුතුව, දොළොස් ආකාරයකින් යුතුව, ඒ වූ සැටියෙන් ම ඥාන දර්ශනය ඉතා පිරිසිදුවට අවබෝධ නොවූයේ ද, මහණෙනි, ඒ තාක් ම මම දෙවියන් සහිත වූ, මරුන් සහිත වූ, බඹුන් සහිත වූ, ශ්‍රමණබ්‍රාහ්මණයන් සහිත වූ, දෙව් මිනිස් ප්‍රජාවෙන් යුතු ලෝකයෙහි අනුත්තර වූ සම්මා සම්බෝධිය විශේෂ කොට අවබෝධ කරගත් බවට ප්‍රතිඥා නොදුන්නෙමි.

මහණෙනි, යම් කලෙක මා හට මේ චතුරාර්ය සත්‍ය ධර්මයන් පිළිබඳ ව මේ අයුරින් (ආර්ය සත්‍යයක් බව යන සත්‍ය ඥානය ත්, අනතුරුව කළ යුතු දේ ගැන ඇති කෘත්‍ය ඥානය ත්, එය සම්පූර්ණ කළ පසු ඇතිවන කෘත ඥානය ත්) පරිවර්ත තුනකින් යුතුව, දොළොස් ආකාරයකින් යුතුව, ඒ වූ සැටියෙන් ම ඥාන දර්ශනය ඉතා පිරිසිදු වූයේ ද, මහණෙනි, එකල්හී මම දෙවියන් සහිත වූ, මරුන් සහිත වූ, බඹුන් සහිත වූ, ශ්‍රමණබ්‍රාහ්මණයන් සහිත වූ, දෙව් මිනිස් ප්‍රජාවෙන් යුතු ලෝකයෙහි අනුත්තර වූ සම්මා සම්බෝධිය විශේෂ කොට අවබෝධ කරගත් බවට ප්‍රතිඥා දුන්නෙමි.

මා හට ඥාන දර්ශනය පහළ වූයේ ය. මාගේ චිත්ත විමුක්තිය වෙනස් නොවෙයි. මේ අවසන් ඉපදීම යි. දැන් නැවත භවයක් නැත්තේ ය."

භාග්‍යවතුන් වහන්සේ මෙය වදාළ සේක. සතුටු සිත් ඇති පස්දෙනෙකු ගෙන් යුක්ත වූ ඒ භික්ෂූහු භාග්‍යවතුන් වහන්සේගේ භාෂිතය සතුටින් පිළිගත්තාහු ය.

මේ වෙය්‍යාකරණය වදාරණ කල්හී ආයුෂ්මත් කොණ්ඩඤ්ඤයන් වහන්සේට කෙලෙස් රහිත වූ, මලකඩ රහිත වූ, දහම් ඇස පහළ වූයේ ය. එනම්; 'හේතු ප්‍රත්‍යයන්ගෙන් හටගන්නා ස්වභාවය ඇති යම්කිසිවක් ඇද්ද, ඒ සියල්ල හේතු නිරුද්ධ වීමෙන් නිරුද්ධ වී යන ස්වභාවය ඇත්තේ ය' යන කරුණ යි.

භාග්‍යවතුන් වහන්සේ විසින් ධර්ම චක්‍රය ප්‍රවර්තනය කළ කල්හී පොළොවවාසී දෙවිවරු ශබ්දයක් පැවැත්වූවාහු ය. 'භාග්‍යවතුන් වහන්සේ විසින් බරණැස ඉසිපතන මිගදායෙහි දී මේ අනුත්තර වූ ධර්ම චක්‍රය කරකවන ලද්දේ ය. ශ්‍රමණයෙකු විසින් වේවා, බ්‍රාහ්මණයෙකු විසින් වේවා, දෙවියෙකු විසින් වේවා, මාරයෙකු විසින් වේවා, බ්‍රහ්මයෙකු විසින් වේවා, ලෝකයෙහි වෙන කිසිවෙකු විසින් වේවා, එය ආපසු කරකැවිය නොහැක්කේ ය' යි.

පොළොවවාසී දෙවිවරුන්ගේ ශබ්දය අසා චාතුම්මහාරාජික දෙවිවරු ශබ්දයක් පැවැත්වූවාහු ය. 'භාග්‍යවතුන් වහන්සේ විසින් බරණැස ඉසිපතන මිගදායෙහි දී මේ අනුත්තර වූ ධර්ම චක්‍රය කරකවන ලද්දේ ය. ශ්‍රමණයෙකු විසින් වේවා, බ්‍රාහ්මණයෙකු විසින් වේවා, දෙවියෙකු විසින් වේවා, මාරයෙකු විසින් වේවා, බ්‍රහ්මයෙකු විසින් වේවා, ලෝකයෙහි වෙන කිසිවෙකු විසින් වේවා, එය ආපසු කරකැවිය නොහැක්කේ ය' යි.

චාතුම්මහාරාජික දෙවිවරුන්ගේ ශබ්දය අසා තව්තිසා දෙවිවරු ශබ්දයක් පැවැත්වූවාහු ය. ....(පෙ).... තව්තිසා දෙවිවරුන්ගේ ශබ්දය අසා යාම දෙවිවරු ශබ්දයක් පැවැත්වූවාහු ය. ....(පෙ).... යාම දෙවිවරුන්ගේ ශබ්දය අසා තුසිත දෙවිවරු ශබ්දයක් පැවැත්වූවාහු ය. ....(පෙ).... තුසිත දෙවිවරුන්ගේ ශබ්දය අසා නිම්මාණරතී දෙවිවරු ශබ්දයක් පැවැත්වූවාහු ය. ....(පෙ).... නිම්මාණරතී දෙවිවරුන්ගේ ශබ්දය අසා පරනිම්මිත වසවත්තී දෙවිවරු ශබ්දයක් පැවැත්වූවාහු ය. ....(පෙ).... පරනිම්මිත වසවත්තී දෙවිවරුන්ගේ ශබ්දය අසා බ්‍රහ්මකායික දෙවිවරු ශබ්දයක් පැවැත්වූවාහු ය. 'භාග්‍යවතුන් වහන්සේ විසින් බරණැස ඉසිපතන මිගදායෙහි දී මේ අනුත්තර වූ ධර්ම චක්‍රය කරකවන ලද්දේ ය. ශ්‍රමණයෙකු විසින් වේවා, බ්‍රාහ්මණයෙකු විසින් වේවා, දෙවියෙකු විසින් වේවා, මාරයෙකු විසින් වේවා, බ්‍රහ්මයෙකු විසින් වේවා, ලෝකයෙහි වෙන කිසිවෙකු විසින් වේවා, එය ආපසු කරකැවිය නොහැක්කේ ය' යනුවෙනි.

මෙසේ එකෙණෙහි, ඒ මොහොතෙහි යම්තාක් බ්‍රහ්මලෝක ඇද්ද, ඒ තාක් ඉහත කී ශබ්දය උස් ව පැනනැංගේ ය. මේ දසදහස් ලෝක ධාතුව ද කම්පා වූයේ ය. අතිශයින් කම්පා වූයේ ය. බලවත් ව කම්පා වූයේ ය. දෙවියන්ගේ දේවානුභාවය ඉක්මවා ගිය අප්‍රමාණ වූ උදාර වූ ආලෝකයක් ද ලෝකයෙහි පැතිර ගියේ ය.

එකල්හී භාග්‍යවතුන් වහන්සේ උදානයක් පහළ කළ සේක.

"භවත් කොණ්ඩඤ්ඤ තෙමේ ඒකාන්තයෙන් අවබෝධ කළේ ය! භවත් කොණ්ඩඤ්ඤ තෙමේ ඒකාන්තයෙන් අවබෝධ කළේ ය!"

මෙසේ ආයුෂ්මත් කොණ්ඩඤ්ඤයන් වහන්සේට අඤ්ඤාකොණ්ඩඤ්ඤ යනුවෙන් ම මේ නාමය වූයේ ය.

සාදු! සාදු!! සාදු!!!

ධම්මචක්කප්පවත්තන සූත්‍රය නිමා විය.

12.2.2.
තථාගත සූත්‍රය
තථාගතයන් වහන්සේ පිළිබඳ ව වදාළ දෙසුම

'මෙය දුක නම් වූ ආර්ය සත්‍යය යැ'යි මහණෙනි, තථාගතයන් හට පෙර නොඇසූ විරූ ධර්මයන්හි ඇස පහළ වූයේ ය. ඥානය පහළ වූයේ ය. ප්‍රඥාව පහළ වූයේ ය. විද්‍යාව පහළ වූයේ ය. ආලෝකය පහළ වූයේ ය.

'ඒ මේ දුක නම් වූ ආර්ය සත්‍යය වනාහී පිරිසිඳ අවබෝධය කළ යුත්තේ ය' යි මහණෙනි, තථාගතයන් හට පෙර නොඇසූ විරූ ධර්මයන්හි ඇස පහළ වූයේ ය. ඥානය පහළ වූයේ ය. ප්‍රඥාව පහළ වූයේ ය. විද්‍යාව පහළ වූයේ ය. ආලෝකය පහළ වූයේ ය.

'ඒ මේ දුක නම් වූ ආර්ය සත්‍යය වනාහී පිරිසිඳ අවබෝධය කරන ලද්දේ ය' යි මහණෙනි, තථාගතයන් හට පෙර නොඇසූ විරූ ධර්මයන්හි ඇස පහළ වූයේ ය. ඥානය පහළ වූයේ ය. ප්‍රඥාව පහළ වූයේ ය. විද්‍යාව පහළ වූයේ ය. ආලෝකය පහළ වූයේ ය.

'මෙය දුක හටගැනීම නම් වූ ආර්ය සත්‍යය යැ'යි මහණෙනි, තථාගතයන් හට පෙර නොඇසූ විරූ ධර්මයන්හි ඇස පහළ වූයේ ය. ඥානය පහළ වූයේ ය. ප්‍රඥාව පහළ වූයේ ය. විද්‍යාව පහළ වූයේ ය. ආලෝකය පහළ වූයේ ය.

'ඒ මේ දුක හටගැනීම නම් වූ ආර්ය සත්‍යය වනාහී ප්‍රහාණය කළ යුත්තේ ය' යි මහණෙනි, තථාගතයන් හට පෙර නොඇසූ විරූ ධර්මයන්හි ඇස පහළ වූයේ ය. ඥානය පහළ වූයේ ය. ප්‍රඥාව පහළ වූයේ ය. විද්‍යාව පහළ වූයේ ය. ආලෝකය පහළ වූයේ ය.

'ඒ මේ දුක හටගැනීම නම් වූ ආර්ය සත්‍යය වනාහී ප්‍රහාණය කරන ලද්දේ ය' යි මහණෙනි, තථාගතයන් හට පෙර නොඇසූ විරූ ධර්මයන්හි ඇස

පහළ වූයේ ය. ඥානය පහළ වූයේ ය. ප්‍රඥාව පහළ වූයේ ය. විද්‍යාව පහළ වූයේ ය. ආලෝකය පහළ වූයේ ය.

'මෙය දුක නිරුද්ධ වීම නම් වූ ආර්ය සත්‍යය යැ'යි මහණෙනි, තථාගතයන් හට පෙර නොඇසූ විරූ ධර්මයන්හි ඇස පහළ වූයේ ය. ඥානය පහළ වූයේ ය. ප්‍රඥාව පහළ වූයේ ය. විද්‍යාව පහළ වූයේ ය. ආලෝකය පහළ වූයේ ය.

'ඒ මේ දුක නිරුද්ධ වීම නම් වූ ආර්ය සත්‍යය වනාහී සාක්ෂාත් කළ යුත්තේ ය' යි මහණෙනි, තථාගතයන් හට පෙර නොඇසූ විරූ ධර්මයන්හි ඇස පහළ වූයේ ය. ඥානය පහළ වූයේ ය. ප්‍රඥාව පහළ වූයේ ය. විද්‍යාව පහළ වූයේ ය. ආලෝකය පහළ වූයේ ය.

'ඒ මේ දුක නිරුද්ධ වීම නම් වූ ආර්ය සත්‍යය වනාහී සාක්ෂාත් කරන ලද්දේ ය' යි මහණෙනි, තථාගතයන් හට පෙර නොඇසූ විරූ ධර්මයන්හි ඇස පහළ වූයේ ය. ඥානය පහළ වූයේ ය. ප්‍රඥාව පහළ වූයේ ය. විද්‍යාව පහළ වූයේ ය. ආලෝකය පහළ වූයේ ය.

'මෙය දුක නිරුද්ධ වීම පිණිස පවතින ප්‍රතිපදාව නම් වූ ආර්ය සත්‍යය යැ'යි මහණෙනි, තථාගතයන් හට පෙර නොඇසූ විරූ ධර්මයන්හි ඇස පහළ වූයේ ය. ඥානය පහළ වූයේ ය. ප්‍රඥාව පහළ වූයේ ය. විද්‍යාව පහළ වූයේ ය. ආලෝකය පහළ වූයේ ය.

'ඒ මේ දුක නිරුද්ධ වීම පිණිස පවතින ප්‍රතිපදාව නම් වූ ආර්ය සත්‍යය වනාහී ප්‍රගුණ කළ යුත්තේ ය' යි මහණෙනි, තථාගතයන් හට පෙර නොඇසූ විරූ ධර්මයන්හි ඇස පහළ වූයේ ය. ඥානය පහළ වූයේ ය. ප්‍රඥාව පහළ වූයේ ය. විද්‍යාව පහළ වූයේ ය. ආලෝකය පහළ වූයේ ය.

'ඒ මේ දුක නිරුද්ධ වීම පිණිස පවතින ප්‍රතිපදාව නම් වූ ආර්ය සත්‍යය වනාහී ප්‍රගුණ කරන ලද්දේ ය' යි මහණෙනි, තථාගතයන් හට පෙර නොඇසූ විරූ ධර්මයන්හි ඇස පහළ වූයේ ය. ඥානය පහළ වූයේ ය. ප්‍රඥාව පහළ වූයේ ය. විද්‍යාව පහළ වූයේ ය. ආලෝකය පහළ වූයේ ය.

සාදු! සාදු!! සාදු!!!

තථාගත සූත්‍රය නිමා විය.

12.2.3.
ඛන්ධ සූත්‍රය
උපාදානස්කන්ධ ගැන වදාළ දෙසුම

මහණෙනි, මේ චතුරාර්ය සත්‍යය යි. ඒ කවර සතරක් ද යත්; දුක්ඛාර්ය සත්‍යය ය. දුක්ඛ සමුදය ආර්ය සත්‍යය ය. දුක්ඛ නිරෝධ ආර්ය සත්‍යය ය. දුක්ඛ නිරෝධගාමිනී පටිපදා ආර්ය සත්‍යය ය.

මහණෙනි, දුක්ඛාර්ය සත්‍යය යනු කුමක් ද? එයට පංච උපාදානස්කන්ධය යැයි කිව යුත්තේ ය. ඒ කවර පසක් ද යත්; රූප උපාදානස්කන්ධය ය. වේදනා උපාදානස්කන්ධය ය. සංඥා උපාදානස්කන්ධය ය. සංස්කාර උපාදානස්කන්ධය ය. විඤ්ඤාණ උපාදානස්කන්ධය ය. මහණෙනි, මෙය දුක්ඛාර්ය සත්‍යය යැයි කියනු ලැබේ.

මහණෙනි, දුක් හටගැනීම නම් වූ ආර්ය සත්‍යය කුමක් ද? නැවත භවයක් සකසා දෙන, ආශ්වාදයෙන් ඇලෙන ස්වභාවයෙන් යුතු, උපනුපන් තන්හි සතුටෙන් පිළිගන්නා වූ, යම් මේ තණ්හාවක් ඇද්ද, එය යි. එනම්; කාම තණ්හාව ය, භව තණ්හාව ය, විභව තණ්හාව ය. මහණෙනි, මෙය දුක්ඛ සමුදය ආර්ය සත්‍යය යැයි කියනු ලැබේ.

මහණෙනි, දුක් නිරුද්ධ වීම නම් වූ ආර්ය සත්‍යය කුමක් ද? ඒ ත්‍රිවිධ තණ්හාවේ ම ඉතුරුවීමක් නොතබා, නොඇල්මෙන් යම් නිරුද්ධ වීමක් ඇද්ද, අත්හැරීමක් ඇද්ද, දුරු කිරීමක් ඇද්ද, නිදහස් වීමක් ඇද්ද, ඇල්ම නැති බවක් ඇද්ද, එය යි. මහණෙනි, මෙය දුක්ඛ නිරෝධ ආර්ය සත්‍යය යැයි කියනු ලැබේ.

මහණෙනි, දුක් නිරුද්ධ වීම පිණිස පවතින ප්‍රතිපදාව නම් වූ ආර්ය සත්‍යය යනු කුමක් ද? ඒ මේ ආර්ය අෂ්ටාංගික මාර්ගය ම ය. එනම්; නිවැරදි දෘෂ්ටිය ය. නිවැරදි සංකල්පනා ය. නිවැරදි වචන භාවිතය ය. නිවැරදි කායික ක්‍රියා ය. නිවැරදි දිවි පැවැත්ම ය. නිවැරදි වීර්යය ය. නිවැරදි සිහිය ය. නිවැරදි චිත්ත සමාධිය ය. මහණෙනි, මෙය දුක්ඛ නිරෝධ ගාමිනී පටිපදා ආර්ය සත්‍යය යැයි කියනු ලැබේ.

මහණෙනි, මේ වනාහී චතුරාර්ය සත්‍යය යි.

එහෙයින් මහණෙනි, මෙය දුක යැයි අවබෝධ කරනු පිණිස වීර්යය

කළ යුත්තේ ය. ....(පෙ).... මෙය දුක් නිරුද්ධවන්නා වූ මාර්ගය යැයි අවබෝධ කරනු පිණිස වීර්යය කළ යුත්තේ ය.

සාධු! සාධු!! සාධු!!!

බන්ධ සූත්‍රය නිමා විය.

12.2.4.
ආයතන සූත්‍රය
ආයතන ගැන වදාළ දෙසුම

මහණෙනි, මේ චතුරාර්ය සත්‍යය යි. ඒ කවර සතරක් ද යත්; දුක්ඛාර්ය සත්‍යය ය. දුක්ඛ සමුදය ආර්ය සත්‍යය ය. දුක්ඛ නිරෝධ ආර්ය සත්‍යය ය. දුක්ඛ නිරෝධගාමිනී පටිපදා ආර්ය සත්‍යය ය.

මහණෙනි, දුක්ඛාර්ය සත්‍යය යනු කුමක් ද? එයට ආධ්‍යාත්මික ආයතන සය යැයි කිව යුත්තේ ය. ඒ කවර සයක් ද යත්; ඇස නම් වූ ආයතනය ය. කන නම් වූ ආයතනය ය. නාසය නම් වූ ආයතනය ය. දිව නම් වූ ආයතනය ය. කය නම් වූ ආයතනය ය. මනස නම් වූ ආයතනය ය. මහණෙනි, මෙය දුක්ඛාර්ය සත්‍යය යැයි කියනු ලැබේ.

මහණෙනි, දුක් හටගැනීම නම් වූ ආර්ය සත්‍යය කුමක් ද? නැවත භවයක් සකසා දෙන, ආශ්වාදයෙන් ඇලෙන ස්වභාවයෙන් යුතු, උපනුපන් තන්හි සතුටෙන් පිළිගන්නා වූ, යම් මේ තණ්හාවක් ඇද්ද, එය යි. එනම්; කාම තණ්හාව ය, භව තණ්හාව ය, විභව තණ්හාව ය. මහණෙනි, මෙය දුක්ඛ සමුදය ආර්ය සත්‍යය යැයි කියනු ලැබේ.

මහණෙනි, දුක් නිරුද්ධ වීම නම් වූ ආර්ය සත්‍යය කුමක් ද? ඒ ත්‍රිවිධ තණ්හාවේ ම ඉතුරුවීමක් නොතබා, නොඇල්මෙන් යම් නිරුද්ධ වීමක් ඇද්ද, අත්හැරීමක් ඇද්ද, දුරු කිරීමක් ඇද්ද, නිදහස් වීමක් ඇද්ද, ඇල්ම නැති බවක් ඇද්ද, එය යි. මහණෙනි, මෙය දුක්ඛ නිරෝධ ආර්ය සත්‍යය යැයි කියනු ලැබේ.

මහණෙනි, දුක් නිරුද්ධ වීම පිණිස පවතින ප්‍රතිපදාව නම් වූ ආර්ය සත්‍යය යනු කුමක් ද? ඒ මේ ආර්ය අෂ්ටාංගික මාර්ගය ම ය. එනම්; නිවැරදි දෘෂ්ටිය ය. නිවැරදි සංකල්පනා ය. නිවැරදි වචන භාවිතය ය. නිවැරදි කායික

ක්‍රියා ය. නිවැරදි දිවි පැවැත්ම ය. නිවැරදි වීර්යය ය. නිවැරදි සිහිය ය. නිවැරදි චිත්ත සමාධිය ය. මහණෙනි, මෙය දුක්ඛ නිරෝධ ගාමිනී පටිපදා ආර්ය සත්‍යය යැයි කියනු ලැබේ.

මහණෙනි, මේ වනාහී චතුරාර්ය සත්‍යය යි.

එහෙයින් මහණෙනි, මෙය දුක යැයි අවබෝධ කරනු පිණිස වීර්යය කළ යුත්තේ ය. ....(පෙ).... මෙය දුක් නිරුද්ධවන්නා වූ මාර්ගය යැයි අවබෝධ කරනු පිණිස වීර්යය කළ යුත්තේ ය.

සාදු! සාදු!! සාදු!!!

ආයතන සූත්‍රය නිමා විය.

12.2.5.
ධාරණ සූත්‍රය
මතක තබා ගැනීම ගැන වදාළ දෙසුම

"මහණෙනි, ඔබලා 'මා විසින් සතරක් වූ ආර්ය සත්‍යයයෝ දෙසන ලද්දාහ' යි මතකයෙහි රඳවා සිටිව් ද?"

මෙසේ වදාළ කල්හී එක්තරා භික්ෂුවක් භාග්‍යවතුන් වහන්සේට මෙය සැළ කළේ ය.

"ස්වාමීනී, 'මම භාග්‍යවතුන් වහන්සේ විසින් සතරක් වූ ආර්ය සත්‍යයෝ වදාරණ ලද්දාහ' යි මතකයේ රඳවා සිටිමි."

"භික්ෂුව, 'මා විසින් සතරක් වූ ආර්ය සත්‍යයයෝ දෙසන ලද්දාහ' යි ඔබ කොයි අයුරින් මතකයෙහි රඳවා සිටින්නෙහි ද?"

"ස්වාමීනී, මම දුක වනාහී භාග්‍යවතුන් වහන්සේ විසින් වදාරණ ලද පළමු ආර්ය සත්‍යය යැයි මතකයෙහි රඳවා සිටිමි. ස්වාමීනී, මම දුක හටගැනීම වනාහී භාග්‍යවතුන් වහන්සේ විසින් වදාරණ ලද දෙවන ආර්ය සත්‍යය යැයි මතකයෙහි රඳවා සිටිමි. ස්වාමීනී, මම දුක නිරුද්ධ වීම වනාහී භාග්‍යවතුන් වහන්සේ විසින් වදාරණ ලද තුන්වන ආර්ය සත්‍යය යැයි මතකයෙහි රඳවා සිටිමි. ස්වාමීනී, මම දුක නිරුද්ධ වීම පිණිස පවතින ප්‍රතිපදාව වනාහී භාග්‍යවතුන් වහන්සේ විසින්

වදාරණ ලද සිව්වන ආර්ය සත්‍යය යැයි මතකයෙහි රඳවා සිටිමි. ස්වාමීනී, මේ අයුරින් 'භාග්‍යවතුන් වහන්සේ විසින් සතරක් වූ ආර්ය සත්‍යයෝ වදාරණ ලද්දාහ' යි මම දරා සිටිමි."

"සාදු! සාදු! භික්ෂුව. භික්ෂුව, ඔබ 'මා විසින් සතරක් වූ ආර්ය සත්‍යයෝ දෙසන ලද්දාහ' යි මැනැවින් දරන්නෙහි ය. භික්ෂුව, දුක වනාහී මා විසින් වදාරණ ලද පළමු ආර්ය සත්‍යය යි එසෙයින් දරා ගනුව. භික්ෂුව, දුක හටගැනීම වනාහී මා විසින් වදාරණ ලද දෙවන ආර්ය සත්‍යය යි එසෙයින් දරා ගනුව. භික්ෂුව, දුක නිරුද්ධ වීම වනාහී මා විසින් වදාරණ ලද තුන්වන ආර්ය සත්‍යය යි එසෙයින් දරා ගනුව. භික්ෂුව, දුක නිරුද්ධ වීම පිණිස පවතින ප්‍රතිපදාව වනාහී මා විසින් වදාරණ ලද සිව්වන ආර්ය සත්‍යය යි එසෙයින් දරා ගනුව. භික්ෂුව, මේ අයුරින් මා විසින් සතරක් වූ ආර්ය සත්‍යයෝ වදාරණ ලද්දාහ යි දරා ගනුව.

එහෙයින් මහණෙනි, මෙය දුක යැයි අවබෝධ කරනු පිණිස වීර්යය කළ යුත්තේ ය. ....(පෙ).... මෙය දුක් නිරුද්ධවන්නා වූ මාර්ගය යැයි අවබෝධ කරනු පිණිස වීර්යය කළ යුත්තේ ය.

සාදු! සාදු!! සාදු!!!

ධාරණ සූත්‍රය නිමා විය.

12.2.6.

දුතිය ධාරණ සූත්‍රය

මතක තබා ගැනීම ගැන වදාළ දෙවන දෙසුම

"මහණෙනි, ඔබලා 'මා විසින් සතරක් වූ ආර්ය සත්‍යයෝ දෙසන ලද්දාහ' යි මතකයෙහි රඳවා සිටිව් ද?"

මෙසේ වදාළ කල්හී එක්තරා භික්ෂුවක් භාග්‍යවතුන් වහන්සේට මෙය සැළ කළේ ය.

"ස්වාමීනී, 'මම භාග්‍යවතුන් වහන්සේ විසින් සතරක් වූ ආර්ය සත්‍යයෝ වදාරණ ලද්දාහ' යි මතකයේ රඳවා සිටිමි."

"භික්ෂුව, 'මා විසින් සතරක් වූ ආර්ය සත්‍යයයෝ දෙසන ලද්දාහ' යි ඔබ කොයි අයුරින් මතකයෙහි රඳවා සිටින්නෙහි ද?"

"ස්වාමීනී, මම දුක වනාහී භාග්‍යවතුන් වහන්සේ විසින් වදාරණ ලද පළමු ආර්ය සත්‍යය යැයි මතකයෙහි රඳවා සිටිමි. ස්වාමීනී, යම්කිසි ශ්‍රමණයෙක් වේවා, බ්‍රාහ්මණයෙක් වේවා මෙසේ කියයි නම්, 'ශ්‍රමණ ගෞතමයන් විසින් දෙසන ලද පළමු ආර්ය සත්‍යය මේ දුක නොවෙයි. මම පළමු ආර්ය සත්‍යය වූ මේ දුක ප්‍රතික්ෂේප කොට අන්‍ය වූ දුකක් පළමු ආර්ය සත්‍යය වශයෙන් පණවන්නෙමි' යි යන මෙකරුණ කිසිදා දකින්නට නොලැබෙයි.

ස්වාමීනී, මම දුක හටගැනීම වනාහී භාග්‍යවතුන් වහන්සේ විසින් වදාරණ ලද දෙවන ආර්ය සත්‍යය යැයි මතකයෙහි රඳවා සිටිමි. ස්වාමීනී, යම්කිසි ශ්‍රමණයෙක් වේවා, බ්‍රාහ්මණයෙක් වේවා මෙසේ කියයි නම්, 'ශ්‍රමණ ගෞතමයන් විසින් දෙසන ලද දෙවන ආර්ය සත්‍යය මේ දුක හටගැනීම නොවෙයි. මම දෙවන ආර්ය සත්‍යය වූ මේ දුක හටගැනීම ප්‍රතික්ෂේප කොට අන්‍ය වූ දුක් හටගැනීමක් දෙවෙන ආර්ය සත්‍යය වශයෙන් පණවන්නෙමි' යි යන මෙකරුණ කිසිදා දකින්නට නොලැබෙයි.

ස්වාමීනී, මම දුක නිරුද්ධ වීම වනාහී භාග්‍යවතුන් වහන්සේ විසින් වදාරණ ලද තුන්වන ආර්ය සත්‍යය යැයි මතකයෙහි රඳවා සිටිමි. ස්වාමීනී, යම්කිසි ශ්‍රමණයෙක් වේවා, බ්‍රාහ්මණයෙක් වේවා මෙසේ කියයි නම්, 'ශ්‍රමණ ගෞතමයන් විසින් දෙසන ලද තුන්වන ආර්ය සත්‍යය මේ දුක නිරුද්ධ වීම නොවෙයි. මම තුන්වන ආර්ය සත්‍යය වූ මේ දුක නිරුද්ධ වීම ප්‍රතික්ෂේප කොට අන්‍ය වූ දුක් නිරුද්ධ වීමක් තුන්වන ආර්ය සත්‍යය වශයෙන් පණවන්නෙමි' යි යන මෙකරුණ කිසිදා දකින්නට නොලැබෙයි.

ස්වාමීනී, මම දුක නිරුද්ධ වීම පිණිස පවතින ප්‍රතිපදාව වනාහී භාග්‍යවතුන් වහන්සේ විසින් වදාරණ ලද සිව්වන ආර්ය සත්‍යය යැයි මතකයෙහි රඳවා සිටිමි. ස්වාමීනී, යම්කිසි ශ්‍රමණයෙක් වේවා, බ්‍රාහ්මණයෙක් වේවා මෙසේ කියයි නම්, 'ශ්‍රමණ ගෞතමයන් විසින් දෙසන ලද සිව්වන ආර්ය සත්‍යය මේ දුක නිරුද්ධ වන ප්‍රතිපදාව නොවෙයි. මම සිව්වන ආර්ය සත්‍යය වූ මේ දුක නිරුද්ධ වන ප්‍රතිපදාව ප්‍රතික්ෂේප කොට අන්‍ය වූ දුක් නිරුද්ධ වන ප්‍රතිපදාවක් සිව්වන ආර්ය සත්‍යය වශයෙන් පණවන්නෙමි' යි යන මෙකරුණ කිසිදා දකින්නට නොලැබෙයි.

ස්වාමීනී, මේ අයුරින් 'භාග්‍යවතුන් වහන්සේ විසින් සතරක් වූ ආර්ය සත්‍යයෝ වදාරණ ලද්දාහ' යි මම දරා සිටිමි."

"සාදු! සාදු! භික්ෂුව. භික්ෂුව, ඔබ 'මා විසින් සතරක් වූ ආර්ය සත්‍යයෝ දෙසන ලද්දාහ' යි මැනැවින් දරන්නෙහි ය. භික්ෂුව, දුක වනාහී මා විසින් වදාරණ ලද පළමු ආර්ය සත්‍යය යි. ඒ අයුරින් ම එය සිතෙහි රඳවා ගනුව. භික්ෂුව, යම්කිසි ශ්‍රමණයෙක් වේවා, බ්‍රාහ්මණයෙක් වේවා මෙසේ කියයි නම්, 'ශ්‍රමණ ගෞතමයන් විසින් දෙසන ලද පළමු ආර්ය සත්‍යය මේ දුක නොවෙයි. මම පළමු ආර්ය සත්‍යය වූ මේ දුක ප්‍රතික්ෂේප කොට අන්‍ය වූ දුකක් පළමු ආර්ය සත්‍යය වශයෙන් පණවන්නෙමි' යි යන මෙකරුණ කිසිදා දකින්නට නොලැබෙයි.

භික්ෂුව, දුක හටගැනීම වනාහී මා විසින් වදාරණ ලද දෙවන ආර්ය සත්‍යය යි. ඒ අයුරින් ම එය සිතෙහි රඳවා ගනුව. ....(පෙ)....

භික්ෂුව, දුක නිරුද්ධ වීම වනාහී මා විසින් වදාරණ ලද තුන්වන ආර්ය සත්‍යය යි. ඒ අයුරින් ම එය සිතෙහි රඳවා ගනුව. ....(පෙ)....

භික්ෂුව, දුක නිරුද්ධ වීම පිණිස පවතින ප්‍රතිපදාව වනාහී මා විසින් වදාරණ ලද සිව්වන ආර්ය සත්‍යය යි. ඒ අයුරින් ම එය සිතෙහි රඳවා ගනුව. භික්ෂුව, යම්කිසි ශ්‍රමණයෙක් වේවා, බ්‍රාහ්මණයෙක් වේවා මෙසේ කියයි නම්, 'ශ්‍රමණ ගෞතමයන් විසින් දෙසන ලද සිව්වන ආර්ය සත්‍යය මේ දුක නිරුද්ධ වන ප්‍රතිපදාව නොවෙයි. මම සිව්වන ආර්ය සත්‍යය වූ මේ දුක නිරුද්ධ වන ප්‍රතිපදාව ප්‍රතික්ෂේප කොට අන්‍ය වූ දුක් නිරුද්ධ වන ප්‍රතිපදාවක් සිව්වන ආර්ය සත්‍යය වශයෙන් පණවන්නෙමි' යි යන මෙකරුණ කිසිදා දකින්නට නොලැබෙයි.

භික්ෂුව, ඔබ මේ අයුරින් 'මා විසින් සතරක් වූ ආර්ය සත්‍යයෝ වදාරණ ලද්දාහ' යි සිතෙහි රඳවා ගනුව.

එහෙයින් භික්ෂුව, මෙය දුක යැයි අවබෝධ කරනු පිණිස වීර්යය කළ යුත්තේ ය. ....(පෙ).... මෙය දුක් නිරුද්ධවන්නා වූ මාර්ගය යැයි අවබෝධ කරනු පිණිස වීර්යය කළ යුත්තේ ය.

සාදු! සාදු!! සාදු!!!

දුතිය ධාරණ සූත්‍රය නිමා විය.

12.2.7.
අවිජ්ජා සූත්‍රය
අවිද්‍යාව ගැන වදාළ දෙසුම

එකල්හී එක්තරා භික්ෂුවක් භාග්‍යවතුන් වහන්සේ වෙත එළැඹියේ ය. එළැඹ භාග්‍යවතුන් වහන්සේට සකසා වන්දනා කොට එකත්පස් ව හිඳගත්තේ ය. එකත්පස් ව හුන් ඒ භික්ෂුව භාග්‍යවතුන් වහන්සේට මෙය පැවසුවේ ය.

"ස්වාමීනී, 'අවිද්‍යාව, අවිද්‍යාව' යැයි කියනු ලැබේ. ස්වාමීනී, අවිද්‍යාව වනාහී කුමක් ද? කොපමණ කරුණකින් අවිද්‍යාවට පැමිණුනේ වෙයි ද?"

"භික්ෂුව, දුක පිළිබඳ ව යම් අවබෝධ නොවීමක් ඇද්ද, දුකෙහි හටගැනීම පිළිබඳ ව යම් අවබෝධ නොවීමක් ඇද්ද, දුක් නිරුද්ධ වීම පිළිබඳ ව යම් අවබෝධ නොවීමක් ඇද්ද, දුක් නිරුද්ධ වීම පිණිස ඇති ප්‍රතිපදාව පිළිබඳ ව යම් අවබෝධ නොවීමක් ඇද්ද, භික්ෂුව, මෙය අවිද්‍යාව යැයි කියනු ලැබේ. මෙපමණකින් ම අවිද්‍යාවට පැමිණුනේ යැයි ද කියනු ලැබේ."

එහෙයින් භික්ෂුව, මෙය දුක යැයි අවබෝධ කරනු පිණිස වීර්යය කළ යුත්තේ ය. ....(පෙ).... මෙය දුක් නිරුද්ධවන්නා වූ මාර්ගය යැයි අවබෝධ කරනු පිණිස වීර්යය කළ යුත්තේ ය.

සාදු! සාදු!! සාදු!!!

අවිජ්ජා සූත්‍රය නිමා විය.

12.2.8.
විජ්ජා සූත්‍රය
විද්‍යාව ගැන වදාළ දෙසුම

එකල්හී එක්තරා භික්ෂුවක් භාග්‍යවතුන් වහන්සේ වෙත එළැඹියේ ය. එළැඹ භාග්‍යවතුන් වහන්සේට සකසා වන්දනා කොට එකත්පස් ව හිඳගත්තේ ය. එකත්පස් ව හුන් ඒ භික්ෂුව භාග්‍යවතුන් වහන්සේට මෙය පැවසුවේ ය.

"ස්වාමීනී, 'විද්‍යාව, විද්‍යාව' යැයි කියනු ලැබේ. ස්වාමීනී, විද්‍යාව වනාහී කුමක් ද? කොපමණ කරුණකින් විද්‍යාවට පැමිණුනේ වෙයි ද?"

"භික්ෂුව, දුක පිළිබඳ ව යම් අවබෝධ වීමක් ඇද්ද, දුකෙහි හටගැනීම පිළිබඳ ව යම් අවබෝධ වීමක් ඇද්ද, දුක් නිරුද්ධ වීම පිළිබඳ ව යම් අවබෝධ වීමක් ඇද්ද, දුක් නිරුද්ධ වීම පිණිස ඇති ප්‍රතිපදාව පිළිබඳ ව යම් අවබෝධ වීමක් ඇද්ද, භික්ෂුව, මෙය විද්‍යාව යැයි කියනු ලැබේ. මෙපමණකින් ම විද්‍යාවට පැමිණුනේ යැයි ද කියනු ලැබේ."

එහෙයින් භික්ෂුව, මෙය දුක යැයි අවබෝධ කරනු පිණිස වීර්යය කළ යුත්තේ ය. ....(පෙ).... මෙය දුක් නිරුද්ධවන්නා වූ මාර්ගය යැයි අවබෝධ කරනු පිණිස වීර්යය කළ යුත්තේ ය.

සාදු! සාදු!! සාදු!!!

විජ්ජා සූත්‍රය නිමා විය.

12.2.9.
සංකාසන සූත්‍රය
විස්තර කිරීම ගැන වදාළ දෙසුම

මහණෙනි, 'මෙය දුක නම් වූ ආර්ය සත්‍යය යැ'යි මා විසින් පණවන ලද්දේ ය. එසේ පැණවීම පිණිස පැවසූ අකුරු අප්‍රමාණ ය. ව්‍යඤ්ජන අප්‍රමාණ ය. විස්තර අප්‍රමාණ ය. මෙසේ ත් මේ දුක නම් වූ ආර්ය සත්‍යය ය.

මහණෙනි, 'මෙය දුක හටගැනීම නම් වූ ආර්ය සත්‍යය යැ'යි මා විසින් පණවන ලද්දේ ය. එසේ පැණවීම පිණිස පැවසූ අකුරු අප්‍රමාණ ය. ව්‍යඤ්ජන අප්‍රමාණ ය. විස්තර අප්‍රමාණ ය. මෙසේ ත් මේ දුක හටගැනීම නම් වූ ආර්ය සත්‍යය ය.

මහණෙනි, 'මෙය දුක නිරුද්ධ වීම නම් වූ ආර්ය සත්‍යය යැ'යි මා විසින් පණවන ලද්දේ ය. එසේ පැණවීම පිණිස පැවසූ අකුරු අප්‍රමාණ ය. ව්‍යඤ්ජන අප්‍රමාණ ය. විස්තර අප්‍රමාණ ය. මෙසේ ත් මේ දුක නිරුද්ධ වීම නම් වූ ආර්ය සත්‍යය ය.

මහණෙනි, 'මෙය දුක නිරුද්ධ වීම පිණිස පවතින ප්‍රතිපදාව නම් වූ ආර්ය සත්‍යය යැ'යි මා විසින් පණවන ලද්දේ ය. එසේ පැණවීම පිණිස පැවසූ

අකුරු අප්‍රමාණ ය. ව්‍යඤ්ජන අප්‍රමාණ ය. විස්තර අප්‍රමාණ ය. මෙසේ ත් මේ දුක නිරුද්ධ වීම පිණිස ඇති ප්‍රතිපදාව නම් වූ ආර්ය සත්‍යය ය.

එහෙයින් මහණෙනි, මෙය දුක යැයි අවබෝධ කරනු පිණිස වීර්යය කළ යුත්තේ ය. ....(පෙ).... මෙය දුක් නිරුද්ධවන්නා වූ මාර්ගය යැයි අවබෝධ කරනු පිණිස වීර්යය කළ යුත්තේ ය.

සාදු! සාදු!! සාදු!!!

සංකාසන සූත්‍රය නිමා විය.

12.2.10.
තථ සූත්‍රය
සත්‍යය ගැන වදාළ දෙසුම

මහණෙනි, මේ සත්‍යයෝ සතරකි. ඒවා අසත්‍ය බවට පත් නොවෙයි. වෙනස් බවකට පත් නොවෙයි. ඒ කවර සතරක් ද යත්;

මහණෙනි, 'මෙය දුක ය' යන මෙකරුණ සත්‍යයකි; මෙකරුණ අසත්‍ය නොවන්නකි; මෙකරුණ අන් ස්වභාවයකට පත් නොවන්නකි.

'මෙය දුක හටගැනීම ය' යන මෙකරුණ සත්‍යයකි; මෙකරුණ අසත්‍ය නොවන්නකි; මෙකරුණ අන් ස්වභාවයකට පත් නොවන්නකි.

'මෙය දුක නිරුද්ධ වීම ය' යන මෙකරුණ සත්‍යයකි; මෙකරුණ අසත්‍ය නොවන්නකි; මෙකරුණ අන් ස්වභාවයකට පත් නොවන්නකි.

'මෙය දුක නිරුද්ධ වීම පිණිස ඇති ප්‍රතිපදාව ය' යන මෙකරුණ සත්‍යයකි; මෙකරුණ අසත්‍ය නොවන්නකි; මෙකරුණ අන් ස්වභාවයකට පත් නොවන්නකි.

මහණෙනි, මේ වනාහී සතරක් වූ සත්‍යයෝ ය. ඒවා අසත්‍ය බවට පත් නොවෙයි. වෙනස් බවකට පත් නොවෙයි.

එහෙයින් මහණෙනි, මෙය දුක යැයි අවබෝධ කරනු පිණිස වීර්යය කළ යුත්තේ ය. ....(පෙ).... මෙය දුක් නිරුද්ධවන්නා වූ මාර්ගය යැයි අවබෝධ

කරනු පිණිස වීර්යය කළ යුත්තේ ය.

සාදු! සාදු!! සාදු!!!

තථ සූත්‍රය නිමා විය.

දෙවෙනි ධම්මචක්කප්පවත්තන වර්ගය අවසන් විය.

- එහි පිළිවෙල උද්දානයයි :

ධම්මචක්කප්පවත්තන සූත්‍රය, තථාගත සූත්‍රය, ඛන්ධ සූත්‍රය, ආයතන සූත්‍රය, ධාරණ සූත්‍ර දෙක, අවිජ්ජා සූත්‍රය, විජ්ජා සූත්‍රය, සංකාසනා සූත්‍රය සහ තථ සූත්‍රය වශයෙන් සූත්‍ර දසයකි.

3. කෝටිගාම වර්ගය

12.3.1.
කෝටිගාම සූත්‍රය
කෝටිගමෙහි දී වදාළ දෙසුම

මා විසින් මෙසේ අසන ලදී.

එක් සමයෙක් හි භාග්‍යවතුන් වහන්සේ වජ්ජි ජනපදයෙහි කෝටිගමෙහි වැඩවසන සේක. එහිදී භාග්‍යවතුන් වහන්සේ භික්ෂූන් ඇමතූ සේක.

"මහණෙනි, සතරක් වූ ආර්ය සත්‍යයන් අවබෝධ නොකිරීම හේතුවෙන්, නුවණින් ප්‍රත්‍යක්ෂ නොකිරීම හේතුවෙන්, මා හට ත්, ඔබ හට ත් මේ සා අතිදීර්ඝ වූ කාලයෙහි සසරෙහි ඇවිදින්නට සිදුවූයේ ය. සැරිසරා යන්නට සිදුවූයේ ය. ඒ කවර ආර්ය සත්‍යය සතරක් ද?

මහණෙනි, දුක නම් වූ ආර්ය සත්‍යය අවබෝධ නොකිරීම හේතුවෙන්, නුවණින් ප්‍රත්‍යක්ෂ නොකිරීම හේතුවෙන්, මා හට ත්, ඔබ හට ත් මේ සා අතිදීර්ඝ වූ කාලයෙහි සසරෙහි ඇවිදින්නට සිදුවූයේ ය. සැරිසරා යන්නට සිදුවූයේ ය.

දුක හටගැනීම නම් වූ ආර්ය සත්‍යය අවබෝධ නොකිරීම හේතුවෙන්, නුවණින් ප්‍රත්‍යක්ෂ නොකිරීම හේතුවෙන්, මා හට ත්, ඔබ හට ත් මේ සා අතිදීර්ඝ වූ කාලයෙහි සසරෙහි ඇවිදින්නට සිදුවූයේ ය. සැරිසරා යන්නට සිදුවූයේ ය.

දුක නිරුද්ධ වීම නම් වූ ආර්ය සත්‍යය අවබෝධ නොකිරීම හේතුවෙන්, නුවණින් ප්‍රත්‍යක්ෂ නොකිරීම හේතුවෙන්, මා හට ත්, ඔබ හට ත් මේ සා අතිදීර්ඝ වූ කාලයෙහි සසරෙහි ඇවිදින්නට සිදුවූයේ ය. සැරිසරා යන්නට සිදුවූයේ ය.

දුක නිරුද්ධ වීම පිණිස පවතින ප්‍රතිපදාව නම් වූ ආර්ය සත්‍යය අවබෝධ නොකිරීම හේතුවෙන්, නුවණින් ප්‍රත්‍යක්ෂ නොකිරීම හේතුවෙන්, මා හට ත්,

ඔබ හට ත් මේ සා අතිදීර්ඝ වූ කාලයෙහි සසරෙහි ඇවිදින්නට සිදුවූයේ ය. සැරිසරා යන්නට සිදුවූයේ ය.

මහණෙනි, ඒ මේ දුක නම් වූ ආර්ය සත්‍යය අවබෝධ කරන ලද්දේ ය. නුවණින් ප්‍රත්‍යක්ෂ කරන ලද්දේ ය. දුකෙහි හටගැනීම නම් වූ ආර්ය සත්‍යය අවබෝධ කරන ලද්දේ ය. නුවණින් ප්‍රත්‍යක්ෂ කරන ලද්දේ ය. දුකෙහි නිරුද්ධ වීම නම් වූ ආර්ය සත්‍යය අවබෝධ කරන ලද්දේ ය. නුවණින් ප්‍රත්‍යක්ෂ කරන ලද්දේ ය. දුක නිරුද්ධ වන ප්‍රතිපදාව නම් වූ ආර්ය සත්‍යය අවබෝධ කරන ලද්දේ ය. නුවණින් ප්‍රත්‍යක්ෂ කරන ලද්දේ ය. භව තෘෂ්ණාව මුලින් ම සිඳින ලද්දේ ය. භව රැහැන් ක්ෂය කරන ලද්දේ ය. දැන් නැවත භවයක් නැත්තේ ය."

භාග්‍යවතුන් වහන්සේ මෙය වදාළ සේක. මෙය වදාළ සුගත වූ ශාස්තෘන් වහන්සේ යළි මෙය ද වදාළ සේක.

> "සතරක් වූ ආර්ය සත්‍ය ධර්මය ඒ වූ සැටියෙන් ම නොදැකීම හේතුවෙන් ඒ ඒ සත්වෝත්පත්තීන්හි අති දීර්ඝ කාලයක් සැරිසරන්නට සිදුවූයේ ය. ඒ මේ ආර්ය සත්‍යයෝ දැන් දක්නා ලදහ. භව රැහැන් මුලින් ම සිඳින ලද්දේ ය. දුකෙහි මූලය සිඳින ලද්දේ ය. දැන් නැවත භවයක් නැත්තේ ය"

සාදු! සාදු!! සාදු!!!

කෝටිගාම සූත්‍රය නිමා විය.

12.3.2.
දුතිය කෝටිගාම සූත්‍රය
කෝටිගමෙහි දී වදාළ දෙවෙනි දෙසුම

මහණෙනි, යම්කිසි ශ්‍රමණයෝ වෙත්වා, බ්‍රාහ්මණයෝ වෙත්වා, 'මෙය දුක යැ' යි ඒ වූ සැටියෙන් ම නොදනිත් ද, 'මෙය දුක හටගැනීම යැ' යි ඒ වූ සැටියෙන් ම නොදනිත් ද, 'මෙය දුක නිරුද්ධ වීම යැ' යි ඒ වූ සැටියෙන් ම නොදනිත් ද, 'මෙය දුක නිරුද්ධ වීම පිණිස පවතින ප්‍රතිපදාව යැ' යි ඒ වූ සැටියෙන් ම නොදනිත් ද, මහණෙනි, ඒ මේ ශ්‍රමණයෝ වෙත්වා, බ්‍රාහ්මණයෝ වෙත්වා, ශ්‍රමණයන් අතර ශ්‍රමණයෝ යැයි සම්මත නොවෙති. බ්‍රාහ්මණයන් අතර බ්‍රාහ්මණයෝ යැයි සම්මත නොවෙති. ඒ ආයුෂ්මත්වරු වනාහී ශ්‍රමණ

බවෙහි අර්ථය හෝ බ්‍රාහ්මණ බවෙහි අර්ථය හෝ මේ ජීවිතයේ දී ම සිය විශිෂ්ට ඥානයෙන් දැන සාක්ෂාත් කොට පැමිණ වාසය නොකරති.

මහණෙනි, යම්කිසි ශ්‍රමණයෝ වෙත්වා, බ්‍රාහ්මණයෝ වෙත්වා, 'මෙය දුක යැ' යි ඒ වූ සැටියෙන් ම දනිත් ද, 'මෙය දුක හටගැනීම යැ' යි ඒ වූ සැටියෙන් ම දනිත් ද, 'මෙය දුක නිරුද්ධ වීම යැ' යි ඒ වූ සැටියෙන් ම දනිත් ද, 'මෙය දුක නිරුද්ධ වීම පිණිස පවතින ප්‍රතිපදාව යැ' යි ඒ වූ සැටියෙන් ම දනිත් ද, මහණෙනි, ඒ මේ ශ්‍රමණයෝ වෙත්වා, බ්‍රාහ්මණයෝ වෙත්වා, ශ්‍රමණයන් අතර ශ්‍රමණයෝ යැයි සම්මත වෙති. බ්‍රාහ්මණයන් අතර බ්‍රාහ්මණයෝ යැයි සම්මත වෙති. ඒ ආයුෂ්මත්වරු වනාහී ශ්‍රමණ බවෙහි අර්ථය ත්, බ්‍රාහ්මණ බවෙහි අර්ථය ත් මේ ජීවිතයේ දී ම සිය විශිෂ්ට ඥානයෙන් දැන සාක්ෂාත් කොට පැමිණ වාසය කරති."

භාග්‍යවතුන් වහන්සේ මෙය වදාළ සේක. මෙය වදාළ ශාස්තෘ වූ සුගතයන් වහන්සේ මෙය ද වදාළ සේක.

"යම් කෙනෙක් දුක අවබෝධ නොකරත් ද, එමෙන් ම දුකෙහි හටගැනීම ත් අවබෝධ නොකරත් ද, යම් තැනක සියළු අයුරින් ඉතිරි නැති ව දුක නිරුද්ධ වෙයි නම්, එය ද අවබෝධ නොකරත් ද,

දුක සංසිඳවීම පිණිස පවතින ඒ මාර්ගය ත් අවබෝධ නොකරත් ද, ඔවුහු චිත්ත විමුක්තියෙන් හීන වූවෝ ය. එමෙන් ම ප්‍රඥා විමුක්තියෙන් තොර වූවෝ ය.

ඔවුහු දුක් අවසන් කිරීමට නුසුදුස්සෝ ය. ඒකාන්තයෙන් ඔවුහු ඉපදීමට, ජරාවට පැමිණෙති.

යම් කෙනෙක් දුක අවබෝධ කරත් ද, එමෙන් ම දුකෙහි හටගැනීම ත් අවබෝධ කරත් ද, යම් තැනක සියළු අයුරින් ඉතිරි නැති ව දුක නිරුද්ධ වෙයි නම්, එය ද අවබෝධ කරත් ද,

දුක සංසිඳවීම පිණිස පවතින ඒ මාර්ගය ත් අවබෝධ කරත් ද, ඔවුහු චිත්ත විමුක්තියෙන් යුක්ත වූවෝ ය. එමෙන් ම ප්‍රඥා විමුක්තියෙන් යුක්ත වූවෝ ය.

ඔවුහු දුක් අවසන් කිරීමට සුදුස්සෝ ය. ඔවුහු ඉපදීමට, ජරාවට නොපැමිණෙති.

සාදු! සාදු!! සාදු!!!

දුතිය කෝටිගාම සූත්‍රය නිමා විය.

12.3.3.
අභිසම්බුද්ධ සූත්‍රය
අභිසම්බුද්ධත්වය ගැන වදාළ දෙසුම

සැවැත් නුවර දී ය......

මහණෙනි, මේ සතරක් වූ ආර්‍ය සත්‍යයෝ ය. ඒ කවර සතරක් ද යත්;

දුක්ඛාර්‍ය සත්‍යය ය. දුක්ඛ සමුදය ආර්‍ය සත්‍යය ය. දුක්ඛ නිරෝධ ආර්‍ය සත්‍යය ය. දුක්ඛ නිරෝධගාමිනී පටිපදා ආර්‍ය සත්‍යය ය. මහණෙනි, මේ වනාහී සතරක් වූ ආර්‍ය සත්‍යයෝ ය.

මහණෙනි, මේ සතරක් වූ ආර්‍ය සත්‍යයන් ඒ වූ සැටියෙන් ම විශේෂ කොට අවබෝධ කළ හෙයින් තථාගත තෙමේ අරහත් සම්මා සම්බුද්ධ යැයි කියනු ලැබේ.

එහෙයින් මහණෙනි, මෙය දුක යැයි අවබෝධ කරනු පිණිස වීර්‍යය කළ යුත්තේ ය. ....(පෙ).... මෙය දුක් නිරුද්ධවන්නා වූ මාර්ගය යැයි අවබෝධ කරනු පිණිස වීර්‍යය කළ යුත්තේ ය.

සාදු! සාදු!! සාදු!!!

අභිසම්බුද්ධ සූත්‍රය නිමා විය.

12.3.4.
අරහන්ත සූත්‍රය
රහතන් වහන්සේ ගැන වදාළ දෙසුම

මහණෙනි, අතීතයෙහි යම්කිසි අරහත් සම්මාසම්බුදුවරු ඒ වූ සැටියෙන් ම විශේෂ කොට අවබෝධ කළාහු ද, ඒ සියළු බුදුවරයෝ සතරක් වූ ආර්‍ය සත්‍යයන් ඒ වූ සැටියෙන් ම විශේෂ කොට අවබෝධ කළහ.

මහණෙනි, අනාගතයෙහි යම්කිසි අරහත් සම්මාසම්බුදුවරු ඒ වූ

සැටියෙන් ම විශේෂ කොට අවබෝධ කරන්නාහු ද, ඒ සියළු බුදුවරයෝ සතරක් වූ ආර්ය සත්‍යයන් ඒ වූ සැටියෙන් ම විශේෂ කොට අවබෝධ කරන්නාහ.

මහණෙනි, මෙකල්හි (මේ මහා භද්‍රකල්පයෙහි) යම්කිසි අරහත් සම්මාසම්බුදුවරු ඒ වූ සැටියෙන් ම විශේෂ කොට අවබෝධ කරත් ද, ඒ සියළු බුදුවරයෝ සතරක් වූ ආර්ය සත්‍යයන් ඒ වූ සැටියෙන් ම විශේෂ කොට අවබෝධ කරති.

ඒ කවර සතරක් ද යත්;

දුක්ඛාර්ය සත්‍යය ය. දුක්ඛ සමුදය ආර්ය සත්‍යය ය. දුක්ඛ නිරෝධ ආර්ය සත්‍යය ය. දුක්ඛ නිරෝධගාමිනී පටිපදා ආර්ය සත්‍යය ය.

මහණෙනි, අතීතයෙහි යම්කිසි අරහත් සම්මාසම්බුදුවරු ඒ වූ සැටියෙන් ම විශේෂ කොට අවබෝධ කළාහු ද, ඒ සියළු බුදුවරයෝ මේ සතරක් වූ ආර්ය සත්‍යයන් ඒ වූ සැටියෙන් ම විශේෂ කොට අවබෝධ කළහ. ....(පෙ).... අවබෝධ කරන්නාහ. මහණෙනි, මෙකල්හි (මේ මහා භද්‍රකල්පයෙහි) යම්කිසි අරහත් සම්මාසම්බුදුවරු ඒ වූ සැටියෙන් ම විශේෂ කොට අවබෝධ කරත් ද, ඒ සියළු බුදුවරයෝ මේ සතරක් වූ ආර්ය සත්‍යයන් ඒ වූ සැටියෙන් ම විශේෂ කොට අවබෝධ කරති.

එහෙයින් මහණෙනි, මෙය දුක යැයි අවබෝධ කරනු පිණිස වීර්යය කළ යුත්තේ ය. ....(පෙ).... මෙය දුක් නිරුද්ධවන්නා වූ මාර්ගය යැයි අවබෝධ කරනු පිණිස වීර්යය කළ යුත්තේ ය.

සාදු! සාදු!! සාදු!!!

අරහන්ත සූත්‍රය නිමා විය.

12.3.5.
ආසවක්ඛය සූත්‍රය
ආශ්‍රවයන් ක්ෂය වීම ගැන වදාළ දෙසුම

මහණෙනි, මම දන්න කෙනා තුළ, දකින කෙනා තුළ ආශ්‍රවයන්ගේ ක්ෂය වීම කියමි. නොදන්න කෙනා තුළ නොවෙයි; නොදකින කෙනා තුළ

නොවෙයි. මහණෙනි, කුමක් දන්න කෙනා තුළ ද, කුමක් දකින කෙනා තුළ ද ආශ්‍රවයන්ගේ ක්ෂය වීම වන්නේ?

මහණෙනි, මෙය දුක යැයි දන්න කෙනා තුළ, දකින කෙනා තුළ ආශ්‍රවයන්ගේ ක්ෂය වීම වෙයි. මෙය දුක හටගැනීම යැයි දන්න කෙනා තුළ, දකින කෙනා තුළ ආශ්‍රවයන්ගේ ක්ෂය වීම වෙයි. මෙය දුක නිරුද්ධ වීම යැයි දන්න කෙනා තුළ, දකින කෙනා තුළ ආශ්‍රවයන්ගේ ක්ෂය වීම වෙයි. මෙය දුක නිරුද්ධ වීම පිණිස පවතින ප්‍රතිපදාව යැයි දන්න කෙනා තුළ, දකින කෙනා තුළ ආශ්‍රවයන්ගේ ක්ෂය වීම වෙයි.

මහණෙනි, මෙසේ දන්න කෙනා තුළ, මෙසේ දකිනා කෙනා තුළ ආශ්‍රවයන්ගේ ක්ෂය වීම වෙයි.

එහෙයින් මහණෙනි, මෙය දුක යැයි අවබෝධ කරනු පිණිස වීර්යය කළ යුත්තේ ය. ....(පෙ).... මෙය දුක් නිරුද්ධවන්නා වූ මාර්ගය යැයි අවබෝධ කරනු පිණිස වීර්යය කළ යුත්තේ ය.

සාදු! සාදු!! සාදු!!!

ආසවක්ඛය සූත්‍රය නිමා විය.

12.3.6.
මිත්ත සූත්‍රය
මිතුරන් ගැන වදාළ දෙසුම

මහණෙනි, ඔබ යම්කිසි පිරිසකට අනුකම්පා කරව් ද, යම් පිරිසක් ඔබට සවන්දිය යුතු යැයි සිතත් ද, මිතුරෝ වෙත්වා, යහළුවෝ වෙත්වා, ඥාතීහු වෙත්වා, ලේ ඥාතීහු වෙත්වා, මහණෙනි, ඔබ විසින් ඔවුහු චතුරාර්ය සත්‍යයන්හි ඒ වූ සැටියෙන් ම අවබෝධ කිරීම පිණිස සමාදන් කරවිය යුත්තාහු ය. යොමු කරවිය යුත්තාහු ය. පිහිටුවිය යුත්තාහු ය. ඒ කවර සතරක් පිළිබඳ ව ද යත්;

දුක්ඛාර්ය සත්‍යය පිළිබඳ ව ය. දුක්ඛ සමුදය ආර්ය සත්‍යය පිළිබඳ ව ය. දුක්ඛ නිරෝධ ආර්ය සත්‍යය පිළිබඳ ව ය. දුක්ඛ නිරෝධගාමිනී පටිපදා ආර්ය සත්‍යය පිළිබඳ ව ය.

මහණෙනි, ඔබ යම්කිසි පිරිසකට අනුකම්පා කරව් ද, යම් පිරිසක් ඔබට සවන්දිය යුතු යැයි සිතත් ද, මිතුරෝ වෙත්වා, යහළුවෝ වෙත්වා, ඥාතීහු වෙත්වා, ලේ ඥාතීහු වෙත්වා, මහණෙනි, ඔබ විසින් ඔවුහු මේ චතුරාර්ය සත්‍යයන්හි ඒ වූ සැටියෙන් ම අවබෝධ කිරීම පිණිස සමාදන් කරවිය යුත්තාහු ය. යොමු කරවිය යුත්තාහු ය. පිහිටුවිය යුත්තාහු ය.

එහෙයින් මහණෙනි, මෙය දුක යැයි අවබෝධ කරනු පිණිස වීර්යය කළ යුත්තේ ය. ....(පෙ).... මෙය දුක් නිරුද්ධවන්නා වූ මාර්ගය යැයි අවබෝධ කරනු පිණිස වීර්යය කළ යුත්තේ ය.

සාදු! සාදු!! සාදු!!!

මිත්ත සූත්‍රය නිමා විය.

12.3.7.
තථ සූත්‍රය
සත්‍යය ගැන වදාළ දෙසුම

මහණෙනි, මේ සතරක් වූ ආර්ය සත්‍යයෝ ය. ඒ කවර සතරක් ද යත්;

දුක්ඛාර්ය සත්‍යය ය. දුක්ඛ සමුදය ආර්ය සත්‍යය ය. දුක්ඛ නිරෝධ ආර්ය සත්‍යය ය. දුක්ඛ නිරෝධගාමිනී පටිපදා ආර්ය සත්‍යය ය.

මහණෙනි, මේ වනාහී සතරක් වූ ආර්ය සත්‍යයෝ ය. ඒවා සත්‍යයෝ ය. ඒවා අසත්‍ය බවට පත් නොවෙයි. වෙනස් බවකට පත් නොවෙයි. එහෙයින් ආර්ය සත්‍යයෝ යැයි කියනු ලැබෙති.

එහෙයින් මහණෙනි, මෙය දුක යැයි අවබෝධ කරනු පිණිස වීර්යය කළ යුත්තේ ය. ....(පෙ).... මෙය දුක් නිරුද්ධවන්නා වූ මාර්ගය යැයි අවබෝධ කරනු පිණිස වීර්යය කළ යුත්තේ ය.

සාදු! සාදු!! සාදු!!!

තථ සූත්‍රය නිමා විය.

12.3.8.
ලෝක සූත්‍රය
ලෝකය ගැන වදාළ දෙසුම

මහණෙනි, මේ සතරක් වූ ආර්ය සත්‍යයෝ ය. ඒ කවර සතරක් ද යත්;

දුක්ඛාර්ය සත්‍යය ය. දුක්ඛ සමුදය ආර්ය සත්‍යය ය. දුක්ඛ නිරෝධ ආර්ය සත්‍යය ය. දුක්ඛ නිරෝධගාමිනී පටිපදා ආර්ය සත්‍යය ය.

මහණෙනි, දෙවියන් සහිත, මරුන් සහිත, බඹුන් සහිත, ශ්‍රමණ බමුණන් සහිත, දෙව් මිනිස් ප්‍රජාවෙන් යුතු ලෝකයෙහි තථාගත තෙමේ 'ආර්ය' වෙයි. එහෙයින් 'ආර්ය සත්‍යයෝ' යි කියනු ලැබේ.

එහෙයින් මහණෙනි, මෙය දුක යැයි අවබෝධ කරනු පිණිස වීර්යය කළ යුත්තේ ය. ....(පෙ).... මෙය දුක් නිරුද්ධවන්නා වූ මාර්ගය යැයි අවබෝධ කරනු පිණිස වීර්යය කළ යුත්තේ ය.

සාදු! සාදු!! සාදු!!!

ලෝක සූත්‍රය නිමා විය.

12.3.9.
පරිඤ්ඤෙය්‍ය සූත්‍රය
පිරිසිඳ දත යුතු දේ ගැන වදාළ දෙසුම

මහණෙනි, මේ සතරක් වූ ආර්ය සත්‍යයෝ ය. ඒ කවර සතරක් ද යත්;

දුක්ඛාර්ය සත්‍යය ය. දුක්ඛ සමුදය ආර්ය සත්‍යය ය. දුක්ඛ නිරෝධ ආර්ය සත්‍යය ය. දුක්ඛ නිරෝධගාමිනී පටිපදා ආර්ය සත්‍යය ය.

මහණෙනි, මේ වනාහී සතරක් වූ ආර්ය සත්‍යයෝ ය. මහණෙනි, මේ සතරක් වූ ආර්ය සත්‍යයන් අතර පිරිසිඳ දැක්ක යුතු ආර්ය සත්‍යයක් ඇත්තේ ය. ප්‍රහාණය කළ යුතු ආර්ය සත්‍යයක් ඇත්තේ ය. සාක්ෂාත් කළ යුතු ආර්ය

සත්‍යයක් ඇත්තේ ය. ප්‍රගුණ කළ යුතු ආර්ය සත්‍යයක් ඇත්තේ ය.

මහණෙනි, පිරිසිඳ දැක්ක යුතු ආර්ය සත්‍යය කුමක් ද? මහණෙනි, දුක්ඛ ආර්ය සත්‍යය පිරිසිඳ දැක්ක යුත්තේ ය. දුක්ඛ සමුදය ආර්ය සත්‍යය ප්‍රහාණය කළ යුත්තේ ය. දුක්ඛ නිරෝධ ආර්ය සත්‍යය සාක්ෂාත් කළ යුත්තේ ය. දුක්ඛ නිරෝධගාමිනී පටිපදා ආර්ය සත්‍යය වැඩිය යුත්තේ ය.

එහෙයින් මහණෙනි, මෙය දුක යැයි අවබෝධ කරනු පිණිස වීර්යය කළ යුත්තේ ය. ....(පෙ).... මෙය දුක් නිරුද්ධවන්නා වූ මාර්ගය යැයි අවබෝධ කරනු පිණිස වීර්යය කළ යුත්තේ ය.

සාදු! සාදු!! සාදු!!!

පරිඤ්ඤෙය්‍ය සූත්‍රය නිමා විය.

12.3.10.
ගවම්පති සූත්‍රය
ගවම්පති තෙරණුවෝ වදාළ දෙසුම

එක් සමයෙක්හි බොහෝ ස්ථවිර භික්ෂූහු චේති ජනපදයෙහි සහජාති භූමියෙහි වැඩවෙසෙති. එසමයෙහි පසුබත් කාලයෙහි පිණ්ඩපාතයෙන් වැළකී මණ්ඩලමාලයෙහි රැස් ව හුන් බොහෝ ස්ථවිර භික්ෂූන් අතර මේ කථාව හටගත්තේ ය.

"ඇවැත්නි, යමෙක් වනාහී දුක දකියි නම්, ඔහු දුකෙහි හටගැනීම ත් දකියි. දුකෙහි නිරුද්ධ වීම ත් දකියි. දුක් නිරුද්ධ වන්නා වූ ප්‍රතිපදාව ත් දකියි."

මෙසේ කී කල්හී ආයුෂ්මත් ගවම්පති තෙරණුවෝ ස්ථවිර භික්ෂූන්ට මෙය පැවසූහ.

"ඇවැත්නි, මෙකරුණ මා විසින් භාග්‍යවතුන් වහන්සේ හමුවෙහි අසන ලද්දේ ය. හමුවෙහි පිළිගන්නා ලද්දේ ය. එනම්;

'මහණෙනි, යමෙක් දුක දකියි නම්, ඔහු දුකෙහි හටගැනීම ත් දකියි. දුකෙහි නිරුද්ධ වීම ත් දකියි. දුක් නිරුද්ධ වන්නා වූ ප්‍රතිපදාව ත් දකියි.

යමෙක් දුකෙහි හටගැනීම දකියි නම්, ඔහු දුක ත් දකියි. දුකෙහි නිරුද්ධ වීම ත් දකියි. දුක් නිරුද්ධ වන්නා වූ ප්‍රතිපදාව ත් දකියි.

යමෙක් දුකෙහි නිරුද්ධ වීම දකියි නම්, ඔහු දුක ත් දකියි. දුකෙහි හටගැනීම ත් දකියි. දුක් නිරුද්ධ වන්නා වූ ප්‍රතිපදාව ත් දකියි.

යමෙක් දුක නිරුද්ධ වන්නා වූ ප්‍රතිපදාව දකියි නම්, ඔහු දුක ත් දකියි. දුකෙහි හටගැනීම ත් දකියි. දුකෙහි නිරුද්ධ වීම ත් දකියි’ යනුවෙනි.”

සාදු! සාදු!! සාදු!!!

ගවම්පති සූත්‍රය නිමා විය.

තුන්වෙනි කෝටිගාම වර්ගය අවසන් විය.

● එහි පිළිවෙල උද්දානයයි :

කෝටිගාම සූත්‍ර දෙක, අභිසම්බුද්ධ සූත්‍රය, අරහන්ත සූත්‍රය, ආසවක්ඛය සූත්‍රය, මිත්ත සූත්‍රය, තථ සූත්‍රය, ලෝක සූත්‍රය, පරිඤ්ඤෙය්‍ය සූත්‍රය සහ ගවම්පති සූත්‍රය වශයෙන් සූත්‍ර දසයකි.

4. සිංසපාවන වර්ගය

12.4.1.
සිංසපා සූත්‍රය
ඇට්ටේරියා වනයෙහි දී වදාළ දෙසුම

එක් සමයෙක්හි භාග්‍යවතුන් වහන්සේ කොසඹෑ නුවර ඇට්ටේරියා වනයෙහි වැඩවසන සේක. එහිදී භාග්‍යවතුන් වහන්සේ බිම වැටී තිබුණු ඇට්ටේරියා කොළ ස්වල්පයක් ශ්‍රී හස්තයෙන් ගෙන භික්ෂූන් ඇමතූ සේක.

"මහණෙනි, ඒ කිමෙකැයි හඟිව් ද? ඉතා වැඩි කුමක් ද? මා විසින් අතින් ගන්නා ලද ස්වල්ප වූ ඇට්ටේරිය කොළ ද? ඇට්ටේරියා වනයෙහි ගස්වල යම්තාක් ඇති කොළ ද?"

"ස්වාමීනී, භාග්‍යවතුන් වහන්සේ විසින් අතින් ගන්නා ලද ඇට්ටේරියා කොළ ස්වල්පයකි. ටිකකි. එනමුත් යම් මේ ඇට්ටේරියා වනයෙහි ගස් මත කොළ ඇද්ද, ඒවා ම ඉතා බොහෝ ය."

"එසෙයින් ම මහණෙනි, මා විසින් විශිෂ්ට නුවණින් අවබෝධ කොට ඔබලාට නොපවසන ලද යමක් ඇද්ද, එය ම ඉතා බොහෝ ය. පවසන ලද්දේ ස්වල්ප දෙයකි. මහණෙනි, කුමන කරුණක් නිසාවෙන් මා විසින් එය නොපවසන ලද්දේ ද? මහණෙනි, එය අර්ථයෙන් යුක්ත නොවෙයි. නිවන් මගට මුල් නොවෙයි. අවබෝධයෙන් කලකිරීම පිණිස නොපවතියි. විරාගය පිණිස නොපවතියි. නිරෝධය පිණිස නොපවතියි. සංසිඳීම පිණිස නොපවතියි. විශිෂ්ට ඥානය පිණිස නොපවතියි. සත්‍යාවබෝධය පිණිස නොපවතියි. නිවන පිණිස නොපවතියි. එහෙයින් මා විසින් එය නොකියන ලද්දේ ය.

මහණෙනි, මා විසින් පවසන ලද්දේ කුමක් ද? මහණෙනි, 'මෙය දුක' යි මා විසින් පවසන ලද්දේ ය. 'මෙය දුකෙහි හටගැනීම' යි මා විසින් පවසන ලද්දේ ය. 'මෙය දුක් නිරුද්ධ වීම' යි මා විසින් පවසන ලද්දේ ය. 'මෙය දුක්

නිරුද්ධවන්නා වූ ප්‍රතිපදාව' යි මා විසින් පවසන ලද්දේ ය. මහණෙනි, කුමන කරුණක් නිසාවෙන් මා විසින් මෙය පවසන ලද්දේ ද? මහණෙනි, මෙය අර්ථයෙන් යුක්ත වෙයි. මෙය නිවන් මගට මුල් වෙයි. මෙය අවබෝධයෙන් කලකිරීම පිණිස පවතියි. විරාගය පිණිස පවතියි. නිරෝධය පිණිස පවතියි. සංසිඳීම පිණිස පවතියි. විශිෂ්ට ඥානය පිණිස පවතියි. සත්‍යාවබෝධය පිණිස පවතියි. නිවන පිණිස පවතියි. එහෙයින් මා විසින් මෙය කියන ලද්දේ ය.

එහෙයින් මහණෙනි, මෙය දුක යැයි අවබෝධ කරනු පිණිස වීර්යය කළ යුත්තේ ය. ....(පෙ).... මෙය දුක් නිරුද්ධවන්නා වූ මාර්ගය යැයි අවබෝධ කරනු පිණිස වීර්යය කළ යුත්තේ ය.

සාදු! සාදු!! සාදු!!!

සිංසපා සූත්‍රය නිමා විය.

12.4.2.
ඛදිර සූත්‍රය
පතොක් පත්‍රය මුල්කොට වදාළ දෙසුම

මහණෙනි, යමෙක් මෙසේ කියයි නම්, 'මම දුක්ඛාර්ය සත්‍යය ඒ වූ සැටියෙන් ම අවබෝධ නොකොට, දුක්ඛ සමුදය ආර්ය සත්‍යය ඒ වූ සැටියෙන් ම අවබෝධ නොකොට, දුක්ඛ නිරෝධ ආර්ය සත්‍යය ඒ වූ සැටියෙන් ම අවබෝධ නොකොට, දුක්ඛ නිරෝධගාමිනී පටිපදා ආර්ය සත්‍යය ඒ වූ සැටියෙන් ම අවබෝධ නොකොට, මනාකොට දුක් කෙළවර කරන්නෙමි' යි එකරුණ කිසිසේත් දකින්නට නොලැබෙන්නකි.

මහණෙනි, එය මෙබඳු දෙයකි. යමෙක් මෙසේ කියයි නම්, 'මම පතොක් පත්‍රයකින් හෝ සලල පත්‍රයකින් හෝ නෙල්ලි පත්‍රයකින් හෝ ගොටුවක් කොට ජලය හෝ ඉදුණු තල් ගෙඩියක් හෝ ගෙන යන්නෙමි' යි. එකරුණ කිසිසේත් දකින්නට නොලැබෙන්නකි.

එසෙයින් ම මහණෙනි, යමෙක් මෙසේ කියයි නම්, 'මම දුක්ඛාර්ය සත්‍යය ඒ වූ සැටියෙන් ම අවබෝධ නොකොට, දුක්ඛ සමුදය ආර්ය සත්‍යය ඒ වූ සැටියෙන් ම අවබෝධ නොකොට, දුක්ඛ නිරෝධ ආර්ය සත්‍යය ඒ වූ සැටියෙන් ම අවබෝධ නොකොට, දුක්ඛ නිරෝධගාමිනී පටිපදා ආර්ය සත්‍යය

ඒ වූ සැටියෙන් ම අවබෝධ නොකොට, මනාකොට දුක් කෙළවර කරන්නෙමි' යි එකරුණ කිසිසේත් දකින්නට නොලැබෙන්නකි.

මහණෙනි, යමෙක් මෙසේ කියයි නම්, 'මම දුක්ඛාර්ය සත්‍යය ඒ වූ සැටියෙන් ම අවබෝධ කොට, දුක්ඛ සමුදය ආර්ය සත්‍යය ඒ වූ සැටියෙන් ම අවබෝධ කොට, දුක්ඛ නිරෝධ ආර්ය සත්‍යය ඒ වූ සැටියෙන් ම අවබෝධ කොට, දුක්ඛ නිරෝධගාමිනී පටිපදා ආර්ය සත්‍යය ඒ වූ සැටියෙන් ම අවබෝධ කොට, මනාකොට දුක් කෙළවර කරන්නෙමි' යි එකරුණ දකින්නට ලැබෙයි.

මහණෙනි, එය මෙබඳු දෙයකි. යමෙක් මෙසේ කියයි නම්, 'මම නෙළුම් පත්‍රයකින් හෝ කෑල පත්‍රයකින් හෝ මාළුවා පත්‍රයකින් හෝ ගොටුවක් කොට ජලය හෝ ඉදුණු තල් ගෙඩියක් හෝ ගෙන යන්නෙමි' යි. එකරුණ දකින්නට ලැබෙයි.

එසෙයින් ම මහණෙනි, යමෙක් මෙසේ කියයි නම්, 'මම දුක්ඛාර්ය සත්‍යය ඒ වූ සැටියෙන් ම අවබෝධ කොට, දුක්ඛ සමුදය ආර්ය සත්‍යය ඒ වූ සැටියෙන් ම අවබෝධ කොට, දුක්ඛ නිරෝධ ආර්ය සත්‍යය ඒ වූ සැටියෙන් ම අවබෝධ කොට, දුක්ඛ නිරෝධගාමිනී පටිපදා ආර්ය සත්‍යය ඒ වූ සැටියෙන් ම අවබෝධ කොට, මනාකොට දුක් කෙළවර කරන්නෙමි' යි එකරුණ දකින්නට ලැබෙයි.

එහෙයින් මහණෙනි, මෙය දුක යැයි අවබෝධ කරනු පිණිස වීර්යය කළ යුත්තේ ය. ....(පෙ).... මෙය දුක් නිරුද්ධවන්නා වූ මාර්ගය යැයි අවබෝධ කරනු පිණිස වීර්යය කළ යුත්තේ ය.

සාදු! සාදු!! සාදු!!!

ඛදිර සූත්‍රය නිමා විය.

12.4.3.
දණ්ඩ සූත්‍රය
දණ්ඩක් මුල්කොට වදාළ දෙසුම

මහණෙනි, යම් සේ දඬු කැබැල්ලක් අහස උඩට වීසි කරන ලද්දේ, එක් වරක් මුලිනුත් වැටෙයි. තව වරක් මැදිනුත් වැටෙයි. තව වරක් අගිනුත් වැටෙයි.

එසෙයින් ම මහණෙනි, අවිද්‍යාවෙන් වසාගත්, තෘෂ්ණාවට බැඳීගිය සත්වයෝ සසර දුවඇවිදින්නාහු, සැරිසරන්නාහු එක් වරක් මෙලොවින් එලොවට ත් යති. තව වරක් එලොවින් මෙලොවට ත් එති. එයට හේතුව කුමක් ද? මහණෙනි, සතරක් වූ ආර්ය සත්‍යයන් නොදැක්ක නිසාවෙනි. ඒ කවර සතරක් පිළිබඳ ව ද යත්;

දුක්ඛාර්ය සත්‍යය පිළිබඳ ව ය. දුක්ඛ සමුදය ආර්ය සත්‍යය පිළිබඳ ව ය. දුක්ඛ නිරෝධ ආර්ය සත්‍යය පිළිබඳ ව ය. දුක්ඛ නිරෝධගාමිනී පටිපදා ආර්ය සත්‍යය පිළිබඳ ව ය.

එහෙයින් මහණෙනි, මෙය දුක යැයි අවබෝධ කරනු පිණිස වීර්යය කළ යුත්තේ ය. ....(පෙ).... මෙය දුක් නිරුද්ධවන්නා වූ මාර්ගය යැයි අවබෝධ කරනු පිණිස වීර්යය කළ යුත්තේ ය.

සාදු! සාදු!! සාදු!!!

දණ්ඩ සූත්‍රය නිමා විය.

12.4.4.
චේල සූත්‍රය
ගිනිගත් වස්ත්‍රය මුල්කොට වදාළ දෙසුම

"මහණෙනි, හැඳිවත හෝ හිස හෝ ගිනිගත් කල්හී ඔහු විසින් කුමක් කළ යුත්තේ ද?"

"ස්වාමීනී, හැඳිවත හෝ හිස හෝ ගිනිගත් කල්හී ඔහු විසින් ඒ ගිනිගත් වස්ත්‍රය ම හෝ ගිනිගත් හිස ම හෝ නිවා දැමීම පිණිස අධිමාත්‍ර වූ අවශ්‍යතාවක් ද, වීර්යයක් ද, උත්සාහයක් ද, බලවත් උත්සාහයක් ද, අත්නොහරින උත්සාහයක් ද, සිහියක් ද, නුවණක් ද ඇති කරගත යුත්තේ ය."

"මහණෙනි, ගිනි ගත් හැඳිවත හෝ ගිනිගත් හිස හෝ පිළිබඳ ව මැදහත් ව, නොසලකා අවබෝධ නොකළ චතුරාර්ය සත්‍යය ඒ වූ සැටියෙන් ම අවබෝධ කිරීම පිණිස අධිමාත්‍ර වූ අවශ්‍යතාවක් ද, වීර්යයක් ද, උත්සාහයක් ද, බලවත් උත්සාහයක් ද, අත්නොහරින උත්සාහයක් ද, සිහියක් ද, නුවණක් ද ඇති කරගත යුත්තේ ය. ඒ කවර සතරක් පිළිබඳ ව ද යත්;

දුක්ඛාර්ය සත්‍යය පිළිබඳ ව ය. දුක්ඛ සමුදය ආර්ය සත්‍යය පිළිබඳ ව ය. දුක්ඛ නිරෝධ ආර්ය සත්‍යය පිළිබඳ ව ය. දුක්ඛ නිරෝධගාමිනී පටිපදා ආර්ය සත්‍යය පිළිබඳ ව ය.

එහෙයින් මහණෙනි, මෙය දුක යැයි අවබෝධ කරනු පිණිස වීර්යය කළ යුත්තේ ය. ....(පෙ).... මෙය දුක් නිරුද්ධවන්නා වූ මාර්ගය යැයි අවබෝධ කරනු පිණිස වීර්යය කළ යුත්තේ ය.

සාදු! සාදු!! සාදු!!!

චේල සූත්‍රය නිමා විය.

12.4.5.
සත්තිසත සූත්‍රය
ආයුධ සියය මුල්කොට වදාළ දෙසුම

මහණෙනි, එය මෙබඳු දෙයකි. සිය වසක් ආයුෂ ඇති, සිය වසක් ජීවත්වන සුළු පුරුෂයෙක් වෙයි. ඔහුට මෙසේ කියත් නම්, 'එම්බා පුරුෂය, එව. උදේ වරුවෙහි ඔබට ආයුධ සියයකින් පහරදෙන්නාහ. දහවල් වරුවට ත් ආයුධ සියයකින් පහර දෙන්නාහ. සවස් වරුවට ත් ආයුධ සියයකින් පහර දෙන්නාහ. එම්බා පුරුෂය, මෙසේ ඒ ඔබ වනාහී දවසක් දවසක් පාසා ආයුධ සියය බැගින් තුන් වතාවක් පහර දෙනු ලබන්නේ සිය වසක් ආයු ඇති ව, සිය වසක් ජීවත් වී, වසර සියයක් ඇවෑමෙන් අවබෝධ නොකළ චතුරාර්ය සත්‍යයන් අවබෝධ කරන්නෙහි ය' යි මහණෙනි, සත්‍යාවබෝධයෙහි යහපත දකිනා කුල පුත්‍රයෙකු විසින් සසුන්ගත වන්නට සුදුසු ම ය. ඒ මක් නිසා ද යත්; මහණෙනි, මේ සසර කෙළවරක් දක්ක නොහැක්කේ ය. ආයුධයෙන් පහර කෑ වාර කොතෙක් ද කියා, කඩුවෙන් පහර කෑ වාර කෙතෙක් ද කියා ආරම්භක කෙළවරක් නොපෙනෙයි.

මහණෙනි, මෙය මෙසේ ත් වන්නේ ය. මහණෙනි, දුකින් යුක්ත ව, දොම්නසින් යුක්ත ව, චතුරාර්ය සත්‍යය අවබෝධ කිරීමක් මම නොකියමි. එනමුදු මහණෙනි, මම සැපයෙන් යුක්ත ව, සොම්නසින් යුක්ත ව චතුරාර්ය සත්‍යය අවබෝධ කිරීම ගැන කියමි. ඒ කවර සතරක් පිළිබඳ ව ද යත්;

දුක්ඛාර්ය සත්‍යය පිළිබඳ ව ය. දුක්ඛ සමුදය ආර්ය සත්‍යය පිළිබඳ ව ය. දුක්ඛ නිරෝධ ආර්ය සත්‍යය පිළිබඳ ව ය. දුක්ඛ නිරෝධගාමිනී පටිපදා ආර්ය සත්‍යය පිළිබඳ ව ය.

එහෙයින් මහණෙනි, මෙය දුක යැයි අවබෝධ කරනු පිණිස වීර්යය කළ යුත්තේ ය. ....(පෙ).... මෙය දුක් නිරුද්ධවන්නා වූ මාර්ගය යැයි අවබෝධ කරනු පිණිස වීර්යය කළ යුත්තේ ය.

සාදු! සාදු!! සාදු!!!

සත්තිසත සූත්‍රය නිමා විය.

12.4.6.
පාණ සූත්‍රය
ප්‍රාණීන් පිළිබඳ ව වදාළ දෙසුම

මහණෙනි, එය මෙබඳු දෙයකි. පුරුෂයෙක් මේ දඹදිව තෘණ, දැව, අතු, දඬු ආදිය සැස එක් ගොඩක් කරන්නේ ය. එක් ගොඩක් කොට උල් කරන්නේ ය. උල් කොට මහා සමුද්‍රයෙහි යම් විශාල වූ ප්‍රාණීහු වෙත් ද, ඔවුන් විශාල හුල්වල අමුණන්නේ ය. මහා සමුද්‍රයෙහි යම් මධ්‍යම ප්‍රාණීහු වෙත් ද, ඔවුන් මධ්‍යම හුල්වල අමුණන්නේ ය. මහා සමුද්‍රයෙහි යම් කුඩා ප්‍රාණීහු වෙත් ද, ඔවුන් කුඩා හුල්වල අමුණන්නේ ය. මහණෙනි, මහා සමුද්‍රයෙහි ගොරෝසු ප්‍රාණීහුත් අල්ලා නොගන්නා ලද්දාහු ය. එසේ නමුත් මේ ජම්බුද්වීපයෙහි තෘණ, දඬු, අතු පත් ආදිය ක්ෂය වීමට, අවසන් වීමට යන්නේ ය. එහෙත් මහණෙනි, මහා සමුද්‍රයෙහි හුල්වල අමුණන්නට නොහැකි යම් කුඩා කුඩා ප්‍රාණීහු වෙත් ද, ඔවුන් එයට වඩා ඉතා බොහෝ ය. එයට හේතුව කුමක් ද? මහණෙනි, ආත්මභාවයෙහි ඇති සියුම් බව යි. මහණෙනි, මෙසේ අපාය මහත් ය.

මහණෙනි, යමෙක් මෙය දුක යැයි ඒ වූ සැටියෙන් ම අවබෝධ කරයි නම්, මෙය දුක හටගැනීම යැයි ඒ වූ සැටියෙන් ම අවබෝධ කරයි නම්, මෙය දුක නිරුද්ධ වීම යැයි ඒ වූ සැටියෙන් ම අවබෝධ කරයි නම්, මෙය දුක නිරුද්ධ වන්නා වූ ප්‍රතිපදාව යැයි ඒ වූ සැටියෙන් ම අවබෝධ කරයි නම්, ඒ දිට්ඨි සම්පන්න පුද්ගලයා මෙසේ මහත් වූ අපායෙන් නිදහස් වූයේ ය.

එහෙයින් මහණෙනි, මෙය දුක යැයි අවබෝධ කරනු පිණිස වීර්යය කළ යුත්තේ ය. ....(පෙ).... මෙය දුක් නිරුද්ධවන්නා වූ මාර්ගය යැයි අවබෝධ කරනු පිණිස වීර්යය කළ යුත්තේ ය.

සාදු! සාදු!! සාදු!!!

පාණ සූත්‍රය නිමා විය.

12.4.7.
සුරියූපම සූත්‍රය
හිරු උපමා කොට වදාළ දෙසුම

මහණෙනි, යම් මේ අරුණෝදයක් ඇද්ද, සූර්යයා උදාවීමට මෙය පූර්ව අංගය යි. මෙය පූර්ව නිමිත්ත යි. එසෙයින් ම මහණෙනි, යම් මේ සම්මා දිට්ඨියක් ඇද්ද, භික්ෂුවක් තුළ චතුරාර්ය සත්‍යය පිළිබඳ ව ඒ වූ සැටියෙන් ම අවබෝධ වීමට මෙය පූර්ව අංගය යි. මෙය පූර්ව නිමිත්ත යි.

මහණෙනි, සම්මා දිට්ඨිය ඇති භික්ෂුව මෙය කැමති විය යුත්තේ ය. එනම්; 'මෙය දුක යැ' යි ඒ වූ සැටියෙන් ම අවබෝධ කරන්නේ ය. 'මෙය දුක හටගැනීම යැ' යි ඒ වූ සැටියෙන් ම අවබෝධ කරන්නේ ය. 'මෙය දුක නිරුද්ධ වීම යැ' යි ඒ වූ සැටියෙන් ම අවබෝධ කරන්නේ ය. 'මෙය දුක නිරුද්ධ වන ප්‍රතිපදාව යැ' යි ඒ වූ සැටියෙන් ම අවබෝධ කරන්නේ ය.

එහෙයින් මහණෙනි, මෙය දුක යැයි අවබෝධ කරනු පිණිස වීර්යය කළ යුත්තේ ය. ....(පෙ).... මෙය දුක් නිරුද්ධවන්නා වූ මාර්ගය යැයි අවබෝධ කරනු පිණිස වීර්යය කළ යුත්තේ ය.

සාදු! සාදු!! සාදු!!!

සුරියූපම සූත්‍රය නිමා විය.

12.4.8.
දුතිය සුරියූපම සූත්‍රය
හිරු උපමා කොට වදාළ දෙවෙනි දෙසුම

මහණෙනි, යම්තාක් මේ සඳහිරු ලෝකයෙහි පහළ නොවෙයි ද, ඒ තාක් මහත් වූ ආලෝකයක, මහත් වූ එළියක පහළ වීම නොවෙයි. එකල්හී ඝන අඳුර ම වෙයි. බලවත් ඝන අඳුර ම වෙයි. ඒ තාක් ම රෑ දහවල් නොපෙනෙයි. මාස, අඩමාස නොපෙනෙයි. ඍතු වෙනස, වර්ෂ නොපෙනෙයි. මහණෙනි, යම් කලෙක සඳ හිරු ලෝකයෙහි පහළ වෙයි ද, එකල්හී මහත් වූ ආලෝකයක, මහත් වූ එළියක පහළ වීම වෙයි. එකල්හී දැඩි අඳුරක් නැත්තේ ය. ඝනාන්ධකාරයක් නැත්තේ ය. එකල්හී රෑ දහවල් පෙනෙයි. මාස, අඩමාස පෙනෙයි. ඍතු වෙනස, වර්ෂ පෙනෙයි.

එසෙයින් ම මහණෙනි, යම්තාක් ලෝකයෙහි අරහත් සම්මා සම්බුදු තථාගත තෙමේ නූපදියි ද, ඒ තාක් ම මහත් වූ ආලෝකයක, මහත් වූ එළියක පහළ වීමක් නොවෙයි. එකල්හී අන්ධකාරයක් ම වෙයි. ඝනාන්ධකාරයක් ම වෙයි. ඒ තාක් ම චතුරාර්ය සත්‍ය ධර්මයන් පිළිබඳ ව ප්‍රකාශ කිරීමක් නොවෙයි. දේශනා කිරීමක් නොවෙයි. පැණවීමක් නොවෙයි. පිහිටුවීමක් නොවෙයි. විවෘත කිරීමක් නොවෙයි. බෙදා විස්තර කිරීමක් නොවෙයි. ඉස්මතු කිරීමක් නොවෙයි.

මහණෙනි, යම් කලෙක ලෝකයෙහි අරහත් සම්මා සම්බුදු තථාගත තෙමේ උපදියි ද, එකල්හී මහත් වූ ආලෝකයක, මහත් වූ එළියක පහළ වීමක් වෙයි. එකල්හී අන්ධකාරයක් නැත්තේ ය. ඝනාන්ධකාරයක් නැත්තේ ය. එකල්හී චතුරාර්ය සත්‍ය ධර්මයන් පිළිබඳ ව ප්‍රකාශ කිරීම වෙයි. දේශනා කිරීම වෙයි. පැණවීම වෙයි. පිහිටුවීම වෙයි. විවෘත කිරීම වෙයි. බෙදා විස්තර කිරීම වෙයි. ඉස්මතු කිරීම වෙයි. ඒ කවර සතරක් පිළිබඳ ව ද යත්;

දුක්ඛාර්ය සත්‍යය පිළිබඳ ව ය. දුක්ඛ සමුදය ආර්ය සත්‍යය පිළිබඳ ව ය. දුක්ඛ නිරෝධ ආර්ය සත්‍යය පිළිබඳ ව ය. දුක්ඛ නිරෝධගාමිනී පටිපදා ආර්ය සත්‍යය පිළිබඳ ව ය.

එහෙයින් මහණෙනි, මෙය දුක යැයි අවබෝධ කරනු පිණිස වීර්යය කළ යුත්තේ ය. ....(පෙ).... මෙය දුක් නිරුද්ධවන්නා වූ මාර්ගය යැයි අවබෝධ කරනු පිණිස වීර්යය කළ යුත්තේ ය.

සාදු! සාදු!! සාදු!!!

දුතිය සුරියූපම සූත්‍රය නිමා විය.

12.4.9.
ඉන්දඛීල සූත්‍රය
ඉන්ද්‍රඛීලය උපමා කොට වදාළ දෙසුම

මහණෙනි, යම් කිසි ශ්‍රමණයෝ වෙත්වා, බ්‍රාහ්මණයෝ වෙත්වා, 'මෙය දුක ය' යි ඒ වූ සැටියෙන් නොදනිත් ද, ...(පෙ).... මෙය දුක් නිරුද්ධ වීම පිණිස ඇති ප්‍රතිපදාව යැ' යි ඒ වූ සැටියෙන් නොදනිත් ද, ඔවුහු අන්‍ය වූ ශ්‍රමණයෙකුගේ වේවා, බ්‍රාහ්මණයෙකුගේ වේවා 'මේ භවත් තෙමේ ඒකාන්තයෙන් නම්, දැනීමක් දනියි වත් ද? දැකීමක් දකියි වත් ද?' යි මුහුණ බලති. මහණෙනි, යම් සේ සුළඟට හසු වූ හිඹුල් පුළුන් හෝ කපු පුළුන් හෝ ඉතා සැහැල්ලුව තිබෙද්දී, සම භූමිභාගයේ තබන ලද්දේ පෙරදිගින් හමන සුළඟ එය බටහිරට ගෙන යයි. බටහිරින් හමන සුළඟ එය පෙරදිගට ගෙන යයි. උතුරින් හමන සුළඟ එය දකුණට ගෙන යයි. දකුණින් හමන සුළඟ එය උතුරට ගෙන යයි. එයට හේතුව කුමක් ද? මහණෙනි, කපු පුළුන්වල ඇති සැහැල්ලු බව යි.

එසෙයින් ම මහණෙනි, යම් කිසි ශ්‍රමණයෝ වෙත්වා, බ්‍රාහ්මණයෝ වෙත්වා, 'මෙය දුක යැ' යි ඒ වූ සැටියෙන් නොදනිත් ද, ...(පෙ).... මෙය දුක් නිරුද්ධ වීම පිණිස ඇති ප්‍රතිපදාව යැ' යි ඒ වූ සැටියෙන් නොදනිත් ද, ඔවුහු අන්‍ය වූ ශ්‍රමණයෙකුගේ වේවා, බ්‍රාහ්මණයෙකුගේ වේවා 'මේ භවත් තෙමේ ඒකාන්තයෙන් නම්, දැනීමක් දනියි වත් ද? දැකීමක් දකියි වත් ද?' යි මුහුණ බලති. එයට හේතුව කුමක් ද? මහණෙනි, සතරක් වූ ආර්ය සත්‍යයන් නොදැක්ක නිසාවෙනි.

මහණෙනි, යම් කිසි ශ්‍රමණයෝ වෙත්වා, බ්‍රාහ්මණයෝ වෙත්වා, 'මෙය දුක යැ' යි ඒ වූ සැටියෙන් දනිත් ද, ...(පෙ).... මෙය දුක් නිරුද්ධ වීම පිණිස ඇති ප්‍රතිපදාව යැ' යි ඒ වූ සැටියෙන් දනිත් ද, ඔවුහු අන්‍ය වූ ශ්‍රමණයෙකුගේ වේවා, බ්‍රාහ්මණයෙකුගේ වේවා 'මේ භවත් තෙමේ ඒකාන්තයෙන් නම්, දැනීමක් දනියි වත් ද? දැකීමක් දකියි වත් ද?' යි මුහුණ නොබලති. මහණෙනි, එය මෙබඳු දෙයකි. යකඩ කණුවක් හෝ ඉන්ද්‍රඛීලයක් හෝ ගැඹුරට සාරා මැනැවින් සිටුවා නොසොල්වන පරිදි, කම්පා නොවෙන පරිදි ඇද්ද, ඉදින් පෙරදිගින් ඉතා දැඩි වැසි සහිත සුළඟක් එන්නේ නමුත්, එය කම්පා නොවෙයි; නොසැලෙයි; නොවෙව්ලයි. ඉදින් බටහිර දිශාවෙනුත් ....(පෙ).... ඉදින් උතුරු දිශාවෙනුත් ....(පෙ).... ඉදින් දකුණු දිශාවෙනුත් ඉතා දැඩි වැසි සහිත සුළඟක් එන්නේ නමුත්,

එය කම්පා නොවෙයි; නොසැලෙයි; නොවෙව්ලයි. එයට හේතුව කුමක් ද? මහණෙනි, ඉන්ද්‍රඛීලය ගැඹුරු ලෙස සාරා මනාකොට සිටුවන ලද බැවිනි.

එසෙයින් ම මහණෙනි, යම් කිසි ශ්‍රමණයෝ වෙත්වා, බ්‍රාහ්මණයෝ වෙත්වා, 'මෙය දුක යැ' යි ඒ වූ සැටියෙන් දනිත් ද, ...(පෙ).... මෙය දුක් නිරුද්ධ වීම පිණිස ඇති ප්‍රතිපදාව යැ' යි ඒ වූ සැටියෙන් දනිත් ද, ඔවුහු අන්‍ය වූ ශ්‍රමණයෙකුගේ වේවා, බ්‍රාහ්මණයෙකුගේ වේවා 'මේ භවත් තෙමේ ඒකාන්තයෙන් නම්, දැනීමක් දනියි වත් ද? දැකීමක් දකියි වත් ද?' යි මුහුණ නොබලති. එයට හේතුව කුමක් ද? මහණෙනි, චතුරාර්ය සත්‍යයන් මැනැවින් දකින ලද හෙයිනි. ඒ කවර සතරක් පිළිබඳ ව ද යත්;

දුක්ඛාර්ය සත්‍යය පිළිබඳ ව ය. දුක්ඛ සමුදය ආර්ය සත්‍යය පිළිබඳ ව ය. දුක්ඛ නිරෝධ ආර්ය සත්‍යය පිළිබඳ ව ය. දුක්ඛ නිරෝධගාමිනී පටිපදා ආර්ය සත්‍යය පිළිබඳ ව ය.

එහෙයින් මහණෙනි, මෙය දුක යැයි අවබෝධ කරනු පිණිස වීර්යය කළ යුත්තේ ය. ....(පෙ).... මෙය දුක් නිරුද්ධවන්නා වූ මාර්ගය යැයි අවබෝධ කරනු පිණිස වීර්යය කළ යුත්තේ ය.

සාදු! සාදු!! සාදු!!!

ඉන්දඛීල සූත්‍රය නිමා විය.

12.4.10.
වාද සූත්‍රය
වාදයට යට නොවීම ගැන වදාළ දෙසුම

මහණෙනි, යම්කිසි භික්ෂුවක් 'මෙය දුක යැ' යි ඒ වූ සැටියෙන් දනියි නම්, ...(පෙ).... 'මෙය දුක් නිරුද්ධ වන්නා වූ ප්‍රතිපදාව යැ' යි ඒ වූ සැටියෙන් දනියි නම්, ඉදින්, වාදයෙන් වැඩ ඇති, වාද සොයන, ශ්‍රමණයෙකු හෝ බ්‍රාහ්මණයෙකු හෝ 'මොහුට වාදාරෝපණය කරන්නෙමි' යි පෙරදිග දිශාවෙනුත් එන්නේ නම්, ඒකාන්තයෙන් කරුණු සහිත ව ඒ භික්ෂුව කම්පා කරවන්නේ ය, බලවත් ව කම්පා කරවන්නේ ය, වෙව්ලවන්නේ ය යන මෙකරුණ දකින්නට නොලැබෙන්නකි. ඉදින් බටහිර දිශාවෙනුත් ....(පෙ)....

ඉදින් උතුරු දිශාවෙනුත් ....(පෙ).... ඉදින්, වාදයෙන් වැඩ ඇති, වාද සොයන, ශ්‍රමණයෙකු හෝ බ්‍රාහ්මණයෙකු හෝ 'මොහුට වාදාරෝපණය කරන්නෙමි' යි දකුණු දිශාවෙනුත් එන්නේ නම්, ඒකාන්තයෙන් කරුණු සහිත ව ඒ භික්ෂුව කම්පා කරවන්නේ ය, බලවත් ව කම්පා කරවන්නේ ය, වෙව්ලවන්නේ ය යන මෙකරුණ දකින්නට නොලැබෙන්නකි.

මහණෙනි, එය මෙබඳු දෙයකි. දහසය රියනක් උස ගල්ටැඹක් ඇත්තේ ය. එය අට රියනක් යටට සාරවා සිට වූ කල අට රියනක් උඩට මතුවූයේ ය. ඉදින් පෙරදිග දිශාවෙනුත් බොහෝ සෙයින් වැසි සහිත සුළඟ හමා එයි නම්, එය කම්පා නොවෙන්නේ ය. බලවත් ව කම්පා නොවෙන්නේ ය. නොවෙව්ලවන්නේ ය. ඉදින් බටහිර දිශාවෙනුත් ....(පෙ).... ඉදින් උතුරු දිශාවෙනුත් ....(පෙ).... ඉදින් දකුණු දිශාවෙනුත් බොහෝ සෙයින් වැසි සහිත සුළඟ හමා එයි නම්, එය කම්පා නොවෙන්නේ ය. බලවත් ව කම්පා නොවෙන්නේ ය. නොවෙව්ලවන්නේ ය. එයට හේතුව කුමක් ද යත්; මහණෙනි, මුල ගැඹුරු බැවිනි. ගල් ටැඹ මැනැවින් සිටුවා ඇති බැවිනි.

එසෙයින් ම මහණෙනි, යම්කිසි භික්ෂුවක් 'මෙය දුක යැ' යි ඒ වූ සැටියෙන් දනියි නම්, ...(පෙ).... 'මෙය දුක් නිරුද්ධ වන්නා වූ ප්‍රතිපදාව යැ' යි ඒ වූ සැටියෙන් දනියි නම්, ඉදින්, වාදයෙන් වැඩ ඇති, වාද සොයන, ශ්‍රමණයෙකු හෝ බ්‍රාහ්මණයෙකු හෝ 'මොහුට වාදාරෝපණය කරන්නෙමි' යි පෙරදිග දිශාවෙනුත් එන්නේ නම්, ඒකාන්තයෙන් කරුණු සහිත ව ඒ භික්ෂුව කම්පා කරවන්නේ ය, බලවත් ව කම්පා කරවන්නේ ය, වෙව්ලවන්නේ ය යන මෙකරුණ දකින්නට නොලැබෙන්නකි. ඉදින් බටහිර දිශාවෙනුත් ....(පෙ).... ඉදින් උතුරු දිශාවෙනුත් ....(පෙ).... ඉදින්, වාදයෙන් වැඩ ඇති, වාද සොයන, ශ්‍රමණයෙකු හෝ බ්‍රාහ්මණයෙකු හෝ 'මොහුට වාදාරෝපණය කරන්නෙමි' යි දකුණු දිශාවෙනුත් එන්නේ නම්, ඒකාන්තයෙන් කරුණු සහිත ව ඒ භික්ෂුව කම්පා කරවන්නේ ය, බලවත් ව කම්පා කරවන්නේ ය, වෙව්ලවන්නේ ය යන මෙකරුණ දකින්නට නොලැබෙන්නකි. එයට හේතුව කුමක් ද? මහණෙනි, චතුරාර්ය සත්‍යයන් මැනැවින් දකින ලද හෙයිනි. ඒ කවර සතරක් පිළිබඳ ව ද යත්;

දුක්ඛාර්ය සත්‍යය පිළිබඳ ව ය. දුක්ඛ සමුදය ආර්ය සත්‍යය පිළිබඳ ව ය. දුක්ඛ නිරෝධ ආර්ය සත්‍යය පිළිබඳ ව ය. දුක්ඛ නිරෝධගාමිනී පටිපදා ආර්ය සත්‍යය පිළිබඳ ව ය.

එහෙයින් මහණෙනි, මෙය දුක යැයි අවබෝධ කරනු පිණිස වීර්යය

කළ යුත්තේ ය. ....(පෙ).... මෙය දුක් නිරුද්ධවන්නා වූ මාර්ගය යැයි අවබෝධ කරනු පිණිස වීර්යය කළ යුත්තේ ය.

සාදු! සාදු!! සාදු!!!

වාද සූත්‍රය නිමා විය.

සිව්වෙනි සිංසපාවන වර්ගය අවසන් විය.

- එහි පිළිවෙල උද්දානයයි :

සිංසපා සූත්‍රය, ඛදිර සූත්‍රය, දණ්ඩ සූත්‍රය, චේල සූත්‍රය, සත්තිසත සූත්‍රය, පාණ සූත්‍රය, සුරියූපම සූත්‍ර දෙක, ඉන්දඛීල සූත්‍රය සහ වාද සූත්‍රය වශයෙන් සූත්‍ර දසයකි.

5. පපාත වර්ගය

12.5.1.
චින්තා සූත්‍රය
සිතීම ගැන වදාළ දෙසුම

එක් සමයෙක්හි භාග්‍යවතුන් වහන්සේ රජගහ නුවර ලෙහෙනුන්ගේ අභයභූමිය වූ කලන්දක නිවාපයෙහි වේළුවනයෙහි වැඩවසන සේක. එහිදී භාග්‍යවතුන් වහන්සේ භික්ෂූන් ඇමතූ සේක.

"මහණෙනි, මෙය පෙර සිදුවූවකි. එක්තරා පුරුෂයෙක් 'ලෝක චින්තා සිතන්නෙමි' යි රජගහනුවරින් නික්ම සුමාගධා පොකුණ අසලට පැමිණියේ ය. පැමිණ ලෝක චින්තා සිතමින් සුමාගධා පොකුණු තෙර හිඳගත්තේ ය. මහණෙනි, ඒ පුරුෂයා සුමාගධා පොකුණෙහි නෙළුම් දණ්ඩකට පිවිසෙන්නා වූ සිව්රඟ සේනාවක් දුටුවේ ය. දැක, ඔහුට මේ අදහස ඇතිවූයේ ය. 'මම නම් උමතු බවට පත්වුණෙමි. මම නම් සිහියෙන් තොර වූයෙමි. ලෝකයෙහි යමක් නැද්ද, එය මා විසින් දකින ලද්දේ ය' යි.

ඉක්බිති මහණෙනි, ඒ පුරුෂයා රජගහ නුවරට පිවිස මහාජනකායට දැනුම් දුන්නේ ය. "හිමියනි, මම නම් උමතු බවට පත්වුණෙමි. හිමියනි, මම නම් සිහියෙන් තොර වූයෙමි. ලෝකයෙහි යමක් නැද්ද, එය මා විසින් දකින ලද්දේ ය" යි.

"එම්බා පුරුෂය, නුඹ විසින් යමක් දකින ලද්දේ ද, ලෝකයෙහි නැති ඒ දේ කුමක් ද? නුඹ කෙසේ නම් උමතු වූවෙහි ද? කෙසේ නම් සිහිය පහ වූවෙහි ද?"

"හිමියනි, මෙහි මම 'ලෝක චින්තා සිතන්නෙමි' යි රජගහනුවරින් නික්ම සුමාගධා පොකුණ අසලට පැමිණියෙමි. පැමිණ ලෝක චින්තා සිතමින්

සුමාගවා පොකුණු තෙර හිඳගත්තෙමි. හිමියෙනි, ඒ මම සුමාගවා පොකුණෙහි නෙළුම් දණ්ඩකට පිවිසෙන්නා වූ සිව්රඟ සේනාවක් දැක්කෙමි. 'හිමියනි, මෙසේ මම උමතු බවට පත්වුණෙමි. සිහියෙන් තොර වූයෙමි. මා විසින් යමක් දකින ලද්දේ ද, ලෝකයෙහි නැත්තා වූ ඒ දේ මෙය යි.'"

"එම්බා පුරුෂය, ඒකාන්තයෙන් නුඹ උම්මත්තකයෙකි. ඒකාන්තයෙන් සිහිය පහ වූවෙකි. නුඹ විසින් යමක් දකින ලද්දේ ද, ලෝකයෙහි මෙය නැත"යි.

මහණෙනි, ඒ පුරුෂයා සිදු වූ දෙයක් ම දැක්කේ ය. සිදු නොවූ දෙයක් නොවෙයි.

මහණෙනි, මෙය පෙර සිදුවූවකි. දෙවියන් හා අසුරයන් අතර සංග්‍රාමයක් එළඹ සිටියේ ය. ඒ යුද්ධයෙහි දී මහණෙනි, දෙවියෝ දින්නාහු ය. අසුරයෝ පැරදුණාහු ය. මහණෙනි, පරාජිත අසුරයෝ වනාහී බියට පත් ව, දෙවියන් ව මුළාවට පත් කරමින් ම නෙළුම් දණ්ඩෙන් අසුර පුරයට පිවිසුණාහු ය.

එහෙයින් මහණෙනි, ලෝක චින්තා නොසිතව්. එනම්; 'ලෝකය සදාකාලික ය' කියා හෝ, 'ලෝකය සදාකාලික නැත' කියා හෝ, 'ලෝකය අන්තවත් ය' කියා හෝ, 'ලෝකය අනන්තවත් ය' කියා හෝ, 'එය ජීවය, එය ශරීරය ය' කියා හෝ, 'ජීවය අනිකකි, ශරීරය අනිකකි' කියා හෝ, 'තථාගත තෙමේ මරණින් මතු සිටියි' කියා හෝ, 'තථාගත තෙමේ මරණින් මතු නොසිටියි' කියා හෝ, 'තථාගත තෙමේ මරණින් මතු සිටියි, නොසිටියි' කියා හෝ, 'තථාගත තෙමේ මරණින් මතු නොසිටියි, නොම නොසිටියි' කියා හෝ ය.

එයට හේතුව කුමක් ද? මහණෙනි, මේ චින්තාවෝ යහපතින් යුක්ත නොවෙති. නිවන් මගට මුල් නොවෙති. අවබෝධයෙන් කලකිරීම පිණිස නොපවතිත්. විරාගය පිණිස නොපවතිත්. නිරෝධය පිණිස නොපවතිත්. සංසිඳීම පිණිස නොපවතිත්. විශිෂ්ට ඥානය පිණිස නොපවතිත්. සත්‍යාවබෝධය පිණිස නොපවතිත්. නිවන පිණිස නොපවතිත්.

මහණෙනි, ඔබලා සිතන්නහු නම් මෙය දුක යැයි සිතව්. මෙය දුකෙහි හටගැනීම යැයි සිතව්. මෙය දුක් නිරුද්ධ වීම යැයි සිතව්. මෙය දුක් නිරුද්ධ වීම පිණිස පවතින ප්‍රතිපදාව යැයි සිතව්. එයට හේතුව කුමක් ද? මහණෙනි, මේ චින්තාවෝ යහපතින් යුක්ත වෙති. මෙය නිවන් මගට මුල් වෙති. මෙය අවබෝධයෙන් කලකිරීම පිණිස පවතිත්. විරාගය පිණිස පවතිත්. නිරෝධය පිණිස පවතිත්. සංසිඳීම පිණිස පවතිත්. විශිෂ්ට ඥානය පිණිස පවතිත්. සත්‍යාවබෝධය පිණිස පවතිත්. නිවන පිණිස පවතිත්.

එහෙයින් මහණෙනි, මෙය දුක යැයි අවබෝධ කරනු පිණිස වීර්යය කළ යුත්තේ ය. ....(පෙ).... මෙය දුක් නිරුද්ධවන්නා වූ මාර්ගය යැයි අවබෝධ කරනු පිණිස වීර්යය කළ යුත්තේ ය.

සාදු! සාදු!! සාදු!!!

චින්තා සූත්‍රය නිමා විය.

12.5.2.
පපාත සූත්‍රය
සැබෑ ප්‍රපාතය ගැන වදාළ දෙසුම

එක් සමයෙක්හි භාග්‍යවතුන් වහන්සේ රජගහ නුවර ගිජ්ඣකූට පර්වතයෙහි වැඩවසන සේක. එකල්හී භාග්‍යවතුන් වහන්සේ භික්ෂූන් ඇමතූ සේක.

"යමු මහණෙනි, පටිභාන කූටය යම් තැනක ඇද්ද, දිවා විහරණය පිණිස එතැනට යන්නෙමු."

"එසේ ය, ස්වාමීනී" යි ඒ භික්ෂූහු භාග්‍යවතුන් වහන්සේට පිළිතුරු දුන්හ. ඉක්බිති භාග්‍යවතුන් වහන්සේ බොහෝ භික්ෂූන් සමඟ පටිභාන කූටය වෙත එළැඹි සේක. එහිදී එක්තරා භික්ෂුවක් පටිභාන කූටයෙහි මහත් වූ ප්‍රපාතයක් දුටුවේ ය. දැක, භාග්‍යවතුන් වහන්සේට මෙය සැළ කළේ ය.

"ස්වාමීනී, මෙය ඒකාන්තයෙන් ම මහා ප්‍රපාතයකි. ස්වාමීනි, මෙය ඒකාන්තයෙන් ම ඉතා මහත් ප්‍රපාතයකි. ස්වාමීනී, මේ ප්‍රපාතයට ත් වඩා වූ ඉතා මහත් වූ ත්, ඉතාමත් භයානක වූ ත් අන්‍ය වූ ප්‍රපාතයක් ඇත්තේ ද?"

"භික්ෂුව, මේ ප්‍රපාතයට ත් වඩා ඉතා මහත් වූ ත්, ඉතාමත් භයානක වූ ත් අන්‍ය වූ ප්‍රපාතයක් ඇත්තේ ය."

"ස්වාමීනී, මේ ප්‍රපාතයට ත් වඩා ඉතා මහත් වූ ත්, ඉතාමත් භයානක වූ ත් අන්‍ය වූ ප්‍රපාතය කුමක් ද?"

"භික්ෂුව, යම්කිසි ශ්‍රමණයෝ වෙත්වා, බ්‍රාහ්මණයෝ වෙත්වා, 'මෙය දුක යැ' යි ඒ වූ සැටියෙන් ම අවබෝධ නොකරත් ද, 'මෙය දුක හටගැනීම යැ' යි

ඒ වූ සැටියෙන් ම අවබෝධ නොකරත් ද, 'මෙය දුක නිරුද්ධ වීම යැ' යි ඒ වූ සැටියෙන් ම අවබෝධ නොකරත් ද, 'මෙය දුක නිරුද්ධ වීම පිණිස ඇති ප්‍රතිපදාව' යි ඒ වූ සැටියෙන් ම අවබෝධ නොකරත් ද, ඔවුහු ඉපදීම පිණිස පවතින්නා වූ සංස්කාරයන් කෙරෙහි සතුටින් ඇලෙති. ජරාව පිණිස පවතින්නා වූ සංස්කාරයන් කෙරෙහි සතුටින් ඇලෙති. මරණය පිණිස පවතින්නා වූ සංස්කාරයන් කෙරෙහි සතුටින් ඇලෙති. ශෝක වැළපීම් දුක් දොම්නස් සුසුම් හෙලීම පිණිස පවතින්නා වූ සංස්කාරයන් කෙරෙහි සතුටින් ඇලෙති.

ඔවුහු ඉපදීම පිණිස පවතින්නා වූ සංස්කාරයන් කෙරෙහි සතුටින් ඇලුණාහු, ජරාව පිණිස පවතින්නා වූ සංස්කාරයන් කෙරෙහි සතුටින් ඇලුණාහු, මරණය පිණිස පවතින්නා වූ සංස්කාරයන් කෙරෙහි සතුටින් ඇලුණාහු, ශෝක වැළපීම් දුක් දොම්නස් සුසුම් හෙලීම පිණිස පවතින්නා වූ සංස්කාරයන් කෙරෙහි සතුටින් ඇලුණාහු, ඉපදීම පිණිස පවතින්නා වූ ත් සංස්කාරයන් රැස් කරති. ජරාව පිණිස පවතින්නා වූ ත් සංස්කාරයන් රැස් කරති. මරණය පිණිස පවතින්නා වූ ත් සංස්කාරයන් රැස් කරති. සෝක වැළපීම් දුක් දොම්නස් සුසුම් හෙලීම් පිණිස පවතින්නා වූ ත් සංස්කාරයන් රැස් කරති.

ඔවුහු ඉපදීම පිණිස පවතින්නා වූ ත් සංස්කාරයන් රැස් කොට, ජරාව පිණිස පවතින්නා වූ ත් සංස්කාරයන් රැස් කොට, මරණය පිණිස පවතින්නා වූ ත් සංස්කාරයන් රැස් කොට, සෝක වැළපීම් දුක් දොම්නස් සුසුම් හෙලීම් පිණිස පවතින්නා වූ ත් සංස්කාරයන් රැස් කොට, ඉපදීම නම් ප්‍රපාතයට ත් වැටෙති. ජරාව නම් ප්‍රපාතයට ත් වැටෙති. මරණය නම් ප්‍රපාතයට ත් වැටෙති. සෝක වැළපීම් දුක් දොම්නස් සුසුම් හෙලීම් නම් ප්‍රපාතයට ත් වැටෙති. ඔවුහු ඉපදීමෙන්, ජරාවෙන්, මරණයෙන්, ශෝකවලින්, වැළපීම්වලින්, දුක්වලින්, දොම්නස්වලින්, සුසුම් හෙලීම්වලින් නිදහස් නොවෙති. දුකින් නිදහස් නොවෙති යැයි කියමි.

භික්ෂුව, යම්කිසි ශ්‍රමණයෝ වෙත්වා, බ්‍රාහ්මණයෝ වෙත්වා, 'මෙය දුක යැ' යි ඒ වූ සැටියෙන් ම අවබෝධ කරත් ද, 'මෙය දුක හටගැනීම යැ' යි ඒ වූ සැටියෙන් ම අවබෝධ කරත් ද, 'මෙය දුක නිරුද්ධ වීම යැ' යි ඒ වූ සැටියෙන් ම අවබෝධ කරත් ද, 'මෙය දුක නිරුද්ධ වීම පිණිස ඇති ප්‍රතිපදාව යැ' යි ඒ වූ සැටියෙන් ම අවබෝධ කරත් ද, ඔවුහු ඉපදීම පිණිස පවතින්නා වූ සංස්කාරයන් කෙරෙහි නොඇලෙති. ජරාව පිණිස පවතින්නා වූ සංස්කාරයන් කෙරෙහි නොඇලෙති. මරණය පිණිස පවතින්නා වූ සංස්කාරයන් කෙරෙහි නොඇලෙති. ශෝක වැළපීම් දුක් දොම්නස් සුසුම් හෙලීම පිණිස පවතින්නා වූ සංස්කාරයන් කෙරෙහි නොඇලෙති.

ඔවුහු ඉපදීම පිණිස පවතින්නා වූ සංස්කාරයන් කෙරෙහි නොඇලුණාහු, ජරාව පිණිස පවතින්නා වූ සංස්කාරයන් කෙරෙහි නොඇලුණාහු, මරණය පිණිස පවතින්නා වූ සංස්කාරයන් කෙරෙහි නොඇලුණාහු, ශෝක වැළපීම් දුක් දොම්නස් සුසුම් හෙලීම පිණිස පවතින්නා වූ සංස්කාරයන් කෙරෙහි නොඇලුණාහු, ඉපදීම පිණිස පවතින්නා වූ ත් සංස්කාරයන් රැස් නොකරති. ජරාව පිණිස පවතින්නා වූ ත් සංස්කාරයන් රැස් නොකරති. මරණය පිණිස පවතින්නා වූ ත් සංස්කාරයන් රැස් නොකරති. සෝක වැළපීම් දුක් දොම්නස් සුසුම් හෙලීම් පිණිස පවතින්නා වූ ත් සංස්කාරයන් රැස් නොකරති.

ඔවුහු ඉපදීම පිණිස පවතින්නා වූ ත් සංස්කාරයන් රැස් නොකොට, ජරාව පිණිස පවතින්නා වූ ත් සංස්කාරයන් රැස් නොකොට, මරණය පිණිස පවතින්නා වූ ත් සංස්කාරයන් රැස් නොකොට, සෝක වැළපීම් දුක් දොම්නස් සුසුම් හෙලීම් පිණිස පවතින්නා වූ ත් සංස්කාරයන් රැස් නොකොට, ඉපදීම නම් ප්‍රපාතයට ත් නොවැටෙති. ජරාව නම් ප්‍රපාතයට ත් නොවැටෙති. මරණය නම් ප්‍රපාතයට ත් නොවැටෙති. සෝක වැළපීම් දුක් දොම්නස් සුසුම් හෙලීම් නම් ප්‍රපාතයට ත් නොවැටෙති. ඔවුහු ඉපදීමෙන්, ජරාවෙන්, මරණයෙන්, ශෝකවලින්, වැළපීම්වලින්, දුක්වලින්, දොම්නස්වලින්, සුසුම් හෙලීම්වලින් නිදහස් වෙති. දුකින් නිදහස් වෙති යැයි කියමි.

එහෙයින් භික්ෂුව, මෙය දුක යැයි අවබෝධ කරනු පිණිස වීර්යය කළ යුත්තේ ය. ....(පෙ).... මෙය දුක් නිරුද්ධවන්නා වූ මාර්ගය යැයි අවබෝධ කරනු පිණිස වීර්යය කළ යුත්තේ ය.

සාදු! සාදු!! සාදු!!!

පපාත සූත්‍රය නිමා විය.

12.5.3.

පරිළාහ සූත්‍රය

පරිළාහ නම් නිරය මුල්කොට වදාළ දෙසුම

"මහණෙනි, 'මහා පරිළාහ' නම් නරකාදියක් ඇත්තේ ය. එහි ඇසින් යම්කිසි රූපයක් දකියි නම්, අනිෂ්ට වූ රූපයක් ම දකියි; ඉෂ්ට රූපයක් නොවෙයි. නොකැමැති රූපයක් ම දකියි; කැමැති රූපයක් නොවෙයි. අමනාප

රූපයක් ම දකියි; මනාප රූපයක් නොවෙයි. කනින් යම්කිසි ශබ්දයක් අසයි නම්, ...(පෙ).... නාසයෙන් යම්කිසි ගන්ධයක් ආඝ්‍රාණය කරයි නම්, ...(පෙ).... දිවෙන් යම්කිසි රසයක් විඳියි නම්, ...(පෙ).... කයෙන් යම්කිසි පහසක් ලබයි නම්, ...(පෙ).... මනසෙන් යම්කිසි අරමුණක් දැනගනියි නම්, අනිෂ්ට වූ අරමුණක් ම දැනගනියි; ඉෂ්ට අරමුණක් නොවෙයි. නොකැමැති අරමුණක් ම දැනගනියි; කැමැති අරමුණක් නොවෙයි. අමනාප අරමුණක් ම දැනගනියි; මනාප අරමුණක් නොවෙයි."

මෙසේ වදාළ කල්හී එක්තරා භික්ෂුවක් භාග්‍යවතුන් වහන්සේට මෙය පැවසුවේ ය.

"ස්වාමීනී, එය ඒකාන්තයෙන් ම මහා පරිළාහයකි. ස්වාමීනි, එය ඒකාන්තයෙන් ම ඉතා මහත් පරිළාහයකි. ස්වාමීනී, මේ පරිළාහයට ත් වඩා ඉතා මහත් වූ ත්, ඉතාමත් භයානක වූ ත් අන්‍ය වූ පරිළාහයක් ඇත්තේ ද?"

"භික්ෂුව, මේ පරිළාහයට ත් වඩා ඉතා මහත් වූ ත්, ඉතාමත් භයානක වූ ත් අන්‍ය වූ පරිළාහයක් ඇත්තේ ය."

"ස්වාමීනී, මේ පරිළාහයට ත් වඩා ඉතා මහත් වූ ත්, ඉතාමත් භයානක වූ ත් අන්‍ය වූ පරිළාහය කුමක් ද?"

"භික්ෂුව, යම්කිසි ශ්‍රමණයෝ වෙත්වා, බ්‍රාහ්මණයෝ වෙත්වා, 'මෙය දුක යැ' යි ඒ වූ සැටියෙන් ම අවබෝධ නොකරත් ද, ...(පෙ)....'මෙය දුක නිරුද්ධ වීම පිණිස ඇති ප්‍රතිපදාව යැ' යි ඒ වූ සැටියෙන් ම අවබෝධ නොකරත් ද, ඔවුහු ඉපදීම පිණිස පවතින්නා වූ සංස්කාරයන් කෙරෙහි සතුටින් ඇලෙති. ජරාව පිණිස පවතින්නා වූ සංස්කාරයන් කෙරෙහි සතුටින් ඇලෙති. මරණය පිණිස පවතින්නා වූ සංස්කාරයන් කෙරෙහි සතුටින් ඇලෙති. ශෝක වැළපීම් දුක් දොම්නස් සුසුම් හෙළීම් පිණිස පවතින්නා වූ සංස්කාරයන් කෙරෙහි සතුටින් ඇලෙති.

ඔවුහු ඉපදීම පිණිස පවතින්නා වූ සංස්කාරයන් කෙරෙහි සතුටින් ඇලී සිට, ...(පෙ).... ශෝක වැළපීම් දුක් දොම්නස් සුසුම් හෙළීම් පිණිස පවතින්නා වූ ත් සංස්කාරයන් කෙරෙහි සතුටින් ඇලී සිට, ඉපදීම පිණිස පවතින්නා වූ සංස්කාරයන් රැස් කරති. ....(පෙ).... සෝක වැළපීම් දුක් දොම්නස් සුසුම් හෙළීම් පිණිස පවතින්නා වූ සංස්කාරයන් රැස් කරති.

ඔවුහු ඉපදීම පිණිස පවතින්නා වූ ත් සංස්කාරයන් රැස් කොට, ...(පෙ).... සෝක වැළපීම් දුක් දොම්නස් සුසුම් හෙළීම් පිණිස පවතින්නා වූ සංස්කාරයන්

රැස් කොට, ඉපදීම නැමැති පරිදාහයෙනුත් මුළුමනින් ම දැවී යති. ජරාව නැමැති පරිදාහයෙනුත් මුළුමනින් ම දැවී යති. මරණය නැමැති පරිදාහයෙනුත් මුළුමනින් ම දැවී යති. ශෝක, වැළපීම්, දුක්, දොම්නස්, සුසුම් හෙළීම් නැමැති පරිදාහයෙනුත් මුළුමනින් ම දැවී යති. ඔවුහු ඉපදීමෙන්, ජරාවෙන්, මරණයෙන්, ශෝකවලින්, වැළපීම්වලින්, දුක්වලින්, දොම්නස්වලින්, සුසුම් හෙළීම්වලින් නිදහස් නොවෙති. දුකින් නිදහස් නොවෙති යැයි කියමි.

භික්ෂුව, යම්කිසි ශ්‍රමණයෝ වෙත්වා, බ්‍රාහ්මණයෝ වෙත්වා, 'මෙය දුක යැ' යි ඒ වූ සැටියෙන් ම අවබෝධ කරත් ද, ...(පෙ).... 'මෙය දුක නිරුද්ධ වීම පිණිස ඇති ප්‍රතිපදාව යැ' යි ඒ වූ සැටියෙන් ම අවබෝධ කරත් ද, ඔවුහු ඉපදීම පිණිස පවතින්නා වූ සංස්කාරයන් කෙරෙහි ත් නොඇලෙති. ජරාව පිණිස පවතින්නා වූ සංස්කාරයන් කෙරෙහි ත් නොඇලෙති. මරණය පිණිස පවතින්නා වූ සංස්කාරයන් කෙරෙහි ත් නොඇලෙති. ශෝක වැළපීම් දුක් දොම්නස් සුසුම් හෙළීම පිණිස පවතින්නා වූ සංස්කාරයන් කෙරෙහි ත් නොඇලෙති.

ඔවුහු ඉපදීම පිණිස පවතින්නා වූ සංස්කාරයන් කෙරෙහි නොඇලී සිට, ...(පෙ).... ශෝක වැළපීම් දුක් දොම්නස් සුසුම් හෙළීම් පිණිස පවතින්නා වූ ත් සංස්කාරයන් රැස් නොකරති.

ඔවුහු ඉපදීම පිණිස පවතින්නා වූ ත් සංස්කාරයන් රැස් නොකොට, ...(පෙ).... ඉපදීම නැමැති පරිදාහයෙනුත් දැවී නොයති. ජරාව නැමැති පරිදාහයෙනුත් දැවී නොයති. මරණය නැමැති පරිදාහයෙනුත් දැවී නොයති. ශෝක, වැළපීම්, දුක්, දොම්නස්, සුසුම් හෙළීම් නැමැති පරිදාහයෙනුත් දැවී නොයති. ඔවුහු ඉපදීමෙන්, ජරාවෙන්, මරණයෙන්, ශෝකවලින්, වැළපීම්වලින්, දුක්වලින්, දොම්නස්වලින්, සුසුම් හෙළීම්වලින් නිදහස් වෙති. දුකින් නිදහස් වෙති යැයි කියමි.

එහෙයින් භික්ෂුව, මෙය දුක යැයි අවබෝධ කරනු පිණිස වීර්යය කළ යුත්තේ ය. ....(පෙ).... මෙය දුක් නිරුද්ධවන්නා වූ මාර්ගය යැයි අවබෝධ කරනු පිණිස වීර්යය කළ යුත්තේ ය.

සාදු! සාදු!! සාදු!!!

පරිළාහ සූත්‍රය නිමා විය.

12.5.4.
කූටාගාර සූත්‍රය
කූටාගාරය උපමා කොට වදාළ දෙසුම

"මහණෙනි, යමෙක් මෙසේ කියයි නම්, 'මම දුක්ඛාර්ය සත්‍යය ඒ වූ සැටියෙන් ම අවබෝධ නොකොට, දුක්ඛ සමුදය ආර්ය සත්‍යය ඒ වූ සැටියෙන් ම අවබෝධ නොකොට, දුක්ඛ නිරෝධ ආර්ය සත්‍යය ඒ වූ සැටියෙන් ම අවබෝධ නොකොට, දුක්ඛ නිරෝධගාමිනී පටිපදා ආර්ය සත්‍යය ඒ වූ සැටියෙන් ම අවබෝධ නොකොට, මනාකොට දුක් කෙළවර කරන්නෙමි' යි එකරුණ කිසිසේත් දකින්නට නොලැබෙන්නකි.

මහණෙනි, එය මෙබඳු දෙයකි. යමෙක් මෙසේ කියයි නම්, 'මම කූටාගාරයෙහි යට ගෙයක් නොකොට තිබිය දී, උඩු මහලෙහි ගෙය කරන්නෙමි' යි, මෙකරුණ දකින්නට නොලැබෙයි. එසෙයින් ම මහණෙනි, යමෙක් මෙසේ කියයි නම්, 'මම දුක්ඛාර්ය සත්‍යය ඒ වූ සැටියෙන් ම අවබෝධ නොකොට, දුක්ඛ සමුදය ආර්ය සත්‍යය ඒ වූ සැටියෙන් ම අවබෝධ නොකොට, දුක්ඛ නිරෝධ ආර්ය සත්‍යය ඒ වූ සැටියෙන් ම අවබෝධ නොකොට, දුක්ඛ නිරෝධගාමිනී පටිපදා ආර්ය සත්‍යය ඒ වූ සැටියෙන් ම අවබෝධ නොකොට, මනාකොට දුක් කෙළවර කරන්නෙමි' යි එකරුණ කිසිසේත් දකින්නට නොලැබෙන්නකි.

මහණෙනි, යමෙක් මෙසේ කියයි නම්, 'මම දුක්ඛාර්ය සත්‍යය ඒ වූ සැටියෙන් ම අවබෝධ කොට, දුක්ඛ සමුදය ආර්ය සත්‍යය ඒ වූ සැටියෙන් ම අවබෝධ කොට, දුක්ඛ නිරෝධ ආර්ය සත්‍යය ඒ වූ සැටියෙන් ම අවබෝධ කොට, දුක්ඛ නිරෝධගාමිනී පටිපදා ආර්ය සත්‍යය ඒ වූ සැටියෙන් ම අවබෝධ කොට, මනාකොට දුක් කෙළවර කරන්නෙමි' යි මෙකරුණ දකින්නට ලැබෙයි.

මහණෙනි, එය මෙබඳු දෙයකි. යමෙක් මෙසේ කියයි නම්, 'මම කූටාගාරයෙහි යට ගෙය කොට, උඩු මහලෙහි ගෙය කරන්නෙමි' යි, මෙකරුණ දකින්නට ලැබෙයි. එසෙයින් ම මහණෙනි, යමෙක් මෙසේ කියයි නම්, 'මම දුක්ඛාර්ය සත්‍යය ඒ වූ සැටියෙන් ම අවබෝධ කොට, දුක්ඛ සමුදය ආර්ය සත්‍යය ඒ වූ සැටියෙන් ම අවබෝධ කොට, දුක්ඛ නිරෝධ ආර්ය සත්‍යය ඒ වූ සැටියෙන් ම අවබෝධ කොට, දුක්ඛ නිරෝධගාමිනී පටිපදා ආර්ය සත්‍යය ඒ වූ සැටියෙන් ම අවබෝධ කොට, මනාකොට දුක් කෙළවර කරන්නෙමි' යි මෙකරුණ දකින්නට ලැබෙයි.

එහෙයින් මහණෙනි, මෙය දුක යැයි අවබෝධ කරනු පිණිස වීර්යය කළ යුත්තේ ය. ....(පෙ).... මෙය දුක් නිරුද්ධවන්නා වූ මාර්ගය යැයි අවබෝධ කරනු පිණිස වීර්යය කළ යුත්තේ ය.

සාදු! සාදු!! සාදු!!!

කූටාගාර සූත්‍රය නිමා විය.

12.5.5.
වාල සූත්‍රය
අස්ලොම මුල්කොට වදාළ දෙසුම

එක් සමයෙක්හි භාග්‍යවතුන් වහන්සේ විශාලාවෙහි මහා වනයෙහි කූටාගාර ශාලාවෙහි වැඩවසන සේක. එකල්හී ආයුෂ්මත් ආනන්දයන් වහන්සේ පෙරවරුවෙහි සිවුරු හැඳ පොරවාගෙන, පාත්‍රය හා සිවුර ගෙන විසල් පුරට පිඬු පිණිස පිවිසියහ. එහිදී ආයුෂ්මත් ආනන්දයන් වහන්සේ බොහෝ ලිච්ඡවී කුමාරවරුන් සන්ථාගාරයෙහි සිට පුහුණුවීම් කරන්නාහු කුඩා සිදුරකින් ඊතල පසුකෙළවරින් කෙළවර නොවරදවා දුරින් ම ඊතලය ඇතට විදින අයුරු දුටහ. දැක, උන්වහන්සේට මෙසේ සිතුණේ ය. 'ඒකාන්තයෙන් මේ ලිච්ඡවි කුමාරවරු හික්මුණාහු ය. ඒකාන්තයෙන් මේ ලිච්ඡවි කුමාරවරු මැනැවින් හික්මුණාහු ය. යම් තැනක දී නම් කුඩා සිදුරකින් ඊතල පසුකෙළවරින් කෙළවර නොවරදවා දුරින් ම ඊතලය ඇතට විදිනවා නොවැ' යි.

ඉක්බිති ආයුෂ්මත් ආනන්දයන් වහන්සේ විසල්පුර පිඬු පිණිස හැසිර පසුබත් කාලයෙහි පිණ්ඩපාතයෙන් වැළකී භාග්‍යවතුන් වහන්සේ වෙත එළැඹියහ. ....(පෙ).... එකත්පස් ව හුන් ආයුෂ්මත් ආනන්දයන් වහන්සේ භාග්‍යවතුන් වහන්සේට මෙය පැවසූහ.

"ස්වාමීනී, මම මෙහි පෙරවරුවෙහි සිවුරු හැඳ පොරවාගෙන, පාත්‍රය හා සිවුර ගෙන විසල් පුරට පිඬු පිණිස පිවිසියෙමි. එහිදී ස්වාමීනී, මම බොහෝ ලිච්ඡවී කුමාරවරුන් සන්ථාගාරයෙහි සිට පුහුණුවීම් කරන්නාහු කුඩා සිදුරකින් ඊතල පසුකෙළවරින් කෙළවර නොවරදවා දුරින් ම ඊතලය ඇතට විදින අයුරු දැක්කෙමි. දැක, මට මෙසේ සිතුණේ ය. 'ඒකාන්තයෙන් මේ ලිච්ඡවි කුමාරවරු හික්මුණාහු ය. ඒකාන්තයෙන් මේ ලිච්ඡවි කුමාරවරු මැනැවින් හික්මුණාහු ය.

යම් තැනක දී නම් කුඩා සිදුරකින් ඊතල පසුකෙළවරින් කෙළවර නොවරදවා දුරින් ම ඊතලය ඇතට විදිනවා නොවැ' යි."

"ආනන්දයෙනි, ඒ කිමෙකැයි සිතන්නෙහි ද? වඩාත් ම දුෂ්කර හෝ වඩාත් ම අමාරුවෙන් විය හැකි දේ කුමක් ද? යමෙක් කුඩා සිදුරකින් ඊතල පසුකෙළවරින් කෙළවර නොවරදවා දුරින් ම ඊතලය ඇතට විදින එක ද? යමෙක් සියක් වරකට පළන ලද අස් ලොමෙහි කෙළවරින් කෙළවරට විදින එක ද?"

"ස්වාමීනී, යමෙක් සියක් වරකට පළන ලද අස් ලොමෙහි කෙළවරින් කෙළවරට විදින්නේ නම්, එය ම අතිශයින් ම දුෂ්කර වෙයි. එය ම අතිශයින් ම අමාරුවෙන් විය හැකි දෙයකි."

"ආනන්දයෙනි, යම් කෙනෙක් 'මෙය දුක යැ'යි ඒ වූ සැටියෙන් ම අවබෝධ කරත් ද, ...(පෙ).... 'මෙය දුක නිරුද්ධ වීම පිණිස පවතින ප්‍රතිපදාව යැ'යි ඒ වූ සැටියෙන් ම අවබෝධ කරත් ද, ඔවුහු වනාහී අවබෝධයට අතිශයින් ම දුෂ්කර වූවක් ම අවබෝධ කරති."

එහෙයින් ආනන්දයෙනි, මෙය දුක යැයි අවබෝධ කරනු පිණිස වීර්යය කළ යුත්තේ ය. ....(පෙ).... මෙය දුක් නිරුද්ධවන්නා වූ මාර්ගය යැයි අවබෝධ කරනු පිණිස වීර්යය කළ යුත්තේ ය.

සාදු! සාදු!! සාදු!!!

වාල සූත්‍රය නිමා විය.

12.5.6.
අන්ධකාර සූත්‍රය
අන්ධකාරය මුල්කොට වදාළ දෙසුම

"මහණෙනි, යම් තැනක මේ සා මහා ඉර්ධිමත් වූ, මේ සා මහානුභාව ඇති මේ සඳ හිරු දෙදෙනාගේ ආලෝකය නොවැටෙයි නම්, එබඳු හිස් වූ, නොවැසී ඇති, දැඩි අඳුර ඇති, ඝනාන්ධකාරය ඇති, ලෝකාන්තරිකයක් ඇත්තේය."

මෙසේ වදාළ කල්හී එක්තරා භික්ෂුවක් භාග්‍යවතුන් වහන්සේට මෙය පැවසුවේ ය.

"ස්වාමීනී, එය ඒකාන්තයෙන් ම මහා අඳුරකි. ස්වාමීනි, එය ඒකාන්තයෙන් ම ඉතා මහත් අඳුරකි. ස්වාමීනී, මේ අන්ධකාරයට ත් වඩා ඉතා මහත් වූ ත්, ඉතාමත් භයානක වූ ත් අන්‍ය වූ අන්ධකාරයක් ඇත්තේ ද?"

"භික්ෂුව, මේ අන්ධකාරයට ත් වඩා ඉතා මහත් වූ ත්, ඉතාමත් භයානක වූ ත් අන්‍ය වූ අන්ධකාරයක් ඇත්තේ ය."

"ස්වාමීනී, මේ අන්ධකාරයට ත් වඩා ඉතා මහත් වූ ත්, ඉතාමත් භයානක වූ ත් අන්‍ය වූ අන්ධකාරය කුමක් ද?"

"භික්ෂුව, යම්කිසි ශ්‍රමණයෝ වෙත්වා, බ්‍රාහ්මණයෝ වෙත්වා, 'මෙය දුක යැ' යි ඒ වූ සැටියෙන් ම අවබෝධ නොකරත් ද, ...(පෙ)....'මෙය දුක නිරුද්ධ වීම පිණිස ඇති ප්‍රතිපදාව යැ' යි ඒ වූ සැටියෙන් ම අවබෝධ නොකරත් ද, ඔවුහු ඉපදීම පිණිස පවතින්නා වූ සංස්කාරයන් කෙරෙහි සතුටින් ඇලෙති. ජරාව පිණිස පවතින්නා වූ සංස්කාරයන් කෙරෙහි සතුටින් ඇලෙති. මරණය පිණිස පවතින්නා වූ සංස්කාරයන් කෙරෙහි සතුටින් ඇලෙති. ශෝක වැළපීම් දුක් දොම්නස් සුසුම් හෙළීම පිණිස පවතින්නා වූ සංස්කාරයන් කෙරෙහි සතුටින් ඇලෙති.

ඔවුහු ඉපදීම පිණිස පවතින්නා වූ සංස්කාරයන් කෙරෙහි සතුටින් ඇලුණාහු, ...(පෙ).... සෝක වැළපීම් දුක් දොම්නස් සුසුම් හෙළීම් පිණිස පවතින්නා වූ ත් සංස්කාරයන් රැස් කරති.

ඔවුහු ඉපදීම පිණිස පවතින්නා වූ ත් සංස්කාරයන් රැස් කොට, ...(පෙ).... ඉපදීම නැමැති අන්ධකාරයට ත් වැටෙති. ජරාව නැමැති අන්ධකාරයට ත් වැටෙති. මරණය නැමැති අන්ධකාරයට ත් වැටෙති. සෝක වැළපීම් දුක් දොම්නස් සුසුම් හෙළීම් නම් අන්ධකාරයට ත් වැටෙති. ඔවුහු ඉපදීමෙන්, ජරාවෙන්, මරණයෙන්, ශෝකවලින්, වැළපීම්වලින්, දුක්වලින්, දොම්නස්වලින්, සුසුම් හෙළීම්වලින් නිදහස් නොවෙති. දුකින් නිදහස් නොවෙති යැයි කියමි.

භික්ෂුව, යම්කිසි ශ්‍රමණයෝ වෙත්වා, බ්‍රාහ්මණයෝ වෙත්වා, 'මෙය දුක යැ' යි ඒ වූ සැටියෙන් ම අවබෝධ කරත් ද, ...(පෙ).... 'මෙය දුක නිරුද්ධ වීම පිණිස ඇති ප්‍රතිපදාව යැ' යි ඒ වූ සැටියෙන් ම අවබෝධ කරත් ද, ඔවුහු ඉපදීම පිණිස පවතින්නා වූ සංස්කාරයන් කෙරෙහි නොඇලෙති. ජරාව පිණිස පවතින්නා වූ සංස්කාරයන් කෙරෙහි නොඇලෙති. මරණය පිණිස පවතින්නා

වූ සංස්කාරයන් කෙරෙහි නොඇලෙති. ශෝක වැළපීම් දුක් දොම්නස් සුසුම් හෙළීම පිණිස පවතින්නා වූ සංස්කාරයන් කෙරෙහි නොඇලෙති.

ඔවුහු ඉපදීම පිණිස පවතින්නා වූ සංස්කාරයන් කෙරෙහි නොඇලුණාහු, ...(පෙ).... සෝක වැළපීම් දුක් දොම්නස් සුසුම් හෙළීම් පිණිස පවතින්නා වූ ත් සංස්කාරයන් රැස් නොකරති.

ඔවුහු ඉපදීම පිණිස පවතින්නා වූ ත් සංස්කාරයන් රැස් නොකොට, ...(පෙ).... ඉපදීම නැමැති අන්ධකාරයට ත් නොවැටෙති. ජරාව නැමැති අන්ධකාරයට ත් නොවැටෙති. මරණය නැමැති අන්ධකාරයට ත් නොවැටෙති. ශෝක, වැළපීම්, දුක්, දොම්නස්, සුසුම් හෙළීම් නැමැති අන්ධකාරයට ත් නොවැටෙති. ඔවුහු ඉපදීමෙන්, ජරාවෙන්, මරණයෙන්, ශෝකවලින්, වැළපීම්වලින්, දුක්වලින්, දොම්නස්වලින්, සුසුම් හෙළීම්වලින් නිදහස් වෙති. දුකින් නිදහස් වෙති යැයි කියමි.

එහෙයින් භික්ෂුව, මෙය දුක යැයි අවබෝධ කරනු පිණිස වීර්යය කළ යුත්තේ ය. ....(පෙ).... මෙය දුක් නිරුද්ධවන්නා වූ මාර්ගය යැයි අවබෝධ කරනු පිණිස වීර්යය කළ යුත්තේ ය.

සාදු! සාදු!! සාදු!!!

අන්ධකාර සූත්‍රය නිමා විය.

12.5.7.
ඡිග්ගල සූත්‍රය
සිදුර මුල්කොට වදාළ දෙසුම

"මහණෙනි, යම් සේ පුරුෂයෙක් එක් සිදුරක් ඇති වියදණ්ඩක් මහා සාගරයට දමන්නේ ය. ඒ සාගරයෙහි කණ කැස්බෑවෙක් සිටියි. ඒ කැස්බෑවා සියවසක් සියවසක් ඇවෑමෙන් එක් එක් වරක් උඩට එයි. මහණෙනි, ඒ කිමෙකැයි හඟිව් ද? ඒ කණ කැස්බෑවා සියවසක් සියවසක් ඇවෑමෙන් වරක් වරක් බැගින් උඩට එන්නේ, වියදණ්ඩෙහි අර එක සිදුරෙන් ඔහුගේ ගෙල පිවිසවන්නේ ද?"

"ඉදින් ස්වාමීනී, ඉතාමත් ම අතිදීර්ඝ කාලයක ඇවෑමෙන්, කිසියම් විටෙක විය හැක්කේ ය."

"මහණෙනි, වසර සියයක් සියයක් ඇවෑමෙන් වරක් වරක් බැගින් උඩට එන ඒ කණ කැස්බෑවා ඒ වියදණ්ඩෙහි ඇති එක සිදුරෙහි සිය ගෙල පිවිසවන්නේ ය යන කරුණ ඉක්මනින් වුවත් සිදුවිය හැක්කේ ය. නමුත් මහණෙනි, එක් වරක් අපායෙහි ඉපදුණු අඥානයා විසින් දුක සේ හෝ මිනිසත් බව යළි ලබයි යන කරුණ මම නොදකිමි. එයට හේතුව කුමක් ද? මහණෙනි, එහි ධර්මයෙහි හැසිරීමක් නැත්තේ ය. පින් කිරීමක් නැත්තේ ය. මහණෙනි, එහි ඔවුනොවුන් කා ගැනීමක් පවතියි. දුර්වලයන් කා ගැනීමක් පවතියි. එයට හේතුව කුමක් ද? මහණෙනි, චතුරාර්ය සත්‍යය නොදක්ක බැවිනි. ඒ කවර සතර සත්‍යයක් පිළිබඳ ව ද යත්;

දුක්ඛාර්ය සත්‍යය පිළිබඳ ව ය. දුක්ඛ සමුදය ආර්ය සත්‍යය පිළිබඳ ව ය. දුක්ඛ නිරෝධ ආර්ය සත්‍යය පිළිබඳ ව ය. දුක්ඛ නිරෝධගාමිනී පටිපදා ආර්ය සත්‍යය පිළිබඳ ව ය.

එහෙයින් මහණෙනි, මෙය දුක යැයි අවබෝධ කරනු පිණිස වීර්යය කළ යුත්තේ ය. ....(පෙ).... මෙය දුක් නිරුද්ධවන්නා වූ මාර්ගය යැයි අවබෝධ කරනු පිණිස වීර්යය කළ යුත්තේ ය.

සාදු! සාදු!! සාදු!!!

ඡිග්ගල සූත්‍රය නිමා විය.

12.5.8.
දුතිය ඡිග්ගල සූත්‍රය
සිදුර මුල්කොට වදාළ දෙවෙනි දෙසුම

"මහණෙනි, එය මෙබඳු දෙයකි. මේ මහා පොළොව එක ම ජලාශයක් වන්නේ ද, එහි පුරුෂයෙක් එක සිදුරක් ඇති වියදණ්ඩක් දමන්නේ ය. ඒ වියදණ්ඩ පෙරදිගින් හමන සුළඟින් බටහිරට පමුණුවන්නේ ය. බටහිරින් හමන සුළඟින් පෙරදිගට පමුණුවන්නේ ය. උතුරින් හමන සුළඟින් දකුණට පමුණුවන්නේ ය. දකුණින් හමන සුළඟින් උතුරට පමුණුවන්නේ ය. ඒ ජලාශයෙහි කණ කැස්බෑවෙක් සිටියි. ඒ කැස්බෑවා සියවසක් සියවසක් ඇවෑමෙන් වරක් වරක් බැගින් උඩට එන්නේ ය.

මහණෙනි, ඒ කිමෙකැයි හඟිව් ද? ඒ කණ කැස්බෑවා සියවසක් සියවසක් ඇවෑමෙන්, වරක් වරක් බැගින් උඩට එද්දී ඒ විය දණ්ඩේ ඇති තනි සිදුරෙන් සිය ගෙල පිවිසවන්නේ ද?"

"ස්වාමීනී, ඒ කණ කැස්බෑවා සියවසක් සියවසක් ඇවෑමෙන්, වරක් වරක් බැගින් උඩට එද්දී ඒ විය දණ්ඩේ ඇති තනි සිදුරෙන් සිය ගෙල පිවිසවන්නේ යන යමක් ඇද්ද, මෙය ඉතාම ත් ම දිගු කලක් ඇවෑමෙන්, ඉතා දුර්ලභ ව සිදුවිය හැක්කකි."

"මහණෙනි, මිනිසත් බව ලබයි යන යමක් ඇද්ද, මෙය ද එසෙයින් ම ඉතාමත් ම දිගුකලක් ඇවෑමෙන් ලැබෙන දෙයකි. මහණෙනි, අරහත් සම්මා සම්බුදු තථාගත තෙමේ ලෝකයෙහි උපදියි යන යමක් ඇද්ද, මෙය ද එසෙයින් ම ඉතාමත් දිගු කලකින් පසු ලැබෙන දෙයකි. මහණෙනි, තථාගතයන් විසින් දේශනා කරන ලද ධර්ම විනය ලොවෙහි බබලයි යන යමක් ඇද්ද, මෙය ද එසෙයින් ම ඉතාමත් දිගු කලකින් පසු ලැබෙන දෙයකි.

මහණෙනි, ඔහු විසින් මේ මිනිසත් බව ලබන ලද්දේ ය. අරහත් සම්මා සම්බුදු තථාගත තෙමේ ත් ලෝකයෙහි උපන්නේ ය. තථාගතයන් විසින් දෙසන ලද ධර්ම විනය ත් ලෝකයෙහි බබලයි.

එහෙයින් මහණෙනි, මෙය දුක යැයි අවබෝධ කරනු පිණිස වීර්යය කළ යුත්තේ ය. ....(පෙ).... මෙය දුක් නිරුද්ධවන්නා වූ මාර්ගය යැයි අවබෝධ කරනු පිණිස වීර්යය කළ යුත්තේ ය.

සාදු! සාදු!! සාදු!!!

දුතිය ඡිග්ගල සූත්‍රය නිමා විය.

12.5.9.
සිනේරු සූත්‍රය
සිනේරු පර්වතය මුල්කොට වදාළ දෙසුම

"මහණෙනි, එය මෙබඳු දෙයකි. පුරුෂයෙක් සිනේරු පර්වතරාජයා පාමුල මුං ඇට තරමේ ගල් කැට සතක් පෙළට තබන්නේ ය. මහණෙනි, එය කිමෙකැයි හඟිව් ද? බහුතර ව ඇත්තේ කුමක් ද? පෙළට තබන ලද මුං ඇට තරමේ යම් ගල් ඇට සතක් ඇද්ද, ඒවා ද? සිනේරු පර්වතරාජයා ද?"

"ස්වාමීනී, යම් මේ සිනේරු පර්වත රාජයා වෙයි ද, මෙය ම ඉතා බොහෝ ය. මුං ඇට තරමේ ගල් කැට සතක් පෙළට තබන ලද්දේ ද, මෙය ඉතා සුළු ය. පෙළට තබන ලද මුං ඇට තරමේ ගල් කැට සත සිනේරු පර්වත රාජයා හා සසඳා බලද්දී සංඛ්‍යාවකට ද ගත නොහැකි ය. සැසඳීමකට ද ගත නොහැකි ය. ඉතා කුඩා කොටසකට ද ගත නොහැකි ය."

"එසෙයින් ම මහණෙනි, චතුරාර්ය සත්‍යාවබෝධය කළ දිට්ඨිසම්පන්න ආර්ය ශ්‍රාවක පුද්ගලයා විසින් යම් මේ ක්ෂය කරන ලද, ගෙවන ලද දුකක් ඇද්ද, මෙය ම ඉතාමත් බොහෝ ය. ඉතුරු වී ඇති දුකක් ඇද්ද, එය ඉතාමත් ම ස්වල්පය ය. යමෙක් 'මෙය දුක යැ'යි ඒ වූ සැටියෙන් ම අවබෝධ කරයි නම්, ...(පෙ).... 'මෙය දුක නිරුද්ධ වීම පිණිස පවතින ප්‍රතිපදාව යැ'යි ඒ වූ සැටියෙන් ම අවබෝධ කරයි නම්, ඒ ආර්ය ශ්‍රාවකයා හට යම් මේ සත් වතාවක් පරම කොට ඉපදීමක් ඇද්ද, මේ ඉපදීමේ දුක, ක්ෂය කරන ලද, ගෙවන ලද පළමු දුක්ඛස්කන්ධය හා සසඳා බලද්දී මෙය සංඛ්‍යාවකට ද ගත නොහෙයි. සැසඳීමකට ද ගත නොහෙයි. ඉතා කුඩා කොටසකට ද ගත නොහෙයි.

එහෙයින් මහණෙනි, මෙය දුක යැයි අවබෝධ කරනු පිණිස වීර්යය කළ යුත්තේ ය. ....(පෙ).... මෙය දුක් නිරුද්ධවන්නා වූ මාර්ගය යැයි අවබෝධ කරනු පිණිස වීර්යය කළ යුත්තේ ය.

සාදු! සාදු!! සාදු!!!

සිනේරු සූත්‍රය නිමා විය.

12.5.10.
දුතිය සිනේරු සූත්‍රය
සිනේරු පර්වතය මුල්කොට වදාළ දෙවෙනි දෙසුම

"මහණෙනි, එය මෙබඳු දෙයකි. සිනේරු පර්වතරාජයා මුං ඇට තරමේ ගල් කැට සතක් ඉතුරු කොට ක්ෂය වී යන්නේ නම්, ගෙවී යන්නේ නම්, මහණෙනි, එය කිමෙකැයි හඟිව් ද? බහුතර ව ඇත්තේ කුමක් ද? සිනේරු පර්වත රාජයාගේ යම් ප්‍රමාණයක් ක්ෂය වී ගියේ නම්, ගෙවී ගියේ නම්, එය ද? ඉතිරි වී ඇති මුං ඇට තරමේ ගල්කැට සත ද?"

"ස්වාමීනී, සිනේරු පර්වත රාජයාගේ යම් මේ ප්‍රමාණයක් ක්ෂය වී ගියේ ද, ගෙවී ගියේ ද, එය ම අතිශයින් බහුතර වෙයි. ඉතිරි වී ඇති මුං ඇට තරමේ ගල්කැට සතක් ඇද්ද, එය ඉතා ස්වල්පයකි. ක්ෂය වූ, ගෙවී ගිය සිනේරු පර්වතය සමඟ ඉතිරි වී ඇති මුං ඇට තරමේ ගල් කැට සත සසඳා බලද්දී සංඛ්‍යාවකට ද ගත නොහැකි ය. සැසඳීමකට ද ගත නොහැකි ය. ඉතා කුඩා කොටසකට ද ගත නොහැකි ය."

"එසෙයින් ම මහණෙනි, චතුරාර්ය සත්‍යාවබෝධය කළ දිට්ඨිසම්පන්න ආර්ය ශ්‍රාවක පුද්ගලයා විසින් යම් මේ ක්ෂය කරන ලද, ගෙවන ලද දුකක් ඇද්ද, මෙය ම ඉතාමත් බොහෝ ය. ඉතුරු වී ඇති දුකක් ඇද්ද, එය ඉතාමත් ම ස්වල්පය ය. යමෙක් 'මෙය දුක යැ'යි ඒ වූ සැටියෙන් ම අවබෝධ කරයි නම්, ...(පෙ).... 'මෙය දුක නිරුද්ධ වීම පිණිස පවතින ප්‍රතිපදාව යැ'යි ඒ වූ සැටියෙන් ම අවබෝධ කරයි නම්, ඒ ආර්ය ශ්‍රාවකයා හට යම් මේ සත් වතාවක් පරම කොට ඉපදීමක් ඇද්ද, මේ ඉපදීමේ දුක, ක්ෂය කරන ලද, ගෙවන ලද පළමු දුක්ඛස්කන්ධය හා සසඳා බලද්දී මෙය සංඛ්‍යාවකට ද ගත නොහෙයි. සැසඳීමකට ද ගත නොහෙයි. ඉතා කුඩා කොටසකට ද ගත නොහෙයි.

එහෙයින් මහණෙනි, මෙය දුක යැයි අවබෝධ කරනු පිණිස වීර්යය කළ යුත්තේ ය. ....(පෙ).... මෙය දුක් නිරුද්ධවන්නා වූ මාර්ගය යැයි අවබෝධ කරනු පිණිස වීර්යය කළ යුත්තේ ය.

සාදු! සාදු!! සාදු!!!

දුතිය සිනේරු සූත්‍රය නිමා විය.

පස්වෙනි පපාත වර්ගය අවසන් විය.

- එහි පිළිවෙල උද්දානයයි :

චින්තා සූත්‍රය, පපාත සූත්‍රය, පරිළාහ සූත්‍රය, කූට සූත්‍රය, වාද සූත්‍රය, අන්ධකාර සූත්‍රය, ඡිග්ගල සූත්‍ර දෙක සහ සිනේරු සූත්‍ර දෙක වශයෙන් සූත්‍ර දසයකි.

6. අභිසමය වර්ගය

12.6.1.
නඛසිඛා සූත්‍රය
නියසිළ මත තැබූ පස් බිඳ ගැන වදාළ දෙසුම

එකල්හී භාග්‍යවතුන් වහන්සේ පස් බිඳක් නියසිළ මත රඳවා භික්ෂූන් ඇමතූ සේක.

"මහණෙනි, ඒ කිමෙකැයි හඟිව් ද? කුමක් ඉතා බොහෝ ද? මා විසින් නියසිළ මත රඳවන ලද යම් මේ පස් බිඳක් වෙයි නම්, එය ද? මේ මහා පොළොව ද?"

"ස්වාමීනී, යම් මේ මහපොළොව වෙයි ද මෙය ම ඉතාමත් බොහෝ ය. භාග්‍යවතුන් වහන්සේ විසින් නියසිළ මත රඳවා වදාළ යම් පස් බිඳක් ඇද්ද, මෙය ඉතා ස්වල්පයකි. භාග්‍යවතුන් වහන්සේ විසින් නියසිළ මත රඳවන ලද පස් බිඳ මහා පොළොව හා සසඳා බලද්දී සංඛ්‍යාවකට ද ගත නොහෙයි. සැසඳීමකට ද ගත නොහෙයි. ඉතා කුඩා කොටසකට ද ගත නොහෙයි."

"එසෙයින් ම මහණෙනි, චතුරාර්ය සත්‍යාවබෝධය කළ දිට්ඨිසම්පන්න ආර්ය ශ්‍රාවක පුද්ගලයා විසින් යම් මේ ක්ෂය කරන ලද, ගෙවන ලද දුකක් ඇද්ද, මෙය ම ඉතාමත් බොහෝ ය. ඉතුරු වී ඇති දුකක් ඇද්ද, එය ඉතාමත් ම ස්වල්පය ය. යමෙක් 'මෙය දුක යැ'යි ඒ වූ සැටියෙන් ම අවබෝධ කරයි නම්, ...(පෙ).... 'මෙය දුක නිරුද්ධ වීම පිණිස පවතින ප්‍රතිපදාව යැ'යි ඒ වූ සැටියෙන් ම අවබෝධ කරයි නම්, ඒ ආර්ය ශ්‍රාවකයා හට යම් මේ සත් වතාවක් පරම කොට ඉපදීමක් ඇද්ද, මේ ඉපදීමේ දුක, ක්ෂය කරන ලද, ගෙවන ලද පළමු දුක්ඛස්කන්ධය හා සසඳා බලද්දී මෙය සංඛ්‍යාවකට ද ගත නොහෙයි. සැසඳීමකට ද ගත නොහෙයි. ඉතා කුඩා කොටසකට ද ගත නොහෙයි.

එහෙයින් මහණෙනි, මෙය දුක යැයි අවබෝධ කරනු පිණිස වීර්යය කළ යුත්තේ ය. ....(පෙ).... මෙය දුක් නිරුද්ධවන්නා වූ මාර්ගය යැයි අවබෝධ කරනු පිණිස වීර්යය කළ යුත්තේ ය.

සාදු! සාදු!! සාදු!!!

නඛසිඛා සූත්‍රය නිමා විය.

12.6.2.
පොක්ඛරණී සූත්‍රය
පොකුණ උපමාවට ගෙන වදාළ දෙසුම

"මහණෙනි, එය මෙබඳු දෙයකි. පනස් යොදුන් පළල, පනස් යොදුන් දිග, පනස් යොදුන් ගැඹුරු ජලයෙන් පිරී ගිය, ඉවුර දක්වා පිරීගිය, කපුටන්ට ද පහසුවෙන් පානය කළ හැකි පරිදි වූ පොකුණක් ඇත්තේ ය. පුරුෂයෙක් කුස තණ අගින් එයින් දිය ස්වල්පයක් බැහැරට ගන්නේ ය.

මහණෙනි, ඒ කිමෙකැයි හඟිව් ද? කුමක් ඉතා බොහෝ ද? කුසතණ අගින් බැහැරට ගන්නා ලද යම් දියක් ඇත්නම්, එය ද? පොකුණෙහි යම් දියක් ඇත්නම් එය ද?"

"ස්වාමීනී, යම් මේ පොකුණෙහි ජලයක් ඇද්ද මෙය ම ඉතාමත් බොහෝ ය. කුසතණ අගින් බැහැරට ගත් ජලයක් ඇද්ද මෙය ඉතා ස්වල්පයකි. පොකුණෙහි ඇති ජලය හා කුස තණ අගින් බැහැරට ගත් ජලය සසඳා බලද්දී සංඛ්‍යාවකට ද ගත නොහෙයි. සැසඳීමකට ද ගත නොහෙයි. ඉතා කුඩා කොටසකට ද ගත නොහෙයි."

"එසෙයින් ම මහණෙනි, චතුරාර්ය සත්‍යාවබෝධය කළ දිට්ඨිසම්පන්න ආර්ය ශ්‍රාවක පුද්ගලයා විසින් යම් මේ ක්ෂය කරන ලද, ගෙවන ලද දුකක් ඇද්ද, මෙය ම ඉතාමත් බොහෝ ය. ඉතුරු වී ඇති දුකක් ඇද්ද, එය ඉතාමත් ම ස්වල්පය ය. යමෙක් 'මෙය දුක යැ'යි ඒ වූ සැටියෙන් ම අවබෝධ කරයි නම්, ...(පෙ).... 'මෙය දුක නිරුද්ධ වීම පිණිස පවතින ප්‍රතිපදාව යැ'යි ඒ වූ සැටියෙන් ම අවබෝධ කරයි නම්, ඒ ආර්ය ශ්‍රාවකයා හට යම් මේ සත් වතාවක් පරම කොට ඉපදීමක් ඇද්ද, මේ ඉපදීමේ දුක, ක්ෂය කරන ලද, ගෙවන ලද පළමු දුක්ඛස්කන්ධය හා සසඳා බලද්දී මෙය සංඛ්‍යාවකට ද ගත නොහෙයි. සැසඳීමකට ද ගත නොහෙයි. ඉතා කුඩා කොටසකට ද ගත නොහෙයි.

එහෙයින් මහණෙනි, මෙය දුක යැයි අවබෝධ කරනු පිණිස වීර්යය කළ යුත්තේ ය. ....(පෙ).... මෙය දුක් නිරුද්ධවන්නා වූ මාර්ගය යැයි අවබෝධ කරනු පිණිස වීර්යය කළ යුත්තේ ය.

සාදු! සාදු!! සාදු!!!

පොක්ඛරණී සූත්‍රය නිමා විය.

12.6.3.
සම්භෙජ්ජ සූත්‍රය
එකතු වී ගිය ජලය ගැන වදාළ දෙසුම

"මහණෙනි, එය මෙබඳු දෙයකි. ගංගා, යමුනා, අචිරවතී, සරභූ, මහී යන මේ මහා නදීහු යම් තැනක එකට ගලා බසිත් ද, එක් ව බසිත් ද, පුරුෂයෙක් එයින් දිය බිඳු දෙකක් හෝ තුනක් හෝ බැහැර කරන්නේ නම්, මහණෙනි, ඒ කිමෙකැයි හඟිව් ද? කුමක් බොහෝ වෙයි ද? බැහැරට ගත් යම් දිය බිඳු දෙකක් හෝ තුනක් හෝ වෙත්නම් එය ද? මහා ගංගාවන් එක් ව ගිය ජලය ද?"

"ස්වාමීනී, යම් මේ මහා ගංගා එක් ව ගිය ජලයක් ඇද්ද, එය ම ඉතාමත් බොහෝ ය. දියෙන් උඩට ගත් දෙකක් හෝ තුනක් දිය බිඳු වෙයි නම්, එය ඉතා ස්වල්පයකි. ගංගාවන් එක්වී ගිය ජලය හා උඩට ගන්නා ලද දෙකක් හෝ තුනක් හෝ වූ දිය බිඳු සසඳා බලද්දී සංඛ්‍යාවකට ද ගත නොහෙයි. සැසඳීමකට ද ගත නොහෙයි. ඉතා කුඩා කොටසකට ද ගත නොහෙයි."

"එසෙයින් ම මහණෙනි, චතුරාර්ය සත්‍යාවබෝධය කළ දිට්ඨිසම්පන්න ආර්ය ශ්‍රාවක පුද්ගලයා විසින් යම් මේ ක්ෂය කරන ලද, ගෙවන ලද දුකක් ඇද්ද, මෙය ම ඉතාමත් බොහෝ ය. ඉතුරු වී ඇති දුකක් ඇද්ද, එය ඉතාමත් ම ස්වල්පය ය. යමෙක් 'මෙය දුක යැ'යි ඒ වූ සැටියෙන් ම අවබෝධ කරයි නම්, ...(පෙ).... සසඳා බලද්දී මෙය සංඛ්‍යාවකට ද ගත නොහෙයි. සැසඳීමකට ද ගත නොහෙයි. ඉතා කුඩා කොටසකට ද ගත නොහෙයි.

එහෙයින් මහණෙනි, මෙය දුක යැයි අවබෝධ කරනු පිණිස වීර්යය කළ යුත්තේ ය. ....(පෙ).... මෙය දුක් නිරුද්ධවන්නා වූ මාර්ගය යැයි අවබෝධ කරනු පිණිස වීර්යය කළ යුත්තේ ය.

සාදු! සාදු!! සාදු!!!

සම්භෙජ්ජ සූත්‍රය නිමා විය.

12.6.4.
දුතිය සම්භෙජ්ජ සූත්‍රය
එකතු වී ගිය ජලය ගැන වදාළ දෙවෙනි දෙසුම

"මහණෙනි, එය මෙබඳු දෙයකි. ගංගා, යමුනා, අචිරවතී, සරභූ, මහී යන මේ මහා නදීහු යම් තැනක එකට ගලා බසිත් ද, එක් ව බසිත් ද, එහි දිය බිඳු දෙකක් හෝ තුනක් හෝ ඉතුරුකොට සියළු ජලය ක්ෂය වීමට, ගෙවීමට යන්නේ නම්, මහණෙනි, ඒ කිමෙකැයි හඟිව් ද? කුමක් බොහෝ වෙයි ද? ක්ෂය වී ගිය, ගෙවී ගිය මහා ගංගා එක් වූ යම් ජලයක් ඇත්නම් එය ද? ඉතුරු වී ගිය යම් දිය බිඳු දෙකක් හෝ තුනක් හෝ වෙත්නම් එය ද?"

"ස්වාමීනී, යම් මේ ක්ෂය වී ගිය, ගෙවී ගිය මහා ගංගා එක් වූ යම් ජලයක් ඇද්ද, එය ම ඉතාමත් බොහෝ ය. ඉතිරි වී ගිය දෙකක් හෝ තුනක් දිය බිඳු වෙයි නම්, එය ඉතා ස්වල්පයකි. ඉතිරි වී ගිය දෙකක් හෝ තුනක් හෝ වූ දිය බිඳු, ක්ෂය වී ගිය ගෙවී ගිය මහා ගංගා එක් වූ ජලය හා සසඳා බලද්දී සංඛ්‍යාවකට ද ගත නොහෙයි. සැසඳීමකට ද ගත නොහෙයි. ඉතා කුඩා කොටසකට ද ගත නොහෙයි."

"එසෙයින් ම මහණෙනි, චතුරාර්ය සත්‍යාවබෝධය කළ දිට්ඨිසම්පන්න ආර්ය ශ්‍රාවක පුද්ගලයා විසින් යම් මේ ක්ෂය කරන ලද, ගෙවන ලද දුකක් ඇද්ද, මෙය ම ඉතාමත් බොහෝ ය. ඉතුරු වී ඇති දුකක් ඇද්ද, එය ඉතාමත් ම ස්වල්පය ය. යමෙක් 'මෙය දුක යැ'යි ඒ වූ සැටියෙන් ම අවබෝධ කරයි නම්, ...(පෙ).... සසඳා බලද්දී මෙය සංඛ්‍යාවකට ද ගත නොහෙයි. සැසඳීමකට ද ගත නොහෙයි. ඉතා කුඩා කොටසකට ද ගත නොහෙයි.

එහෙයින් මහණෙනි, මෙය දුක යැයි අවබෝධ කරනු පිණිස වීර්යය කළ යුත්තේ ය. ....(පෙ).... මෙය දුක් නිරුද්ධවන්නා වූ මාර්ගය යැයි අවබෝධ කරනු පිණිස වීර්යය කළ යුත්තේ ය.

සාදු! සාදු!! සාදු!!!

දුතිය සම්භෙජ්ජ සූත්‍රය නිමා විය.

12.6.5.
පඨවි සූත්‍රය
පොළොව ගැන වදාළ දෙසුම

"මහණෙනි, එය මෙබඳු දෙයකි. පුරුෂයෙක් ඩෙබර ඇට ප්‍රමාණයට ගුලි සතක් සකසා මහ පොළොවේ තබන්නේ නම්, මහණෙනි, ඒ කිමෙකැයි හඟිව් ද? කුමක් බොහෝ වෙයි ද? ඩෙබර ඇට ප්‍රමාණයට සැකසූ ගුලි සත ද? මේ මහා පොළොව ද?"

"ස්වාමීනී, යම් මේ මහා පොළොවක් ඇද්ද, එය ම ඉතාමත් බොහෝ ය. ඩෙබර ඇට ප්‍රමාණයට සැකසූ ගුලි සතක් වෙයි නම්, එය ඉතා ස්වල්පයකි. මහා පොළොව හා ඩෙබර ඇට ප්‍රමාණයට සැකසූ ගුලි සත සසඳා බලද්දී සංඛ්‍යාවකට ද ගත නොහෙයි. සැසඳීමකට ද ගත නොහෙයි. ඉතා කුඩා කොටසකට ද ගත නොහෙයි."

"එසෙයින් ම මහණෙනි, චතුරාර්ය සත්‍යාවබෝධය කළ දිට්ඨිසම්පන්න ආර්ය ශ්‍රාවක පුද්ගලයා විසින් යම් මේ ක්ෂය කරන ලද, ගෙවන ලද දුකක් ඇද්ද, මෙය ම ඉතාමත් බොහෝ ය. ඉතුරු වී ඇති දුකක් ඇද්ද, එය ඉතාමත් ම ස්වල්පය ය. යමෙක් 'මෙය දුක යැ'යි ඒ වූ සැටියෙන් ම අවබෝධ කරයි නම්, ...(පෙ).... සසඳා බලද්දී මෙය සංඛ්‍යාවකට ද ගත නොහෙයි. සැසඳීමකට ද ගත නොහෙයි. ඉතා කුඩා කොටසකට ද ගත නොහෙයි.

එහෙයින් මහණෙනි, මෙය දුක යැයි අවබෝධ කරනු පිණිස වීර්යය කළ යුත්තේ ය. ....(පෙ).... මෙය දුක් නිරුද්ධවන්නා වූ මාර්ගය යැයි අවබෝධ කරනු පිණිස වීර්යය කළ යුත්තේ ය.

සාදු! සාදු!! සාදු!!!

පඨවි සූත්‍රය නිමා විය.

12.6.6.
දුතිය පඨවි සූත්‍රය
පොළොව ගැන වදාළ දෙවෙනි දෙසුම

"මහණෙනි, එය මෙබඳු දෙයකි. මහපොළොව ඩෙබර ඇට ප්‍රමාණයේ ගුලි සතක් ඉතුරු වී ක්ෂය වී ගෙවී යන්නේ නම්, මහණෙනි, ඒ කිමෙකැයි හඟිව් ද? කුමක් බොහෝ වෙයි ද? මහපොළොවෙහි ක්ෂය වී ගිය ගෙවී ගිය යම් ප්‍රමාණයක් ඇත්නම් එය ද? ඉතිරි වූ ඩෙබර ඇට ප්‍රමාණයේ යම් ගුලි සතක් ඇත්නම් එය ද?"

"ස්වාමීනී, යම් මේ ක්ෂය වී ගිය ගෙවී ගිය මහපොළොවක් ඇද්ද, එය ම ඉතාමත් බොහෝ ය. ඩෙබර ඇට ප්‍රමාණයට ඉතිරි වූ ගුලි සතක් වෙයි නම්, එය ඉතා ස්වල්පයකි. ක්ෂය වී ගිය ගෙවී ගිය මහා පොළොව හා ඩෙබර ඇට ප්‍රමාණයට ඉතිරි වූ ගුලි සත සසඳා බලද්දී සංඛ්‍යාවකට ද ගත නොහෙයි. සැසඳීමකට ද ගත නොහෙයි. ඉතා කුඩා කොටසකට ද ගත නොහෙයි."

"එසෙයින් ම මහණෙනි, චතුරාර්ය සත්‍යාවබෝධය කළ දිට්ඨිසම්පන්න ආර්ය ශ්‍රාවක පුද්ගලයා විසින් යම් මේ ක්ෂය කරන ලද, ගෙවන ලද දුකක් ඇද්ද, මෙය ම ඉතාමත් බොහෝ ය. ඉතුරු වී ඇති දුකක් ඇද්ද, එය ඉතාමත් ම ස්වල්පය ය. යමෙක් 'මෙය දුක යැ'යි ඒ වූ සැටියෙන් ම අවබෝධ කරයි නම්, ...(පෙ).... සසඳා බලද්දී මෙය සංඛ්‍යාවකට ද ගත නොහෙයි. සැසඳීමකට ද ගත නොහෙයි. ඉතා කුඩා කොටසකට ද ගත නොහෙයි.

එහෙයින් මහණෙනි, මෙය දුක යැයි අවබෝධ කරනු පිණිස වීර්යය කළ යුත්තේ ය. ....(පෙ).... මෙය දුක් නිරුද්ධවන්නා වූ මාර්ගය යැයි අවබෝධ කරනු පිණිස වීර්යය කළ යුත්තේ ය.

සාදු! සාදු!! සාදු!!!

දුතිය පඨවි සූත්‍රය නිමා විය.

12.6.7.
සමුද්ද සූත්‍රය
සමුද්‍රය ගැන වදාළ දෙසුම

"මහණෙනි, එය මෙබඳු දෙයකි. පුරුෂයෙක් මහා සමුද්‍රයෙන් දෙකක් හෝ තුනක් හෝ දියබිඳු බැහැර කරන්නේ නම්, මහණෙනි, ඒ කිමෙකැයි හඟිව් ද? කුමක් බොහෝ වෙයි ද? බැහැරට ගන්නා ලද දෙකක් හෝ තුනක් හෝ දිය බිඳු ඇත්නම් එය ද? මහාසමුද්‍රයෙහි යම් ජලයක් ඇත්නම් එය ද?"

"ස්වාමීනී, යම් මේ ජලයක් මහාසමුද්‍රයෙහි ඇද්ද, එය ම ඉතාමත් බොහෝ ය. ගොඩට ගන්නා ලද දෙකක් හෝ තුනක් හෝ දිය බිඳු ඇද්ද, එය ඉතා ස්වල්පයකි. මහා සමුද්‍රයෙහි ජලය හා ගොඩට ගන්නා ලද දෙකක් හෝ තුනක් හෝ දිය බිඳු සසඳා බලද්දී සංඛ්‍යාවකට ද ගත නොහෙයි. සැසඳීමකට ද ගත නොහෙයි. ඉතා කුඩා කොටසකට ද ගත නොහෙයි."

"එසෙයින් ම මහණෙනි, චතුරාර්ය සත්‍යාවබෝධය කළ දිට්ඨිසම්පන්න ආර්ය ශ්‍රාවක පුද්ගලයා විසින් යම් මේ ක්ෂය කරන ලද, ගෙවන ලද දුකක් ඇද්ද, මෙය ම ඉතාමත් බොහෝ ය. ඉතුරු වී ඇති දුකක් ඇද්ද, එය ඉතාමත් ම ස්වල්පය ය. යමෙක් 'මෙය දුක යැ'යි ඒ වූ සැටියෙන් ම අවබෝධ කරයි නම්, ...(පෙ).... සසඳා බලද්දී මෙය සංඛ්‍යාවකට ද ගත නොහෙයි. සැසඳීමකට ද ගත නොහෙයි. ඉතා කුඩා කොටසකට ද ගත නොහෙයි.

එහෙයින් මහණෙනි, මෙය දුක යැයි අවබෝධ කරනු පිණිස වීර්යය කළ යුත්තේ ය. ....(පෙ).... මෙය දුක් නිරුද්ධවන්නා වූ මාර්ගය යැයි අවබෝධ කරනු පිණිස වීර්යය කළ යුත්තේ ය.

සාදු! සාදු!! සාදු!!!

සමුද්ද සූත්‍රය නිමා විය.

12.6.8.
දුතිය සමුද්ද සූත්‍රය
සමුද්‍රය ගැන වදාළ දෙවෙනි දෙසුම

"මහණෙනි, එය මෙබඳු දෙයකි. දෙකක් හෝ තුනක් හෝ දියබිඳු ඉතිරි කොට මහාසමුද්‍රය ක්ෂය වී ගෙවී යන්නේ නම්, මහණෙනි, ඒ කිමෙකැයි හඟිව් ද? කුමක් බොහෝ වෙයි ද? මහා සමුද්‍රයෙහි ගෙවී ගිය ක්ෂය වී ගිය යම් ජලය ක් ඇත්නම් එය ද? ඉතිරි වී ගිය දෙකක් හෝ තුනක් හෝ දිය බිඳු ඇත්නම් එය ද?"

"ස්වාමීනී, යම් මේ ජලයක් මහා සමුද්‍රයෙහි ක්ෂය වී ගියේ, ගෙවී ගියේ වෙයි නම්, එය ම ඉතාමත් බොහෝ ය. ඉතිරි වී ගිය දෙකක් හෝ තුනක් හෝ දිය බිඳු ඇද්ද, එය ඉතා ස්වල්පයකි. මහා සමුද්‍රයෙහි ක්ෂය වී ගිය, ගෙවී ගිය ජලය හා ඉතිරි වී ගිය දෙකක් හෝ තුනක් හෝ දිය බිඳු සසඳා බලද්දී සංඛ්‍යාවකට ද ගත නොහෙයි. සැසඳීමකට ද ගත නොහෙයි. ඉතා කුඩා කොටසකට ද ගත නොහෙයි."

"එසෙයින් ම මහණෙනි, චතුරාර්ය සත්‍යාවබෝධය කළ දිට්ඨිසම්පන්න ආර්ය ශ්‍රාවක පුද්ගලයා විසින් යම් මේ ක්ෂය කරන ලද, ගෙවන ලද දුකක් ඇද්ද, මෙය ම ඉතාමත් බොහෝ ය. ඉතුරු වී ඇති දුකක් ඇද්ද, එය ඉතාමත් ම ස්වල්පය ය. යමෙක් 'මෙය දුක යැ'යි ඒ වූ සැටියෙන් ම අවබෝධ කරයි නම්, ...(පෙ).... සසඳා බලද්දී මෙය සංඛ්‍යාවකට ද ගත නොහෙයි. සැසඳීමකට ද ගත නොහෙයි. ඉතා කුඩා කොටසකට ද ගත නොහෙයි.

එහෙයින් මහණෙනි, මෙය දුක යැයි අවබෝධ කරනු පිණිස වීර්යය කළ යුත්තේ ය. ....(පෙ).... මෙය දුක් නිරුද්ධවන්නා වූ මාර්ගය යැයි අවබෝධ කරනු පිණිස වීර්යය කළ යුත්තේ ය.

සාදු! සාදු!! සාදු!!!

දුතිය සමුද්ද සූත්‍රය නිමා විය.

12.6.9.
පබ්බතූපම සූත්‍රය
පර්වතය උපමා කොට වදාළ දෙසුම

"මහණෙනි, එය මෙබඳු දෙයකි. පුරුෂයෙක් හිමාල පර්වතරාජයා පාමුල අබ ඇට තරමේ ගල් කැට සතක් පෙළට තබන්නේ ය. මහණෙනි, එය කිමෙකැයි හඟිව් ද? බහුතර ව ඇත්තේ කුමක් ද? පෙළට තබන ලද අබ ඇට තරමේ යම් ගල් ඇට සතක් ඇත්නම්, ඒවා ද? හිමාල පර්වතරාජයා ද?"

"ස්වාමීනී, යම් මේ හිමාල පර්වත රාජයා වෙයි ද, මෙය ම ඉතා බොහෝ ය. අබ ඇට තරමේ ගල් කැට සතක් පෙළට තබන ලද්දේ ද, මෙය ඉතා ස්වල්පයකි. පෙළට තබන ලද අබ ඇට තරමේ ගල් කැට සත හිමාල පර්වත රාජයා හා සසඳා බලද්දී සංඛ්‍යාවකට ද ගත නොහැකි ය. සැසඳීමකට ද ගත නොහැකි ය. ඉතා කුඩා කොටසකට ද ගත නොහැකි ය."

"එසෙයින් ම මහණෙනි, චතුරාර්ය සත්‍යාවබෝධය කළ දිට්ඨිසම්පන්න ආර්ය ශ්‍රාවක පුද්ගලයා විසින් යම් මේ ක්ෂය කරන ලද, ගෙවන ලද දුකක් ඇද්ද, මෙය ම ඉතාමත් බොහෝ ය. ඉතුරු වී ඇති දුකක් ඇද්ද, එය ඉතාමත් ම ස්වල්පය ය. යමෙක් 'මෙය දුක යැ'යි ඒ වූ සැටියෙන් ම අවබෝධ කරයි නම්, ...(පෙ).... සසඳා බලද්දී මෙය සංඛ්‍යාවකට ද ගත නොහෙයි. සැසඳීමකට ද ගත නොහෙයි. ඉතා කුඩා කොටසකට ද ගත නොහෙයි.

එහෙයින් මහණෙනි, මෙය දුක යැයි අවබෝධ කරනු පිණිස වීර්යය කළ යුත්තේ ය. ....(පෙ).... මෙය දුක් නිරුද්ධවන්නා වූ මාර්ගය යැයි අවබෝධ කරනු පිණිස වීර්යය කළ යුත්තේ ය.

සාදු! සාදු!! සාදු!!!

පබ්බතූපම සූත්‍රය නිමා විය.

12.6.10.
දුතිය පබ්බතූපම සූත්‍රය
පර්වතය උපමා කොට වදාළ දෙවෙනි දෙසුම

"මහණෙනි, එය මෙබඳු දෙයකි. හිමාල පර්වතරාජයා අබ ඇට තරමේ ගල් කැට සතක් ඉතුරු කොට ක්ෂය වී යන්නේ නම්, ගෙවී යන්නේ නම්, මහණෙනි, එය කිමෙකැයි හඟිව් ද? බහුතර ව ඇත්තේ කුමක් ද? හිමාල පර්වත රාජයාගේ යම් යම් ප්‍රමාණයක් ක්ෂය වී ගියේ නම් එය ද? අබ ඇට තරමේ ඉතිරි වී ඇති ගල්කැට සත ද?"

"ස්වාමීනී, හිමාල පර්වත රාජයාගේ යම් මේ ක්ෂය වී ගිය, ගෙවී ගිය ප්‍රමාණයක් ඇද්ද, එය ම අතිශයින් බහුතර වෙයි. ඉතිරි වී ඇති අබ ඇට තරමේ ගල්කැට සතක් ඇද්ද, එය ඉතා ස්වල්පයකි. ක්ෂය වූ, ගෙවී ගිය හිමාල පර්වතය පර්වතය සමඟ ඉතිරි වී ඇති අබ ඇට තරමේ ගල් කැට සත සසඳා බලද්දී සංඛ්‍යාවකට ද ගත නොහැකි ය. සැසඳීමකට ද ගත නොහැකි ය. ඉතා කුඩා කොටසකට ද ගත නොහැකි ය."

"එසෙයින් ම මහණෙනි, චතුරාර්ය සත්‍යාවබෝධය කළ දිට්ඨිසම්පන්න ආර්ය ශ්‍රාවක පුද්ගලයා විසින් යම් මේ ක්ෂය කරන ලද, ගෙවන ලද දුකක් ඇද්ද, මෙය ම ඉතාමත් බොහෝ ය. ඉතුරු වී ඇති දුකක් ඇද්ද, එය ඉතාමත් ම ස්වල්පය ය. යමෙක් 'මෙය දුක යැ'යි ඒ වූ සැටියෙන් ම අවබෝධ කරයි නම්, 'මෙය දුක හටගැනීම යැ'යි ඒ වූ සැටියෙන් ම අවබෝධ කරයි නම්, 'මෙය දුක නිරුද්ධ වීම යැ'යි ඒ වූ සැටියෙන් ම අවබෝධ කරයි නම්, 'මෙය දුක නිරුද්ධ වන්නා වූ ප්‍රතිපදාව යැ'යි ඒ වූ සැටියෙන් ම අවබෝධ කරයි නම්, එසේ දිට්ඨි සම්පන්න පුද්ගලයා යම් සත්වතාවක් පරම කොට ඇති ඉපදීම හා සසඳා බලද්දී මෙය සංඛ්‍යාවකට ද ගත නොහෙයි. සැසඳීමකට ද ගත නොහෙයි. ඉතා කුඩා කොටසකට ද ගත නොහෙයි.

එහෙයින් මහණෙනි, මෙය දුක යැයි අවබෝධ කරනු පිණිස වීර්යය කළ යුත්තේ ය. ....(පෙ).... මෙය දුක් නිරුද්ධවන්නා වූ මාර්ගය යැයි අවබෝධ කරනු පිණිස වීර්යය කළ යුත්තේ ය.

සාදු! සාදු!! සාදු!!!

දුතිය පබ්බතූපම සූත්‍රය නිමා විය.

සයවෙනි අභිසමය වර්ගය අවසන් විය.

- එහි පිළිවෙල උද්දානයයි :

නඛසිඛා සූත්‍රය, පොක්ඛරණී සූත්‍රය, සම්භෙජ්ජ සූත්‍ර දෙක, පඨවි සූත්‍ර දෙක, සමුද්ද සූත්‍ර දෙක සහ පබ්බතූපම සූත්‍ර දෙක වශයෙන් සූත්‍ර දසයකි.

7. ආමකධඤ්ඤ පෙය්‍යාල වර්ගය

12.7.1.
අඤ්ඤත්‍ර සූත්‍රය
මිනිස් ලොවෙන් අන් තැන්වල ඉපදීම ගැන වදාළ දෙසුම

එකල්හී භාග්‍යවතුන් වහන්සේ පස් බිඳක් නියසිළ මත රඳවා භික්ෂූන් ඇමතූ සේක.

"මහණෙනි, ඒ කිමෙකැයි හඟිව් ද? කුමක් ඉතා බොහෝ ද? මා විසින් නියසිළ මත රඳවන ලද යම් මේ පස් බිඳක් වෙයි නම්, එය ද? මේ මහා පොළොව ද?"

"ස්වාමීනී, යම් මේ මහපොළොව වෙයි ද මෙය ම ඉතාමත් බොහෝ ය. භාග්‍යවතුන් වහන්සේ විසින් නියසිළ මත රඳවා වදාළ යම් පස් බිඳක් ඇද්ද, මෙය ඉතා ස්වල්පයකි. භාග්‍යවතුන් වහන්සේ විසින් නියසිළ මත රඳවන ලද පස් බිඳ මහා පොළොව හා සසඳා බලද්දී සංඛ්‍යාවකට ද ගත නොහෙයි. සැසඳීමකට ද ගත නොහෙයි. ඉතා කුඩා කොටසකට ද ගත නොහෙයි."

"එසෙයින් ම මහණෙනි, යම් සත්වයෝ මනුෂ්‍යයන් අතර උපදිත් ද, ඔවුහු අල්පයක් වෙති. එසේ නමුත් මනුෂ්‍යයන්ගෙන් වෙන් වූ වෙනත් තැන්වල උපදින යම් සත්වයෝ වෙත් නම්, ඔවුහු ම ඉතාමත් බොහෝ ය. එයට හේතුව කුමක් ද? මහණෙනි, චතුරාර්ය සත්‍යයන් නොදැක්ක නිසා ය. ඒ කවර සතරක් පිළිබඳ ව ද යත්;

දුක්ඛාර්ය සත්‍යය පිළිබඳ ව ය. දුක්ඛ සමුදය ආර්ය සත්‍යය පිළිබඳ ව ය. දුක්ඛ නිරෝධ ආර්ය සත්‍යය පිළිබඳ ව ය. දුක්ඛ නිරෝධගාමිනී පටිපදා ආර්ය සත්‍යය පිළිබඳ ව ය.

එහෙයින් මහණෙනි, මෙය දුක යැයි අවබෝධ කරනු පිණිස වීර්යය කළ යුත්තේ ය. ....(පෙ).... මෙය දුක් නිරුද්ධවන්නා වූ මාර්ගය යැයි අවබෝධ කරනු පිණිස වීර්යය කළ යුත්තේ ය.

සාදු! සාදු!! සාදු!!!

අඤ්ඤත්‍ර සූත්‍රය නිමා විය.

12.7.2.
පච්චන්ත සූත්‍රය
ප්‍රත්‍යන්ත ජනපදවල ඉපදීම ගැන වදාළ දෙසුම

එකල්හී භාග්‍යවතුන් වහන්සේ පස් බිඳක් නියසිළ මත රඳවා භික්ෂූන් ඇමතූ සේක.

"මහණෙනි, ඒ කිමෙකැයි හඟිව් ද? කුමක් ඉතා බොහෝ ද? මා විසින් නියසිළ මත රඳවන ලද යම් මේ පස් බිඳක් වෙයි නම්, එය ද? මේ මහා පොළොව ද?"

"ස්වාමීනී, යම් මේ මහපොළොව වෙයි ද මෙය ම ඉතාමත් බොහෝ ය. භාග්‍යවතුන් වහන්සේ විසින් නියසිළ මත රඳවා වදාළ යම් පස් බිඳක් ඇද්ද, මෙය ඉතා ස්වල්පයකි. භාග්‍යවතුන් වහන්සේ විසින් නියසිළ මත රඳවන ලද පස් බිඳ මහා පොළොව හා සසඳා බලද්දී සංඛ්‍යාවකට ද ගත නොහෙයි. සැසඳීමකට ද ගත නොහෙයි. ඉතා කුඩා කොටසකට ද ගත නොහෙයි."

"එසෙයින් ම මහණෙනි, යම් සත්වයෝ (තථාගතයන් වහන්සේ ත් ආර්යසංඝයා ත් සැරිසරා වඩින) මධ්‍යම ජනපදයන් හි උපදිත් ද, ඔවුහු අල්ප වෙති. එසේ නමුත් (නුවණැති රහතුන්ගේ ගමන නැති) අප්‍රකට, ම්ලේච්ඡ ප්‍රත්‍යන්ත ජනපදවල උපදින යම් සත්වයෝ වෙත් නම්, ඔවුහු ම ඉතාමත් බොහෝ ය. එයට හේතුව කුමක් ද? මහණෙනි, චතුරාර්ය සත්‍යයන් නොදැක්ක නිසා ය. ඒ කවර සතරක් පිළිබඳ ව ද යත්;

දුක්ඛාර්ය සත්‍යය පිළිබඳ ව ය. දුක්ඛ සමුදය ආර්ය සත්‍යය පිළිබඳ ව ය. දුක්ඛ නිරෝධ ආර්ය සත්‍යය පිළිබඳ ව ය. දුක්ඛ නිරෝධගාමිනී පටිපදා ආර්ය සත්‍යය පිළිබඳ ව ය.

එහෙයින් මහණෙනි, මෙය දුක යැයි අවබෝධ කරනු පිණිස වීර්යය කළ යුත්තේ ය. ....(පෙ).... මෙය දුක් නිරුද්ධවන්නා වූ මාර්ගය යැයි අවබෝධ කරනු පිණිස වීර්යය කළ යුත්තේ ය.

සාදු! සාදු!! සාදු!!!

පච්චන්ත සූත්‍රය නිමා විය.

12.7.3. පඤ්ඤා සූත්‍රය
ප්‍රඥාවන්ත වීම ගැන වදාළ දෙසුම

එසෙයින් ම මහණෙනි, යම් සත්වයෝ ආර්ය වූ ප්‍රඥා ඇසෙන් යුක්ත වෙත් නම්, ඔවුහු අල්ප වෙති. එසේ නමුත් යම් සත්වයෝ අවිද්‍යාවට පැමිණ, මුලා ව සිටිත් නම්, ඔවුහු ම ඉතාමත් බොහෝ ය. ....(පෙ).... මෙය දුක් නිරුද්ධවන්නා වූ මාර්ගය යැයි අවබෝධ කරනු පිණිස වීර්යය කළ යුත්තේ ය.

12.7.4. සුරාමේරය සූත්‍රය
මත්පැන් මත්ද්‍රව්‍ය භාවිතයෙන් වැළකීම ගැන වදාළ දෙසුම

එසෙයින් ම මහණෙනි, යම් සත්වයෝ මත්වීමට හා ප්‍රමාදයට කරුණු වූ මත්පැන් මත්ද්‍රව්‍ය භාවිතයෙන් වැළකී සිටිත් නම්, ඔවුහු අල්ප වෙති. එසේ නමුත් යම් සත්වයෝ මත්වීමට හා ප්‍රමාදයට කරුණු වූ මත්පැන් මත්ද්‍රව්‍ය භාවිතයෙන් නොවැළකී සිටිත් නම්, ඔවුහු ම ඉතාමත් බොහෝ ය. ....(පෙ).... මෙය දුක් නිරුද්ධවන්නා වූ මාර්ගය යැයි අවබෝධ කරනු පිණිස වීර්යය කළ යුත්තේ ය.

12.7.5. ඕදකජ සූත්‍රය
ජලයෙහි උපදින සතුන් ගැන වදාළ දෙසුම

එසෙයින් ම මහණෙනි, යම් සත්වයෝ ගොඩබිම උපදිත් නම්, ඔවුහු අල්ප වෙති. එසේ නමුත් යම් සත්වයෝ ජලයෙහි උපදිත් නම්, ඔවුහු ම ඉතාමත්

බොහෝ ය. ....(පෙ).... මෙය දුක් නිරුද්ධවන්නා වූ මාර්ගය යැයි අවබෝධ කරනු පිණිස වීර්යය කළ යුත්තේ ය.

12.7.6. මත්තෙය්‍ය සූත්‍රය

මව්ට සැළකීම ගැන වදාළ දෙසුම

එසෙයින් ම මහණෙනි, යම් සත්වයෝ සිය මව්ට සළකත් නම්, ඔවුහු අල්ප වෙති. එසේ නමුත් යම් සත්වයෝ සිය මව්ට නොසළකත් නම්, ඔවුහු ම ඉතාමත් බොහෝ ය. ....(පෙ).... මෙය දුක් නිරුද්ධවන්නා වූ මාර්ගය යැයි අවබෝධ කරනු පිණිස වීර්යය කළ යුත්තේ ය.

12.7.7. පෙත්තෙය්‍ය සූත්‍රය

පියාට සැළකීම ගැන වදාළ දෙසුම

එසෙයින් ම මහණෙනි, යම් සත්වයෝ සිය පියාට සළකත් නම්, ඔවුහු අල්ප වෙති. එසේ නමුත් යම් සත්වයෝ සිය පියාට නොසළකත් නම්, ඔවුහු ම ඉතාමත් බොහෝ ය. ....(පෙ).... මෙය දුක් නිරුද්ධවන්නා වූ මාර්ගය යැයි අවබෝධ කරනු පිණිස වීර්යය කළ යුත්තේ ය.

12.7.8. සාමඤ්ඤ සූත්‍රය

ශ්‍රමණයන්ට සැළකීම ගැන වදාළ දෙසුම

එසෙයින් ම මහණෙනි, යම් සත්වයෝ ශ්‍රමණයන්ට සළකත් නම්, ඔවුහු අල්ප වෙති. එසේ නමුත් යම් සත්වයෝ ශ්‍රමණයන්ට නොසළකත් නම්, ඔවුහු ම ඉතාමත් බොහෝ ය. ....(පෙ).... මෙය දුක් නිරුද්ධවන්නා වූ මාර්ගය යැයි අවබෝධ කරනු පිණිස වීර්යය කළ යුත්තේ ය.

12.7.9. බ්‍රහ්මඤ්ඤ සූත්‍රය
බ්‍රාහ්මණයන්ට සැලකීම ගැන වදාළ දෙසුම

එසෙයින් ම මහණෙනි, යම් සත්වයෝ බ්‍රාහ්මණයන්ට සළකත් නම්, ඔවුහු අල්ප වෙති. එසේ නමුත් යම් සත්වයෝ බ්‍රාහ්මණයන්ට නොසළකත් නම්, ඔවුහු ම ඉතාමත් බොහෝ ය. ....(පෙ).... මෙය දුක් නිරුද්ධවන්නා වූ මාර්ගය යැයි අවබෝධ කරනු පිණිස වීර්යය කළ යුත්තේ ය.

12.7.10. අපචායී සූත්‍රය
කුලදෙටුවන් පිදීම ගැන වදාළ දෙසුම

එසෙයින් ම මහණෙනි, යම් සත්වයෝ කුලදෙටුවන් පුදත් නම්, ඔවුහු අල්ප වෙති. එසේ නමුත් යම් සත්වයෝ කුලදෙටුවන් නොපුදත් නම්, ඔවුහු ම ඉතාමත් බොහෝ ය. ....(පෙ).... මෙය දුක් නිරුද්ධවන්නා වූ මාර්ගය යැයි අවබෝධ කරනු පිණිස වීර්යය කළ යුත්තේ ය.

සත්වෙනි ආමකධඤ්ඤ පෙය්‍යාල වර්ගය අවසන් විය.

- එහි පිළිවෙල උද්දානයයි :

අඤ්ඤත්‍ර සූත්‍රය, පච්චන්ත සූත්‍රය, පඤ්ඤා සූත්‍රය, සුරාමේරය සූත්‍රය, ඕදකජ සූත්‍රය, මත්තෙය්‍ය සූත්‍රය, පෙත්තෙය්‍ය සූත්‍රය, සාමඤ්ඤ සූත්‍රය, බ්‍රහ්මඤ්ඤ සූත්‍රය සහ අපචායී සූත්‍රය වශයෙන් සූත්‍ර දසයකි.

8. දුතිය ආමකධඤ්ඤ පෙය්‍යාල වර්ගය

12.8.1. පාණාතිපාත සූත්‍රය

සතුන් මැරීම ගැන වදාළ දෙසුම

එසෙයින් ම මහණෙනි, යම් සත්වයෝ සතුන් මැරීමෙන් වැළකී සිටිත් නම්, ඔවුහු අල්ප වෙති. එසේ නමුත් යම් සත්වයෝ සතුන් මැරීමෙන් නොවැළකී සිටිත් නම්, ඔවුහු ම ඉතාමත් බොහෝ ය. ....(පෙ).... මෙය දුක් නිරුද්ධවන්නා වූ මාර්ගය යැයි අවබෝධ කරනු පිණිස වීර්යය කළ යුත්තේ ය.

12.8.2. අදින්නාදාන සූත්‍රය

සොරකම ගැන වදාළ දෙසුම

එසෙයින් ම මහණෙනි, යම් සත්වයෝ සොරකමෙන් වැළකී සිටිත් නම්, ඔවුහු අල්ප වෙති. එසේ නමුත් යම් සත්වයෝ සොරකමෙන් නොවැළකී සිටිත් නම්, ඔවුහු ම ඉතාමත් බොහෝ ය. ....(පෙ).... මෙය දුක් නිරුද්ධවන්නා වූ මාර්ගය යැයි අවබෝධ කරනු පිණිස වීර්යය කළ යුත්තේ ය.

12.8.3. කාමේසුමිච්ඡාචාර සූත්‍රය

වැරදි කාම සේවනය ගැන වදාළ දෙසුම

එසෙයින් ම මහණෙනි, යම් සත්වයෝ වැරදි කාම සේවනයෙන් වැළකී සිටිත් නම්, ඔවුහු අල්ප වෙති. එසේ නමුත් යම් සත්වයෝ වැරදි කාම සේවනයෙන් නොවැළකී සිටිත් නම්, ඔවුහු ම ඉතාමත් බොහෝ ය. ....(පෙ).... මෙය දුක් නිරුද්ධවන්නා වූ මාර්ගය යැයි අවබෝධ කරනු පිණිස වීර්යය කළ යුත්තේ ය.

12.8.4. මුසාවාද සූත්‍රය
බොරුකීම ගැන වදාළ දෙසුම

එසෙයින් ම මහණෙනි, යම් සත්වයෝ බොරු කීමෙන් වැළකී සිටිත් නම්, ඔවුහු අල්ප වෙති. එසේ නමුත් යම් සත්වයෝ බොරු කීමෙන් නොවැළකී සිටිත් නම්, ඔවුහු ම ඉතාමත් බොහෝ ය. ....(පෙ).... මෙය දුක් නිරුද්ධවන්නා වූ මාර්ගය යැයි අවබෝධ කරනු පිණිස වීර්යය කළ යුත්තේ ය.

12.8.5. පිසුණවාචා සූත්‍රය
කේළාම් කීම ගැන වදාළ දෙසුම

එසෙයින් ම මහණෙනි, යම් සත්වයෝ කේළාම් කීමෙන් වැළකී සිටිත් නම්, ඔවුහු අල්ප වෙති. එසේ නමුත් යම් සත්වයෝ කේළාම් කීමෙන් නොවැළකී සිටිත් නම්, ඔවුහු ම ඉතාමත් බොහෝ ය. ....(පෙ).... මෙය දුක් නිරුද්ධවන්නා වූ මාර්ගය යැයි අවබෝධ කරනු පිණිස වීර්යය කළ යුත්තේ ය.

12.8.6. ඵරුසවාචා සූත්‍රය
දරුණු වචන කීම ගැන වදාළ දෙසුම

එසෙයින් ම මහණෙනි, යම් සත්වයෝ දරුණු වචන කීමෙන් වැළකී සිටිත් නම්, ඔවුහු අල්ප වෙති. එසේ නමුත් යම් සත්වයෝ දරුණු වචන කීමෙන් නොවැළකී සිටිත් නම්, ඔවුහු ම ඉතාමත් බොහෝ ය. ....(පෙ).... මෙය දුක් නිරුද්ධවන්නා වූ මාර්ගය යැයි අවබෝධ කරනු පිණිස වීර්යය කළ යුත්තේ ය.

12.8.7. සම්ඵප්පලාප සූත්‍රය
හිස් වචන කීම ගැන වදාළ දෙසුම

එසෙයින් ම මහණෙනි, යම් සත්වයෝ හිස් වචන කීමෙන් වැළකී සිටිත් නම්, ඔවුහු අල්ප වෙති. එසේ නමුත් යම් සත්වයෝ හිස් වචන කීමෙන්

නොවැළකී සිටිත් නම්, ඔවුහු ම ඉතාමත් බොහෝ ය. ....(පෙ).... මෙය දුක් නිරුද්ධවන්නා වූ මාර්ගය යැයි අවබෝධ කරනු පිණිස වීර්යය කළ යුත්තේ ය.

12.8.8. බීජගාම සූත්‍රය
ගස් කොළන් සිඳලීම ගැන වදාළ දෙසුම

එසෙයින් ම මහණෙනි, යම් සත්වයෝ ගස් කොළන් සිඳලීමෙන් වැළකී සිටිත් නම්, ඔවුහු අල්ප වෙති. එසේ නමුත් යම් සත්වයෝ ගස් කොළන් සිඳලීමෙන් නොවැළකී සිටිත් නම්, ඔවුහු ම ඉතාමත් බොහෝ ය. ....(පෙ).... මෙය දුක් නිරුද්ධවන්නා වූ මාර්ගය යැයි අවබෝධ කරනු පිණිස වීර්යය කළ යුත්තේ ය.

12.8.9. විකාලභෝජන සූත්‍රය
විකාලයෙහි අනුභව කිරීම ගැන වදාළ දෙසුම

එසෙයින් ම මහණෙනි, යම් සත්වයෝ විකාලයෙහි අනුභව කිරීමෙන් වැළකී සිටිත් නම්, ඔවුහු අල්ප වෙති. එසේ නමුත් යම් සත්වයෝ විකාලයෙහි අනුභව කිරීමෙන් නොවැළකී සිටිත් නම්, ඔවුහු ම ඉතාමත් බොහෝ ය. ....(පෙ).... මෙය දුක් නිරුද්ධවන්නා වූ මාර්ගය යැයි අවබෝධ කරනු පිණිස වීර්යය කළ යුත්තේ ය.

12.8.10. විලේපන සූත්‍රය
විලවුන් වර්ග ගැන වදාළ දෙසුම

එසෙයින් ම මහණෙනි, යම් සත්වයෝ මල් සුවඳ විලවුන් දැරීම්, ඇඟපත සැරසීමෙන්, විසිතුරු වස්ත්‍රාභරණයෙන් සැරසීම් ආදියෙන් වැළකී සිටිත් නම්, ඔවුහු අල්ප වෙති. එසේ නමුත් යම් සත්වයෝ මල් සුවඳ විලවුන් දැරීම්, ඇඟපත සැරසීමෙන්, විසිතුරු වස්ත්‍රාභරණයෙන් සැරසීම් ආදියෙන් නොවැළකී සිටිත් නම්, ඔවුහු ම ඉතාමත් බොහෝ ය. ....(පෙ).... මෙය දුක් නිරුද්ධවන්නා වූ

මාර්ගය යැයි අවබෝධ කරනු පිණිස වීර්යය කළ යුත්තේ ය.

අටවෙනි දුතිය ආමකධඤ්ඤ පෙයයාල වර්ගය අවසන් විය.

- **එහි පිළිවෙල උද්දානයයි :**

පාණාතිපාත සූත්‍රය, අදින්නාදාන සූත්‍රය, කාමේසුමිච්ඡාචාර සූත්‍රය, මුසාවාද සූත්‍රය, පිසුණවාචා සූත්‍රය, ඵරුසවාචා සූත්‍රය, සම්ඵප්පලාප සූත්‍රය, බීජගාම සූත්‍රය, විකාලභෝජන සූත්‍රය සහ විලේපන සූත්‍රය වශයෙන් සූත්‍ර දසයකි.

9. තතිය ආමකධඤ්ඤ පෙය්‍යාල වර්ගය

12.9.1. නච්චගීත සූත්‍රය
නැටුම් ගැයුම් ගැන වදාළ දෙසුම

එසෙයින් ම මහණෙනි, යම් සත්වයෝ නැටුම් ගැයුම් වාදන විසූක දර්ශන ආදියෙන් වැළකී සිටිත් නම්, ඔවුහු අල්ප වෙති. එසේ නමුත් යම් සත්වයෝ නැටුම් ගැයුම් වාදන විසූක දර්ශන ආදියෙන් නොවැළකී සිටිත් නම්, ඔවුහු ම ඉතාමත් බොහෝ ය. ....(පෙ).... මෙය දුක් නිරුද්ධවන්නා වූ මාර්ගය යැයි අවබෝධ කරනු පිණිස වීර්යය කළ යුත්තේ ය.

12.9.2. උච්චාසයන සූත්‍රය
උසස් ආසන ගැන වදාළ දෙසුම

එසෙයින් ම මහණෙනි, යම් සත්වයෝ උසස් ආසන සහ මහා ආසනවලින් වැළකී සිටිත් නම්, ඔවුහු අල්ප වෙති. එසේ නමුත් යම් සත්වයෝ උසස් ආසන හා මහා ආසන වලින් නොවැළකී සිටිත් නම්, ඔවුහු ම ඉතාමත් බොහෝ ය. ....(පෙ).... මෙය දුක් නිරුද්ධවන්නා වූ මාර්ගය යැයි අවබෝධ කරනු පිණිස වීර්යය කළ යුත්තේ ය.

12.9.3. ජාතරූප සූත්‍රය
රන් රිදී මිල ගැන වදාළ දෙසුම

එසෙයින් ම මහණෙනි, යම් සත්වයෝ රන් රිදී මිල පිළිගැනීමෙන් වැළකී සිටිත් නම්, ඔවුහු අල්ප වෙති. එසේ නමුත් යම් සත්වයෝ රන් රිදී මිල

පිළිගැනීමෙන් නොවැළකී සිටිත් නම්, ඔවුහු ම ඉතාමත් බොහෝ ය. ....(පෙ).... මෙය දුක් නිරුද්ධවන්නා වූ මාර්ගය යැයි අවබෝධ කරනු පිණිස වීර්යය කළ යුත්තේ ය.

12.9.4. ආමකධඤ්ඤ සූත්‍රය
අමු ධාන්‍ය ගැන වදාළ දෙසුම

එසෙයින් ම මහණෙනි, යම් සත්වයෝ අමු ධාන්‍ය පිළිගැනීමෙන් වැළකී සිටිත් නම්, ඔවුහු අල්ප වෙති. එසේ නමුත් යම් සත්වයෝ අමු ධාන්‍ය පිළිග ැනීමෙන් නොවැළකී සිටිත් නම්, ඔවුහු ම ඉතාමත් බොහෝ ය. ....(පෙ).... මෙය දුක් නිරුද්ධවන්නා වූ මාර්ගය යැයි අවබෝධ කරනු පිණිස වීර්යය කළ යුත්තේ ය.

12.9.5. ආමකමංස සූත්‍රය
අමු මස් ගැන වදාළ දෙසුම

එසෙයින් ම මහණෙනි, යම් සත්වයෝ අමු මස් පිළිගැනීමෙන් වැළකී සිටිත් නම්, ඔවුහු අල්ප වෙති. එසේ නමුත් යම් සත්වයෝ අමු මස් පිළිග ැනීමෙන් නොවැළකී සිටිත් නම්, ඔවුහු ම ඉතාමත් බොහෝ ය. ....(පෙ).... මෙය දුක් නිරුද්ධවන්නා වූ මාර්ගය යැයි අවබෝධ කරනු පිණිස වීර්යය කළ යුත්තේ ය.

12.9.6. කුමාරික සූත්‍රය
කුමරියන් ගැන වදාළ දෙසුම

එසෙයින් ම මහණෙනි, යම් සත්වයෝ ස්ත්‍රීන් හා කුමරියන් පිළිගැනීමෙන් වැළකී සිටිත් නම්, ඔවුහු අල්ප වෙති. එසේ නමුත් යම් සත්වයෝ ස්ත්‍රීන් හා කුමරියන් පිළිගැනීමෙන් නොවැළකී සිටිත් නම්, ඔවුහු ම ඉතාමත් බොහෝ ය. ....(පෙ).... මෙය දුක් නිරුද්ධවන්නා වූ මාර්ගය යැයි අවබෝධ කරනු පිණිස වීර්යය කළ යුත්තේ ය.

12.9.7. දාසිදාස සූත්‍රය
දාසි දාසයන් ගැන වදාළ දෙසුම

එසෙයින් ම මහණෙනි, යම් සත්වයෝ දාසි දාසයන් පිළිගැනීමෙන් වැළකී සිටිත් නම්, ඔවුහු අල්ප වෙති. එසේ නමුත් යම් සත්වයෝ දාසි දාසයන් පිළිග ැනීමෙන් නොවැළකී සිටිත් නම්, ඔවුහු ම ඉතාමත් බොහෝ ය. ....(පෙ).... මෙය දුක් නිරුද්ධවන්නා වූ මාර්ගය යැයි අවබෝධ කරනු පිණිස වීර්යය කළ යුත්තේ ය.

12.9.8. අජේළක සූත්‍රය
එළු බැටළුවන් ගැන වදාළ දෙසුම

එසෙයින් ම මහණෙනි, යම් සත්වයෝ එළු බැටළුවන් පිළිගැනීමෙන් වැළකී සිටිත් නම්, ඔවුහු අල්ප වෙති. එසේ නමුත් යම් සත්වයෝ එළු බැටළුවන් පිළිගැනීමෙන් නොවැළකී සිටිත් නම්, ඔවුහු ම ඉතාමත් බොහෝ ය. ....(පෙ).... මෙය දුක් නිරුද්ධවන්නා වූ මාර්ගය යැයි අවබෝධ කරනු පිණිස වීර්යය කළ යුත්තේ ය.

12.9.9. කුක්කුට සූකර සූත්‍රය
කුකුළන් ඌරන් ගැන වදාළ දෙසුම

එසෙයින් ම මහණෙනි, යම් සත්වයෝ කුකුළන් ඌරන් පිළිගැනීමෙන් වැළකී සිටිත් නම්, ඔවුහු අල්ප වෙති. එසේ නමුත් යම් සත්වයෝ කුකුළන් ඌරන් පිළිගැනීමෙන් නොවැළකී සිටිත් නම්, ඔවුහු ම ඉතාමත් බොහෝ ය. ....(පෙ).... මෙය දුක් නිරුද්ධවන්නා වූ මාර්ගය යැයි අවබෝධ කරනු පිණිස වීර්යය කළ යුත්තේ ය.

12.9.10. වළවා සූත්‍රය
වෙළඹුන් ගැන වදාළ දෙසුම

එසෙයින් ම මහණෙනි, යම් සත්වයෝ ඇතුන්, ගවයන්, අසුන්, වෙළඹුන් පිළිගැනීමෙන් වැළකී සිටිත් නම්, ඔවුහු අල්ප වෙති. එසේ නමුත් යම් සත්වයෝ ඇතුන්, ගවයන්, අසුන්, වෙළඹුන් පිළිගැනීමෙන් නොවැළකී සිටිත් නම්, ඔවුහු ම ඉතාමත් බොහෝ ය. ....(පෙ).... මෙය දුක් නිරුද්ධවන්නා වූ මාර්ගය යැයි අවබෝධ කරනු පිණිස වීර්යය කළ යුත්තේ ය.

නවවෙනි තතිය ආමකධඤ්ඤ පෙය්‍යාල වර්ගය අවසන් විය.

- එහි පිළිවෙල උද්දානයයි :

නච්චගීත, උච්චාසයන, ජාතරූප, ආමකධඤ්ඤ, ආමකමංස, කුමාරික, දාසිදාස, අජේළක, කුක්කුටසූකර, වළවා වශයෙන් සූත්‍ර දසයකි.

10. චතුත්ථ ආමකධඤ්ඤ පෙය්‍යාල වර්ගය

12.10.1. ඛෙත්තවත්ථු සූත්‍රය
කෙත් වතු ගැන වදාළ දෙසුම

එසෙයින් ම මහණෙනි, යම් සත්වයෝ කෙත්වතු පිළිගැනීමෙන් වැළකී සිටිත් නම්, ඔවුහු අල්ප වෙති. එසේ නමුත් යම් සත්වයෝ කෙත්වතු පිළිගැනීමෙන් නොවැළකී සිටිත් නම්, ඔවුහු ම ඉතාමත් බොහෝ ය. ....(පෙ).... මෙය දුක් නිරුද්ධවන්නා වූ මාර්ගය යැයි අවබෝධ කරනු පිණිස වීර්යය කළ යුත්තේ ය.

12.10.2. කයවික්කය සූත්‍රය
මිලදී ගැනීම - විකිණීම ගැන වදාළ දෙසුම

එසෙයින් ම මහණෙනි, යම් සත්වයෝ මිලදී ගැනීමෙන්, විකිණීමෙන් වැළකී සිටිත් නම්, ඔවුහු අල්ප වෙති. එසේ නමුත් යම් සත්වයෝ මිලදී ගැනීමෙන්, විකිණීමෙන් නොවැළකී සිටිත් නම්, ඔවුහු ම ඉතාමත් බොහෝ ය. ....(පෙ).... මෙය දුක් නිරුද්ධවන්නා වූ මාර්ගය යැයි අවබෝධ කරනු පිණිස වීර්යය කළ යුත්තේ ය.

12.10.3. දූතෙය්‍ය සූත්‍රය
පණිවිඩ පණිත් ගෙන යැම ගැන වදාළ දෙසුම

එසෙයින් ම මහණෙනි, යම් සත්වයෝ ගිහියන්ගේ පණිවිඩ පණිත් ගෙන යැමෙන් වැළකී සිටිත් නම්, ඔවුහු අල්ප වෙති. එසේ නමුත් යම් සත්වයෝ

ගිහියන්ගේ පණිවිඩ පණත් ගෙන යෑමෙන් නොවැළකී සිටිත් නම්, ඔවුහු ම ඉතාමත් බොහෝ ය. ....(පෙ).... මෙය දුක් නිරුද්ධවන්නා වූ මාර්ගය යැයි අවබෝධ කරනු පිණිස වීර්යය කළ යුත්තේ ය.

12.10.4.-6. තුලාකූට ආදී සූත්‍රයෝ
කූට ලෙස බර කිරීම ආදිය ගැන වදාළ දෙසුම්

එසෙයින් ම මහණෙනි, යම් සත්වයෝ තරාදියෙන් වංචා කිරීම, බඳුනෙන් වංචා කිරීම, මිම්මෙන් වංචා කිරීම ආදියෙන් වැළකී සිටිත් නම්, ඔවුහු අල්ප වෙති. එසේ නමුත් යම් සත්වයෝ තරාදියෙන් වංචා කිරීම, බඳුනෙන් වංචා කිරීම, මිම්මෙන් වංචා කිරීම ආදියෙන් නොවැළකී සිටිත් නම්, ඔවුහු ම ඉතාමත් බොහෝ ය. ....(පෙ).... මෙය දුක් නිරුද්ධවන්නා වූ මාර්ගය යැයි අවබෝධ කරනු පිණිස වීර්යය කළ යුත්තේ ය.

12.10.7.-9. උක්කෝටන ආදී සූත්‍රයෝ
අල්ලස් ගැනීම් ආදිය ගැන වදාළ දෙසුම්

එසෙයින් ම මහණෙනි, යම් සත්වයෝ අල්ලස් ගැනීම්, වංචා කිරීම්, රැවටීම්, මුලාකිරීම් ආදී වංචනික ක්‍රියාවෙන් වැළකී සිටිත් නම්, ඔවුහු අල්ප වෙති. එසේ නමුත් යම් සත්වයෝ අල්ලස් ගැනීම්, වංචා කිරීම්, රැවටීම්, මුලාකිරීම් ආදී වංචනික ක්‍රියාවෙන් නොවැළකී සිටිත් නම්, ඔවුහු ම ඉතාමත් බොහෝ ය. ....(පෙ).... මෙය දුක් නිරුද්ධවන්නා වූ මාර්ගය යැයි අවබෝධ කරනු පිණිස වීර්යය කළ යුත්තේ ය.

12.10.10.-15. ඡේදනාදී සූත්‍රයෝ
අත්පා සිඳීම් ආදිය ගැන වදාළ දෙසුම්

එසෙයින් ම මහණෙනි, යම් සත්වයෝ අත් පා සිඳීම්, වධ දීම්, සිර කිරීම්, පැහැර ගැනීම්, ගම් පැහැර ගැනීම්, දරුණු ක්‍රියාවලින් වැළකී සිටිත් නම්, ඔවුහු

අල්ප වෙති. එසේ නමුත් යම් සත්වයෝ අත් පා සිඳීම්, වධ දීම්, සිර කිරීම්, පැහැර ගැනීම්, ගම් පැහැර ගැනීම්, දරුණු ක්‍රියාවලින් නොවැළකී සිටිත් නම්, ඔවුහු ම ඉතාමත් බොහෝ ය. එයට හේතුව කුමක් ද? මහණෙනි, චතුරාර්ය සත්‍යයන් නොදක්ක නිසා ය. ඒ කවර සතරක් පිළිබඳ ව ද යත්;

දුක්ඛාර්ය සත්‍යය පිළිබඳ ව ය. දුක්ඛ සමුදය ආර්ය සත්‍යය පිළිබඳ ව ය. දුක්ඛ නිරෝධ ආර්ය සත්‍යය පිළිබඳ ව ය. දුක්ඛ නිරෝධගාමිනී පටිපදා ආර්ය සත්‍යය පිළිබඳ ව ය.

එහෙයින් මහණෙනි, මෙය දුක යැයි අවබෝධ කරනු පිණිස වීර්යය කළ යුත්තේ ය. මෙය දුකෙහි හටගැනීම යැයි අවබෝධ කරනු පිණිස වීර්යය කළ යුත්තේ ය. මෙය දුක් නිරුද්ධ වීම යැයි අවබෝධ කරනු පිණිස වීර්යය කළ යුත්තේ ය. මෙය දුක් නිරුද්ධවන්නා වූ මාර්ගය යැයි අවබෝධ කරනු පිණිස වීර්යය කළ යුත්තේ ය."

දසවෙනි චතුත්ථ ආමකධඤ්ඤ පෙය්‍යාල වර්ගය අවසන් විය.

- **එහි පිළිවෙල උද්දානයයි :**

ඛෙත්තවත්ථු, කයවික්කය, දූතෙය්‍ය, තුලාකූට, කංසකූට, මානකූට, උක්කෝටන, වංචන, නිකති, ඡේදන, වධ, බන්ධන, විපරාමෝස, ආලෝප සහ සහස යනුවෙන් සූත්‍ර පසළොසකි.

11. පඤ්චගති පෙය්‍යාල වර්ගය

12.11.1. මනුස්සචුති සූත්‍රය
මිනිස් ලොවින් චුත වීම ගැන වදාළ දෙසුම

එකල්හී භාග්‍යවතුන් වහන්සේ පස් බිඳක් නියසිළ මත රඳවා භික්ෂූන් ඇමතූ සේක.

"මහණෙනි, ඒ කිමෙකැයි හඟිව් ද? කුමක් ඉතා බොහෝ ද? මා විසින් නියසිළ මත රඳවන ලද යම් මේ පස් බිඳක් වෙයි නම්, එය ද? මේ මහා පොළොව ද?"

"ස්වාමීනී, යම් මේ මහපොළොව වෙයි ද මෙය ම ඉතාමත් බොහෝ ය. භාග්‍යවතුන් වහන්සේ විසින් නියසිළ මත රඳවා වදාළ යම් පස් බිඳක් ඇද්ද, මෙය ඉතා ස්වල්පයකි. භාග්‍යවතුන් වහන්සේ විසින් නියසිළ මත රඳවන ලද පස් බිඳ මහා පොළොව හා සසඳා බලද්දී සංඛ්‍යාවකට ද ගත නොහෙයි. සැසඳීමකට ද ගත නොහෙයි. ඉතා කුඩා කොටසකට ද ගත නොහෙයි."

"එසෙයින් ම මහණෙනි, යම් සත්වයෝ මිනිස් ලොවින් චුත ව යළි මිනිසුන් අතර උපදිත් ද, ඔවුහු අල්පයක් වෙති. එසේ නමුත් මිනිස් ලොවින් චුත ව නිරයෙහි උපදින යම් සත්වයෝ වෙත් නම්, ඔවුහු ම ඉතාමත් බොහෝ ය. එයට හේතුව කුමක් ද? මහණෙනි, චතුරාර්ය සත්‍යයන් නොදක්ක නිසා ය. ඒ කවර සතරක් පිළිබඳ ව ද යත්;

දුක්ඛාර්ය සත්‍යය පිළිබඳ ව ය. දුක්ඛ සමුදය ආර්ය සත්‍යය පිළිබඳ ව ය. දුක්ඛ නිරෝධ ආර්ය සත්‍යය පිළිබඳ ව ය. දුක්ඛ නිරෝධගාමිනී පටිපදා ආර්ය සත්‍යය පිළිබඳ ව ය.

එහෙයින් මහණෙනි, මෙය දුක යැයි අවබෝධ කරනු පිණිස වීර්යය කළ යුත්තේ ය. ....(පෙ).... මෙය දුක් නිරුද්ධවන්නා වූ මාර්ගය යැයි අවබෝධ කරනු පිණිස වීර්යය කළ යුත්තේ ය.

12.11.2. දුතිය මනුස්සචුති සූත්‍රය
මිනිස් ලොවින් චුත වීම ගැන වදාළ දෙවෙනි දෙසුම

එසෙයින් ම මහණෙනි, යම් සත්වයෝ මිනිස් ලොවින් චුත ව යළි මිනිසුන් අතර උපදිත් ද, ඔවුහු අල්පයක් වෙති. එසේ නමුත් මිනිස් ලොවින් චුත ව තිරිසන් යෝනියෙහි උපදින යම් සත්වයෝ වෙත් නම්, ඔවුහු ම ඉතාමත් බොහෝ ය. ....(පෙ).... මෙය දුක් නිරුද්ධවන්නා වූ මාර්ගය යැයි අවබෝධ කරනු පිණිස වීර්යය කළ යුත්තේ ය.

12.11.3. තතිය මනුස්සචුති සූත්‍රය
මිනිස් ලොවින් චුත වීම ගැන වදාළ තෙවෙනි දෙසුම

එසෙයින් ම මහණෙනි, යම් සත්වයෝ මිනිස් ලොවින් චුත ව යළි මිනිසුන් අතර උපදිත් ද, ඔවුහු අල්පයක් වෙති. එසේ නමුත් මිනිස් ලොවින් චුත ව ප්‍රේත ලෝකයෙහි උපදින යම් සත්වයෝ වෙත් නම්, ඔවුහු ම ඉතාමත් බොහෝ ය. ....(පෙ).... මෙය දුක් නිරුද්ධවන්නා වූ මාර්ගය යැයි අවබෝධ කරනු පිණිස වීර්යය කළ යුත්තේ ය.

12.11.4. චතුත්ථ මනුස්සචුති සූත්‍රය
මිනිස් ලොවින් චුත වීම ගැන වදාළ සිව්වෙනි දෙසුම

එසෙයින් ම මහණෙනි, යම් සත්වයෝ මිනිස් ලොවින් චුත ව දෙවියන් අතර උපදිත් ද, ඔවුහු අල්පයක් වෙති. එසේ නමුත් මිනිස් ලොවින් චුත ව නිරයෙහි උපදින යම් සත්වයෝ වෙත් නම්, ඔවුහු ම ඉතාමත් බොහෝ ය. ....(පෙ).... මෙය දුක් නිරුද්ධවන්නා වූ මාර්ගය යැයි අවබෝධ කරනු පිණිස වීර්යය කළ යුත්තේ ය.

12.11.5. පඤ්චම මනුස්සචුති සූත්‍රය
මිනිස් ලොවින් චුත වීම ගැන වදාළ පස්වෙනි දෙසුම

එසෙයින් ම මහණෙනි, යම් සත්වයෝ මිනිස් ලොවින් චුත ව දෙවියන් අතර උපදිත් ද, ඔවුහු අල්පයක් වෙති. එසේ නමුත් මිනිස් ලොවින් චුත ව තිරිසන් ලෝකයෙහි උපදින යම් සත්වයෝ වෙත් නම්, ඔවුහු ම ඉතාමත් බොහෝ ය. ....(පෙ).... මෙය දුක් නිරුද්ධවන්නා වූ මාර්ගය යැයි අවබෝධ කරනු පිණිස වීර්යය කළ යුත්තේ ය.

12.11.6. ඡට්ඨ මනුස්සචුති සූත්‍රය
මිනිස් ලොවින් චුත වීම ගැන වදාළ සයවෙනි දෙසුම

එසෙයින් ම මහණෙනි, යම් සත්වයෝ මිනිස් ලොවින් චුත ව දෙවියන් අතර උපදිත් ද, ඔවුහු අල්පයක් වෙති. එසේ නමුත් මිනිස් ලොවින් චුත ව ප්‍රේත ලෝකයෙහි උපදින යම් සත්වයෝ වෙත් නම්, ඔවුහු ම ඉතාමත් බොහෝ ය. ....(පෙ).... මෙය දුක් නිරුද්ධවන්නා වූ මාර්ගය යැයි අවබෝධ කරනු පිණිස වීර්යය කළ යුත්තේ ය.

12.11.7. දේවචුති සූත්‍රය
දෙව්ලොවින් චුත වීම ගැන වදාළ දෙසුම

එසෙයින් ම මහණෙනි, යම් සත්වයෝ දෙව්ලොවින් චුත ව දෙවියන් අතර උපදිත් ද, ඔවුහු අල්පයක් වෙති. එසේ නමුත් දෙව්ලොවින් චුත ව නිරයෙහි උපදින යම් සත්වයෝ වෙත් නම්, ඔවුහු ම ඉතාමත් බොහෝ ය. ....(පෙ).... මෙය දුක් නිරුද්ධවන්නා වූ මාර්ගය යැයි අවබෝධ කරනු පිණිස වීර්යය කළ යුත්තේ ය.

12.11.8. දුතිය දේවචුති සූත්‍රය
දෙව්ලොවින් චුත වීම ගැන වදාළ දෙවෙනි දෙසුම

එසෙයින් ම මහණෙනි, යම් සත්වයෝ දෙව්ලොවින් චුත ව දෙවියන් අතර උපදිත් ද, ඔවුහු අල්පයක් වෙති. එසේ නමුත් දෙව්ලොවින් චුත ව තිරිසන් ලෝකයෙහි උපදින යම් සත්වයෝ වෙත් නම්, ඔවුහු ම ඉතාමත් බොහෝ ය. ....(පෙ).... මෙය දුක් නිරුද්ධවන්නා වූ මාර්ගය යැයි අවබෝධ කරනු පිණිස වීර්යය කළ යුත්තේ ය.

12.11.9. තතිය දේවචුති සූත්‍රය
දෙව්ලොවින් චුත වීම ගැන වදාළ තෙවෙනි දෙසුම

එසෙයින් ම මහණෙනි, යම් සත්වයෝ දෙව්ලොවින් චුත ව දෙවියන් අතර උපදිත් ද, ඔවුහු අල්පයක් වෙති. එසේ නමුත් දෙව්ලොවින් චුත ව ප්‍රේත ලෝකයෙහි උපදින යම් සත්වයෝ වෙත් නම්, ඔවුහු ම ඉතාමත් බොහෝ ය. ....(පෙ).... මෙය දුක් නිරුද්ධවන්නා වූ මාර්ගය යැයි අවබෝධ කරනු පිණිස වීර්යය කළ යුත්තේ ය.

12.11.10. චතුත්ථ දේවචුති සූත්‍රය
දෙව්ලොවින් චුත වීම ගැන වදාළ සිව්වෙනි දෙසුම

එසෙයින් ම මහණෙනි, යම් සත්වයෝ දෙව්ලොවින් චුත ව මිනිසුන් අතර උපදිත් ද, ඔවුහු අල්පයක් වෙති. එසේ නමුත් දෙව්ලොවින් චුත ව නිරයෙහි උපදින යම් සත්වයෝ වෙත් නම්, ඔවුහු ම ඉතාමත් බොහෝ ය. ....(පෙ).... මෙය දුක් නිරුද්ධවන්නා වූ මාර්ගය යැයි අවබෝධ කරනු පිණිස වීර්යය කළ යුත්තේ ය.

12.11.11. පඤ්චම දේවචුති සූත්‍රය
දෙව්ලොවින් චුත වීම ගැන වදාළ පස්වෙනි දෙසුම

එසෙයින් ම මහණෙනි, යම් සත්වයෝ දෙව්ලොවින් චුත ව මිනිසුන් අතර උපදිත් ද, ඔවුහු අල්පයක් වෙති. එසේ නමුත් දෙව්ලොවින් චුත ව තිරිසන් ලොවෙහි උපදින යම් සත්වයෝ වෙත් නම්, ඔවුහු ම ඉතාමත් බොහෝ ය. ....(පෙ).... මෙය දුක් නිරුද්ධවන්නා වූ මාර්ගය යැයි අවබෝධ කරනු පිණිස වීර්යය කළ යුත්තේ ය.

12.11.12. ඡට්ඨ දේවචුති සූත්‍රය
දෙව්ලොවින් චුත වීම ගැන වදාළ සයවෙනි දෙසුම

එසෙයින් ම මහණෙනි, යම් සත්වයෝ දෙව්ලොවින් චුත ව මිනිසුන් අතර උපදිත් ද, ඔවුහු අල්පයක් වෙති. එසේ නමුත් දෙව්ලොවින් චුත ව ප්‍රේත ලෝකයෙහි උපදින යම් සත්වයෝ වෙත් නම්, ඔවුහු ම ඉතාමත් බොහෝ ය. ....(පෙ).... මෙය දුක් නිරුද්ධවන්නා වූ මාර්ගය යැයි අවබෝධ කරනු පිණිස වීර්යය කළ යුත්තේ ය.

12.11.13. නිරයචුති සූත්‍රය
නිරයෙන් චුත වීම ගැන වදාළ දෙසුම

එසෙයින් ම මහණෙනි, යම් සත්වයෝ නිරයෙන් චුත ව මිනිසුන් අතර උපදිත් ද, ඔවුහු අල්පයක් වෙති. එසේ නමුත් නිරයෙන් චුත ව නිරයෙහි උපදින යම් සත්වයෝ වෙත් නම්, ඔවුහු ම ඉතාමත් බොහෝ ය. ....(පෙ).... මෙය දුක් නිරුද්ධවන්නා වූ මාර්ගය යැයි අවබෝධ කරනු පිණිස වීර්යය කළ යුත්තේ ය.

12.11.14. දුතිය නිරයචුති සූත්‍රය
නිරයෙන් චුත වීම ගැන වදාළ දෙවෙනි දෙසුම

එසෙයින් ම මහණෙනි, යම් සත්වයෝ නිරයෙන් චුත ව මිනිසුන් අතර උපදිත් ද, ඔවුහු අල්පයක් වෙති. එසේ නමුත් නිරයෙන් චුත ව තිරිසන් ලෝකයෙහි උපදින යම් සත්වයෝ වෙත් නම්, ඔවුහු ම ඉතාමත් බොහෝ ය. ....(පෙ).... මෙය දුක් නිරුද්ධවන්නා වූ මාර්ගය යැයි අවබෝධ කරනු පිණිස වීර්යය කළ යුත්තේ ය.

12.11.15. තතිය නිරයචුති සූත්‍රය
නිරයෙන් චුත වීම ගැන වදාළ තෙවෙනි දෙසුම

එසෙයින් ම මහණෙනි, යම් සත්වයෝ නිරයෙන් චුත ව මිනිසුන් අතර උපදිත් ද, ඔවුහු අල්පයක් වෙති. එසේ නමුත් නිරයෙන් චුත ව ප්‍රේත ලෝකයෙහි උපදින යම් සත්වයෝ වෙත් නම්, ඔවුහු ම ඉතාමත් බොහෝ ය. ....(පෙ).... මෙය දුක් නිරුද්ධවන්නා වූ මාර්ගය යැයි අවබෝධ කරනු පිණිස වීර්යය කළ යුත්තේ ය.

12.11.16. චතුත්ථ නිරයචුති සූත්‍රය
නිරයෙන් චුත වීම ගැන වදාළ සිව්වෙනි දෙසුම

එසෙයින් ම මහණෙනි, යම් සත්වයෝ නිරයෙන් චුත ව දෙවියන් අතර උපදිත් ද, ඔවුහු අල්පයක් වෙති. එසේ නමුත් නිරයෙන් චුත ව නිරයෙහි උපදින යම් සත්වයෝ වෙත් නම්, ඔවුහු ම ඉතාමත් බොහෝ ය. ....(පෙ).... මෙය දුක් නිරුද්ධවන්නා වූ මාර්ගය යැයි අවබෝධ කරනු පිණිස වීර්යය කළ යුත්තේ ය.

12.11.17. පඤ්චම නිරයචුති සූත්‍රය
නිරයෙන් චුත වීම ගැන වදාළ පස්වෙනි දෙසුම

එසෙයින් ම මහණෙනි, යම් සත්වයෝ නිරයෙන් චුත ව දෙවියන් අතර උපදිත් ද, ඔවුහු අල්පයක් වෙති. එසේ නමුත් නිරයෙන් චුත ව තිරිසන් ලෝකයෙහි උපදින යම් සත්වයෝ වෙත් නම්, ඔවුහු ම ඉතාමත් බොහෝ ය. ....(පෙ).... මෙය දුක් නිරුද්ධවන්නා වූ මාර්ගය යැයි අවබෝධ කරනු පිණිස වීර්යය කළ යුත්තේ ය.

12.11.18. ඡට්ඨ නිරයචුති සූත්‍රය
නිරයෙන් චුත වීම ගැන වදාළ සයවෙනි දෙසුම

එසෙයින් ම මහණෙනි, යම් සත්වයෝ නිරයෙන් චුත ව දෙවියන් අතර උපදිත් ද, ඔවුහු අල්පයක් වෙති. එසේ නමුත් නිරයෙන් චුත ව ප්‍රේත ලෝකයෙහි උපදින යම් සත්වයෝ වෙත් නම්, ඔවුහු ම ඉතාමත් බොහෝ ය. ....(පෙ).... මෙය දුක් නිරුද්ධවන්නා වූ මාර්ගය යැයි අවබෝධ කරනු පිණිස වීර්යය කළ යුත්තේ ය.

12.11.19. තිරච්ඡානචුති සූත්‍රය
තිරිසන් ලෝකයෙන් චුත වීම ගැන වදාළ දෙසුම

එසෙයින් ම මහණෙනි, යම් සත්වයෝ තිරිසන් ලෝකයෙන් චුත ව මිනිසුන් අතර උපදිත් ද, ඔවුහු අල්පයක් වෙති. එසේ නමුත් තිරිසන් ලෝකයෙන් චුත ව නිරයෙහි උපදින යම් සත්වයෝ වෙත් නම්, ඔවුහු ම ඉතාමත් බොහෝ ය. ....(පෙ).... මෙය දුක් නිරුද්ධවන්නා වූ මාර්ගය යැයි අවබෝධ කරනු පිණිස වීර්යය කළ යුත්තේ ය.

12.11.20. දුතිය තිරච්ඡානචුති සූත්‍රය
තිරිසන් ලෝකයෙන් චුත වීම ගැන වදාළ දෙවෙනි දෙසුම

එසෙයින් ම මහණෙනි, යම් සත්වයෝ තිරිසන් ලෝකයෙන් චුත ව මිනිසුන් අතර උපදිත් ද, ඔවුහු අල්පයක් වෙති. එසේ නමුත් තිරිසන් ලෝකයෙන් චුත ව තිරිසන් ලෝකයෙහි උපදින යම් සත්වයෝ වෙත් නම්, ඔවුහු ම ඉතාමත් බොහෝ ය. ....(පෙ).... මෙය දුක් නිරුද්ධවන්නා වූ මාර්ගය යැයි අවබෝධ කරනු පිණිස වීර්යය කළ යුත්තේ ය.

12.11.21. තතිය තිරච්ඡානචුති සූත්‍රය
තිරිසන් ලෝකයෙන් චුත වීම ගැන වදාළ තෙවෙනි දෙසුම

එසෙයින් ම මහණෙනි, යම් සත්වයෝ තිරිසන් ලෝකයෙන් චුත ව මිනිසුන් අතර උපදිත් ද, ඔවුහු අල්පයක් වෙති. එසේ නමුත් තිරිසන් ලෝකයෙන් චුත ව ප්‍රේත ලෝකයෙහි උපදින යම් සත්වයෝ වෙත් නම්, ඔවුහු ම ඉතාමත් බොහෝ ය. ....(පෙ).... මෙය දුක් නිරුද්ධවන්නා වූ මාර්ගය යැයි අවබෝධ කරනු පිණිස වීර්යය කළ යුත්තේ ය.

12.11.22. චතුත්ථ තිරච්ඡානචුති සූත්‍රය
තිරිසන් ලෝකයෙන් චුත වීම ගැන වදාළ සිව්වෙනි දෙසුම

එසෙයින් ම මහණෙනි, යම් සත්වයෝ තිරිසන් ලෝකයෙන් චුත ව දෙවියන් අතර උපදිත් ද, ඔවුහු අල්පයක් වෙති. එසේ නමුත් තිරිසන් ලෝකයෙන් චුත ව නිරයෙහි උපදින යම් සත්වයෝ වෙත් නම්, ඔවුහු ම ඉතාමත් බොහෝ ය. ....(පෙ).... මෙය දුක් නිරුද්ධවන්නා වූ මාර්ගය යැයි අවබෝධ කරනු පිණිස වීර්යය කළ යුත්තේ ය.

12.11.23. පඤ්චම තිරච්ඡානචුති සූත්‍රය
තිරිසන් ලෝකයෙන් චුත වීම ගැන වදාළ පස්වෙනි දෙසුම

එසෙයින් ම මහණෙනි, යම් සත්වයෝ තිරිසන් ලෝකයෙන් චුත ව දෙවියන් අතර උපදිත් ද, ඔවුහු අල්පයක් වෙති. එසේ නමුත් තිරිසන් ලෝකයෙන් චුත ව තිරිසන් ලෝකයෙහි උපදින යම් සත්වයෝ වෙත් නම්, ඔවුහු ම ඉතාමත් බොහෝ ය. ....(පෙ).... මෙය දුක් නිරුද්ධවන්නා වූ මාර්ගය යැයි අවබෝධ කරනු පිණිස වීර්යය කළ යුත්තේ ය.

12.11.24. ඡට්ඨ තිරච්ඡානචුති සූත්‍රය
තිරිසන් ලෝකයෙන් චුත වීම ගැන වදාළ සයවෙනි දෙසුම

එසෙයින් ම මහණෙනි, යම් සත්වයෝ තිරිසන් ලෝකයෙන් චුත ව දෙවියන් අතර උපදිත් ද, ඔවුහු අල්පයක් වෙති. එසේ නමුත් තිරිසන් ලෝකයෙන් චුත ව ප්‍රේත ලෝකයෙහි උපදින යම් සත්වයෝ වෙත් නම්, ඔවුහු ම ඉතාමත් බොහෝ ය. ....(පෙ).... මෙය දුක් නිරුද්ධවන්නා වූ මාර්ගය යැයි අවබෝධ කරනු පිණිස වීර්යය කළ යුත්තේ ය.

12.11.25. පෙත්තිචුති සූත්‍රය
ප්‍රේත ලෝකයෙන් චුත වීම ගැන වදාළ දෙසුම

එසෙයින් ම මහණෙනි, යම් සත්වයෝ ප්‍රේත ලෝකයෙන් චුත ව මිනිසුන් අතර උපදිත් ද, ඔවුහු අල්පයක් වෙති. එසේ නමුත් ප්‍රේත ලෝකයෙන් චුත ව නිරයෙහි උපදින යම් සත්වයෝ වෙත් නම්, ඔවුහු ම ඉතාමත් බොහෝ ය. ....(පෙ).... මෙය දුක් නිරුද්ධවන්නා වූ මාර්ගය යැයි අවබෝධ කරනු පිණිස වීර්යය කළ යුත්තේ ය.

12.11.26. දුතිය පෙත්තිචුති සූත්‍රය
ප්‍රේත ලෝකයෙන් චුත වීම ගැන වදාළ දෙවෙනි දෙසුම

එසෙයින් ම මහණෙනි, යම් සත්වයෝ ප්‍රේත ලෝකයෙන් චුත ව මිනිසුන් අතර උපදිත් ද, ඔවුහු අල්පයක් වෙති. එසේ නමුත් ප්‍රේත ලෝකයෙන් චුත ව තිරිසන් ලෝකයෙහි උපදින යම් සත්වයෝ වෙත් නම්, ඔවුහු ම ඉතාමත් බොහෝ ය. ....(පෙ).... මෙය දුක් නිරුද්ධවන්නා වූ මාර්ගය යැයි අවබෝධ කරනු පිණිස වීර්යය කළ යුත්තේ ය.

12.11.27. තතිය පෙත්තිචුති සූත්‍රය
ප්‍රේත ලෝකයෙන් චුත වීම ගැන වදාළ තෙවෙනි දෙසුම

එසෙයින් ම මහණෙනි, යම් සත්වයෝ ප්‍රේත ලෝකයෙන් චුත ව මිනිසුන් අතර උපදිත් ද, ඔවුහු අල්පයක් වෙති. එසේ නමුත් ප්‍රේත ලෝකයෙන් චුත ව ප්‍රේත ලෝකයෙහි උපදින යම් සත්වයෝ වෙත් නම්, ඔවුහු ම ඉතාමත් බොහෝ ය. ....(පෙ).... මෙය දුක් නිරුද්ධවන්නා වූ මාර්ගය යැයි අවබෝධ කරනු පිණිස වීර්යය කළ යුත්තේ ය.

12.11.28. චතුත්ථ පෙත්තිචුති සූත්‍රය
ප්‍රේත ලෝකයෙන් චුත වීම ගැන වදාළ සිව්වෙනි දෙසුම

එසෙයින් ම මහණෙනි, යම් සත්වයෝ ප්‍රේත ලෝකයෙන් චුත ව දෙවියන් අතර උපදිත් ද, ඔවුහු අල්පයක් වෙති. එසේ නමුත් ප්‍රේත ලෝකයෙන් චුත ව නිරයෙහි උපදින යම් සත්වයෝ වෙත් නම්, ඔවුහු ම ඉතාමත් බොහෝ ය. ....(පෙ).... මෙය දුක් නිරුද්ධවන්නා වූ මාර්ගය යැයි අවබෝධ කරනු පිණිස වීර්යය කළ යුත්තේ ය.

12.11.29. පඤ්චම පෙත්තිචුති සූත්‍රය
ප්‍රේත ලෝකයෙන් චුත වීම ගැන වදාළ පස්වෙනි දෙසුම

එසෙයින් ම මහණෙනි, යම් සත්වයෝ ප්‍රේත ලෝකයෙන් චුත ව දෙවියන් අතර උපදිත් ද, ඔවුහු අල්පයක් වෙති. එසේ නමුත් ප්‍රේත ලෝකයෙන් චුත ව තිරිසන් ලෝකයෙහි උපදින යම් සත්වයෝ වෙත් නම්, ඔවුහු ම ඉතාමත් බොහෝ ය. ....(පෙ).... මෙය දුක් නිරුද්ධවන්නා වූ මාර්ගය යැයි අවබෝධ කරනු පිණිස වීර්යය කළ යුත්තේ ය.

12.11.30.
ඡට්ඨ පෙත්තිචුති සූත්‍රය
ප්‍රේත ලෝකයෙන් චුත වීම ගැන වදාළ සයවෙනි දෙසුම

එසෙයින් ම මහණෙනි, යම් සත්වයෝ ප්‍රේත ලෝකයෙන් චුත ව දෙවියන් අතර උපදිත් ද, ඔවුහු අල්පයක් වෙති. එසේ නමුත් ප්‍රේත ලෝකයෙන් චුත ව ප්‍රේත ලෝකයෙහි උපදින යම් සත්වයෝ වෙත් නම්, ඔවුහු ම ඉතාමත් බොහෝ ය. එයට හේතුව කුමක් ද? මහණෙනි, චතුරාර්ය සත්‍යයන් නොදැක්ක නිසා ය. ඒ කවර සතරක් පිළිබඳ ව ද යත්;

දුක්ඛාර්ය සත්‍යය පිළිබඳ ව ය. දුක්ඛ සමුදය ආර්ය සත්‍යය පිළිබඳ ව ය. දුක්ඛ නිරෝධ ආර්ය සත්‍යය පිළිබඳ ව ය. දුක්ඛ නිරෝධගාමිනී පටිපදා ආර්ය සත්‍යය පිළිබඳ ව ය.

එහෙයින් මහණෙනි, මෙය දුක යැයි අවබෝධ කරනු පිණිස වීර්යය කළ යුත්තේ ය. මෙය දුක හටගැනීම යැයි අවබෝධ කරනු පිණිස වීර්යය කළ යුත්තේ ය. මෙය දුක නිරුද්ධ වීම යැයි අවබෝධ කරනු පිණිස වීර්යය කළ යුත්තේ ය. මෙය දුක් නිරුද්ධවන්නා වූ මාර්ගය යැයි අවබෝධ කරනු පිණිස වීර්යය කළ යුත්තේ ය.

භාග්‍යවතුන් වහන්සේ මෙය වදාළ සේක. සතුටු සිත් ඇති ඒ භික්ෂූහු භාග්‍යවතුන් වහන්සේගේ භාෂිතය සතුටින් පිළිගත්තාහු ය.

සාදු! සාදු!! සාදු!!!

ඡට්ඨ පෙත්තිචුති සූත්‍රය නිමා විය.

එකොළොස් වෙනි පඤ්චගති වර්ගය අවසන් විය.

- එහි පිළිවෙල උද්දානයයි :

මනුස්සචුති, දේවචුති, නිරයචුති, තිරච්ඡානචුති, පෙත්තිචුති වශයෙන් චුති නමින් දක්වන ලද සය බැගින් වූ සූත්‍රයෝ වෙති.

සච්ච සංයුත්තය අවසන් විය.

- එහි වර්ග නාමාවලිය :

සමාධි වර්ගය, ධම්මචක්කප්පවත්තන වර්ගය, කෝටිගාම වර්ගය, සිංසපාවන වර්ගය, පපාත වර්ගය, අභිසමය වර්ගය, ආමකධඤ්ඤ පෙය්‍යාල සතර, පඤ්චගති පෙය්‍යාලය වර්ගය වශයෙන් සෝතාපත්ති සංයුත්තයෙහි වර්ග එකළොසකි.

මහා වර්ගය අවසන් විය.

- එහි සංයුත්ත නාමාවලිය :

මග්ග සංයුත්තය, බොජ්ඣංග සංයුත්තය, සතිපට්ඨාන සංයුත්තය, ඉන්ද්‍රිය සංයුත්තය, සම්මප්පධාන සංයුත්තය, බල සංයුත්තය, ඉද්ධිපාද සංයුත්තය, අනුරුද්ධ සංයුත්තය, ඣාන සංයුත්තය, ආනාපාන සංයුත්තය, සෝතාපත්ති සංයුත්තය සහ සච්ච සංයුත්තය වශයෙන් සංයුත්ත දොළොසකි.

සංයුත්ත නිකාය නිමා විය.

දසබලසේලප්පභවා නිබ්බානමහාසමුද්දපරියන්තා
අට්ඨංග මග්ගසලිලා ජිනවචනනදී චිරං වහතූති

දසබලයන් වහන්සේ නමැති ශෛලමය පර්වතයෙන් පැන නැගී
අමා මහා නිවන නම් වූ මහා සාගරය අවසන් කොට ඇති
ආර්ය අෂ්ටාංගික මාර්ගය නම් වූ සිහිල් දිය දහරින් හෙබි
උතුම් ශ්‍රී මුඛ බුද්ධ වචන ගංගාව (ලෝ සතුන්ගේ සසර දුක නිවාලමින්)
බොහෝ කල් ගලාබස්නා සේක්වා !

(සළායතන සංයුත්තය - උද්දාන ගාථා)

සාදු! සාදු!! සාදු!!!

නමෝ තස්ස භගවතෝ අරහතෝ සම්මාසම්බුද්ධස්ස.
ඒ භාග්‍යවත් අරහත් සම්මා සම්බුදුරජාණන් වහන්සේට නමස්කාර වේවා!

මේ උතුම් ගෞතම බුදු සසුනේදීම මේ ආශ්චර්යවත් ශ්‍රී සද්ධර්මය මැනැවින් උගෙන තම තමන්ගේ නුවණ මෙහෙයවා ධර්මයෙහි හැසිරීමෙන් ආර්ය ශ්‍රාවකයන් බවට පත්ව සතර අපා දුකෙන් සදහටම මිදෙනු කැමැති ලංකාවාසී සැදැහැවත් නුවණැතියන් හට වඩාත් හොඳින් තේරුම් ගැනීම පිණිස මහත් ශ්‍රද්ධාවෙන් යුතුව සිංහල භාෂාවට සංයුත්ත නිකායෙහි පස්වෙනි කොටස වන මහා වර්ගය පරිවර්තනය කිරීමෙන් ලත් සකල විපුල පුණ්‍ය සම්භාර ධර්මයන් පින් කැමැති සියල්ලෝම සතුටින් අනුමෝදන් වෙත්වා! අප සියලු දෙනාටම වහ වහා උතුම් චතුරාර්ය සත්‍ය ධර්මය සත්‍ය ඥාණ වශයෙන් ද, කෘත්‍ය ඥාණ වශයෙන් ද, කෘත ඥාණ වශයෙන් ද අවබෝධ වීම පිණිස ඒකාන්තයෙන්ම මේ පුණ්‍ය වාසනාව උපකාර වේවා!

සාදු! සාදු!! සාදු!!!

නමෝ තස්ස භගවතෝ අරහතෝ සම්මාසම්බුද්ධස්ස.

www.ingramcontent.com/pod-product-compliance
Lightning Source LLC
LaVergne TN
LVHW081323060426
835511LV00011B/1816
* 9 7 8 9 5 5 6 8 7 0 4 6 6 *